LA BÚSQUEDA DEL SIGNIFICADO

LECTURAS DE FILOSOFÍA DEL LENGUAJE

LUIS M. VALDÉS VILLANUEVA
(Compilador)

LA BÚSQUEDA DEL SIGNIFICADO

LECTURAS DE FILOSOFÍA DEL LENGUAJE

CUARTA EDICIÓN

tecnos

Diseño de cubierta:
JV, Diseño gráfico, S. L.

1.ª edición, 1991
2.ª edición, 1995
3.ª edición, 1999
4.ª edición, 2005
Reimpresión, 2019

Juan Ignacio Luca de Tena, 15 - 28027 Madrid
ISBN: 978-84-309-4345-6
Depósito legal: M-3.247-2012

Printed in Spain

ÍNDICE

NOTA A LA CUARTA EDICIÓN .... *Pág.* 9

PRÓLOGO 11

I. TEORÍAS DESCRIPTIVAS DE LA REFERENCIA 25

INTRODUCCIÓN 27
SOBRE SENTIDO Y REFERENCIA (1892), por Gottlob Frege 29
DESCRIPCIONES (1919), por Bertrand Russell 50
SOBRE EL REFERIR (1950), por Peter F. Strawson 61
REFERENCIA Y DESCRIPCIONES DEFINIDAS (1966), por Keith Donnellan 85
NOMBRES PROPIOS Y DESCRIPCIONES (1967), por John R. Searle 105
PARA SEGUIR LEYENDO 115

II. TEORÍAS DE LA REFERENCIA DIRECTA 117

INTRODUCCIÓN 119
IDENTIDAD Y NECESIDAD (1971), por Saul Kripke 121
SIGNIFICADO Y REFERENCIA (1973), por Hilary Putnam 152
PARA SEGUIR LEYENDO 164

III. ACTITUDES PROPOSICIONALES 167

INTRODUCCIÓN 169
CUANTIFICADORES Y ACTITUDES PROPOSICIONALES (1956), por Willard v. O. Quine 171
SOBRE DECIR QUE (1968), por Donald Davidson 183
INOCENCIA SEMÁNTICA Y SITUACIONES NO COMPROMETIDAS (1975), por Jon Barwise y John Perry 199
PARA SEGUIR LEYENDO 220

IV. SIGNIFICADO Y VERIFICACIÓN 221

INTRODUCCIÓN 223
PROBLEMAS Y CAMBIOS EN EL CRITERIO EMPIRISTA DE SIGNIFICADO (1950), por Carl G. Hempel 225
DOS DOGMAS DEL EMPIRISMO (1953), por Willard v. O. Quine 245
SIGNIFICADO Y TRADUCCIÓN (1959), por Willard v. O. Quine 268
PARA SEGUIR LEYENDO 292

V. SIGNIFICADO Y VERDAD 295

INTRODUCCIÓN 297

La concepción semántica de la verdad y los fundamentos de la semántica (1944), por Alfred Tarski ... 299
Verdad y significado (1967), por Donald Davidson ... 336
Significado y verdad (1969), por Peter F. Strawson ... 356
Interpretación radical (1973), por Donald Davidson ... 374
Teorías del significado veritativo-condicionales (1991), por Michael A. E. Dummett ... 389
Para seguir leyendo ... 408

VI. ACTOS DE HABLA ... 411

Introducción ... 413
Emisiones realizativas (1961), por John L. Austin ... 415
¿Qué es un acto de habla? (1965), por John R. Searle ... 431
Una taxonomía de los actos ilocucionarios (1975), por John R. Searle ... 448
Para seguir leyendo ... 475

VII. SIGNIFICADO E INTENCIÓN ... 477

Introducción ... 479
Significado (1957), por H. Paul Grice ... 481
Las intenciones y el significado del hablante (1969), por H. Paul Grice ... 491
Lógica y conversación (1975), por H. Paul Grice ... 520
Para seguir leyendo ... 539

VIII. METÁFORA ... 541

Introducción ... 543
Metáfora (1954), por Max Black ... 545
Lo que significan las metáforas (1978), por Donald Davidson ... 564
Metáfora (1979), por John R. Searle ... 583
Para seguir leyendo ... 618

IX. ALGUNAS PROPUESTAS RECIENTES ... 619

Introducción ... 621
Situaciones y actitudes (1981), por Jon Barwise y John Perry ... 623
Semántica del rol conceptual (1982), por Gilbert Harman ... 649
Resumen de *Relevance: Communication and Cognition* (1987), por Dan Sperber y Deirdre Wilson ... 669
Para seguir leyendo ... 706

ORIGEN DE LOS ARTÍCULOS ... 707

NOTA A LA CUARTA EDICIÓN

En esta nueva edición de *La búsqueda del significado* no he considerado oportuno modificar la selección de artículos de que constaba la precedente. He corregido algún error de traducción del que me hizo consciente mi colega Manuel García-Carpintero, a quien va mi agradecimiento. En los últimos años ha crecido de modo notable la disponibilidad de obras generales de filosofía del lenguaje en lengua castellana que abordan, total o parcialmente, los temas de los que se ocupa este libro de lecturas. He creído conveniente por ello ofrecer al lector una selección de las que creo más significativas. También he actualizado las recomendaciones bibliográficas que se ofrecen al final de cada apartado.

LUIS M. VALDÉS VILLANUEVA

Oviedo, junio de 2005

PRÓLOGO

A man does not know what he is saying
until he knows what he is not saying.

G. K. CHESTERTON

¿QUÉ ES LA FILOSOFÍA DEL LENGUAJE?

Uno de los fenómenos que más presencia tiene en nuestra experiencia cotidiana es, sin duda, el lenguaje. Casi todas nuestras actividades están llenas de cosas como hablar, escuchar a alguien que habla, leer, escribir, etc. La característica central de todos esos eventos, lo que los hace *lenguaje,* es que de todos ellos se dice que tienen *significado.* Así pues, parece que el significado lingüístico es algo con lo que nos encontramos muy a menudo, algo con lo que estamos más familiarizados que con cualquier otra cosa. Por eso resulta —a primera vista— chocante que sea tan difícil explicar en qué consiste. Consideremos la oración siguiente:

Oviedo es la capital de España;

si queremos hacernos una idea de cuáles son las dificultades que surgen aquí sólo tenemos que preguntarnos qué quiere decir que esas manchas de tinta negra tienen significado. Ciertamente estamos ante una cosa física lo mismo que la ciudad de *Hull* o la máquina de escribir que tengo sobre mi mesa. Pero cuando digo que esas manchas tienen significado ¿qué es lo quiero decir? Sin duda mediante ellas quiero decir que Oviedo es la capital de España pero ¿qué es lo que hace que tengan el significado que tienen y no otro? ¿Qué diferencia hay entre una ristra de marcas significativa y otra que no lo es? ¿Cómo soy capaz de reconocerla como tal (o de producirla y que tú la reconozcas) aunque no la haya encontrado antes? Parece también que «Oviedo» se refiere a una ciudad y «España» a un país: ¿cómo es posible que unas meras manchas se refieran a ciudades o países o, en general, a objetos? Además, casi todo el mundo estaría de acuerdo en que mediante la oración anterior hacemos un enunciado falso. ¿Cómo puede una ristra de manchas significar algo falso (o verdadero)?

Éstas son algunas de las cuestiones centrales de la filosofía del lenguaje, cuestiones que, por otra parte, son tan viejas como la propia filosofía. No es sin embargo una tarea fácil delimitar el campo que abarca: todo autor de un texto de filosofía del lenguaje procura escurrir el bulto diciendo de antemano que ésta es un conjunto más o menos cohesionado de opiniones filosóficas sobre el lenguaje que puede que tengan un cierto «aire de familia» pero que, a veces resultan ser tan dispares que no es infrecuente que se contradigan entre sí [1]. Esta situación no es sin embargo algo peculiar de la filosofía del lenguaje (si bien aquí se da la dificultad añadida de separar los problemas que le pertenecen de los que caen dentro del campo de la lingüística o de la ciencia cognitiva); afecta a todas las filosofías regionales y a la filosofía en general. ¿Por qué sucede esto?

En un libro relativamente reciente sobre la filosofía lingüística, L. J. Cohen [2] afirma que «la filosofía es inherentemente autocrítica». Esto es: la filosofía no sólo intenta resolver disputas que, de otro modo, ni siquiera se plantearían, sino que entre sus problemas fundamentales está la investigación de cuál sea la naturaleza misma de la investigación filosófica. La pregunta «¿qué es un problema filosófico?» es ella misma una cuestión filosófica y a pesar de que los filósofos han dedicado bastante tiempo y espacio a discutir este tipo de asuntos no parece que se hayan puesto de acuerdo (o se vayan a poner en un futuro próximo) sobre cuál ha de ser el enunciado correcto de la respuesta. Pero aunque no hayan sido capaces de proporcionar una definición detallada y completa de en qué consiste un problema filosófico, sorprendentemente, sí son capaces de reconocerlo como tal (más o menos, debe admitirse) cuando se encuentran con él. Y ciertamente los filósofos son capaces de reconocer un problema como perteneciente a la filosofía del lenguaje aunque no hayan acertado a trazar sus límites. Pero entonces ¿no podríamos considerar esta, llamémosla «competencia», como un modo *sui generis* de trazar esos límites, de acotar la provincia de la filosofía del lenguaje?

H. P. Grice, P. F. Strawson y J. R. Searle [3] han utilizado, en otro contexto, un argumento que puede aplicarse a este caso. Para ellos el rechazo quineano de la distinción analítico/sintético [4] no sólo va en contra de una tra-

---

[1] La mayor parte de los libros de texto despachan la cuestión de lo que sea la filosofía del lenguaje en unas pocas líneas triviales o vagas. Creo que esto no se debe a una falta de interés o perspicuidad, sino simplemente a que no es posible caracterizarla de una manera clara y detallada. Así, por ejemplo, Rosenberg y Travis en una importante antología (*Readings in the Philosophy of Language*, Prentice-Hall, Nueva Jersey, 1961) afirman: «ni nosotros ni nadie, que sepamos, sabe cómo dar tal explicación (de lo que es la filosofía del lenguaje)».

[2] Cfr. L. J. Cohen, *The Dialogue of Reason*, Clarendon Press, Oxford, 1986, p. 1.

[3] Cfr. H. P. Grice y P. F. Strawson, «In defense of a dogma» (1964); recogido en Rosenberg y Travis (1961), *op. cit.* en nota 1.

[4] Ver W. V. O. Quine, «Dos dogmas del empirismo», pp. 247-270 de este volumen.

dición filosófica bien establecida (lo cual no sería un argumento de excesivo peso), sino también en contra de nuestra práctica efectiva. Esto es: parece ser un hecho que los usuarios de un término como «analítico» están de acuerdo de manera abrumadora en la aplicación que hacen de él: lo aplican, rehúsan hacerlo y tienen dudas en más o menos *los mismos casos.* Además, ese acuerdo tiene una característica *proyectiva*: no se reduce a situaciones experimentadas previamente, sino que se extiende a casos nuevos. Ahora bien, como Grice y Strawson afirman, «si un par de expresiones opuestas se usan de manera general y habitual aplicadas a los mismos casos, *donde los casos no forman una lista cerrada,* esto es una condición suficiente para decir que hay géneros de casos a los que se aplica la expresión; y no se necesita más para señalar la distinción»[5].

Esto es: si los hablantes son competentes a la hora de reconocer algo es que *debe de haber algo que reconocer,* independientemente de cuáles sean las razones que los hablantes aleguen o las historias que cuenten sobre su reconocimiento. Tomemos entonces cualquier expresión (y, en particular, la expresión «problema filosófico»); si los que la usan de manera habitual están de acuerdo en hacerlo y en no hacerlo respecto de una clase indefinidamente grande de casos, entonces puede decirse que bajo la expresión en cuestión caen una serie de casos con determinadas características y que las personas que participan de ese acuerdo general son competentes para reconocerlos.

En contra de esto podría argumentarse que todo lo anterior se reduce a decir que un problema filosófico no es más que aquello en lo que un número importante de filósofos están de acuerdo en que es un problema filosófico. Pero esto no es ciertamente lo que se está afirmando. Lo que se dice aquí es que, *al menos,* ésa es una condición que cumplen un buen número de problemas (justamente los que se denominan «problemas filosóficos») y que otros (justamente los no considerados como tales) no cumplen. Por ello —y de acuerdo con un argumento similar al anterior— podríamos afirmar que debe de existir algún conjunto de características subyacentes que determinan qué problemas interesan a los filósofos y que, por lo tanto, constituyen, con toda probabilidad, *problemas filosóficos.* No hay razón alguna para que este argumento no se aplique a la filosofía del lenguaje, por lo que vamos a suponer que existen una serie de rasgos que permiten reconocer lo que es un problema perteneciente a la provincia de la filosofía del lenguaje *aunque no seamos capaces de enunciarlos de modo efectivo.* Al fin y al cabo tampoco lo somos en el caso de otras filosofías regionales —o de la filosofía en general— sin que ello parezca representar un grave problema. Obviamente, esto no quiere decir que tanto los problemas filosóficos regio-

---

[5] H. P. Grice y P. F. Strawson, *op. cit.* en nota 3.

nales como los generales no tengan algunas características distintivas. Lo único que se afirma es que de momento, y parece que por mucho tiempo, no vamos a estar en condiciones de proporcionar un conjunto de condiciones necesarias y suficientes que nos permita determinar que algo es un problema filosófico. Es más, puede que toda la empresa de descubrirlos carezca en absoluto de interés.

Lo que haré a continuación será desplegar mi «competencia» para intentar *decir* lo que (al menos parcialmente) *no es* filosofía del lenguaje. Ello nos permitirá, o al menos así lo espero, introducir por vía negativa algunas de esas características distintivas. Dejo a los artículos que componen este libro la tarea de *mostrar* lo que *es* filosofía del lenguaje. No obstante, una muy breve presentación antes de cada uno de los nueve grupos en que están divididos intentará situarlos en el marco general de la disciplina. Como la selección que se ha hecho puede requerir que se la justifique, la última parte de esta introducción estará dedicada a ello.

LO QUE NO ES FILOSOFÍA DEL LENGUAJE

En primer lugar, la filosofía del lenguaje *no es lingüística*. Es cierto que durante siglos las cuestiones empíricas del análisis gramatical han estado interconectadas con las reflexiones filosóficas sobre el lenguaje. Pero la lingüística moderna hace poco menos que una cuestión de principio el haberse separado de la filosofía y se suele definir a sí misma como el estudio científico (léase empírico) del lenguaje y de los lenguajes, contrapuesto a las actividades más bien *a priori* de los filósofos. Pero este criterio de demarcación es muy vago y, a poco que se lo presione, hará agua por los cuatro costados. Si los lingüistas se interesasen sólo por cosas tales como preparar diccionarios de lenguajes particulares y describir sus características fonéticas, sintácticas, etc., o a cuestiones prácticas tales como la enseñanza de las lenguas, sería relativamente fácil distinguir entre los temas y métodos de ambas disciplinas. Pero ¿no es uno de los temas de la lingüística contemporánea explicar cuestiones como la competencia de un hablante para producir y entender oraciones nuevas? ¿No es verdad que la lingüística teórica se ocupa cada vez menos de reunir datos para centrarse en rasgos universales reconocidos como tales por los hablantes competentes? ¿Y no son éstos problemas que consideraríamos como típicos de la filosofía del lenguaje?

El problema se complica por las interconexiones que existen entre lingüística y filosofía del lenguaje. Veamos un ejemplo. Recientemente J. Katz[6] ha defendido la tesis de que a lo largo de este siglo ha habido dos giros lin-

[6] Cfr. J. Katz (ed.), *The Philosophy of Linguistics*, Oxford University Press, 1985.

güísticos en filosofía. En el primero de ellos —que abarcaría hasta comienzos de los cincuenta— el lenguaje se habría convertido en tema central de la investigación filosófica al producirse la ruptura con la tradición idealista del XIX. Frege, Moore, Russell, los miembros del Círculo de Viena, Ryle y Wittgenstein en sus dos períodos, serían los campeones de tal movimiento que no tuvo en cuenta —salvo contadas excepciones[7]— la lingüística científica. El segundo giro sólo se produjo cuando algunos filósofos —con Quine como pionero— empezaron a tomarla en consideración. Así éste, en sus críticas a los conceptos de significado y analiticidad, utilizaba la metodología del estructuralismo americano, particularmente las tesis de Bloomfield acerca de los criterios de sustitución como piedra de toque para decidir acerca de la claridad de los conceptos lingüísticos[8]: la imposibilidad de usar criterios de sustitución que no fueran circulares en el caso de la sinonimia y la analiticidad demostraba que estos conceptos no eran en absoluto respetables. Naturalmente, como el propio Katz apunta, el razonamiento de Quine es válido sólo si se supone que los criterios de sustitución son *el método apropiado* de delimitar conceptos en lingüística (y eso es parte de lo que la metodología, por ejemplo, de Chomsky, pone en cuestión).

El ejemplo aducido pone de manifiesto cómo un problema tan familiar en filosofía del lenguaje como es el del significado o el de la analiticidad puede verse fuertemente afectado por —o incluso depende de— posiciones metodológicas mantenidas por la lingüística científica. Pero aunque la filosofía del lenguaje esté emparentada con la lingüística y no sean infrecuentes los trasvases de una disciplina a otra no por ello hemos de concluir que una se reduce a la otra o es parte de ella. Como máximo puede decirse que hay problemas fronterizos, problemas respecto de los cuales tendríamos dudas si se nos preguntase a dónde adscribirlos. Pero la existencia de casos dudosos no es, desde luego, un buen argumento para eliminar una distinción.

La filosofía del lenguaje no es tampoco, como se ha afirmado a veces[9], *filosofía de la lingüística.* Esta última es una rama de la filosofía de la cien-

---

[7] Aunque sólo fuese para afirmar que la gramática tradicional era desorientadora. Piénsese, por ejemplo, en la teoría de las descripciones de Russell.

[8] De hecho, y también lo señala Katz, Quine toma en consideración en «Dos dogmas» otras maneras *no lingüísticas* de clarificar los conceptos de analiticidad, sinonimia y significado. Él piensa correctamente que debe utilizarse todo instrumento que ofrezca la posibilidad de clarificar esas nociones, pero cree erróneamente que los criterios de sustitución son el único utensilio que proporciona la lingüística.

[9] A principios de la década de los sesenta Katz y Fodor publicaron un artículo titulado «What is wrong with the philosophy of language?» (*Inquiry*, vol. 5, 1962), en el que intentaban poner remedio, decían ellos, a la paradójica situación en la que se encontraba la filosofía del lenguaje: a pesar de que su interés se había centrado desde finales del siglo XIX en el estudio de éste, los filósofos no habían sido capaces de formular hasta entonces «una teoría explícita del lenguaje que investigan o un enunciado explícito de los métodos de investigación». La solución consistiría para ellos en convertir la filosofía del lenguaje en un estudio de los conceptos y métodos de la lingüística empírica. Sólo cuatro años más tarde Katz (en *The Philosophy of Language*,

cia, paralela a la filosofía de la matemática o a la filosofía de la física, mientras que la filosofía del lenguaje es un área substantiva de la investigación filosófica. Pero, como en el caso anterior, existen interconexiones, solapamientos y zonas de confluencia entre ambas. Si es cierta la tesis de Katz, anteriormente citada, de los dos giros lingüísticos, hay razones tanto *prácticas* como *teóricas* para pensar que la filosofía de la ciencia lingüística tiene cierto peso sobre cuestiones de filosofía del lenguaje. El desarrollo de la lingüística científica, una vez que ésta se convirtió en objeto de interés por parte de los filósofos del lenguaje, y la proliferación de teorías, llevó aparejado casi inmediatamente el examen de los supuestos filosóficos que incorporaban; el filósofo del lenguaje necesitaba tener criterios para elegir entre la oferta de teorías lingüísticas rivales. El filósofo de la lógica, cuando presenta las lógicas alternativas junto con las premisas filosóficas que están en su base y los problemas que generan, no haría algo excesivamente distinto.

Pero, además de servir de aviso de navegantes, la filosofía de la lingüística resulta interesante para nuestros propósitos por razones estrictamente teóricas. En la obra citada de J. Katz se señala un grupo de ellas pertenecientes a la ontología. Como es sabido, uno de los problemas más importantes de los que se ocupa la metafísica se refiere a la investigación de qué géneros de objetos hay. Si nos centramos en la lógica o en la matemática, la respuesta a la pregunta ¿qué son las proposiciones? o ¿qué son los números? difiere dependiendo de si uno es nominalista (objetos físicos), conceptualista (objetos psíquicos) o realista (objetos abstractos). Pero el mismo enfoque es posible en lingüística pues, podemos preguntarnos, ¿son las oraciones objetos físicos, psíquicos o abstractos? Esto quiere decir que la filosofía de la lingüística podría dar respuesta a la pregunta ontológica general (y, por ende, a la regional) de una manera extremadamente simple. Por ejemplo: si el realismo ha de ser verdadero debe de haber *al menos* un dominio de objetos abstractos. Por consiguiente, si las oraciones (o el lenguaje) resultan ser objetos abstractos, entonces puede responderse afirmativamente a la pregunta ¿hay objetos abstractos? Nótese que la oración anterior estaba en forma condicional; entonces, hasta que, por lo menos, no esté decidido el *status* de los objetos de la lingüística, hasta que no esté decidido si las oraciones (o el lenguaje) son objetos abstractos, la pregunta ontológica general no podría responderse [10].

Harper Row, Nueva York) confesaba que tanto él como Fodor estaban «completamente equivocados al interpretar la filosofía del lenguaje como una rama de la filosofía de la ciencia... La filosofía del lenguaje es un área de investigación filosófica del conocimiento conceptual, más que una de las diversas ramas de la filosofía contemporánea... Se trata de un área que busca aprehender todo lo que puede aprehenderse sobre el conocimiento conceptual de la manera que tal conocimiento se expresa y comunica en el lenguaje.»

[10] Obsérvese que el *status* ontológico de las oraciones o del lenguaje tiene una importancia especial en nuestra disciplina. Una de las aspiraciones de algunos de sus practicantes de pri-

Finalmente, la filosofía del lenguaje no es *filosofía lingüística*. La filosofía del lenguaje, como dice uno de sus más conspicuos representantes, es el nombre de un *tema*. Ciertamente no existe un acuerdo universal sobre a qué denominar «filosofía lingüística». Hay quien piensa que tal disciplina podría caracterizarse como la aplicación de hechos y técnicas aprendidos mediante el estudio del lenguaje a los problemas filosóficos estándares [11]; otros que es lo mismo que «filosofía analítica» [12]; otros, en fin, que no se distingue de la filosofía del lenguaje [13]. Dada la disparidad de opiniones voy a entender por «filosofía lingüística» el nombre de un *método* para habérnoslas con los problemas filosóficos que, a pesar de su venerable antigüedad, tiene una historia y un desarrollo muy concretos en el pensamiento contemporáneo.

La siguiente caracterización puede servirnos de punto de partida: *Los problemas filosóficos son problemas esencialmente lingüísticos y su solución (o disolución) requiere bien una reforma del lenguaje o una elucidación más adecuada de su funcionamiento.* Entendida de esta manera la filosofía se convierte en análisis del lenguaje y su historia se retrotrae por lo menos hasta la búsqueda de definiciones por parte de Sócrates. Desde entonces ha sido moneda corriente entre los filósofos el pensar que la investigación y el análisis de los conceptos no sólo tienen utilidad para llegar a conocer cómo los hombres *describen* el mundo, sino también para penetrar en la realidad misma y poder sacar de ese conocimiento consecuencias prácticas. Así, por ejemplo, en *La República* de Platón la búsqueda socrática de definiciones es parte integrante de la empresa de establecer cómo deberían vivir las personas. ¿Qué es entonces lo que añade de nuevo a esto la filosofía lingüística? La novedad consiste en la suposición de que *los problemas filosóficos pueden resolverse a través del análisis puesto que se derivan o bien de malas comprensiones de nuestro lenguaje o del uso de un lenguaje que no es el adecuado.* Esto es: la filosofía lingüística es un *método* de solución de los problemas filosóficos *supuesta la tesis* de que su origen está en alguna anomalía lingüística. Este método, con sus dos tradiciones principales que podemos, convencionalmente, denominar tradición positivista y tradición de la filosofía del lenguaje ordinario [14], tuvo su época de esplendor durante la primera mitad de este siglo y los nombres de Frege, Russell, Wittgenstein, Carnap, Austin... están unidos a él.

---

mera hora era resolver (o disolver) los problemas filosóficos. Piénsese, por ejemplo, en Carnap y sus predicciones acerca de la solución de muchos problemas si utilizásemos el modo formal de hablar.

[11] Cfr. Rosenberg y Travis, *op. cit.* en nota 1, p. 4.

[12] Cfr. J. J. Acero, *Filosofía y análisis del lenguaje*, Cincel, Madrid, 1985, p. 18.

[13] Cfr. J. Katz. *Linguistic Philosophy*, Allen & Unwin, Londres, 1971.

[14] En esto sigo a Katz, *op. cit.* en nota anterior, y *Semantic Theory*, Harper Row, Nueva York, 1962.

Ciertamente todo esto tiene un poco de caricatura (ni siquiera en los mejores tiempos se mantuvo que *todos* los problemas filosóficos fuesen problemas lingüísticos [15]: pero la verdad es que filosofía lingüística y filosofía del lenguaje están, al menos en sus orígenes contemporáneos, indisolublemente unidas: los filósofos antes citados hicieron filosofía del lenguaje aplicando en muchos casos técnicas de la filosofía lingüística: temas como el de la naturaleza de la verdad, la referencia, el significado, la metáfora, los actos de habla, la necesidad lógica y toda una hueste adicional fueron tratados de esta manera. Hoy día el método ha desaparecido prácticamente de la escena aunque los temas permanecen. Los artículos que componen este volumen tienen como tema la filosofía del lenguaje aunque, como el lector podrá comprobar por sí mismo, sólo algunos de ellos utilizan los métodos de la filosofía lingüística.

Se ha mencionado que la práctica de la filosofía lingüística no es algo novedoso en la historia de la filosofía. Pero tampoco lo es la propia distinción —aunque sólo sea implícita— entre filosofía del lenguaje y filosofía lingüística que también se remonta, al menos, hasta Platón: cuando éste en el *Eutifrón* se pregunta qué es la piedad, su investigación puede considerarse como una elucidación del significado del término griego para «piadoso» (filosofía lingüística), mientras que cuando en el *Fedón* se presenta la tesis de que los términos generales adquieren su significado al estar por las Formas correspondientes, se está haciendo teoría del significado (filosofía del lenguaje). No obstante, la moderna filosofía del lenguaje tiene unas características lo suficientemente peculiares como para que se le dedique una atención especial. Ello nos permitirá al mismo tiempo proporcionar alguna justificación para la selección de artículos que componen este volumen.

LA FILOSOFÍA DEL LENGUAJE EN EL PENSAMIENTO CONTEMPORÁNEO

La mayor parte de las cuestiones que se debaten en este libro sólo pueden entenderse dentro del contexto de toda una corriente de pensamiento que comienza con la obra de G. Frege y que se vio estimulala por la situación de *impasse* a la que se había visto abocada la filosofía moderna. Creo pues indispensable hacer un breve examen de esa situación aunque antes, siguiendo la táctica de decir lo que *no es* la filosofía del lenguaje, intentaré deshacer algún equívoco.

Una de las cuestiones que invitan aquí a la confusión es el propio título de la disciplina. Muchos filósofos no avisados tienden a pensar que

[15] Piénsese, por ejemplo, en Austin, para quien el lenguaje ordinario es sólo —aunque ya es bastante— «la primera palabra».

la gramática lógica —si se me permite hablar así— de dicho título es FILOSOFÍA+LENGUAJE y que cualquier combinación de ambos temas, cualquier libro que se considere a sí mismo como filosófico y que hable del lenguaje debe contarse *eo ipso* entre los tratados o monografías de filosofía del lenguaje. Pero no se repara que mediante este procedimiento casi todo filósofo sería filósofo del lenguaje pues es difícil de encontrar en toda la historia de la filosofía un solo autor que no haya tenido el lenguaje entre sus preocupaciones ni un solo libro de filosofía que no dedique alguna de sus páginas a algún tema relacionado con el lenguaje. A esto podría replicarse que el criterio anterior dejaría de ser trivial si se exigiese que el filósofo o el tratado tuviesen el lenguaje como su preocupación *central.* Pero, aparte de la dificultad de determinar cuando algo es central —algo parecido a la dificultad de definir «exactitud» de la que habla Wittgenstein en las *Investigaciones filosóficas*— tal réplica revela una mala comprensión de lo que es filosofía del lenguaje. Equivale a decir (más o menos): «"Filosofía del Lenguaje" es "Filosofía" + "Lenguaje", donde el último de los sumandos ocupa un lugar central.» ¿Cómo podríamos pues aproximarnos, de una manera más adecuada, a ese «tema» que constituye la filosofía del lenguaje?

Nuestra disciplina se ocupa de un conjunto de problemas que, tradicionalmente, han sido objeto de estudio —si bien no de un modo sistemático— de diversas ramas de la filosofía: la teoría del conocimiento, la metafísica, la psicología filosófica... han sido solamente algunas de ellas. Pero si queremos proporcionar un enfoque integrador de toda esta hueste de cuestiones aparentemente tan dispares, una de las posibilidades que se nos ofrece consiste en considerarlas como estrechamente ligadas a la lógica y defender su carácter preliminar y básico dentro del conjunto de la filosofía: después de todo, el nacimiento de la filosofía del lenguaje moderna está ligado al de la lógica simbólica[16]. G. Frege, el padre fundador de la lógica moderna, no fue sólo el autor de la *Conceptografía,* sino que escribió también obras fundamentales sobre las nociones de función, concepto, objeto, sentido, referencia..., que son parte integrante del acervo de cuestiones del que trata la filosofía del lenguaje. Su propósito original era el de introducir rigor absoluto en los métodos de prueba de la matemática y para ello consideró necesario construir un lenguaje simbólico en el que pudieran llevarse a cabo las demostraciones con total garantía de que no se deslizasen errores debido al uso incontrolado de la intuición. Ahora bien, para realizar esto comprendió que era necesario efectuar previamente un examen de la estructura formal

---

[16] En este punto conviene recordar también que Aristóteles, el fundador de la lógica clásica, no es sólo el autor de los *Primeros y Segundos Analíticos*, sino también de las *Categorías*, del tratado *De Interpretatione* y los *Tópicos*, obras todas ellas que tienen justificados títulos para ser consideradas como de filosofía del lenguaje.

de los enunciados que componen las demostraciones lo que, a su vez, le llevó a analizar el significado de los enunciados en términos del de sus componentes, esto es: se dio cuenta de la obligatoriedad de realizar un análisis de la *estructura interna* de éstos. Pero este trabajo se salía con mucho de los límites de la lógica formal, al exigir el uso de un combinado de técnicas matemáticas y argumentaciones típicamente filosóficas. Además la obra de Frege afectó de manera substancial a la ubicación de la filosofía del lenguaje dentro del conjunto de las disciplinas filosóficas inaugurando una línea de pensamiento que llega hasta nuestros días y sin cuya toma en consideración es imposible entender las investigaciones de las que son muestra los artículos que componen este libro.

En un libro publicado en la década de los setenta Michael Dummett[17] defiende la tesis de que Frege —sin especiales proclamas por su parte— llevó a cabo una revolución en filosofía similar a la que dos siglos antes había efectuado Descartes. Desde Descartes hasta finales del siglo XIX puede decirse que toda la filosofía está dominada por *problemas epistemológicos*: su preocupación central es la teoría del conocimiento y sus preguntas básicas son del tipo siguiente: ¿cuáles son las capacidades de la mente en sus esfuerzos por lograr conocimiento del mundo exterior? ¿Hasta qué punto son capaces las facultades de la mente de penetrar en la estructura de la realidad? ¿Hasta qué punto son adecuadas las ideas de la mente para representar y descifrar la naturaleza del mundo? ¿Cuáles son los límites y las capacidades de la mente para alcanzar la verdad?[18]. Se trata de una dirección de pensamiento —que abarca desde Descartes al idealismo— cuyo tema central es la *oposición* entre sujeto y objeto, entre la *mente que conoce* y el *mundo exterior*[19]. Frege fue el primero en darse cuenta de que este modelo era inadecuado y que había que dejar de pensar en el problema epistemológico como parte central de la filosofía. Así, el cómo adquirimos nuestras ideas, o su propia naturaleza —algo que preocupaba enormemente a los empiristas—, es para él un asunto completamente irrelevante. No es, ciertamente, que nuestras experiencias no sean relevantes: no cabe duda de que no captaríamos los pensamientos que captamos si nuestras experiencias fueran distintas o estuviéramos constituidos de otra manera. Pero Frege tuvo el acierto de señalar que eso no puede constituir el análisis de nuestros conceptos, es más: *depende de él.* La posesión de un concepto es algo que se manifiesta mediante el uso del lenguaje, de modo que el análisis de los conceptos no es algo

---

[17] Cfr. Michael Dummett, *Frege. Philosophy of Language*, Duckworth, Londres, 1973, especialmente el capítulo 19. Véase, también del mismo autor, *The Interpretation of Frege's Philosophy*, Duckworth, Londres, 1981.

[18] Cfr. Milton K. Munitz, *Contemporary Analytic Philosophy*, MacMillan, Nueva York, 1981, p. 4.

[19] Cfr. Munitz, *op. cit.* en nota anterior, p. 5.

distinto del análisis del funcionamiento del lenguaje. Las preguntas acerca de *si* es posible que nuestra mente conozca un mundo exterior o de *cómo* es posible esto se vuelven completamente superfluas dado que presuponen que ya tenemos ese conocimiento. El problema no es, por consiguiente, determinar si es posible lograr conocimiento, sino mostrar las condiciones y procedimientos para lograrlo: cómo pasamos de la ignorancia o la duda a la creencia fundada. Frege pensó que todas estas cuestiones *dependían de una correcta teoría del significado* y, consecuentemente, mantuvo que la primera y principal tarea de la filosofía era la búsqueda de una teoría del significado adecuada: la parte primera y básica de la filosofía pasaba a ser la filosofía del lenguaje[20].

A partir de este cambio de perspectiva se ha desarrollado la moderna filosofía del lenguaje. Los artículos que componen este volumen son un segmento del diálogo filosófico general[21] que, teniendo como origen los logros de Frege, presenta, como asunto de hecho, unos nombres y temas recurrentes y, creo que puede decirse, bastante bien definidos. No se trata pues de la amalgama filosofía+lenguaje, sino de una disciplina con perfiles propios[22]. No es por tanto un olvido, ni un prejuicio de escuela que no aparezca texto alguno de Heidegger, Derrida o Habermas[23] —por citar sólo algunas ausencias que pueden resultar chocantes para algunos—, sino fruto del desarrollo de nuestra disciplina y del lugar que ocupa dentro del conjunto del saber filosófico. No se quiere decir con esto que tenga que prohibirse el rotular como «filosofía del lenguaje» todo aquello que no case con la concepción

---

[20] Pensemos en la definición de las conectivas de la lógica proposicional mediante el procedimiento de tablas de verdad. Si dudamos acerca de si el análisis clásico es o no el adecuado, nuestra duda no ha de interpretarse como siendo acerca de si hemos proporcionado la tabla de verdad correcta: lo es acerca de cuál es el modelo general de análisis adecuado; es una duda acerca de en qué consiste conocer el significado de una conectiva proposicional. Es en este sentido en el que la filosofía del lenguaje es parte primera y básica de la filosofía.

[21] Cfr. L. J. Cohen, *op. cit.* en nota 2.

[22] Aquí podemos acudir a los libros de texto de filosofía del lenguaje, a las revistas especializadas, a los *simposia*, etc., donde se codifican de manera bastante definida los temas de nuestra disciplina, el diálogo que se mantiene y sus participantes. Obviamente no se pretende que esto sirva como *criterio* de demarcación pero sí, al menos, como *síntoma*. Es además frecuente (y no extraño, dado lo anteriormente expuesto) que exista un fluido diálogo entre los que practican la filosofía del lenguaje tal como la entendemos aquí y los lingüistas. Quine y Putnam, por citar sólo un ejemplo, han hecho frente a algunas posiciones de Chomsky y éste ha hecho lo mismo con la filosofía del lenguaje de Quine, Grice o Searle. Nada similar ha ocurrido con otros estudiosos de filosofía + lenguaje (cuando han existido intercambios han sido esporádicos y periféricos). Éste es uno más de los apoyos que tendría la no arbitrariedad de esta propuesta de demarcación.

[23] Habermas es uno de los pocos filósofos no pertenecientes a la tradición que estamos considerando que ha utilizado extensivamente nociones típicas de nuestra disciplina (por ejemplo, la de acto de habla). No obstante se ha *limitado* —sin mucho acierto, pienso— a *utilizarlos* sin entrar en diálogo alguno con los filósofos del lenguaje.

que estamos considerando. Sólo me atrevo a sugerir que deberían buscarse denominaciones distintas para asuntos distintos.

En una obra como ésta —pensada para servir como libro de lecturas durante un curso de filosofía del lenguaje— es necesario tomar decisiones sobre qué artículos incluir y excluir. Esas decisiones son a veces teóricas, pero muchas veces vienen dictadas por constricciones económicas, editoriales, de derechos de edición, etc. En nuestro caso ha sido particularmente doloroso el tener que prescindir de algún representante de la lingüística que, como se ha afirmado, ha estado particularmente presente en el desarrollo de nuestra disciplina. Espero que esta ausencia pueda suplirse sin demasiados problemas.

Una serie de personas e instituciones han cooperado para que este libro viese la luz. Juan José Acero, Pepe Fillol, Alfonso García Suárez, Aurelio Pérez Fustegueras, Daniel Quesada y Enrique Ujaldón tradujeron algunos de los artículos y/o me aconsejaron sobre su inclusión y distribución que, por lo que respecta a sus defectos, es responsabilidad que sólo a mí me compete. Manuel Garrido apoyó el proyecto de modo entusiasta desde el principio. La Universidad de Murcia lo acogió generosamente lo mismo que Editorial Tecnos. Mis alumnos de filosofía del lenguaje de las Universidades de Valencia y Murcia, que me han soportado pacientemente durante estos últimos quince años, me hicieron ver la necesidad de disponer de un libro (más o menos) como éste. Aunque para ellos llegue ya demasiado tarde espero que a sus futuros compañeros les sea de alguna utilidad.

LUIS M. VALDÉS VILLANUEVA

SELECCIÓN DE OBRAS GENERALES DE FILOSOFÍA DEL LENGUAJE DISPONIBLES EN CASTELLANO

ACERO, J. J. (1985): *Filosofía y análisis del lenguaje*, Cincel, Madrid.

— (1993): *Filosofía y lenguaje*, Octaedro, Barcelona.

— (ed.) (1998): *Filosofía del lenguaje I: Semántica*, Trotta/Consejo Superior de Investigaciones Científicas, Madrid (*Enciclopedia iberoamericana de filosofía*, vol. 16).

ACERO, J. J.; BUSTOS, E., y QUESADA, D. (1989): *Introducción a la filosofía del lenguaje*, Cátedra, Madrid.

ALSTON, W. P. (1985): *Filosofía del lenguaje*, traducción de Violeta Demonte, Alianza, Madrid.

BLASCO, J. L.; GRIMALTOS, T., y SÁNCHEZ, D. (1999): *Signo y pensamiento*, Ariel, Barcelona.

BLASCO, J. L., y VERA, F. (1987): *Filosofía del lenguaje*, Ediciones de la Generalitat Valenciana, Valencia.

BUSTOS, E. (1997): *Introducción histórica a la filosofía del lenguaje*, Universidad Nacional de Educación a Distancia, Madrid.

— (2004): *Filosofía del lenguaje*, Universidad Nacional de Educación a Distancia, Madrid.

CONESA, F., y NUBIOLA AGUILAR, J. (1998): *Filosofía del lenguaje*, Herder, Barcelona.

CORREDOR, C. (1999): *Filosofía del lenguaje. Una aproximación a las teorías del significado del siglo XX*, Antonio Machado, Madrid.

DASCAL, M. (ed.) (1999): *Filosofía del lenguaje II: Pragmática*, Trotta/Consejo Superior de Investigaciones Científicas, Madrid (*Enciclopedia iberoamericana de filosofía*, vol. 18).

DOMÍNGUEZ REY, A. (2004): *Filosofía del lenguaje*, Liceus, Madrid.

FRÁPOLLI, M. J., y ROMERO, E. (1998): *Una aproximación a la filosofía del lenguaje*, Síntesis, Madrid.

GARCÍA CARPINTERO, M. (1996): *Las palabras, las ideas y las cosas: una presentación de la filosofía del lenguaje*, Ariel, Barcelona.

GARCÍA SUÁREZ, A. (1997): *Modos de significar: una introducción temática a la filosofía del lenguaje*, Tecnos, Madrid.

HACKING, I. (1979): *¿Por qué el lenguaje importa a la filosofía?*, Editorial Sudamericana, Buenos Aires.

HIERRO S. PESCADOR, J. (1997): *Principios de filosofía del lenguaje*, Alianza, Madrid.

KUTSCHERA, F. v. (1979): *Filosofía del lenguaje*, traducción de Adelino Álvarez, Gredos, Madrid.

LEVINSON, S. (1989): *Pragmática*, Teide, Barcelona.

NUBIOLA AGUILAR, J. (1994): *La revolución pragmatista de la filosofía analítica: una introducción a la filosofía analítica del lenguaje*, Eunsa, Pamplona.

PÉREZ OTERO, M., y GARCÍA CARPINTERO, M. (2000): *Filosofía del lenguaje*, Publicaciones y Ediciones de la Universidad de Barcelona, Barcelona.

RODRÍGUEZ CONSUEGRA, F. (2002): *Estudios de filosofía del lenguaje*, Comares, Granada.

SIMPSON, T. M. (1964): *Formas lógicas, realidad y significado*, Eudeba, Buenos Aires.

WAISMANN, F. (1970): *Los principios de la filosofía lingüística*, traducción de José Antonio Robles, Universidad Nacional Autónoma de México/Instituto de Investigaciones Filosóficas, México.

I. TEORÍAS DESCRIPTIVAS DE LA REFERENCIA

INTRODUCCIÓN

Los términos singulares, categoría lógica a la que pertenecen, entre otros, nombres propios y descripciones, han atraído tradicionalmente el interés de los filósofos intrigados por desentrañar su mecanismo de relación con el mundo. El dilema era (y es, si se me permite simplificar las cosas) éste: ¿la relación de estos términos con el mundo es directa o indirecta? Gottlob Frege, el fundador de la moderna filosofía del lenguaje, mantuvo en «Sobre sentido y referencia» —como resultado del análisis de ciertos problemas sobre la informatividad de los enunciados de identidad— que esa relación, tanto en el caso de los nombres propios como en el de las descripciones, era indirecta, se producía por medio del sentido. La célebre teoría de las descripciones de Bertrand Russell se enfrenta —aunque sólo en cierta medida— a las posiciones de Frege. Russell defendió que los nombres propios, si son nombres propios genuinos (esto es: nombres de particulares como «esto», usados deícticamente para hacer referencia a contenidos de conciencia del hablante y, al menos durante algún tiempo, el pronombre personal de primera persona «yo» usado para referirse a uno mismo), se relacionan con el mundo de modo directo. Pero tanto las descripciones definidas (p. ej., «el autor del Quijote») como los nombres propios ordinarios (p. ej., «Cervantes») no tienen referencia directa, es más: estos últimos sólo son realmente modos de abreviar descripciones o, si se quiere, su referencia se logra de manera indirecta, vía las descripciones que abrevian. Peter Strawson saltó al estrellato filosófico cuando en 1950 publicó «Sobre el referir» —un duro ataque a las, hasta entonces, indiscutibles tesis de Russell— siguiendo las líneas trazadas por Frege; a Strawson le parecía intolerable, de un modo particular, la mitología del nombre propio genuino de Russell, y defendió la tesis de que los nombres propios ordinarios son nombres propios genuinos y tienen referencia indirecta. Hay, sin embargo, un punto en el que Strawson se opone tanto a Frege como a Russell y que anticipa ciertos desarrollos posteriores —p. ej., algunas afirmaciones de la teoría de los actos de habla—. Frege y Russell mantenían que eran los términos los que tenían referencia, mientras que Strawson defenderá la posición de que son los hablantes los que realizan el acto de la referencia por medio del uso de ciertos términos. El artículo de Keith Donnellan «Referencia y descripciones definidas» somete a crítica tanto el armazón russelliano como el strawsoniano. En él Donnellan defiende que hay dos usos de las descripciones definidas, el uso *atributivo* —en el que se concentraría la argumentación de Russell— y el uso *referencial* —en el que se concentra la de Strawson—. Pero tanto Russell como Strawson se equivocan de acuerdo con Donnellan; el primero, por ignorar los usos referenciales, y el segundo, por no tener en cuenta los usos atributivos. Por último, John Searle, en «Nombres propios y descripciones», presenta algo que quiere ser un compromiso entre las teorías descriptivas y no descriptivas de la referencia. Frege, afirma él, estaba en lo cierto al mantener que los nombres propios tienen sentido, que su referencia es indirecta, pero ese sentido no es un conjunto de descripciones que singularizan el objeto al que se refiere el nombre, sino un racimo de éstas constitutivamente vago e indeterminado: ésta es justamente la diferencia entre describir y nombrar.

SOBRE SENTIDO Y REFERENCIA*

GOTTLOB FREGE

La igualdad[1] incita a la reflexión por medio de preguntas enlazadas con ella que no son en absoluto fáciles de responder. ¿Es la igualdad una relación?, ¿es una relación entre objetos?, ¿o entre nombres o signos de objetos? Esto último es lo que supuse en mi *Conceptografía*[a]. Las razones que parecen hablar a favor de ello son las siguientes: $a = a$ y $a = b$ son, obviamente, proposiciones de distinto valor cognoscitivo: $a = a$ vale *a priori* y, de acuerdo con Kant, ha de llamarse analítica, mientras que proposiciones de la forma $a = b$ contienen muy a menudo ampliaciones muy valiosas de nuestro conocimiento y no pueden siempre establecerse *a priori*. El descubrimiento de que cada mañana no sale un nuevo Sol, sino que siempre es el mismo, ha sido ciertamente uno de los descubrimientos de la astronomía más rico en consecuencias. Aún hoy día la identificación de un pequeño planeta o de un cometa no es siempre algo rutinario. Ahora bien, si quisiéramos ver en la igualdad una relación entre aquello a lo que se refieren los nombres «*a*» y «*b*», parecería entonces que $a = b$ no podría diferir de $a = a$, en el caso de que $a = b$ sea verdad. Con ello se habría expresado una relación de una cosa consigo misma y, ciertamente, una relación en la que cada cosa está consigo misma, pero que ninguna cosa mantiene con otra distinta. Lo que se quiere decir con $a = b$ parece ser esto: los signos o nombres «*a*» y «*b*» se refieren a lo mismo y, en consecuencia, estaríamos hablando justamente de esos signos; se aseveraría una relación entre ellos. Pero esa relación se mantendría entre los nombres o signos sólo en la medida en que nombran o designan algo. Sería una relación facilitada por la conexión de

---

* Versión castellana de Luis M. Valdés Villanueva.

[1] Uso esta palabra en el sentido de identidad y entiendo «$a = b$» en el sentido de «*a* es lo mismo que *b*» o «*a* y *b* coinciden».

[a] *Begriffsschrift, eine der arithmetisches nachgehildete Formelnsprache des reinen Denkens,* Halle, 1879. Versión castellana: *Conceptografía, un lenguaje de fórmulas, semejante al de la aritmética, para el pensamiento puro*, UNAM, México, 1972.

cada uno de los dos signos con la misma cosa designada. Pero esto es arbitrario. No se puede prohibir a nadie tomar como signo de algo cualquier acontecimiento u objeto arbitrariamente producido. De este modo, una proposición $a = b$ ya no sería algo concerniente a la cosa misma, sino a nuestro modo de designación; con ella no expresaríamos ningún conocimiento genuino. Pero esto es precisamente lo que queremos en muchos casos. Si el signo «*a*» se distingue del signo «*b*» sólo como objeto (aquí, por medio de su forma), no como signo, es decir: no por la manera como designa algo, entonces el valor cognoscitivo de $a = a$ sería esencialmente igual al de $a = b$, en el caso de que $a = b$ sea verdadera. Sólo puede haber una distinción si a la diferencia de signos corresponde una diferencia en el modo de presentación de lo designado. Sean *a*, *b* y *c* las rectas que unen los vértices de un triángulo con los puntos medios de los lados opuestos. El punto de intersección de *a* y *b* es entonces el mismo que el punto de intersección de *b* y *c*. Tenemos pues distintas designaciones para el mismo punto, y estos nombres («punto de intersección de *a* y *b*» y «punto de intersección de *b* y *c*») indican al mismo tiempo el modo de presentación, y es por ello por lo que la proposición contiene un conocimiento efectivo.

Así pues, resulta natural pensar que con un signo (nombre, unión de palabras, signos escritos) está unido además de lo designado, lo que se podría llamar la referencia del signo, lo que me gustaría llamar el sentido del signo, donde está contenido el modo de presentación. De acuerdo con esto, en nuestro ejemplo la referencia de las expresiones «el punto de intersección de *a* y *b*» y «el punto de intersección de *b* y *c*» es la misma, pero no sus sentidos. La referencia de «el lucero de la mañana» y «el lucero de la tarde» es la misma, pero no el sentido.

Se desprende del contexto que he entendido aquí por «signo» y «nombre» cualquier designación por la que esté un nombre propio, cuya referencia es, por consiguiente, un objeto determinado (tomada esta palabra en la más amplia extensión), pero no un concepto ni una relación, sobre los que se tratará más de cerca en otro artículo[b]. La designación de un único objeto puede también consistir en varias palabras u otros signos cualesquiera. Para abreviar, se llamará nombre propio a cada una de tales designaciones.

El sentido de un nombre propio es captado por cualquiera que conoce de manera suficiente el lenguaje o la totalidad de las designaciones a las que pertenece[2]; pero con esto la referencia, en el caso de que la tenga, sólo se

[b] Se refiere el autor aquí a «Sobre concepto y objeto». Véase G. Frege, *Ensayos de semántica y filosofía de la lógica*, Tecnos, Madrid, 1998, pp. 123-139.

[2] Por lo que respecta a un nombre propio genuino como «Aristóteles», las opiniones sobre su sentido pueden ser, desde luego, discrepantes. Se podría suponer, por ejemplo, que es lo siguiente: el discípulo de Platón y el maestro de Alejandro Magno. Quien hace esto asignará a la oración «Aristóteles nació en Estagira» un sentido distinto que aquél que supone que el sentido del nombre es: el maestro de Alejandro Magno que nació en Estagira. Ahora bien,

ilumina parcialmente. Para un conocimiento completo de la referencia se requeriría que, para cada sentido dado, pudiésemos decir al instante si está asociado o no con ella. A eso no llegamos nunca.

La conexión regular entre el signo, su sentido, y su referencia, es de tal género, que al signo le corresponde un sentido determinado y a éste, a su vez, una referencia determinada, mientras que a una referencia (a un objeto) no le pertenece sólo un signo. El mismo sentido tiene distintas expresiones en distintos lenguajes, por no hablar del mismo lenguaje. Ciertamente, hay excepciones a este comportamiento regular. Desde luego, en una totalidad completa de signos a cada expresión debería corresponderle un sentido determinado; pero las lenguas naturales no cumplen muchas veces esta exigencia, y debemos contentarnos si la misma palabra tiene siempre el mismo sentido en el mismo contexto. Puede quizás admitirse que una expresión gramaticalmente bien formada, que está por un nombre propio, tiene siempre un sentido. Ahora bien, con esto no se ha dicho que al sentido le corresponda también una referencia. Las palabras «el cuerpo celeste más distante de la Tierra» tienen un sentido; pero es muy dudoso que tengan también una referencia. La expresión «la serie menos convergente», tiene un sentido; pero se puede demostrar que no tiene referencia, pues para cada serie convergente se puede encontrar otra menos convergente, pero que, con todo, es convergente. Por consiguiente, el que se haya captado un sentido no asegura el que se tenga una referencia.

Cuando las palabras se usan de modo habitual, aquello de lo que se quiere hablar es su referencia. Pero puede también suceder que se quiera hablar de las palabras mismas o de su sentido. Tal cosa sucede, por ejemplo, cuando se citan las palabras de otro en estilo directo. En este caso, las palabras del propio hablante se refieren en primer lugar a las palabras de la otra persona y sólo éstas tienen la referencia habitual. Tenemos entonces signos de signos. Cuando se ponen por escrito, las palabras se encierran, en este caso, entre comillas. Por consiguiente, una palabra que va entre comillas no debe tomarse como si tuviera su referencia habitual.

Si se quiere hablar del sentido de una expresión «*A*», puede hacerse usando sencillamente el giro «el sentido de la expresión "*A*"». En el estilo indirecto se habla, por ejemplo, del sentido de lo que ha dicho otra persona. Resulta claro también que en esta manera de hablar las palabras no tienen su referencia habitual, sino que se refieren a lo que habitualmente es su sentido. Para expresarlo con brevedad diremos: en estilo indirecto las palabras se usan *indirectamente* o tienen su referencia *indirecta.* Por consiguiente, distinguimos entre

mientras la referencia sea la misma pueden admitirse esas variaciones de sentido, aunque deben evitarse en la estructura teórica de una ciencia demostrativa y no se debería permitir que ocurriesen en un lenguaje perfecto.

la referencia *habitual* de una palabra y su referencia *indirecta* y entre su sentido *habitual* y su sentido *indirecto.* La referencia indirecta de una palabra es, de acuerdo con esto, su sentido habitual. Tales excepciones tienen siempre que tenerse presentes si se quiere captar correctamente, en los casos particulares, los modos de conexión entre signo, sentido y referencia.

Ha de distinguirse la referencia y el sentido de un signo de la representación asociada con él. Si la referencia de un signo es un objeto sensorialmente perceptible, entonces mi representación de él es una imagen[3] originada a partir de recuerdos de impresiones sensoriales que he tenido y de actividades, tanto internas como externas, que he ejercitado. Esta imagen está a menudo impregnada de sentimientos; la claridad de sus partes individuales es diversa y oscilante. No siempre, ni siquiera en el mismo hombre, está ligada la misma representación con el mismo sentido. La representación es subjetiva: la representación de uno no es la del otro. De aquí que se den múltiples diferencias en las representaciones asociadas con el mismo sentido. Un pintor, un jinete, un zoólogo asociarán probablemente representaciones muy distintas con el nombre «Bucéfalo». Por ello la representación se diferencia esencialmente del sentido de un signo, que puede ser propiedad común de muchos y no es, por tanto, una parte o un modo de una mente individual; así pues, no podrá negarse que la humanidad tiene ciertamente un tesoro común de pensamientos que transmite de una generación a otra[4].

Mientras que, de acuerdo con lo anterior, no hay escrúpulo alguno en hablar lisa y llanamente del sentido, en el caso de la representación tenemos que añadir, estrictamente hablando, a quién pertenece y en qué tiempo. Se podría quizás decir: del mismo modo que con la misma palabra uno conecta esta representación y otro aquélla, también uno puede asociar con ella este sentido y otro aquél. Pero entonces la diferencia consiste sólo en el modo de esa asociación. Esto no impide que ambos capten el mismo sentido; pero no pueden tener la misma representación. *Si duo idem faciunt, non est idem.* Si dos se representan lo mismo, cada uno tiene, a pesar de todo, su propia representación. Ciertamente, es posible a veces establecer diferencias entre las representaciones, e incluso entre las sensaciones, de distintos hombres; pero no es posible una auténtica comparación, porque no podemos tener esas representaciones juntas en la misma conciencia.

---

[3] Podemos poner también junto a las representaciones las intuiciones en las que las impresiones sensoriales y las actividades mismas ocupan el lugar de las huellas que han dejado en la mente. La distinción es irrelevante para nuestros propósitos, máxime cuando junto a las sensaciones y actividades los recuerdos de éstas ayudan a completar la imagen intuitiva. Pero un objeto puede entenderse también por intuición, en tanto que sea sensorialmente perceptible o espacial.

[4] Es, por tanto, muy poco conveniente designar con la palabra «representación» cosas tan fundamentalmente distintas.

La referencia de un nombre propio es el objeto mismo que designamos por medio de él; la representación que tenemos en este caso es completamente subjetiva; entre ambos está el sentido, que ciertamente ya no es subjetivo como la representación, pero que tampoco es el objeto mismo. El siguiente símil es quizás apropiado para esclarecer estas relaciones. Alguien observa la Luna a través de un telescopio. Comparo la Luna misma con la referencia; es el objeto de observación, que viene dado por la imagen real que se proyecta en la lente del objetivo del interior del telescopio y por la imagen que se produce en la retina del observador. A la primera imagen la comparo con el sentido; a la segunda, con la representación o intuición. La imagen del telescopio es, ciertamente, unilateral, depende del lugar de observación; pero es, con todo, objetiva en la medida en que puede servir a muchos observadores. En cualquier caso, podría disponerse de tal manera que muchos la usaran al mismo tiempo. Pero, por lo que respecta a las imágenes de la retina, cada uno tendría la suya propia. Apenas si se alcanzaría incluso una congruencia geométrica debido a las distintas conformaciones de los ojos, y quedaría excluida una coincidencia real. Este símil podría quizás desarrollarse adicionalmente si se supusiera que la imagen que se produce en la retina de *A* podría hacerse visible a *B*; o también que el mismo *A* podría ver la imagen de su propia retina en un espejo. Con esto quizás pudiéramos mostrar cómo una representación puede ser tomada de hecho como objeto, pero como tal no es para el observador lo que es directamente para el que se la representa. Pero seguir discutiendo esto nos apartaría demasiado de nuestro camino.

Podemos reconocer ahora tres niveles de diferenciación entre las palabras, expresiones y oraciones completas. O bien la diferencia atañe a lo sumo a las representaciones, o al sentido pero no a la referencia, o, finalmente, también a la referencia. Con respecto al primer nivel, ha de señalarse que, debido a la inseguridad de la conexión entre representaciones y palabras, para uno puede existir una diferencia que el otro no encuentra. La diferencia entre la traducción y el escrito original no debería sobrepasar este primer nivel. A las posibles diferencias que pueden encontrarse aquí pertenecen las coloraciones y las iluminaciones que la poesía y la elocuencia buscan dar al sentido. Estas coloraciones e iluminaciones no son objetivas, sino que cada oyente o lector debe dejarse transportar por las sugerencias del poeta o del orador. Sin una afinidad de las representaciones humanas el arte no sería ciertamente posible; pero en qué medida se corresponden éstas con las intenciones del poeta es algo que jamás se puede averiguar completamente.

En lo que sigue no se hablará ya más de las representaciones e intuiciones; sólo se las ha mencionado aquí para que no se confunda la representación que una palabra despierta en un oyente con su sentido o su referencia.

Para hacer posible que nos expresemos de una manera breve y exacta, establezcamos la terminología siguiente:

> Un nombre propio (palabra, signo, combinación de signos, expresión) expresa su sentido, se refiere a, o designa, su referencia. Con un signo expresamos su sentido y designamos su referencia.

Del lado del escepticismo y del idealismo se habrá objetado ya desde hace tiempo: «Hablas aquí sin más de la Luna como un objeto; pero ¿cómo sabes que el nombre "la Luna" tiene una referencia, cómo sabes que, en general, hay algo que tiene una referencia?» Respondo que cuando decimos «la Luna» no es nuestra intención hablar de nuestra representación de la Luna, y que tampoco nos contentamos con el sentido, sino que presuponemos una referencia. Sería confundir completamente el sentido el que se quisiera suponer que en la oración «La Luna es menor que la Tierra», se está hablando de una representación de la Luna. Si el hablante quisiera decir esto, usaría el giro «mi representación de la Luna». Ahora bien, podemos desde luego errar en esta presuposición, y tales errores han ocurrido de hecho. Pero la cuestión de si quizás erramos siempre en esto, puede quedar aquí sin respuesta; es, en principio, suficiente, para justificar el que se hable de la referencia de un signo, el señalar nuestra intención al hablar o al pensar, si bien con la reserva: caso de que exista tal referencia.

Hasta ahora se ha considerado solamente el sentido y la referencia de aquellas expresiones, palabras, signos, que se han llamado nombres propios. Vamos a preguntarnos ahora por el sentido y la referencia de una oración asertórica completa. Tal oración contiene un pensamiento[5]. Ahora bien, ¿ha de considerarse ese pensamiento como su sentido o como su referencia? Supongamos que tal oración tiene una referencia. Si reemplazamos en ella una palabra por otra con la misma referencia, pero con diferente sentido, tal reemplazo no puede tener influencia alguna sobre la referencia de la oración. Podemos ver, sin embargo, que en tal caso el pensamiento cambia; pues el pensamiento de, por ejemplo, la oración «El lucero de la mañana es un cuerpo iluminado por el Sol» difiere del de la oración «El lucero de la tarde es un cuerpo iluminado por el Sol». Alguien que no supiese que el lucero de la tarde es el lucero de la mañana podría tener un pensamiento por verdadero y el otro por falso. Por consiguiente, el pensamiento no puede ser la referencia de la oración; por el contrario, hemos de concebirlo como el sentido. Pero ¿qué sucede con la referencia? ¿Tenemos derecho, en suma, a preguntar por ella? ¿Tiene quizás la oración como un todo sólo un sentido, pero no una referencia? En todo caso, puede esperarse que se den tales oraciones, del mismo modo que hay partes de oraciones que tienen ciertamente un sentido, pero que no tienen referencia. Las oraciones que contienen nombres propios sin referencia serán de este género. La oración «Ulises fue

[5] Entiendo por pensamiento no al acto subjetivo de pensar, sino su contenido objetivo, que es capaz de ser propiedad común de muchos.

desembarcado en Ítaca profundamente dormido» tiene obviamente un sentido. Pero, puesto que es dudoso que el nombre «Ulises» que aparece en ella tenga una referencia, es también dudoso que la oración entera la tenga. Pero, con todo, es seguro que cualquiera que, seriamente, tenga a la oración por verdadera o por falsa, le adjudicará también una referencia al nombre «Ulises» y no sólo un sentido; puesto que a la referencia de este nombre es a lo que se atribuye o deja de atribuir el predicado. El que no admita una referencia no podrá atribuirle o dejar de atribuirle un predicado. Pero el avance hacia la referencia del nombre sería entonces superfluo; uno podría contentarse con el sentido, si no quisiera ir más allá del pensamiento. Si sólo se tratara del sentido de la oración, del pensamiento, no sería necesario preocuparse por la referencia de una parte de la oración; pues por lo que respecta al sentido de la oración, sólo entra en consideración el sentido de esa parte, no la referencia. El pensamiento sigue siendo el mismo, tenga o no el nombre «Ulises» una referencia. El que nos preocupemos por la referencia de una parte de la oración es un signo de que también reconocemos y exigimos en general una referencia para la oración misma. El pensamiento pierde valor para nosotros tan pronto como reconocemos que falta la referencia de una de sus partes. Por tanto, tenemos en verdad derecho a no contentarnos con el sentido de una oración y a preguntar también por su referencia. Pero ¿por qué queremos que todo nombre propio tenga no sólo un sentido sino también una referencia? ¿Por qué no nos basta el pensamiento? Porque, y en la medida en que, nos importa su valor de verdad. Éste no es siempre el caso. Al escuchar, por ejemplo, una epopeya, nos cautivan, además de la armonía del lenguaje, el sentido de las oraciones y las representaciones y los sentimientos despertados por ellas. Con la pregunta por la verdad abandonaríamos el goce artístico y adoptaríamos un enfoque científico. Por tanto, nos es indiferente si, por ejemplo, el nombre «Ulises» tiene una referencia, en la medida en que tomemos el poema como una obra de arte[6]. Es entonces la aspiración hacia la verdad la que nos impulsa sobre todo a avanzar del sentido a la referencia.

Hemos visto que a una oración hay que buscarle siempre una referencia, cuando se está interesado en la referencia de sus partes componentes; y esto sucede cuando y sólo cuando se da el caso de que nos preguntamos por el valor de verdad.

Así pues, esto nos impulsa a aceptar que el *valor de verdad* de una oración es su referencia. Entiendo por valor de verdad de una oración la circunstancia de que es verdadera o falsa. No hay otros valores de verdad. Para abreviar, llamo a uno lo verdadero, al otro lo falso. Toda oración asertóri-

---

[6] Sería deseable tener una expresión especial para signos que tienen sólo sentido. Si, pongamos por caso, los llamásemos imágenes, las palabras de los actores en el escenario serían imágenes, e incluso el actor mismo sería una imagen.

ca, en la que importe la referencia de sus palabras, ha de concebirse por lo tanto como un nombre propio, y su referencia, en el caso de que la tenga, es lo verdadero o lo falso. Estos dos objetos serán reconocidos, aunque sólo sea de modo implícito, por todo aquel que juzgue, que tenga algo por verdadero, por tanto también por el escéptico. La designación de los valores de verdad como objetos podría parecer aquí una ocurrencia arbitraria y quizás un mero juego de palabras, del que no debería extraerse ninguna consecuencia profunda. Lo que llamo objeto sólo se puede discutir propiamente en conexión con concepto y relación. Reservaré esto para otro artículo[c]. Pero, por lo menos, que quede claro a partir de ahora que en todo juicio[7] —por muy evidente que sea— se ha producido ya el paso del nivel de los pensamientos al nivel de las referencias (de lo objetivo).

Uno podría sentir la tentación de contemplar la relación del pensamiento con lo verdadero no como la del sentido con la referencia, sino como la del sujeto con el predicado. Podría efectivamente decirse: «El pensamiento de que cinco es un número primo es verdadero». Pero si se mira esto más cuidadosamente, se da uno cuenta de que con ello no se ha dicho realmente más que con la pura y simple oración «5 es un número primo». El que se asevere verdad es algo que reside en ambos casos en la forma de la oración asertórica, y cuando ésta no tiene su fuerza habitual, por ejemplo: en boca de un actor en el escenario, la oración «El pensamiento de que 5 es un número primo es verdadero» contiene también sólo un pensamiento, y ciertamente el mismo pensamiento que la pura y simple: «5 es un número primo». Se sigue de esto que la relación del pensamiento con lo verdadero no debe compararse con la del sujeto con el predicado. Sujeto y predicado son ciertamente (entendidos en sentido lógico) partes del pensamiento; para el conocimiento están al mismo nivel. Mediante la composición de sujeto y predicado sólo se alcanza siempre un pensamiento, nunca se pasa de un sentido a su referencia, de un pensamiento a su valor de verdad. Uno se mueve en el mismo nivel, pero no se avanza de un nivel al siguiente. Un valor de verdad no puede ser parte de un pensamiento, del mismo modo que no puede serlo el Sol, porque no es ningún sentido, sino un objeto.

Si nuestra conjetura de que la referencia de una oración es su valor de verdad es correcta, entonces éste debe permanecer inalterado cuando una parte de la oración se reemplaza por una expresión con la misma referencia pero distinto sentido. Y, de hecho, esto es lo que sucede. Leibniz aclara esto de modo directo: «*Eadem sunt, quae sibi mutuo substitui possunt, salva veritate*». Pues ¿qué otra cosa podría encontrarse que no fuese el valor de verdad, que pertenezca de manera general a toda oración en la que interese

---

[c] Se refiere Frege aquí nuevamente al artículo «Sobre concepto y objeto», véase nota b.

[7] Un juicio no es para mí la mera captación de un pensamiento, sino la aceptación de su verdad.

la referencia de las partes componentes y que permanezca inalterada al hacer una substitución del género mencionado?

Ahora bien, si el valor de verdad de una oración es su referencia, entonces, todas las oraciones verdaderas por una parte, y todas las falsas por otra, tienen la misma referencia. Vemos a partir de esto que en la referencia de la oración todo lo específico se borra. Nunca, por consiguiente, podemos interesarnos sólo por la referencia de una oración; pero tampoco el mero pensamiento proporciona conocimiento alguno, sino sólo el pensamiento junto con su referencia, esto es: con su valor de verdad. Los juicios pueden concebirse como avances de un pensamiento hacia su valor de verdad. Desde luego, esto no debe tomarse como una definición. El juzgar es algo completamente peculiar e incomparable. Se podría decir también que juzgar es distinguir partes dentro del valor de verdad. Esta distinción sucede remontándose al pensamiento. A cada sentido, que pertenece a un valor de verdad, le correspondería un género peculiar de descomposición. He usado aquí la palabra «parte» de una manera especial. De hecho, he transferido la relación entre el todo y las partes en la oración a su referencia, puesto que he llamado a la referencia de una palabra parte de la referencia de la oración, cuando la palabra misma es parte de la oración; esta manera de hablar es, desde luego, discutible, porque, por lo que respecta a la referencia, el resto no queda determinado por el todo y una parte, y porque la palabra «parte» se usa ya de modo distinto para los cuerpos. Haría falta crear para esto una expresión apropiada.

Se debe ahora seguir comprobando la conjetura de que el valor de verdad de una oración es su referencia. Hemos encontrado que el valor de verdad de una oración permanece inalterado cuando reemplazamos en ella una expresión por otra con igual referencia: pero todavía no hemos considerado el caso en el que la expresión a reemplazar es ella misma una oración. Ahora bien, si nuestro punto de vista es correcto, el valor de verdad de una oración que contiene a otra como parte, tiene que permanecer sin cambio alguno si substituimos la oración que es una parte por otra cuyo valor de verdad es el mismo. Deben esperarse excepciones cuando toda la oración o una parte están en estilo directo o indirecto; pues, como hemos visto, en estos casos la referencia de las palabras no es la habitual. Una oración se refiere en estilo directo a otra oración y en estilo indirecto a un pensamiento.

Esto nos lleva entonces a la consideración de las oraciones subordinadas. Éstas aparecen como parte de una oración compuesta que, desde el punto de vista lógico, se presenta también como una oración, es decir: como oración principal. Pero aquí tenemos que hacer frente a la cuestión de si vale también para las oraciones subordinadas el que su referencia es un valor de verdad. Del estilo indirecto sabemos ya lo contrario. Los gramáticos contemplan las oraciones subordinadas como representantes de partes de oraciones y las dividen en oraciones nominales (*Nennsätze*), aposiciones (*Beisätze*) y oraciones adverbiales (*Adverbsatze*). A partir de aquí podría surgir la conjetura de que la referencia de una oración subordinada no es un valor de verdad, sino que es la misma que la de un nombre, un adjetivo o un adverbio, para decirlo brevemente: la misma que la de una parte de la oración que no tiene como sentido un pensamiento, sino sólo una parte del mismo. Ahora bien, sólo una investigación más a fondo puede arrojar luz sobre esto. Al hacerla, no nos mantendremos estrictamente en las categorías gramaticales, sino que agruparemos lo que es lógicamente similar. Busquemos en primer lugar los casos en los que el sentido de la oración subordinada no es, como ya hemos conjeturado, un pensamiento independiente.

A la clase de oraciones nominales abstractas que empiezan por «que» pertenece también el estilo indirecto; en él hemos visto que las palabras tienen su referencia indirecta, que coincide con lo que es su sentido habitual. Por tanto, la subordinada tiene como referencia en este caso un pensamiento, no un valor de verdad; como sentido, no un pensamiento, sino el sentido de las palabras «el pensamiento de que...», que es sólo una parte del pensamiento de la oración compuesta completa. Esto ocurre después de «decir», «oír», «opinar», «estar convencido», «concluir» y palabras similares[8]. La situación es distinta, y ciertamente bastante complicada, después de palabras como «conocer», «saber», «imaginar», que se considerarán más adelante.

Que en nuestros casos la referencia de la oración subordinada es, de hecho, el pensamiento, se ve también en que es indiferente para la verdad del todo que el pensamiento sea verdadero o falso. Compárense, por ejemplo, las dos oraciones: «Copérnico creía que las órbitas de los planetas eran círculos» y «Copérnico creía que la apariencia del movimiento del Sol se produce por el movimiento real de la Tierra». Se puede reemplazar aquí, sin perjuicio de la verdad, una oración subordinada por la otra. La oración principal junto con la subordinada sólo tiene como sentido un único pensamiento, y la verdad del todo no incluye ni la verdad ni la no verdad de la oración subordinada. En estos casos, no se permite reemplazar en la oración subordinada una expresión por otra que tenga la misma referencia habitual, sino sólo por una que tenga la misma referencia indirecta, es decir: el mismo sentido habitual. Si alguien quisiera concluir: la referencia de una oración no es su valor de verdad, «pues entonces se la podría reemplazar en todas partes por otra con el mismo valor de verdad», habría probado demasiadas cosas; del mismo modo, uno podría aseverar que la referencia de la expresión «lucero de la mañana» no es Venus, puesto que no puede decirse en todo lugar «Venus» en vez de «lucero de la mañana». Sólo se tiene derecho a concluir que la referencia de una oración no es *siempre* su valor de verdad y que «lucero de la mañana» no siempre se refiere al planeta Venus: no lo hace cuando esta

---

[8] En «*A* mintió al decir que había visto a *B*» la oración subordinada se refiere a un pensamiento, del que se dice, en primer lugar, que *A* lo ha aseverado como verdadero y, en segundo lugar, que *A* estaba convencido de su falsedad.

expresión tiene su referencia indirecta. Tal caso excepcional ocurre en la oración subordinada que se acaba de considerar, cuya referencia es un pensamiento.

Cuando se dice «parece que...» se quiere decir «me parece que...», o «soy de la opinión de que...». Tenemos, por tanto, otra vez el mismo caso. La situación es similar respecto de expresiones como «alegrarse», «lamentar», «aprobar», «censurar», «desear», «temer». Cuando, hacia el final de la batalla de Belle-Alliance[d], Wellington se alegró de que viniesen los prusianos, la razón de su alegría era una convicción. Si se hubiera equivocado, en tanto durase su ilusión, no por ello se habría alegrado menos, y antes de alcanzar la convicción de que venían los prusianos no podía alegrarse de ello, a pesar de que, de hecho, ya se estaban acercando.

Al igual que una convicción o una creencia es la razón de un sentimiento, también puede ser razón de otra convicción, como sucede en el caso de la inferencia. En la oración: «Colón infirió de la redondez de la Tierra que, viajando hacia el Oeste, podría alcanzar las Indias», tenemos como referencia de las partes dos pensamientos, que la Tierra es redonda y que Colón podría alcanzar las Indias viajando hacia el Oeste. Lo que importa aquí de nuevo es que Colón estaba convencido de una y otra cosa y que una convicción era la razón de la otra. El que la Tierra sea realmente redonda y el que Colón pudiese realmente alcanzar las Indias viajando hacia el Oeste, como él pensaba, es indiferente para la verdad de nuestra oración; pero no es indiferente el que reemplacemos «la Tierra» por «el planeta que va acompañado de una Luna, cuyo diámetro es mayor que la cuarta parte del suyo propio». Tenemos también aquí la referencia indirecta de las palabras.

Las oraciones adverbiales finales con «para que» son también de este tipo; pues obviamente la finalidad es un pensamiento; de ahí que: referencia indirecta de las palabras, subjuntivo.

La oración subordinada con «que» después de «ordenar», «pedir», «prohibir», aparecería en estilo directo como imperativo. Tal oración subordinada no tiene referencia alguna, sino sólo un sentido. Una orden, una petición no son, ciertamente, pensamientos, aunque están al mismo nivel que los pensamientos. Por ello, en las oraciones subordinadas que dependen de «ordenar», «pedir», etc., las palabras tienen su referencia indirecta. La referencia de tal oración no es, por lo tanto, un valor de verdad, sino una orden, una petición y así sucesivamente.

Sucede algo similar en el caso de preguntas subordinadas, en giros como «dudar de que» o «no saber que». Es fácil ver que también aquí han de tomarse las palabras en su referencia indirecta. Las oraciones interrogativas indirectas con «quién», «qué», «dónde», «cuándo», «cómo», «por medio

---

[d] Éste es el modo alemán de designar la batalla de Waterloo.

de qué», etc., a veces parecen acercarse mucho a las oraciones adverbiales, en las que las palabras tienen su referencia habitual. Lingüísticamente hablando, estos casos se diferencian por el modo del verbo. En el caso del subjuntivo, tenemos preguntas subordinadas y referencia indirecta de las palabras, de modo que un nombre propio no puede reemplazarse generalmente por otro nombre del mismo objeto.

En los casos considerados hasta ahora, las palabras de la oración subordinada tenían su referencia indirecta y por eso es explicable que la referencia de la oración subordinada misma fuese indirecta, es decir: no un valor de verdad, sino un pensamiento, una orden, una petición, una pregunta. La oración subordinada podría concebirse como un nombre; de hecho podría decirse: como un nombre propio de ese pensamiento, de esa orden, etc., pues como tal aparece en el contexto de la oración compuesta.

Pasamos ahora a otras oraciones subordinadas, en las que las palabras tienen ciertamente su referencia habitual, sin que aparezca sin embargo un pensamiento como sentido y un valor de verdad como referencia. Quedará claro con ejemplos cómo es posible esto.

> «El que descubrió la forma elíptica de las órbitas de los planetas murió en la miseria.»

Si la oración subordinada tuviese aquí como sentido un pensamiento, tendría que ser posible entonces expresarlo también en una oración principal. Pero esto no funciona, porque el sujeto gramatical «el que» no tiene ningún sentido independiente, y sólo facilita las relaciones con la oración que va a continuación: «murió en la miseria». Es por ello por lo que tampoco el sentido de la oración subordinada es un pensamiento completo y su referencia no es un valor de verdad, sino Képler. Podría objetarse que, no obstante, el sentido del todo encierra como parte un pensamiento, a saber: que hubo alguien que descubrió por vez primera la forma elíptica de las órbitas de los planetas; pues cualquiera que tuviese por verdadero el todo no podría negar esta parte. De esto último no cabe duda; pero sólo porque, de lo contrario, la oración subordinada «el que descubrió la forma elíptica de las órbitas de los planetas», no tendría referencia alguna. Cuando alguien asevera algo, hay siempre una presuposición obvia de que los nombres propios usados, simples o compuestos, tienen una referencia. Por tanto, cuando se asevera «Képler murió en la miseria», se presupone con ello que el nombre «Képler» designa algo; pero no se sigue de esto que esté contenido, en el sentido de la oración «Képler murió en la miseria», que el nombre «Képler» designa algo. Si éste fuera el caso, no podría la negación rezar del modo siguiente:

> «Képler no murió en la miseria»,

sino

«Képler no murió en la miseria, o el nombre "Képler" carece de referencia».

Que el nombre Képler designa algo es tanto presuposición de la aserción

«Képler murió en la miseria»

como de su contraria. Ahora bien, los lenguajes tienen el defecto de que es posible que contengan expresiones que por su forma gramatical parecen destinadas para designar un objeto, pero que en casos especiales no lo logran porque esto depende de la verdad de alguna otra oración. Así pues, depende de la verdad de la oración

«Hubo alguien que descubrió la forma elíptica de las órbitas de los planetas»

el que la oración subordinada

«el que descubrió la forma elíptica de las órbitas de los planetas»

designe realmente un objeto o sólo suscite apariencia de ello y, de hecho, carezca de referencia. Y es así como puede parecer que nuestra oración subordinada contiene como parte de su sentido el pensamiento de que hubo alguien que descubrió la forma elíptica de las órbitas de los planetas. Si esto fuera correcto, la negación rezaría así:

«El que descubrió por vez primera la forma elíptica de las órbitas de los planetas, no murió en la miseria, o no hubo nadie que descubriese la forma elíptica de las órbitas de los planetas».

Esto surge de una imperfección del lenguaje, de la que tampoco está completamente libre por lo demás el lenguaje simbólico del análisis; también aquí pueden aparecer combinaciones de signos que producen la apariencia de que se refieren a algo pero que, por lo menos hasta ahora, carecen de referencia, como, por ejemplo, las series divergentes infinitas. Esto puede evitarse por medio de una estipulación especial al efecto de que, por ejemplo, las series divergentes infinitas deban referirse al número 0. De un lenguaje lógicamente perfecto (conceptografía) ha de reclamarse que cada expresión que se ha formado como nombre propio de modo gramaticalmente correcto, a partir de signos ya introducidos, designe también de hecho un objeto, y que no se introduzca ningún nuevo signo como nombre propio, sin que tenga asegurada una referencia. En los textos de lógica se advierte sobre la ambigüedad de las expresiones como fuente de errores lógicos. Como mínimo, tengo por igualmente oportuna la advertencia respecto de los nombres propios aparentes que no tienen referencia alguna. La historia de la matemática podría contar los errores que tienen aquí su origen. El uso demagógico facilitado por esta situación es también muy común, más común quizás que los errores inducidos por la ambigüedad de las palabras. «La voluntad del pueblo» puede servir como un ejemplo de esto; pues resulta fácil establecer que no hay ninguna referencia reconocida generalmente de esta expresión. Por tanto, no es algo que carezca de importancia el cegar de una vez para siempre, al menos para la ciencia, la fuente de estos errores. En ese caso serían imposibles objeciones tales como las discutidas anteriormente, pues la verdad de un pensamiento nunca podría depender de que un nombre tenga referencia.

Podemos tomar en consideración estas oraciones nominales juntamente con un género de oraciones adjetivas y adverbiales, que están, lógicamente hablando, en estrecha conexión con las primeras.

También las oraciones adjetivas sirven para formar nombres propios compuestos, aunque, a diferencia de las oraciones nominales, no se basten ellas solas para este propósito. Estas oraciones adjetivas han de considerarse equivalentes a adjetivos. En lugar de «la raíz cuadrada de 4 que es menor que 0», puede decirse «la raíz cuadrada negativa de 4». Tenemos aquí un caso en el que, a partir de una expresión conceptual, se forma un nombre propio compuesto con la ayuda del artículo determinado en singular, lo que, en cualquier caso, es permisible cuando un objeto y sólo uno cae bajo el concepto[9]. Ahora bien, las expresiones conceptuales pueden formarse de tal manera que sus características se pongan de manifiesto mediante oraciones adjetivas como, en nuestro ejemplo, mediante la oración «que es menor que 0». Es obvio que tal oración adjetiva no puede tener, lo mismo que sucedía antes con la oración nominal, un pensamiento como sentido ni un valor de verdad como referencia, sino que tiene como sentido sólo una parte del pensamiento que, en algunos casos, puede expresarse por medio de un único adjetivo. También falta aquí, como en el caso de las oraciones nominales, el sujeto independiente y por ello se esfuma la posibilidad de reproducir el sentido de la oración subordinada en una oración principal independiente.

Los lugares, instantes, períodos de tiempo son, lógicamente hablando, objetos; por tanto, la designación lingüística de un determinado lugar, un determinado momento o un período de tiempo ha de concebirse como nombre propio. Ahora bien, las oraciones adverbiales de lugar y tiempo pueden usarse para formar tal nombre propio, de manera similar a como acabamos de ver en el caso de las oraciones nominales y adjetivas. Del mismo modo,

---

[9] De acuerdo con lo que se ha observado más arriba, a una tal expresión se le tendría que asegurar siempre una referencia por medio de una estipulación especial, mediante la prescripción, por ejemplo, de que ha de tener como referencia el número 0, cuando bajo el concepto no caiga ningún objeto o caiga más de uno.

pueden formarse expresiones para conceptos que aludan a lugares, etc. Ha de señalarse también aquí que el sentido de esas oraciones subordinadas no puede reproducirse en una oración principal, porque falta un componente esencial: la determinación del lugar o del tiempo, que sólo se indica mediante un pronombre relativo o una conjunción [10].

También puede reconocerse las más de las veces en las oraciones condicionales, como hemos visto hace un momento en el caso de las oraciones nominales, adjetivas y adverbiales, un componente que indica de manera indeterminada, al que le corresponde en el consecuente uno similar. Al remitir ambos componentes el uno al otro, las dos oraciones se unen para formar un todo que, por regla general, expresa sólo un pensamiento. En la oración

> «Si un número es menor que 1 y mayor que 0, también su cuadrado es menor que 1 y mayor que 0»

este componente es «un número» en el antecedente del condicional y «su» en el consecuente. Precisamente debido a esta indeterminación, recibe el sentido la generalidad que se espera de una ley. Pero justamente esto provoca también que el antecedente del condicional no tenga por sí solo como sentido un pensamiento completo y exprese, junto con el consecuente, uno y sólo un pensamiento, cuyas partes ya no son pensamientos. En general, es incorrecto decir que en un juicio hipotético se ponen recíprocamente en relación dos juicios. Si se dice esto o algo similar, entonces se está usando la palabra «juicio» en el mismo sentido que he conectado con la palabra «pensamiento», de modo que tendría que decir: «En un pensamiento hipotético se ponen recíprocamente en relación dos pensamientos». Esto sólo podría

---

[10] En el caso de estas oraciones, son posibles, por lo demás, concepciones ligeramente distintas. El sentido de la oración «Después de que Schleswig-Holstein se hubo separado de Dinamarca, Prusia y Austria se enemistaron», puede reproducirse de la forma: «Después de la separación de Schleswig-Holstein de Dinamarca, Prusia y Austria se enemistaron». De acuerdo con esta concepción, resulta en verdad suficientemente claro que el pensamiento de que Schleswig-Holstein se separó alguna vez de Dinamarca no ha de tomarse como parte de este sentido, sino que ese pensamiento es la presuposición necesaria para que la expresión «después de la separación de Schleswig-Holstein de Dinamarca» tenga alguna referencia. Desde luego, nuestra oración puede concebirse de tal manera que se esté diciendo con ella que Schleswig-Holstein se separó alguna vez de Dinamarca. Tenemos entonces un caso que ha de considerarse más tarde. Para darse cuenta más claramente de la diferencia, pongámonos en el pellejo de un chino que, debido a su escaso conocimiento de la historia europea, tiene por falso el que Schleswig-Holstein se haya separado alguna vez de Dinamarca. Éste no tendría a nuestra oración, concebida del primer modo, ni por verdadera ni por falsa, sino que le negaría cualquier referencia, puesto que la oración subordinada carece de ella. Esta última sólo daría, aparentemente, una determinación temporal. Si, por el contrario, concibiese nuestra oración de acuerdo con el segundo modo, encontraría expresado en ella un pensamiento que tendría por falso, junto a una parte que, para él, carecería de referencia.

ser verdad si faltase un componente que indicase de manera indeterminada[11]; pero en ese caso no habría generalidad alguna.

Cuando ha de indicarse un instante de manera indeterminada en el antecedente y el consecuente de una oración condicional, esto ocurre frecuentemente por medio del mero uso del tiempo presente del verbo que, en tal caso, no conlleva la designación del presente temporal. Esta forma gramatical es entonces el componente que indica de manera indeterminada en la oración principal y en la subordinada. «Cuando el Sol está en el trópico de Cáncer, tenemos el día más largo en el hemisferio norte» es un ejemplo de esto. Aquí es también imposible expresar el sentido de la subordinada en una principal, puesto que este sentido no es ningún pensamiento completo; pues si dijésemos: «El Sol está en el trópico de Cáncer», estaríamos designando nuestro presente y, con ello, alteraríamos el sentido. Aún menos es el sentido de la principal un pensamiento; sólo el todo compuesto de la oración principal y de la subordinada contiene tal pensamiento. Por lo demás, también se pueden indicar de manera indeterminada diversos componentes comunes del antecedente y el consecuente de una oración condicional.

Resulta obvio que oraciones nominales con «quien», «lo que» y oraciones adverbiales como «donde», «cuando», «dondequiera que», «cuandoquiera que» han de concebirse a menudo, según el sentido, como oraciones condicionales como, por ejemplo: «Quien anda con brea, se embadurna».

También las oraciones adjetivas pueden estar por oraciones condicionales. Así, podemos expresar también el sentido de nuestra oración mencionada anteriormente de la forma: «El cuadrado de un número que es menor que 1 y mayor que 0 es menor que 1 y mayor que 0».

El asunto es completamente distinto cuando el componente común de la oración principal y de la subordinada se designa mediante un nombre propio. En la oración:

> «Napoleón, que cayó en la cuenta del peligro para su flanco derecho, dirigió él mismo a su guardia contra la posición enemiga»,

se expresan dos pensamientos:

1. Napoleón cayó en la cuenta del peligro para su flanco derecho;
2. Napoleón dirigió él mismo a su guardia contra la posición enemiga.

Cuándo y dónde sucedió esto, ciertamente sólo se puede conocer a partir del contexto, pero por ello ha de contemplarse como determinado. Si emitimos toda la oración como una aserción, aseveramos con ella de modo simul-

[11] A veces falta una indicación lingüística explícita y tiene que extraerse del contexto.

táneo las dos oraciones componentes. Si una de ellas es falsa, entonces el todo es falso. Tenemos aquí el caso en el que la oración subordinada tiene por sí misma como sentido un pensamiento completo (si lo completamos con una indicación de tiempo y lugar). La referencia de la oración subordinada es, por consiguiente, un valor de verdad. Así pues, podemos esperar que, sin perjuicio de la verdad del todo, se pueda reemplazar por una oración con el mismo valor de verdad. De hecho, éste es el caso; pero debe advertirse que, por razones puramente gramaticales, su sujeto tiene que ser «Napoleón», pues sólo entonces puede ponerse en la forma de una oración adjetiva que pertenezca a «Napoleón». Pero, si se prescinde de la exigencia de que tenga esa forma y se permite también la conexión por medio de «y», entonces esa restricción desaparece.

También en las subordinadas con «aunque» se expresan pensamientos completos. Esta conjunción no tiene ciertamente sentido alguno y tampoco cambia el sentido de la oración, sino que lo ilumina sólo de un modo peculiar[12]. De hecho, podríamos reemplazar, sin perjuicio alguno para la verdad del todo, la oración concesiva por otra con el mismo valor de verdad, pero la iluminación parecería entonces ligeramente inapropiada, como si una canción de contenido triste se quisiera cantar de manera alegre.

En los últimos casos la verdad del todo incluía la verdad de las oraciones que aparecían como partes. El asunto es distinto si una oración condicional expresa un pensamiento completo dado que contiene, en lugar de un componente que se limita a indicar, un nombre propio o algo que debe contemplarse como equivalente. En la oración

«Si ahora el Sol ya ha salido, entonces el cielo está muy nublado»

el tiempo es el presente, por tanto, determinado. También el lugar ha de pensarse como determinado. Puede decirse aquí que se ha establecido una relación entre los valores de verdad del antecedente y del consecuente, es decir: que no sucede el caso en el que el antecedente se refiere a lo verdadero y el consecuente a lo falso. De acuerdo con esto, nuestra oración es verdadera tanto si el Sol no ha salido ahora todavía, esté ahora el cielo muy nublado o no, como si el Sol ha salido ya y el cielo está muy nublado. Comoquiera que aquí sólo interesan los valores de verdad, se puede reemplazar cada una de las oraciones componentes por otra del mismo valor de verdad, sin alterar el valor de verdad del todo. Desde luego, también aquí sería inapropiada la iluminación en la mayoría de los casos; el pensamiento parecería ligeramente distorsionado; pero esto no tiene nada que ver con su valor de verdad. En relación con esto, debe tenerse presente siempre que se suscitan pensamientos concomitantes que, sin embargo, no se expresan realmente y que, por tanto,

---

[12] Lo mismo tenemos en el caso de «pero» o «no obstante».

no deben incluirse en el sentido de la oración, y por ello no se han de tomar en cuenta tampoco sus valores de verdad[13].

Con esto habrían quedado discutidos los casos más simples. Demos ahora un repaso a lo que hemos aprendido.

La oración subordinada no tiene como sentido, de modo general, un pensamiento, sino sólo una parte de él y, por consiguiente, no tiene como referencia ningún valor de verdad. La razón de esto reside o bien en que en la subordinada las palabras tienen su referencia indirecta, de modo que la referencia de la subordinada es un sentido y no un pensamiento, o bien en que la subordinada es incompleta dado que hay en ella un componente que indica sólo indeterminadamente, de modo que sólo expresa un pensamiento completo en combinación con la principal. Pueden también darse casos en los que el sentido de la oración subordinada es un pensamiento completo; entonces puede reemplazarse por otra con el mismo valor de verdad sin perjuicio de la verdad del todo, siempre que no existan impedimentos gramaticales.

Si, después de esto, uno examina todas las oraciones subordinadas con las que pueda encontrarse, se encontrará enseguida con algunas que no encajarán del todo en esas casillas. La razón de esto, hasta donde yo puedo ver, es que esas oraciones subordinadas no tienen un sentido tan simple. Parece que casi siempre, al emitir un pensamiento principal, asociamos con él pensamientos concomitantes que, aunque no son expresados, el oyente los vincula también con nuestras palabras en virtud de leyes psicológicas. Y puesto que tales pensamientos concomitantes aparecen asociados por sí mismos a nuestras palabras, casi como el propio pensamiento principal, también nosotros queremos expresar tal pensamiento concomitante. Con esto se vuelve más rico el sentido de la oración, y puede muy bien suceder que tengamos más pensamientos simples que oraciones. En más de un caso la oración debe entenderse de esta manera, en otros puede ser dudoso si el pensamiento concomitante pertenece al sentido de la oración o sólo lo acompaña[14]. Así, se podría quizás encontrar que, en la oración

> «Napoleón, que cayó en la cuenta del peligro para su flanco derecho, dirigió él mismo su guardia contra la posición enemiga»

no se habían expresado solamente los dos pensamientos indicados arriba, sino también el de que el caer en la cuenta del peligro fue la razón por la

[13] El pensamiento de nuestra oración podría expresarse también así: «O el Sol no ha salido todavía, o el cielo está muy nublado», de donde puede inferirse cómo ha de comprenderse este género de conexión oracional.

[14] Para la cuestión de si una aserción es una mentira o si o un juramento es un perjurio, esto puede ser importante.

que dirigió la guardia contra la posición enemiga. De hecho puede dudarse sobre si este pensamiento se sugiere sólo ligeramente o se expresa realmente. Se nos presenta la cuestión de si nuestra oración sería falsa si la decisión de Napoleón hubiese sido tomada antes de apercibirse del peligro. Si nuestra oración pudiese, a pesar de esto, ser verdadera, entonces nuestro pensamiento concomitante no habrá de entenderse como parte del sentido de nuestra oración. Probablemente, uno se decidiría por esta opción. En el otro caso la situación estaría bastante enredada: tendríamos entonces más pensamientos simples que oraciones. Si sustituimos también ahora la oración

> «Napoleón cayó en la cuenta del peligro para su flanco derecho»

por otra con el mismo valor de verdad, por ejemplo, por

> «Napoleón tenía ya más de cuarenta y cinco años»,

se habría alterado con ello no sólo nuestro primer pensamiento, sino también nuestro tercero, y por ello podría cambiar su valor de verdad, es decir: si su edad no era la razón de la decisión de dirigir su guardia contra el enemigo. A partir de esto, puede percibirse por qué no siempre se pueden reemplazar entre sí las oraciones con el mismo valor de verdad. La oración expresa entonces, en virtud de su conexión con otra, más que por sí sola.

Consideremos ahora casos donde tal cosa sucede regularmente. En la oración

> «Bebel se imagina que la devolución de Alsacia-Lorena aplacará los deseos de venganza de Francia»

se expresan dos pensamientos de los que, sin embargo, el uno no pertenece al antecedente y el otro al consecuente. A saber:

1. Bebel cree que mediante la devolución de Alsacia-Lorena se podrán aplacar los deseos de venganza de Francia;
2. Mediante la devolución de Alsacia-Lorena no podrán aplacarse los deseos de venganza de Francia.

En la expresión del primer pensamiento, las palabras de la oración subordinada tienen su referencia indirecta, mientras que las mismas palabras tienen su referencia habitual en la expresión del segundo pensamiento. Vemos a partir de esto que la subordinada de nuestra oración compuesta originaria ha de tomarse ciertamente como doble con diferentes referencias, de las cuales una es un pensamiento, la otra un valor de verdad. Ahora bien, puesto que el valor de verdad no es la referencia total de la oración subordinada, no podemos simplemente reemplazar ésta por otra con el mismo valor de verdad. Sucede algo similar con expresiones como «saber», «darse cuenta», «se sabe».

Con una oración subordinada causal y su oración principal correspondiente, expresamos diversos pensamientos que, sin embargo, no corresponden a las oraciones tomadas de modo aislado. En la oración

> «Puesto que el hielo es menos denso que el agua, flota en el agua»

tenemos:

1. El hielo es menos denso que el agua.
2. Si algo es menos denso que el agua, flota en el agua.
3. El hielo flota en el agua.

El tercer pensamiento no necesitaba quizás ser introducido explícitamente, puesto que está contenido en los dos primeros. En cambio, ni combinando el primero con el tercero ni el segundo con el tercero, se lograría el sentido de nuestra oración. Puede verse ahora que en nuestra oración subordinada

> «puesto que el hielo es más denso que el agua»

se expresa tanto nuestro primer pensamiento como una parte de nuestro segundo. De aquí viene el que no podamos reemplazar sin más nuestra subordinada por otra con el mismo valor de verdad; pues con ello se alteraría también nuestro segundo pensamiento y podría fácilmente verse afectado también su valor de verdad.

El asunto es similar en la oración

> «Si el hierro fuera menos denso que el agua, flotaría en el agua».

Tenemos aquí los dos pensamientos siguientes: que el hierro no es menos denso que el agua, y que algo flota en el agua si es menos denso que el agua. La oración subordinada expresa de nuevo un pensamiento y una parte del otro.

Si entendemos la oración considerada anteriormente

> «Después de que Schleswig-Holstein se separase de Dinamarca, Prusia y Austria se enemistaron»

de modo que exprese el pensamiento de que alguna vez Schleswig-Holstein se separó de Dinamarca, tenemos entonces, primero, este pensamiento y, segundo, el pensamiento de que en algún momento, que queda más estrechamente determinado mediante la oración subordinada, Prusia y Austria se enemistaron. Aquí también la oración subordinada expresa no sólo un pensamiento, sino también una parte de otro. De aquí que no se pueda, de manera general, reemplazar uno por otro con el mismo valor de verdad.

Es difícil agotar todas la posibilidades dadas en el lenguaje; a pesar de esto, espero haber encontrado, en lo esencial, las razones por las que una oración subordinada no siempre puede substituirse por otra con el mismo valor de verdad sin perjuicio de la verdad del todo constituido por la oración compuesta. Tales razones son:

1. Que la oración subordinada no se refiere a ningún valor de verdad, en tanto que sólo expresa una parte de un pensamiento;
2. Que la oración subordinada se refiere por cierto a un valor de verdad, pero no se limita a esto, en tanto que su sentido abarca también, además de un pensamiento, una parte de otro pensamiento.

El primer caso sucede

a) en la referencia indirecta de las palabras,
b) cuando una parte de la oración indica sólo de manera indeterminada, en lugar de ser un nombre propio.

En el segundo caso, la oración subordinada puede tomarse doblemente, es decir: una vez en su referencia habitual, la otra en su referencia indirecta; o el sentido de una parte de la oración subordinada puede ser, al mismo tiempo, parte componente de otro pensamiento que, juntamente con el sentido expresado directamente en la subordinada, forma el sentido total de la oración principal y de la subordinada.

De aquí resulta con suficiente probabilidad que los casos en los que una oración subordinada no es reemplazable por otra con el mismo valor de verdad, no prueban nada en contra de nuestra opinión de que el valor de verdad es la referencia de la oración, cuyo sentido es un pensamiento.

Retornemos a nuestro punto de partida.

Si encontramos que, por lo general, el valor cognoscitivo de «$a = a$» y «$a = b$» es diferente, esto se explica diciendo que, para el valor cognoscitivo, el sentido de la oración, a saber: el pensamiento expresado por ella, no viene menos al caso que su referencia, esto es: su valor de verdad. Ahora bien, si $a = b$, entonces la referencia de «b» es ciertamente la misma que la de «a» y, por consiguiente, también el valor de verdad de «$a = b$» es el mismo que el de «$a = a$». Con todo, el sentido de «b» puede ser distinto del sentido de «a», y con ello también el pensamiento expresado en «$a = b$» será diferente del expresado por «$a = a$»; en ese caso, ambas oraciones tampoco tienen el mismo valor cognoscitivo. Si entendemos por «juicio», como lo hemos hecho más arriba, el avance del pensamiento a su valor de verdad, diremos también entonces que los juicios son diferentes.

DESCRIPCIONES*

BERTRAND RUSSELL

Hemos tratado en el capítulo precedente acerca de las palabras *todo* y *alguno;* en este capítulo consideraremos la palabra *el* (*la*) en el singular, y en el próximo capítulo consideraremos la palabra *el* (*la*) en el plural. Puede pensarse que es excesivo dedicar dos capítulos a una palabra, pero para el matemático filosófico es una palabra de enorme importancia: al igual que el gramático de Browning con la enclítica δε daría la doctrina de esta palabra si estuviese «muerto de cintura para abajo» y no meramente en una prisión.

Hemos tenido ya ocasión de mencionar «funciones descriptivas», esto es: expresiones tales como «el padre de *x*» o «el seno de *x*». Estas expresiones han de definirse definiendo primero «descripciones».

Una «descripción» puede ser de dos clases, definida o indefinida (o ambigua). Una descripción indefinida es una expresión de la forma «un tal-y-tal», y una descripción definida es una expresión de la forma «el tal-y-tal». Comencemos con la primera.

«¿Con quién te encontraste?» «Me encontré con un hombre.» «Esto es una descripción muy indefinida.» No estamos por lo tanto separándonos del uso habitual en nuestra terminología. Nuestra pregunta es: ¿Qué asevero realmente cuando asevero «Me encontré con un hombre»? Supongamos por el momento que mi aserción es verdadera, y que de hecho me encontré con Juan. Es claro que lo que asevero *no* es «Me encontré con Juan». Puedo decir «Me encontré con un hombre pero no era Juan»; en ese caso, aunque miento, no me contradigo a mí mismo, como lo haría si cuando digo que me encontré con un hombre quisiese decir realmente que me encontré con Juan. Es claro también que la persona a la que estoy hablando puede entender lo que digo, incluso si es un forastero y no ha oído hablar nunca de Juan.

Pero podemos ir más allá: no solamente Juan sino que tampoco ningún hombre efectivo entra en mi enunciado. Esto resulta obvio cuando el enun-

* Versión castellana de Luis M. Valdés Villanueva.

ciado es falso, puesto que entonces no hay más razón por la que deba suponerse que Juan entra en la proposición que por la que deba suponerse que entra otra persona cualquiera. De hecho el enunciado continuaría siendo significativo, aunque no podría posiblemente ser verdadero, incluso si no hubiese ningún hombre en absoluto. «Me encontré con un unicornio» o «Me encontré con una serpiente marina» son aserciones perfectamente significativas, si sabemos lo que sería ser un unicornio o una serpiente marina, esto es: cuál es la definición de esos monstruos fabulosos. Así pues es solamente lo que llamamos el *concepto* lo que entra en la proposición. En el caso de, por ejemplo, «unicornio», lo único que hay es el concepto: no hay también, en algún lugar entre sombras, algo irreal que pueda llamarse «un unicornio». Por lo tanto, puesto que es significativo (aunque falso) decir «Me encontré con un unicornio», es claro que esta proposición, correctamente analizada, no contiene como constituyente «un unicornio», aunque contiene el concepto «unicornio».

La cuestión de la «irrealidad» con la que nos enfrentamos en este punto, es una noción muy importante. Desorientados por la gramática, la gran mayoría de los lógicos que han tratado esta cuestión lo han hecho de acuerdo con procedimientos erróneos. Han considerado la forma gramatical como una guía de análisis más segura que lo que de hecho es. Y no han caído en la cuenta de qué diferencias en la forma gramatical son importantes. «Me encontré con Juan» y «Me encontré con un hombre» contarían tradicionalmente como proposiciones de la misma forma, pero de hecho son de formas completamente diferentes: la primera nombra a una persona efectiva, Juan; mientras tanto la segunda incluye una función proposicional y se convierte cuando se explicita en: «La función "Me encontré con x y x es humano" es algunas veces verdadera.» (Se recordará que adoptamos la convención de usar «algunas veces» como no implicando más de una vez.) Esta proposición no es obviamente de la forma «Me encontré con x», que da cuenta de la existencia de la proposición «Me encontré con un unicornio» a pesar del hecho de que no hay tal cosa como «un unicornio».

Debido a la falta del aparato de las funciones proposicionales, muchos lógicos se han visto empujados a la conclusión de que hay objetos irreales. Se argumenta, por ejemplo por parte de Meinong[1], que podemos hablar sobre «la montaña de oro», «el cuadrado redondo» y así sucesivamente; podemos hacer proposiciones verdaderas de las cuales estas expresiones sean los sujetos; por consiguiente tienen que tener algún género de ser lógico, puesto que de lo contrario las proposiciones en las que ocurren carecerían de significado. En tales teorías, me parece, hay una falta de ese sentido de la realidad que debería preservarse incluso en los estudios más abstractos. La lógica,

[1] *Untersuchungen zur Gegenstandtheorie und Psychologie*, 1904.

mantendría yo, no tiene que admitir un unicornio en mayor medida que puede hacerlo la zoología, pues la lógica se interesa por el mundo real tan verdaderamente como la zoología, aunque por sus rasgos más abstractos y generales. Decir que los unicornios tienen una existencia en heráldica o en literatura o en la imaginación es una evasión sobremanera lastimosa y mezquina. Lo que existe en heráldica no es un animal, hecho de carne y hueso, que se mueve y respira por su propia iniciativa. Lo que existe es una figura o una descripción en palabras. Similarmente, mantener que Hamlet, por ejemplo, existe en su propio mundo, a saber, en el mundo de la imaginación de Shakespeare, tan verdaderamente como (pongamos por caso) Napoleón existió en el mundo ordinario, es decir algo deliberadamente confundente o, dicho de otro modo, confuso hasta un grado que es difícilmente creíble. Hay solamente un mundo, el mundo «real»: la imaginación de Shakespeare es parte de él, y los pensamientos que él tuvo al escribir Hamlet son reales. También lo son los pensamientos que tenemos al leer la obra. Pero forma parte de la esencia misma de la ficción el que solamente los pensamientos, sentimientos, etc., de Shakespeare y sus lectores sean reales, y que no haya, adicionalmente, a ellos un Hamlet objetivo. Cuando se han tomado en cuenta todos los sentimientos provocados por Napoleón en los escritores y lectores de historia, no se ha tocado para nada al hombre efectivo; pero en el caso de Hamlet, se ha llegado a sus entrañas. Si nadie pensase sobre Hamlet, no quedaría nada de él; si nadie hubiese pensado sobre Napoleón, pronto se vería lo que alguien (Napoleón) hizo. El sentido de la realidad es vital en lógica, y cualquiera que le haga trampas pretendiendo que Hamlet tiene otro género de realidad está haciendo un flaco servicio al pensamiento. Un sentido robusto de la realidad es muy necesario al construir un análisis correcto de proposiciones sobre unicornios, montañas de oro, cuadrados redondos, y otros pseudoobjetos tales.

En obediencia al sentido de la realidad, insistiremos en que, en el análisis de las proposiciones, no ha de admitirse nada «irreal». Pero, después de todo, si no *hay* nada irreal ¿cómo, podemos preguntarnos, *podríamos* admitir algo irreal? La réplica es que, al tratar de proposiciones, estamos tratando en primera instancia con símbolos, y si atribuimos significación a grupos de símbolos que no tienen significación alguna, caeremos en el error de admitir irrealidades, en el único sentido en que esto es posible, a saber: como objetos descritos. En la proposición «Me encontré con un unicornio», la totalidad de las cuatro palabras juntas constituyen una proposición significativa, y la palabra «unicornio» es significativa por sí misma, en justamente el mismo sentido que la palabra «hombre». Pero las *dos* palabras «un unicornio» no forman un grupo subordinado que tenga significado por sí mismo. Así pues, si atribuimos significado falsamente a esas dos palabras nos encontramos a cuestas con «un unicornio» y con el problema de cómo puede haber tal cosa en un mundo donde no hay unicornios. «Un unicornio» es una descripción indefinida que no describe nada. No es una descripción indefinida que describe algo irreal. Una proposición tal como «x es irreal» sólo tiene significado cuando «x» es una descripción definida o indefinida; en ese caso la proposición será verdadera si «x» es una descripción que no describe nada. Pero el que la descripción «x» describa algo o no describa nada, no es en ningún caso un constituyente de la proposición en la que aparece; igualmente «un unicornio», que hemos considerado hace un momento, no es un grupo subordinado que tenga significado por sí mismo. Todo esto resulta del hecho de que, cuando «x» es una descripción, «x es irreal» o «x no existe» no es un sinsentido, sino que siempre son proposiciones significativas y algunas veces verdaderas.

Podemos ahora proceder a definir de manera general el significado de las proposiciones que contienen descripciones ambiguas. Supóngase que queremos hacer un enunciado sobre «un tal-y-tal», donde «tales-y-tales» son aquellos objetos que tienen una cierta propiedad φ, esto es: aquellos objetos x para los que la función proposicional φx es verdadera. (Por ejemplo, si tomamos «un hombre» como nuestra instancia de «un tal-y-tal», φx será «x es humano».) Digamos ahora que queremos aseverar la propiedad ψ de «un tal-y-tal», esto es: queremos aseverar que «un tal-y-tal» tiene aquella propiedad que x tiene cuando ψx es verdadera. (Por ejemplo, en el caso de «Me encontré con un hombre», ψx será «Me encontré con x».) Ahora bien, la proposición de que «un tal-y-tal» tiene la propiedad ψ *no* es una proposición de la forma «ψx». Si lo fuera, «un tal-y-tal» tendría que ser idéntico a x para una x adecuada; y aunque (en un sentido) esto puede ser verdadero en algunos casos, no es ciertamente verdadero en un caso tal como el de «un unicornio». Es justamente este hecho, que el enunciado de que «un tal-y-tal» tiene la propiedad ψ no es de la forma ψx, lo que hace posible que «un tal-y-tal» sea, en un sentido claramente definible, «irreal». La definición es como sigue:

> El enunciado de que «un objeto que tiene la propiedad φ tiene la propiedad ψ»

significa:

> «La aserción conjunta de φx y ψx no es siempre falsa».

Dentro de los límites de la lógica, ésta es la misma proposición que podría expresarse por «algunos φ son ψ»; pero retóricamente hay una diferencia, puesto que en un caso hay una sugerencia de singularidad, y en el otro caso de pluralidad. Éste no es, sin embargo, el punto importante. El punto importante es que las proposiciones que son verbalmente sobre «un tal-y-tal», cuando se las analiza correctamente, se encuentra que no contienen ningún constituyente representado por esta expresión. Y ésta es la razón por la que tales proposiciones pueden ser significativas incluso cuando no hay tal cosa como un tal-y-tal.

La definición de *existencia*, tal como se aplica a las descripciones ambiguas, resulta de lo que se dijo al final del capítulo precedente. Decimos que «existen hombres» o que «existe un hombre» si la función proposicional «*x* es humano» es algunas veces verdadera; y generalmente «un tal-y-tal» existe si «*x* es tal-y-tal» es algunas veces verdadera. Podemos poner esto en otro lenguaje. La proposición «Sócrates es un hombre» es sin duda *equivalente* a «Sócrates es humano», pero no es exactamente la misma proposición. El *es* de «Sócrates es humano» expresa la relación de sujeto y predicado; el *es* de «Sócrates es un hombre» expresa identidad. Es una desgracia para el género humano el que haya elegido emplear la misma palabra «es» para esas dos ideas enteramente diferentes —una desgracia a la que, desde luego, un lenguaje lógico simbólico pone remedio—. La identidad en «Sócrates es un hombre» es identidad entre un objeto nombrado (aceptando «Sócrates» como un nombre, sujeto a puntualizaciones explicadas más adelante) y un objeto descrito ambiguamente. Un objeto descrito ambiguamente «existirá» cuando al menos una tal proposición es verdadera, esto es: cuando hay al menos una proposición verdadera de la forma «*x* es un tal-y-tal», donde «*x*» es un nombre. Es característico de las descripciones ambiguas (como opuesto a las definidas) que pueda haber un número cualesquiera de proposiciones verdaderas de la forma anterior —Sócrates es un hombre, Platón es un hombre, etc.—. Así, «existe un hombre» se sigue de Sócrates, de Platón o de cualquier otro. Respecto de las descripciones definidas, por otro lado, la forma de proposición correspondiente, a saber: «*x* es el tal-y-tal» (donde «*x*» es un nombre), puede solamente ser verdadera para un valor de *x* como máximo. Esto nos lleva al tema de las descripciones definidas, que han de definirse de una manera análoga a la empleada para las descripciones ambiguas, pero bastante más complicada.

Llegamos ahora al tema principal del presente capítulo, a saber: la definición de la palabra *el* (o *la*), en el singular. Un punto muy importante sobre la definición de «un tal-y-tal» se aplica igualmente a «el tal-y-tal»; la definición que ha de buscarse es una definición de proposiciones en las que aparece esta frase, no una definición de la frase misma aisladamente. En el caso de «un tal-y-tal», esto es bastante obvio: nadie podría suponer que «un hombre» era un objeto definido, que pudiese ser definido por sí mismo. Sócrates es un hombre, Platón es un hombre, Aristóteles es un hombre, pero no podemos inferir que «un hombre» significa lo mismo que significa «Sócrates», y también lo mismo que significa «Platón» y también lo mismo que significa «Aristóteles», puesto que estos tres nombres tienen diferentes significados. No obstante, cuando hemos enumerado todos los hombres que hay en el mundo, no queda nada de lo que podamos decir: «Esto es un hombre, y no solamente eso, sino que es *el* "un hombre", la entidad quintaesencial que es precisamente un hombre indefinido sin ser nadie en particular». Resulta, por supuesto, completamente claro, que cualquier cosa que hay en el mundo es determinada: si esto es un hombre, esto es un hombre determinado y no otro cualquiera. Así pues no puede encontrarse en el mundo una entidad tal que «un hombre», como algo opuesto al hombre específico. Y de acuerdo con esto es natural que no definamos «un hombre» mismo, sino las proposiciones en las que aparece.

En el caso de «el tal-y-tal» esto es igualmente verdadero, aunque a primera vista menos obvio. Podemos mostrar que esto tiene que ser el caso, mediante una consideración de la diferencia entre un *nombre* y una *descripción definida*. Tómese la proposición «Scott es el autor de *Waverley*». Tenemos aquí un nombre «Scott», y una descripción «el autor de *Waverley*», que se asevera que se aplican a la misma persona. La distinción entre un nombre y todos los demás símbolos puede explicarse como sigue:

Un nombre es un símbolo simple cuyo significado es algo que puede aparecer solamente como sujeto, esto es: algo del género que, en el Capítulo XIII[2], definimos como un «individuo» o un «particular». Y un símbolo «simple» es aquel que no tiene parte alguna que sea símbolo. Así «Scott» es un símbolo simple, puesto que, aunque tiene partes (a saber: letras separadas), esas partes no son símbolos. Por otro lado, «el autor de *Waverley*» no es un símbolo simple, puesto que las palabras separadas que componen la expresión son partes que son símbolos. Si, como puede ser el caso, cualquier cosa que *parece* ser un «individuo» es en realidad susceptible de análisis posterior, tendremos que contentarnos con lo que puede llamarse «individuos relativos», que serán términos que, a través de todo el contexto en cuestión, no son analizados jamás y jamás aparecen de otra manera que como sujetos. Y en ese caso habremos de contentarnos, correspondientemente, con «nombres relativos». Desde el punto de vista de nuestro presente problema, a saber: la definición de las descripciones, este problema, el de si éstos son nombres absolutos o solamente nombres relativos, puede ignorarse, puesto que atañe a diferentes estadios en la jerarquía de «tipos», mientras que hemos de comparar parejas tales como «Scott» y «el autor de *Waverley*», en las que ambos se aplican al mismo objeto, y no plantean el problema de los tipos. Por lo tanto, podemos por el momento tratar a los nombres como si fueran absolutos; nada de lo que tendremos que decir depende de esta suposición, pero su expresión en palabras se abreviará un tanto mediante ella.

Tenemos, entonces, dos cosas para comparar: (1) un *nombre*, que es un símbolo simple, que designa directamente un individuo que es su significado y que tiene este significado por sí mismo, independientemente de los significados de todas las demás palabras; (2) una *descripción* que consta de varias palabras cuyos significados están ya fijados, y a partir de los cuales

---

[2] Se refiere el autor al Capítulo XIII de *Introduction to Mathematical Philosophy*, del que «Descripciones» es también un capítulo. *(N. del T.)*

resulta cualquier cosa que haya de considerarse como el «significado» de la descripción.

Una proposición que contiene una descripción no es idéntica a aquello en lo que la proposición se convierte cuando la descripción se substituye por un nombre, incluso si el nombre nombra el mismo objeto que describe la descripción. «Scott es el autor de *Waverley*» es obviamente una proposición diferente de «Scott es Scott»: la primera es un hecho de la historia de la literatura, la segunda es una perogrullada trivial. Y si ponemos cualquier otro distinto de Scott en lugar de «el autor de *Waverley*», nuestra proposición se convertirá en falsa y por lo tanto no es ya ciertamente la misma proposición. Pero, podría decirse, nuestra proposición es esencialmente de la misma forma que (pongamos por caso) «Scott es Sir Walter», en la que se dice que dos nombres se aplican a la misma persona. La réplica es que, si «Scott es Sir Walter» significa realmente «la persona llamada "Scott" es la persona llamada "Sir Walter"», entonces los nombres están siendo usados como descripciones; esto es: el individuo, en vez de ser nombrado, está siendo descrito como la persona que tiene ese nombre. Éste es un modo en que se usan los nombres frecuentemente en la práctica y, como regla general, no habrá nada en la fraseología que muestre si están siendo usados de esta manera o *como* nombres. Cuando se usa un nombre directamente, para indicar meramente aquello de lo que estamos hablando, no es parte del *hecho* aseverado, o de la falsedad si resulta que nuestra aserción es falsa: es meramente parte del simbolismo en el cual expresamos nuestro pensamiento. Lo que queremos expresar es algo que podría (por ejemplo) traducirse a un lenguaje foráneo; se trata de algo para lo cual las palabras efectivas son un vehículo, pero de lo que no son parte alguna. Por otra parte, cuando hacemos una proposición sobre «la persona llamada "Scott"», el nombre efectivo «Scott» entra en lo que estamos aseverando y no meramente en el lenguaje usado al hacer la aserción. Nuestra proposición será ahora una proposición diferente si lo substituimos por «la persona llamada "Sir Walter"». Pero en la medida en que estamos usando los nombres *como* nombres, el que digamos «Scott» o el que digamos «Sir Walter» es tan irrelevante para lo que estamos aseverando como el hecho de que hablemos en inglés o en francés. Así pues, en la medida en que los nombres son usados *como* nombres «Scott es Sir Walter» es la misma proposición trivial que «Scott es Scott». Esto completa la demostración de que «Scott es el autor de *Waverley*» no es la misma proposición que la que resulta de substituir «el autor de *Waverley*» por un nombre, sea cual fuere el nombre por el que se substituya.

Cuando usamos una variable, y hablamos de una función proposicional, digamos φx, el proceso de aplicar enunciados generales sobre x a casos particulares consistirá en sustituir la letra «x» por un nombre, suponiendo que φ es una función que tiene individuos para sus argumentos. Supóngase, por ejemplo, que φx es «siempre verdadera»; sea, pongamos por caso, la «ley de identidad», $x = x$. Entonces podemos substituir «x» por cualquier nombre que elijamos, y obtendremos una proposición verdadera. Suponiendo por el momento que «Sócrates», «Platón» y «Aristóteles» son nombres (una suposición muy temeraria), podemos inferir a partir de la ley de identidad que Sócrates es Sócrates, Platón es Platón y Aristóteles es Aristóteles. Pero cometeríamos una falacia si intentásemos inferir, sin premisas adicionales, que el autor de *Waverley* es el autor de *Waverley*. Esto resulta de lo que acabamos de probar, a saber: que si en una proposición substituimos «el autor de *Waverley*» por un nombre, la proposición que obtenemos es diferente. Es decir, aplicando el resultado a nuestro presente caso: Si «x» es un nombre, «$x = x$» no es la misma proposición que «el autor de *Waverley* es el autor de *Waverley*», sin importar qué nombre pueda ser «x». Así pues, del hecho de que todas las proposiciones de la forma «$x = x$» son verdaderas no podemos inferir, sin más ayuda, que el autor de *Waverley* es el autor de *Waverley*. De hecho, las proposiciones de la forma «el tal-y-tal es el tal-y-tal» no son siempre verdaderas: es necesario que el tal-y-tal *exista* (un término que se explicará en breve). Es falso que el actual Rey de Francia es el actual Rey de Francia, o que el cuadrado redondo es el cuadrado redondo. Cuando substituimos un nombre por una descripción, las funciones proposicionales que son «siempre verdaderas» pueden convertirse en falsas, si la descripción no describe nada. No hay ningún misterio en esto tan pronto como nos damos cuenta (lo cual fue probado en el párrafo precedente) que cuando substituimos una descripción el resultado no es un valor de la función proposicional en cuestión.

Estamos ahora en posición de definir las proposiciones en las que aparece una descripción definida. La única cosa que distingue «el tal-y-tal» de «un tal-y-tal» es la implicación de unicidad. No podemos hablar de «*el* habitante de Londres», puesto que habitar en Londres es un atributo que no es único. No podemos hablar sobre «el actual Rey de Francia», puesto que no hay ninguno; pero podemos hablar sobre «el actual Rey de Inglaterra». Así pues, proposiciones sobre «el tal-y-tal» implican siempre las proposiciones correspondientes sobre «un tal-y-tal», con el *addendum* de que no hay más que un tal-y-tal. Una proposición tal como «Scott es el autor de *Waverley*» podría no ser verdadera si *Waverley* no se hubiese escrito jamás, o si varias personas lo hubieran escrito; y no más podría serlo cualquier otra proposición resultante de una función proposicional x mediante la substitución de «x» por «el autor de *Waverley*». Podemos decir que «el autor de *Waverley*» significa «el valor de x para el que "x escribió *Waverley*" es verdadera». Así, por ejemplo, la proposición «El autor de *Waverley* era escocés» incluye:

(1) «x escribió *Waverley*» no es siempre falsa;
(2) «si x e y escribieron *Waverley*, x e y son idénticos» es siempre verdadera;
(3) «si x escribió *Waverley*, x era escocés» es siempre verdadera.

Estas tres proposiciones, traducidas al lenguaje ordinario, enuncian:

(1) al menos una persona escribió *Waverley*;
(2) como máximo una persona escribió *Waverley*;
(3) quienquiera que escribió *Waverley* era escocés.

Todas estas tres proposiciones están implicadas por «El autor de *Waverley* era escocés». Conversamente, las tres juntas (pero no dos de ellas) implican que el autor de *Waverley* era escocés. Por lo tanto las tres juntas pueden considerarse como definiendo lo que se quiere decir mediante la proposición «El autor de *Waverley* era escocés».

Podemos simplificar de alguna manera estas tres proposiciones. La primera y la segunda juntas son equivalentes a: «Hay un término c tal que "x escribió *Waverley*" es verdadera cuando x es c y falsa cuando x no es c.» En otras palabras: «Existe un término c tal que "x escribió *Waverley*" es siempre equivalente a "x es c".» (Dos proposiciones son «equivalentes» cuando las dos son verdaderas o las dos son falsas.) Tenemos aquí, para empezar, dos funciones de x, «x escribió *Waverley*» y «x es c», y formamos una función de c considerando la equivalencia de esas dos funciones de x para todos los valores de x; procedemos entonces a aseverar que la función resultante de c es «algunas veces verdadera», esto es: que es verdadera para al menos un valor de c. (Obviamente no puede ser verdadera para más de un valor de c.) Estas dos condiciones juntas se definen como dando el significado de «El autor de *Waverley* existe».

Podemos definir ahora «el término que satisface la función φx existe». Ésta es la forma general de lo que lo anterior es un caso particular. «El autor de *Waverley*» es «el término que satisface la función "x escribió *Waverley*"». Y «el tal-y-tal» incluirá siempre referencia a alguna función proposicional, a saber: aquella que define la propiedad que hace de una cosa un tal-y-tal. Nuestra definición es como sigue:

> «El término que satisface la función φx existe» significa:
> «Hay un término c tal que φx es siempre equivalente a "x es c".»

Para definir «El autor de *Waverley* era escocés», tenemos todavía que tomar en cuenta la tercera de nuestras tres proposiciones a saber: «Quienquiera que escribiese *Waverley* era escocés.» Esto se satisfará añadiendo meramente que el c en cuestión ha de ser escocés. Así «El autor de *Waverley* era escocés» es:

> «Hay un término c tal que (1) "x escribió *Waverley*" es siempre equivalente a "x es c", (2) c es escocés.»

Y de manera general: «el término que satisface φx satisface ψx» se define de modo que signifique:

«Hay un término c tal que (1) φx es siempre equivalente a "x es c", (2) ψc es verdadera.»

Ésta es la definición de las proposiciones en las que aparecen las descripciones.

Es posible tener un amplio conocimiento por lo que respecta a un término descrito, esto es, conocer muchas proposiciones concernientes a «el tal-y-tal», sin conocer efectivamente lo que es el tal-y-tal, esto es, sin conocer ninguna proposición de la forma «x es el tal-y-tal», donde «x» es un nombre. En una novela policíaca las proposiciones sobre «el hombre que cometió el crimen» se acumulan, con la esperanza de que al final bastarán para demostrar que fue A el que cometió el crimen. Podemos incluso llegar a decir que, en todo conocimiento tal que pueda ser expresado en palabras —con la excepción de «esto» y «aquello» y un puñado de otras palabras cuyo significado varía en ocasiones diferentes— ningún nombre, en sentido estricto, aparece como tal, sino que aquello que parece ser semejante a los nombres es realmente una descripción. Podemos significativamente preguntar si Homero existió, algo que no podríamos hacer si «Homero» fuese un nombre. La proposición «el tal-y-tal existe» es significativa, ya sea verdadera o falsa; pero si a es el tal-y-tal (donde «a» es un nombre), las palabras «a existe» carecen de significado. Es solamente de las descripciones —definidas o indefinidas— de las que puede aseverarse significativamente la existencia; pues si «a» es un nombre, *tiene* que nombrar algo: lo que no nombra nada no es un nombre y, por lo tanto, si intentó ser un nombre, es un símbolo desprovisto de significado, mientras que una descripción, como «el actual Rey de Francia», no se torna en incapaz de aparecer significativamente meramente sobre la base de que no describe nada, por la razón de que es un símbolo *complejo*, cuyo significado se deriva del de sus símbolos constituyentes. Así, cuando preguntamos si Homero existió, estamos usando la palabra «Homero» como una descripción abreviada: podemos reemplazarla por, pongamos por caso, «el autor de la *Ilíada* y la *Odisea*». La misma consideración se aplica a casi todos los usos de lo que tienen el aspecto de asemejarse a nombres propios.

Cuando las descripciones aparecen en proposiciones, es necesario distinguir entre lo que pueden llamarse ocurrencias «primarias» y «secundarias». La distinción abstracta es como sigue. Una descripción tiene una ocurrencia «primaria» cuando la proposición en la que aparece resulta de substituir «x» por la descripción en alguna función proposicional φx; una descripción tiene una ocurrencia «secundaria» cuando el resultado de substituir x por la descripción en φx da solamente una *parte* de la proposición en cuestión. Un ejemplo hará esto más claro. Considérese «El actual Rey de Francia es calvo». Aquí «el actual Rey de Francia» tiene una ocurrencia primaria, y la proposición es falsa. Toda proposición en la que una descripción que no describe nada tiene una ocurrencia primaria es falsa. Pero considérese ahora «El actual

Rey de Francia no es calvo». Esto es ambiguo. Si tomamos primero «*x* es calvo», substituimos «*x*» por «el actual Rey de Francia», y a continuación negamos el resultado, la ocurrencia de «el actual Rey de Francia» es secundaria y nuestra proposición es verdadera; pero si tomamos «*x* no es calvo» y substituimos «*x*» por «el actual Rey de Francia», entonces «el actual Rey de Francia» tiene una ocurrencia primaria y la proposición es falsa. La confusión entre ocurrencias primarias y secundarias es una fuente habitual de falacias por lo que se refiere a las descripciones.

Las descripciones aparecen principalmente en matemáticas en la forma de *funciones descriptivas*, esto es: «el término que tiene la relación R con *y*», o «el R de *y*» como podemos decir en analogía con «el padre de *y*» y frases similares. Decir, por ejemplo, «el padre de *y* es rico» es decir que la siguiente función proposicional de *c*: «*c* es rico, y "*x* engendró a *y*" es siempre equivalente a "*x* es *c*"» es «algunas veces verdadera», esto es, es verdadera para al menos un valor de *c*. Obviamente no puede ser verdadera para más de un valor.

La teoría de las descripciones, brevemente bosquejada en el presente capítulo, es de la mayor importancia tanto para la lógica como para la teoría del conocimiento. Pero para propósitos de la matemática, las partes más filosóficas de la teoría no son esenciales, y por lo tanto han sido omitidas en la anterior exposición, que se ha limitado a los requisitos matemáticos más escuetos.

SOBRE EL REFERIR*

PETER F. STRAWSON

I

Muy comúnmente usamos ciertos géneros de expresiones para mencionar o hacer referencia a alguna persona individual, a un objeto singular, a un evento particular, a un lugar o a un proceso, en el curso de lo que normalmente describiríamos como hacer un enunciado sobre esa persona, objeto, lugar, evento o proceso. Denominaré este modo de usar las expresiones, «uso referencial singularizador». Las clases de expresiones más comúnmente usadas de este modo son: pronombres demostrativos en singular («éste» y «ése»); nombres propios (por ejemplo, «Venecia», «Napoleón», «Juan»), pronombres personales e impersonales en singular («él», «ella», «yo», «tú», «ello») y frases que comienzan con el artículo determinado seguidas de un substantivo, adjetivado o no, en singular (por ejemplo, «la mesa», «el hombre viejo», «el rey de Francia»). Cualquier expresión de alguno de estos géneros puede aparecer como sujeto de lo que tradicionalmente se consideraría como una oración en singular de sujeto-predicado y, si tal fuera el caso, ejemplificaría el uso que deseo discutir.

No quiero decir que las expresiones que pertenecen a estos géneros no tengan nunca otro uso que el que intento discutir. Por el contrario, resulta obvio que lo tienen. Es obvio que cualquiera que emitiese la oración «La ballena es un mamífero» estaría usando la expresión «la ballena» de una manera muy diferente de como la usaría alguien que tuviese la ocasión de emitir seriamente la oración «La ballena arremetió contra el barco». Obviamente, en la primera oración *no* se está mencionando una ballena particular, mientras que en la segunda oración es evidente que se la *está* mencionando. Es más, si hubiera dicho «Napoleón fue el más grande soldado francés», estaría usando la palabra «Napoleón» para mencionar a cierto individuo, pero no estaría usando la frase «el más grande soldado francés», para mencionar a un individuo, sino para decir algo sobre un individuo mencionado

---

* Versión castellana de Luis M. Valdés Villanueva.

anteriormente. Resultaría natural decir que al usar esta oración estaba hablando *sobre* Napoleón y que lo que estaba *diciendo* sobre él era que fue el más grande soldado francés. Pero, desde luego, *podríamos* usar la expresión «el más grande soldado francés» para mencionar a un individuo; por ejemplo, diciendo «el más grande soldado francés murió en el exilio». Por consiguiente, resulta obvio que al menos algunas expresiones pertenecientes a los géneros que he mencionado *pueden* tener usos diferentes del que deseo discutir. Tampoco pretendo decir que en una oración dada nunca hay más de una expresión usada en el sentido que propongo discutir. Por el contrario, es obvio que puede haber más de una. Por ejemplo, resultaría natural decir que, al usar seriamente la oración «La ballena arremetió contra el barco», se estaba diciendo algo sobre cierta ballena y sobre cierto barco, que se estaba usando cada una de las expresiones «la ballena» y «el barco» para mencionar un objeto particular; o, dicho de otra manera, que se estaban usando ambas expresiones en el sentido referencial singularizador. En general, sin embargo, limitaré mi atención a casos donde una expresión, usada en este sentido, aparece como sujeto gramatical de una oración.

Pienso que es correcto decir que la teoría de las descripciones de Russell, que trata de la última de las cuatro clases de expresiones que he mencionado más arriba (esto es, de expresiones de la forma «el tal-y-tal»), es aún ampliamente aceptada entre los lógicos por entender que proporciona una explicación correcta del uso de tales expresiones en el lenguaje ordinario. Deseo mostrar, en primer lugar, que esta teoría, entendida de tal manera, contiene algunos errores fundamentales.

¿A qué pregunta o preguntas sobre frases de la forma «el tal-y-tal» pretendía responder la teoría de las descripciones? Creo que al menos una de las preguntas puede ser ilustrada del siguiente modo. Supóngase que alguien emitiese ahora la oración «El rey de Francia es sabio». Nadie diría que la oración que se ha emitido carezca de significado. Todo el mundo estaría de acuerdo en que es significativa. Pero todo el mundo sabe también que en la actualidad no hay rey de Francia. Una de las preguntas que la teoría de las descripciones se proponía responder era ésta: ¿cómo puede una oración como «El rey de Francia es sabio» ser significativa, incluso si no existe nada que responda a la descripción que contiene, esto es, en este caso, nada que responda a la descripción «el rey de Francia»? Y una de las razones por las que Russell pensó que era importante dar una respuesta correcta a esta pregunta, fue el hecho de que considerase importante mostrar que era errónea otra respuesta que podría darse. La respuesta que pensó que era errónea, y a la que deseaba dar una alternativa, podría presentarse como la conclusión de uno de los argumentos falaces siguientes. Llamemos a la oración «El rey de Francia es sabio» la oración O. El primer argumento es entonces el siguiente:

1) La frase «el rey de Francia» es el sujeto de la oración O.

Consecuentemente 2) si O es una oración significativa, O es una oración *sobre* el rey de Francia.

Pero 3) si no existe en ningún sentido un rey de Francia, la oración no es acerca de nada y, por consiguiente, no es acerca del rey de Francia.

Consecuentemente 4) puesto que O es significativa, debe existir (o subsistir) en algún sentido (en algún mundo) el rey de Francia.

Y el segundo argumento es como sigue:

1) Si O es significativa, es verdadera o falsa.

2) O es verdadera si el rey de Francia es sabio y falsa si el rey de Francia no es sabio.

3) Pero el enunciado de que el rey de Francia es sabio y el enunciado de que el rey de Francia no es sabio son igualmente verdaderos sólo si hay (en algún sentido, en algún mundo) algo que sea el rey de Francia.

Por tanto 4) puesto que O es significativa, entonces se sigue la misma conclusión anterior.

Éstos son, obviamente, malos razonamientos y, como era de esperar, Russell los rechaza. El postular un mundo de entidades extrañas al cual pertenece el rey de Francia es una ofensa, dice Russell, contra «ese sentido de la realidad que debe preservarse incluso en los estudios más abstractos». El hecho de que Russell rechace estos razonamientos es, sin embargo, menos interesante que el alcance que, al rechazar su conclusión, concede al más importante de sus principios. Me referiré a la frase «el rey de Francia» como la frase D. Creo que las razones de Russell para rechazar estos dos argumentos pueden resumirse de la siguiente manera. El error surge, dice, de creer que D, que ciertamente es el sujeto *gramatical* de O, es también el sujeto *lógico* de O. Pero D no es el sujeto lógico de O. De hecho, aunque O tiene gramaticalmente un sujeto singular y un predicado, no es, lógicamente, una oración de sujeto-predicado. La proposición que expresa es un género complejo de proposición *existencial* parte de la cual podría ser descrita como una proposición «existencial singularizadora». Para mostrar la forma lógica de la proposición tendríamos que volver a escribir la oración de una forma gramatical lógicamente apropiada, de tal modo que la engañosa similitud de O con la oración que expresa una proposición de sujeto-predicado desaparezca y quedemos a salvo de argumentos tan malos como los bosquejados más arriba. Antes de volver a ocuparnos de los detalles del análisis de Russell de la oración O, observemos lo que su respuesta, tal como hasta aquí la he presentado, parece implicar. Su respuesta parece implicar que, en el caso de una oración que es similar a O en que 1) tiene gramaticalmente la forma de sujeto-predicado y 2) su sujeto gramatical no se refiere a nada, la única alternativa a su carencia de significado es que no tenga realmente (esto es, lógicamente) la forma sujeto-predicado, sino alguna otra forma completamente diferente. Y esto, a su vez, parece implicar que si existen algunas oraciones que sean genuinamente de la forma sujeto-predicado, entonces el hecho de que sean significativas, de que tengan significado, garantiza que *hay* algo a lo que el sujeto lógico (y gramatical) se refiere. Además, la respuesta de Russell parece implicar que existen tales oraciones. Pues, si bien es verdad que podemos ser inducidos a pensar erróneamente que O es de la forma sujeto-predicado por su similitud gramatical con otras oraciones, entonces con toda seguridad debe haber otras oraciones gramaticalmente similares a O que *son* de la forma sujeto-predicado. Para mostrar no sólo que la respuesta de Russell parece implicar estas conclusiones, sino también que aceptó al menos la primera de ellas, es suficiente considerar lo que dice sobre la clase de expresiones que él llama «nombres lógicamente propios» y que pone en contraposición con expresiones como D, que llama «descripciones definidas». De los nombres lógicamente propios Russell dice, o sus afirmaciones implican, lo siguiente:

1) Que ellos y sólo ellos pueden aparecer como sujeto de las oraciones que son genuinamente de la forma sujeto-predicado.
2) Que una expresión que intente ser un nombre lógicamente propio *carece de significado*, a menos que haya algún objeto singular al que la expresión represente, puesto que el *significado* de tal expresión es, precisamente, el objeto individual que designa. En consecuencia, la expresión, para que sea un nombre, *tiene que* designar algo.

Es fácil ver que si alguien cree estas dos proposiciones, entonces la única manera que tiene de salvar la significación de O es negar que sea una oración, lógicamente hablando, de la forma sujeto-predicado. Puede decirse de modo general que Russell sólo reconoce dos modos en los que pueden ser significativas las oraciones que parecen ser, según su estructura gramatical, acerca de alguna persona particular, objeto o evento individual:

1) El primero ha de ser aquel en que la forma gramatical de la oración sea desorientadora respecto de su forma lógica, y que haya de ser analizable al igual que O, como un género especial de oración existencial.
2) El segundo ha de ser aquel en que el sujeto gramatical de la oración sea un nombre lógicamente propio, cuyo significado es la cosa individual que designa.

Creo que Russell está totalmente equivocado en esto, y que las oraciones que son significativas y comienzan con una expresión usada de modo referencial singularizador no pertenecen a ninguna de estas dos clases. Las expresiones usadas de modo referencial singularizador no son nunca nombres lógicamente propios ni descripciones, si lo que se quiere decir al llamarlas «descripciones» es que deben analizarse de acuerdo con el modelo proporcionado por la teoría de las descripciones de Russell.

No existen nombres lógicamente propios ni descripciones (en este sentido).

Consideremos ahora los detalles del análisis de Russell. De acuerdo con él, cualquiera que asevere O aseveraría que:

1) Hay un rey en Francia.
2) No hay más que un rey en Francia.
3) No hay nada que sea rey de Francia y no sea sabio.

Es fácil darse cuenta de cómo llegó Russell a este análisis y de cómo esto le permite dar respuesta a la pregunta con que comenzábamos, a saber ¿cómo puede ser significativa la oración O cuando no hay rey de Francia? El modo en que llegó a este análisis fue claramente preguntándose cuáles serían las circunstancias en que diríamos que cualquiera que emitiese la oración O habría hecho una aserción verdadera. Y parece totalmente claro, y no tengo deseos de ponerlo en cuestión, que las oraciones anteriores 1)-3) describen las circunstancias que son al menos condiciones *necesarias* para cualquiera que haga una aserción verdadera al emitir la oración O. Pero, como espero mostrar, decir esto no es en absoluto lo mismo que decir que Russell ha dado una explicación correcta del uso de la oración O, o ni siquiera que ha dado una explicación que, aunque incompleta, es correcta hasta cierto punto; y ciertamente no es lo mismo que decir que el modelo de traducción presentado es un modelo correcto para todas las oraciones singulares (o para algunas) que comienzan con una frase de la forma «el tal-y-tal».

Resulta también fácil advertir cómo este análisis capacita a Russell para responder a la pregunta de cómo la oración O puede ser significativa, incluso si no existe rey de Francia. Pues, si este análisis es correcto, cualquiera que emita hoy la oración O aseveraría a la vez tres proposiciones, una de las cuales (a saber, que hay un rey de Francia) sería falsa; y puesto que la conjunción de tres proposiciones, de las cuales una es falsa, es ella misma falsa, la aserción total sería significativa, pero falsa. De esta manera no podría aplicarse a tal aserción ninguno de los malos argumentos a favor de las entidades subsistentes.

II

Quiero ahora plantear ciertas distinciones como paso previo dirigido a mostrar que la solución de Russell a este problema es errónea, y hacia el logro de la solución correcta. Con este propósito, y para abreviar, denominaré, en el resto de esta sección, a una expresión que tenga un uso referencial singularizador «una expresión», y a una oración que empiece con tal expresión «una oración». Las distinciones que plantearé son solamente aproximadas y expeditivas, y, sin duda, podrían presentarse casos difíciles que requieran su refinamiento. Con todo, creo que servirían para mis propósitos. Las distinciones se plantean entre:

A_1) una oración,
A_2) un uso de una oración,
A_3) una emisión de una oración,

y correspondientemente, entre:

B_1) una expresión,
B_2) un uso de una expresión,
B_3) una emisión de una expresión.

Consideremos de nuevo la oración «El rey de Francia es sabio». Es fácil imaginar que esta oración fue emitida en diversos momentos desde, digamos, el comienzo del siglo XVII en adelante, durante los reinados de los sucesivos monarcas franceses y también es igualmente fácil imaginar que fuese emitida en los períodos subsiguientes en que Francia no era una monarquía. Adviértase que me resultaba natural hablar de que «la oración», o de que «esta oración» fue emitida en diversos momentos durante este período; o, en otras palabras, que sería natural y correcto hablar de *una y la misma* oración que es emitida en todas estas diversas ocasiones. Usaré la expresión A_1, «una oración», en el sentido en que sería correcto hablar de una y la misma oración que es emitida en todas esas diversas ocasiones. Existen, sin embargo, diferencias obvias entre las distintas *ocasiones de uso* de esta oración. Por ejemplo, si una persona la emitiera en el reinado de Luis XIV y otra la emitiese en el el de Luis XV sería natural decir (suponer) que estaban hablando, respectivamente, de diferentes personas; y podría sostenerse que la primera persona, al usar la oración, hacía una aserción verdadera, mientras que la segunda, usando la misma oración, hacía una aserción falsa. Si, por otra parte, dos personas diferentes emitiesen simultáneamente la oración (por ejemplo, si una la escribiera y otra la dijera de viva voz) durante el reinado de Luis XIV, sería natural decir (suponer) que ambos estaban hablando de la misma persona, y en ese caso, al usar la oración, o los dos *tienen que* haber hecho una aserción verdadera o ambos *tienen que* haberla hecho falsa. Esto aclara lo que quiero decir con un *uso* de una oración. Las dos personas que emitieron la oración, una en el reinado de Luis XV y otra en el de Luis XIV, hicieron un uso diferente de la misma oración; mientras que las dos personas que emitieron la oración simultáneamente en el reinado de Luis XIV hicieron el mismo uso[1] de la misma oración. Obviamente, tanto en el caso de esta oración como en el de muchas otras, no podemos hablar de que *la*

[1] Esta «usanza» de uso es, desde luego, diferente de: *a*) la usanza corriente en que «uso» (de una palabra, frase, oración, particular) = (en líneas generales) «reglas de uso» = (en líneas generales) «significado»; y *b*) mi propia usanza en la frase «uso referencial singularizador de expresiones», en la que «uso» = (en líneas generales) «modo de usar».

oración será verdadera o falsa, sino sólo de que se usa para hacer una aserción verdadera o falsa, o (si se prefiere) para expresar una proposición verdadera o falsa. Y es igualmente obvio que no podemos hablar de que *la oración* sea *acerca de* una persona particular, puesto que la misma oración puede usarse en momentos diferentes para hablar acerca de personas particulares completamente diferentes; sólo podemos hablar de *un uso* de la oración para hablar acerca de una persona particular. Por último, quedará suficientemente claro a qué me refiero cuando hablo de una emisión de una oración, si digo que las dos personas que la emitieron simultáneamente en el reinado de Luis XIV hicieron dos emisiones diferentes de la misma oración, aunque el mismo uso de ella.

Si en vez de considerar toda la oración «El rey de Francia es sabio» tomamos en cuenta aquella parte constituida por la expresión «el rey de Francia», resulta obvio que podemos hacer distinciones análogas, aunque no idénticas, entre 1) la expresión, 2) un uso de la expresión y 3) una emisión de la expresión. Las distinciones no serán idénticas; obviamente, no podemos decir correctamente que la expresión «el rey de Francia» se use para expresar una proposición verdadera o falsa, ya que en general sólo las oraciones pueden usarse verdadera o falsamente, y de modo similar, únicamente al usar una oración, y no al usar una expresión aislada, se puede hablar acerca de una persona particular. En cambio, diremos en este caso que la expresión se *usa* para *mencionar* o *hacer referencia* a una persona particular cuando se usa la oración para hablar acerca de ella. Pero, como es obvio en este caso y en muchos otros, no puede decirse que la *expresión* B_1 mencione, o haga referencia a algo, del mismo modo que no puede decirse que la *oración* sea verdadera o falsa. La misma expresión puede tener diferentes usos mencionadores, al igual que la misma oración puede usarse para hacer enunciados con distintos valores de verdad. «Mencionar» o «hacer referencia» no son cosas que haga una expresión; son cosas que alguien puede hacer al usar una expresión. Mencionar o hacer referencia a algo es una característica de un *uso* de una expresión, del mismo modo que «ser acerca de» algo y verdad-o-falsedad son características de un *uso* de una oración.

Un ejemplo muy diferente puede ayudarnos a esclarecer más estas distinciones. Consideremos otro caso de una expresión que tiene un uso referencial singularizador, a saber, la expresión «yo», y consideremos la oración «Yo tengo calor». Innumerables personas pueden usar esta misma oración, pero es lógicamente imposible que dos personas diferentes hagan el mismo *uso* de esta oración o, si se prefiere, que la usen para expresar la misma proposición. La expresión «yo» puede usarse correctamente por (y sólo por) cualquier persona para referirse a sí misma. Decir esto es decir algo acerca de la expresión «yo»; es, en cierto sentido, dar su significado. Ésta es la clase de cosas que pueden decirse acerca de las *expresiones*. Pero no tiene sentido decir de la *expresión* «yo» que se refiere a una persona particular. Ésta es la clase de cosas que solamente puede decirse de un uso particular de la expresión.

Permítaseme usar «tipo» como abreviatura de «oración o expresión». No estoy diciendo, entonces, que haya oraciones y expresiones (tipos), *y* usos *y* emisiones de ellas, del mismo modo que hay barcos *y* zapatos *y* lacre. Estoy diciendo que no podemos decir *las mismas cosas* acerca de los tipos, usos de los tipos y emisiones de los tipos. Y el hecho es que hablamos acerca de los tipos; y esta confusión es fácil que surja al no advertir las diferencias entre lo que puede decirse acerca de éstos y lo que sólo puede decirse acerca de los *usos* de tipos. Tenemos tendencia a imaginar que hablamos de oraciones y expresiones cuando estamos hablando de usos de oraciones y expresiones.

Esto es lo que hace Russell. En su contra, de manera general, diré esto. El significado (al menos en un sentido importante) es una función de la oración o expresión; mencionar y hacer referencia, y verdad y falsedad, son funciones del uso de la oración o expresión. Dar el significado de una expresión (en el sentido en que estoy usando la palabra) es dar *directrices generales* para su uso para hacer referencia a, o mencionar, objetos o personas particulares; dar el significado de una oración es dar las *directrices generales* para su uso al hacer aserciones verdaderas o falsas. No es hablar acerca de una ocasión particular cualquiera del uso de la oración o expresión. El significado de una expresión no puede identificarse con el objeto al que nos referimos mediante su uso en una ocasión particular. El significado de una oración no puede identificarse con la aserción que hacemos mediante su uso, en una ocasión particular. Hablar sobre el significado de una expresión u oración no es hablar sobre su uso en una ocasión particular, sino sobre las reglas, hábitos y convenciones que gobiernan su uso correcto, en todas las ocasiones, para hacer referencia o aseverar. De esta manera, la cuestión de si una oración o expresión *es significativa o no* nada tiene que ver con la cuestión de si la oración, *emitida en una ocasión particular*, está siendo usada o no, en esa ocasión, para realizar una aserción verdadera-o-falsa, o si la expresión está siendo usada, en esta ocasión, para hacer referencia a algo o mencionarlo.

El error de Russell tuvo su origen en pensar que hacer referencia o mencionar, si es que ocurren de alguna manera, deben ser significar. No distinguió B_1 de B_2; confundió expresiones con su uso en un contexto particular y confundió, así, significar con mencionar, con hacer referencia. Si hablo de mi pañuelo, puedo, quizás, sacar de mi bolsillo el objeto al que me estoy refiriendo, pero no puedo sacar de mi bolsillo el significado de la expresión «mi pañuelo». Puesto que Russell confundió significar con mencionar, pensó que si existiesen expresiones que tuviesen un uso referencial singularizador, que fuesen lo que parecen ser (esto es, sujetos lógicos) y no otra cosa disfrazada, su significado tenía que *ser* el objeto particular al que se referían en su uso. De ahí la enojosa mitología del nombre lógicamente propio. Pero si alguien me pregunta por el significado de la expresión «esto» —en tiempos candidato favorito de Russell para este *status*— no le presentaría el objeto al que acabo de referirme con el uso de la expresión, añadiendo que el significado de la palabra cambia cada vez que se la usa. Ni tampoco le presentaría todos los objetos a que me he referido, o podría haberme referido, con su uso. Explicaría e ilustraría las convenciones que rigen el uso de la expresión. En eso *consiste* dar el significado de la expresión, lo cual es muy diferente a dar (en cualquier sentido de dar) el objeto al cual se refiere, ya que la expresión misma no se refiere a nada, aunque pueda usarse en diferentes ocasiones para referirse a innumerables cosas. De hecho, existe en inglés un sentido de la palabra «*mean**» que se aproxima al de «indicar, mencionar, o hacer referencia a»; por ejemplo, cuando alguien dice (algo molesto) «*I mean you*», o cuando señalo y digo «*That's the one I mean*». Pero *the one I meant* es completamente diferente del *significado de la expresión* que he usado para hablar de él. En este sentido especial de «*mean*» son las personas las que significan, y no las expresiones. Las personas usan expresiones para referirse a cosas particulares. Pero el significado de una expresión no es el conjunto de cosas o la cosa singular a la que podemos referirnos correctamente con su uso; el significado es el conjunto de reglas, hábitos, convenciones, para su uso al hacer referencia.

Sucede lo mismo con las oraciones, incluso de modo más obvio. Todo el mundo sabe que la oración «La mesa está llena de libros» es significativa, y todo el mundo sabe también lo que significa. Pero, si pregunto «¿Acerca de qué objeto es esa oración?», estoy planteando una pregunta absurda, una pregunta que no puede plantearse acerca de la oración, sino sólo acerca de algún uso de la oración: y en este caso la oración no se ha usado para hablar acerca de algo, sólo se la ha tomado como un ejemplo. Al saber lo que significa se sabe cómo podría usarse correctamente para hablar sobre algo: así, conocer el significado no tiene nada que ver con conocer un uso particular de la oración para hablar acerca de algo. Del mismo modo, si pregunto «¿es la oración verdadera o falsa?» planteo una pregunta absurda, que no es menos absurda si añado: «Debe ser lo uno o lo otro, puesto que es significativa». La pregunta es absurda, puesto que la *oración* no es ni verdadera ni falsa, así como tampoco es *acerca de* algún objeto. Desde luego, el hecho de que sea significativa es lo mismo que el hecho de que *pueda* usarse correctamente para hablar de algo y que, al usarla así alguien hará una aserción verdadera o falsa. Y añadiré que se usará para hacer una aserción verdadera o falsa *sólo* si la persona que la usa *está* hablando de algo. Si, cuando la emite, no habla de nada, entonces su uso no es genuino, sino un uso espurio o pseudo-uso; no hace una aserción verdadera o falsa, aunque pueda pensar que la está haciendo. Y esto señala el camino hacia la respuesta correc-

---

* Dado que ni el verbo castellano «significar», ni la expresión «querer decir» —que serían las traducciones naturales de *to mean*— tienen el sentido a que Strawson alude, prefiero dejar en inglés en este caso las expresiones en las que aparece con dicho sentido. *(N. del T.)*

ta al problema al que la teoría de las descripciones da una respuesta fatalmente incorrecta. Lo importante es que la pregunta sobre si la oración es o no significativa es totalmente independiente de la pregunta que puede plantearse acerca de un uso particular de ella, a saber, la pregunta sobre si es un uso genuino o espurio, de si se usa para hablar de algo, o para fabular, o como un ejemplo filosófico. La pregunta sobre si la oración es o no significativa es la pregunta de si existen en ese lenguaje hábitos, convenciones, o reglas tales que la oración podría usarse lógicamente para hablar de algo; y por ello es totalmente independiente de la pregunta sobre si ha sido usada de tal manera en una ocasión particular.

III

Consideremos de nuevo la oración «El rey de Francia es sabio» y las cosas verdaderas y falsas que Russell dice sobre ella.

Hay, al menos, dos cosas verdaderas que Russell diría sobre esta oración:

1) La primera de ellas es que es significativa; que si alguien la emitiese ahora estaría emitiendo una oración significativa.

2) La segunda es que si alguien la emitiese ahora haría una aserción verdadera sólo si, actualmente, existiera de hecho uno y sólo un rey de Francia, y si fuera sabio.

¿Cuáles son las cosas falsas que Russell diría sobre la oración? Éstas:

1) Que cualquiera que la emitiese en la actualidad estaría haciendo una aserción verdadera o falsa.

2) Que parte de lo que estaría aseverando sería que en la actualidad existía uno y sólo un rey de Francia.

Ya he dado algunas razones para pensar que estos dos enunciados son incorrectos. Supongamos ahora que alguien te dijese, efectivamente, y con un aspecto completo de seriedad: «El rey de Francia es sabio». ¿Dirías: «Eso no es verdad»? Creo con toda seguridad que no lo dirías. Pero supongamos que la misma persona continuase *preguntándote* si pensabas que lo que acababa de decir era verdadero o falso, si estabas de acuerdo o no con lo que acaba de decir. Creo que te inclinarías a decir, aunque con alguna vacilación, que ninguna de las dos cosas; que la cuestión de si su enunciado era verdadero o falso simplemente *no se plantea*, puesto que no existe una persona tal que sea el rey de Francia. Podrías, si hablara completamente en serio (si tuviera el aspecto de andar un tanto extraviado por los siglos), decir algo semejante a: «Me temo que debes estar en un error. Francia no es una monarquía. No hay rey de Francia». Esto da pie a la cuestión de que, si una persona emitiese seriamente la oración, tal emisión sería en algún sentido una *evidencia* de que *creía* que había un rey de Francia. No sería una evidencia a favor de su creencia, en el sentido de que si alguien coge su impermeable esto es evidencia de su creencia de que está lloviendo. Pero tampoco sería una evidencia de su creencia en el sentido de que el hecho de que una persona diga «está lloviendo» es evidencia a favor de su creencia de que está lloviendo. Podríamos plantearlo del siguiente modo. Decir «El rey de Francia es sabio» es *implicar*, en algún sentido de «implicar», que hay un rey de Francia. Pero éste es un sentido muy especial y extraño de «implicar». «Implica», en este sentido, no equivale, ciertamente, a «entraña» (o implica lógicamente). Y esto resulta del hecho de que, cuando, como respuesta a su enunciado, decimos (como podríamos hacerlo) «No hay ningún rey de Francia», *no* diríamos ciertamente que estábamos *contradiciendo* el enunciado de que el rey de Francia es sabio. No estamos diciendo, por cierto, que es falso. Estamos más bien dando una razón para decir que la cuestión de si es verdadero o falso no se plantea.

Y es aquí donde la distinción que tracé antes puede ayudarnos. La oración «El rey de Francia es sabio» es ciertamente significativa; pero esto no quiere decir que cualquier uso particular de ella sea verdadero o falso. La usamos verdadera o falsamente cuando la usamos para hablar acerca de alguien, cuando al usar la expresión «el rey de Francia» mencionamos en efecto a alguien. El hecho de que la oración y la expresión, respectivamente, sean significativas es precisamente el hecho de que la oración *podría* ser usada, en determinadas circunstancias, para decir algo verdadero o falso, y de que la expresión *podría* ser usada, en ciertas circunstancias, para mencionar a una persona particular; y conocer su significado es conocer qué clase de circunstancias son ésas. De esta manera, cuando emitimos la oración sin mencionar de hecho a nadie mediante el uso de la frase «el rey de Francia», la oración no deja de ser significativa; simplemente *no logramos* decir nada verdadero o falso porque no logramos mencionar a nadie mediante este uso particular de esta frase perfectamente significativa. Es, si se quiere, un uso espurio de la oración, aunque podamos (o no) creer erróneamente que se trata de un uso genuino.

Tales usos espurios[2] son muy familiares. El novelar y el mundo de ficción sofisticados[3] dependen de ellos. Si empezase diciendo «El rey de Francia es sabio», y continuase «y vive en un castillo de oro y tiene cien esposas», etc., un oyente me entendería perfectamente bien, sin suponer *o bien* que estaba hablando acerca de una persona particular, *o* que estaba haciendo un enunciado falso en el sentido de que existía una persona tal como la

---

[2] La elección de la palabra «espurio» me parece ahora desafortunada, al menos para algunos usos no estándar. Preferiría llamar ahora a algunos de ellos usos «secundarios».

[3] La fórmula no sofisticada comienza con «Érase una vez...».

descrita por mis palabras. (Vale la pena añadir que allí donde el uso de oraciones y expresiones pertenezca abiertamente al mundo de ficción, el sentido de las palabras «acerca de» puede cambiar. Como dijo Moore, es perfectamente natural y correcto decir que algunos de los enunciados de los *Pickwick Papers* son acerca del Sr. Pickwick. Pero donde el uso de oraciones y expresiones no pertenecen abiertamente al mundo de la ficción, este uso de «acerca de» parece menos correcto, esto es, no sería *en general* correcto decir que un enunciado era acerca del Sr. X, o de tal-y-tal, a menos que existiese tal persona o cosa. Sólo donde el novelar corre el riesgo de ser tomado en serio podríamos responder a la pregunta «¿Acerca de quién está hablando?» con «No habla acerca de nadie»; pero al decir esto no estamos diciendo que lo que se decía era falso o sin sentido.)

Sin embargo, dejando aparte los usos que pertenecen abiertamente al mundo de ficción, he dicho que usar una expresión como «el rey de Francia» al comienzo de una oración era implicar, en algún sentido de «implicar», que había un rey de Francia. Cuando una persona usa esta expresión no *asevera*, ni lo que dice *entraña*, una proposición existencial singularizadora. Pero una de las funciones convencionales del artículo determinado es la de actuar como *señal* de que se hace una referencia singularizadora —una señal y no una aserción disfrazada—. Cuando empezamos una oración con «el tal-y-tal» el uso de «el» muestra, pero no enuncia, que nos referimos, o intentamos referirnos, a un individuo particular de la especie «tal-y-tal». *Cuál* sea el individuo particular es cuestión a determinar por el contexto, tiempo, lugar y otras características de la situación de emisión. Ahora bien, siempre que una persona usa una expresión, existe la presunción de que piensa que la está usando correctamente: así, cuando usa la expresión «el tal-y-tal» en un sentido referencial singularizador existe la presunción de que esa persona piensa que hay *algún* individuo de esa especie, y que el contexto de uso determinará de modo suficiente cuál es el individuo que tiene presente. Usar la palabra «el» en este sentido es implicar (en el sentido relevante de «implicar») que se cumplen las condiciones existenciales descritas por Russell. Pero usar «el» en este sentido no es enunciar que esas condiciones se cumplen. Si doy comienzo a una oración con una expresión de la forma «el tal-y-tal» y a continuación se me impide decir más, no he formulado enunciado alguno, pero puedo haber mencionado a algo o a alguien.

La aserción existencial singularizadora, que Russell supone que forma parte de cualquier aserción en la que se haga un uso referencial singularizador de una expresión de la forma «el tal-y-tal» es, observa Russell, un compuesto de dos aserciones. Decir que hay un φ es decir algo compatible con que haya varios φ; decir que no hay más de un φ es decir algo compatible con que no haya ninguno. Decir que hay un φ y sólo uno es combinar estas dos aserciones. Hasta aquí me he centrado principalmente en la pretendida aserción de existencia, y me he ocupado en menor medida de la pretendida aserción de unicidad. Un ejemplo que ponga el énfasis sobre el último aspecto servirá para revelar más claramente el sentido de «implicada» en el que una aserción existencial singularizadora está implicada, aunque no entrañada, por el uso de expresiones de modo referencial singularizador. Consideremos la oración «La mesa está llena de libros». Es completamente cierto que en cualquier uso normal de esta oración, la expresión «la mesa» se usaría para hacer una referencia singularizadora, esto es, para referirse a una mesa particular. Es éste un uso muy estricto del artículo determinado, en el sentido en que Russell habla, en la página 30 de los *Principia Mathematica*, de usar el artículo «*estrictamente*, de manera que implique unicidad». En la misma página Russell dice que una frase de la forma «el tal-y-tal» usada estrictamente, «sólo tendrá aplicación en el caso de que haya un tal-y-tal y no más». Ahora bien, es absolutamente falso que la frase «la mesa», en la oración «La mesa está llena de libros», cuando es usada normalmente, «tenga solamente aplicación en el caso que haya solamente una mesa y no más». Además es tautológicamente verdadero que, en tal uso, la frase tendrá aplicación sólo en el caso en que haya una mesa y no más *a la que se está haciendo referencia*, y que se entenderá que tiene aplicación sólo en el caso de que haya una mesa —que es a la que se entiende que se hace referencia mediante el uso de la frase— y no más. Usar la oración no es aseverar, sino implicar (en el sentido especial ya discutido) que hay sólo una cosa que es, *a la vez*, del género especificado (esto es, la mesa) y a *la que está haciendo referencia* el hablante. Obviamente, no es aseverar esto. Hacer referencia no es tampoco decir que se está haciendo referencia. Decir que hay *una u otra mesa* a la que se está haciendo referencia no es lo mismo que hacer referencia a una mesa particular. No tendríamos ningún uso para frases tales como «el individuo al que me refería» a menos que hubiese algo que se considerase como hacer referencia. (No tendría sentido decir que has señalado si no hubiese nada que se considerase como señalar.) Así, una vez más, llego a la conclusión de que hacer referencia o mencionar una cosa particular no puede disolverse en un género cualquiera de aserción. Hacer referencia no es aseverar, aunque hagamos referencia con el objeto de aseverar algo.

Permítaseme ahora tomar como ejemplo de uso referencial singularizador una expresión que no sea de la forma «el tal-y-tal». Supongamos que tiendo mis manos hacia alguien, poniéndolas cuidadosamente en forma de copa, y diciéndole a la vez que lo hago: «Esto es un rojo hermoso». Él, al mirar mis manos y no ver nada en ellas, puede decir: «¿Qué es esto? ¿De qué estás hablando?» O quizás: «¡Pero si no hay nada en tus manos!» Desde luego, sería absurdo decir que al emitir «¡Pero si no tienes nada en tus manos!», estuviera *negando* o *contradiciendo* lo que dije. De esta manera, «esto» no es una descripción disfrazada en el sentido de Russell. Ni es un nombre lógicamente propio. Porque es necesario saber lo que significa la oración para reaccionar de esa manera ante su emisión. Precisamente a causa de que el significado de la palabra «esto» es independiente de cualquier referencia particular que pueda hacerse al usarla, aunque no independiente del modo en que puede usarse para hacer referencia, puedo, como en este ejemplo, usarla para *fingir* que estoy haciendo referencia a algo.

La moraleja general de todo esto es que la comunicación es un asunto de aserción explícita o disfrazada en bastante menor medida de lo que los lógicos suelen suponer. La aplicación particular de esta moraleja general, en la que estoy interesado, es su aplicación al caso en que se hace referencia singularizadora. Una parte de la significación de las expresiones del género que estoy discutiendo consiste en que pueden usarse, en una gran variedad de contextos, para hacer referencias singularizadoras. No forma parte de su significación aseverar que están siendo usadas de tal modo o que satisfacen las condiciones de uso. Así, la distinción realmente importante que necesito trazar es entre:

1) utilizar una expresión para hacer una referencia singularizadora, y
2) aseverar que hay un individuo y sólo uno que tiene ciertas características (por ejemplo, que es de un cierto género o que está en cierta relación con el hablante, o ambas cosas).

Ésta es, en otras palabras, la distinción entre:

1) oraciones que contienen una expresión usada para indicar o mencionar o hacer referencia a una persona o cosa particular, y
2) oraciones existenciales singularizadoras.

Lo que Russell hace es ir asimilando progresivamente más y más las oraciones de la clase 1) a las oraciones de la clase 2) y, por consiguiente, se ve envuelto en insuperables dificultades respecto a los sujetos lógicos y, en general, respecto a los valores de las variables individuales: dificultades que le llevaron por último a la teoría lógicamente desastrosa de los nombres desarrollada en *Inquiry into Meaning and Truth* y en *Human Knowledge*. Este punto de vista sobre el significado de las expresiones que son sujetos lógicos, y que constituye el principal incentivo de la teoría de las descripciones, hace imposible, al mismo tiempo, que Russell encuentre alguna vez unos sustitutos satisfactorios para estas expresiones que, comenzando con frases sustantivas, va degradando progresivamente de la condición de sujetos lógicos[4]. La raíz del problema no es simplemente, como a veces se dice, la fascinación que provoca la relación entre un nombre y su portador. Ni siquiera los nombres llegan al estándar imposible, que se ha establecido. Se trata más bien de la combinación de dos concepciones erróneas más radicales:

---

[4] Y esto a pesar de la señal de peligro que la frase «forma gramaticalmente *desorientadora*» constituye.

en primer lugar, el no lograr captar la importancia de la distinción (ver Sección II) entre lo que puede decirse de una expresión y lo que puede decirse de un uso particular de ella; en segundo lugar, el no lograr reconocer que el uso referencial singularizador de las expresiones, inocuo y necesario, es distinto de, pero complementario, del uso predicativo o adscriptivo de las mismas. Las expresiones que de hecho pueden aparecer como sujetos lógicos singulares son expresiones de la clase que enumeré al principio (demostrativos, frases sustantivas, nombres propios, pronombres): decir esto es lo mismo que decir que esas expresiones, junto con su contexto (en el sentido más amplio), son las que se usan para hacer referencias singularizadoras. La finalidad de las convenciones que rigen los usos de tales expresiones es, junto con la situación de emisión, el garantizar la unicidad de la referencia. Pero hacer esto basta y sobra. Mientras hacemos referencia no alcanzamos, ni podemos llegar a alcanzar, el grado de completa explicitud en el que la función referencial ya no se realiza. La referencia singularizadora que se ha hecho, si es que se hace, es asunto del uso particular en el contexto particular; la significación de la expresión usada es el conjunto de reglas y convenciones que permiten llevar a cabo tales referencias. De ahí que usando expresiones significativas podamos fingir referirnos a algo, en el mundo de la fábula o en el de la ficción, o pensar erróneamente que nos estamos refiriendo a algo cuando, en realidad, no nos estamos refiriendo a nada[5].

Esto muestra la necesidad de que distingamos dos géneros (entre muchos otros) de convenciones o reglas lingüísticas: reglas para hacer referencia y reglas para atribuir y adscribir, así como la necesidad de que investiguemos las primeras. Si reconocemos esta distinción de uso como lo que es, estamos entonces en vías de resolver un buen número de viejos rompecabezas lógicos y metafísicos.

Mis dos últimas secciones tratarán, aunque sólo a grandes rasgos, de estas cuestiones.

IV

Uno de los principales propósitos para los que usamos el lenguaje es el de enunciar hechos acerca de cosas, personas y eventos. Si queremos cumplir este propósito debemos disponer de algún medio de anticiparnos a la pregunta

[5] Esta oración me parece ahora que está expuesta a numerosas objeciones, principalmente a causa del uso restrictivo no explícito de la expresión «hacer referencia». Podría ser más exactamente expresada de la manera siguiente: «De aquí que podamos, usando expresiones significativas, hacer referencias de manera secundaria, como en el fabular o en el mundo de ficción, o pensar erróneamente que nos estamos refiriendo a algo primariamente cuando no estamos refiriéndonos a nada de ese modo».

«¿De qué (de quién, de cuál) está usted hablando?», y también a la de «¿Qué estás diciendo de ello (de él, de ella)?». La función de anticiparse a la primera pregunta es la función referencial (o identificativa). La función de anticiparse a la segunda es la función atributiva (o descriptiva, o clasificativa, o adscriptiva). En la oración castellana convencional que se usa para enunciar, o afirmar que se enuncia, un hecho acerca de una cosa, persona o suceso individuales, la realización de estas dos funciones puede asignarse, de manera tosca y aproximada, a expresiones separables[6]. En tal oración, esta asignación de expresiones a sus papeles separados corresponde a la clasificación gramatical convencional de sujeto y predicado. No hay nada sacrosanto en el empleo de expresiones separables para estas dos tareas. Se podrían emplear, y se emplean, otros métodos. Existe, por ejemplo, el método de emitir una única palabra o una frase atributiva ante la presencia visible del objeto al que se hace referencia; o el método análogo ejemplificado por el cartel con las palabras «peligroso para camiones» sobre un puente, o por el atar a una calabaza el cartel en el que se lea «primer premio». También es posible imaginar un juego muy complicado en que nunca se usase una expresión de modo referencial singularizador, sino que sólo se emitiesen oraciones existenciales singularizadoras, intentando que el oyente fuera capaz de identificar aquello de que se está hablando por medio de una acumulación de cláusulas de relativo. (Esta descripción de los propósitos del juego muestra en qué sentido sería un juego: éste no es el uso corriente que hacemos de las oraciones existenciales.) Hay dos aspectos que requieren ser subrayados. El primero es que la necesidad de realizar estas dos tareas para enunciar hechos particulares no requiere ninguna explicación trascendental: prestarle atención es elucidar, en parte, el significado de la frase, «enunciar un hecho». El segundo es que incluso esta elucidación se hace en términos derivados de la gramática de la oración singular convencional; que incluso la distinción lingüística, abiertamente funcional, entre los papeles identificativos y atributivos que las palabras pueden desempeñar en el lenguaje está motivada por el hecho de que el lenguaje ordinario nos ofrece expresiones separables a las que pueden ser asignadas, de manera plausible y aproximada, diferentes funciones. Y esta distinción funcional ha proyectado largas sombras filosóficas. Las distinciones entre particular y universal, entre substancia y cualidad, son ejemplos de sombras pseudomateriales proyectadas por la gramática de la oración convencional, en la que expresiones separables juegan papeles distinguibles[7].

Usar una expresión separada para realizar la primera de esas tareas es usar una expresión de modo referencial singularizador. Ahora quisiera decir

---

[6] Omito las oraciones relacionales puesto que no exigen, en principio, una modificación de lo que digo, sino una complicación de detalle.

[7] Lo que se dice o implica en las dos últimas oraciones de este parágrafo no me parece ya verdadero a menos que se puntualice considerablemente.

algo en general acerca de las convenciones de uso para las expresiones usadas de este modo y contrastarlas con las del uso adscriptivo. Procedo, pues, a una breve ilustración de estas observaciones generales, y a efectuar algunas aplicaciones posteriores de ellas.

Lo que, en general, se requiere para hacer una referencia singularizadora es, obviamente, algún o algunos dispositivos para mostrar tanto *que* se intenta hacer una referencia singularizadora como *de qué* referencia singularizadora se trata; algún dispositivo que exija y capacite al oyente o al lector para identificar aquello de que se habla. Para garantizar este resultado, el contexto de emisión es de una importancia casi imposible de exagerar; y por «contexto» quiero decir, por lo menos, el tiempo, lugar, situación, identidad del hablante, los temas que constituyen el centro inmediato de interés y las historias personales del hablante y de aquellos a los que se dirige. Además del contexto hay, desde luego, convenciones: convenciones lingüísticas. Pero excepto en el caso de los nombres propios genuinos, de los que diré algo más posteriormente, el cumplimiento de las condiciones contextuales, enunciables con más o menos precisión, se exige *convencionalmente* (o *lógicamente*, en un sentido más amplio de la palabra) para el uso referencial correcto de las expresiones, en un sentido en el que no vale para los usos adscriptivos correctos. Para la correcta aplicación de una expresión en su uso adscriptivo a una cierta cosa se requiere, simplemente, que ésta sea de una cierta clase, que tenga ciertas características. El requisito para la aplicación correcta de una expresión en su uso referencial a cierta cosa es algo que es adicional a cualquier requisito derivado del significado adscriptivo que la expresión pueda tener; a saber: es el requisito de que la cosa esté en cierta relación con el hablante y con el contexto de emisión. Llamemos a esto el requisito contextual. De esta manera, por ejemplo, en el caso límite de la palabra «yo» el requisito contextual es que la cosa sea idéntica con el hablante; pero en el caso de la mayoría de las expresiones que tienen un uso referencial, este requisito no puede especificarse de un modo tan preciso. Una diferencia posterior, y completamente general, entre las convenciones para hacer referencia y las convenciones para describir, es aquella con la que ya nos hemos encontrado, a saber: que el cumplimiento de las condiciones para un uso adscriptivo correcto de una expresión es parte de lo que se enuncia por medio de tal uso; pero el cumplimiento de las convenciones para un uso referencial correcto de una expresión no es nunca parte de lo que se enuncia, aunque es implicado (en el sentido relevante de «implicado») por tal uso.

Las condiciones para hacer referencia han sido descuidadas o mal interpretadas por los lógicos. Las razones de este descuido no son difíciles de ver, aunque sean difíciles de enunciar brevemente. Dos de ellas son, a grandes rasgos: 1) la preocupación de la mayoría de los lógicos por las definiciones; 2) la preocupación de algunos lógicos por los sistemas formales. 1) Una definición, en el sentido más familiar, es una especificación de las condiciones del uso adscriptivo o clasificatorio correcto de una expresión.

Las definiciones no tienen en cuenta requisitos contextuales. De este modo, mientras que la búsqueda del significado, o la búsqueda del análisis de una expresión, se conciba como la búsqueda de una definición, el descuido o la mala interpretación de las convenciones diferentes de las adscriptivas, es inevitable. Quizá sería mejor decir (puesto que no quiero legislar sobre «significado» o «análisis») que los lógicos no han logrado advertir que los problemas del uso son más amplios que los problemas del análisis y del significado. 2) La influencia de la preocupación por las matemáticas y la lógica formal se ve más claramente (para no tomar ejemplos más recientes) en los casos de Leibniz y Russell. El constructor de cálculos no interesado en, ni obligado a, hacer enunciados fácticos, se acerca a la lógica aplicada con un prejuicio. Es natural que suponga que los tipos de convención, con cuya adecuación en un campo está familiarizado, deban ser realmente adecuados, ¡ojalá se pudiera ver cómo!, en un campo totalmente diferente, el de los enunciados de hecho. De este modo vemos a Leibniz pugnando desesperadamente por hacer de la unicidad de las referencias singularizadoras una cuestión de lógica en sentido estricto, y a Russell pugnando desesperadamente para hacer lo mismo, aunque de manera diferente, tanto con la implicación de unicidad como con la de existencia.

Debe quedar claro que la distinción que intento trazar es principalmente una distinción entre los diferentes papeles que las expresiones pueden jugar en el lenguaje, y no una distinción entre diferentes grupos de expresiones, ya que algunas de ellas pueden aparecer en uno u otro papel. Algunos de los géneros de palabras sobre las que hablaré tienen predominantemente, si no exclusivamente, un papel referencial. Esto es completamente verdadero, por lo que respecta a los pronombres y los nombres propios ordinarios. Algunos pueden aparecer como todos o partes de expresiones que tienen un uso predominantemente referencial, y como todos o partes de expresiones que tienen predominantemente un uso adscriptivo o clasificatorio. Los casos más obvios son los nombres comunes, o los nombres comunes precedidos de adjetivos, incluidos los adjetivos o los adjetivos verbales (participiales); y, menos obviamente, los adjetivos o los adjetivos verbales (participiales) solos. Las expresiones que pueden tener un uso referencial difieren también entre sí, al menos en alguno de los tres modos siguientes, que no son mutuamente independientes.

1) Difieren en el grado en que la referencia que se hace con su uso depende del contexto de emisión. Palabras como «yo» y «ello» están situadas en un extremo de esta escala —el extremo de la máxima dependencia—, y frases como «el autor de *Waverley*» y «el decimoctavo rey de Francia» están situadas en el otro.

2) Difieren en el grado de «significado descriptivo» que poseen: por «significado descriptivo» entiendo «la limitación convencional, en la aplicación a cosas de una cierta clase general, o que poseen ciertas características generales». En un extremo de esta escala están los nombres propios

que usamos más comúnmente en el discurso ordinario; podemos llamar «Horacio» a hombres, perros y motocicletas. El puro nombre no tiene significado descriptivo (excepto el que pueda adquirir *como resultado de* alguno de sus usos como nombre). Una palabra como «el» tiene un significado descriptivo mínimo, pero tiene alguno. Frases substantivas como «la tabla redonda» tienen el máximo significado descriptivo. Una posición intermedia muy interesante es la ocupada por nombres propios «impuros» como «La Tabla Redonda», expresiones substantivas a las que les han salido letras mayúsculas.

3) Finalmente, pueden dividirse en las dos clases siguientes: *a*) aquellas cuyo uso referencial correcto está gobernado por algunas convenciones *generales* referenciales-*cum*-adscriptivas; *b*) aquellas cuyo uso referencial correcto no está gobernado por convenciones generales, sean de la clase contextual o adscriptiva, sino por convenciones *ad hoc* para cada uso particular (aunque no para cada emisión particular). A la primera clase pertenecen tanto los pronombres (que tienen el mínimo significado descriptivo) como las frases substantivas (que tienen el máximo). A la segunda clase pertenecen, hablando en líneas generales, la clase más familiar de los nombres propios. Desconocer el nombre de una persona no es desconocer el lenguaje. Ésta es la razón de por qué no hablamos del significado de los nombres propios. (Pero esto no quiere decir que no tengan significado.) De nuevo las frases tales como «el Viejo Pretendiente»* ocupan una posición intermedia. De esta manera, sólo podemos hacer referencia a un viejo pretendiente, pero saber de qué viejo pretendiente se trata no es conocer una convención general, sino una convención *ad hoc*.

En el caso de las frases de la forma «el tal-y-tal» usadas referencialmente, el uso de «el», junto con la posición de la frase en la oración (esto es, al comienzo o a continuación de un verbo transitivo o de una preposición) actúa como señal *de que* se hace una referencia singularizadora; y el nombre, o nombre y adjetivo, que le sigue, junto con el contexto de emisión, muestran *qué* referencia singularizadora se está haciendo. En general, la diferencia funcional entre los nombres comunes y adjetivos reside en que los primeros se usan, natural y comúnmente, de modo referencial, mientras que los últimos no se usan, común y naturalmente, de este modo, excepto cuando califican nombres, aunque pueden usarse, y de hecho se usan, solos. Y, desde luego, esta diferencia funcional no es independiente de la fuerza descriptiva peculiar de cada palabra. En general, debemos esperar que la fuerza descriptiva de los nombres sea tal que resulten ser los instrumentos más eficientes para la tarea de mostrar qué referencia singular se intenta hacer cuando tal referencia

---

* Las frases «*The Old Pretender*» y «*The Young Pretender*» se usan para designar, respectivamente, al hijo y nieto de Juan II de Inglaterra, que mantuvieron sucesivamente sus derechos al trono británico contra la Casa de Hannover. *(N. del T.)*

es señalada; y también debemos esperar que la fuerza descriptiva de las palabras que usamos natural y comúnmente para hacer referencias singulares refleje nuestro interés en las características relevantes, relativamente permanentes y de conducta, de las cosas. Estas dos expectativas no son independientes una de otra y, si prestamos atención a las diferencias entre la clase más corriente de los nombres comunes y la clase más corriente de adjetivos, encontraremos que ambas se satisfacen. Estas diferencias pertenecen al género que Locke presenta, de una manera original, cuando habla de que nuestras ideas de substancias son *colecciones* de ideas simples; cuando dice que «las facultades constituyen una gran parte de nuestras ideas de substancias», y cuando pasa a contrastar la identidad de la esencia real y nominal, en el caso de las ideas simples, con la carencia de identidad y el carácter fluctuante de la esencia nominal, en el caso de las substancias. La «substancia» misma es el gravoso tributo que Locke paga por su confuso conocimiento de la diferencia existente en la función lingüística predominante, que persiste incluso cuando el nombre ha sido expandido en una cadena más o menos indefinida de adjetivos. Russell repite el error de Locke con una diferencia cuando, admitiendo la inferencia de la sintaxis a la realidad, hasta el punto de percibir que puede desembarazarse de esta incógnita metafísica sólo si puede purificar totalmente el lenguaje de la función referencial, traza su programa para «abolir particulares»; un programa, de hecho, para abolir la distinción de uso lógico que me esfuerzo en subrayar.

El requisito contextual para el uso referencial de los pronombres puede enunciarse en algunos casos con la mayor precisión (por ejemplo, «yo» y «tú») y sólo con la mayor vaguedad en otros («ello» y «éste»). No me propongo decir nada más acerca de los pronombres, excepto señalar un síntoma adicional del fracaso en reconocer como tal el uso referencial singularizador; a saber: el hecho de que ciertos lógicos hayan tratado de elucidar la naturaleza de las variables presentando oraciones como «Él está enfermo», «Esto es verde», como ejemplos de algo parecido a lo que en el habla ordinaria se llama una *función oracional*. Es cierto, desde luego, que la palabra «él» puede usarse en diferentes ocasiones para referirse a diferentes personas o animales; lo mismo pueden hacer la palabra «Juan» y la frase «el gato». Lo que disuade a tales lógicos de tratar estas dos expresiones como cuasi-variables es, en el primer caso, la persistente superstición, ya casi desaparecida, de que un nombre está lógicamente ligado a un individuo singular, y, en el segundo caso, el significado descriptivo de la palabra «gato». Pero «él», que tiene un amplio rango de aplicaciones y mínima fuerza descriptiva, sólo adquiere un uso como palabra referencial. Este hecho, junto con el fracaso en otorgar a las expresiones, usadas referencialmente, el lugar que les corresponde dentro de la lógica (el lugar dejado por el mítico «nombre lógicamente propio») es lo que explica el erróneo intento de elucidar la naturaleza de las variables haciendo referencia a palabras tales como «él», «ella», «ello».

Se dice a veces de los nombres propios ordinarios que son esencialmente palabras, cada una de las cuales se usa para referirse a un individuo. Esto es evidentemente falso. Muchos nombres personales ordinarios —los nombres *par excellence*— se usan correctamente para referirse a muchas personas. Un nombre personal ordinario es, a grandes rasgos, una palabra usada referencialmente, cuyo uso *no* está dictado por ningún significado descriptivo que pueda tener la palabra, *ni* está prescrito por ninguna regla general para su uso como expresión referencial (o como parte de una expresión referencial), tal como encontramos en el caso de palabras como «yo», «esto» y «el», sino que está gobernado por convenciones *ad hoc* para cada conjunto particular de aplicaciones de la palabra a una persona dada. La cuestión importante es que la corrección de tales aplicaciones no se sigue de ninguna regla o convención *general* para el uso de la palabra en cuanto tal. (El límite de lo absurdo y de la circularidad obvia se alcanza en el intento de tratar a los nombres como descripciones disfrazadas en el sentido de Russell, pues lo que es implicado, en el sentido especial, aunque no entrañado, por el hecho de que ahora haga referencia a alguien al nombrarlo, es simplemente la existencia de alguien a quien *ahora estoy haciendo referencia,* a quien *me refiero convencionalmente* mediante ese nombre.) Sin embargo, incluso esta característica de los nombres es sólo un síntoma del propósito para el cual se emplean. Actualmente, nuestra elección de los nombres es parcialmente arbitraria y parcialmente dependiente de prácticas legales y sociales. Sería perfectamente posible tener un *sistema* completo de nombres basados, por ejemplo, en las fechas de nacimiento o en una clasificación minuciosa de las diferencias fisiológicas y anatómicas. Pero el éxito de tal sistema dependería enteramente de la adecuación de las asignaciones de nombres que resultarían con el propósito de hacer referencias singularizadoras; y esto dependería, a su vez, de la multiplicidad de las clasificaciones usadas y del grado en que atraviesan, fortuitamente, las agrupaciones sociales normales. Si se dan ambas cosas en un grado suficiente, la selectividad proporcionada por el contexto se encargaría del resto, al igual que ocurre con nuestros hábitos actuales de nombrar. Si tuviéramos tal sistema, podríamos utilizar palabras-nombre tanto descriptivamente (como hacemos en la actualidad, hasta cierto punto y en sentido diferente, con algunos nombres famosos) como referencialmente. Pero es mediante criterios derivados de la consideración de los requisitos de la tarea referencial, como valoraríamos la adecuación de cualquier sistema de nombrar. Desde el punto de vista del nombrar, ningún tipo de clasificación será mejor o peor que cualquier otra, simplemente por el tipo de clasificación —natal o anatómica— de que se trate.

Ya he mencionado la clase de los cuasi-nombres, de las frases substantivas a las que les han salido letras mayúsculas y de las que son ejemplos frases como «la Gloriosa», «la Gran Guerra», «la Anunciación», «la Tabla Redonda». Mientras que el significado descriptivo de las palabras que siguen al artículo determinado es todavía relevante para su papel referencial, las letras mayúsculas son un signo de esa selectividad extralógica en su uso referencial, que es característica de los nombres puros. Tales frases se encuentran impresas o escritas cuando algún miembro de una clase de eventos o cosas es de un interés excepcional en cierta sociedad. Estas frases son nombres embrionarios. Una frase puede, por razones obvias, entrar en, o salir de, esta clase (por ejemplo, «la Gran Guerra»).

V

Quiero concluir considerando, muy brevemente, tres problemas adicionales que conciernen a los usos referenciales.

a) *Referencias indefinidas.* No todos los usos referenciales de expresiones singulares se anticipan a la pregunta «¿De qué (de quién, de cuál) estás hablando?». Existen algunos usos que invitan a formular esta pregunta, mientras que otros niegan la intención o capacidad para responderla. Ejemplos de esto son comienzos de oraciones tales como «Una persona me dijo que...», «Alguien me dijo que...». La doctrina ortodoxa (russelliana) sostiene que tales oraciones son existenciales, pero no existenciales singularizadoras. Esto parece ser erróneo por diversas razones. Es ridículo sugerir que parte de lo que se asevera es que la clase de los hombres o personas no es vacía. Esto está *implicado* ciertamente en el sentido de implicación que ya nos es familiar; pero esta implicación es también en la misma medida una implicación de la unicidad del objeto particular de referencia, como cuando empiezo una oración con una frase como «la mesa». La diferencia en el uso de los artículos determinados e indeterminados es, a grandes rasgos, como sigue. Usamos «el» cuando se ha hecho una referencia previa y cuando «el» señala que se está haciendo la misma referencia; o cuando, ante la ausencia de una referencia indefinida previa, se espera que el contexto (incluyendo el conocimiento que se supone tiene el oyente) capacite al oyente para decir qué referencia definida se está haciendo. Usamos «un» cuando estas condiciones no se cumplen, o cuando, aunque podría hacerse una referencia definida, deseamos mantener desconocida la identidad del individuo a quien, o al que, nos estamos refiriendo. Éste es el uso *elusivo* de frases como «una cierta persona» o «alguien» que podrían desarrollarse, no como «alguien, pero no sabrías (o yo no sé) quién», sino como «alguien, pero no te digo quién».

b) *Enunciados de identificación.* Me refiero, bajo esta etiqueta, a enunciados como los siguientes:

1*a*) Éste es el hombre que cruzó a nado el canal dos veces en el mismo día.

2*a*) Napoleón fue el hombre que ordenó la ejecución del duque de Enghien.

El problema de esos enunciados reside en que sus predicados gramaticales no parece que se usen de un modo exactamente adscriptivo como sucede con los predicados gramaticales de los enunciados:

1*b*) Este hombre cruzó a nado el canal dos veces en un día.
2*b*) Napoleón ordenó la ejecución del duque de Enghien.

Pero si, para evitar borrar las diferencias entre 1*a* y 1*b*, y 2*a* y 2*b*, se dice que las frases que forman los complementos gramaticales de 1*a* y 2*a* se usan de un modo referencial, nos quedaríamos perplejos sobre lo que se dice en esas oraciones. Parece entonces que estamos haciendo referencia dos veces a la misma persona y, una de dos, o no decimos nada de ella, y de este modo no hacemos ningún enunciado, o lo identificamos consigo mismo produciendo así una identidad trivial.

El espantajo de trivialidad puede descartarse. Sólo se plantea para aquellos que piensan que el objeto al que hacemos referencia mediante el uso de una expresión es su significado, y de este modo piensan que el sujeto y el complemento de estas oraciones tienen el mismo significado, porque podrían usarse para hacer referencia a la misma persona.

Creo que las diferencias entre las oraciones del grupo *a* y las del grupo *b* pueden entenderse mejor si consideramos las diferencias entre las circunstancias en las que diríamos 1*a* y aquellas en las que diríamos 1*b*. Diríamos 1*a* en lugar de 1*b* si supiésemos o creyésemos que nuestro oyente sabía o creía que *alguien* había cruzado el canal a nado dos veces en un día. Decimos 1*a* cuando consideramos que nuestro oyente está en la posición del que puede preguntar «¿Quién cruzó el canal a nado dos veces en un día?» (y al preguntar eso no está diciendo que alguien lo hiciera, aunque su pregunta implica —en el sentido relevante— que alguien lo hizo). Estas oraciones son especie de respuestas a tales preguntas. Es mejor llamarlas «enunciados de identificación» que «identidades». La oración 1*a* no asevera ni más ni menos que la oración 1*b*. Se trata solamente de que decimos 1*a* a quien consideramos que conoce ciertas cosas que consideramos que desconoce la persona a la que decimos 1*b*.

Ésta es, en lo más esencial, la solución al problema de Russell acerca de las «frases denotativas» unidas por «es»; uno de los problemas cuya solución afirma ser mérito de la teoría de las descripciones.

c) *La lógica de sujetos y predicados.* Muchas de las cosas que he dicho acerca del uso referencial singularizador de las expresiones pueden extenderse, con las modificaciones adecuadas, al uso referencial no singularizador de expresiones, esto es, a algunos usos de expresiones que contienen «los», «todos los», «algunos», «algunos de los», etc., seguidas de un nombre, adjetivado o no, en plural; a algunos usos de expresiones que contienen «ellos», «de ellos», «éstos», «ésos» y a conjunciones de nombres. Las expresiones de la primera clase tienen un interés especial. En general, la crítica ortodoxa moderna, inspirada por la lógica matemática, de doctrinas tradicionales como la del cuadrado de oposición y de algunas formas del silogismo tradicionalmente reconocidas como válidas descansa en el fracaso habitual en reconocer el sentido especial en que las aserciones existenciales pueden estar implicadas por el uso referencial de las expresiones. Se dice que a las proposiciones universales del cuadrado de oposición se les debe dar o una interpretación existencial negativa (por ejemplo, para A «no existen Xs que no sean Ys»), *o* deben interpretarse como conjunciones de enunciados existenciales negativos y afirmativos de la forma, por ejemplo (para A), «no existen Xs que no sean Ys y existen Xs». A las formas I y O normalmente se les da una interpretación positivamente existencial. Entonces se ve que cualquiera de las opciones anteriores que se escoja lleva aparejado el rechazo de algunas leyes tradicionales. El dilema, sin embargo, es aparente. Si no interpretamos las proposiciones del cuadrado ni como positiva, ni como negativamente existenciales, por una parte, y ni como positiva y negativamente existenciales, por otra, sino como oraciones tales que *la cuestión de si se las usa para hacer aserciones verdaderas o falsas no se plantea, excepto cuando la condición existencial se cumple por el término sujeto*, entonces son válidas todas las reglas tradicionales. Y esta interpretación está mucho más cerca de la mayoría de los usos corrientes de expresiones que comienzan con «todo» y «alguno» que cualquier alternativa russelliana, ya que esas expresiones se usan corrientemente de modo referencial. Si a una persona que toma las cosas al pie de la letra y que no tiene hijos se le pregunta si todos sus hijos están durmiendo, ciertamente no responderá «Sí», dado que no tiene ninguno, pero tampoco responderá «No» sobre esta misma base. Ya que no tiene hijos la cuestión no se plantea. Decir esto no es decir que no pueda usar la oración «Todos mis hijos están dormidos» con la intención de engañarte haciéndote pensar que los tiene. Ni supone un debilitamiento de mis tesis el conceder que las frases singulares de la forma «el tal-y-tal» puedan a veces usarse con un propósito similar. Ni las reglas aristotélicas ni las russellianas dan cuenta de la lógica exacta de cualquier expresión del lenguaje ordinario, porque el lenguaje ordinario no tiene lógica exacta.

REFERENCIA Y DESCRIPCIONES DEFINIDAS*

KEITH DONELLAN

Argumentaré que las descripciones definidas tienen dos posibles funciones. Se usan para hacer referencia a aquello sobre lo que un hablante desea hablar, pero se usan también de manera completamente diferente. Además, una descripción definida que ocurre en una y la misma oración puede, en diferentes ocasiones de uso, funcionar de cualquiera de las dos maneras. El no darse cuenta de esta dualidad de función al tratar con las descripciones obscurece el uso referencial genuino de las descripciones definidas. Las teorías mejor conocidas de las descripciones definidas, las de Russell y Strawson, son culpables de este pecado, según voy a sugerir. Antes de discutir esta distinción en su uso, mencionaré algunos rasgos de esas teorías para los que tal distinción es especialmente relevante.

De acuerdo con el punto de vista de Russell, una descripción definida puede denotar una entidad: «si "*C*" es una frase denotativa [como las descripciones defindas son por definición], puede suceder que haya una entidad *x* (no puede haber más de una) para la que la proposición "*x* es idéntica a *C*" sea verdadera [...]. Podemos entonces decir que la entidad *x* es la denotación de la frase "*C*"»[1]. Por consiguiente, al usar una descripción definida un hablante puede usar una expresión que denota alguna entidad, pero ésta es la única relación entre esa entidad y el uso de la descripción definida reconocida por Russell. Sin embargo, voy a argumentar que hay dos usos de las descripciones definidas. La definición de denotación dada por Russell se aplica a ambos, pero en uno de ellos la descripción definida sirve para hacer algo más. Diré que en este uso el hablante usa la descripción para *hacer referencia* a algo, y llamaré a este uso el «uso referencial» de una descripción definida. Así pues, si estoy en lo cierto, hacer referencia no es lo mismo que denotar y el uso referencial de las descripciones definidas no se reconoce en el punto de vista de Russell.

---

* Versión castellana de Luis M. Valdés Villanueva.

[1] «On Denoting», reimpreso en *Logic and Knowledge*, editado por Robert C. Marsh, Londres, 1956, p. 51. [Existe una versión castellana en *Lógica y conocimiento*, Taurus, Madrid, 1966.]

Además, de acuerdo con la posición de Russell el tipo de expresión que está más cerca de realizar la función del uso referencial de las descripciones definidas resulta ser, como podría sospecharse, el nombre propio (en «el sentido lógico estricto»). Muchas de las cosas dichas por Russell sobre los nombres propios pueden decirse, según pienso, sobre el uso referencial de las descripciones definidas sin desfigurar inadecuadamente los sentidos. Así pues, el hiato que Russell pensaba que había visto entre nombres y descripciones definidas es más estrecho de lo que pensaba.

Por otra parte, Strawson reconoce ciertamente un uso referencial de las descripciones definidas. Pero lo que pienso que no ha visto es que una descripción definida puede tener un papel completamente distinto —se puede usar de manera no referencial incluso, como así ocurre, en una y la misma oración—. Strawson, es verdad, señala usos no referenciales de las descripciones definidas[2], pero el uso que tiene una descripción parece ser para él una función del género de oración en la que aparece; pero, si estoy en lo correcto, puede haber dos usos posibles de una descripción definida en la misma oración. Así pues, en «Sobre el referir» dice, hablando de las expresiones para hacer referencia, «Cualquier expresión de cualquiera de estas clases [donde una de ellas es la de las descripciones definidas] puede aparecer como sujeto de lo que tradicionalmente se consideraría como una oración singular de sujeto-predicado; y ejemplificaría, al aparecer así, el uso que quiero discutir»[3]. De este modo, la descripción definida, pongamos por caso, que aparece en la oración «El candidato republicano para presidente en 1968 será un conservador» ejemplifica presumiblemente el uso referencial. Pero, si estoy en lo cierto, no podríamos decir esto de la oración aislada de cualquier ocasión de uso particular en la que se usa para enunciar algo; y entonces podría suceder o no que la descripción definida tenga un uso referencial.

Me parece que tanto Strawson como Russell comparten aquí un supuesto sobre la cuestión de cómo funcionan las descripciones definidas: que podemos preguntar cómo funciona una descripción definida en alguna oración independientemente de una ocasión particular de uso en la que se usa. Este supuesto no se rechaza realmente en los argumentos de Strawson en contra de Russell. Aunque puede resumir su posición diciendo «"Mencionar" o "hacer referencia" no es algo que hace una expresión; es algo para hacer lo cual alguien puede usar una expresión»[4], lo que intenta decir con esto es que niega el punto de vista radical de que una expresión referencial «genuina» *tiene* un referente, funciona para hacer referencia, independientemente del con-

---

[2] «On Referring», reimpreso en *Philosophy and Ordinary Language*, editado por Charles C. Caton, Urbana, 1963, pp. 162-163. [Versión castellana en pp. 61-84 de este volumen.]

[3] Ibíd., p. 162.

[4] Ibíd., p. 170.

texto de algún uso de la expresión. La negación de este punto de vista no entraña, sin embargo, que las descripciones definidas no puedan ser identificadas como expresiones referenciales en una oración a menos que la oración esté siendo usada. Del mismo modo que podemos hablar de una función de un instrumento que no está realizando su función en ese momento, el punto de vista de Strawson nos permite, según creo, hablar de la función referencial de una descripción definida en una oración incluso cuando no está siendo usada. Esto, espero mostrar, es un error.

Un segundo supuesto compartido por la explicación de Russell y Strawson de las descripciones definidas es éste. En muchos casos, una persona que usa una descripción definida puede decirse (en algún sentido) que presupone o implica que algo se ajusta a la descripción[5]. Si enuncio que el rey está en el trono, presupongo o implico que hay un rey. (En cualquier caso, sería una cosa natural decir esto a alguien que dudase de que hay un rey.) Tanto Russell como Strawson suponen que donde la presuposición o la implicación es falsa, el valor de verdad de lo que el hablante dice resulta afectado. Para Russell el enunciado que se hace es falso; para Strawson no tiene valor de verdad. Ahora bien, si hay dos usos de las descripciones definidas, puede ser que el valor de verdad se vea afectado de manera diferente en cada caso por la falsedad de la presuposición o la implicación. Esto es lo que, de hecho, voy a argumentar. Resultará, según creo, que uno de los dos puntos de vista, el de Russell o el de Strawson, puede ser correcto sobre el uso no referencial de las descripciones definidas, pero que ninguno de ellos se ajuste al uso referencial. Esto no es demasiado sorprendente por lo que respecta al punto de vista de Russell, puesto que no reconocía este uso en ningún caso, pero es sorprendente en el caso de Strawson puesto que el uso referencial es lo que intenta explicar y defender. Además, de acuerdo con el enfoque de Strawson, el resultado de que no haya nada que se ajuste a la descripción es un fallo de la referencia[6]. También esto, según creo, no resulta ser verdadero sobre el uso referencial de las descripciones definidas.

---

[5] Aquí y en lo que sigue uso la disyunción «presupone o implica» para evitar tomar una postura que me alinearía con Russell o con Strawson en la disputa sobre cuál es la relación que está involucrada. El tomar aquí una postura estaría más allá de mi objetivo principal además de ser desorientador, pues más adelante voy a argumentar que la presuposición o implicación surge de una manera diferente dependiendo del uso que se da a la descripción definida. Esto último también da cuenta de mi uso del indicador de vaguedad «en algún sentido».

[6] En una nota a pie de página añadida a la versión original de «On Referring» (*op. cit.*, nota 2, p. 181) Strawson parece implicar que, allí donde la presuposición es falsa, aún tenemos éxito al hacer referencia en un modo «secundario», que parece querer significar «como si se pudiera decir que hacemos referencia a cosas pertenecientes al reino de ficción o fantásticas». Pero este punto de vista es todavía que no podemos hacer referencia en tal caso de modo «primario». Esto es, según creo, erróneo. Para una discusión de esta modificación del punto de vista de Strawson véase Charles E. Caton, «Strawson on Referring», *Mind*, LXVIII (1959), pp. 539-544.

II

Hay algunos usos de las descripciones definidas que no conllevan ni rastro alguno de un uso referencial ni presuposición o implicación alguna de que algo se ajusta a la descripción. Parece que, en general, éstos son reconocibles a partir de la estructura de la oración en la que la descripción ocurre. Estos usos no nos interesarán, pero es necesario señalarlos aunque sólo sea para ponerlos aparte.

Un ejemplo obvio sería la oración «El actual rey de Francia no existe», usada, pongamos por caso, para corregir la impresión errónea que alguien puede tener de que De Gaulle es el rey de Francia.

Un ejemplo más interesante es éste. Supóngase que alguien preguntase «¿Es De Gaulle el rey de Francia?». Ésta es la forma natural de palabras que usaría una persona que estuviera en duda respecto de si De Gaulle es rey o presidente de Francia. Dado este trasfondo de la pregunta, parece que no hay presuposición o implicación de que alguien es el rey de Francia. Ni tampoco la persona está intentando referirse a alguien al usar la descripción definida. Por otro lado, si se da la vuelta al nombre y la descripción en la pregunta, se pensará probablemente que el hablante lo presupone o implica. «¿Es el rey de Francia De Gaulle?» es la pregunta natural que se plantearía alguien que se pregunta si es De Gaulle, más bien que otra persona cualquiera, quien ocupa el trono de Francia[7].

Sin embargo, muchas veces el uso de una descripción definida no comporta una presuposición o implicación de que algo se ajusta a la descripción. Si las descripciones definidas tienen un papel referencial, éste estará aquí. Pero, según pienso, es un error intentar, como creo que tanto Russell como Strawson hacen, zanjar sin más este asunto. Lo que se necesita es, según creo, la distinción que discutiré ahora.

III

Llamaré a los dos usos de las descripciones que tengo *in mente* el uso atributivo y el uso referencial. Un hablante que usa una descripción definida atributivamente en una aserción enuncia algo sobre cualquiera o sobre cualquier cosa que es tal-y-tal. Por otro lado, un hablante que usa una descripción definida referencialmente en una aserción, usa la descripción para capacitar a su audiencia a seleccionar a aquella persona o cosa de la que está hablando y enuncia algo sobre esa persona o cosa. En el primer caso podría decirse que la des-

---

[7] Esto es una adaptación de un ejemplo (usado para un propósito algo diferente) dado por Leonard Linsky en «Reference and Referents», recogido en *Philosohy and Ordinary Language* (ver nota 2), p. 80.

cripción definida ocurre esencialmente, pues el hablante desea aseverar algo sobre cualquier persona o cosa que se ajusta a la descripción; pero en el uso referencial la descripción definida es meramente un instrumento para realizar cierta labor —llamar la atención sobre una persona o cosa— y en general cualquier otro dispositivo para llevar a cabo la misma labor, otra descripción u otro nombre, la realizarían igualmente bien. En el uso atributivo, el atributo de ser el-tal-y-tal es muy importante, mientras que no lo es en el uso referencial.

Para ilustrar esta distinción, en el caso de una oración simple, considérese la oración «El asesino de Smith está loco». Supongamos en primer lugar que nos topamos con el pobre Smith asesinado de una manera horrible. Teniendo en cuenta la manera brutal de su muerte y el hecho de que Smith era la persona más adorable del mundo, podríamos exclamar: «El asesino de Smith está loco». Supondré, para hacer de ello un caso más simple, que, en un sentido completamente ordinario, no sabemos quien asesinó a Smith (aunque esto no es esencial al caso). Diré que éste es un uso atributivo de la descripción definida.

El contraste con tal uso de la oración es aquel que se da en las situaciones en que esperamos e intentamos que nuestra audiencia se dé cuenta de a quién mentamos cuando hablamos del asesino de Smith y, de manera más importante, que sepa que ésa es la persona sobre la que vamos a decir algo.

Supongamos, por ejemplo, que Jones ha sido acusado de asesinar a Smith y se le ha llevado a juicio. Imagínese que hay una discusión sobre la extraña conducta de Jones durante el juicio. Podríamos resumir nuestra impresión sobre tal conducta diciendo: «El asesino de Smith está loco». Si alguien pregunta a quién nos estamos refiriendo al usar esta descripción, la respuesta aquí es «a Jones». Esto, diré, es un uso referencial de la descripción definida.

El que estos dos usos de la descripción definida en la misma oración son en realidad completamente distintos puede quizás sacarse a la luz de mejor manera si consideramos las consecuencias de la suposición de que Smith no había sido asesinado (por ejemplo, de hecho se había suicidado). En ambas situaciones, al usar la descripción definida «el asesino de Smith», el hablante presupone o implica en algún sentido que hay un asesino. Pero, cuando planteamos como hipótesis que la presuposición o implicación es falsa, hay diferentes resultados para los dos usos. En ambos casos hemos usado el predicado «está loco», pero en el primer caso, si no hay asesino, no hay nadie de quien pueda decirse correctamente que le hemos atribuido locura. Tal persona podría identificarse (correctamente) sólo en el caso de que alguien se ajustase a la descripción usada. Pero en el segundo caso, donde la descripción es simplemente un medio de identificar a la persona sobre la que queremos hablar, es completamente posible que se haga la identificación correcta incluso si nadie se ajusta a la descripción que hemos usado[8]. Está-

---

[8] En «Reference and Referents» [ver nota 7] (pp. 74-75, 80), Linsky señala correctamente que uno no comete un fallo de referencia simplemente porque la descripción usada no se ajus-

bamos hablando de Jones incluso si no es de hecho el asesino de Smith y, en las circunstancias imaginadas, era su conducta aquello de lo que estábamos hablando. Jones podría, por ejemplo, acusarnos de decir cosas falsas sobre él al llamarlo loco y no serviría de defensa, pienso, alegar que nuestra descripción «el asesino de Smith» no se ajustaba a él.

Además, es perfectamente posible para nuestra audiencia saber a quién nos referíamos en la segunda situación, aunque no comparta nuestra presuposición. Una persona que oiga nuestro comentario en el contexto imaginado podría saber que estamos hablando sobre Jones aunque no piense que Jones es culpable.

Generalizando a partir de este caso, podemos decir, según creo, que hay dos usos de oraciones de la forma «El ϕ es ψ». En el primero, si nada es el ϕ entonces no se ha dicho que nada sea ψ. En el segundo, el hecho de que nada es ϕ no tiene esta consecuencia.

Con cambios adecuados puede formularse la misma diferencia de uso para usos del lenguaje distintos de las aserciones. Supongamos que uno está en una fiesta y, viendo una persona de aspecto interesante que tiene en la mano un vaso de Martini pregunta «¿Quién es la persona que se está tomando un Martini?». Si sucede que en el vaso sólo hay agua, con todo, uno ha formulado una pregunta sobre una persona particular, una pregunta que es posible que alguien responda. Contrapóngase esto con el uso de la misma pregunta por parte del presidente de la sociedad local de abstemios. Acaba de ser informado que una persona está bebiendo un Martini en la fiesta anual de la sociedad. Responde preguntando a su informante «¿Quién es la persona que está tomando un Martini?». Al plantear la pregunta el presidente no tiene en la cabeza ninguna persona particular sobre la que la plantee; si nadie está bebiendo un Martini, si la información es errónea, ninguna persona puede ser singularizada como la persona sobre la que se planteaba la pregunta. De manera completamente distinta a lo que sucedía en el primer caso, el atributo de ser la persona que está bebiendo un Martini es absolutamente importante, porque, si no es el atributo de nadie, el presidente en cuestión no tiene simplemente una respuesta.

Esto ilustra también otra diferencia entre los usos atributivo y referencial de las descripciones definidas. En un caso hemos planteado una pregunta sobre una persona o cosa particulares aunque no hay nada que se ajuste a la descripción que hemos usado; en el otro caso esto no es así. Pero también en un caso nuestra pregunta puede responderse; en el otro, no. En el uso referencial de una descripción definida podemos tener éxito al seleccionar a una

te de hecho a algo (o se ajuste a más de una cosa). De este modo señala una de las dificultades del enfoque de Strawson. Aquí, sin embargo, uso este hecho sobre el hacer referencia para hacer una distinción que creo que él no hace entre dos usos de las descripciones definidas. Discuto más adelante el segundo pasaje del artículo de Linsky.

persona o cosa para preguntar sobre ella incluso si la persona o cosa no se ajusta a la descripción; pero en el uso atributivo si nada se ajusta a la descripción, simplemente no puede darse una respuesta a la pregunta.

Esta diferencia adicional viene también ilustrada por mandatos u órdenes que contienen descripciones definidas. Considérese la orden «Tráeme el libro que está sobre la mesa». Si «el libro que está sobre la mesa» se usa referencialmente es posible cumplir la orden incluso si no hay ningún libro sobre la mesa. Si, por ejemplo, hay un libro *junto* a la mesa, aunque no haya ninguno *sobre* ella, uno podría llevar el libro y preguntar al que ha dado la orden si éste es «el libro al que se refería». Y puede serlo. Pero imaginémonos que se nos dice que alguien ha dejado un libro sobre su valiosa mesa del siglo XVII, encima de la cual no debe dejarse nada. La orden «Tráeme el libro que está encima de la mesa» no puede obedecerse ahora a menos que haya un libro que se haya puesto encima de la mesa. No hay posibilidad de traer un libro que no ha estado nunca sobre la mesa y que sea aquel al que se hacía referencia, porque no hay libro alguno al que, en este sentido, «se hubiese hecho referencia». En un caso, la descripción definida era un dispositivo para hacer que la otra persona trajese el libro correcto; si es capaz de seleccionar el libro correcto incluso si no satisface la descripción, el que ha dado la orden ha tenido éxito, a pesar de todo, al satisfacer su propósito. En el otro caso no hay, antecedentemente, ningún «libro correcto» excepto el que se ajusta a la descripción; el atributo de ser el libro que está sobre la mesa es esencial. No sólo no hay ningún libro sobre el que se ha emitido la orden si no hay ningún libro encima de la mesa, sino que la orden tampoco puede ser obedecida. Cuando una descripción definida se usa atributivamente en una orden o en una pregunta y nada se ajusta a la descripción, la orden no puede obedecerse y la pregunta no se puede responder. Esto sugiere alguna consecuencia análoga para las aserciones que contienen descripciones definidas usadas atributivamente. Quizás el resultado análogo es que la aserción no es ni verdadera ni falsa: éste es el punto de vista de Strawson acerca de lo que sucede cuando la presuposición del uso de una descripción definida es falsa. Pero, si esto es así, la concepción de Strawson no funciona para las descripciones definidas usadas referencialmente, sino para un uso completamente diferente: el que he llamado atributivo.

He intentado sacar a la luz los dos usos de las descripciones definidas señalando las diferentes consecuencias de suponer que nada se ajusta a la descripción usada. Hay aún otras diferencias. Una de ellas es ésta: cuando una descripción definida se usa referencialmente, no sólo hay, en algún sentido, una presuposición o implicación de que alguien o algo se ajusta a la descripción, como hay también en el uso atributivo, sino que hay también una presuposición completamente diferente; el hablante supone de alguien o algo *particular* que se ajusta a la descripción. Al preguntar, por ejemplo, «¿Quién es la persona que está tomando un Martini?», donde queremos hacer una pregunta sobre esa persona que está allí, estamos presuponiendo que ese hombre que está allí está bebiendo un Martini —y no sólo que *alguien* es una persona que está bebiendo un Martini—. Cuando decimos, en un contexto donde es claro que nos estamos refiriendo a Jones, «El asesino de Smith está loco», estamos presuponiendo que Jones es el asesino de Smith. Ninguna presuposición semejante está presente en el uso atributivo de las descripciones definidas. Hay, desde luego, la presuposición de que una persona *u otra* cometió el asesinato, pero el hablante no presupone de alguien en particular —digamos Jones o Robinson— que lo hizo. Lo que quiero decir mediante este segundo tipo de presuposición, que alguien o algo se ajusta a la descripción —que está presente en un uso referencial pero no en uno atributivo— puede quizás verse más claramente considerando un miembro de la audiencia del hablante que cree que Smith no fue asesinado en absoluto. Ahora bien, en el caso del uso referencial de la descripción «el asesino de Smith», él podría acusar al hablante tanto de presuponer erróneamente que una persona u otra era el asesino como de que Jones es el asesino, pues aunque cree que Jones no ha cometido el crimen, sabe que el hablante se estaba refiriendo a Jones. Pero, en el caso del sentido atributivo, puede acusar al hablante de tener sólo la primera presuposición, la menos específica; no puede seleccionar a alguna persona y afirmar que el hablante está presuponiendo que esa persona es el asesino de Smith. Ahora bien, las presuposiciones más particulares que encontramos presentes en los usos referenciales no son claramente aquellas que podemos asignar a una descripción definida en alguna oración particular aislada de un contexto de uso. Para saber que una persona presupone que Jones es el asesino de Smith al usar la oración «El asesino de Smith está loco», tenemos que saber que está usando la descripción referencialmente y también a quién se está refiriendo. La oración por sí misma no nos dice nada de esto.

IV

A partir del modo en que he planteado cada uno de los ejemplos anteriores podría suponerse que la diferencia importante entre los usos referencial y atributivo reside en las creencias del hablante. ¿Cree de alguna persona o cosa particular que se ajusta a la descripción usada? En el ejemplo del asesinato de Smith, por ejemplo, no había en uno de los casos ninguna creencia respecto de quien había cometido la fechoría, mientras que en el caso que hacía de contraste se creía que Jones la había cometido. Pero esto no es, de hecho, una diferencia esencial. Es posible que una descripción definida se use de forma atributiva incluso si el hablante (y su audiencia) creen que una cierta persona o cosa se ajusta a la descripción. Y es posible que una descripción definida se use referencialmente allí donde el hablante cree que nada se ajusta a la descripción. Es verdad que —y ésta es la razón por la que he planteado los ejemplos de la manera que lo hice— si un hablante no cree que algo se ajusta a la descripción o no cree que está en una posición de seleccionar aquello que se ajusta a la descripción, es probable que no la esté usando referencialmente. Es también verdad que, si él o su audiencia seleccionasen alguna persona o cosa particular como lo que se ajusta a la descripción, entonces un uso de la descripción definida es, muy probablemente, referencial. Pero esto son sólo presuposiciones y no entrañamientos.

Supongamos, volviendo a usar el caso del asesinato de Smith, que Jones está siendo juzgado por el asesinato y que todo el mundo cree que es culpable. Supongamos que comento que el asesino de Smith está loco, pero en lugar de apoyar mi afirmación, como en el ejemplo usado anteriormente, citando la conducta de Jones en la sala de vistas, continuo haciendo un resumen de las razones para pensar que *cualquiera* que asesinase al pobre Smith de esta manera particularmente horrible tiene que estar loco. Aquí estaría usando, pienso, la descripción definida atributivamente, aunque creo que una persona particular se ajusta a la descripción.

Es posible también pensar en casos en los que el hablante no cree que aquello a lo que intenta referirse al usar la descripción definida se ajusta a la descripción, o imaginar casos en los que la descripción definida se usa referencialmente aunque el hablante cree que *nada* se ajusta a la descripción. Desde luego, esos casos pueden ser parásitos de un uso más normal; sin embargo, son suficientes para mostrar que tales creencias de un hablante no son decisivas respecto de qué uso se hace de una descripción definida.

Supóngase que el trono está ocupado por un hombre del que creo firmemente que no es el rey, sino un usurpador. Imaginemos también que sus seguidores creen también firmemente que es el rey. Supongamos que quiero ver a este hombre. Podría decir a sus sirvientes «¿Está el rey en sus aposentos?». Puedo tener éxito al referirme al hombre al que quiero referirme sin que crea que se ajusta a la descripción. Además, no es ni siquiera necesario suponer que sus seguidores crean que es el rey. Si practican cierto cinismo sobre el asunto, saben que no es el rey, puedo todavía tener éxito al hacer referencia al hombre al que me quiero referir. Del mismo modo, ni yo ni la gente a la que hablo pueden suponer que *cualquiera* es el rey y, finalmente, cada parte puede saber que la otra no lo supone y, con todo, la referencia puede seguir adelante.

V

Tanto el uso atributivo de las descripciones definidas como el referencial parecen conllevar una presuposición o implicación de que hay algo que se ajusta a la descripción. Pero las razones para la existencia de la presuposición o implicación son diferentes en los dos casos.

Hay una presuposición de que una persona que usa una descripción definida referencialmente cree que aquello a lo que se quiere referir se ajusta a la descripción. Puesto que el propósito de usar la descripción es lograr que la audiencia seleccione o piense en la persona o cosa correctas, uno elegiría normalmente una descripción que cree que se ajusta a la persona o cosa. Normalmente, una mala descripción de aquello a lo que uno quiere hacer referencia despistará a la audiencia. Hay, por tanto, una presuposición de que el hablante cree que *algo* se ajusta a la descripción, a saber: aquello a lo que se refiere.

Sin embargo, cuando una descripción se usa atributivamente no hay la misma posibilidad de mala descripción. En el ejemplo de «el asesino de Smith» usada atributivamente, no había la posibilidad de describir erróneamente a Jones o a ningún otro; no estábamos refiriéndonos a Jones ni a ninguna otra persona al usar la descripción. La presuposición de que el hablante crea que *alguien* es el asesino de Smith no surge aquí a partir de una presuposición más específica de que él cree que Jones o Robinson o cualquiera otra persona a la que puede nombrar o identificar es el asesino de Smith.

La presuposición o implicación va aparejada a una descripción definida usada atributivamente porque si nada se ajusta a la descripción el propósito lingüístico del acto de habla se frustrará. Esto es: el hablante no tendrá éxito al decir algo verdadero si hace una aserción; no tendrá éxito al plantear una pregunta que pueda responderse, si ha planteado una pregunta; no tendrá éxito al dar una orden que pueda ser obedecida, si ha dado una orden. Si alguien enuncia que el asesino de Smith está loco, cuando Smith no tiene asesino, y usa la descripción definida de manera no referencial, entonces no logra decir nada *verdadero*. Si uno da la orden «Traedme al asesino de Smith» bajo similares circunstancias, la orden no puede ser obedecida; nada contaría como obedecerla.

Cuando, por otra parte, la descripción definida se usa referencialmente, la presuposición o implicación surge simplemente del hecho de que normalmente una persona intenta describir correctamente aquello a lo que quiere referirse puesto que, normalmente, ésta es la mejor manera de hacer que su audiencia reconozca aquello a lo que se está refiriendo. Como hemos visto, es posible que el propósito lingüístico del acto de habla se cumpla en tal caso incluso si nada se ajusta a la descripción; es posible decir algo verdadero o plantear una pregunta que obtenga una respuesta, o dar una orden que sea obedecida. Pues cuando la descripción definida se usa referencialmente, la audiencia que uno tenga puede tener éxito al ver a lo que uno se refiere incluso si nadie o nada se ajusta a la descripción.

VI

El resultado de la última sección muestra que hay algo erróneo en las teorías tanto de Russell como de Strawson; pues aunque dan explicaciones diferentes de la implicación o presuposición involucrada, cada uno de ellos ofrece sólo una. Ahora bien, como he argumentado, la presuposición o implicación está presente por una razón completamente diferente, dependiendo de si la descripción definida se usa atributiva o referencialmente, y también resulta ser diferente qué presuposiciones o implicaciones están involucradas exactamente. Además, ninguna de las teorías parece una caracterización correcta del uso referencial. De acuerdo con Russell hay un entrañamiento lógico: «El φ es ψ» entraña «Existe uno y sólo un φ». Sea o no esto así para el uso atributivo, no parece ser verdadero del uso referencial de la descripción definida. La «implicación» de que algo es el φ, como he argumentado, no equivale a un entrañamiento; es más parecido a una presuposición basada en lo que es *usualmente* verdadero del uso de la descripción definida para hacer referencia. En cualquier caso, desde luego, la teoría de Russell no muestra —lo que es verdadero del uso referencial— que la implicación de que *algo* es el φ resulta de la implicación más específica de que *aquello a lo que se está haciendo referencia* es el φ. Así pues, en tanto que teoría de las descripciones definidas, el punto de vista de Russell parece aplicarse, si es que se aplica de alguna manera, sólo al uso atributivo.

La definición de Russell del denotar (una descripción definida denota una entidad que se ajusta de manera única a la descripción) es claramente aplicable a cualquiera de los dos usos de las descripciones definidas. Así pues una descripción definida, ya se use referencial o atributivamente, puede tener una denotación. Por tanto, denotar y hacer referencia, tal como he explicado la última noción, son cosas distintas y el punto de vista de Russell sólo reconoce la primera. Me parece, sin embargo, que hemos de dar la bienvenida a este resultado, a saber: que no ha de confundirse el denotar y el hacer referencia. Si se intentase mantener que son la misma noción, un resultado sería que un hablante podría estar refiriéndose a algo sin conocerlo. Si alguien en 1960 dijo, por ejemplo, sin tener idea de que el nominado de los republicanos el 1964 sería el Sr. Goldwater, «El candidato de los republicanos para presidente en 1964 será un conservador» (quizás sobre la base de un análisis de las ideas de los líderes del partido), la descripción definida que aquí aparece *denotaría* al Sr. Goldwater. Pero ¿querríamos decir que el hablante se ha referido, ha mencionado o hablado aquí sobre el Sr. Goldwater? Tengo la sensación de que esos términos estarían aquí fuera de lugar. Con todo, si identificamos hacer referencia y denotar, sería posible que resultase (después de la convención republicana) que el hablante, sin que él mismo lo supiese, se hubiera referido en 1960 al Sr. Goldwater. Sin embargo, desde mi punto de vista, mientras que la descripción definida usada *denota* efectivamente al Sr. Goldwater (usando la definición de Russell), el hablante la usó *atributivamente* y no se *refería* al Sr. Goldwater.

Volviendo a la teoría de Strawson, se supuso que demostraba cómo eran referenciales las descripciones definidas. Pero va demasiado lejos en esta dirección. Pues hay también usos no referenciales de las descripciones definidas, incluso cuando ocurren en una y la misma oración. Creo que la teoría de Strawson incluye las siguientes proposiciones:

(1) Si alguien asevera que el φ es ψ tal persona no ha hecho un enunciado verdadero o falso si no hay ningún φ[9].
(2) Si no hay ningún φ entonces el hablante no ha logrado referirse a nada[10].
(3) La razón de que no haya dicho nada verdadero o falso es que no ha logrado hacer referencia.

---

[9] En «A Reply to Mr. Sellars», *Philosophical Review*, LXIII (1954), pp. 216-231, Strawson admite que no siempre rehusamos adscribir verdad a lo que una persona dice cuando la descripción definida que usa no logra ajustarse a nada (o se ajusta a más de una cosa). Para citar uno de sus ejemplos, a una persona que ha dicho «La Cámara de Diputados de los Estados Unidos contiene representantes de los dos partidos más importantes» se le concedería que ha dicho algo verdadero aunque ha usado un título erróneo. Strawson piensa que esto no constituye un problema genuino para su punto de vista. Piensa que lo que hacemos en esos casos, «donde la referencia que intenta hacer el hablante es completamente clara, es enmendar su enunciado de acuerdo con las intenciones que conjeturamos en el hablante y valorar ese enunciado enmendado por lo que respecta a su verdad o falsedad; no concedemos un valor de verdad en modo alguno al enunciado original» (p. 230).

Sin embargo, la noción de «enunciado enmendado» no funciona. Podemos hacer notar, en primer lugar, que el tipo de caso que Strawson tienen en la cabeza podría sólo surgir cuando una descripción se usa referencialmente. Pues la «enmienda» se hace al ver la referencia que intenta hacer el hablante. Pero esto podría suceder sólo si el hablante tenía intención de hacer una referencia, si tenía en la cabeza una persona o cosa particular, independientemente de la descripción usada. Los casos que Strawson tiene presentes no son, presumiblemente, de *lapsi linguae* o cosas parecidas; son presumiblemente casos en los que se usa una descripción definida porque el hablante cree, aunque está equivocado, que está describiendo correctamente aquello a lo que quiere referirse. Enmendamos supuestamente el enunciado al saber aquello a lo que quiere hacer referencia. Pero ¿qué descripción ha de usarse en el enunciado enmendado? En el ejemplo podríamos usar quizás «el Congreso de los Estados Unidos». Pero esta descripción podría ser tal que el hablante no la aceptase ni siquiera como la que describe correctamente aquello a lo que se quiere referir, puesto que está mal informado sobre el título correcto. Por consiguiente, no se trata de un caso en el que hay que decidir entre lo que el hablante quería decir en tanto que opuesto a lo que el hablante dijo, puesto que el hablante no quería decir «el Congreso de los Estados Unidos». Si esto es así, entonces no hay barrera alguna al enunciado «enmendado» que contenga alguna descripción que seleccione correctamente aquello a lo que el hablante intentaba referirse. Puede ser, por ejemplo, «la cámara baja del Congreso de los Estados Unidos». Pero esto significa que no hay ningún enunciado «enmendado» único que vaya a ser valorado por lo que respecta a su valor de verdad. Y, de hecho, debería estar claro ahora que la noción de enunciado enmendado no desempeña realmente ningún papel. Pues, si sólo podemos llegar al enunciado enmendado conociendo en primer lugar aquello a lo que el hablante intentaba referirse, podemos valorar la verdad de lo que ha dicho simplemente decidiendo si aquello a lo que intentaba referirse tiene las propiedades que le adscribía.

[10] Como se ha señalado anteriormente (nota 6), Strawson puede conceder que uno se ha referido de un modo «secundario» pero, si estoy en lo cierto, el hecho de que no haya ningún φ no impide que uno haya hecho referencia del mismo modo que uno la hace si hay un φ.

Cada una de esas proposiciones es verdadera o falsa o, en el mejor de los casos, se aplica sólo a uno de los dos usos de las descripciones definidas.

La proposición (1) es posiblemente verdadera del uso atributivo. En el ejemplo en el que «El asesino de Smith está loco» se dijo cuando, al principio, se descubrió el cuerpo de Smith —un uso atributivo de la descripción definida— no había ninguna persona a la que se refiriese el hablante. Si Smith no hubiese sido asesinado, no se habría dicho nada verdadero. Es muy tentador concluir, siguiendo a Strawson, que no se dijo nada verdadero *o* falso. Pero allí donde la descripción definida se usa referencialmente, puede perfectamente haberse dicho algo verdadero. Es posible que se haya dicho algo verdadero de la persona o cosa a la que se hace referencia [11].

La proposición (2), como hemos visto, es simplemente falsa. Allí donde una descripción definida se usa referencialmente es perfectamente posible hacer referencia a algo aunque no se ajuste a la descripción usada.

La situación en el caso de la proposición (3) es un poco más complicada. Reúne, según el punto de vista de Strawson, los dos elementos dados en (1) y en (2). Como una explicación de por qué, cuando la presuposición es falsa, no puede enunciarse nada verdadero o falso, no puede funcionar claramente para el uso atributivo de las descripciones definidas, pues las razón que da es que la referencia ha fallado. Por tanto, no da la razón por la que, si de hecho esto es así, un hablante que usa una descripción definida atributivamente no logra decir nada verdadero o falso si no hay nada que se ajuste a la descripción. Plantea, sin embargo, una cuestión sobre el uso referencial. ¿Puede fallar la referencia cuando una descripción definida se usa referencialmente?

No hay un fallo de referencia meramente porque la audiencia no seleccione correctamente aquello a lo que un hablante está haciendo referencia. Puedo estar refiriéndome a una persona particular cuando uso la descripción «la persona que está tomando un Martini», incluso si la persona a la que hablo no logra seleccionar a la persona correcta o no logra seleccionar a ninguna persona en absoluto. Ni, como he subrayado, es cierto que no logre hacer referencia cuando no hay nada que no se ajuste a la descripción. Pero quizás no logre hacer referencia en circunstancias extremas, cuando no hay nada que *yo* quiera seleccionar como aquello a lo que he hecho referencia.

Supóngase que pienso que veo a cierta distancia a una persona paseando y pregunto «¿Es el catedrático de historia la persona que lleva un bastón?». En este punto podríamos quizás distinguir cuatro casos. (*a*) Hay una persona que lleva un bastón; me he referido entonces a una persona y he planteado una pregunta sobre ella que puede responderse si mi audiencia

---

[11] Para una discusión adicional de la noción de decir algo verdadero *de* alguien o algo, véase la sección VIII.

tiene información. (*b*) La persona en cuestión no lleva un bastón sino un paraguas; con todo, me he referido a alguien y he planteado una pregunta que puede responderse, aunque si mi audiencia ve que se trata de un paraguas y no de un bastón pueden corregir también mi aparentemente errónea impresión. (*c*) No se trata en absoluto de una persona sino de una roca que se parece a una persona; en este caso, pienso que todavía me he referido a algo, a esa cosa que está ahí delante y que resulta que es una roca, pero que he tomado por una persona. Pero en este caso no está claro que mi respuesta pueda ser respondida correctamente. Esto se debe, según creo, no a que no he logrado hacer referencia, sino más bien a que, dada la naturaleza de aquello a lo que me he referido, mi pregunta no es apropiada. Un simple «No, no se trata del catedrático de historia» es, como mínimo, un poco desorientador si lo dice alguien que se da cuenta que he confundido una roca con una persona. Por tanto, puede ser plausible concluir que en tal caso no he planteado una pregunta para la que hay una respuesta lisa y llanamente correcta. Pero, si esto es verdad, no se debe a que nada se ajusta a la descripción que he usado, sino más bien a que aquello a lo que me he referido es una roca y mi pregunta no tiene una respuesta correcta cuando se plantea sobre una roca. (*d*) Está finalmente el caso en el que no hay nada donde yo pensaba que había una persona con un bastón; y quizás es aquí donde tenemos un fallo genuino de referencia, incluso si la descripción se usaba con el propósito de hacer referencia. No hay roca, ni ninguna otra cosa, a lo que pretendía hacer referencia; se trataba, quizás, de un juego de luz que me hizo pensar que había una persona allí. No hay nada de lo que pueda decir: «A esto es a lo que me estaba refiriendo, aunque ahora veo que no hay ningún hombre que lleve un bastón». Este fallo de referencia requiere, sin embargo, circunstancias mucho más radicales que la mera no existencia de algo que se ajuste a la descripción usada. Requiere que no haya nada de lo que pueda decirse «A esto es a lo que me estaba refiriendo». Ahora bien, quizás también en tales casos, si el hablante ha aseverado algo, no logra enunciar nada verdadero o falso si no hay nada que pueda identificarse como aquello a lo que se refería. Pero, si esto es así, el fallo de referencia y valor de verdad no tienen lugar meramente porque nada se ajusta a la descripción que había usado. De este modo la proposición (3) puede ser verdadera de algunos casos del uso referencial de las descripciones definidas; puede ser verdad que un fallo de referencia resulte en una carencia de valor de verdad. Pero estos casos son de un tipo mucho más extraño de lo que la teoría de Strawson implica.

Concluyo entonces que ni la teoría de Russell ni la de Strawson representan una explicación correcta del uso de las descripciones definidas. La de Russell porque ignora completamente el uso referencial; la de Strawson porque no logra hacer la distinción entre el uso referencial y el atributivo y mezcla verdades sobre cada uno de ellos (junto con cosas que son falsas).

VII

No parece posible decir categóricamente de una descripción definida en una oración particular que se trata de una expresión referencial (desde luego, alguien podría decir esto si lo que quiere decir es que *podría* usarse para hacer referencia). En general, si una descripción definida se usa o no referencial o atributivamente es una función de las intenciones del hablante en un caso particular. «El asesino de Smith» puede ser usada de cualquiera de las dos maneras en la oración «El asesino de Smith está loco». No parece plausible dar cuenta de esto tampoco como una ambigüedad en la oración. La estructura gramatical de la oración me parece que es la misma si la descripción se usa referencial o atributivamente; esto es: no es sintácticamente ambigua. Tampoco parece atractivo suponer una ambigüedad en el significado de las palabras; no parece ser semánticamente ambigua. (Quizás podríamos decir que la oración es pragmáticamente ambigua: la distinción entre papeles que la descripción desempeña es una función de las intenciones del hablante.) Éstas son, desde luego, intuiciones; no tengo argumento alguno a favor de estas conclusiones. Sin embargo, la carga de la prueba está probablemente en el otro lado.

Creo que esto significa que, por ejemplo, el punto de vista de que las oraciones pueden descomponerse en predicados, operadores lógicos y expresiones referenciales no es generalmente verdadero. En el caso de las descripciones definidas uno no puede asignar siempre la función referencial aisladamente de una ocasión particular en que se usa.

Puede haber oraciones en las que una descripción definida puede usarse sólo atributivamente o sólo referencialmente. Una oración en la que parece que la descripción definida podría usarse sólo atributivamente sería «Señala a la persona que está tomando un Martini». No estoy tan convencido de que se pueda encontrar alguna en que la descripción definida pueda usarse sólo referencialmente. Incluso si hay tales oraciones, esto no destruye la observación de que hay muchas oraciones, aparentemente no ambiguas ni sintáctica ni semánticamente, que contienen descripciones definidas que pueden usarse de cualquiera de las dos maneras.

Si pudiera mostrarse que se puede dar cuenta del uso dual de las descripciones definidas apelando a la presencia de una ambigüedad, hay todavía una observación que puede hacerse en contra de las teorías de Strawson y de Russell. Ninguna de las dos, por lo que puedo ver, tienen nada que decir sobre la posibilidad de tal ambigüedad y, de hecho, ninguna de las dos parece compatible con tal posibilidad. Russell no reconoce la posibilidad del uso referencial, y Strawson, como he intentado mostrar en la sección anterior, combina elementos de cada uso en una explicación unitaria. Así pues, el punto de vista de que hay una ambigüedad en tales oraciones no parece demasiado atractivo para estas posiciones.

VIII

Al usar una descripción definida referencialmente, un hablante puede decir algo verdadero incluso si la descripción no se aplica correctamente a nada. El sentido en el que podemos decir algo verdadero es el sentido en que podemos decir algo verdadero sobre alguien o algo. Este sentido es, según creo, un sentido interesante que necesita ser investigado. El aislarlo es uno de los subproductos de la distinción entre los usos referenciales y atributivos de las descripciones definidas.

La razón del interés reside en que se plantean aquí cuestiones sobre la noción de enunciado. Esto sale a la luz considerando un pasaje de un artículo de Leonard Linsky en el que observa correctamente que uno se puede referir a alguien aunque la descripción definida no describa correctamente a la persona:

> [...] decir de una solterona que «Su marido es amable con ella» no es ni verdadero ni falso. Pero un hablante podría perfectamente estar refiriéndose a alguien usando estas palabras, pues puede pensar que alguien es el marido de la dama (que, de hecho, es una solterona). Ciertamente, el enunciado no es ni verdadero ni falso, pues presupone que la dama en cuestión tiene un marido y ella no lo tiene. Esto último refuta la tesis de Strawson de que si la presuposición de existencia no se satisface, entonces el hablante no ha logrado hacer referencia [12].

Hay muchas cosas en este pasaje que son correctas. Pero, puesto que Linsky no hace la distinción entre los usos referencial y atributivo de las descripciones definidas, no representa una explicación completa de la situación. Un punto quizás menor sobre este pasaje es que Linsky piensa aparentemente que basta para establecer que el hablante de este ejemplo se está refiriendo a alguien al usar la descripción definida «su marido», el que él *crea* que alguien es el marido de ella [la solterona]. Esto será sólo aproximadamente verdad dando por sentado que el «alguien» de la descripción de la creencia significa «alguien en particular» y no es meramente el cuantificador existencial, «hay uno cualquiera». Pues tanto en el uso atributivo como en el referencial es muy probable que esté presente la creencia de que uno *cualquiera* es

[12] «Reference and Referents», p. 80 [ver nota 7]. Debe de estar claro que estoy de acuerdo con Linsky al mantener que un hablante puede hacer referencia incluso si la «presuposición de existencia» no se satisface. Y estoy de acuerdo en pensar que esto es una objeción al punto de vista de Strawson. Pienso, sin embargo, que esta observación, entre otras cosas, puede usarse para definir dos usos distintos de las descripciones definidas que, a su vez, da como resultado una crítica más general de Strawson. De este modo, mientras que aquí desarrollo una cierta diferencia que engrosa la distinción que quiero hacer, estoy de acuerdo con muchas cosas de las que aparecen en el artículo de Linsky.

el marido de la dama. Si, por ejemplo, el hablante se acaba de encontrar a la dama y, dándose cuenta de su jovialidad y radiante buena salud, hace esa observación basándose en su convicción de que esos atributos son siempre el resultado de tener buenos maridos, estará usando la descripción atributivamente. Puesto que ella no tiene marido no hay nadie que seleccionar como la persona a la que se está refiriendo. Sin embargo, el hablante creía que uno cualquiera era el marido de ella. Por otro lado, si el uso de «su marido» era simplemente un modo de referirse a un hombre con el que se acaba de encontrar y del que suponía que era el marido de la dama, entonces se habría referido a ese hombre incluso si ni él ni ningún otro se ajusta a la descripción. Pienso que es probable que en este pasaje Linsky se refiera mediante «alguien», en su descripción de la creencia, a «alguien en particular». Pero incluso entonces, como hemos visto, no tenemos ni una condición necesaria ni suficiente para el uso referencial de la descripción definida. Una descripción definida puede usarse atributivamente incluso cuando el hablante cree que alguna persona o cosa particulares se ajusta a la descripción, y puede usarse referencialmente en ausencia de esta creencia.

Mi preocupación principal aquí tiene que ver sin embargo con el punto de vista de Linsky de que puesto que no se satisface la presuposición, el *enunciado* no es ni verdadero ni falso. Esto me parece posiblemente correcto *si* se piensa que la descripción definida está siendo usada atributivamente (dependiendo si vamos en compañía de Strawson o de Russell). Pero cuando la consideramos usada referencialmente, esta aserción categórica deja de ser claramente correcta. Pues el hombre al que se ha referido el hablante puede, de hecho, ser amable con la solterona; el hablante puede haber dicho algo verdadero acerca de ese hombre. Ahora bien, la dificultad está en la noción de «el enunciado». Supóngase que sabemos que la dama es una solterona, pero además sabemos que el hombre al que se refiere el hablante es amable con ella. Me parece que, por una parte, querremos mantener que el hablante dijo algo verdadero, aunque tengamos ciertas reservas para expresar esto por medio de «Es verdad que su marido es amable con ella».

Creo que esto muestra una dificultad que se presenta al hablar simplemente de «el enunciado» cuando las descripciones definidas se usan referencialmente. Pues el hablante enunció algo, en este ejemplo, sobre una persona particular, y su enunciado, podemos suponer, era verdadero. Sin embargo, no querríamos estar de acuerdo con su enunciado al usar la oración que usó; no estaríamos dispuestos a identificar el enunciado verdadero por medio de las palabras del hablante. La razón de esto no es muy difícil de encontrar. Si, en este ejemplo, decimos «Es verdad que su marido es amable con ella», *estamos* usando ahora la descripción definida bien atributiva o bien referencialmente. Pero no deberíamos subscribir lo que el hablante original dijo verdaderamente si usamos la descripción atributivamente, pues la descripción definida proporciona la posibilidad de decir algo verdadero (puesto que la dama no tiene marido) solamente en su función, en tanto que haciendo referencia a una persona particular. Sin embargo, nuestra reserva a suscribir el enunciado original del hablante al usar la descripción definida referencialmente para hacer referencia a la misma persona, surge de una consideración completamente distinta. Pues si estuviéramos trabajando también bajo la creencia errónea de que este hombre era el marido de la dama, podríamos estar de acuerdo con el hablante original usando sus palabras exactas. (Además, es posible, como hemos visto, usar deliberadamente una descripción definida para referirse a alguien que creemos que no se ajusta a la descripción.) Por consiguiente, nuestras reservas a usar las palabras originales del hablante no surgen del hecho de que si lo hiciésemos no lograríamos decir nada verdadero o falso. Surgen más bien del hecho de que cuando una descripción definida se usa referencialmente hay una presunción de que el hablante cree que aquello a lo que se refiere se ajusta a la descripción. Puesto que nosotros, que sabemos que la dama es una solterona, no querríamos normalmente dar la impresión de que no lo creemos, no estaríamos dispuestos a usar el modo original de referirse al hombre en cuestión.

¿Cómo expresaríamos entonces el acuerdo con el hablante original sin implicarnos en impresiones no queridas sobre nuestras creencias? La respuesta muestra otra diferencia entre los usos referenciales y atributivos de las descripciones definidas y saca a la luz un aspecto importante del referir genuino.

Cuando un hablante dice «El φ es ψ», donde «el φ» se usa atributivamente, si no hay ningún φ, no podemos hacer un informe correcto en el que digamos que el hablante ha dicho de esta o aquella persona que es ψ». Pero si la descripción definida se usa referencialmente podemos informar de que el hablante ha atribuido ψ a algo. Y *podemos* referirnos a aquello a lo que el hablante se ha referido, usando cualquier descripción o nombre adecuado para este propósito. Así, si un hablante dice «Su marido es amable con ella» refiriéndose al hombre con el que acababa de hablar, y si ese hombre es Jones, podemos informar de que ha dicho de *Jones* que es amable con ella. Si Jones es también el decano de la facultad, podemos informar de que el hablante ha dicho *del decano de la facultad* que es amable con ella. Y finalmente, si estamos hablando de Jones, podemos decir, refiriéndonos al hablante original, «Dijo de tí que *tú* eras amable con ella». No importa aquí si la mujer tiene un marido o si, en el caso de que lo tenga, Jones es su marido. Si el hablante original se refirió a Jones, dijo de él que era amable con ella. Entonces, allí donde la descripción definida se usa referencialmente, pero no se ajusta a aquello a lo que se hacía referencia, podemos informar de lo que un hablante dijo y estar de acuerdo con él usando una descripción o un nombre que se ajuste. Esto es, podemos informar de que el hablante, en el caso anterior, ha dicho verdaderamente de Jones que es amable con ella, incluso si el hablante original no sabía que el hombre al que se estaba refiriendo se llamaba Jones, o incluso si piensa que no se llama Jones.

Volviendo a lo que Linsky dijo en el pasaje citado, él afirmaba que, si alguien dijese «Su marido era amable con ella», cuando ella no tiene marido, *el enunciado* no sería ni verdadero ni falso. Como he dicho, éste es un punto de vista que puede mantenerse de modo verosímil si la descripción definida está siendo usada atributivamente. Pero, si está siendo usada referencialmente, entonces no está claro lo que quiere decirse mediante «el enunciado». Si pensamos sobre lo que el hablante dijo sobre la persona a la que se refería, entonces no hay razón alguna para suponer que no ha dicho algo verdadero o falso sobre ella, incluso aunque no sea el marido de la dama. Y la afirmación de Linsky sería errónea. Por otro lado, si no identificamos el enunciado de esta manera, ¿cuál es el enunciado que hace el hablante? Decir que el enunciado que ha hecho era que su marido era amable con ella nos plantea ciertas dificultades. Pues hemos de decidir si al usar aquí la descripción definida en la identificación del enunciado, estamos usándola atributiva o referencialmente. Si lo primero, entonces no representamos correctamente la ejecución lingüística del hablante; si lo último, entonces nos estamos refiriendo a alguien e informando de que el hablante ha dicho algo de esa persona, en cuyo caso volvemos a la posibilidad de que haya dicho algo verdadero o falso de esa persona.

Me veo entonces arrastrado a la conclusión de que cuando un hablante usa una descripción definida referencialmente puede haber enunciado algo verdadero o falso incluso si nada se ajusta a la descripción, y no hay ningún sentido claro en el que ha hecho un enunciado que no es ni verdadero ni falso.

IX

Quiero acabar con un breve examen del cuadro de lo que es una expresión referencial genuina, la que puede derivarse de los puntos de vista de Russell. Quiero sugerir que este cuadro no es erróneo como podría suponerse y que, por extraño que esto pueda parecer, alguna de las cosas que he dicho sobre el uso referencial de las descripciones definidas no son ajenas a este cuadro.

Los nombres propios genuinos, en el sentido de Russell, se referirían a algo sin adscribir a ese algo ninguna propiedad. Se referirían, por así decirlo, a la cosa misma, no simplemente a la cosa en tanto que cae bajo una descripción[13]. Ahora bien, esto le parecería a Russell algo que una descripción definida no podría hacer, pues suponía que si una descripción definida era capaz de hacer referencia, entonces se referiría a algo solamente en virtud de que esa cosa satisfacía la descripción. No sólo hemos visto que esta supo-

[13] Ver «The Philosophy of Logical Atomism», reimpreso en *Logic and Knowledge*, p. 200. [Versión castellana «La filosofía del atomismo lógico», en *Lógica y conocimiento*, ver nota 1.]

sición es falsa sino que también, en la última sección, hemos visto algo más. Vimos que, cuando una descripción definida se usa referencialmente, puede informarse de que un hablante ha dicho algo *de* algo. Y al informar qué era aquello de lo que dijo algo no estamos atados a la descripción que usó, o a sinónimos de ella; podemos referirnos a ella usando cualesquiera descripciones, nombres y cosas por el estilo que puedan cumplir esa misión. Ahora bien, esto parece dar un sentido en el que estamos interesados en la cosa misma y no justamente en la cosa bajo una cierta descripción, cuando informamos del acto lingüístico de un hablante que usa una descripción definida referencialmente. Esto es, tal descripción definida se acerca más de lo que Russell ciertamente suponía a cumplir la función de sus nombres propios.

En segundo lugar, Russell pensaba, creo, que siempre que usamos descripciones, en tanto que opuestas a los nombres propios, introducimos un elemento de generalidad que debería estar ausente si lo que hacemos es referirnos a alguna cosa particular. Esto resulta claro a partir del análisis de las oraciones que contienen descripciones definidas. Una de las conclusiones que se supone que extraemos de este análisis es que tales oraciones expresan lo que, en realidad, son proposiciones completamente generales: hay un φ y sólo uno tal que cualquier φ es ψ. Podríamos decir esto de una manera ligeramente distinta. Si hay algo aquí que podría ser identificado como referencia, se trata de referencia en un sentido muy débil —a saber: referencia a cualquier cosa que es el uno y sólo un φ, si es que hay tal cosa—. Ahora bien, esto es algo que podríamos decir perfectamente bien sobre el uso atributivo de las descripciones definidas precisamente porque la descripción es aquí meramente un dispositivo para hacer que la audiencia seleccione o piense en la cosa de la que se está hablando, un dispositivo que puede cumplir su función incluso si la descripción es incorrecta. Más importante quizás es que en el uso referencial, en tanto que opuesto al atributivo, hay una cosa *correcta* que ha de seleccionarse por la audiencia y el que sea la cosa correcta no es simplemente una función del hecho de que se ajuste a la descripción.

AGRADECIMIENTOS

Me gustaría dar las gracias a mis colegas John Canfield, Sydney Shoemaker y Timoty Smiley, que leyeron una primera versión de este artículo y me hicieron valiosas sugerencias. Gocé también del beneficio de los valiosos y detallados comentarios del *referee* del artículo, al que quiero expresar mi gratitud.

NOMBRES PROPIOS Y DESCRIPCIONES*

JOHN R. SEARLE

El *status* de los nombres propios ha confundido siempre a los filósofos desde los días de Platón. Parece no haber duda de que adjetivos y nombres comunes como «rojo» y «mesa» tienen sentido o significado, y, obviamente, lo mismo parece sostenerse para las llamadas descripciones definidas como «la flor roja» o «el hombre que está al lado de la mesa». Pero ¿qué decir sobre los nombres propios como «Wiston Churchill» y «San Francisco»? ¿Tienen sentido del mismo modo que adjetivos, nombres comunes y descripciones definidas? En la historia de la filosofía las respuestas a esta pregunta han sido cruciales para responder a la cuestión general de cómo las palabras se relacionan con el mundo.

TEORÍAS DEL SENTIDO Y DEL NO-SENTIDO DE LOS NOMBRES PROPIOS

De acuerdo con una teoría largamente sostenida, los nombres propios simplemente representan objetos sin tener ningún otro sentido o significado que el de representar objetos. Una formulación temprana de esta teoría está en el *Teeteto* de Platón, y las más sofisticadas versiones modernas de esta idea están en el *Tractatus Logico Philosophicus* de Wittgenstein y en *Philosophy of Logical Atomism* de Russell. Según Wittgenstein, el significado de un nombre propio es simplemente el objeto por el que está. Tal vez la formulación más famosa de esta teoría del no-sentido de los nombres propios es la afirmación de Mill de que los nombres propios tienen denotación pero no connotación. Para Mill un nombre común como «caballo» tiene tanto una connotación como una denotación; connota aquellas propiedades que serían especificadas en una definición de la palabra «caballo» y denota todos los caballos. Pero un nombre propio sólo denota a su portador.

---

* Versión castellana de José Fillol y Enrique Ujaldón.

La anterior es una famosa y atractiva teoría de los nombres propios pero hay ciertas notorias dificultades en ella. Una es que algunas veces uno encuentra los nombres propios en enunciados de identidad, enunciados de la forma «*a* es idéntico a *b*». Como Frege señaló, si los nombres propios simplemente representan objetos y nada más, ¿cómo podrían tales enunciados transmitir siquiera información fáctica? Si interpretamos tales enunciados como siendo solamente sobre el referente de los nombres, parece entonces que deben ser triviales puesto que si son verdaderos dicen sólo que un objeto es idéntico consigo mismo. Si por otra parte interpretamos los enunciados como dando información acerca de los nombres, entonces parece que deben ser arbitrarios, puesto que podemos asignar cualquier nombre que deseemos a un objeto. La solución de Frege fue argüir que, además de los nombres y los objetos a los que refieren, debemos distinguir un tercer elemento, el sentido (*Sinn*) del nombre en virtud del cual y sólo en virtud del cual se refiere al objeto. En el enunciado «La estrella de la tarde es idéntica a la estrella de la mañana», las expresiones «la estrella de la tarde» y «la estrella de la mañana» tienen la misma referencia pero diferentes sentidos. El sentido proporciona el modo de presentación (*Art des Gegebenseins*) del objeto; el objeto está, por así decirlo, iluminado desde un lado (*einseitig beleuchtet*) por el sentido de la expresión, y es gracias a que las dos expresiones tienen diferentes sentidos por lo que el enunciado puede transmitirnos información fáctica. Lo que el enunciado transmite es que uno y el mismo objeto tiene dos conjuntos diferentes de propiedades especificadas por los dos sentidos diferentes de los dos nombres, y así un enunciado tal puede ser un enunciado de hecho y no una mera trivialidad o una decisión verbal arbitraria. Todos los nombres propios, para Frege, tenían sentido del mismo modo que lo tienen las expresiones «la estrella de la mañana» y «la estrella de la tarde».

Esto presenta una imagen completamente diferente de los nombres propios respecto de la teoría clásica del no-sentido. Según la teoría clásica, los nombres, si son realmente nombres, tienen necesariamente una referencia y no tienen en absoluto sentido. Según la teoría fregeana, esencialmente tienen un sentido y sólo contingentemente referencia. Hacen referencia si y sólo si hay un objeto que satisface su sentido. En la primera teoría los nombres propios son *sui generis*, y realmente para Platón (en el *Teeteto*) y Wittgenstein (en el *Tractatus*) son el vínculo conector especial entre las palabras y el mundo; en la segunda teoría los nombres propios son sólo una especie de descripciones definidas disfrazadas: cada una es equivalente en significado a una descripción definida, a la descripción definida que da una formulación explícita de su sentido. De acuerdo con la primera teoría, nombrar es anterior a describir; de acuerdo con la segunda, describir es anterior a nombrar, porque un nombre sólo nombra describiendo el objeto que nombra.

PROS Y CONTRAS DE LAS TEORÍAS

Hay un franco conflicto entre la teoría clásica del no-sentido y la teoría fregeana del sentido y la referencia. Parte del encanto del problema presentado por este conflicto es que cada uno tiene interesantes argumentos en su favor.

El sentido común parece inclinarnos hacia la teoría del no-sentido, al menos por lo que respecta a la mayoría de los nombres propios ordinarios. Los nombres propios no son equivalentes a descripciones definidas porque, por ejemplo, llamar a un objeto por su nombre no es un modo de describirlo. Nombrar es una preparación para describir, no un modo de describir. Además, no tenemos definiciones de la mayoría de los nombres propios; las entradas de los diccionarios para los nombres propios usualmente ofrecen enunciados de hechos contingentes que describen el objeto referido por el nombre. Las descripciones no son equivalentes definicionales del nombre, porque son sólo contingentemente verdaderas del portador. Pero el nombre no es «verdadero de» el portador, es su nombre.

No sólo no tenemos equivalentes definicionales para los nombres propios, sino que tampoco está en absoluto claro cómo podríamos intentar obtener definiciones de nombres propios si las deseásemos. Si, por ejemplo, intentásemos presentar una descripción completa del objeto como el sentido del nombre, sobrevendrían consecuencias extrañas —por ejemplo, cualquier enunciado verdadero acerca del objeto que usase el nombre como sujeto sería analítico y cualquiera falso sería autocontradictorio—. El significado de un nombre (y tal vez la identidad del objeto) cambiaría cada vez que hubiese un cambio en el objeto, y el mismo nombre tendría diferentes significados para los diferentes usuarios del nombre.

Tales consideraciones del sentido común pesan en alguna medida a favor de la teoría del no sentido; sin embargo, ésta también presenta serias dificultades. Primero, como ha sido mostrado, no puede dar cuenta de la ocurrencia de nombres propios en enunciados informativos de identidad. Segundo, de modo similar es incapaz de explicar la ocurrencia de los nombres propios en enunciados existenciales. En enunciados tales como «Hay un lugar como África» y «Cerbero no existe», los nombres propios no puede decirse que tengan referencia, pues ningún sujeto de un enunciado existencial puede tenerla. Si lo hiciese, la precondición de que tuviese un valor de verdad garantizaría su verdad si fuese afirmativo y su falsedad si fuese negativo. (Éste es otro modo de decir que «existe» no es un predicado.) Todo enunciado existencial afirmativo establece en efecto que un cierto concepto o predicado es instanciado. (Tal como Frege lo expresó, la existencia es un concepto de segundo orden.) Un enunciado existencial afirmativo no se refiere a un objeto y establece que existe; más bien expresa un concepto y establece que ese concepto es instanciado.

Así, si un nombre propio aparece en un enunciado existencial, parece que debe tener algún contenido conceptual o descriptivo. Pero, si tiene un contenido descriptivo, entonces parece que la teoría de Frege debe ser correcta, porque ¿qué podría ser ese contenido descriptivo salvo el sentido del nombre propio? De este modo, la ocurrencia de los nombres propios en enunciados existenciales añade otra grave dificultad para los teóricos del no-sentido. Sin embargo, lo peor aún no ha llegado.

¿Qué explicación puede dar el teórico del no-sentido de la existencia del objeto al que se refiere un nombre propio? Si uno conviene con el Wittgenstein del *Tractatus* en que el significado de un nombre propio es literalmente el objeto por el que está, entonces parece que la existencia de esos objetos que son nombrados por nombres propios genuinos no puede ser un hecho contingente ordinario. La razón de esto es que cambios tales en el mundo como la destrucción de algunos objetos no pueden destruir el significado de las palabras, porque cualquier cambio en el mundo debe no obstante ser descriptible en palabras. Pero esto parece forzarnos a la posición de que hay una clase de objetos en el mundo cuya existencia es de algún modo necesaria, aquellos objetos que son los significados de los nombres propios reales. Realmente, parece, si aceptamos esta idea, que no podría tener ningún sentido afirmar o negar la existencia de los objetos nombrados por nombres propios genuinos. Como Platón observó no podemos decir de un elemento que existe o que no existe (*Teeteto* 201 D - 202 A).

Hay al menos dos modos de tratar este problema de la existencia del referente, un modo metafísico y un modo lingüístico. En el *Tractatus,* Wittgenstein adopta una conclusión metafísica, diciendo que los objetos forman la sustancia del mundo (2.021). Su existencia no puede ser ni aseverada ni negada. En su libro *An Introduction to Wittgenstein's Tractatus,* G.E.M. Anscombe adopta una salida lingüística al problema. Dice simplemente que debemos distinguir los nombres propios genuinos de los aparentes. Sólo las expresiones que tienen portadores son nombres propios genuinos. Es, en efecto, una verdad necesaria que un nombre propio genuino tiene un portador, pero esto no nos fuerza a aceptar la idea de que haya una clase de objetos que tengan una existencia necesaria; más bien conduce a la idea de que, el que una expresión sea un nombre propio o no, depende de si su pretendido referente existe realmente o no (o al menos ha existido o existirá). Así pues, si descubrimos que César nunca existió, probaríamos en efecto que «César» no era un nombre propio genuino.

Una consecuencia de la doctrina wittgensteniana, aceptada y elucidada por Russell en su período del atomismo lógico, es que lo que en el lenguaje ordinario consideramos que son nombres propios no lo son en absoluto porque la existencia de sus portadores es un hecho contingente y de ningún modo se sigue del *status* de las expresiones del lenguaje. Esto es, de algún modo, una consecuencia irónica y desafortunada, porque la teoría del no sentido, que comienza como una explicación de sentido común de los nombres propios ordinarios, cuando se la sigue por este camino termina con la sorprendente e implausible conclusión de que los nombres propios ordinarios no son realmente nombres propios (no son «nombres lógicamente propios»), sino descripciones definidas disfrazadas.

La posición de Anscombe evita la incómoda conclusión de que ningún nombre propio ordinario es un nombre propio genuino; sin embargo, todavía hay convincentes objeciones en su contra. Mantiene que es un criterio para que una expresión sea un nombre propio que tenga un portador. Esto tiene la extraña consecuencia de que la pertenencia a una categoría sintáctica resulta contingente dependiendo de la relación no sintáctica nombre-portador. Además, tiene la extraña consecuencia de que muchos nombres propios obvios, tales como «Cerbero» y «Zeus», no son realmente nombres propios genuinos, porque Cerbero y Zeus no existen. Su posición es simplemente la decisión arbitraria de usar la expresión «nombre propio genuino» de tal manera que sólo las expresiones que tengan portadores son nombres propios genuinos. Pero, si aceptamos la teoría del no sentido y rechazamos la teoría wittgensteniana de la sustancia, parece que estuviésemos abocados a alguna decisión arbitraria e insatisfactoria. En su trabajo posterior Wittgenstein rechazó su anterior análisis de los nombres propios, diciendo que confundía el portador de un nombre con el significado del nombre: «Cuando el Sr. N. N. muere, se dice que muere el portador del nombre, no el significado» (*Investigaciones filosóficas*, § 40).

De este modo, al menos inicialmente, el sentido común parece favorecer la teoría del no sentido, pero es incapaz de explicar la ocurrencia de los nombres propios en enunciados informativos de identidad y en enunciados existenciales. Además, para los teóricos del no sentido la naturaleza de la existencia de los referentes de los nombres propios origina serios problemas. La teoría del sentido parece implausible al pretender que los nombres propios sean simplemente descripciones definidas abreviadas, pero al menos tiene el mérito de explicar los problemas acerca de enunciados de identidad y enunciados existenciales.

UNA PROPUESTA DE SOLUCIÓN

La antinomia planteada por las dos teorías opuestas de los nombres propios admite una posible solución. Podemos replantearnos la cuestión «¿Tienen los nombres propios sentido?» como «¿Los nombres propios implican predicados descriptivos?» o simplemente como «¿Hay proposiciones que contengan un nombre propio como sujeto y una expresión descriptiva como predicado analítico?». Pero esta cuestión tiene una forma más débil y otra más fuerte: la más débil, «¿Hay tales enunciados analíticos?», y la más fuerte, «¿Hay enunciados analíticos donde el sujeto sea un nombre propio y el predicado una descripción que sea suficientemente específica para identificar uno y sólo un objeto (a partir de aquí llamada una descripción identificadora)?». Es característico de un nombre propio que sea usado para referirse al mismo objeto en diferentes ocasiones. El uso del mismo nombre en ocasiones diferentes presupone que el objeto es el mismo; una condición necesaria de identidad de la referencia es la identidad del objeto al que se refiere. Pero presuponer que el objeto es el mismo a su vez presupone un criterio de identidad, esto es, presupone una habilidad por parte del hablante para responder a la pregunta: «¿En virtud de qué el objeto en el tiempo *t*, al que se hace referencia mediante el nombre N, es idéntico al objeto al que se hace referencia mediante el mismo nombre en el tiempo *t'*?». Para decirlo de un modo más simple, «¿El objeto en el tiempo *t* es el mismo *qué* que el objeto en la ocasión *t'*?» El hueco indicado por el qué tiene que ser llenado por un término general descriptivo; es la misma montaña, la misma persona, el mismo río, etc. El término general aporta un criterio de identidad en cada caso. Esto nos da una respuesta afirmativa a la pregunta más débil. Algún término general está analíticamente vinculado a un nombre propio: el Everest es una montaña, el Misisipí es un río, De Gaulle es una persona. Cualquier cosa que no sea una montaña no podría ser el Everest, etc.; para asegurar la continuidad de la referencia necesitamos un criterio de identidad, y el término general asociado con el nombre proporciona el criterio. Incluso si alguien quisiese sostener que De Gaulle podría convertirse en un árbol o en un caballo y todavía ser De Gaulle, debe haber algún criterio de identidad. De Gaulle no podría convertirse en cualquier cosa y seguir siendo todavía De Gaulle, y decir esto es decir que algún término o rango de términos está analíticamente relacionado con el nombre «De Gaulle».

Una tentación es decir que, si continuamos llamando a un objeto «Everest», la propiedad de ser llamado «Everest» es suficiente para garantizar que es el mismo. Pero el núcleo del análisis anterior es que estamos justificados al llamarle «Everest» sólo si podemos dar una razón para suponer que es idéntico a lo que solíamos llamar «Everest», y dar como razón que se llama «Everest» sería circular. En este sentido, al menos, los nombres propios tienen en efecto «connotaciones».

Pero la respuesta «sí» a la cuestión más débil no implica la misma respuesta a la más fuerte, y es esa forma más fuerte la que es crucial para decidir si un nombre propio tiene un sentido o no, como Frege usaba la palabra. Según Frege, el sentido de un nombre propio contiene el «modo de presentación» que identifica el referente, y desde luego un predicado descriptivo simple no nos provee de un modo de presentación (una descripción identificadora). Que Sócrates era un hombre puede ser analíticamente verdadero, pero el predicado «hombre» no es una descripción identificadora específica de Sócrates.

Consideremos ahora la formulación más fuerte de la cuestión. Al menos dos consideraciones nos inclinan a decir que puede haber algo parecido a una respuesta afirmativa. Primero, aprendemos a usar los nombres propios y se los enseñamos a otros sólo por ostensión o descripción y ambos métodos conectan el nombre con el objeto sólo en virtud de especificar características del objeto para distinguirlo de otros objetos. Segundo, cualquiera que use un nombre propio debe estar preparado para responder a la pregunta «¿Acerca de quién o qué estás hablando?», y las respuestas a esta pregunta, cuando son adecuadas, tomarán la forma o de descripciones verbales identificadoras o de presentaciones ostensivas del objeto. Ambas consideraciones sugieren una estrecha conexión entre la capacidad de usar el nombre y un conocimiento de las características del objeto suficientes para distinguirlo de otros objetos.

Pero ¿cuán estrecha es la conexión? Supongamos que pedimos a los usuarios de un nombre propio, por ejemplo «Aristóteles», que establezcan lo que consideran como los hechos establecidos y esenciales acerca de él. Sus respuestas constituirían un conjunto de descripciones identificadoras, y la totalidad de ellas sería la descripción identificadora. Por ejemplo, Aristóteles era un griego; un filósofo; el tutor de Alejandro Magno; el autor de la *Ética a Nicómaco*, de la *Metafísica*, del *De Interpretatione*; y el fundador de la escuela conocida como el Liceo de Atenas. Aunque ningún elemento particular de estas descripciones está analíticamente ligado con el nombre «Aristóteles», algún subconjunto indefinido de ellas lo está. Un erudito clásico podría descubrir que Aristóteles nunca fue el tutor de Alejandro o que nunca escribió la *Metafísica*; pero si un erudito clásico afirmase haber descubierto que Aristóteles no escribió ninguna de las obras que se le atribuyen, que nunca tuvo ninguna relación con Platón o Alejandro, que nunca estuvo cerca de Atenas, y ni siquiera fue un filósofo sino que de hecho era un oscuro pescadero veneciano del Renacimiento tardío, entonces el «descubrimiento» sería un mal chiste. El conjunto original de los enunciados sobre Aristóteles constituye el respaldo descriptivo del nombre en virtud del cual y sólo en virtud del cual podemos enseñar y usar el nombre. Tiene sentido el negar alguno de los miembros del conjunto de descripciones del portador del nombre, pero negar todos ellos es hacer desaparecer totalmente las precondiciones para usar el nombre.

Para replantear este punto supongamos que tenemos medios independientes para identificar un objeto. ¿Cuáles son, entonces, las condiciones bajo las cuales podría decirse del objeto «Éste es Aristóteles»? Lo que se está sosteniendo es que las condiciones, los poderes descriptivos del enunciado, son que un número suficiente pero hasta ahora inespecificado de estos enunciados son verdaderos del objeto. En suma, si se prueba que no es verdadera de algún objeto independientemente localizado *ninguna* de las descripciones que los usuarios del nombre de ese objeto creen que son verdaderas de ese objeto, entonces no hay ningún objeto idéntico al portador del nombre. Es una condición necesaria para que un objeto sea Aristóteles que satisfaga al menos alguna de estas descripciones. Éste es otro modo de decir que la disyunción de estas descripciones está analíticamente relacionada con el nombre «Aristóteles» —lo cual es una respuesta casi afirmativa a la pregunta «¿Tienen los nombres propios sentido?» en su formulación más fuerte. Debería advertirse entre paréntesis que la descripción «llamado Aristóteles», aunque tiene un *status* peculiar, no es más crucial que cualquier otra descripción, porque es un hecho contingente que Aristóteles fuese y sea llamado Aristóteles.

La respuesta, entonces, a la cuestión «¿Tienen los nombres propios sentido?» —si esta pregunta quiere decir si los nombres propios son usados o no para describir o especificar características de objetos— es «no». Pero, si se pregunta si los nombres propios están o no lógicamente conectados con características del objeto al cual se refieren, la respuesta es «sí, de un modo laxo».

Algunos filósofos suponen que es una objeción a esta clase de explicación el que la misma palabra es algunas veces usada como un nombre para más de un objeto, pero esto es un hecho totalmente irrelevante y no una objeción a esta explicación. El que diferentes objetos sean llamados «John Smith» no es más relevante para la cuestión «¿Tienen los nombres propios sentido?» que el hecho de que tanto los asientos de los parques como las entidades financieras sean llamados «bancos» lo sea para la cuestión «¿Tienen sentido los términos generales?». Ambos «banco» y «John Smith» sufren de homonimia, pero uno no demuestra que una palabra no tiene significado señalando que tiene varios.

Esta solución es un compromiso entre Mill y Frege. Mill tenía razón al pensar que los nombres propios no implicaban ninguna descripción particular, que no tienen definiciones, pero Frege estaba en lo cierto suponiendo que cualquier término singular debería tener un modo de presentación y por tanto, de algún modo, un sentido. Su error estuvo en tomar la descripción identificadora que puede ser sustituida por el nombre como una definición.

Este análisis de los nombres propios nos capacita para explicar todas las dificultades surgidas en este artículo. ¿Cómo puede un nombre propio aparecer en un enunciado existencial? Un enunciado tal como «Aristóteles nunca existió» establece que un número suficiente, pero hasta ahora inespecificado de respaldos descriptivos de «Aristóteles» son falsos. Sobre cuáles se afirme que son falsos no está todavía claro, pues el respaldo descriptivo de Aristóteles no es aún preciso. Suponiendo que de las proposiciones de las que se cree que son verdaderas de Aristóteles la mitad fueran de un hombre y la mitad de otro, ¿diríamos que Aristóteles nunca existió? La cuestión no está decidida de antemano. Esto significa que, en la medida en que «Aristóteles» tenga un sentido, es mucho menos preciso que el de una descripción definida.

Similarmente, es fácil explicar los enunciados de identidad usando nombres propios. «El Everest es el Jomolungma» establece que el respaldo descriptivo de ambos nombres es verdadero del mismo objeto. Si el respaldo descriptivo de los dos nombres, para la persona que hace el enunciado, es el mismo, o si uno contiene el otro, el enunciado es analítico; si no, es sintético. El instinto de Frege iba por buen camino al inferir del hecho de que hacemos enunciados de identidad fácticamente informativos usando nombres propios que éstos deben tener un sentido, pero estaba equivocado al suponer que este sentido es tan claro como una descripción definida. Su famoso ejemplo «la estrella de la mañana-la estrella de la tarde», lo extravió aquí un poco, porque, aunque el sentido de estos nombres está claro, estas expresiones no son nombres propios paradigmáticos, sino que están en la línea fronteriza entre las descripciones definidas y los nombres propios.

LA IMPRECISIÓN DE LOS NOMBRES PROPIOS

Hemos visto que, en la medida en que pueda decirse que los nombres propios tienen un sentido, éste es impreciso. ¿Es la imprecisión en cuanto a qué características constituyen las condiciones necesarias y suficientes para aplicar un nombre propio algo que se deba a un mero accidente, un producto de la dejadez lingüística? ¿O ésta se deriva de las funciones que los nombres propios realizan? Pedir los criterios para aplicar el nombre «Aristóteles» es preguntar de modo formal qué es Aristóteles; es pedir un conjunto de criterios de identidad para el objeto Aristóteles. «¿Qué es Aristóteles?» y «¿Cuáles son los criterios para aplicar el nombre "Aristóteles"?» formulan la misma pregunta, la primera en el modo material y la segunda en el modo formal del lenguaje. Así, si antes de usar el nombre llegásemos a un acuerdo sobre las características precisas que constituyen la identidad de Aristóteles, nuestras reglas para usar el nombre serían precisas. Pero esta precisión sólo se lograría a costa de que cualquier uso del nombre entrañase algunas cualidades específicas. En efecto, el nombre mismo llegaría a ser a su vez lógicamente equivalente a este conjunto de descripciones, pero, si éste fuera el caso, estaríamos en la posición de ser capaces de referirnos a un objeto sólo por medio de su descripción. De hecho, esto es precisamente lo que la institución de los nombres propios nos permite evitar y lo que distingue los nombres propios de las descripciones. Si los criterios para los nombres propios fueran en todos los casos muy rígidos y específicos, entonces un nombre propio no sería más que una abreviatura de estos criterios y funcionaría exactamente como una descripción definida elaborada. Pero la peculiaridad e inmensa conveniencia pragmática de los nombres propios en nuestro lenguaje reside precisamente en el hecho de que nos capacitan para referirnos públicamente a objetos sin estar forzados a plantear cuestiones y llegar a un acuerdo con respecto a que características descriptivas constituyen exactamente la identidad del objeto. Ellas funcionan no como descripciones, sino como perchas en las que colgar descripciones. Así pues, la laxitud de los criterios para los nombres propios es una condición necesaria para aislar la función referencial de la función descriptiva del lenguaje.

Para establecer de modo diferente el mismo punto, supóngase que preguntamos: «¿Por qué tenemos nombres propios?» Obviamente, para referirnos a individuos. «Sí, mas también las descripciones definidas podrían hacer eso.» Pero sólo a costa de especificar las condiciones de identidad cada vez que se hace la referencia. Supongamos que decidimos abandonar «Aristóteles» y en sustitución decir «el maestro de Alejandro». Entonces es una verdad lógica que el hombre al que se refiere es el maestro de Alejandro —pero es un hecho contingente que Aristóteles enseñara a Alejandro— (aunque es un hecho necesario que Aristóteles tiene la suma lógica —disyunción inclusiva— de las propiedades comúnmente atribuidas a él).

Podemos clarificar algunos de los puntos expuestos en este artículo comparando los nombres propios paradigmáticos con nombres propios degenerados como «el Banco de Inglaterra». Para los últimos casos límite de nombres propios, parece que el sentido es dado tan directamente como en una descripción definida; las condiciones del uso del nombre son obvias. Por otra parte, un nombre propio puede adquirir un uso rígido sin tener la forma verbal de una descripción: Dios es justo, omnipotente, omnisciente por *definición* para los creyentes. Para nosotros «Homero» simplemente significa «el autor de la *Ilíada* y la *Odisea*». La forma puede confundirnos a menudo; el Sacro Imperio Romano no fue ni sacro, ni romano, ni un imperio, pero fue sin duda el Sacro Imperio Romano. De nuevo, puede ser convencional llamar a las chicas solamente «Marta»; pero, si llamo a mi hijo «Marta», puedo estar generando confusión pero no mintiendo. Y, desde luego, no todos los nombres propios paradigmáticos son iguales con respecto a la naturaleza de su «contenido descriptivo». Habrá, por ejemplo, una diferencia entre los nombres de la gente viva donde la capacidad del usuario del nombre para reconocer a la persona puede ser una importante «descripción identificadora», y los nombres de los personajes históricos. Pero el hecho esencial que hay que tener en cuenta cuando se tratan estos problemas es que tenemos la institución de los nombres propios para realizar el acto de habla de la referencia. La existencia de estas expresiones deriva de nuestra necesidad de separar el hacer referencia de las funciones descriptivas del lenguaje. Pero la referencia nunca aparece en completo aislamiento de la descripción, porque sin descripción alguna la referencia sería enteramente imposible.

PARA SEGUIR LEYENDO

Sobre la teoría del significado de FREGE son fundamentales, además del ensayo aquí recogido, los escritos «Función y concepto», «Concepto y objeto», «¿Qué es una función?» y «El pensamiento. Una investigación lógica». (Todos ellos están recogidos en G. FREGE, *Ensayos de semántica y filosofía de la lógica*, Tecnos, Madrid, 1998.) Las obras de Michael DUMMETT *Frege: Philosophy of Language* (Duckworth, 1973) y *The Interpretation of Frege's Philosophy* (Duckworth, 1981) se consideran como uno de los hitos fundamentales en los estudios sobre la filosofía de Frege. El libro de A. KENNY *Frege* (Cátedra, Madrid, 1998) es una excelente a la vez que accesible introducción a los diversos aspectos de la filosofia de FREGE. Un libro sobre FREGE, quizás algo anticuado pero muy útil para principiantes, es el de J. B. D. WALKER, *A Study of Frege*, Blackell, Oxford, 1965. Una introducción recomendable, asequible y más reciente es la de J. WEINER, *Frege Explained. From Arithmetic to Analytic Philosophy*, Open Court, Chicago, 2004.

Para la teoría de las descripciones de RUSSELL son también artículos fundamentales «On Denoting» (1905) (traducido al castellano en *Lógica y conocimiento,* Taurus, Madrid, 1966) y «Descriptions and Incomplete Symbols» (traducido también al castellano en *Lógica y conocimiento*). La quizás más importante defensa de la teoría de las descripciones publicada en los últimos quince años se encuentra en NEALE, *Descriptions*, The MIT Press, Cambridge, Mas., 1990. Sobre RUSSELL es magnífico el libro de SAINSBURY *Russell*, Routledge, Londres, 1979, y es recomendable también la entrada «Frege and Russell», también de SAINSBURY en *The Blackwell Companion to Philosophy*, Blackwell, Oxford, 1996. El libro de MCCULLOCH *The Game of the Name*, Clarendon, Oxford, 1989, contiene una buena discusión de las doctrinas de Russell y de sus relaciones con cuestiones epistemológicas. El libro de SOAMES *Philosophical Analisis in the Twentieth Century*, vol. 1, *The Dawn of Analisis*, Princeton University Press, Princeton, 2003, incluye una excelente exposición y análisis de la teoría de las descripciones dentro del contexto de los orígenes de la filosofía analítica. El volumen XXIV/3, 2005, de la revista *Teorema* está dedicado a una revisión de la teoría de las descripciones de RUSSELL —en el centenario de la aparición de «On Denoting»— con artículos de J. J. ACERO, M. GARCÍA-CARPINTERO, S. NEALE y S. SOAMES, entre otros.

La respuesta de RUSSELL a las demoledoras objeciones de STRAWSON se encuentra en «Mr. Strawson on Referring» (traducido al castellano en RUSSELL, *La evolución de mi pensamiento filosófico*, Alianza, Madrid, 1976). A su vez, la respuesta de STRAWSON a este último artículo de RUSSELL, «Identifying Reference and Truth-Values», se encuentra recogida en *Ensayos lógico-lingüísticos*, Tecnos, Madrid, 1988.

Tanto KRIPKE, en «Speaker's Reference and Semantic Reference» —recogido en FRENCH *et al.* (eds.), *Contemporary Perspectives in the Philosophy of Language*, University of Minnesota Press, Minneapolis, 1977—, como SEARLE, en «Referential and Atributive» (en SEARLE, *Expression and Meaning*, Cambridge University Press, Cambridge, 1979), ofrecen revisiones de la distinción de DONELLAN. Para una buena panorámica del debate puede verse el libro editado por A. BEZUIDENHOUT y M. REIMER, *Descriptions and Beyond*, Oxford University Press, Oxford, 2003, que contiene artículos de, entre otros, K. BACH, M. DEVITT, G. NUNBERG y N. SALMON.

Sobre la teoría del racimo de SEARLE, su último desarrollo está en «Nombres propios e intencionalidad», cap. 9 de J. R. SEARLE, *Intencionalidad*, Tecnos, Madrid, 1992. Puede consultarse también el libro de LINSKY *Names and Descriptions*, Chicago University Press, Chicago, 1977, para una defensa de las teorías descriptivas de los nombres. La obra de M. DEVITT y K. STERELNY *Language and Reality. An Introduction to the Philosophy of Language*, Blackwell, Oxford, 2.ª ed., 1999, contiene una buena exposición y una crítica vigorosa de la teoría descriptiva de los nombres. El libro de A. GARCÍA SUÁREZ, *Modos de significar*, Tecnos, Madrid, 1998, ofrece un buen tratamiento de la mayor parte de los temas de este apartado. La distinción de FREGE entre sentido y referencia, el tema de las proposiciones singulares de FREGE y

RUSSELL y la teoría de las descripciones están tratados asimismo en el libro de M. GARCÍA-CARPINTERO, *Las ideas, las palabras y las cosas,* Ariel, Barcelona, 1997. Los libros de W. G. LYCAN, *Philosophy of Language. A Contemporary Introduction*, Routledge, Londres, 1999, y A. MILLER, *Philosophy of Language*, UCL Press, Londres, contienen unas buenas y accesibles exposiciones tanto de la teoría de las descripciones de RUSSELL como de las teoría descriptivas de los nombres propios. El colectivo de A. W. MOORE, *Meaning and Reference*, Oxford Readings in Philosophy, Oxford, 1993, contiene un espléndido ramillete de artículos clásicos sobre el problema de la referencia.

II. TEORÍAS DE LA REFERENCIA DIRECTA

INTRODUCCIÓN

Las teorías de Frege y Russell tienen —a pesar de sus diferencias sustanciales— una amplia zona de confluencia, en particular por lo que respecta al tratamiento de los nombres propios ordinarios. Ambos afirman que éstos tienen un respaldo descriptivo consistente en un conjunto de descripciones sucesivamente analizables cuando aparecen en ellas nombres propios ordinarios. Para poner un ejemplo: si un nombre como «Platón» se analiza en términos de la descripción «el maestro de Aristóteles», ésta, puesto que contiene el nombre propio «Aristóteles», se analizaría a su vez en términos de otra, pongamos por caso: «el maestro del maestro de Alejandro», que, a su vez, resultaría nuevamente analizable, y así sucesivamente. Esta concepción mantuvo su hegemonía en los tratamientos filosóficos de los nombres propios hasta comienzos de los años setenta, en que fue seriamente puesta en tela de juicio por los argumentos de, fundamentalmente, Saul Kripke e Hilary Putnam. Lo que se presentaba ahora, una vuelta, en cierto sentido, a las tesis de Aristóteles y John Stuart Mill, se dio en llamar «teoría de la referencia directa» y consiste en la tesis de que la relación entre ciertos términos singulares —como, por ejemplo, los nombres propios— y el mundo no está mediada por ningún concepto descriptivo. No obstante, debe precisarse un poco este rótulo que, en algunos aspectos, resulta desorientador. Pues la teoría de la referencia directa no afirma que la relación entre los nombres y sus *nominata* no pueda estar mediada en modo alguno (de hecho Kripke admite que las diferentes cadenas causales pueden hacer el papel de las distintas «rutas» hacia el referente), sino que se limita a la afirmación más cauta de que no es el sentido de una expresión, su modo de presentación en términos fregeanos, lo que lleva a su referente. El nombre propio «Platón» no es entonces abreviatura alguna para un conjunto de descripciones analizables en, por así decirlo, una cascada de nuevas descripciones, cada una de las cuales contiene un nombre propio. «Identidad y necesidad» es uno de los lugares clásicos donde Kripke expone, *inter alia*, lo esencial de su teoría de la referencia directa, presenta su célebre distinción entre «designadores accidentales» (p. ej., «el inventor de las lentes bifocales») y «designadores rígidos» (p. ej., el nombre propio ordinario «Benjamin Franklin») y extrae la conclusión de que los designadores rígidos seleccionan al mismo individuo a través de todos los mundos posibles, mientras que los designadores accidentales no tienen necesidad de hacerlo. Una importante novedad se produjo en este campo a partir de la década de los setenta. Hasta entonces las discusiones sobre los nombres propios se mantenían separadas de las que tenían lugar sobre los denominados «términos generales». En «Significado y referencia» Hilary Putnam muestra que es posible defender una tesis similar a la de Kripke para nombres de géneros naturales (p. ej., «agua», «oro», «tigre», etc.) desafiando así la opinión recibida de acuerdo con la cual dichos nombres eran el paradigma de los términos descriptivos.

IDENTIDAD Y NECESIDAD *

SAUL KRIPKE

Un problema que con frecuencia ha surgido en la filosofía contemporánea es el siguiente: «¿Cómo son posibles los enunciados *contingentes* de identidad?» Esta pregunta se formula por analogía al modo como Kant formuló su pregunta: «¿Cómo son posibles los juicios sintéticos *a priori*?» En ambos casos generalmente se ha dado algo por sentado; en el caso de Kant, que los juicios sintéticos *a priori* eran posibles y, en el caso de la literatura filosófica contemporánea, que los enunciados contingentes de identidad son posibles. No pretendo ocuparme de la pregunta kantiana excepto para mencionar esta analogía. Después de que un libro más bien voluminoso fue escrito con el fin de responder a la pregunta acerca de cómo eran posibles los juicios sintéticos *a priori,* otros vinieron posteriormente a sostener que la solución al problema era que los juicios sintéticos *a priori* eran, por supuesto, imposibles y que un libro que tratase de mostrar otra cosa estaba escrito en vano. No discutiré quién tenía razón acerca de la posibilidad de los juicios sintéticos *a priori.* Pero, en el caso de los enunciados contingentes de identidad, la mayoría de los filósofos han solido pensar que la idea de un enunciado contingente de identidad desemboca en algo así como la siguiente paradoja. Puede darse un argumento como el siguiente contra la posibilidad de los enunciados contingentes de identidad[1]:

---

* Versión castellana de Margarita M. Valdés.

[1] Este trabajo fue presentado oralmente, sin texto escrito, en la Universidad de Nueva York en la serie de conferencias sobre identidad que se recogen en el volumen editado por Milton K. Munitz bajo el título de *Identity and Indivituation.* La conferencia se grabó en cinta magnetofónica y el presente artículo representa una transcripción de dicha cinta, con leves modificaciones que no intentan cambiar el estilo del original. Si el lector imagina las oraciones de este trabajo como pronunciadas, extemporáneamente, con las pausas y énfasis adecuados, esto puede facilitar su comprensión. Sin embargo, puede haber todavía pasajes que resulten difíciles de seguir; el tiempo permitido hacía necesaria una presentación condensada del argumento. (Una versión más amplia de algunas de estas tesis, aún algo comprimidas y que también no son más que la transcripción de algunas observaciones orales, aparecerá en otro lugar. [Véase S. Kripke, «Naming and Necessity», en D. Davidson y G. Harman (eds.), *Semantics of Natural Language,* D. Reidel, Dordrecht, 1972, *N. del T.*]) Ocasionalmente tuvieron que

Primero, la ley de la sustitutividad de los idénticos dice que, para cualesquiera objetos x e y, si x es idéntico a y, entonces, si x tiene una cierta propiedad F, también la tiene y:

(1) $(x)(y)[(x = y) \supset (Fx \supset Fy)]$

Por otro lado, con toda seguridad cualquier objeto es necesariamente idéntico a sí mismo:

(2) $(x) \Box (x = x)$

Pero

(3) $(x)(y)(x = y) \supset [\Box (x = x) \supset \Box (x = y)]$

es una instancia de sustitución de (1), esto es, de la ley de sustitutividad. A partir de (2) y (3), podemos concluir que, para toda x e y, si x es igual a y, entonces, es necesario que x sea igual a y:

(4) $(x)(y)[(x = y) \supset \Box (x = y)]$

Esto es así porque la cláusula $\Box (x = x)$ del condicional, se elimina dado que se sabe que es verdadera.

Éste es un argumento que ha sido expresado muchas veces en la filosofía reciente. Su conclusión, sin embargo, ha sido considerada con frecuencia como sumamente paradójica. Por ejemplo, David Wiggins, en su artículo «Identity Statements», dice:

> Ahora bien, existen indudablemente enunciados de identidad contingentes. Sea $a = b$ uno de ellos. A partir de su simple verdad y de (5) [= (4) anteriormente] podemos derivar «$\Box (a = b)$». Pero ¿cómo puede haber entonces algún enunciado contingente de identidad?[2].

Dice entonces que son posibles cinco diferentes reacciones a este argumento y las rechaza todas, pero reacciona él a su vez. No quiero discutir todas

---

ser suprimidas algunas reservas, ampliaciones y autocomplacencias de mis observaciones, especialmente en la discusión de la identificación teórica y el problema mente-cuerpo. Las notas a pie de página, que fueron añadidas al original, habrían resultado aún más pesadas si esto no se hubiera hecho.

[2] R. J. Butler (ed.), *Analytical Philosophy, Second Series*, Basil Blackwell, Oxford, 1965, p. 41.

las posibles reacciones a este argumento, sino solamente mencionar la segunda de las que rechaza Wiggins. Ésta dice así:

> Podríamos aceptar el resultado y alegar que siempre y cuando *a* y *b* sean nombres propios no hay nada que resulte inapropiado. La consecuencia de esto es que ningún enunciado de identidad contingente puede hacerse por medio de nombres propios.

Y luego pasa a decir que le desagrada esta solución, así como a muchos otros filósofos les ha desagradado también, en tanto que otros más la han defendido.

¿Qué es lo que hace que el enunciado (4) parezca sorprendente? Dice que, para cualesquiera objetos *x* e *y*, si *x* es *y*, entonces es necesario que *x* sea *y*. He mencionado ya que alguien podría objetar este argumento sobre la base de que la premisa (2) es ya falsa, que no es el caso que todo sea necesariamente idéntico a sí mismo. Bueno, por ejemplo, ¿soy yo necesariamente idéntico a mí mismo? Alguien podría argüir que en algunas situaciones que podemos imaginar yo no habría ni siquiera existido y, por lo tanto, el enunciado «Saul Kripke es Saul Kripke» habría sido falso o no sería el caso que yo fuese idéntico a mí mismo. Quizá no sería ni verdadero ni falso, en un mundo semejante, decir que Saul Kripke es idéntico a sí mismo. Bueno, esto pudiera ser así, pero realmente depende de la posición filosófica que uno adopte con respecto a un asunto que no discutiré, esto es, lo que se haya de decir acerca de los valores de verdad de enunciados que mencionan objetos que no existen en el mundo actual, ni en ningún mundo posible o situación contrafáctica. Interpretemos aquí la necesidad de manera débil. Podemos tener por necesarios a aquellos enunciados tales que, siempre que los objetos mencionados en ellos existan, los enunciados serán verdaderos. Si quisiéramos ser muy cuidadosos sobre este asunto, tendríamos que entrar en la cuestión de la existencia como predicado y preguntar si el enunciado puede reformularse en la forma: Para cualquier *x*, es necesario que, si *x* existe, entonces *x* es idéntico a sí mismo. No entraré aquí en esta forma particular de sutileza porque no es algo que vaya a ser relevante para mi tema principal. Tampoco voy a considerar realmente la fórmula (4). Cualquiera que crea la fórmula (2) está comprometido, en mi opinión, con la fórmula (4). Si *x* e *y* son las mismas cosas y si de alguna manera podemos hablar, digamos, en el habla ordinaria, acerca de propiedades modales de un objeto, si podemos hablar de modalidad *de re* y de que un objeto tiene *necesariamente* ciertas propiedades en cuanto tal, entonces la fórmula (1), pienso yo, tiene que ser verdadera. Si *x* e *y* son el mismo objeto, en donde *x* es una propiedad cualquiera, incluso una propiedad que suponga operadores modales, y si *x* tuviese una cierta propiedad *F*, entonces *y* tiene que tener la misma propiedad *F*; y esto es así, aunque la propiedad *F* sea ella misma de una forma tal que tenga alguna otra propiedad *G* necesariamente, en particular la de ser necesariamente idéntico a un cierto objeto. Bueno, no discutiré propiamente la fórmula (4) porque en sí misma no afirma que sea necesario ningún enunciado verdadero de identidad en particular. De ninguna manera dice nada acerca de *enunciados*. Dice que para todo *objeto* x y para todo *objeto* y, si x e y son el mismo objeto, entonces es necesario que x e y sean el mismo objeto. Y considero que esto, si pensamos acerca de ello (de cualquier manera, si alguien no piensa así, no argumentaré en favor de esto aquí), equivale realmente a algo que difiere muy poco del enunciado (2). Dado que x, por la definición de identidad, es el único objeto idéntico a x, «$(y)\ (y = x \supset Fy)$» me parece nada más una forma un tanto locuaz de decir «Fx» y, así, $(x)\ (y)\ (y = x \supset Fx)$ dice lo mismo que $(x)Fx$, no importa lo que sea F en particular, aun cuando F represente la propiedad de identidad necesaria con x. De esta manera, si x tiene esta propiedad (de identidad necesaria con x), trivialmente todo lo que sea idéntico a x la tiene, como afirma (4). Pero es claro que a partir del enunciado (4) uno puede ser capaz de deducir que varios enunciados particulares de identidad tienen que ser necesarios y se supone, entonces, que esto es una consecuencia muy paradójica.

Dice Wiggins: «Ahora bien, existen indudablemente enunciados de identidad contingentes.» Un ejemplo de un enunciado de identidad contingente es el enunciado de que el primer director general de Correos de los Estados Unidos es idéntico al inventor de los lentes bifocales, o que ambos son idénticos al hombre a quien el *Saturday Evening Post* reclama como su fundador (a propósito, creo que falsamente). Ahora bien, algunos de estos enunciados son francamente contingentes. Es un hecho francamente contingente que uno y el mismo hombre haya tanto inventado los lentes bifocales, como desempeñado el trabajo de director general de Correos de los Estados Unidos. ¿Cómo podemos reconciliar esto con la verdad del enunciado (4)? Bueno, éste también es un asunto en el que no quiero entrar en detalle salvo para mostrarme sumamente dogmático al respecto. Creo que esta cuestión quedó muy bien resuelta por Bertrand Russell en su noción del alcance de una descripción. De acuerdo con Russell, uno puede decir con propiedad, por ejemplo, que el autor de *Hamlet* pudo no haber escrito *Hamlet* o, más aún, que el autor de *Hamlet* pudo no haber sido el autor de *Hamlet*. Ahora bien, aquí, desde luego, no negamos la necesidad de la identidad de un objeto consigo mismo, sino que decimos que es verdad, con respecto a un determinado hombre, que de hecho fue la única persona que escribió *Hamlet* y, en segundo lugar, que el hombre que de hecho fue el hombre que escribió *Hamlet* pudo no haber escrito *Hamlet*. En otras palabras, si Shakespeare hubiera decidido no escribir tragedias, pudiera no haber escrito *Hamlet*. En estas circunstancias, el hombre que de hecho escribió *Hamlet* no hubiera escrito *Hamlet*. Russell destaca esto diciendo que la primera ocurrencia de la descripción «el autor de *Hamlet*» en semejante enunciado, tiene alcance amplio [3]. Esto

[3] La segunda ocurrencia de la descripción tiene alcance reducido.

es, decimos: «El autor de *Hamlet* tiene la siguiente propiedad: que pudo no haber escrito *Hamlet*.» No aseveramos que el siguiente enunciado pudiera haber sido el caso: que el autor de *Hamlet* no escribió *Hamlet,* puesto que esto no es verdadero. Eso sería equivalente a decir que pudo haber sucedido que alguien escribió *Hamlet* y, sin embargo, no escribió *Hamlet,* lo cual sería una contradicción. Ahora bien, haciendo a un lado los detalles de la formulación particular que hace Russell de este asunto, la cual depende de su teoría de las descripciones, ésta parece ser la distinción que cualquier teoría de las descripciones tiene que hacer. Por ejemplo, si alguien se encontrara al rector de Harvard y lo tomara por un profesor ayudante, podría decir: «Tomé al rector de Harvard por un profesor ayudante.» Con esto no quiere decir que tomo como verdadera la proposición «El rector de Harvard es un profesor ayudante.» Pudo haber querido decir esto, por ejemplo, si hubiera creído que se había instaurado algún tipo de sistema democrático en Harvard, de tal manera que su rector hubiese decidido desempeñar el trabajo de un profesor ayudante. Pero probablemente no es esto lo que quiere decir. Lo que quiere decir más bien, como lo señala Russell, es: «Alguien es rector de Harvard y yo pensé que era un profesor ayudante.» En uno de los ejemplos de Russell alguien dice: «Pensé que tu yate era más grande de lo que es», y el otro replica: «No, mi yate no es más grande de lo que es.»

Suponiendo que la noción de modalidad *de re*, y por lo tanto la de cuantificar en contextos modales, tiene algún sentido, tenemos efectivamente una solución plenamente adecuada al problema de evitar las paradojas si sustituimos descripciones por los cuantificadores universales en (4), ya que la única consecuencia que podríamos obtener[4] en el caso de los lentes bifocales, por ejemplo, es que hay un hombre el cual sucede que fue tanto el que inventó los lentes bifocales como el primer director general de Correos de los Estados Unidos y el cual es necesariamente idéntico a sí mismo. Hay un objeto x tal que x inventó los lentes bifocales y, como cuestión de hecho contingente, hay un objeto y, tal que y es el primer director general de Correos de los Estados Unidos y, finalmente, es necesario que x es y. ¿Qué son aquí x e y? Aquí, tanto x como y son Benjamin Franklin y, ciertamente, puede ser necesario que Benjamin Franklin sea idéntico a sí mismo, de modo que no

---

[4] En la teoría de Russell, $F(\iota xGx)$ se sigue de $(x)Fx$ y $(\exists !x)Gx$, siempre y cuando la descripción en $F(\iota xGx)$ tenga como su alcance el contexto completo (en la terminología de Russell en 1905, tenga una «ocurrencia primaria»). Sólo entonces $F(\iota xGx)$ es «acerca» de la denotación de «ιxGx». Aplicando esta regla a (14) obtenemos los resultados indicados en el texto. Nótese que en la forma antigua $\Box(\iota xGx = \iota xHx)$, si una o ambas descripciones tienen «ocurrencias primarias», la fórmula no afirma la necesidad de $\iota xGx = \iota xHx$; si ambas tienen una ocurrencia secundaria, entonces sí la afirma. Así pues, en un lenguaje que no tenga indicadores explícitos de alcance, las descripciones tendrán que interpretarse con el alcance más pequeño posible; sólo entonces $\sim A$ será la negación de A, $\Box A$ la necesitación [*necessitation*] de A, y así sucesivamente.

hay problemas en el caso de las descripciones si aceptamos la noción russelliana de alcance[5]. Quiero simplemente dejar aquí esta cuestión, de manera dogmática, y pasar a considerar el problema acerca de los nombres planteado por Wiggins. Wiggins dice que podría aceptar el resultado y alegar que siempre y cuando *a* y *b* sean nombres propios no hay nada que resulte inapropiado. Aunque luego rechaza esto.

Ahora bien, ¿cuál es el problema especial acerca de los nombres propios? Al menos en el caso de que uno no esté familiarizado con la literatura filosófica sobre este tema, se tiende a pensar, ingenuamente, con respecto a los nombres propios, algo así como lo siguiente: Primero, si alguien dice «Cicerón era un orador», entonces usa el nombre «Cicerón» en ese enunciado, simplemente para señalar a un determinado objeto y luego atribuir una cierta propiedad al objeto, esto es, en este caso, atribuye a un determinado hombre la propiedad de haber sido un orador. Si alguien más usa otro nombre, digamos el de «Tulio», sigue hablando acerca del mismo hombre. Uno atribuye la misma propiedad al mismo hombre si dice «Tulio es un orador». El hecho o situación objetiva representado por el enunciado es, por así decirlo, el mismo, sea que uno diga «Cicerón es un orador» o «Tulio es un orador». Parecería, por tanto, que la función de los nombres es *simplemente* la de hacer referencia y no la de describir a los objetos así nombrados mediante propiedades tales como «ser el inventor de los lentes bifoca-

---

[5] Una distinción más antigua que tenía el mismo propósito era, desde luego, la distinción medieval entre *de dicto* y *de re*. Muchos lógicos, especialmente Smullyan, han señalado que la distinción de alcance de Russell elimina las paradojas modales.

Para evitar malentendidos, permítaseme enfatizar que, por supuesto, no estoy afirmando que la noción russelliana de alcance resuelve el problema de Quine del «esencialismo»; lo que sí muestra, especialmente en conjunción con algunos enfoques modernos de teoría de los modelos de la lógica modal, es que la lógica modal cuantificada no tiene que negar la verdad de todas las instancias de $(x)\ (y)\ (x = y \cdot \supset \cdot Fx \supset Fy)$, ni todas las instancias de «$(x)\ (Gx \supset Ga)$» (en donde «*a*» ha de reemplazarse por una descripción definida no vacía cuyo alcance es todo «*Ga*»), a fin de evitar que se convierta en una verdad necesaria, que uno y el mismo hombre inventó los lentes bifocales y dirigió el primer departamento de Correos. La definición contextual de Russell de las descripciones no tiene que adoptarse a fin de asegurar estos resultados; pero otras teorías lógicas, la fregeana u otras, las cuales consideran a las descripciones como primitivas, deben expresar de alguna manera los mismos hechos lógicos. Frege mostró que un contexto simple, no iterado, que contenga una descripción definida con alcance reducido la cual no puede interpretarse como si fuese «acerca» de la denotación de la descripción, sí puede interpretarse como acerca de su «sentido». Algunos lógicos se han interesado en el problema acerca de las condiciones en las cuales, en un contexto intensional, una descripción con alcance reducido es equivalente a la misma con alcance amplio. Una de las virtudes del tratamiento russelliano de las descripciones en la lógica modal es que entonces la respuesta (en términos generales, que la descripción sea un «designador rígido» en el sentido de esta conferencia) frecuentemente se sigue de otros postulados para la lógica modal cuantificada; no se necesitan postulados especiales como en el tratamiento de Hintikka. Incluso si las descripciones se toman como primitivas, la postulación especial de cuando es irrelevante el alcance, puede deducirse frecuentemente a partir de axiomas más básicos.

les» o «ser el primer director general de Correos». Parecería que la ley de Leibniz y la ley (1) valdrían no solamente en la forma universalmente cuantificada, sino también en la forma «si $a = b$ y Fa, entonces Fb», siempre que «a» y «b» estén en lugar de nombres y «F» esté en lugar de un predicado que exprese una propiedad genuina del objeto:

$$(a = b \cdot Fa) \supset Fb$$

Podemos recorrer el mismo argumento una vez más para obtener la conclusión «si $a = b$, entonces necesariamente $a = b$», en donde a y b están en lugar de cualquier nombre. De este modo, podríamos aventurar esta conclusión: que siempre que «a» y «b» sean nombres propios, si a es b, es necesario que a sea b. Los enunciados de identidad entre nombres propios tienen que ser necesarios si es que han de ser de alguna manera verdaderos. Esta tesis ha sido defendida por Ruth Barcan Marcus, por ejemplo, en uno de sus trabajos acerca de la interpretación filosófica de la lógica modal[6]. De acuerdo con esta tesis, por ejemplo, siempre que uno haga un enunciado correcto de identidad entre dos nombres, tal como, por ejemplo, que Cicerón es Tulio, su enunciado tiene que ser necesario si es que es verdadero. Pero esta conclusión *parece* francamente falsa. (Yo, como otros filósofos, tengo la costumbre de decir menos de lo que en realidad quiero decir, conforme a la cual «parece francamente falsa» querría decir «es francamente falsa». De hecho creo que la tesis es verdadera, aunque no en la forma defendida por la Sra. Marcus.) De cualquiera manera, parece francamente falsa. El profesor Quine dio un ejemplo en su réplica a la profesora Marcus en el simposio: «Creo que veo problemas, de todas maneras, en la distinción entre nombres propios y descripciones tal como la traza la profesora Marcus. El paradigma de la asignación de nombres propios es el etiquetar. Podemos etiquetar una hermosa tarde al planeta Venus con el nombre propio "Hesperus". Podemos también etiquetar al mismo planeta, un día, antes de la salida del sol, con el nombre propio "Phosphorus".» (Quine piensa que algo así como esto fue realmente hecho alguna vez.) «Cuando por fin descubrimos que hemos etiquetado al mismo planeta dos veces, nuestro descubrimiento es empírico y no por el hecho de que los nombres propios sean descripciones.» De acuerdo con lo que se nos cuenta, originalmente se pensó que el planeta Venus visto en la mañana era una estrella y era llamada «la Estrella Matutina», o (para deshacernos de cualquier cuestión relativa al uso de una descripción) era llamada «Phosphorus». Uno y el mismo planeta, cuando se le veía en la tarde, era considerado como otra estrella, la Estrella de la Tarde, y era lla-

[6] «Modalities and Intensional Languages», *Boston Studies in the Philosophy of Science*, vol. I, Humanities Press, Nueva York, 1963, pp. 71 ss. Véanse también los «Comments» de Quine y la discusión subsiguiente.

mada «Hesperus». Más tarde, los astrónomos descubrieron que Phosphorus y Hesperus eran una y la misma cosa. Seguramente que ningún acopio de raciocinios *a priori* que hubiesen elaborado podría concebiblemente haber hecho posible que dedujeran que Phosphorus es Hesperus. De hecho, dada la información que tenían, pudo haber resultado a la inversa. Por lo tanto, se argumenta, el enunciado «Hesperus es Phosphorus» tiene que ser una verdad contingente ordinaria, empírica, que podría haber resultado de otra manera y, de este modo, la tesis de que los enunciados verdaderos de identidad son necesarios, tiene que ser falsa. Otro ejemplo dado por Quine en *Word and Object* está tomado del profesor Schrödinger, el famoso pionero de la mecánica cuántica: Una determinada montaña puede verse tanto desde el Tibet como desde el Nepal. Cuando se la veía desde una dirección se le llamaba «Everest»; cuando se la veía desde otra dirección se le llamaba «Gaurisanker» y luego, más tarde se hizo el descubrimiento empírico de que el Gaurisanker *es* el Everest. (Quine dice además, que colige que el ejemplo, de hecho, es geográficamente incorrecto. Creo que uno no debiera confiar en los físicos en cuanto a la información geográfica.)

Una posible reacción a este argumento es, desde luego, negar que nombres como «Cicerón», «Tulio», «Gaurisanker» y «Everest» son realmente nombres propios. «Mira —alguien podría decir (alguien lo dijo, su nombre era Bertrand Russell)— sólo por el hecho de que enunciados como "Hesperus es Phosphorus" y "el Gaurisanker es el Everest" son contingentes, podemos ver que los nombres en cuestión no son en realidad puramente referenciales.» No estás simplemente etiquetando un objeto, en la terminología de la Sra. Marcus, realmente lo estás describiendo. ¿A qué equivale el hecho contingente de que Hesperus es Phosphorus? Bueno, equivale al hecho de que *la* estrella que está en una determinada posición celeste en la tarde es *la* estrella que está en una determinada posición celeste en la mañana. De igual manera, el hecho contingente de que el Gaurisanker es el Everest, equivale al hecho de que la montaña vista desde tal y cual ángulo en Nepal es la montaña vista desde tal y cual otro ángulo en el Tibet. Por lo tanto, nombres tales como «Hesperus» y «Phosphorus» no pueden ser más que abreviaciones de descripciones. El término «Phosphorus» *tiene* que significar: «la estrella vista...» o (seamos precavidos porque de hecho resultó que no era una estrella) «*el cuerpo celeste* visto desde tal y cual posición a tal y cual hora de la mañana», y el nombre «Hesperus» tiene que significar: «el cuerpo celeste visto en tal y cual posición a tal y cual hora de la tarde». De esta manera, Russell concluye, si queremos reservar el término «nombre» para cosas que realmente sólo nombran un objeto sin describirlo, los únicos nombres propios genuinos que podemos tener son los nombres de nuestros propios datos sensoriales inmediatos, de los objetos «que se nos hacen presentes de manera inmediata». Los únicos nombres de esa naturaleza que aparecen en el lenguaje son demostrativos tales como «esto» y «eso»; y resulta fácil ver que este requisito de la necesidad de la identidad, entendido en el sentido de que deja exentas de toda duda imaginable a las identidades entre nombres, puede garantizarse, realmente, sólo para los nombres demostrativos de los datos inmediatos de los sentidos, ya que sólo en esos casos un enunciado de identidad entre dos nombres diferentes puede tener inmunidad general a la duda cartesiana. Hay algunas otras cosas que Russell admite algunas veces como objetos de aprehensión inmediata, tales como el propio yo, pero no es necesario entrar aquí en detalles.

Otros filósofos (por ejemplo la Sra. Marcus en su réplica, por lo menos en la discusión verbal tal como yo la recuerdo; no sé si esto se publicó, de manera que tal vez no deberíamos «etiquetarle» esto a ella[7]), han dicho: «Si los nombres son en realidad simplemente etiquetas, etiquetas genuinas, entonces un buen diccionario debería ser capaz de decirnos que son nombres del mismo objeto.» Tienes un objeto *a* y un objeto *b* con los nombres «Juan» y «José»; entonces, de acuerdo con la Sra. Marcus, un diccionario debería ser capaz de decirte si «Juan» y «José» son nombres del mismo objeto o si no lo son. Desde luego, yo no sé lo que los diccionarios ideales deberían hacer, pero los nombres propios ordinarios no parecen satisfacer este requisito. *Puedes* ciertamente, en el caso de los nombres propios ordinarios, hacer descubrimientos totalmente empíricos de que, digamos, Hesperus es Phosphorus, aunque previamente hayamos pensado de distinta manera. Podemos estar en duda acerca de si el Gaurisanker es el Everest o de si Cicerón es en efecto Tulio. Aún ahora, podríamos concebiblemente descubrir que nos equivocamos al suponer que Hesperus es Phosphorus. Tal vez los astrónomos cometieron un error. Así pues, parece que esta tesis está equivocada y que, si por un nombre entendemos no una noción artificial de nombre, tal como la de Russell, sino un nombre propio en el sentido ordinario, entonces puede haber enunciados contingentes de identidad en los que se usan nombres propios y la tesis contraria parece francamente equivocada.

En la filosofía reciente, un gran número de otros enunciados de identidad han sido destacados como ejemplos de enunciados contingentes de identidad, diferentes, tal vez, de cualquiera de los tipos de enunciados que antes mencioné. Uno de ellos, es por ejemplo, el enunciado «El calor es el movimiento de las moléculas». Primero, se supone que la ciencia descubrió esto. Se supone que los científicos empíricos descubrieron en sus investigaciones (y supongo yo que lo hicieron) que el fenómeno externo al que llamamos «calor» es, en realidad, la agitación molecular. Otro ejemplo de un descubrimiento semejante, es que el agua es H_2O y algunos ejemplos más son que el oro es un elemento con tal y cual número atómico, que la luz es un haz de fotones, y así sucesivamente. Éstos son enunciados de identidad, en algún sentido de «enunciados de identidad». En segundo lugar, se piensa,

[7] Sí deberíamos. Véase su observación en la p. 115, *op. cit.*, en la discusión a continuación de los artículos.

son enunciados claramente contingentes de identidad sólo porque fueron descubrimientos científicos. Después de todo, pudo haber resultado que el calor no fuese el movimiento de las moléculas; había otras teorías alternativas del calor propuestas, por ejemplo, la teoría calórica. Si estas teorías del calor hubiesen sido correctas, entonces el calor no hubiera sido el movimiento de las moléculas, sino alguna substancia llamada «calórica», que empapa al objeto caliente; y fue una cosa natural de la ciencia, y no debida a ninguna necesidad lógica, que una teoría resultó ser la correcta y la otra resultó estar equivocada.

De manera que aquí, una vez más, tenemos aparentemente otro ejemplo de un enunciado contingente de identidad. Se supone que es un ejemplo muy importante por su conexión con el problema mente-cuerpo. Hay muchos filósofos que han querido ser materialistas y ser materialistas de una manera particular que hoy se conoce con el nombre de «la teoría de la identidad». De acuerdo con esta teoría, un determinado estado mental, tal como que una persona tenga dolor, es idéntico a un determinado estado del cerebro (o, tal vez, de su cuerpo entero de acuerdo a algunos defensores de la teoría); sea como fuere, idéntico a determinado estado material o neuronal de su cerebro o de su cuerpo. Y así, conforme a esta teoría, que yo tenga dolor en este instante, si es que lo tuviera, sería idéntico a que mi cuerpo o mi cerebro estuvieran en un estado determinado. Otros han objetado que esto no puede ser porque, después de todo, podemos imaginar que mi dolor exista aun cuando el estado de mi cuerpo no existiera. Podemos tal vez imaginar que yo no estuviese de ningún modo encarnado y, sin embargo, que tuviese dolor o, de manera inversa, podríamos imaginar que mi cuerpo existiera y estuviera exactamente en el mismo estado aun cuando no hubiera dolor. De hecho, concebiblemente mi cuerpo podría estar en este estado aunque no hubiera ninguna mente «detrás de él», por así decirlo. La réplica común consiste en conceder que todas estas cosas podrían haber sucedido, pero argumentar que no son pertinentes para la cuestión relativa a la identidad del estado mental con el estado físico. Esta identidad, se dice, es simplemente otra identificación contingente científica, similar a la identificación del calor con el movimiento molecular o del agua con el H_2O. Así como podemos imaginar al calor sin ningún movimiento molecular, así también podemos imaginar un estado mental sin ningún estado cerebral que le corresponda. Pero, así como el primer hecho no daña la identificación del calor con el movimiento de las moléculas, así tampoco el segundo hecho daña la identificación de un estado mental con el estado cerebral correspondiente. De esta manera, muchos filósofos recientes han sostenido que es muy importante para el entendimiento teórico del problema mente-cuerpo el que pueda haber enunciados contingentes de identidad de esta forma.

Para expresar por fin lo que *yo* pienso, a diferencia de lo que parece ser el caso, o de lo que otros piensan, pienso que en ambos casos, tanto en el de los nombres como en el de las identificaciones teóricas, los enunciados de identidad son necesarios y no contingentes. Esto es, son necesarios si es que son *verdaderos*; desde luego que los enunciados falsos de identidad no son necesarios. ¿Cómo puede uno defender semejante tesis? Tal vez no cuento con una respuesta completa a esta pregunta, aunque estoy convencido de que la tesis es verdadera. Pero para iniciar una respuesta, permítaseme hacer algunas distinciones que quiero usar. La primera es entre un *designador rígido* y un *designador no rígido.* ¿Qué significan estos términos? Puedo dar como ejemplo de un designador no rígido una expresión tal como «el inventor de los lentes bifocales». Supongamos que fue Benjamin Franklin quien inventó los lentes bifocales, de manera que la expresión «el inventor de los lentes bifocales» designa o se refiere a un hombre determinado, esto es, a Benjamin Franklin. Sin embargo, podemos imaginar fácilmente que el mundo pudo haber sido distinto, que en otras circunstancias diferentes alguien más hubiera llegado a esta invención antes de lo que llegó Benjamin Franklin y, en ese caso, *él* hubiera sido el inventor de los lentes bifocales. Así, en este sentido, la expresión «el inventor de los lentes bifocales» es no rígida. Bajo ciertas circunstancias un hombre hubiera sido el inventor de los lentes bifocales, bajo otras circunstancias otro hombre lo hubiera sido. A modo de comparación, considérese la expresión «la raíz cuadrada de 25». Independientemente de los hechos empíricos, podemos dar una prueba aritmética de que la raíz cuadrada de 25 es, de hecho, el número 5 y, por haber probado esto matemáticamente, lo que hemos probado es necesario. Si pensamos que los números son de alguna manera entidades, y vamos a suponerlo por lo menos para el propósito de esta conferencia, entonces la expresión «la raíz cuadrada de 25» necesariamente designa a un número determinado, esto es, al 5. A una expresión semejante la llamo «designador *rígido*». Algunos filósofos consideran que cualquiera que use simplemente la noción de designador rígido o no rígido, muestra que ha caído en una cierta confusión o que no ha prestado atención a ciertos hechos. ¿Qué quiero decir con «designador rígido»? Quiero decir un término que designa al mismo objeto en todos los mundos posibles. Para deshacernos de una confusión, que por cierto, no es mía, no estoy usando «podría haber designado a un objeto diferente» para referirme al hecho de que el lenguaje podría haber sido usado de manera diferente. Por ejemplo, la expresión «el inventor de los lentes bifocales» podría haber sido usada por habitantes de este planeta para referirse siempre al hombre que corrompió a Hadleyburg. Éste habría sido el caso, en primer lugar, si la gente de este planeta no hubiera hablado castellano, sino algún lenguaje diferente que coincidiera fonéticamente con el castellano y, en segundo lugar, si en ese lenguaje la expresión «el inventor de los lentes bifocales» significara «el hombre que corrompió a Hadleyburg». Entonces, desde luego, se referiría en su lenguaje a quienquiera que de hecho hubiese corrompido a Hadleyburg en esa situación contrafáctica. No es eso lo que yo quiero decir. Lo que quiero expresar al decir que una descripción pudiera haberse referido a algo diferente, es que en *nuestro* lenguaje tal como *nosotros* lo usamos al describir una situación contrafáctica, pudiera haber habido un objeto diferente que satisficiera las condiciones descriptivas que *nosotros* damos para la referencia. Así, por ejemplo, cuando hablamos acerca de otro mundo posible o situación contrafáctica, usamos la frase «el inventor de los lentes bifocales» para referirnos a quienquiera que hubiera inventado los lentes bifocales en esa situación contrafáctica, no a la persona a quien la gente *en* esa situación contrafáctica hubiera llamado «el inventor de los lentes bifocales». *Ellos* podrían haber hablado un lenguaje diferente que coincidiera fonéticamente con el castellano, en el cual «el inventor de los lentes bifocales» fuese usado de una manera diferente. *No* es éste el asunto que me interesa aquí. Para el caso, podrían haber sido sordos y mudos, o podría no haber habido gente alguna. (Aun en el caso en que no hubiera habido gente, podría haber habido un inventor de los lentes bifocales; Dios o Satanás servirían para este caso.)

En segundo lugar, al hablar acerca de la noción de un designador rígido, no quiero implicar que el objeto referido tenga que existir en todo mundo posible, esto es, que tenga que existir necesariamente. Algunas cosas, tal vez entidades matemáticas tales como los enteros positivos, si es que existen, existen necesariamente. Algunas personas han sostenido que Dios no sólo existe, sino que existe necesariamente; otras, que existe contingentemente; otras, que contingentemente Él no existe y otras que necesariamente Él no existe[8]; se han intentado estas cuatro opiniones. Sea como fuere, cuando uso la noción de designador rígido no implico que el objeto referido tenga que existir necesariamente. Todo lo que quiero decir es que en cualquier mundo posible donde el objeto en cuestión *exista,* en cualquier situación en la que el objeto *existiera,* usamos el designador en cuestión para designar a ese objeto. En una situación en la que el objeto no exista, entonces debemos decir que el designador no tiene referente y que el objeto en cuestión así designado no existe.

Como dije, muchos filósofos encontrarán la noción de designador rígido objetable *per se.* La objeción que la gente hace puede expresarse de la siguiente manera: Mira, estás hablando de situaciones que son contrafácticas, esto es, estás hablando acerca de otros mundos posibles. Ahora bien, después de todo, esos mundos están completamente desarticulados del mundo actual, el cual no es simplemente otro mundo posible, sino que es el mundo actual. Así pues, antes de que hables, digamos, de un objeto tal como Richard Nixon, en algún otro mundo posible, tienes que decir qué objeto *sería* Richard Nixon en este otro mundo posible. Hablemos acerca de una situación en la

---

[8] Si no hay una deidad y, especialmente, si la inexistencia de una deidad es necesaria, es dudoso que podamos usar «Él» para referirnos a una deidad. El uso dentro del texto debe tomarse en un sentido no literal.

cual, como *tú* dirías, Richard Nixon hubiese sido un miembro de la SDS*. El miembro de la SDS acerca del cual hablas, es ciertamente muy diferente de Nixon en muchas de sus propiedades. Antes de que podamos siquiera decir si este hombre hubiera sido Richard Nixon o no, tenemos que establecer criterios de identidad a través de mundos posibles. Aquí están esos otros mundos posibles. Hay toda clase de objetos en ellos, con propiedades diferentes a aquellas de cualquier objeto actual; algunos de ellos se asemejan a Nixon en algunos aspectos, algunos de ellos se le asemejan en otros aspectos. Bueno, ¿cuál de estos objetos es Nixon? Tiene uno que dar un criterio de identidad, y esto muestra cómo la noción misma de designador rígido cae en un círculo. Supongamos que designamos a un cierto número como el número de los planetas; luego, si ésa es nuestra manera favorita, por así decirlo, de designar a este número, entonces, en cualquier otro mundo posible tendremos que identificar cualquiera que sea el número de los planetas con el número 9, el cual es el número de los planetas en el mundo actual. De esta manera, argumentan varios filósofos, por ejemplo, Quine implícitamente y explícitamente muchos otros detrás de él, no podemos realmente preguntar si un designador es rígido o no porque necesitamos primero un criterio de identidad a través de mundos posibles. Se ha sostenido incluso una tesis extrema, de acuerdo a la cual, puesto que los mundos posibles están tan desarticulados del nuestro, no podemos realmente decir que ningún objeto que contengan sea el *mismo* que un objeto que exista ahora, sino sólo porque hay algunos objetos que se asemejan más o menos a cosas del mundo actual. Por lo tanto, no deberíamos hablar realmente de lo que hubiera sido verdadero de Nixon en otro mundo posible, sino solamente de qué «contrapartidas» (el término que usa David Lewis)[9] de Nixon hubiera habido. Algunas personas en otros mundos posibles tienen perros a los que llaman «Checkers»; otros favorecen al ABM ** pero no tienen ningún perro llamado «Checkers». Hay varias personas que se parecen a Nixon más o menos, pero realmente no se puede decir de ninguna de ellas que sea Nixon, son solamente *contrapartidas* de Nixon y uno escoge cuál es la mejor contrapartida fijándose en cuál se asemeja más a Nixon, de acuerdo con los criterios favoritos de cada uno. Estas ideas se hallan ampliamente difundidas, tanto entre los defensores de la lógica modal con cuantificación, como entre sus detractores.

---

* Las iniciales SDS corresponden a *Students for a Democratic Society* (Asociación de Estudiantes por una Sociedad Democrática); ésta surgió en el medio estudiantil liberal americano en los años sesenta. *(N. de la T.)*

[9] David K. Lewis, «Counterpart Theory and Quantified Modal Logic», *Journal of Philosophy*, n.º 65, 1968, pp. 113 ss.

** Las iniciales ABM corresponden a *Anti Ballistic Missiles*, programa armamentista norteamericano que el Congreso de EEUU discutió en los años sesenta. *(N. de la T.)*

Me parece que este tipo de discurso de alguna manera tomó la metáfora de los mundos posibles con demasiada seriedad. Es como si un «mundo posible» fuese como un país extranjero o un planeta distante, por allá, a lo lejos. Es como si viéramos con dificultad a través de un telescopio varios actores en ese planeta distante. La tesis de David Lewis, efectivamente parece ser la más razonable si uno toma esta figura literalmente. Nadie a lo lejos, en otro planeta, puede ser estrictamente idéntico a alguien de aquí. Pero aun si contamos con medios de transporte maravillosos que nos permitan llevar a una y la misma persona de un planeta a otro, necesitamos realmente criterios epistemológicos de identidad para ser capaces de decir si alguien, en ese planeta distante, es idéntico a alguien de aquí.

Me parece que todo esto es una manera totalmente desviada de considerar las cosas. A lo que equivale es a la tesis de que las situaciones contrafácticas tienen que describirse en términos puramente cualitativos. De ser así, no podemos decir, por ejemplo, «Si por lo menos Nixon le hubiera dado un soborno suficiente al senador X, hubiera logrado meter a Carswell», porque esto se refiere a cierta gente, Nixon y Carswell, y habla acerca de qué cosas hubieran sido verdaderas de aquéllas en una situación contrafáctica. En lugar de esto tenemos que decir: «Si un hombre que se hace la raya del pelo de tal y cual manera y sostiene tales y cuales opiniones políticas, hubiera sobornado a un hombre que era senador, el cual tenía tales y cuales otras cualidades, entonces hubiera sido confirmado un hombre que era juez en el Sur y tenía otras muchas cualidades que lo asemejaban a Carswell. » En otras palabras, tenemos que describir las situaciones contrafácticas en términos puramente cualitativos y luego preguntar: «Dado que la situación contiene gente o cosas con tales y cuales cualidades, ¿cuál de esta gente es (o es contrapartida de) Nixon, cuál es Carswell, y así sucesivamente? Esto me parece equivocado. ¿Quién nos va a prohibir decir: «Nixon hubiera logrado meter a Carswell si hubiera hecho ciertas cosas»? Hablamos de *Nixon* y preguntamos qué hubiera sido verdadero de *él* en una situación contrafáctica determinada. Podemos decir que, si Nixon hubiera hecho tal y cual cosa, hubiera perdido las elecciones y Humphrey hubiera ganado. Aquellos a los que me opongo argüirían: «Si, pero ¿cómo descubre usted si el hombre acerca del cual habla es de hecho Nixon?» Efectivamente, sería muy difícil descubrirlo si uno estuviera mirando la situación completa a través de un telescopio, pero no es esto lo que hacemos en este caso. Los mundos posibles no son algo a lo que se aplica una pregunta epistemológica tal como ésta y, si la frase «mundos posibles» es lo que hace pensar a alguien que sí se aplica, debería simplemente deshacerse de esta frase y usar alguna otra expresión, digamos «situación contrafáctica», que pudiera dar lugar a menos confusiones. Si decimos: «Si Nixon hubiera sobornado a tal y cual senador, hubiera logrado meter a Carswell», lo que está *dado* en la mera descripción de esa situación, es que es una situación en la que hablamos de Nixon, de Carswell y de tal y cual senador; y me parece que no hay más objeciones al hecho de *estipular* que hablamos acerca de determinada gente, que al de estipular que hablamos de ciertas *cualidades*. Los defensores de la otra tesis consideran que hablar de ciertas cualidades es inobjetable. No dicen: «¿Cómo sabemos que esta cualidad (en otro mundo posible) es la de rojez?», sin embargo, les parece objetable hablar de ciertas *personas*. No veo yo ninguna razón para poner objeciones en un caso y no en el otro. Y creo que esto realmente proviene de una idea de los mundos posibles como si fuesen algo que existiera por allá, pero muy lejos de aquí, y que sólo pudieran verse a través de un telescopio especial. La tesis de David Lewis es aún más objetable. De acuerdo con Lewis, cuando decimos: «Bajo ciertas condiciones Nixon hubiera logrado meter a Carswell», lo que realmente queremos decir es: «Algún hombre, distinto a Nixon, pero que se asemeja bastante a él, hubiera logrado meter a un juez distinto a Carswell, pero que se le asemeja bastante.» Tal vez esto sea así, es decir, que algún hombre que se asemeja mucho a Nixon hubiera logrado meter a algún hombre que se pareciera mucho a Carswell. Pero *esto* no consolaría ni a Nixon ni a Carswell ni haría que Nixon patalease y dijera: «*Yo* debería de haber hecho tal y cual cosa para lograr meter a Carswell.» La cuestión es la de si *el propio* Nixon, en determinadas circunstancias, hubiera logrado meter a *Carswell*, y considero que la objeción simplemente está basada en una concepción equivocada.

En cambio, podemos perfectamente bien hablar acerca de designadores rígidos y no rígidos. Más aún, tenemos una prueba simple, intuitiva, en favor de ellos. Podemos decir, por ejemplo, que el número de los planetas podía haber sido un número diferente de número que de hecho es. Por ejemplo, podría haber habido solamente siete planetas. Podemos decir que el inventor de los lentes bifocales podría haber sido alguien distinto del hombre que *de hecho* inventó los lentes bifocales[10]. Por otro lado, no podemos decir que la raíz cua-

[10] Algunos filósofos piensan que las descripciones definidas, en inglés, son ambiguas, que algunas veces «The inventor of bifocal» [el inventor de los lentes bifocales] designa rígidamente al hombre que de hecho inventó los lentes bifocales. De manera tentativa me inclino por el rechazo de esta tesis, interpretada como una tesis acerca de la lengua inglesa (por oposición a un lenguaje posible hipotético), pero no discutiré este asunto aquí.

Lo que quisiera hacer notar es que esta supuesta ambigüedad, en contra de algunas opiniones, no puede reemplazar la noción russelliana de alcance de una descripción. Considérese la oración «El número de planetas podría haber sido necesariamente par». Obviamente esta oración puede interpretarse de manera que exprese una verdad; de haber habido ocho planetas, el número de planetas habría sido necesariamente par. Pero sin las distinciones de alcance, tanto una interpretación «referencial» (rígida) como una interpretación no rígida de la descripción harían el enunciado falso. (Ya que el número de planetas es nueve, la interpretación rígida equivale a la falsedad de que nueve podría haber sido necesariamente par.)

La interpretación «rígida» es equivalente a la ocurrencia primaria russelliana; la no rígida, al alcance más reducido —algunos, siguiendo a Donnellan, quizá vagamente, han llamado a esta interpretación el uso «atributivo»—. Se ignora entonces la posibilidad de alcances intermedios. En el caso presente, la interpretación de $\Diamond\Box$ (el número de planetas es par) que se tiene en el punto de mira, no convierte al alcance de la descripción $\Box$ (el número de planetas es par) ni en el más amplio, ni en el más reducido posible.

drada de 81 pudiera haber sido diferente del número que de hecho es, ya que dicho número simplemente tiene que ser el 9. Si aplicamos esta prueba intuitiva a los nombres propios, tales como, por ejemplo, «Richard Nixon», intuitivamente parecen resultar ser designadores rígidos. Primero, aun cuando hablemos acerca de la situación contrafáctica en la que suponemos que Nixon hizo cosas diferentes, asumimos que seguimos hablando del propio Nixon. Decimos: «Si Nixon hubiese sobornado a determinado senador, hubiera logrado meter a Carswell», y asumimos que con «Nixon» y «Carswell» nos seguimos refiriendo exactamente a la misma gente que en el mundo actual. Y parece que no podemos decir: «Nixon podría haber sido un hombre diferente del hombre que era de hecho», a menos, por supuesto, de que nuestra intención sea decirlo de manera metafórica: él podría haber sido una *clase* diferente de persona (si es que se cree en el libre albedrío y en que la gente no es corrupta de manera inherente). Podría pensarse que el enunciado es verdadero en ese sentido, pero Nixon no podría haber sido, en el otro sentido literal, una persona diferente de la persona que, de hecho, es, aun cuando el trigésimo séptimo presidente de los Estados Unidos pudiera haber sido Humphrey. De manera que, la frase «el trigésimo presidente de los Estados Unidos» es no rígida, en tanto que parecería que «Nixon» es rígido.

Permítaseme hacer otra distinción antes de regresar al asunto de los enunciados de identidad. Esta distinción es muy fundamental a la vez que difícil de practicar. En discusiones recientes, muchos filósofos que han reflexionado sobre la significatividad de distintas categorías de verdad, las han considerado idénticas. Algunos de los que las han identificado son defensores vociferantes de ellas, en tanto que otros, tales como Quine, dicen que todas son idénticamente carentes de significado. Sin embargo, generalmente no se las distingue. Éstas son categorías tales como «analítico», «necesario» y «*a priori*» e, incluso, algunas veces, «cierto». No hablaré acerca de todas ellas sino solamente acerca de las nociones de aprioricidad y necesidad. Con frecuencia se sostiene que éstas son sinónimas. (Muchos filósofos no deberían probablemente ser descritos como sosteniendo que son sinónimas; simplemente las *usan* de manera intercambiable.) Quisiera distinguirlas. ¿Qué queremos decir cuando llamamos a un enunciado *necesario*? Queremos decir simplemente, primero, que, el enunciado en cuestión es verdadero y, segundo, que no podría haber sido de otra manera. Cuando decimos que algo es *contingentemente* verdadero, queremos decir que, aunque de hecho es el caso, podría haber sido el caso que las cosas hubieran sido de otra manera. Si quisiéramos asignar esta distinción a alguna rama de la filosofía, deberíamos asignarla a la metafísica. Hay, por el contrario, la noción de una *verdad a priori*. Una verdad *a priori* se supone que es tal que puede *conocerse* como verdadera independientemente de toda experiencia. Nótese que esto no dice nada, en y por sí mismo, acerca de todos los mundos posibles, a menos que se ponga esto en la definición. Todo lo que dice es que puede conocerse como verdadera del mundo actual independientemente de toda experiencia.

A partir de que sepamos, independientemente de toda experiencia, que algo es verdadero del mundo actual, podría seguirse, mediante un argumento filosófico, que tiene que saberse que es también verdadero de todos los mundos posibles. Pero si esto ha de ser establecido, se necesita que algún argumento filosófico lo establezca. Ahora bien, si fuéramos a asignar *esta* noción a una rama de la filosofía, pertenecería a la epistemología y no a la metafísica. Tiene que ver con la manera como podemos saber que ciertas cosas son de hecho verdaderas. Ahora bien, puede ser el caso, por supuesto, que todo lo que sea necesario sea algo que *pueda* ser conocido *a priori.* (A propósito, nótese que la noción de verdad *a priori* definida de esta manera, contiene *otra* modalidad: *puede* conocerse independientemente de toda experiencia. Esto es un poco complicado porque hay aquí una doble modalidad.) No tendré tiempo para explorar aquí estas nociones en todo su detalle, pero podemos percatarnos desde el inicio que estas dos nociones de ninguna manera son trivialmente la misma. Si son coextensas, esto requiere de algún argumento filosófico que lo establezca. Como dije, pertenecen a distintos dominios de la filosofía; uno de ellos tiene algo que ver con el *conocimiento,* de lo que puede conocerse de ciertas maneras acerca del mundo *actual*; la otra tiene que ver con la *metafísica,* cómo *pudo* haber sido el mundo, dado que el mundo es como es, ¿pudo haber sido, de algún modo, diferente? Ahora bien, yo sostengo que, de hecho, ninguna de las dos clases de enunciados está contenida en la otra. Pero, de lo único que tenemos que hablar aquí es de esto: ¿Todo lo que es necesario es cognoscible *a priori, o* conocido *a priori*? Considérese el ejemplo siguiente: la conjetura de Goldbach. Ésta dice que todo número par es la suma de dos primos. Éste es un enunciado matemático y si es de alguna manera verdadero, tiene que ser necesario. Ciertamente uno no puede decir que, aunque de hecho todo número par sea la suma de dos primos, podía haber habido algún número extra que fuese par y no fuese la suma de dos primos. ¿Qué significaría esto? Por otro lado, la respuesta a la pregunta de si todo número par *es* de hecho la suma de dos primos, no se conoce y no contamos en el presente con un método para decidirlo. Así pues, ciertamente no conocemos *a priori,* o ni siquiera *a posteriori,* que todo número par sea la suma de dos primos. (Bueno, tal vez tenemos alguna prueba en favor de esto por el hecho de que no han sido encontrados contraejemplos). De cualquier manera, ciertamente no conocemos *a priori* que todo número par sea, de hecho, la suma de dos primos. Pero, por supuesto, la definición dice simplemente «*puede* conocerse independientemente de la experiencia» y alguien podría decir que si es verdadera, *podríamos* conocerla independientemente de la experiencia. Es difícil entender exactamente lo que significa esta afirmación. Podría ser así. Una cosa que podría significar es que si fuese verdadera podríamos *probarla.* Esta afirmación es ciertamente equivocada si se aplica en general a los enunciados de la matemática y si tenemos que trabajar dentro de un sistema fijo. Esto es lo que Gödel probó. Y aun si lo que queremos decir es una «prueba intuitiva en general», podría simplemente ser el caso (este punto de vista es al menos tan claro y tan probable como el contrario) que aunque el enunciado fuese verdadero, simplemente no hubiese ninguna manera de cómo la mente humana pudiera probarlo nunca. Por supuesto, una manera de cómo una mente *infinita* podría ser capaz de probarlo sería examinando cada uno de los números naturales, uno por uno, y comprobándolo. En este sentido, por supuesto, puede, tal vez, conocerse *a priori,* pero sólo por una mente infinita y entonces eso nos lleva a otras cuestiones complicadas. No quiero discutir los problemas acerca de la concebibilidad de realizar un número infinito de actos, tal como sería examinar todos los números uno por uno. Existe una amplia literatura filosófica sobre esto: unos han declarado que es lógicamente imposible, otros, que es lógicamente posible, y otros que no saben. La cuestión principal es que no es trivial que sólo porque un enunciado sea necesario pueda ser conocido *a priori.* Se requieren considerables aclaraciones antes de decidir que puede conocerse de esta manera. Y así, esto muestra que aun si todo lo necesario es *a priori* en algún sentido, esto no debe tomarse como una cuestión trivial de definición. Es una tesis filosófica independiente que requiere de algún trabajo.

Otro ejemplo que uno pudiera dar, está en relación con el problema del esencialismo. He aquí un atril. Una pregunta que con frecuencia ha surgido en filosofía es: ¿Cuáles son sus propiedades esenciales? ¿Qué propiedades, aparte de algunas triviales como la identidad consigo mismo, son tales que este objeto tiene que tenerlas si existe de alguna manera [11], y si el objeto no las tuviera, no sería este objeto [12]. Por ejemplo, podría ser una propiedad esencial de este atril el estar hecho de madera, y no de hielo. Tomemos

[11] Esta definición es la formulación común de la noción de propiedad esencial, pero tiene que hacerse una excepción para la existencia misma; de acuerdo con la definición dada, la existencia sería trivialmente esencial. Deberíamos considerar la existencia como esencial a un objeto sólo si el objeto necesariamente existe. Tal vez haya otras propiedades rebuscadas, que supongan la existencia, para las cuales la definición es igualmente objetable. (Agradezco esta observación a Michael Slote.)

[12] Las dos cláusulas de la oración anotada dan definiciones equivalentes de la noción de propiedad esencial, ya que $\Box (\exists x)(x = a \supset Fa)$ es equivalente a $\Box (x)(\sim Fx \supset x \neq a)$. La segunda formulación, sin embargo, resulta seductoramente poderosa a favor de las teorías de «identificación a través de mundos posibles», pues sugiere que consideremos «un objeto *b* en otro mundo posible» y pongamos a prueba si es identificable con *a* preguntando si carece de alguna de las propiedades esenciales de *a.* Permítaseme, por tanto, enfatizar, que aunque una propiedad esencial es (trivialmente) una propiedad sin la cual un objeto no puede ser *a,* de esto no se sigue, de ninguna manera, que las propiedades esenciales puramente cualitativas de *a*, conjuntamente, formen una condición suficiente para ser *a*, ni que *ninguna* cualidad puramente cualitativa, sea suficiente para que un objeto sea *a.* Más aún, incluso si pudieran existir condiciones cualitativas necesarias y suficientes para que exista un objeto que sea Nixon, de todas maneras habría poca justificación para exigir una descripción puramente cualitativa de todas las situaciones contrafácticas. Podemos preguntar si Nixon podría haber sido miembro del partido Demócrata sin ocuparnos de estas sutilezas.

solamente el enunciado más débil, que no está hecho de hielo; éste lo establecerá de manera tan vehemente, tal vez tan dramática, como sea necesario. Suponiendo que este atril esté realmente hecho de madera, ¿podría haber sido hecho este mismísimo atril desde el principio de su existencia, de hielo, digamos, de agua congelada del Támesis? Uno tiene la impresión de que *no* podría; aunque de hecho uno podría haber elaborado ciertamente un atril con aguas del Támesis, congelarlo mediante algún procedimiento y colocarlo exactamente aquí en lugar de esta cosa. Si alguien hubiera hecho eso, habría hecho, por supuesto, un objeto *diferente*; no habría sido *este mismísimo atril* y, así, no tendríamos un caso en el que este mismo atril, aquí presente, había sido hecho de hielo o había sido hecho de agua del Támesis. La cuestión de si podría posteriormente, digamos dentro de un minuto, convertirse en hielo es otra cosa. De manera que parecería, si un ejemplo como este es correcto, y esto es lo que han sostenido los defensores del esencialismo, que este atril no podría haber sido hecho de hielo; esto es, que en cualquier situación contrafáctica de la cual pudiésemos decir que este atril de alguna manera existió, tendríamos que decir también, que no estaba hecho de agua del Támesis congelada. Por supuesto que algunos han rechazado cualquier noción semejante de propiedad esencial por considerarla carente de significado. Generalmente se ha rechazado porque han sostenido (y creo que esto es lo que diría, por ejemplo, Quine) que depende de la noción de identidad a través de mundos posibles y que ésta, en sí misma, carece de significado. Como ya rechacé esta tesis, no volveré a tratarla. Podemos hablar acerca de *este mismísimo objeto* y de si podría haber tenido ciertas propiedades que de hecho no tiene; por ejemplo, podría haber estado en otro cuarto distinto al que en realidad está, aun en este preciso momento, pero no podría haber sido hecho desde el principio de agua congelada.

Si la tesis esencialista es correcta, sólo puede ser correcta si distinguimos con precisión entre las nociones de verdad *a priori* y verdad *a posteriori,* por un lado y, por el otro, entre verdad necesaria y verdad contingente, ya que, aunque sea necesario el enunciado de que esta mesa, si de alguna manera existe, no está hecha de hielo, no es algo que ciertamente conozcamos *a priori.* Lo que sabemos es que, en primer lugar, los atriles generalmente no están hechos de hielo, por lo general están hechos de madera. Esto parece madera; no se siente frío y probablemente si fuera hecho de hielo sí se sentiría. Por lo tanto, concluyo, probablemente esto no está hecho de hielo. Aquí todo mi juicio es *a posteriori.* Podría descubrir que alguien me estuviese haciendo una ingeniosa jugarreta y que, en realidad, este atril fuese de hielo, pero lo que digo es lo siguiente: dado que en realidad no está hecho de hielo sino de madera, uno no puede imaginar que bajo ciertas circunstancias podría haber sido hecho de hielo. Así, tenemos que decir que aunque no podemos saber *a priori* si esta mesa está hecha de hielo o no, dado que no está hecha de hielo, *necesariamente* no está hecha de hielo. En otras palabras, si *P* es el enunciado de que el atril no está hecho de hielo, uno conoce por un análisis filosófico *a priori* algún condicional de la forma «si *P*, entonces necesariamente *P*». Si la mesa no está hecha de hielo, necesariamente no está hecha de hielo. Por otro lado, entonces, conocemos mediante una investigación empírica que *P*, el antecedente del condicional, es verdadero, que esta mesa no está hecha de hielo. Podemos concluir por *modus ponens*:

$$\begin{array}{l} P \supset \Box P \\ P \\ \hline \Box P \end{array}$$

La conclusión. «$\Box P$», es que es necesario que la mesa no esté hecha de hielo y esta conclusión es conocida *a posteriori*, ya que una de las premisas en las que se basa es *a posteriori.* De esta manera, la noción de propiedades esenciales puede mantenerse siempre y cuando se distingan las nociones de verdad *a priori* y verdad necesaria, y yo la mantengo.

Regresemos al asunto de las identidades. Con respecto al enunciado «Hesperus es Phosphorus» o al enunciado «Cicerón es Tulio», uno puede descubrir todos estos enunciados mediante una investigación empírica y podría resultar que nos equivocásemos en nuestras creencias empíricas. Así, generalmente se alega, tienen que ser, entonces, contingentes tales enunciados. Algunos han aceptado el otro lado de la moneda y han sostenido: «En razón de este argumento acerca de la necesidad, los enunciados de identidad entre nombres tienen que ser cognoscibles *a priori*, de manera que, posiblemente, sólo una categoría muy especial de nombres realmente funciona como nombres; las otras cosas son nombres espurios, descripciones disfrazadas o algo por el estilo. Sin embargo, una cierta clase muy reducida de enunciados de identidad son conocidos *a priori* y son éstos los que contienen a los nombres genuinos.» Si se acepta la distinción que hice, no necesita uno pasar a ninguna de las dos conclusiones. Uno puede sostener que ciertos enunciados de identidad entre nombres, aunque con frecuencia conocidos *a posteriori* y probablemente no cognoscibles *a priori*, son de hecho necesarios si es que son verdaderos. Así pues, nos queda lugar para sostener esto; aunque, desde luego, que nos quede lugar para sostener esto, no significa que debamos sostenerlo. Veamos pues cuáles son las pruebas a favor. En primer lugar, recuérdese la observación que hice acerca de que los nombres propios parecen ser designadores rígidos, como cuando usamos el nombre «Nixon» para hablar acerca de un hombre determinado, aun en situaciones contrafácticas. Si decimos «Si Nixon no hubiera escrito la carta a Saxbe, tal vez hubiera logrado meter a Carswell» hablamos en este enunciado acerca de Nixon, Saxbe y Carswell, precisamente los mismos hombres que hay en el mundo actual, y de lo que les hubiera pasado a ellos en ciertas circunstancias contrafácticas. Si los nombres son designadores rígidos, entonces no puede haber duda acerca de si las identidades son necesarias, porque «*a*» y «*b*» serán designadores rígidos de un cierto hombre o cosa *x*. Entonces, aun en todo mundo posible, «*a*» y «*b*» se referirán ambos a este mismo objeto *x* y a ningún otro; de esta manera, no habrá ninguna situación en la que *a* pudiera no haber sido *b*. Ésa tendría que ser una situación en la cual, el objeto al que también estamos llamando ahora «*x*» no hubiera sido idéntico a sí mismo. Por lo tanto, no podría uno tener una situación en la cual Cicerón no hubiese sido Tulio o en la que Hesperus no hubiese sido Phosphorus [13].

Aparte de la identificación de la necesidad con la aprioricidad, ¿qué es lo que ha hecho que la gente piense de la otra manera? Hay dos cosas que han hecho pensar a la gente de esa otra manera [14]. Algunas personas tienen la tendencia a considerar los enunciados de identidad como enunciados metalingüísticos, a identificar el enunciado «Hesperus es Phosphorus» con el enunciado metalingüístico «Hesperus» y «Phosphorus» son nombres del mismo cuerpo celeste»; y eso, por supuesto, podría haber sido falso. Podríamos haber usado los términos «Hesperus» y «Phosphorus» como nombres de *dos* cuerpos celestes diferentes. Pero, desde luego, esto no tiene nada que ver con la necesidad de la identidad. En el mismo sentido «2 + 2 = 4» podría haber sido falso. Las expresiones «2 + 2» y «4» podrían haber sido usadas para referirse a dos números diferentes. Se puede imaginar un lenguaje, por ejemplo, en el que «+», «2» y «=» fuesen usados de manera estándar, pero en el que «4» fuese usado como el nombre, digamos, de la raíz cuadrada de menos 1, o como deberíamos llamarla, «*i*». Entonces «2 + 2 = 4» sería falso, ya que 2 más 2 no es igual a la raíz cuadrada de menos 1. Pero no es esto lo que queremos. No queremos decir simplemente que un determinado enunciado, el cual de hecho usamos para expresar algo verdadero, podría haber expresado algo falso. Queremos usar el enunciado de la manera como *nosotros*

[13] Por tanto, estoy de acuerdo con Quine en que «Hesperus es Phosphorus» es (o puede ser) un descubrimiento empírico; con Marcus, en que es necesario. De acuerdo con el punto de vista presente, tanto Quine como Marcus se equivocan al identificar las cuestiones epistemológicas y metafísicas.

[14] Las dos pretendidas confusiones, especialmente la segunda, se relacionan con la confusión de la cuestión metafísica de la necesidad de «Hesperus es Phosphorus» con la cuestión epistemológica de su aprioricidad; ya que si Hesperus es identificado por su posición en el cielo en la tarde y Phosphorus por su posición en la mañana, un investigador bien puede saber, previamente a la investigación empírica que Hesperus es Phosphorus si, y sólo si, uno y el mismo cuerpo ocupa la posición *x* en la tarde y la posición *y* en la mañana. La equivalencia material *a priori* de los dos enunciados, sin embargo, no implica su equivalencia estricta (necesaria). (La misma observación se aplica al caso que aparece más adelante del calor y el movimiento molecular.) Observaciones similares se aplican, hasta cierto punto, a la relación entre «Hesperus es Phosphorus» y «"Hesperus" y "Phosphorus" nombran la misma cosa». Una confusión que también opera es, desde luego, la confusión entre lo que *nosotros* diríamos de una situación contrafáctica y cómo la describiría la gente en esa situación; también esta confusión está probablemente relacionada con la existente entre aprioricidad y necesidad.

lo usamos y ver si podría haber sido falso. Hagámoslo pues. ¿Qué idea tiene la gente? Dicen: «Mira, Hesperus podría no haber sido Phosphorus. Sucede que un cierto planeta era visto en la mañana y era visto en la tarde, y a continuación simplemente resultó, como una cuestión de hecho empírica, que eran uno y el mismo planeta. Si las cosas hubieran resultado de otra manera, hubieran sido dos planetas diferentes, o dos cuerpos celestes diferentes; entonces, ¿cómo puedes decir que un enunciado semejante es necesario?»

Ahora bien, hay dos cosas que dicha gente puede querer decir. Primero, pueden querer decir que no sabemos *a priori* si Hesperus es Phosphorus. Esto ya lo he concedido. Segundo, pueden querer decir que realmente pueden imaginar circunstancias que ellos llamarían circunstancias en las que Hesperus no habría sido Phosphorus. Pensemos qué sería una circunstancia semejante, suponiendo que usamos aquí esos términos como *nombres* de un planeta. Por ejemplo, podría haber sido el caso que Venus efectivamente saliera en la mañana exactamente en la misma posición en la que lo vemos, pero que, por otro lado, Venus no estuviera en la posición que de hecho ocupa Venus en la tarde y Marte estuviera en su lugar. Todo esto es contrafáctico porque, de hecho, Venus está ahí. Ahora bien, también uno puede imaginar que en ese otro mundo posible contrafáctico, la Tierra hubiese estado habitada por gente y que ésta hubiera usado los nombres «Phosphorus» para Venus en la mañana y «Hesperus» para Marte en la tarde. Bueno, todo esto está muy bien, pero ¿sería ésta una situación en la cual Hesperus no fuera Phosphorus? Desde luego que sería una situación en la que la gente habría sido capaz de *decir* con verdad «Hesperus no es Phosphorus»; pero se supone que nosotros tenemos que describir las cosas en nuestro lenguaje, no en el de ellos. Así pues, describámoslas en nuestro lenguaje. Bueno, ¿cómo podría suceder realmente que Venus no estuviera en esa posición en la tarde? Digamos, por ejemplo, que hay algún cometa que pasa todas las tardes y da un pequeño tirón a las cosas. (Sería una manera científica muy simple de imaginarlo; aunque realmente no tan simple, es algo bastante difícil de imaginar en realidad.) Sucede simplemente que pasa todas las tardes y las cosas se desplazan un poco. Marte se desplaza exactamente a la misma posición en la que está Venus y luego el cometa vuelve a colocar a las cosas en sus posiciones normales por la mañana. Pensando en este planeta que ahora llamamos Phosphorus, ¿qué cosa diríamos? Bueno, podemos decir que el cometa pasa y da un tirón a Phosphorus, de manera que no está en la posición normalmente ocupada por Phosphorus en la tarde. Si decimos esto, y realmente usamos «Phosphorus» como el nombre de un planeta, entonces tenemos que decir que, en esas circunstancias, Phosphorus no estaría en la tarde en la posición en la que de hecho lo vimos, o alternativamente, que Hesperus no estaría en la tarde en la posición en la que de hecho lo vimos. Podríamos decir que en esas circunstancias, no habríamos llamado «Hesperus» a Hesperus porque Hesperus habría estado en una posición diferente. Pero, esto no bastaría para hacer diferente a Phosphorus de Hesperus; lo que sucedería entonces, en cambio, es que Hesperus habría estado en una posición diferente a la posición en la que de hecho está y, tal vez, no en una posición tal que la gente lo hubiera llamado «Hesperus». Sin embargo, no sería ésta una situación en la que Phosphorus no hubiera sido Hesperus.

Tomemos otro ejemplo que puede resultar más claro. Supongamos que alguien usa «Tulio» para referirse al orador romano que denunció a Catilina y usa el nombre «Cicerón» para referirse al hombre cuyas obras tuvo que estudiar en su tercer año de latín en la escuela secundaria. Por supuesto que puede no saber de antemano que precisamente el mismo hombre que denunció a Catilina escribió esas obras; ese es un enunciado contingente. Pero el hecho de que éste sea un enunciado contingente, no debería hacernos pensar que el enunciado de que Cicerón es Tulio, en el caso de ser verdadero, y de hecho es verdadero, es contingente. Supongamos, por ejemplo, que Cicerón realmente denunció a Catilina y que pensó que esta proeza política era tan importante que no debería molestarse en escribir ninguna obra literaria. ¿Diríamos que estas serían circunstancias en las que él no habría sido Cicerón? Me parece que la respuesta es no; que diríamos, en cambio, que en esas circunstancias Cicerón no habría escrito ninguna obra literaria. No es una propiedad necesaria de Cicerón —a la manera como la sombra sigue al hombre— que hubiese escrito ciertas obras; podemos fácilmente imaginar una situación en la que Shakespeare no hubies escrito las obras de Shakespeare, u otra en la que Cicerón no hubiese escrito las obras de Cicerón. Lo que puede ser el caso es que nosotros *fijemos la referencia* del término «Cicerón» mediante el uso de una frase descriptiva tal como «el autor de estas obras». Pero una vez que tenemos fijada esta referencia, entonces usamos el nombre «Cicerón» *rígidamente* para designar al hombre que de hecho hemos identificado mediante su calidad de autor de estas obras. No lo usamos para designar a quienquiera que hubiese escrito estas obras en lugar de Cicerón, si es que alguien más las escribió. Podría haber sucedido que el hombre que escribió estas obras no fuese el hombre que denunció a Catilina. Casio pudo haber escrito estas obras; pero no diríamos entonces que Cicerón habría sido Casio, a menos de que estemos hablando en una forma muy laxa y metafórica. Diríamos que Cicerón, al cual podemos haber identificado y llegado a conocer mediante sus obras, no las habría escrito y que alguien más, digamos Casio, las habría escrito en su lugar.

Tales ejemplos no constituyen un fundamento para pensar que los enunciados de identidad son contingentes. Considerarlos como tal fundamento es malinterpretar la relación entre un *nombre* y una *descripción usada para fijar su referencia,* esto es, considerarlos como si fuesen *sinónimos.* Aunque fijemos la referencia de un nombre tal como «Cicerón» como el hombre que escribió tales y cuales obras, al hablar de situaciones contrafácticas, cuando hablamos de Cicerón, no hablamos entonces de quienquiera que en tal situación contrafáctica *hubiese* escrito tales y cuales obras, sino más bien de Cicerón, a quien hemos identificado mediante la propiedad contingente de que es el hombre que de hecho, esto es, en el mundo actual, escribió ciertas obras[15].

Espero que esto esté razonablemente claro dentro de un ámbito reducido. Ahora bien, de hecho he estado presuponiendo algo que realmente no creo que sea, en general, verdadero. Supongamos que sí fijamos la referencia de un nombre mediante una descripción. Aun si lo hacemos, no hacemos entonces al nombre *sinónimo* de la descripción, sino que, por el contrario, usamos el nombre *rígidamente* para referirnos al objeto así nombrado, incluso al hablar acerca de situaciones contrafácticas en donde la cosa nombrada no hubiese satisfecho la descripción en cuestión. Ahora bien, esto es lo que pienso que de hecho es verdadero para aquellos casos de nombrar en los cuales la referencia se fija mediante una descripción. Pero, de hecho, también pienso, en oposición a los teóricos más recientes, que la referencia de los nombres rara vez o casi nunca se fija mediante una descripción. Y con esto no quiero decir simplemente lo que dice Searle: «Lo que fija la referencia no es una sola descripción sino más bien un haz o familia de propiedades.» Quiero decir que las propiedades en este sentido no son usadas *de ninguna manera;* pero no tengo tiempo para entrar aquí en este asunto. Así pues, supongamos que por lo menos la mitad de las tesis predominantes sobre el nombrar son verdaderas, que la referencia se fija mediante descripciones. Aun si esto fuera verdadero, el nombre no sería sinónimo de la descripción, sino que sería usado para *nombrar* a un objeto que hemos seleccionado por el hecho contingente de que satisface una determinada descripción y, de esta manera, aun cuando podamos imaginar un caso en el que el hombre que escribió estas obras no hubiese sido el hombre que denunció a Catilina, no deberíamos decir que es un caso en el cual Cicerón no hubiera sido Tulio. Deberíamos decir que es un caso en el que Cicerón no escribió esas obras, sino que lo hizo Casio. La identidad de Cicerón y Tulio se sostiene aún.

---

[15] Si con respecto al atril, alguien contraargumenta que después de todo *podía* haber *resultado* haber estado hecho de hielo y, por lo tanto, podía haber sido hecho de hielo, yo respondería que lo que en realidad quiere decir es que *un atril* podía haberse visto exactamente como éste y haber estado colocado en la misma posición que éste y, sin embargo, haber sido hecho de hielo. En suma, yo podría haber estado en la *misma situación epistemológica* en relación con *un atril hecho de hielo* a la que de hecho estoy en relación con *este* atril. En el texto principal he argumentado que la misma respuesta debería darse a las protestas de que Hesperus podía haber resultado ser distinto de Phosphorus o Cicierón de Tulio. Aquí, entonces, la noción de «contrapartida» hace valer sus méritos; ya que no es esta mesa, sino una «contrapartida» epistémica, la que sería recortada del hielo; no son diferentes Hesperus-Phosphorus-Venus, sino dos contrapartidas distintas, en dos de las funciones que desempeña de hecho Venus (la de Estrella de la Tarde y la de Estrella de la Mañana). Precisamente por este hecho, no es *esta mesa* la que podía haber sido hecha de hielo. Los enunciados acerca de las propiedades modales de *esta mesa* nunca se refieren a contrapartidas. Sin embargo, si alguien confunde los problemas epistemológicos con los metafísicos, se encaminará a la teoría de las contrapartidas defendida por Lewis y otros.

Volvamos al caso del calor y el movimiento de las moléculas. ¡Seguramente que éste es un caso de identidad contingente! La filosofía reciente ha enfatizado esto una y otra vez. Así pues, si éste es un caso de identidad contingente, imaginemos en qué circunstancias sería falso. Ahora bien, con respecto a este enunciado, sostengo que las circunstancias que aparentemente piensan los filósofos como circunstancias en las que habría sido falso, no son en realidad tales. En primer lugar, por supuesto, se argumenta que «el calor es el movimiento de las moléculas» es un juicio *a posteriori*: la investigación científica podría haber arrojado distintos resultados. Como dije anteriormente, esto no muestra nada en contra de la tesis de que es necesario —por lo menos, si es que estoy en lo correcto—. Pero, seguramente, aquí la gente tenía en su mente circunstancias muy específicas en las cuales ellos pensaban que el juicio de que el calor es el movimiento de las moléculas habría sido falso. ¿Cuáles eran esas circunstancias? Pueden destilarse a partir del hecho de que descubrimos empíricamente que el calor es el movimiento de las moléculas. ¿Cómo fue esto? ¿Qué fue lo que primero descubrimos cuando encontramos que el calor es el movimiento de las moléculas? Hay un determinado fenómeno externo que podemos sentir mediante el sentido del tacto y que produce una sensación que llamamos «la sensación de calor». Posteriormente descubrimos que el fenómeno externo que produce esta sensación, la cual sentimos mediante nuestro sentido del tacto es, de hecho, la agitación molecular en la cosa que tocamos, un grado muy alto de agitación molecular. De esta manera, podría pensarse que para imaginar una situación en la cual el calor no hubiese sido el movimiento de las moléculas, necesitamos sólo imaginar una situación en la cual hubiésemos tenido exactamente la misma sensación pero que hubiese sido producida por algo distinto al movimiento de las moléculas. De manera similar, si quisiéramos imaginar una situación en la que la luz no fuese un haz de fotones, podríamos imaginar una situación en la que fuésemos sensibles a algo distinto, pero exactamente de la misma manera, que produjese lo que llamamos experiencias visuales aunque no mediante la acción de un haz de fotones. Para fortalecer este argumento, o para mirar el otro lado de la moneda, podríamos considerar también una situación en la que *estemos* interesados en el movimiento de las moléculas, pero en la cual dicho movimiento no nos produjese una sensación de calor. Y podría haber sucedido que nosotros, o al menos las criaturas que habitasen este planeta, estuvieran constituidas de tal manera, digamos, que un incremento en el movimiento de las moléculas no nos produjese esta sensación, sino que, por el contrario, una reducción de la velocidad de las moléculas produjese en nosotros exactamente la misma sensación. Pensaríamos que ésta sería una situación en la cual el calor no sería el movimiento de las moléculas o, más precisamente, en la cual la temperatura no sería la energía cinética molecular media.

Sin embargo, creo que esto no sería así. Pensemos nuevamente en la situación; pensemos primero en ella en el mundo actual. Imaginen ahora mismo el mundo invadido por unos marcianos quienes efectivamente tienen la misma sensación que llamamos «sensación de calor» cuando tocan el hielo, el cual tiene un movimiento molecular reducido, y que no tienen la sensación de calor —de hecho, tal vez, justo la contraria— cuando ponen sus manos cerca del fuego, el cual causa una gran cantidad de agitación molecular. ¿Diríamos, «¡Ah!, esto arroja algunas dudas sobre que el calor sea el movimiento de las moléculas, puesto que hay otra gente que no obtiene la misma sensación»? Obviamente no, y nadie pensaría semejante cosa. Diríamos, en cambio, que los marcianos, de alguna manera, sienten la misma sensación que nosotros tenemos cuando tocamos lo caliente al tocar lo frío y que no tienen una sensación de calor cuando tocan lo caliente. Pero ahora pensemos en una situación contrafáctica[16]. Supongamos que la Tierra hubiese sido habitada desde su mismo principio por tales criaturas. Primero, imaginemos que ninguna criatura en absoluto la habita: no hay entonces nadie para sentir ninguna sensación de calor. Pero no diríamos que en esas circunstancias sería necesariamente el caso que el calor no existe; diríamos que el calor podría haber existido, por ejemplo, si hubiese fuegos que calentasen el aire.

Supongamos que las leyes de la física no fueran demasiado diferentes: los fuegos sí calientan el aire. Entonces, habría habido calor aunque no hubiese, por ahí, criaturas para sentirlo. Ahora supongamos que tiene lugar la evolución y se crea la vida y que hay, por ahí, algunas criaturas. Pero éstas no son como nosotros; son más parecidas a los marcianos. ¿Diríamos ahora que el calor se ha convertido de repente en frío, dada la manera como lo sienten las criaturas de este planeta? No; creo que deberíamos describir esta situación como una en la cual, aunque las criaturas de este planeta tuviesen nuestra sensación de calor, no la obtendrían al ser expuestas al calor. La obtendrían cuando fuesen expuestas al frío. Esto es algo perfectamente imaginable; podemos imaginar esto de la misma manera como podemos imaginar a nuestro planeta invadido por criaturas de este tipo. Piénsese esto en dos etapas. Primero hay una etapa en la que no hay ninguna criatura en absoluto; uno puede imaginar que sigue habiendo tanto frío como calor en el planeta, aunque no haya nadie, por ahí, para sentirlo. Luego, a través de un proceso evolutivo, el planeta llega a estar habitado por seres con una estructura neuronal diferente a la nuestra. Entonces, estas criaturas podrían haber sido tales

[16] ¿No es también contrafáctica la situación que acabo de describir? Por lo menos, bien podría serlo si tales marcianos de hecho nunca nos invadieran. Estrictamente hablando, la distinción que quisiera trazar contrasta la manera como *hablaríamos* en una situación (posiblemente contrafáctica), si se diera, con la manera como *hablamos* de hecho *de* una situación contrafáctica, sabiendo que no se da; esto es, la distinción entre el lenguaje que hubiéramos usado en una situación y el lenguaje que *usamos* de hecho para describirla. (Considérese la descripción: «Supongamos que todos hablamos en alemán.» Esta descripción está hecha en castellano.) Podemos hacer más vívido el primer caso imaginado que la situación contrafáctica se da de hecho.

que fuesen insensibles al calor, que no lo sintiesen de la manera como nosotros lo sentimos, pero, por otro lado, que sintiesen lo frío de manera muy similar a como nosotros sentimos lo caliente. Aun así, el calor sería el calor y el frío sería el frío y, en particular, entonces, esto no iría en contra del decir que en esta situación contrafáctica el calor seguiría *siendo* el movimiento molecular, que seguiría siendo eso que es producido por los fuegos, y así sucesivamente, de la misma manera como habría sido si no hubiese ninguna criatura sobre el planeta. De manera similar, podríamos imaginar que el planeta estuviese habitado por criaturas que tuviesen sensaciones visuales cuando hubiese ondas sonoras en el aire. No deberíamos entonces decir: «En esas circunstancias, el sonido habría sido luz.» Deberíamos decir, en cambio: «El planeta estaba habitado por criaturas que eran de alguna manera visualmente sensibles al sonido y, tal vez, incluso visualmente sensibles a la luz.» Si esto es correcto, puede seguir siendo y seguirá siendo una verdad necesaria que el calor es el movimiento de las moléculas y que la luz es un haz de fotones.

Para enunciar brevemente la tesis: usamos tanto el término «calor» como la expresión «el movimiento de las moléculas» como designadores rígidos de un cierto fenómeno externo. Puesto que el calor es de hecho el movimiento de las moléculas y los designadores son rígidos, por el argumento que he dado aquí, va a ser *necesario* que el calor sea el movimiento de las moléculas. Lo que nos produce la ilusión de contingencia es el hecho de que hemos identificado al calor por el hecho contingente de que hay criaturas sobre este planeta (a saber, nosotros) que son sensibles a él de una manera determinada, esto es, que son sensibles al movimiento molecular o al calor —éstas son una y la misma cosa—. Y esto es contingente. Así, usamos la descripción «aquello que causa tal y cual sensación, o aquello que sentimos de tal y cual manera» para identificar el calor. Pero al usar este hecho, usamos una propiedad contingente del calor, de la misma manera como usamos para identificar a Cicerón la propiedad contingente de haber escrito tales y cuales obras. Usamos, entonces, los términos «calor» en un caso y «Cicerón» en el otro, *rígidamente*, para designar a los objetos a los que representan. Y, desde luego, el término «el movimiento de las moléculas» es rígido, siempre representa al movimiento de las moléculas, nunca a otro fenómeno. De esta manera, como dijo el arzobispo Butler, «todo es lo que es y no otra cosa». Por tanto, «El calor es el movimiento de las moléculas» será necesario, no contingente, y uno tiene solamente la *ilusión* de contingencia, de la misma manera como uno podía tener la ilusión de contingencia al pensar que esta mesa podría haber sido hecha de hielo. Podríamos pensar que uno puede imaginar esto; pero si lo intentamos, podemos percatarnos al reflexionar, que lo que realmente imaginamos es simplemente que habría otro atril, aquí, en esta misma posición, que estaría hecho realmente de hielo. El hecho de que podamos identificar este atril por ser el objeto que vemos y tocamos en tal y cual posición es otra cosa.

Ahora bien, ¿cómo se relaciona todo esto con el problema mente-cuerpo? Generalmente se sostiene que éste es un enunciado contingente de identidad exactamente igual a: «El calor es el movimiento de las moléculas.» Eso no puede ser. No puede ser un enunciado contingente de identidad exactamente igual a «El calor es el movimiento de las moléculas» porque, si estoy en lo correcto, «El calor es el movimiento de las moléculas» no es un enunciado contingente de identidad. Examinemos, por ejemplo, este enunciado: «El que yo tenga dolor en tal y cual momento es que yo esté en tal y cual estado cerebral en tal y cual momento» o «El dolor en general es tal y cual estado neuronal (cerebral)».

Se sostiene que este enunciado es contingente sobre las siguientes bases. Primero, podemos imaginar que el estado cerebral existe aunque no haya ningún dolor en absoluto. Es solamente un hecho científico el que siempre que estamos en un determinado estado cerebral, tenemos dolor. Segundo, se podría imaginar a una criatura que tiene dolor pero que no está en ningún estado cerebral especificado, quizá que no tenga ningún cerebro. La gente piensa incluso, por lo menos *prima facie*, aunque puede estar equivocada, que puede imaginarse criaturas completamente desencarnadas, o por lo menos, ciertamente, criaturas que no tienen cuerpos de ninguna manera semejantes al nuestro. Así pues, parece que podemos imaginar circunstancias definidas en las que esta relación habría sido falsa. Ahora bien, nótese que si estas circunstancias son efectivamente circunstancias, no podemos tratarlas simplemente diciendo que esto es nada más una ilusión, esto es, algo que en apariencia podemos imaginar, pero que en realidad no podemos, de la misma manera como pensábamos erróneamente que podíamos imaginar una situación en la que el calor no fuese el movimiento de las moléculas. Porque, aunque podemos decir que seleccionamos el calor de manera contingente, por la propiedad contingente de que nos afecta de tal y cual forma, no podemos decir, de la misma manera, que seleccionamos contingentemente el dolor por el hecho de que nos afecta de tal y cual forma. Desde esta perspectiva, habría un estado cerebral y nosotros lo seleccionaríamos por el hecho contingente de que nos afecta como dolor. Ahora bien, eso podría ser verdadero del estado cerebral, pero no puede ser verdadero del dolor. La experiencia misma tiene que ser *esta experiencia* y no se puede decir que ser un dolor sea una propiedad contingente del dolor que ahora tengo[17]. En reali-

[17] Las teorías de la identidad más populares defendidas hoy en día explícitamente no satisfacen este sencillo requisito; ya que estas teorías generalmente sostienen que un estado mental es un estado cerebral y que lo que convierte al estado cerebral en un estado mental es su «papel causal», el hecho de que tiende a producir determinada conducta (así como las intenciones producen acciones, o el dolor, conducta de dolor) y de ser producido por determinados estímulos (por ejemplo, el dolor por pinchazos de alfiler). Si se consideran contingentes las relaciones entre el estado cerebral y sus causas y efectos, *ser-tal-y-cual-estado-mental* es una propiedad contingente del estado cerebral. Supongamos que *X* es un dolor. Quienes defien-

dad parecería que ambos términos, «mi dolor» y «el que yo esté en tal y cual estado cerebral» son, antes que nada, designadores rígidos. Eso es, siempre que algo es tal y cual dolor, es esencialmente ese preciso objeto, a saber: tal y cual dolor; y siempre que algo es tal y cual estado cerebral, es esencialmente ese preciso objeto, a saber: tal y cual estado cerebral. De esta manera, ambos son designadores rígidos. Uno no puede decir que este dolor podría haber sido otra cosa, algún otro estado. Los dos son designadores rígidos.

Segundo, la manera de seleccionarlos en que pensaríamos —a saber, el dolor por ser una experiencia de cierto tipo y el estado cerebral por ser el estado de algún objeto material de tal y cual configuración molecular—, ambas son maneras que seleccionan a sus objetos esencialmente y no accidentalmente, esto es, los seleccionan mediante propiedades esenciales. Siempre que las moléculas *estén* en esta configuración *tenemos* tal y cual estado cerebral. Siempre que sientas *esto*, tienes un dolor. Así pues, parece que el defensor de la teoría de la identidad se encuentra en problemas, ya que, dado que tenemos dos designadores rígidos, el enunciado de identidad en cuestión es necesario. Por el hecho de que estos designadores seleccionan a sus objetos esencialmente, no podemos decir que cuando parece que imaginas que el enunciado de identidad es falso, se trata realmente de una ilusión, semejante a la ilusión que uno tiene en el caso del calor y el movimiento molecular, porque esta última ilusión dependía del hecho de que seleccionamos al calor mediante una propiedad contingente. Así pues, hay poco espacio para maniobrar, tal vez ninguno [18]. El defensor de la teoría de la identidad,

den una teoría de la identidad del tipo causal, sostienen: (1) que *X* es un estado cerebral; (2) que el hecho de que *X* es un dolor ha de analizarse (en términos generales) como el hecho de que *X* es producido por determinados estímulos y produce determinada conducta. El hecho mencionado en (2) es considerado, desde luego, contingente; el estado cerebral *X* bien podría existir y no tender a producir la conducta apropiada en ausencia de otras condiciones. Así pues, (1) y (2) afirman que un determinado dolor *X* podría haber existido y, sin embargo, no haber sido un dolor. Esto me parece en sí mismo evidentemente absurdo. Imagínense un dolor, ¿sería posible que *éste mismo* pudiera haber existido y sin embargo no haber sido un dolor?

Si *X* = *Y*, entonces *X* e *Y* comparten todas las propiedades, incluyendo las propiedades modales. Si *X* es un dolor e *Y* el estado cerebral correspondiente, entonces *ser un dolor* es una propiedad esencial de *X* y *ser un estado cerebral* es una propiedad esencial de *Y*. Si la relación de correspondencia es, de hecho, la identidad, entonces tiene que ser *necesario* de *Y* que corresponda a un dolor y *necesario* de *X* que corresponda a un estado cerebral, en realidad a este estado cerebral particular *Y*. Ambas afirmaciones parecen falsas; *parece* claramente posible que *X* hubiera existido sin el estado cerebral correspondiente, o que el estado cerebral hubiera existido sin haber sido sentido como dolor. Los partidarios de la teoría de la identidad no pueden, en contra de su casi universal práctica presente, aceptar estas intuiciones; tienen que negarlas y explicarlas de manera que se deshagan de ellas. Esto no es, de ninguna manera, una cosa que se pueda hacer fácilmente.

[18] Puede resultar de alguna ayuda reformular brevemente el argumento. Si «dolor» y «estímulo de las fibras C» son designadores rígidos de fenómenos, quien los identifique tiene que considerar la identidad necesaria. ¿Cómo puede reconciliarse esta necesidad, con el hecho

quien sostiene que el dolor es el estado cerebral, tiene que sostener también que necesariamente es el estado cerebral. Por tanto, éste no puede conceder, sino que tiene que negar, que podría haber habido situaciones en las que uno hubiese tenido dolor pero no el estado cerebral correspondiente. Ahora bien, esto está muy lejos de negarse en las discusiones sobre la teoría de la identidad; de hecho, tanto el materialista como su oponente lo conceden de entrada. Dice: «Por supuesto, *podía* haber sido el caso que tuviésemos dolores sin los estados cerebrales. Se trata de una identidad contingente.» Pero eso no puede ser. Tiene que sostener que somos presa de una ilusión al pensar que podemos imaginar que podía haber habido dolores sin estados cerebrales. Y el único modelo en el que puedo pensar de lo que podría ser la ilusión, o al menos, el modelo dado por la analogía que sugieren los propios materialistas, a saber, el calor y el movimiento molecular, simplemente no funciona en este caso. De manera que el materialista se encuentra con un desafío muy peliagudo. Tiene que mostrar que estas cosas que pensamos que podemos entender que son posibles, en realidad no lo son. Tiene que mostrar que estas cosas que podemos imaginar, no son realmente cosas que podemos imaginar. Y para esto se requiere algún argumento filosófico muy distinto a la clase de argumento que ha sido dado para el caso del calor y el movimiento molecular; éste tendría que ser un argumento más profundo y más sutil que cualquiera que yo pueda desentrañar, y más fino que cualquiera de los que han aparecido en cualquier literatura materialista que yo haya leído. Así, la conclusión de esta investigación sería que la herramienta analítica que usamos va en contra de la tesis de la identidad y, de esta manera, va en

obvio de que el estímulo de las fibras C podría haber resultado no estar correlacionado de ninguna manera con el dolor? Podríamos tratar de responder por analogía con el caso del calor y el movimiento molecular; esta última identidad también es necesaria, sin embargo, alguien puede creer que, antes de que la investigación científica hubiese mostrado otra cosa, el movimiento molecular podría haber resultado no ser calor. La respuesta es, por supuesto, que lo que realmente es posible, es que la gente (o algunos seres racionales sensibles) podían haber estado en *la misma situación epistémica* en la que nosotros de hecho estamos, e identificar *un fenómeno* de la misma manera que nosotros identificamos el calor, a saber, sintiéndolo mediante la sensación que llamamos «la sensación de calor», sin que dicho fenómeno fuese el movimiento molecular. Más aún, los seres podrían no haber sido sensibles al movimiento molecular (es decir, al calor) mediante ningún mecanismo neuronal. Es imposible explicar de la misma manera la posibilidad obvia de que la estimulación de las fibras C no hubiese sido dolor. Aquí, también, tendríamos que suponer que podíamos haber estado en la misma situación epistemológica, e identificar algo de la misma manera que identifica el dolor, sin que correspondiese a la estimulación de las fibras C. Pero, la manera como identificamos al dolor es sintiéndolo; y si la estimulación de las fibras C podría haber ocurrido sin que sintiésemos ningún dolor, lo cual es contrario a la necesidad de la identidad. El problema es que, aunque «calor» es un designador rígido, el calor se selecciona por la propiedad contingente de ser sentido de una manera determinada; el dolor, por otro lado, es seleccionado por una propiedad esencial (de hecho necesaria y suficiente). Que una sensación sea *sentida* como dolor es que *sea* dolor.

contra de la tesis general de que los estados mentales son simplemente estados físicos[19].

El próximo tema tendría que ser mi propia solución al problema mente-cuerpo, pero ésa no la tengo.

---

[19] Todos los argumentos en contra de la teoría de la identidad que se apoyan en la necesidad de la identidad, o en la noción de propiedad esencial, están, por supuesto, inspirados en el argumento de Descartes en favor de su dualismo. Los argumentos anteriores, los cuales fueron superficialmente refutados mediante las analogías del calor y el movimiento molecular, y del inventor de los lentes bifocales que también fue director general de Correos, tenían dicha inspiración, como también la tiene mi argumento presente. R. Albritton y M. Slote me han informado que ellos también, independientemente, han intentado dar argumentos esencialistas en contra de la teoría de la identidad, y probablemente otros también han intentado hacer semejante cosa.

El argumento cartesiano más simple puede tal vez reformularse de la siguiente manera: Sea «A» un *nombre* (designador rígido) del cuerpo de Descartes. Entonces, Descartes argumenta que ya que él podía haber existido aun cuando A no existiese, $\Diamond$ (Descartes $\neq A$), por lo tanto, Descartes $\neq A$. Aquellos que lo han acusado de cometer una falacia modal han olvidado que «A» es rígido. Su argumento es válido, y su conclusión es correcta, siempre y cuando su (tal vez dudosa) premisa se acepte. Por otro lado, siempre que se considere que Descartes dejó de existir a raíz de su muerte, «Descartes $\neq A$» puede establecerse sin hacer uso de un argumento modal; pues de ser así, sin duda que A sobrevivió a Descartes cuando A fue un cadáver. Así pues, A tenía una propiedad (existir en un momento dado) que Descartes no tenía. El mismo argumento puede mostrar que una estatua no es el pedazo de piedra o el cúmulo de moléculas de las cuales se compone. La mera no-identidad, entonces, puede ser una conclusión débil. [Véase D. Wiggins, *Philosophical Review*, vol. 77 (1968), pp. 90 ss.] Sin embargo, el argumento modal cartesiano, con toda seguridad, puede desplegarse para sostener también conclusiones relevantes más fuertes.

SIGNIFICADO Y REFERENCIA*

HILARY PUTNAM

Siendo como es poco clara, la doctrina tradicional de que la noción de «significado» posee la ambigüedad extensión/intensión tiene ciertas consecuencias típicas. La doctrina de que el significado de un término es un concepto conllevaba la implicación de que los significados son entidades mentales. Sin embargo, Frege se rebeló contra esta concepción «psicologista». Dado que sentía que los significados son propiedad *pública* —que el mismo significado puede ser «captado» por más de una persona y por varias personas en tiempos diferentes— identificó los conceptos (y consiguientemente las «intensiones» o significados) con entidades abstractas más bien que con entidades mentales. Sin embargo, «captar» esas entidades abstractas era todavía un acto psicológico individual. Ninguno de esos filósofos dudaba de que entender una palabra (conocer su intensión) era algo que consistía en estar en cierto estado psicológico (algo parecido al modo en que saber cómo descomponer en factores cierto número en nuestras cabezas es precisamente estar en un estado psicológico muy complejo).

En segundo lugar, el desgastado ejemplo de los dos términos «criatura con riñones» y «criatura con corazón» muestra que dos términos pueden tener la misma extensión y, con todo, diferir en intensión. Pero se consideraba que era obvio que la inversa era imposible: dos términos no pueden diferir en extensión y tener la misma intensión. (Es interesante señalar que jamás se ofreció argumento alguno que apoyase esta imposibilidad.) Refleja probablemente la tradición de los filósofos antiguos y medievales que supusieron que el concepto correspondiente a un término tiene *siempre* que proporcionar una condición necesaria y suficiente para caer dentro de la extensión del término. Para filósofos como Carnap, que aceptaba la teoría de la verificabilidad del significado, el concepto correspondiente a un término proporcionaba (en el caso ideal, aquel en el que el término tenía «significado completo») un *criterio* para pertenecer a la extensión (no sólo en el sentido de «condición necesaria y suficiente», sino en el sentido fuerte de *modo de reconocer* si una cosa dada cae o no en la extensión). De este

---

* Versión castellana de Luis M. Valdés Villanueva.

modo, la teoría del significado puede descansar en dos supuestos no sometidos a cuestión:

(1) Que conocer el significado de un término es precisamente estar en un cierto estado psicológico (en el sentido de «estado psicológico» en el que los estados de memoria y creencia son «estados psicológicos»; nadie pensaba, desde luego, que conocer el significado de una palabra era un estado de conciencia continuo).
(2) Que el significado de un término determina su extensión (en el sentido de que misma intensión entraña misma extensión).

Argumentaré que estas dos nociones no son satisfechas conjuntamente por *ninguna* noción, por no decir por ninguna noción de significado. El concepto tradicional de significado es un concepto que descansa en una teoría falsa.

¿ESTÁN LOS SIGNIFICADOS EN LA CABEZA?

Supondremos, de acuerdo con los ejemplos de ciencia ficción siguientes, que hay en algún lugar un planeta que llamaremos la Tierra Gemela. La Tierra Gemela se parece mucho a la Tierra; de hecho, la gente de la Tierra Gemela habla incluso *castellano*. De hecho, aparte de las diferencias que especificaremos en nuestros ejemplos de ciencia ficción, el lector puede suponer que la Tierra Gemela es *exactamente* igual a la Tierra. Puede incluso suponer, si lo desea, que tiene un *Doppelgänger* —una copia idéntica— en la Tierra Gemela. Con todo, mis historietas no dependen de esto.

Aunque algunas personas de la Tierra Gemela (digamos, aquellos que se llaman a sí mismos españoles, y aquellos que se llaman a sí mismos mexicanos, y aquellos que se llaman a sí mismos argentinos, etc.) hablan castellano, hay, no sorprendentemente, un puñado de leves diferencias entre los dialectos del castellano hablado en la Tierra Gemela y el castellano estándar.

Una de las peculiaridades de la Tierra Gemela es que el líquido llamado «agua» no es H_2O sino un líquido diferente cuya fórmula química es muy larga y complicada. Abreviaré esta fórmula química simplemente como XYZ. Supondré que XYZ es indistinguible del agua a temperatura y presión normales. Supondré también que los lagos y los mares de la Tierra Gemela contienen XYZ y no agua, que lo que llueve en la Tierra Gemela es XYZ, no agua, etc.

Si una nave espacial de la Tierra visita alguna vez la Tierra Gemela, entonces la suposición será en principio que «agua» tiene el mismo significado en la Tierra que en la Tierra Gemela. Esta suposición se corregirá cuando se descubra que «agua» en la Tierra Gemela es XYZ y que la nave espacial de los terrícolas informará de algo parecido a esto:

«En la Tierra Gemela la palabra "agua" significa XYZ».

Simétricamente, si una nave espacial de la Tierra Gemela visita alguna vez la Tierra, el supuesto será, en principio, que la palabra «agua» tiene el mismo significado en la Tierra Gemela y en la Tierra. Esta suposición se corregirá cuando se descubra que «agua» en la Tierra es H_2O, y la nave espacial de la Tierra Gemela informará:

«En la Tierra la palabra "agua" significa H_2O.»

Obsérvese que no hay aquí ningún problema por lo que respecta a la extensión del término «agua»; la palabra tiene, diríamos, simplemente dos significados diferentes. En el sentido en que se usa en la Tierra Gemela, el sentido de $agua_{TG}$, lo que *nosotros* llamamos «agua» simplemente no es agua, mientras que en el sentido en que el término se usa en la Tierra, el sentido de $agua_T$, lo que los habitantes de la Tierra Gemela llaman «agua» simplemente no es agua. La extensión de «agua» en el sentido de $agua_T$ es el conjunto de todas las totalidades que constan de moléculas de H_2O, o algo parecido a esto; la extensión de agua en el sentido de $agua_{TG}$ es el conjunto de todas las totalidades que constan de moléculas de XYZ, o algo parecido.

Ahora bien, retrocedamos en el tiempo a, más o menos, 1750. El hablante terrícola típico del castellano no sabía que el agua se componía de hidrógeno y oxígeno, y el hablante típico de castellano de la Tierra Gemela no sabía que «agua» constaba de XYZ. Sea $Óscar_1$ tal hablante terrícola típico del castellano, sea $Óscar_2$ su contrapartida en la Tierra Gemela. Se puede pensar que no hay creencia alguna que tenga $Óscar_1$ sobre el agua que no tenga $Óscar_2$ sobre «agua». Si se quiere, se puede suponer incluso que $Óscar_1$ y $Óscar_2$ eran duplicados exactos por lo que respecta a su apariencia, sentimientos, pensamientos, monólogo interior, etc.; con todo, la extensión del término «agua» era tan H_2O en la Tierra en 1750 como en 1950; y la extensión del término «agua» era tan XYZ en la tierra gemela en 1750 como en 1950. $Óscar_1$ y $Óscar_2$ entendían el término «agua» de manera diferente en 1750 *aunque estaban en el mismo estado psicológico*, y a pesar de que, dado el estado de la ciencia en esa época, les habría de costar unos cincuenta años a sus comunidades científicas el descubrir que entendían el término «agua» de manera distinta. Así pues, la extensión del término «agua» (y, de hecho, su «significado» en el uso intuitivo y preanalítico del término) *no* es una función del estado psicológico de los hablantes por sí mismo [1]. Pero, podría objetarse, ¿por qué hemos de aceptar que el término «agua» tenía la misma extensión en 1750 y en 1950 (en ambas tierras)? Supóngase que señalo un vaso de agua y digo

[1] Ver nota 2 y el texto correspondiente.

«este líquido se llama agua». Mi definición ostensiva de agua tiene la siguiente presuposición empírica: que el cuerpo del líquido que estoy señalando mantiene cierta relación de mismidad (digamos, *x es el mismo líquido que y*, o *x es el mismo*$_L$ *que y*) con la mayor parte de la sustancia que yo y otros hablantes de mi comunidad lingüística hemos llamado «agua» en otras ocasiones. Si esta presuposición es falsa porque, digamos, señalo —sin que me dé cuenta de ello— un vaso de ginebra y no un vaso de agua, entonces no intento que mi definición ostensiva se acepte. Así pues, la definición ostensiva comporta lo que podría llamarse una condición necesaria y suficiente que es «anulable»: la condición necesaria y suficiente para ser agua es mantener la relación *mismo*$_L$ con la sustancia del vaso; pero esto es la condición necesaria y suficiente sólo si la presuposición empírica se satisface. Si no se satisface, entonces uno de los miembros de una serie de condiciones de «reserva», por así decirlo, se activa.

El punto clave es que la relación *mismo*$_L$ es una relación *teórica*: para determinar si algo es o no el mismo líquido que *esto* puede suceder que se tenga que emprender una cantidad indeterminada de investigación científica. Así pues, el hecho de que un hablante del castellano pudiese haber llamado al XYZ «agua», mientras que él o sus sucesores no habrían llamado al XYZ agua en 1800 o en 1850 no quiere decir que el «significado» de «agua» había cambiado para el hablante medio en ese intervalo. En 1750, en 1850 o en 1950 se podría haber señalado a, digamos, el líquido contenido en el lago Michigan como ejemplo de «agua». Lo que cambió fue que en 1750 podríamos haber pensado erróneamente que XYZ mantenía la relación *mismo*$_L$ con el líquido contenido en el lago Michigan, mientras que en 1800 ó 1850 habríamos sabido que no la mantenía.

Modifiquemos ahora nuestra historieta de ciencia ficción. Supondré que las cacerolas y las sartenes de molibdeno *no pueden* distinguirse de las cacerolas y sartenes de aluminio salvo por un experto. (Esto, por todo lo que sé, podría ser verdad y, *a fortiori*, podría ser verdad, por todo lo que sé, en virtud de «conocer el significado» de las palabras *aluminio* y *molibdeno.*) Supondremos ahora que el molibdeno es tan común en la Tierra Gemela como lo es el aluminio en la Tierra. Supondremos en particular que las cacerolas y las sartenes de «aluminio» están hechas de molibdeno en la Tierra Gemela. Finalmente, supondremos que las palabras «aluminio» y «molibdeno» están intercambiadas en la Tierra Gemela: «aluminio» es el nombre del *molibdeno*, y «molibdeno» es el nombre del *aluminio*. Si una nave espacial de la Tierra visitase la Tierra Gemela, los visitantes de la Tierra no sospecharían probablemente que las cacerolas y sartenes de «aluminio» de la Tierra Gemela no estaban hechas de aluminio, especialmente cuando los habitantes de la Tierra Gemela *dicen* que lo están. Pero hay una diferencia importante entre los dos casos. Un terrícola versado en metalurgia podría darse cuenta fácilmente de que el «aluminio» era molibdeno, y un habitante de la Tierra Gemela versado en metalurgia podría darse cuenta de modo igualmente fácil que el aluminio era «molibdeno». (Las comillas de la oración anterior indican los usos en la Tierra Gemela.) Mientras que en 1750 nadie, ni en la Tierra ni en la Tierra Gemela, podría haber distinguido agua de «agua», la confusión de aluminio con «aluminio» abarca sólo a una parte de las comunidades lingüísticas involucradas.

Este ejemplo tiene el mismo objetivo que el precedente. Si Óscar$_1$ y Óscar$_2$ son hablantes estándar del castellano terrícola y del castellano de la Tierra Gemela, respectivamente, y ninguno de ellos posee sofisticación química o metalúrgica, entonces no puede haber diferencia de ningún tipo en sus estados psicológicos cuando usan la palabra «aluminio»; sin embargo, tenemos que decir que «aluminio» tiene la extensión *aluminio* en el idiolecto de Óscar$_1$ y la extensión *molibdeno* en el idiolecto de Óscar$_2$. (Hemos de decir también que Óscar$_1$ y Óscar$_2$ significan cosas diferentes mediante «aluminio»; que «aluminio» tiene en la Tierra un significado diferente del que tiene en la Tierra Gemela, etc.) Vemos de nuevo que el estado psicológico *no* determina la extensión (*o* el «significado», hablando preanalíticamente) de la palabra.

Antes de seguir discutiendo este ejemplo, voy a introducir otro que *no* es de ciencia-ficción. Supongamos que, lo mismo que me pasa a mí, usted no puede distinguir un olmo de un haya. Diremos que la extensión de «olmo» en mi idiolecto es la misma que la extensión de «olmo» en el de cualquier otro, a saber: el conjunto de todos los olmos, y que el conjunto de todas las hayas es la extensión de «haya» en *ambos* idiolectos: en el mío y en el de usted. De este modo, «olmo» en mi idiolecto tiene una extensión diferente del de «haya» en el suyo (como debe de ser). ¿Es realmente creíble que esta diferencia en extensión sea producida por alguna diferencia en nuestros *conceptos*? Mi *concepto* de olmo es (me sonrojo al confesarlo) exactamente el mismo que mi concepto de haya. Si alguien intenta mantener heroicamente que la diferencia entre la extensión de «olmo» y la extensión de «haya» en *mi* idiolecto se explica por una diferencia en mi estado psicológico, podemos refutarlo siempre construyendo un ejemplo tipo «Tierra Gemela» —sólo hay que dejar que las palabras «olmo» y «haya» se intercambien en la Tierra Gemela (de la manera en que sucedía con «aluminio» y «molibdeno» en el ejemplo anterior)—. Además, supóngase que tengo un *Doppelgänger* en la Tierra Gemela que es «idéntico» a mí molécula por molécula. Si usted es dualista, suponga también que mi *Doppelgänger* piensa los mismos pensamientos verbalizados que yo, tiene los mismos datos sensoriales, las mismas disposiciones, etc. Es absurdo pensar que *su* estado psicológico es una pizca diferente del mío: con todo él quiere decir *haya* cuando dice «olmo» y *yo* «quiero decir» *olmo* cuando digo «olmo». ¡Se ponga uno como se ponga, simplemente los «significados» no están en la *cabeza*!

UNA HIPÓTESIS SOCIOLINGÜÍSTICA

Los últimos dos ejemplos dependen de un hecho sobre el lenguaje que parece, de modo bastante sorprendente, que nunca ha sido señalado: que existe *división del trabajo lingüístico*. Difícilmente podríamos usar palabras como «olmo» o «aluminio» si nadie tuviese una manera de reconocer olmos y aluminio; pero no todo aquel para el cual es importante la distinción tiene que ser capaz de hacerla. Cambiemos el ejemplo; consideremos *oro*. El oro es importante por muchas razones: es un metal precioso; es un metal que sirve como patrón monetario; tiene un valor simbólico (es importante para la mayor parte de la gente que la alianza de «oro» que llevan sea *realmente* de oro y no sólo *tenga el aspecto* de ser de oro); etc. Considérese a nuestra comunidad como una «fábrica»; en esta «fábrica» algunas personas tienen el «trabajo» de *llevar alianzas de oro*; otros tienen el «trabajo» de vender alianzas de oro; otras, en fin, tienen el trabajo *de distinguir si algo es o no es realmente oro*. No es en absoluto necesario ni eficiente que todo el que lleve un anillo de oro (o una pulsera de oro, etc.), o todo aquel que discuta el «patrón oro», etc., se dedique a vender y comprar oro. Ni tampoco es necesario ni eficiente que todo el que vende y compra oro sea capaz de discernir si algo es realmente oro o no lo es en una sociedad en la que esta clase de deshonestidad es poco común (vender oro falso) y en la que uno puede fácilmente consultar con un experto en caso de duda. Y *ciertamente* no es necesario ni eficiente que todo el mundo que tenga ocasión de comprar o llevar oro sea capaz de decir con alguna fiabilidad si algo es o no es realmente oro.

Los ejemplos anteriores son sólo ejemplos de la división mundana del trabajo (en un sentido amplio). Pero engendran una división del trabajo lingüístico: todo aquel para el que el oro es importante por alguna razón tiene que *adquirir* la palabra «oro»; pero no tiene que adquirir el *método de reconocer* si algo es o no es de oro. Puede fiarse de una subclase especial de hablantes. Los rasgos que se piensa generalmente que están presentes en conexión con un nombre general —condiciones necesarias y suficientes para la pertenencia a la extensión, modos de reconocer si algo está en la extensión, etc.— están presentes todos ellos en la comunidad lingüística *considerada como un cuerpo colectivo*; pero ese cuerpo colectivo divide el «trabajo» de conocer y emplear esas diversas partes del «significado» de «oro».

Esta división del trabajo lingüístico descansa sobre y presupone, desde luego, la división del trabajo *no* lingüístico. Si sólo la gente que sabe cómo discernir si algún metal es o no realmente oro tuviese alguna razón para tener la palabra «oro» en su vocabulario, entonces la palabra «oro» sería como era la palabra «agua» en 1750 con respecto a esa subclase de hablantes, y los demás hablantes no querrían, simplemente, adquirirla en modo alguno. Y algunas palabras no exhiben división alguna del trabajo lingüístico: «silla», por ejemplo. Pero con el incremento de la división del trabajo en la sociedad y el auge de la ciencia, cada vez más palabras comienzan a exhibir este género de división del trabajo. «Agua», por ejemplo, no la exhibía antes del auge de la química. Hoy día es obviamente necesario que todo hablante sea capaz de reconocer agua (de manera fiable bajo condiciones normales), y probablemente la mayor parte de los hablantes adultos conocen la condición necesaria y suficiente «agua es H_2O», pero sólo muy pocos hablantes adultos podrían distinguir agua de los líquidos que superficialmente se parecen al agua. En caso de duda, otros hablantes se fiarían del juicio de esos hablantes «expertos». De este modo, la manera de reconocer que poseen estos hablantes «expertos» es poseída también, por medio de ellos, por el cuerpo lingüístico colectivo, aunque no sea poseída por cada miembro individual del cuerpo, y de este modo el hecho más *rebuscado* sobre el agua puede formar parte del significado *social* de la palabra, aunque sea desconocido para casi todos los hablantes que adquieren la palabra.

Me parece que este fenómeno de la división del trabajo lingüístico será un campo de investigación muy importante para los sociolingüistas. En conexión con esto me gustaría proponer la hipótesis siguiente:

> HIPÓTESIS DE LA UNIVERSALIDAD DE LA DIVISIÓN DEL TRABAJO LINGÜÍSTICO: toda comunidad lingüística ejemplifica el tipo de división del trabajo lingüístico que se ha descrito; esto es: posee al menos algunos términos cuyos «criterios» asociados son conocidos solamente por un subconjunto de los hablantes que adquieren los términos, y cuyo uso por otros hablantes depende de una cooperación estructurada entre los hablantes en los subconjuntos relevantes.

Es fácil ver cómo este fenómeno da cuenta de algunos de los ejemplos que se han dado antes acerca del fallo de los supuestos (1) y (2). Cuando un término está sujeto a la división del trabajo lingüístico, el hablante «medio» que lo adquiere no adquiere nada que fije su extensión. En particular, su estado psicológico particular *ciertamente* no fija su extensión; sólo la fija el cuerpo lingüístico colectivo al que pertenece el hablante.

Podemos resumir esta discusión señalando que hay dos clases de instrumentos en el mundo: hay instrumentos parecidos a un martillo o a un destornillador que pueden ser usados por una sola persona; y hay instrumentos como un barco de vapor que exigen para su uso la actividad cooperativa de un cierto número de personas. Se ha pensado en exceso que las palabras pertenecen al modelo del primer tipo de instrumento.

INDEXICALIDAD Y RIGIDEZ

El primero de nuestros ejemplos de ciencia-ficción —«agua» en la Tierra y en la Tierra Gemela en 1750— no involucra la división del trabajo lingüístico, o al menos no la involucra de la misma manera en que lo hacen los ejemplos de «aluminio» y «olmo». No había en la Tierra (en nuestra historia) ningún «experto» en «agua» en 1750, ni tampoco había experto alguno en «agua» en la Tierra Gemela. El ejemplo *involucra* cosas, que discutiremos a continuación, que son de importancia fundamental para la teoría de la referencia y también para la teoría de la verdad necesaria.

Sean W_1 y W_2 dos mundos posibles en los que yo existo y en los que existe este vaso y en los que estoy dando una explicación de significado señalando este vaso y diciendo «Esto es agua». Supongamos que en W_1 el vaso está lleno de H_2O y en W_2 el vaso está lleno de XYZ. Supondremos también que W_1 es el mundo *real* y que XYZ es la sustancia llamada típicamente «agua» en el mundo W_2 (de modo que la relación entre los hablantes del castellano en W_1 y los hablantes del castellano en W_2 es exactamente la misma que la relación entre los hablantes del castellano en la Tierra y los hablantes del castellano en la Tierra Gemela). Hay entonces dos teorías que uno podría tener respecto del significado de «agua»:

(1) se podría mantener que «agua» era un término *relativo a un mundo* pero *constante* por lo que respecta a su significado (esto es: la palabra tiene un significado relativo constante). De acuerdo con esta teoría, «agua» significa lo mismo en W_1 y W_2; lo único que sucede es que agua es H_2O en W_1, y agua es XYZ en W_2.

(2) se podría mantener que agua es H_2O en todos los mundos (la sustancia llamada «agua» en W_2 no es agua), pero «agua» no tiene el mismo significado en W_1 y W_2.

Si lo que se ha dicho antes sobre el caso de la Tierra Gemela era correcto, entonces (2) es claramente la teoría correcta. Cuando digo «*este* (líquido) es agua» el «este» es, por así decirlo, un «este» *de re* —esto es: la fuerza de mi explicación es que «agua» es cualquier cosa que mantiene una cierta relación de equivalencia (la relación que hemos llamado antes «*mismo*$_L$») con la porción de líquido a la que se hace referencia con «este» *en el mundo real*—.

Podríamos simbolizar la diferencia entre las dos teorías como una diferencia de «alcance» de la manera siguiente. De acuerdo con la teoría (1), lo siguiente es verdad:

(1') (Para todo mundo W) (para todo x en W) (x es agua $\equiv x$ mantiene la relación *mismo*$_L$ con la entidad a la que se hace referencia con «este» en W)

mientras que de acuerdo con la teoría (2)

(2') (para todo mundo W) (para todo x en W) (x es agua $\equiv x$ mantiene la relación *mismo*$_L$ con la entidad a la que se hace referencia con «este» *en el mundo actual* W_1).

Llamo a esto una diferencia de «alcance» porque en (1') «la entidad a la que se hace referencia con "este"» está dentro del alcance de «Para todo mundo W»

—como hace explícita la expresión puntualizadora «en *W*»— mientras que en (2') «la entidad a la que se hace referencia con "este"» significa «la entidad a la que se hace referencia con "este" en el mundo real» y tiene entonces una referencia *independiente* de la variable ligada «*W*».

Kripke llama a una expresión designador «rígido» (en una oración dada) si (en esa oración) tal expresión se refiere al mismo individuo en todo mundo posible en el que el designador designa. Si extendemos esta noción de rigidez a los nombres de substancias, entonces podemos expresar la teoría de Kripke y la mía diciendo que el término «agua» es rígido.

La rigidez del término «agua» se sigue del hecho de que cuando doy la «definición ostensiva»: «*este* (líquido) es agua», intento (2') y no (1').

Podemos también decir, siguiendo a Kripke, que, cuando doy la definición ostensiva «*este* (líquido) es agua», el demostrativo «este» es *rígido*.

Lo que Kripke fue el primero en observar es que esta teoría del significado (o «uso», o lo que se quiera) de la palabra «agua» (y también de otros términos de géneros naturales) tiene sorprendentes consecuencias para la teoría de la verdad necesaria.

Para explicar esto, introduzcamos la noción de *relación transmundana*. Una relación de dos lugares *R* se denominará *trasmundana* cuando se entiende de tal manera que su extensión es un conjunto de pares ordenados de individudos tales que *no todos ellos están en el mismo mundo posible*. Por ejemplo, es fácil entender la relación *tener la misma altura que* como una relación trasmundana: sólo hay que entenderla de tal manera que, por ejemplo, si x es un individuo de un mundo W_1 que mide 1,70 de alto (en W_1) e y es un individuo que mide 1,70 de alto (en W_2), entonces el par ordenado x, y pertenece a la extensión de *tener la misma altura que*. (Puesto que un individuo puede tener alturas diferentes en mundos posibles diferentes en el que existe el mismo individuo, estrictamente hablado, no es el par ordenado x, y el que constituye un elemento de la extensión de *tener la misma altura que*, sino más bien el par ordenado *x-en-el-mundo-*W_1, *y-en-el-mundo-*W_2.)

Similarmente, podemos entender la relación $mismo_L$ (mismo líquido que) como una relación trasmundana entendiéndola de tal manera que un líquido en el mundo W_1 que tiene la mismas propiedades físicas importantes (en W_1) que un líquido en W_2 posee (en W_2), mantiene $mismo_L$ con el último líquido.

De este modo, la teoría que hemos estado presentando puede resumirse diciendo que una entidad x, en un mundo posible arbitrario, es *agua* si y sólo si mantiene la relación $misma_L$ (interpretada como una relación trasmundana) con la sustancia que *nosotros* llamamos «agua» en el mundo real.

Ahora bien, supongamos que no hemos descubierto todavía cuáles son las propiedades físicas importantes del agua (en el mundo real) —esto es: todavía no sé que el agua es H_2O—. Puedo tener modos de *reconocer* agua que tienen éxito (desde luego, puedo cometer un pequeño número de errores que no seré capaz de detectar hasta un estadio posterior de nuestro desarrollo científico), pero no de conocer la microestructura del agua. Si estoy de acuerdo en que un líquido con las propiedades superficiales del «agua» pero con una microestructura diferente *no es realmente agua*, entonces mis modos de reconocer agua no pueden considerarse como una especificación analítica de *lo que es ser* agua. Más bien, la definición operacional, lo mismo que la ostensiva, es simplemente un modo de señalar un patrón —señalar la sustancia *en el mundo real* tal que, el que *x* sea agua, en *cualquier* mundo, consiste en que *x* mantenga la relación $mismo_L$ con los miembros *normales* de las entidades *locales* que satisfacen la definición operacional—. «Agua» en la Tierra Gemela no es agua, incluso si satisface la definición operacional, puesto que no mantiene la relación $mismo_L$ con la substancia *local* que satisface la definición operacional, y la sustancia local que satisface la definición operacional, pero tiene una microestructura diferente del resto de la substancia local que satisface la definición operacional, no es tampoco agua, porque no mantiene la relación $mismo_L$ con los ejemplos *normales* de «agua» local.

Supongamos ahora que descubro la microestructura del agua —que el agua es H_2O—. En este momento seré capaz de decir que la sustancia de la Tierra Gemela que había *confundido* anteriormente con agua no es realmente agua. Del mismo modo, si se describe, no otro planeta en el universo real, sino otro posible universo en el que hay una sustancia con la fórmula química XYZ que pasa la «prueba operacional» para *agua*, deberíamos decir que esa sustancia no es agua sino meramente XYZ. No se habría descrito un mundo posible en el que «agua es XYZ», sino meramente un mundo posible en el que hay lagos de XYZ, la gente bebe XYZ (y no agua), o cualquier otra cosa por el estilo. De hecho, una vez que hemos descubierto la naturaleza del agua, nada cuenta como mundo posible en el que el agua no tenga esa naturaleza. Una vez que hayamos descubierto que el agua (en el mundo real) es H_2O, *nada cuenta como mundo posible en el que el agua no sea H_2O.*

Por otra parte, podemos perfectamente bien imaginarnos que tenemos experiencias que nos convencerían (y esto haría racional el creerlo) que el agua *no es* H_2O. En este sentido, es concebible que el agua no sea H_2O. ¡Es concebible pero no es posible! La concebibilidad no es prueba de la posibilidad.

Kripke se refiere a los enunciados que son racionalmente irrevisables (suponiendo que los haya) como *epistémicamente necesarios*. Los enunciados que son verdaderos en todos los mundos posibles los llama simplemente necesarios (o algunas veces «metafísicamente necesarios»). En esta terminología el asunto que se acaba de exponer puede volverse a enunciar de la manera siguiente: un enunciado puede ser (metafísicamente) necesario y epistémicamente contingente. La intuición humana no tiene ningún acceso privilegiado a la necesidad metafísica.

En este artículo, nuestro interés se dirige, sin embargo, a la teoría del significado y a la teoría de la verdad necesaria. Desde hace mucho tiempo se ha reconocido que palabras como «ahora», «esto» o «aquí» son *indéxicas* o *instancio-reflexivas* —esto es: tienen una extensión que varía de contexto a contexto o de instancia a instancia—. Para estas palabras nadie ha sugerido jamás la teoría tradicional de que la «intensión determina la extensión». Para tomar nuestro ejemplo de la Tierra Gemela: si tengo un *Doppelgänger* en la Tierra Gemela, entonces cuando pienso «Yo tengo dolor de cabeza», *él* piensa «Yo tengo un dolor de cabeza». Pero la extensión de la instancia particular de «yo» en su pensamiento verbalizado es él mismo (o su clase unitaria, para ser precisos), mientras que la extensión de la instancia de «yo» en *mi* pensamiento verbalizado soy yo (o mi clase unitaria, para ser precisos). Así pues, la misma palabra, «yo», tiene dos extensiones diferentes en dos idiolectos diferentes; pero no se sigue que el concepto que tengo de mí mismo sea diferente en modo alguno del concepto que mi *Doppelgänger* tiene de sí mismo.

Ahora bien, hemos mantenido que la indexicalidad se extiende más allá de las palabras y morfemas *obviamente* indéxicos (por ejemplo, los tiempos de los verbos). Nuestra teoría dice, en resumen, que palabras como «agua» tienen un componente indéxico que pasa desapercibido: «agua» es la sustancia que guarda una cierta relación de similaridad con el agua que hay *en el entorno*. El agua en otro momento, en otro lugar, o incluso en otro mundo posible tiene que mantener la relación $mismo_L$ con *nuestra* «agua» *para ser agua*. Así pues, la teoría de que (1) las palabras tienen «intensiones», que son algo parecido a los conceptos asociados con las palabras de los hablantes; y de que (2) la intensión determina la extensión, no puede ser verdadera para palabras para géneros naturales como «agua» por la misma razón que no puede ser verdadera para palabras obviamente indéxicas como «yo».

La teoría de que las palabras para géneros naturales como «agua» son indéxicas deja sin embargo abierta la cuestión de si decir que «agua» en el dialecto del castellano de la Tierra Gemela tiene el mismo *significado* que «agua» en el dialecto de la Tierra y una extensión diferente —que es lo que decimos normalmente de «yo» en diferentes idiolectos— abandonando con ello la doctrina de que «el significado (intensión) determina la extensión», o decir, como hemos elegido hacer, que la diferencia en extensión es *ipso facto* una diferencia de significado para las palabras para géneros naturales, abandonando con ello la doctrina de que los significados son conceptos o, ciertamente, entidades mentales de *cualquier* género[2].

[2] Nuestras razones para rechazar la primera opción —decir que «agua» tiene el mismo significado en la Tierra y en la Tierra Gemela, a la vez que abandonamos la doctrina de que el significado determina la referencia— se presentan en «El significado de "significado"»: Pueden ilustrarse de la manera siguiente. Supongamos que «agua» tiene el mismo significado en la Tierra y en la Tierra Gemela. Ahora bien, imaginemos que la palabra «agua» se convierte en otra fonémicamente diferente en la Tierra Gemela —digamos que se convierte en

Debe quedar claro, sin embargo, que la doctrina de Kripke de que las palabras de géneros naturales son designadores rígidos y nuestra doctrina de que son indéxicos no son sino dos maneras de plantear la misma cuestión.

Hemos visto ahora que la extensión de un término no viene fijada por un concepto que el hablante individual tenga en su cabeza, y esto es verdad tanto porque la extensión se determina, de manera general, *socialmente* —existe la división del trabajo lingüístico del mismo modo que existe la del trabajo «real»— y porque la extensión se determina, en parte, *indéxicamente*. La extensión de nuestros términos depende de la naturaleza efectiva de las cosas particulares que sirven como paradigmas, y esta naturaleza efectiva no se conoce completamente, de manera general, por parte del hablante. La teoría semántica tradicional deja fuera dos contribuciones a la determinación de la referencia —la contribución de la sociedad y la contribución del mundo real—; una teoría semántica mejor debe abarcarlas a las dos.

«quaxel»—. Presumiblemente esto no es, *per se*, un cambio en el significado de acuerdo con ningún punto de vista. De este modo, «agua» y «quaxel» tienen el mismo significado (aunque se refieran a diferentes líquidos). Pero esto es muy contraintuitivo. ¿Por qué no decir entonces que «olmo» en mi idiolecto tiene el mismo significado que «haya» en el tuyo, aunque se refieran a diferentes árboles?

PARA SEGUIR LEYENDO

Los ancestros de la teoría de la referencia directa son ARISTÓTELES en *De Interpretatione* (ARISTÓTELES, *Categorias*, *De Interpretatione*, PORFIRIO, *Isagoge*, Tecnos, Madrid, 1999), John Stuart MILL *(A System of Logic Racionative and Inductive*, Routledge, Londres, 1843), RUSSELL («Descripciones y símbolos incompletos», en *La filosofía del atomismo lógico*, recogido en *Lógica y conocimiento*, Taurus, Madrid, 1966) y WITTGENSTEIN (*Tractatus logico-philosophicus*, Tecnos, colección Los Esenciales de la Filosofía, 2.ª ed., Madrid, 2003).

El artículo de KRIPKE sobre nombres propios «Naming and Necessity» apareció en 1972 y en 1990 se publicó como libro precedido de un prefacio. Hay una versión castellana de la versión de 1972, *El nombrar y la necesidad*, publicada en México por la UNAM en 1985. Dos colecciones de artículos sobre este trabajo de KRIPKE aparecieron en las revistas españolas *Teorema*, vol. XVIII/1, 1998, y *Theoria*, vol. 13/3, 1998. La obra de DEVITT (*Designation*, Columbia University Press, Nueva York, 1981) y la de DEVITT y STERELNY (*Language and Reality*, Blackwell, Oxford, 1987, 2.ª ed. de 1999), así como la de SALMON «Names and Descriptions» [GABBAY y GUENTHNER (eds.), *Handbook of Philosophical Logic*, vol. IV, Reidel, Dordrecht, 1989], contienen defensas de la teoría de la referencia directa. *Reference and Essence* de Nathan U. SALMON (Blackwell, Oxford, 1982) es también una sofisticada defensa de sus tesis. «Reference and Necessity» de STALNAKER y «Names and Rigid Designation» de STANLEY son dos buenas discusiones sobre las posiciones de KRIPKE, ambas recogidas en *A Companion to the Philosophy of Language*, editado por Bob HALE y Crispin WRIGTH, Blackwell, Oxford, 1998. Un excelente estudio es también el libro de RECANATI *Direct Reference: From Language to Thought*, Blackwell, Oxford, 1983. El volumen 2 de la obra de S. SOAMES *Philosophical Analisis in the Twentieth Century*, Princeton University Press, Princeton, 2003, dedica su parte séptima a una muy completa exposición de los argumentos de KRIPKE sobre nombrar y necesidad. A su vez, los dos libros, debidos también a Scott SOAMES, *Beyond Rigidity. The Unfinished Semantic Agenda of Naming and Necessity*, Oxford University Press, Oxford, 2002, y *Reference and Description. The Case against Two-Dimensionalism*, Princeton University Press, Princeton, 2005, intentan extender y apuntalar la que el autor denomina la «revolución filosófica» de KRIPKE.

Se pueden encontrar críticas de las tesis de KRIPKE en las obras de Michael DUMMETT, *Frege: Philosophy of Language*, Duckworth, 1973, y *The Interpretation of Frege's Philosophy*, Duckworth, 1981. El libro de Gareth EVANS, *The Varieties of Reference*, Clarendon Press, Oxford, 1982, defiende un enfoque parcialmente fregeano para el tratamiento de los puzles que dieron alimento a las teorías de la referencia directa. Una buena antología de artículos sobre el «cuadro mejor» que KRIPKE dice presentar, la teoría causal de la referencia, es la de SCHWARTZ (*Naming Necessity and Natural Kinds*, Ithaca, Nueva York, 1977). En esta antología está recogido el famoso artículo de Gareth EVANS «The Causal Theory of Names», que contiene ingeniosos ejemplos de fallos en la teoría causal. El libro de M. Devitt y K. Sterenly, *Language and Reality*, Blackwell, Oxford, 2.ª ed., 1999, presenta, además de una exposición muy asequible de la teoría causal, un catálogo de sus dificultades.

Aparte del artículo de PUTNAM aquí recogido puede consultarse «El significado de "significado"», recogido en la primera y segunda ediciones de esta antología y en *Teorema*, vol. XIV/3-4, 1984. Para algunas críticas a las tesis de PUTNAM véanse ZEMACH, «Putnam's Theory of the Reference of Substance Terms» (*Journal of Philosophy*, 73, 1976, pp. 116-127); MELLOR, «Natural Kinds» (*British Journal for the Philosophy of Science*, 28, 1977, pp. 299-312), y DONNELLAN, «Kripke and Putnam on Natural Kind Terms» [en GINET y SHOEMAKER (eds.), *Knowledge and Mind: Philosophical Essays*, Oxford University Press, Oxford, 1983]. El libro colectivo de P. CLARK y B. HALE, *Reading Putnam*, Blackwell, Oxford, 1994, contiene artículos de, entre otros, S. BLACKBURN, G. BOOLOS, M. DUMMETT, D. WIGGINGS y C. WRIGHT con respuestas de PUTNAM a sus críticos. La obra de A. GARCÍA SUÁREZ *Modos de significar*, Tecnos, Madrid, 1998, expone y critica las tesis de KRIPKE de una manera bastante accesible. Contiene también una exposición crítica de las tesis de PUTNAM. La teoría histórico-causal de los nombres está bien expuesta tanto en LYCAN, *Philosophy of Language*, Routledge, Londres, 1999, como en M. LUNEY, *Contemporary Philosophy of Thought. Truth, World, Content*, Blackwell, Oxford, 1999. Como ya he señalado anteriormente, el colectivo de A. W. MOORE, *Meaning and Reference*, Oxford Readings in Philosophy, Oxford, 1993, contiene un espléndido ramillete de artículos clásicos sobre el problema de la referencia.

III. ACTITUDES PROPOSICIONALES

INTRODUCCIÓN

Dos de los grandes puzzles que preocuparon a Frege siguen siendo hoy en día piedras de toque de cualquier análisis del significado, a saber: i) la informatividad de los enunciados de identidad cuyos sujetos lógicos son expresiones correferenciales, y ii) los contextos opacos en los que parece fallar el principio de sustitución *salva veritate*. Consideremos, por lo que respecta a i), las oraciones siguientes:

(*a*) El naranjo de Bulnes es el *picu* Urriellu.
(*b*) El naranjo de Bulnes es el Naranjo de Bulnes.

(*a*) es informativa mientras que (*b*) es trivial pero, las expresiones «el naranjo de Bulnes» y «el *picu* Urriellu» se refieren a la misma montaña. La conocida solución de Frege consiste en que, además de la referencia, los dos sujetos lógicos tienen también un *sentido* que es distinto en cada caso y que da cuenta del carácter informativo de (*a*).

Consideremos, por lo que respecta a (ii) las oraciones siguientes:

(*c*) Calías cree que Homero escribió la *Ilíada*.
(*d*) Homero es el autor de la *Odisea*.

Si (*c*) es verdadera, dado que (*d*) lo es, debería ser verdadera también

(*e*) Calías cree que el autor de la *Odisea* escribió la *Ilíada*.

Puesto que lo hemos hecho ha sido substituir en (*c*) idénticos por idénticos. Pero obviamente (*e*) no tiene por qué ser verdadera. Calías puede muy bien creer una verdad de Homero, pero no tiene por qué creerlas todas. Este mismo resultado podemos obtenerlo en oraciones cuyos verbos principales sean «opinar», «pensar», «dudar», «ver», «oír», etc., verbos todos ellos de actitudes proposicionales, como los llamó Bertrand Russell. La razón de este rótulo se debe a que tales verbos parece que señalan una determinada actitud del hablante hacia una proposición. Un problema similar aparece en las oraciones gobernadas por expresiones modales como «posiblemente» o «necesariamente». En ambos casos se habla de contextos referencialmente opacos.

Ahora bien, ¿falla efectivamente en los ejemplos anteriores el principio de sustitución *salva veritate*? De acuerdo con Frege, el fallo es sólo aparente. En los contextos opacos, los nombres no están por su referencia habitual (en este caso, por ejemplo, Homero no está por el *hombre* así llamado) sino por su sentido, con lo que sustituir idénticos por idénticos se convierte en estos casos en sustituir idénticos por idénticos respecto del sentido. Sucede también que las oraciones subordinadas completivas tampoco tienen en estos casos su referencia habitual (un valor de verdad) sino que su referencia, en estos contextos pasa a ser su sentido habitual. Con ello, el principio de substitución *salva veritate* parece volver a tener validez irrestricta. El precio que hay que pagar es sin embargo algo elevado. Pues ahora resulta que «Homero», «la *Ilíada*» o «El autor de la *Odisea* escribió la *Ilíada*» tienen sentidos y referencias distintos según aparezcan dentro o fuera de estos contextos. Esto por no hablar de los problemas que plantea la falta de criterios de identidad aceptables para los sentidos.

En el primero de los artículos de esta sección «Cuantificadores y actitudes proposicionales», Quine distingue entre los sentidos relacional y nocional de la creencia. En el primer sentido, parece que se implica la existencia del objeto de la creencia, mientras que la segunda es compatible con que no haya ninguno. Al final del artículo, Quine esboza una teoría no relacional de las actitudes proposicionales que presenta notables dificultades y que el propio autor ha abandonado.

Davidson ofrece en «Sobre decir que» un análisis de las oraciones de actitudes proposicionales como oraciones yuxtapuestas en las que la conjunción «que» (*that*, en inglés) ha de leerse como el pronombre demostrativo «esto». Así la oración (c) anterior se analizaría como constando de dos oraciones independientes,

(c_1) Calías cree esto

y

(c_2) Homero escribió la *Ilíada*,

donde (c_2) no se asevera, sino que se exhibe, y tanto la oración como sus componentes tienen sus referencias habituales.

Finalmente, en «Inocencia semántica y situaciones no comprometidas», Barwise y Perry pretenden recuperar la perdida inocencia pre-fregeana (ellos mantienen de forma notoria que Frege dio un paso en falso cuando introdujo su tesis de que la referencia de las oraciones era un valor de verdad) argumentando que las subordinadas en (c) y (e) se refieren a la misma *situación* a la que se refieren cuando no están en contextos de actitudes proposicionales, a saber, complejos de objetos y propiedades e intentan mostrar que, así interpretadas, sigue valiendo el principio de sustitutividad.

CUANTIFICADORES Y ACTITUDES PROPOSICIONALES*

WILLARD V. O. QUINE

I

La incorrección de reformular «Ctesias está cazando unicornios» del modo

$(\exists x)$ (x es un unicornio. Ctesias está cazando x)

está convenientemente atestiguada por la inexistencia de unicornios, pero no se debe simplemente a esta laguna zoológica. Sería igualmente incorrecto reformular «Ernesto está cazando leones» como

(1) $(\exists x)$ (x es un león. Ernesto está cazando x),

donde Ernesto es un deportista que anda por África. La fuerza de (1) reside más bien en que hay algún león individual (o varios) que Ernesto está cazando; por ejemplo, un león que es propiedad de un circo y que se ha perdido.

El contraste vuelve a aparecer en «Quiero un balandro». La versión

(2) $(\exists x)$ (x es un balandro. Yo quiero x)

sólo es adecuada en la medida en que pueda decirse que lo que yo quiero es un cierto balandro. Pero, si lo que busco es meramente satisfacer la carencia que tengo de un balandro, entonces (2) da la idea equivocada.

El contraste es entre lo que podría llamarse el sentido *relacional* de cazar leones o querer un balandro, esto es: el que aparece en (1)-(2), y el más probable sentido nocional. La apreciación de la diferencia se pone de manifiesto en latín y en las lenguas romances por una distinción en el modo de las cláusulas subordinadas; así, «Busco un perro que habla» tiene el sentido relacional

* Versión castellana de Luis M. Valdés Villanueva.

($\exists x$) (x es un es un perro. x habla, Yo busco a x),

en contraposición con el sentido nocional de «Busco un perro que hable»:

Trato de que ($\exists x$) (x es un es un perro. x habla, Yo encuentro a x),

Dejando pendientes otras consideraciones que aparecerán en las páginas posteriores, podemos representar el contraste de manera más nítida en términos de permutaciones de componentes. Así, (1) y (2) pueden expandirse (haciendo cierta violencia a la lógica y la gramática) de la siguiente manera:

(3) ($\exists x$) (x es un león. Ernesto trata de que Ernesto encuen-tre x),
(4) ($\exists x$) (x es un balandro. Yo deseo que yo tenga x),

mientras que de «Ernesto está cazando leones» y «Quiero un balandro» en sus sentidos nocionales, pueden expresarse más bien así:

(5) Ernesto trata de que ($\exists x$) (x es un un león Ernesto encuentra x),
(6) Yo quiero que ($\exists x$) (x es un balandro. Yo tengo x).

Las versiones en contraste (3)-(6) se han forjado parafraseando «cazar» y «querer» de manera que revelen las locuciones «tratar que» y «querer que», que expresan lo que Russell ha llamado *actitudes proposicionales*. Ahora bien, de todos los ejemplos de actitudes proposicionales, el primero y principal es la *creencia*; y, fieles a la forma, este ejemplo puede usarse para señalar el contraste entre los sentidos relacional y nocional mejor aún que lo hacen (3)-(6). Considérense los sentidos relacional y nocional de creer en espías:

(7) ($\exists x$) (Ralph cree que x es un espía),
(8) Ralph cree que ($\exists x$) (x es un espía).

Quizás ambos sentidos puedan expresarse ambiguamente diciendo «Ralph cree que alguien es un espía», pero también pueden expresarse de manera no ambigua como, respectivamente, «Hay alguien de quien Ralph cree que es un espía» y «Ralph cree que hay espías». La diferencia es notable; de hecho, si Ralph es como la mayoría de nosotros, (8) es verdadero y (7) es falso.

Al desplazarnos a las actitudes proposicionales, como hicimos en (3)-(6), no sólo ganamos un contraste estructural gráfico entre (3)-(4) y (5)-(6), sino que también ganamos cierta generalidad, pues ahora podemos multiplicar los ejemplos de tratar de conseguir algo y desear no relacionados con cazar o querer. De este modo, obtenemos los sentidos relacional y nocional de desear un presidente:

(9) $(\exists x)$ (Witold desea que x sea presidente),
(10) Witold desea que $(\exists x)$ (x es presidente).

De acuerdo con (9), Witold tiene su candidato; de acuerdo con (10), él meramente desea que se mantenga la forma apropiada de gobierno. También abrimos otras actitudes proposicionales a consideraciones semejantes, como lo atestiguan (7)-(8).

Sin embargo, las formulaciones sugeridas de los sentidos relacionales —a saber, (3), (4), (7) y (9)— suponen todas cuantificar desde fuera un giro que expresa una actitud proposicional. Ésta es una empresa dudosa, como puede verse por el siguiente ejemplo.

Hay un cierto hombre de sombrero marrón a quien Ralph ha visto varias veces en circunstancias cuestionables, sobre las que no necesitamos entrar aquí; baste decir que Ralph sospecha que es un espía. Hay también un hombre de pelo canoso, vagamente conocido por Ralph como más bien un pilar de la comunidad y a quien Ralph no es consciente de haber visto, excepto una vez en la playa. Ahora bien, Ralph no lo sabe, pero los dos hombres son una y la misma persona. ¿Podemos decir de este *hombre* (Bernard J. Ortcutt, para darle un nombre) que Ralph cree de él que es un espía? Si es así, encontramos que estamos aceptando como verdadera una conjunción del tipo

(11) *w* niega sinceramente «...». *w* cree que...

con una y la misma oración en ambos blancos. Pues Ralph está absolutamente dispuesto a decir con total sinceridad: «Bernard J. Ortcutt no es un espía». Si, por otro lado, para anular la posibilidad de situaciones del tipo (11) decretamos simultáneamente que:

(12) Ralph cree que el hombre de sombrero marrón es un espía,
(13) Ralph no cree que el hombre que ha visto en la playa sea un espía,

entonces dejamos de afirmar cualquier relación entre Ralph y cualquier hombre en absoluto. Las dos cláusulas-que componentes son ciertamente sobre el hombre Ortcutt; pero debe considerarse que en (12) y (13) el «que» sella esas cláusulas, con lo que logra que (12) y (13) sean compatibles, puesto que, tomadas en su totalidad, no son en absoluto sobre Ortcutt. Así pues, resulta impropio cuantificar como en (7); dicho brevemente, «cree que» se convierte en una expresión referencialmente opaca [1].

[1] Véase *From a Logical Point of View*, Harvard University Press, Cambridge, Mass., 1953, pp. 142-159. [Versión castellana: *Desde un punto de vista lógico*, Ariel, Barcelona, 1962]. También «Three

No surge ningún problema con respecto a (8); sólo exhibe una cuantificación *desde dentro* del contexto inducido por «cree que», y no una cuantificación desde fuera de él. Lo que arrojamos por la borda cuando determinamos que (12) y (13) son ambos verdaderos es justamente (7). Con todo, difícilmente estaríamos dispuestos a sacrificar la construcción relacional «Hay alguien de quien Ralph cree que es un espía», que suponemos reproducida por (7) y no por (8).

El siguiente paso obvio es aprovechar nuestro dilema distinguiendo dos sentidos de creencia: *creencia*$_1$, que rechaza (11), y *creencia*$_2$, que tolera (11) pero da sentido a (7). De acuerdo con ello, para creencia$_1$, mantenemos (12)-(13) y proscribimos (7) como sinsentido. Por otro lado, para creencia$_2$ mantenemos (7); y para *este* sentido de creencia debemos rechazar (13) y asentir a la conclusión de que Ralph cree$_2$ que el hombre de la playa es un espía, aunque *también* cree$_2$ (y cree$_1$) que el hombre de la playa no es un espía.

II

Pero hay un tratamiento más sugerente. Comenzando con un único sentido de creencia, a saber, el sentido de creencia$_1$ anterior, concibamos a ésta para empezar como una relación entre el creyente y cierta *intensión*, nombrada por la cláusula-«que». Las intensiones son criaturas de la oscuridad y me regocijo con el lector cuando se las exorciza, pero antes quiero que me sirvan de ayuda para destacar ciertos puntos. Ahora bien, hablaré más específicamente de las intensiones así nombradas por, las cláusulas-«que», sin variables libres, intensiones de grado 0, o proposiciones. Además, reconoceré (por el momento) intensiones de grado 1, o atributos. Se las nombrará prefijando una variable a la oración en las que aparezca libre; así *z*(*z* es un espía) es la espiidad. Similarmente, podemos especificar intensiones de grados superiores prefijando múltiples variables.

Ahora bien, así como hemos reconocido una relación diádica de creencia entre un creyente y una proposición, así:

(14) Ralph cree que Ortcutt es un espía,

del mismo modo podemos reconocer también una relación triádica de creencia entre un creyente, un objeto y un atributo, así:

(15) Ralph cree *z*(*z* es un espía) de Ortcutt.

grades of modal involvement», en Quine, *The Ways of Paradox*, Harvard University Press, Cambridge, Mass., 1966.

Por razones que se aparecerán en su momento, esto no se debe considerar como una relación diádica de creencia entre Ralph y la proposición de *que* Ortcutt tiene *z*(*z* es un espía), sino más bien como una relación triádica irreducible entre las tres cosas siguientes: Ralph, *z*(*z* es un espía) y Ortcutt. Similarmente, hay una creencia tetrádica en:

(16) Tomás cree *yz*(*y* denunció a *z*) de Cicerón y Catilina,

y así sucesivamente.

Ahora podemos fijar de modo expeditivo una regla en contra de la cuantificación desde fuera de giros que inducen actitudes proposicionales; pero le daremos la forma de una regla en contra de la cuantificación desde fuera de nombres de intensiones. Así, aunque (7) es inadmisible tal como está, podemos satisfacer las necesidades que desencadenaron (7) cuantificando desde fuera la construcción de creencia triádica; así:

(17) $(\exists x)$ (Ralph cree *z* (*z* es un espía) de *x*).

Aquí tenemos entonces, en lugar de (7), nuestra nueva manera de decir que hay alguien de quien Ralph cree que es un espía.

La creencia$_1$, era una creencia interpretada de tal modo que podía creerse una proposición cuando se especificaba en ella un objeto de una manera, pero no se la creía cuando se lo especificaba de otra, como lo atestiguan los ejemplos (12)-(13). En adelante, podemos adoptar de manera uniforme este sentido restringido de creencia, tanto para el caso diádico como para el triádico y los superiores; en cada caso, el término que nombra la intensión (ya sea proposición, atributo o intensión de grado superior) debe ser considerado como referencialmente opaco.

De este modo, la situación (11) queda excluida. Al mismo tiempo puede alcanzarse el efecto de la creencia$_2$, simplemente ascendiendo de la creencia diádica a la triádica como sucede en (15). Pues (15) relaciona a los hombres Ralph y Ortcutt precisamente como intenta hacerlo la creencia$_2$. (15) sigue siendo verdadera de Ortcutt bajo cualquier designación; y de aquí la legitimidad de (17).

Similarmente, mientras que a partir de

Tomás cree que Cicerón denunció a Catilina

no podemos concluir

Tomás cree que Tulio denunció a Catilina,

sin embargo, podemos concluir a partir de

Tomás cree *y*(*y* denunció a Catilina) de Cicerón

que

Tomás cree *y*(*y* denunció a Catilina) de Tulio,

y también que

(18) $(\exists x)$ (Tomás cree *y*(*y* denunció a Catilina) de *x*).

De manera similar, de (16) podemos inferir que

(19) $(\exists w)$ $(\exists x)$ (Tomás cree *yz*(*y* denunció a *z*) de *w* y *x*).

Cuantificaciones tales como:

$(\exists x)$ (Tomás cree que *x* denunció a Catilina)
$(\exists x)$ (Tomás cree *y*(*y* denunció a *x*) de Cicerón)

son aún sinsentidos, junto con (7); pero los propósitos legítimos para los que podrían haber sido útiles son servidos ahora por (17)-(19) y otras reformulaciones semejantes. Nuestros nombres de intensiones, y sólo ellos, son los que cuentan como referencialmente opacos.

Resumamos nuestras averiguaciones concernientes a los siete enunciados numerados acerca de Ralph. (7) se considera ahora como sinsentido, (8) como verdadero, (12) (13) como verdaderos, (14) como falso y (15)-(17) como verdaderos. Otro que es verdadero es

(20) Ralph cree que el hombre visto en la playa no es un espía,

que, naturalmente, no debe ser confundido con (13).

El tipo de exportación que conduce de (14) a (15) debe, sin duda, ser considerado, en general, como implicativo. [Corrección: véase Sleigh, R. C., «On a Proposed System of Epistemic Logic», *Noûs*, 2 1968, pp. 391-398.] En los términos de nuestra historia que sirve de ilustración (14) es falso; pero (20) es verdadero, y conduce por exportación a

(21) Ralph cree *z*(*z* no es un espía) del hombre visto en la playa.

El hombre de la playa, por tanto Ortcutt, no recibe referencia en (20) a causa de la opacidad referencial; pero sí en (21), de modo que podemos concluir de (21) que

(22) Ralph cree *z*(*z* no es un espía) de Ortcutt.

Así pues, (15) y (22) se consideran ambos verdaderos. Pero esto no es acusar a Ralph de tener creencias contradictorias. Tal acusación podría leerse razonablemente en

(23) Ralph cree *z*(*z* es un espía. *z* no es un espía) de Ortcutt.

pero esto simplemente equivale a mostrar que es indeseable considerar que (15) y (22) implican (23).

Ni que decir tiene el que no instamos a adoptar como reforma práctica la usanza bárbara ejemplificada en (15)-(19) y (21)-(23). Se ha planteado para destacar una dificultad teórica que, en resumen, era la siguiente: los contextos de creencia son referencialmente opacos; por tanto, carece de significado, *prima facie*, cuantificar sobre ellos desde fuera; ¿cómo podemos entonces habérnoslas con los enunciados relacionales indispensables de creencia, tales como «Hay alguien de quien Ralph cree que es un espía»?

No demos por supuesto que la teoría que hemos estado examinando consiste simplemente, después de todo, en permitir la cuantificación sin freno desde fuera en contextos de creencia, con un cambio legalista de notación. Por el contrario, la elección decisiva se presenta en cada punto: cuantifique usted si quiere, pero page el precio de tener que aceptar casi contrarios como (15) y (22) en todo punto en el que elija cuantificar. En otras palabras: distinga usted como quiera entre posiciones referenciales y no-referenciales, pero téngalo usted presente de modo que trate cada género apropiadamente. La notación de intensiones, de grado uno y superiores es, en efecto, un recurso para señalar un límite entre ocurrencias referenciales y no-referenciales de los términos.

III

Tratar y desear, como creer, son actitudes proposicionales y referencialmente opacas. (3) y (4) son objetables del mismo modo que (7), y nuestro tratamiento reciente de la creencia puede repetirse para estas actitudes proposicionales. Por ejemplo, así como (7) daba lugar a (17), así también (3) y (4) dan lugar a

(24) $(\exists x)$ (*x* es un león. Ernesto trata *z*(Ernesto encuentra *z*) de *x*),
(25) $(\exists x)$ (*x* es un balandro. Yo deseo *z*(yo tengo *z*) de *x*),

donde se admite cierta violación del idioma por mor de la analogía en el caso de «trata».

Estos ejemplos provienen de un estudio sobre cazar y querer. Observando en (3)-(4) la cuantificación en contextos opacos, podríamos entonces habernos limitado a (1)-(2), absteniéndonos de parafrasearlos en términos de tratar y desear, pues (1) y (2) eran formulaciones muy directas del cazar de leones y el desear balandros en sus sentidos relacionales; eran sólo los sentidos nocionales los que realmente necesitaban que se los rompiese en términos de tratar y desear, (5)-(6).

En realidad sería miope dejar los sentidos relacionales de cazar leones y querer balandros, en el estado no analizado de (1) y (2). Pues elijamos o no el ponerlos en términos de desear y tratar, hay otros casos relacionales de desear y tratar que, en cualquier caso, requieren nuestra consideración, como atestigua (9). Las formulaciones insostenibles (3) y (4) pueden, o bien corregirse como (24) y (25) o condensarse en (1) y (2); por otra parte, no nos queda otra opción que corregir la insostenible (9) según el modelo de (24)-(25), a saber:

$(\exists x)$ (Withold desea $y(y$ es presidente) de x).

Las versiones insostenibles (3)-(4) y (9) tienen todas que ver con desear y tratar en el sentido relacional. Vemos en contraste que (5)-(6) y (10), en el lado nocional de desear y tratar, son inocentes de cualquier cuantificación lícita desde fuera en contextos opacos. Pero obsérvese ahora que la misma dificultad, exactamente, empieza a aparecer también en el lado nocional, tan pronto como tratamos de decir, no simplemente que Ernesto caza leones y que yo quiero un balandro, sino que *alguien* caza leones o quiere un yate. Este paso nos traslada, ostensiblemente, de (5)-(6) a

(26) $(\exists w)$ (w trata de que (x es un león. w encuentra x)),
(27) $(\exists w)$ (w desea que $(\exists x)$ (x es un balandro. w tiene x)),

y estas expresiones cuantifican, de modo no admisible, sobre contextos opacos.

Sabemos cómo poner en orden (26)-(27) con la ayuda del aparato de los atributos; el modelo lo tenemos fundamentalmente ante nosotros en (24)-(25). Versiones admisibles son:

$(\exists w)$ (w trata $y(\exists x)$ (x es un león. y encuentra x) de w),
$(\exists w)$ (w desea $y(\exists x)$ (x es un balandro. y tiene x) de w),

o, más brevemente:

(28) $(\exists w)$ (w trata $y(y$ encuentra un león) de w),
(29) $(\exists w)$ (w desea $y(y$ tiene un balandro) de w).

Esta cuantificación de sujeto de la actitud proposicional también puede ocurrir, naturalmente, en el caso de la creencia; y, si el sujeto se menciona en la creencia misma, el modelo anterior es el que debe usarse. Así, «Alguien cree que él es Napoleón» debe formularse como

$(\exists w)$ (w cree y(y = Napoleón) de w).

Para mayor concreción he estado discutiendo principalmente la creencia y, secundariamente, las otras dos actitudes proposicionales: tratar y desear. El tratamiento es, según vemos, estrechamente paralelo en los tres casos; y evidentemente puede trasladarse perfectamente también a otras actitudes proposicionales, por ejemplo, esperanza, temor, sorpresa, etc. En todos los casos, el objeto de mi preocupación es, desde luego, un aspecto técnico especial de las actitudes proposicionales: el problema de la cuantificación desde fuera.

IV

Hay buenas razones para estar descontentos con un análisis que nos deja con proposiciones, atributos y demás intensiones. Las intensiones son menos económicas que las extensiones (valores de verdad, clases, relaciones), puesto que su individuación es más estricta. Además, el principio de su individuación es oscuro.

Comúnmente se adopta la equivalencia lógica como principio de individuación de intensiones. Más explícitamente: si S y S' son dos oraciones cualesquiera con n (≥ 0) variables libres, las mismas en cada una de ellas, entonces las intensiones respectivas que nombramos poniendo las n variables (o «que», si $n = 0$) delante de S y S' serán una y la misma intensión sí y sólo si S y S'» son lógicamente equivalentes. Pero el concepto relevante de equivalencia lógica plantea, a su vez, serias cuestiones[2]. Las intensiones son, en el mejor de los casos, una gente bastante oscura.

Sin embargo, es bastante evidente que no podemos, en el anterior tratamiento de las actitudes proposicionales, eliminar las intensiones a favor de las extensiones correspondientes. Así, para tomar un ejemplo trivial, consideremos «w está cazando unicornios». Por analogía con (28), se convierte en

w trata y(y encuentra un unicornio) de w.

Lo mismo sucede para la caza de grifos. Por tanto, si alguien w va a cazar unicornios pero no grifos, los atributos

y(y encuentra un unicornio),
y(y encuentra un grifo)

[2] Véase mi «Dos dogmas» (pp. 245-267 de este volumen); también «Carnap and Logical Truth», en Quine, *The Ways of Paradox*, Harvard University Press, Cambridge, Mass., 1966.

tienen que ser distintos. Pero las clases correspondientes son idénticas, dado que son vacías. Por consiguiente, son de hecho los atributos, y no las clases, lo que se necesitaba en nuestra formulación. La misma moraleja puede extraerse, aunque menos brevemente, sin apelar a clases vacías.

Pero hay una manera de dar el esquinazo a las intensiones que merece una consideración seria. En lugar de hablar de intensiones, podemos hablar de oraciones, nombrándolas mediante comillas. En vez de

w cree que...

podemos decir

w cree-verdadera «...».

Y en vez de

(30) *w* cree *y*(... *y* ...) de *x*

podemos decir

(31) *w* cree «... *y*...» satisfecho por *x*.

Las palabras «cree satisfecho por», como antes «cree de», deberían considerarse como un predicado triádico irreductible. Un cambio similar puede hacerse, desde luego, en el caso de otras actitudes proposicionales, y en los casos tetrádico y de orden superior.

Esta reformulación semántica no intenta, desde luego, sugerir que el sujeto de la actitud proposicional habla el lenguaje de la expresión entrecomillada, o cualquier otro. Podemos tratar el temor de un ratón a un gato como su temer verdadera determinada oración castellana. Esto es poco natural sin ser por ello incorrecto. Es un poco como describir una corriente oceánica prehistórica como yendo en el sentido de las agujas del reloj.

Cómo, dónde y sobre qué fundamentos trazar un límite entre aquellos que creen, desean o tratan de que *p* y aquellos que no creen, desean o tratan de que *p*, es indudablemente un asunto vago y oscuro. Sin embargo, si alguien da su aprobación al hecho de hablar de la creencia en una proposición, y de una proposición, a su vez, como algo que una oración significa, entonces, no puede ciertamente objetar nuestra reformulación semántica «*w* cree-verdadera *S*» basándose en especiales razones de oscuridad; pues «*w* cree verdadera *S*» es explícitamente definible en *sus* términos como «*w* cree la proposición significada por *S*». Similarmente para la reformulación semántica (31) de (30); para los casos tetrádico y superiores, y para desear, tratar y otras actitudes proposicionales.

Nuestras versiones semánticas involucran, sin embargo, una relatividad a un lenguaje que hay que hacer explícita. Cuando decimos que *w* cree-verdadera *S*, necesitamos poder decir a qué lenguaje se piensa que pertenece la oración *S*; no porque *w* necesite entender *S*, sino porque *S* podría existir por coincidencia (como forma lingüística) en dos lenguajes distintos, con significados muy diferentes[3]. Por tanto, estrictamente hablando, deberíamos pensar en la forma diádica «cree-verdadera *S*» como expandida en la forma triádica «*w* cree-verdadera *S* en *L*»; y de manera correspondiente para (31) y su secuela.

Como hicimos notar dos párrafos más atrás, la forma semántica de expresión

(32) *w* cree verdadera «...» en *L*

puede explicarse en términos intensionales, para las personas que los favorecen, así:

(33) *w* cree la proposición significada por «...» en *L*,

con lo que no se deja motivo alguno para protesta de ningún tipo en lo que respecta a claridad relativa. Pero aún pueden oírse protestas por razones diferentes: (32) y (33), aunque equivalentes entre sí, no son estrictamente equivalentes a «*w* cree que...», que es lo que nos interesa realmente. Pues se argumenta que, para inferir (33), no sólo necesitamos la información acerca de *w* que «*w* cree que...» proporciona, sino también alguna información ajena sobre el lenguaje *L*. Church[4] saca a la luz este asunto apelando a traducciones, esencialmente como sigue. Los enunciados

w cree que hay unicornios
w cree la proposición significada por «hay unicornios» en castellano

se traducen respectivamente, al alemán como:

(34) *w glaubt, dass es Einhörne gibt,*
(35) *w glaubt diejenige Aussage, die «Hay unicornios» auf Spanisch bedeutet,*

y claramente (34) no suministra suficiente información para capacitar a un alemán que ignore el castellano a inferir (35).

---

[3] Esta observación es hecha por Church en «On Carnap's Analysis of Statements of Assertion and Belief», *Analysis*, 10 (1950), pp. 97-99.
[4] Ibíd., con un agradecimiento a Langford.

El mismo razonamiento puede utilizarse para mostrar que «Hay unicornios» no es estricta o analíticamente equivalente a:

«Hay unicornios» es verdadera en castellano.

De hecho, tampoco el paradigma de verdad de Tarski pretendía aseverar una equivalencia analítica. Sucede entonces lo mismo con (32) en relación con «*w* cree que...»; puede aseverarse un acuerdo sistemático en valores de verdad, pero nada más. Esta limitación se considerará de poca importancia por las personas que compartan mi escepticismo acerca de la analiticidad.

Lo que encuentro más preocupante en versiones semánticas como (32), es la necesidad de bucear en el concepto de lenguaje. ¿Qué es un lenguaje? ¿Qué grado de fijeza se le supone? ¿Cuándo estamos ante un lenguaje y no ante dos? Las actitudes proposicionales son, para empezar un asunto confuso, y es una pena tener que añadir oscuridad a la oscuridad introduciendo también variables en el lenguaje. Sólo me queda por decir esto: no supongamos que se gana alguna claridad restituyendo las intensiones.

SOBRE DECIR QUE*

DONALD DAVIDSON

«Me gustaría haber dicho eso (*that*)[1]», dijo Oscar Wilde al aplaudir una de las agudezas de Whistler. Whistler, quien tenía una mala opinión de la originalidad de Wilde, respondió: «Lo harás, Oscar, lo harás»[2]. Esta historieta nos recuerda que una expresión como «Whistler dijo que (*that*)» puede servir en alguna ocasión como una oración gramaticalmente completa. Sugiero que aquí tenemos la clave de un análisis correcto del discurso indirecto, un análisis que abre una dirección hacia un análisis de las oraciones psicológicas en general (las, como se las suele llamar, oraciones sobre actitudes proposicionales), e incluso, si bien esto mira más allá de lo que se discute en el presente trabajo, nos da una clave de lo que distingue a los conceptos psicológicos de otros conceptos.

Pero comencemos con las oraciones usualmente consideradas más representativas de *oratio obliqua*, por ejemplo «Galileo dijo que la Tierra se mueve» o «Scott dijo que Venus es un planeta inferior». Una dificultad que tienen estas oraciones es que no conocemos su forma lógica. Y admitir esto es admitir que, por muchas otras cosas que conozcamos de ellas, no conocemos la cosa más importante. Si aceptamos la gramática superficial como guía hacia la forma lógica, veremos que «Galileo dijo que la Tierra se mueve» contiene la oración «la Tierra se mueve», y que esta oración contiene a su vez el término singular «la Tierra», y un predicado, «se mueve». Pero, si «la Tierra» es, en este contexto, un término singular, se puede reem-

---

* Versión castellana de Luis M. Valdés Villanueva.

[1] La palabra inglesa *that* puede ser tanto un pronombre demostrativo (nuestro «ése», «eso», «aquél», «aquello», etc.) como un adjetivo demostrativo, o como una conjunción completiva (nuestro «que»). El análisis del discurso indirecto que Davidson ofrece en este artículo explota el hecho de que en inglés pronombre demostrativo y conjunción completiva tienen exactamente la misma forma (*that*), algo que no sucede en castellano. Como no creo que Davidson piense que su análisis se aplica sólo al inglés, en la traducción utilizo, salvo en contadas ocasiones, el «que» castellano en lugar del «that» inglés. Debe tenerse presente que Davidson mantendría con toda probabilidad que, también en castellano, este «que» sería en la estructura profunda, si se me permite emplear esta terminología, un demostrativo.

[2] Tomado de H. Jackson, *The Eighteen-Nineties* [Alfred Knopf, Nueva York, 1922], p. 73.

plazar, por lo que respecta a la verdad o falsedad de la oración que lo contiene, por cualquier otro término singular que se refiera a la misma cosa. Pero, lo que parecen ser reemplazos apropiados pueden alterar la verdad de la oración original.

La notoria invalidez aparente de esta maniobra puede sólo ser aparente, pues la regla en la que se basa no hace sino clarificar lo que está involucrado en la idea de un término (lógicamente) singular. Así pues, sólo dos líneas de explicación están abiertas: o nos hemos equivocado respecto de la forma lógica, o nos hemos equivocado respecto de la referencia del término singular.

Lo que parece una conducta anómala por parte de lo que parecen ser términos singulares dramatiza el problema de dar una explicación ordenada del discurso indirecto, pero el problema impregna bastantes más cosas. Puesto que lo que toca a los términos singulares toca a lo que ellos tocan, y esto es simplemente todo: cuantificadores, variables, predicados, conectivas. Los términos singulares se refieren, o tratan de referirse, a las entidades cuyo rango son las variables de cuantificación, y son éstas las entidades de las que los predicados son o no son verdaderos. Por tanto, no debería sorprendernos que, si nos podemos encontrar con dificultades en la oración «Scott dijo that Venus es un planeta inferior» al sustituir «Venus» por «el lucero de la tarde», igualmente podamos encontrarnos con problemas al sustituir la expresión coextensa «es un planeta inferior» por «es idéntico a Venus o a Mercurio». Las dificultades que plantea el discurso indirecto no se pueden resolver simplemente aboliendo los términos singulares.

¿Qué deberíamos pedir de una explicación adecuada de la forma lógica de una oración? Yo diría que, por encima de todo, tal explicación tiene que hacernos ver que el carácter semántico de la oración —su verdad o falsedad— se debe a cómo está compuesta: por un número finito de aplicaciones de algún número finito de dispositivos que son suficientes para el lenguaje como un todo, a partir de elementos sacados de un *stock* finito (el vocabulario) que son suficientes para el lenguaje como un todo. Ver una oración bajo esta luz es verla a la luz de una teoría para su lenguaje, una teoría que da la forma de cada oración de ese lenguaje. Una manera de proporcionar tal teoría es caracterizando recursivamente un predicado veritativo de acuerdo con las directrices sugeridas por Tarski[3].

---

[3] A. Tarski, «The Concept of Truth in Formalized Languages» [*Logic Semantics and Metamathematics*, Oxford University Press, Oxford, 1956]. [Una versión menos técnica de este ensayo, «La concepción semántica de la verdad y los fundamentos de la semántica», está recogida en las páginas 301-338 de este volumen.] Véanse los ensayos «Verdad y significado» [pp. 339-358 de este volumen], «Semantics for Natural Languages» e «In Defence of Convention T» [recogidos en D. Davidson, *Inquiries into Truth and Interpretation*, Oxford University Press, Oxford, 1984; versión castellana: *Sobre la verdad y la interpretación*, Gedisa, Barcelona, 1990].

Dos consideraciones estrechamente relacionadas apoyan la idea de que la estructura de la que una teoría de la verdad al estilo de Tarski dota a una oración merece denominarse la forma lógica de la oración. Al avanzar tal teoría, demostramos de una manera persuasiva que el lenguaje, si bien consiste en un número indefinidamente grande de oraciones, puede ser comprendido por una criatura con poderes finitos. Puede decirse que una teoría de la verdad proporciona una explicación efectiva del papel semántico de cada expresión significativa en cada una de sus apariciones. Armados con la teoría, siempre podemos responder a la pregunta: «¿Qué están haciendo aquí estas palabras familiares?», diciendo cómo contribuyen a la condiciones de verdad de la oración. (Esto no equivale a asignar un «significado», mucho menos una referencia, a cada expresión significativa.)

El estudio de la forma lógica de las oraciones se ve a menudo a la luz de otro interés, el de facilitar la inferencia. Desde este punto de vista, dar la forma lógica de una oración es catalogar los rasgos relevantes para el lugar que ocupa en la escena lógica, los rasgos que determinan de qué oraciones es una consecuencia lógica, y qué oraciones tiene como consecuencias lógicas. Una notación canónica codifica gráficamente la información relevante, simplificando la teoría de la inferencia, y mecanizando la práctica allí donde sea posible.

Ambas aproximaciones a la forma lógica no pueden, obviamente, dar resultados completamente independientes, pues la consecuencia lógica se define en términos de verdad. Decir que una segunda oración es una consecuencia lógica de una primera equivale a decir, más o menos, que la segunda es verdadera si la primera lo es, independientemente de cómo se interpreten las constantes no lógicas. Puesto que lo que cuenta como constante lógica puede variar independientemente del conjunto de verdades, está claro que las dos versiones de la forma lógica, aunque estén relacionadas, no necesitan ser idénticas. La relación, dicho brevemente, parece ser ésta. Cualquier teoría de la verdad que satisfaga los criterios de Tarski debe tener en cuenta todos los dispositivos iterativos del lenguaje que afectan la verdad. En los lenguajes familiares para los que sabemos cómo definir verdad los dispositivos iterativos básicos son reducibles a las conectivas oracionales, al aparato de cuantificación y al operador de descripción, si es primitivo. Allí donde una oración sea consecuencia lógica de otra sobre la base de la estructura cuantificacional sola, una teoría de la verdad entrañará que, si la primera oración es verdadera, la segunda lo es. Por tanto, no tiene objeto alguno no incluir las expresiones que determinan la estructura cuantificacional entre las constantes lógicas, pues cuando hemos caracterizado la verdad, de la que depende cualquier explicación de la noción de consecuencia lógica, nos hemos comprometido ya con todo aquello con lo que podría comprometernos el llamar constantes lógicas a tales expresiones. Hacer adiciones a esta lista de constantes lógicas incrementará el inventario de verdades lógicas y de relaciones de consecuencia más allá de lo que demande una definición de la verdad y, por tanto, dará como resultado versiones más ricas de la forma lógica. Sin embargo, podemos, para los propósitos del presente artículo, adherirnos a las interpretaciones más austeras de la consecuencia lógica y de la forma lógica, aquellas que se nos imponen cuando damos una teoría de la verdad[4].

Estamos ahora en condiciones de explicar nuestra aporía por lo que respecta al discurso indirecto: lo que sucede es que la relación entre verdad y consecuencia que se acaba de bosquejar parece derrumbarse. En una oración como «Galileo dijo que la Tierra se mueve» el ojo y la mente perciben una estructura familiar en las palabras «la Tierra se mueve». Y estructura tiene que haber si hemos de tener una teoría de la verdad, pues un número infinito de oraciones (todas oraciones de indicativo, dejando aparte algunos problemas sobre el tiempo verbal) dan como resultado algo con sentido al introducirlas en el agujero que hay en «Galileo dijo que ————————». Así pues, si hemos de dar las condiciones de verdad para todas las oraciones generadas de este modo, no podemos hacerlo oración por oración, sino sólo descubriendo una estructura articulada que nos permita tratar cada oración como estando compuesta de un número finito de dispositivos que hacen una contribución enunciada a sus condiciones de verdad. Sin embargo, tan pronto como asignamos una estructura familiar hemos de permitir que fluyan las consecuencias de tal asignación, y éstas, como sabemos, son consecuencias que, en el caso del discurso indirecto, nos negamos a comprar. En cierta medida, el asunto es aun más extraño que eso. No sólo las consecuencias familiares no logran fluir de lo que parece ser una estructura familiar, sino que nuestro sentido común del lenguaje siente poca seguridad en ninguna de las inferencias basadas en las palabras que siguen al «dijo que» del discurso indirecto (hay excepciones).

Así pues, la paradoja es ésta: por un lado, la intuición sugiere, y la teoría demanda, que descubramos una estructura semánticamente significativa en las «oraciones-contenido» del discurso indirecto (como llamaré a las oraciones que siguen a «dijo que»). Por el otro, el fallo de las relaciones de consecuencia nos invita a tratar a las oraciones contenidas como semánticamente inertes. Ahora bien, la forma lógica y las relaciones de consecuencia no pueden divorciarse de este modo.

Una propuesta en este punto consiste en considerar a las palabras que siguen a «dijo que» como si operaran entre comillas ocultas, siendo su única función ayudar a hacer referencia una oración, y el hecho de que sean inertes desde el punto de vista semántico quedaría explicado dando cuenta del contexto de cita. Un inconveniente de esta propuesta es que ninguna explicación usual de la cita es aceptable, incluso de acuerdo con los estándares

[4] Para una defensa adicional del concepto de forma lógica basado en una teoría de la verdad, véase *Essays on Actions and Events* [Oxford University Press, Oxford, 1980], pp. 137-146.

mínimos que hemos establecido para una explicación de la forma lógica. Pues, de acuerdo con la mayoría de los autores, las citas son términos singulares sin estructura semántica significativa, y puesto que tiene que haber un número infinito de citas diferentes, ningún lenguaje que las contenga puede tener un predicado veritativo recursivamente definido. Puede considerarse que esto muestra que las explicaciones recibidas de la cita han de ser erróneas; yo pienso que lo son. Pero entonces sería difícil pretender que hemos resuelto el problema del discurso indirecto apelando a la cita[5].

Tal vez no sea difícil inventar una teoría de la cita que nos sirva: la teoría siguiente está formulada de manera bien explícita en Quine. Simplemente, véanse las citas como abreviaturas de lo que se obtiene si se siguen estas instrucciones: a la derecha de la primera letra que tiene comillas iniciales a su izquierda escríbanse comillas derechas, luego el signo de concatenación, a continuación comillas izquierdas, en ese orden; hágase esto después de cada letra (considerando a los signos de puntuación como letras) hasta alcanzar las comillas derechas finales. Lo que se tiene ahora es un término singular complejo que da lo que Tarski llama una descripción estructural de una expresión. Hay una modesta adición al vocabulario: nombres de letras y de signos de puntuación, y el signo de concatenación. Hay, correspondientemente, una adición a la ontología: letras y signos de puntuación. Y finalmente, si llevamos a cabo la aplicación a oraciones del discurso indirecto, estarán las consecuencias lógicas que dicta la nueva estructura. Para tener dos ejemplos, cada uno de los siguientes será entrañado por «Galileo dijo que la Tierra se mueve»:

> $(\exists x)$ (Galileo dijo que «la Tie» $^\frown x ^\frown x ^\frown$ «a se mueve»)

y (con la premisa «r = la vigésima letra del alfabeto»):

> Galileo dijo que «la tie»$^\frown$la vigésima letra del alfabeto$^\frown$la vigésima letra del alfabeto$^\frown$«a se mueve».

(Me he adherido a todas las abreviaturas que me ha sido posible.) Estas inferencias no se intenta que sean en sí mismas una crítica a la teoría de la cita; meramente la iluminan.

Quine discute el enfoque entrecomillador del discurso indirecto en *Palabra y objeto*[6] y lo abandona por lo que yo creo que es una razón equivo-

---

[5] Ver los ensayos «Theories of Meaning and Learnable Languages» y «Quotation», en Donald Davidson, *Inquiries into Truth and Interpretation*, Oxford University Press, Oxford, 1984. [Versión castellana en *Sobre la verdad y la interpretación*, Gedisa, Barcelona, 1990.]

[6] W. v. O. Quine, *Word and Object* [The MIT Press, Cambridge, Mass., 1960], capítulo 6. A partir de ahora los númerales entre paréntesis se refieren a páginas de este libro. [Existe una versión castellana, *Palabra y objeto*, Labor, Barcelona, 1968.]

cada. No es que no haya una buena razón; pero apreciar*la* es estar a un paso de una solución, como trataré de mostrar.

Sigamos a Quine a través de los pasos que le llevaron a rechazar el enfoque entrecomillador. La versión de la teoría que considera no es la que propusiera una vez Carnap al efecto de que «dijo que» es un predicado de dos lugares que es verdadero de pares ordenados de personas y de oraciones[7]. El inconveniente de esta idea no es que nos fuerce a asimilar el discurso indirecto al directo, pues no lo hace. El «dijo que» del discurso indirecto, al igual que el «dijo» del directo, puede relacionar personas y oraciones, pero ser una relación diferente; el primero, a diferencia del último, puede ser verdadero de una persona, y de una oración que nunca pronunció en un lenguaje que jamás conoció. El problema reside más bien en que, por azar, la misma oración pueda tener diferentes significados en diferentes lenguajes, algo que, aun siendo azaroso, no sería extraño que pudiera darse de hecho, si contamos a los idiolectos entre los lenguajes. Para dar un ejemplo, los sonidos «Empedokles liebt» hacen su papel bastante bien tanto como una oración del alemán como del inglés, diciendo en un caso que Empédocles amó y en el otro contándonos lo que hizo desde la cima del Etna. Si analizamos «Galileo dijo que la Tierra se mueve» como algo que asevera una relación entre Galileo y la oración «La Tierra se mueve», no tenemos por qué asumir que Galileo hablaba castellano, pero no podemos evitar la suposición de que las palabras de la oración-contenido deben entenderse como una oración castellana[8].

Decir que la relatividad al castellano es una suposición puede ser desorientador, quizá la referencia al castellano sea explícita, de la manera que sigue. Una versión más prolija de nuestra oración favorita podría ser «Galileo pronunció una oración que significaba en su lenguaje lo que "La Tierra se mueve" significa en castellano». Puesto que en esta versión se necesitan todas las palabras excepto «Galileo» y «La Tierra se mueve» para hacer el trabajo de «dijo que», hemos de considerar como explícita la referencia al castellano en «dijo que». Sin embargo, para ver cuán extraño es esto, sólo es necesario reflejar que las palabras castellanas «dijo que», con su referencia incorporada al castellano, ya no traducirían (ni siquiera de acuerdo los requisitos extensionales más livianos) las francesas «dit que».

Podemos desviar la dificultad sobre la traducción del «dijo que» o «dit que» considerando estas expresiones como predicados de tres lugares que relacionan un hablante, una oración y un lenguaje, donde la referencia a un

---

[7] R. Carnap, *The Logical Syntax of Language* [Routledge and Kegan Paul, Londres, 1937], p. 248. Lo mismo fue propuesto en efecto por P. T. Geach en *Mental Acts* [Routledge and Kegan Paul, Londres, 1957].

[8] Este punto se debe a A. Church, «On Carnap's Analysis of Statements of Assertion and Belief» [*Analysis*, 10, 1950].

lenguaje vendrá proporcionada o por nuestro (en la práctica casi infalible) conocimiento del lenguaje al que se considerará que pertenece el material citado, o por una referencia demostrativa al lenguaje de la oración completa. Cada una de estas sugerencias tiene su propia atracción, pero ninguna lleva a un análisis que pase la prueba de la traducción. Al tomar la propuesta demostrativa, la traducción al francés hará de «dijo que» «dit que», y la referencia demostrativa hará automáticamente el cambio, y por tanto quizás aún dentro de los límites de la traducción estricta, del castellano al francés. Pero cuando traducimos el término singular final, que nombra una oración castellana, lo que obtenemos es un resultado palpablemente falso.

Estos ejercicios ayudan a poner de manifiesto importantes rasgos del enfoque entrecomillador. Pero ahora es tiempo de destacar que habría una anomalía en una posición que, igual que la que está bajo consideración, abjurara de la referencia a proposiciones a favor de la referencia a lenguajes. Pues los lenguajes (como lo señala Quine en un contexto similar en *Palabra y objeto*) están por lo menos tan mal individuados como las proposiciones, y por prácticamente las mismas razones. De hecho, una propuesta obvia que los une es ésta: los lenguajes son idénticos cuando oraciones idénticas expresan proposiciones idénticas. Así pues, vemos que las teorías entrecomilladoras del discurso indirecto, aquellas que, en cualquier caso, hemos discutido, no pueden reclamar una ventaja sobre las teorías que introducen con franqueza entidades intensionales desde el principio. Consideremos brevemente pues, teorías de esta última clase.

Podría pensarse, y tal vez a menudo se piensa, que, si deseamos dar la bienvenida sin límite alguno a las entidades intensionales —propiedades, proposiciones, conceptos individuales, y cualesquiera otra cosa por el estilo—, a continuación no hay ya más dificultades adicionales a la hora de dar una explicación de la forma lógica de las oraciones en *oratio obliqua*. Esto no es así. Ni los lenguajes que Frege sugiere como modelos para los lenguajes naturales ni los lenguajes que describe Church se someten a la teoría en el sentido de una definición de verdad que cumpla los estándares de Tarski[9]. El obstáculo que se interpone en el camino en el caso de Frege es que cada expresión referencial tiene un número infinito de entidades a las que se puede referir, dependiendo del contexto, y no hay ninguna regla que dé la referencia en contextos más complejos sobre la base de la referencia en los más simples. En los lenguajes de Church, hay un número infinito de expresiones primitivas; esto bloquea directamente la posibilidad de caracterizar recursivamente un predicado veritativo que satisfaga los requisitos de Tarski.

---

[9] Frege, «Sobre sentido y referencia», pp. 29-49 de este volumen; A. Church, «A Formulation of the Logic of Sense and Denotation» [*Structure, Method and Meaning: Essays in Honour of H. M. Sheffer*, P. Henle, H. M. Kallen y S. K. Langer (eds.), Liberal Arts Press, Nueva York, 1951]. Véase el ensayo 1 de *Inquiries into Truth and Interpretation* (citado en nota 5).

Se podría poner un parche siguiendo una idea capital de *Meaning and Necessity* de Carnap, y limitando los niveles semánticos a dos: extensiones e intensiones (de primer nivel)[10]. Una estrategia atractiva podría ser entonces poner a Frege boca abajo, simplificado de ese modo, dejando que cada término singular se refiera a su sentido o intensión, y proporcionando una función de realidad (similar a la función delta de Church) para poner en correspondencia biunívoca intensiones con extensiones. Bajo tal tratamiento nuestra oración que hace de ejemplo aparecería de esta manera: «La realidad de Galileo dijo que la Tierra se mueve». Aquí tenemos que suponer que «la Tierra» nombra un concepto individual que la función a la que se hace referencia mediante «se mueve» pone en correspondencia con la proposición de que la Tierra se mueve; la función a que se hace referencia mediante «dijo que» pone en correspondencia a su vez a Galileo y a la proposición de que la Tierra se mueve con un valor de verdad. Finalmente, el nombre «Galileo» se refiere a un concepto individual que es puesto en correspondencia por la función a la que se hace referencia mediante «la realidad de» con Galileo. Con cierto ingenio, esta teoría quizás pudiera acomodar cuantificadores que liguen variables tanto dentro como fuera de los contextos creados por verbos como «dijo» y «cree». No hay ningún problema especial para definir verdad para tal lenguaje: todo es respetable, puramente extensional salvo en su ontología. Ésta parece ser una teoría que podría hacer todo lo que le hemos pedido. Escrúpulos nominalistas aparte, ¿por qué no aceptarla?

Mis razones en contra de esta manera de proceder son esencialmente las mismas que las de Quine. Encontrar las palabras correctas de mi propia cosecha para comunicar lo que otro ha dicho es un problema para la traducción (216-217). Las palabras que uso en el caso particular pueden verse como productos de mi teoría total (por vaga que sea y sujeta a corrección que esté) de lo que el hablante originario quiere decir con cualquier cosa que dice: tal teoría es indistinguible de una caracterización del predicado veritativo, con su lenguaje como lenguaje objeto y con el mío como metalenguaje. El punto crucial es que habrá teorías alternativas igualmente aceptables que difieran en la asignación de oraciones claramente no sinónimas mías como traducciones de la misma emisión suya. Ésta es la tesis de Quine de la indeterminación de la traducción (218-221)[11]. Un ejemplo ayudará a poner de manifiesto el hecho de que esta tesis se aplica no sólo a la traducción entre hablantes

---

[10] La idea de un enfoque esencialmente fregeano limitado a dos niveles semánticos ha sido sugerida por M. Dummett en *Frege, Philosophy of Language* [Duckworth, Londres, 1973], capítulo 9.

[11] Mi asimilación de un manual de traducción a una teoría de la verdad no está en Quine. Para consideraciones adicionales sobre esto y otros asuntos relacionados véanse los ensayos 2, 11 y 16 de *Inquiries into Truth and Interpretation* (citado en nota 5).

de lenguajes conspicuamente diferentes, sino también a casos más próximos al nuestro.

Supongamos que alguien dice (y ahora el discurso es directo): «Hay un hipopótamo en la nevera.» ¿Estoy necesariamente en lo correcto si informo de que él ha dicho que hay un hipopótamo en la nevera? Quizás; pero ante nuestras preguntas continúa: «Es redondeado, tiene la piel arrugada, no le importa que lo toquen. Tiene un sabor agradable, al menos el jugo, y cuesta diez centavos. Exprimo dos o tres para el desayuno.» Tras alguna cantidad finita de tal conversación atravesamos la línea que determina si es plausible, o incluso posible, decir correctamente que él dijo que había un hipopótamo en la nevera, pues ya está claro que quiere decir algo distinto de lo que yo quiero decir con, al menos, algunas de sus palabras. Hasta aquí, la hipótesis más simple es que mi palabra «hipopótamo» ya no traduce su palabra «hipopótamo»; mi palabra «naranja» podría hacerlo mejor. Pero en cualquier caso, mucho antes de que alcancemos el punto en el que la traducción homofónica tiene que abandonarse, la caridad invita a ciertas desviaciones. La vacilación respecto de si traducir lo que alguien ha dicho por una u otra de las distintas oraciones no sinónimas de mi cosecha no refleja necesariamente una falta de información: se trata sólo de que más allá de cierto punto no hay modo de decidir, ni tan siquiera en principio, entre el punto de vista de que el Otro ha usado las palabras como nosotros lo hacemos, pero tiene creencias más o menos extrañas, y el punto de vista de que lo hemos traducido erróneamente. Desgarrados entre la necesidad de dar sentido a las palabras de un hablante y la necesidad de encontrar sentido al modelo de sus creencias, lo mejor que podemos hacer es elegir una teoría de la traducción que maximice el acuerdo. Seguramente no tiene futuro suponer que en la emisión más seria de las palabras «Hay un hipopótamo en la nevera» el Otro ha discrepado de nosotros sobre lo que puede haber en la nevera si también nosotros hemos de encontrarnos a continuación discrepando de él acerca del tamaño, forma, color, fabricante, número de caballos, y consumo de combustible de los hipopótamos.

Nada de esto muestra que no hay tal cosa que consista en informar mediante el discurso indirecto, de lo que otro ha dicho. Todo lo que la indeterminación muestra es que si hay una manera correcta de conseguirlo, hay también otras maneras que difieren sustancialmente en que oraciones no sinónimas se usan después de «dijo que». Y esto es suficiente para justificar nuestra sensación de que hay algo de superchería por lo que respecta a la nitidez del rigor que en principio deben tener las cuestiones de significado, si los significados son entidades.

La lección estaba implícita en una discusión iniciada hace algunos años por Benson Mates. Mates afirmaba que la oración «Nadie duda de que quienquiera que crea que el séptimo consulado de Mario duró menos de una quincena cree que el séptimo consulado de Mario duró menos de una quincena» es verdadera; ahora bien podría perfectamente convertirse en falsa si las dos últimas palabras fueran reemplazadas por las palabras (supuestamente sinónimas) «un período de catorce días», y que esto podría suceder independientemente de los estándares de sinonimia que adoptásemos aparte del que constituye una petición de principio «sustituible en todas partes *salva veritate*»[12]. Church y Sellars respondieron diciendo que la dificultad podía resolverse distinguiendo firmemente entre sustituciones basadas en el uso del lenguaje por parte del hablante y sustituciones coloreadas por el uso atribuido a otros[13]. Pero esto es una solución sólo si pensamos que hay algún modo de distinguir, en lo que otro dice, qué se debe a los significados que da a sus palabras y qué a sus creencias acerca del mundo. De acuerdo con Quine, ésta es una distinción no puede trazarse.

El rodeo ha sido largo; vuelvo ahora a la discusión que hace Quine del enfoque entrecomillador en *Palabra y objeto*. Como hemos dicho antes, Quine rechaza la relativización a un lenguaje sobre la base de que el principio de individuación de los lenguajes es oscuro, y el asunto de cuando los lenguajes son idénticos es irrelevante para el discurso indirecto (214). Sugiere ahora que, en lugar de interpretar la oración-contenido del discurso indirecto como algo que ocurre en un lenguaje, la interpretemos como pronunciada por un hablante en un tiempo particular. El hablante, y el tiempo respecto del cual necesita comprensión la oración-contenido, es, desde luego, el hablante de esa oración que, así, está atribuyendo indirectamente un dicho a otro. De este modo, «Galileo dijo que la Tierra se mueve» viene a significar ahora algo parecido a «Galileo pronunció una oración que en su boca significaba lo que "La Tierra se mueve" significa ahora en la mía». Quine no hace objeción alguna a esta propuesta pues piensa que tiene en la recámara algo más simple y, como mínimo, igual de bueno. Pero, en mi opinión, la presente propuesta merece una consideración más seria, pues pienso que es casi correcta, mientras que las alternativas que Quine prefiere son seriamente defectuosas.

La primera de estas alternativas es la teoría inscripcional de Scheffler[14]. Scheffler sugiere que las oraciones del discurso indirecto ponen en relación un hablante y una emisión: el papel de la oración-contenido es ayudar a transmitir qué clase de emisión era. Lo que obtenemos de este modo es «Galileo pronunció una emisión que-la-Tierra-se-mueve». El predicado «*x* es una-emisión-que-la-Tierra-se-mueve» tiene, por lo que concierne a las

[12] Benson Mates, «Sinonymity» [*Semantics and the Philosophy of Language*, L. Linsky (ed.), University of Illinois Press, Illinois, 1952]. El ejemplo es de Church.

[13] A. Church, «Intensional Isomorphism and Identity of Belief» [*Philosophical Studies*, 5, 1964, pp. 65-73]; Sellars, «Putnam on Synonymity and Belief» [*Analysis*, 15, 1955, pp. 117-120].

[14] I. Scheffler, «An Inscriptional Approach to Indirect Quotation» [*Analysis*, 10, 1954, pp. 83-90].

teorías de la verdad y de la inferencia, la forma de un predicado no estructurado de un lugar. Quine no enuncia el asunto completamente de esta manera, y podría ofrecer resistencia a mi apropiación de los términos «forma lógica» y «estructura» para propósitos que excluyen la aplicación al predicado de Scheffler. Quine llama al predicado «compuesto» y lo describe como compuesto de un operador y de una oración (214, 215). Éstos son asuntos de terminología; la sustancia, respecto de la que no puede haber discrepancias es que, de acuerdo con la teoría de Scheffler, las oraciones en *oratio obliqua* no tienen relaciones lógicas que dependan de la estructura del predicado, y un predicado veritativo que se aplique a todas las oraciones de este tipo no puede ser caracterizado en el estilo de Tarski. La razón es sencilla: hay un número infinito de predicados con la sintaxis «es-una-emisión——————» cada uno de los cuales, a los ojos de la teoría semántica, no está relacionado con el resto.

Quine ha agarrado uno de los cuernos del dilema. Puesto que atribuir estructura semántica a las oraciones-contenido del discurso indirecto nos fuerza aparentemente a aceptar relaciones lógicas que no queremos aceptar, Quine abandona la estructura. El resultado es que otro desiderátum de la teoría, que la verdad debe definirse, se deja de lado.

Consistente con su política de renunciar toda estructura que no apoye inferencias dignas de conservar, Quine contempla un paso adicional; dice: «... una alternativa final que encuentro tan atractiva como cualquier otra es simplemente prescindir de los objetos de las actitudes proposicionales» (216). Donde Scheffler veía aún «dijo que» como un predicado dos lugares que pone en relación hablantes y emisiones, si bien soldando las oraciones-contenido en predicados de un lugar de una sola pieza que son verdaderos de las emisiones, Quine contempla ahora la oración-contenido y «dijo-que» como algo soldado directamente para formar el predicado de un lugar «*x* dijo-que-la-Tierra-se-mueve», que es verdadero de personas. Desde luego, algunas inferencias inherentes del esquema de Scheffler no valen ahora: ya no podemos inferir «Galileo dijo algo» de la oración que hemos estado utilizando como ejemplo, ni podemos inferir de ella y de «Alguien negó que la Tierra se mueve» la oración «Alguien negó lo que Galileo dijo». Pero, como Quine nos recuerda, inferencias como éstas pueden fallar también en el análisis de Scheffler cuando el análisis se extiende, en líneas que resultan obvias, hacia la creencia y otras actitudes proposicionales, puesto que las emisiones que se necesitan pueden no llegar a materializarse (215). Las ventajas de la teoría de Scheffler sobre la «alternativa final» de Quine son, por tanto, pocas e inciertas; es por esto por lo que Quine concluye que la propuesta que invita al número menor de inferencias es «tan atractiva como cualquier otra».

Esta manera de eliminar inferencias no queridas suprime, desafortunadamente, la mayor parte de la estructura exigida por la teoría de la verdad. Por ello vale la pena volver a darle otro vistazo a la propuesta primitiva de analizar el discurso indirecto en términos de un predicado que pone en relación el hablante que origina la oración, una oración, y el hablante actual de una oración en discurso indirecto. Pues esa propuesta no corta con ninguno de los entrañamientos simples que hemos estado discutiendo, y sólo ella, de entre las sugerencias recientes, prometía ajustarse a los métodos semánticos estándar, cuando se la asociaba con una teoría practicable de la cita. Pero existe un sutil defecto.

Hemos tratado ya de poner de manifiesto el sabor del análisis al que hemos vuelto reescribiendo nuestra oración favorita como «Galileo emitió una oración que significaba en su boca lo que "La Tierra se mueve" significa ahora en la mía». No deberíamos pensar mal de esta farragosa versión de «Galileo dijo que la Tierra se mueve» a causa de la aparente referencia a un significado («lo que "La Tierra se mueve" significa»); esta expresión no será tratada como un término singular en la teoría. Se nos pide de hecho que demos sentido a un juicio de sinonimia entre emisiones, pero no como el fundamento de una teoría del lenguaje, sino meramente como una parte no analizada del contenido del giro idiomático familiar del discurso indirecto. La idea que subyace a nuestra torpe paráfrasis es la de *idemdicencia* (*samesaying*): cuando digo que Galileo dijo que la Tierra se mueve, me represento a Galileo y a mí mismo como idemdicentes[15].

Ahora bien, el defecto es éste. Si yo meramente *digo* que Galileo y yo somos idemdicentes, todavía tengo que *hacer* que lo seamos; ¿Y cómo voy a hacer esto? Obviamente, diciendo lo que él dijo; no usando sus palabras (necesariamente), sino usando palabras con el mismo alcance aquí y ahora que las suyas allá y entonces. Ahora bien, esto es justamente lo que, de acuerdo con la teoría, no puedo hacer. Pues la teoría lleva sellada por las comillas a ese acto a la oración-contenido, y de acuerdo con cualquier teoría estándar de la cita, esto significa que la oración-contenido se menciona y no se usa. Al emitir las palabras «La Tierra se mueve» yo no digo, de acuerdo con este enfoque, nada remotamente parecido a lo que se afirma que Galileo ha dicho; de hecho, no digo nada. Mis palabras, dentro del marco que propor-

---

[15] Hablando estrictamente, el verbo «dijo» se analiza aquí como un predicado de tres lugares que vale de un hablante (Galileo), una emisión del hablante («Eppur si muove») y una emisión del que se la atribuye («La Tierra se mueve»). Este predicado es, desde un punto de vista semántico, un primitivo. El hecho de que una paráfrasis informal del predicado apele a una relación de mismidad de contenido, como sucede entre emisiones, no introduce entidades o semántica intensionales de ningún género. Algunos han considerado esto como una forma de hacer trampa, pero la política es deliberada y de principios. Para una discusión de la distinción entre cuestiones de forma lógica (que es lo que nos interesa ahora) y el análisis de predicados individuales, véase el ensayo 2. También merece la pena observar que la interpretación radical, si tiene éxito, da como resultado un concepto adecuado de sinonimia como el que ocurre entre emisiones. Véase el final del ensayo 12. (Nota agregada en 1982.) [Los ensayos a los que se hace referencia están recogidos en *Inquiries into Truth and Interpretation*. Véase las referencia bibliográfica en nota 5.]

ciona «Galileo dijo que————» ayudan meramente a hacer referencia una oración. No sería perder de vista nuestro objetivo el expandir la cita en la forma que hace poco considerábamos. Toda confianza en que Galileo y yo somos idemdicentes se desvanece en esta versión:

> Galileo dijo que
> «L»⌢«a»⌢«T»⌢«i»⌢«e»⌢«r»⌢«r»⌢«a»⌢«s»
> ⌢«e»⌢«m» ⌢«u»⌢«e»⌢«v»⌢«e».

Parece que hemos sido engañados por un accidente notacional, una forma de hacer referencia a expresiones que, cuando se abrevia, produce cuadros enmarcados de las mismísimas palabras a las que se ha hecho referencia. La dificultad es chocante; veamos si podemos sortearla. Imaginemos un caso alterado. Galileo emite sus palabras «Eppur si muove», yo emito mis palabras, «La Tierra se mueve». No hay problema alguno en reconocer que somos idemdicentes; una emisión mía encaja con una emisión suya por lo que respecta a lo que dan a entender. No estoy usando ahora mis palabras para ayudar a hacer referencia a una oración; hablo por mí mismo, y mis palabras se refieren en su modo usual a la Tierra y su movimiento. Si la emisión de Galileo «Eppur si muove» nos hizo idemdicentes, entonces una u otra emisión de Galileo nos hizo idemdicentes. La forma «($\exists x$) (la emisión x de Galileo y mi emisión y nos hacen idemdicentes)» es entonces una forma de atribuir cualquier dicho que quiera a Galileo, siempre que encuentre un modo de reemplazar «y» por una palabra o frase que se refiera una emisión mía apropiada. Y seguramente, ésta es una manera de hacerlo: sólo necesito producir la emisión requerida y reemplazar «y» por una referencia a ella. Reza así:

> La Tierra se mueve.
> ($\exists x$) (la emisión x de Galileo y mi última emisión nos hacen idemdicentes).

Todo lo que se necesita es una abreviatura definicional para reducir este breve entremés a

> La Tierra se mueve.
> Galileo dijo que.

Aquí el «que» es un término demostrativo singular que se refiere a una emisión (no una oración).

Esta forma tiene un pequeño inconveniente, dado que deja al oyente *in albis* respecto del propósito que se tiene delante al decir «La Tierra se mueve» hasta que el acto haya sido realizado. Es como si, pongamos por caso, yo contara primero un cuento y añadiese a continuación: «Érase una vez». Es ciertamente divertido el que sea de esta manera y, en cualquier caso, ninguna cantidad de indicaciones sobre cuál es la fuerza ilocucionaria de nuestras emisiones va a asegurar que tengan esa fuerza. Pero en el caso presente nada nos impide dar la vuelta al orden de las cosas; de este modo

Galileo dijo que.
La Tierra se mueve.

Ahora resulta inocuo admitir un minúsculo cambio ortográfico, un cambio sin significación semántica, pero que sugiere al ojo la relación de introductor e introducido: podemos suprimir el punto después de «que» y la letra mayúscula subsiguiente:

Galileo dijo que la Tierra se mueve.

Quizá no debería causar sorpresa el enterarse que la forma de las oraciones psicológicas del inglés evolucionó aparentemente de una manera muy semejante a la que estas reflexiones sugieren. De acuerdo con el *Oxford English Dictionary*:

> Se mantiene de modo general que el uso de *that* ha surgido del pronombre demostrativo que señala la cláusula que introduce. Cfr. (1) «He once lived here: we all know *that*» [En algún período vivió aquí: todos sabemos *eso*]; (2) «*That* (now *this*) we all know: he once lived here» [*Eso* (ahora *esto*) lo sabemos todos: en algún período vivió aquí]; (3) «We all know *that* (or *this*): he once lived here» [Todos sabemos *eso* (o *esto*): en algún período vivió aquí]; (4) «We all know *that* he once lived here...» [Todos sabemos que en algún período vivió aquí...][16].

La propuesta es entonces ésta: sucede que las oraciones en discurso indirecto, llevan su forma lógica en la bocamanga (excepto por lo que respecta a un pequeño punto). Consisten en una expresión que se refiere a un hablante, el predicado de dos lugares «dijo», y un demostrativo que se refiere a una emisión. Punto. Lo que sigue da el contenido del dicho del sujeto, pero no tiene ninguna conexión lógica o semántica con la atribución original de un dicho. Este último punto es sin duda la novedad, y de él depende todo: desde un punto de vista semántico la oración-contenido del discurso indirecto no está contenida en la oración cuya verdad cuenta, es decir, la oración que termina con «que».

---

[16] J. A. H. Murray *et al.* (eds.), *The Oxford English Dictionary* [Clarendon Press, Oxford, 1933], p. 253; cfr. C. T. Onions, *An Advanced English Syntax* [Routledge and Kegan Paul, Londres, 1965], pp. 154-156. La primera vez que supe que «that» en tales contextos había evolucionado a partir de un demostrativo explícito fue leyendo la página 13 de *Knowledge and Belief* de J. Hintikka [Cornell University Press, Ithaca, 1962]. [Versión castellana: *Saber y creer*, Tecnos, Madrid, 1979]. Hintikka observa que un desarrollo similar ha tenido lugar en alemán y en finés. La cita del *Oxford English Dictionary* se la debo a Eric Stiezel.

Haríamos mejor, al habérnoslas con este asunto, en hablar de inscripciones y emisiones y actos de habla, y evitar la referencia a oraciones[17]. Pues lo que hace una emisión de «Galileo dijo que» es anunciar una emisión nueva. Como cualquier otra emisión, esta primera puede ser seria o tonta, agresiva o juguetona; pero si es verdadera, tiene que ir seguida de una emisión que sea sinónima de alguna otra. La segunda emisión, el acto introducido, puede también ser verdadera o falsa, hecha de modo agresivo o juguetón. Pero si es como se la anunció, tiene que al menos cumplir el propósito de transmitir el contenido de lo que alguien dijo. El papel de la emisión introductora nos es familiar: hacemos lo mismo con palabras como «Esto es un chiste», «Esto es una orden», «Él ordenó eso», «Escucha ahora esto». Tales expresiones podrían denominarse realizativas, pues se usan a modo de introductoras de algo que va a realizar el hablante. Hay un cierto efecto reflexivo interesante cuando los realizativos ocurren en la primera persona del presente, puesto que, a continuación, el hablante emite palabras que, si son verdaderas, son hechas tales exclusivamente por el contenido y modo de la realización que sigue, y el modo de esta realización bien puede estar perfectamente determinado en parte por la misma introducción realizativa. He aquí un ejemplo que también nos brindará ocasión para un comentario final sobre el discurso indirecto.

«Jones aseveró que Entebbe es ecuatorial», vendrá a significar, si utilizamos de forma paralela el análisis del discurso indirecto, algo parecido a «Una emisión de Jones en modo asertivo tenía el contenido de esta emisión mía. Entebbe es ecuatorial». El análisis no se va a pique puesto que los modos de emisión de los dos hablantes pueden diferir; todo lo que exige la verdad del realizativo es que la segunda emisión, cualquiera que sea su modo (asertivo o no), encaje, por lo que respecta al contenido, con una emisión asertiva de Jones. La cuestión de si tal asimetría es apropiada en el discurso indirecto depende de la cantidad de aserción que extraigamos del concepto de decir. Supongamos ahora que pruebo con: «Asevero que Entebbe es ecuatorial». Desde luego, es posible que, al decir esto, no asevere nada; el modo de las palabras no puede garantizar el modo de emisión. Pero si mi emisión del realizativo es verdadera, entonces digo efectivamente algo en el modo asertivo que tiene el contenido de mi segunda emisión; esto es: asevero efectivamente que Entebbe es ecuatorial. Si efectivamente asevero esto, un elemento de mi éxito es sin duda mi emisión del realizativo, que anuncia una aserción; así pues los realizativos tienden a autocumplirse. Es quizás este rasgo de los realizativos lo que ha despistado a algunos filósofos llevándo-

---

[17] Supongo que una teoría de la verdad para un lenguaje que contiene demostrativos tiene que aplicarse estrictamente a emisiones y no a oraciones; de lo contrario, trataría a la verdad como una relación entre oraciones, hablantes y tiempos. Véanse los ensayos 2 y 4 de *Inquiries into Truth and Interpretation* (referencia bibliográfica en la nota 5).

los a pensar que los realizativos, o sus emisiones, no son ni verdaderos ni falsos.

De acuerdo con el análisis del discurso indirecto aquí propuesto, los problemas estándar parecen encontrar una solución justa. El fallo aparente de las leyes de sustitución extensional se explica como resultado de que confundimos lo que realmente son dos oraciones con una sola: hacemos sustituciones en una oración, pero es la otra (su emisión) la que cambia por lo que respecta a su verdad. Puesto que una emisión de «Galileo dijo que» y cualquier emisión que la siga son semánticamente independientes, no hay razón para predecir, basándose en la forma sólo, ningún efecto *particular* sobre la verdad de la primera a partir de un cambio en la segunda. Por otra parte, si la segunda emisión hubiese sido, en cierto modo, diferente, la primera emisión *podría* haber tenido un valor de verdad diferente, pues la referencia del «que» habría cambiado.

La paradoja, el que las oraciones (emisiones) en *oratio obliqua* no tengan las consecuencias lógicas que deberían si la verdad ha de definirse, está resuelta. Lo que sigue al verbo «dijo» tiene sólo la estructura de un término singular, usualmente el demostrativo «que». Dando por sentado que el «que» hace referencia, podemos inferir que Galileo dijo algo a partir de «Galileo dijo que»; pero esto lo aceptamos de buen grado. Las palabras familiares que van a continuación del realizativo en el discurso indirecto tienen, de hecho, de acuerdo con mi explicación, una estructura, pero es una estructura familiar y no plantea ningún problema para la teoría de la verdad que no estuviera planteado ya antes de que estuviese sobre el tapete el asunto del discurso indirecto.

Desde Frege, los filósofos se han hecho a la idea de que las oraciones-contenido en el habla sobre actitudes proposicionales pueden referirse extrañamente a entidades tales como intensiones, proposiciones, oraciones, emisiones e inscripciones. Lo que es extraño no son las entidades, que están perfectamente en su lugar (si tienen alguno), sino la noción de que palabras ordinarias para planetas, personas, mesas e hipopótamos puedan abandonar estas referencias pedestres en el discurso indirecto por otras exóticas. Si pudiéramos recuperar nuestra inocencia semántica prefregeana, creo que nos parecería sencillamente increíble que las palabras «La Tierra se mueve», emitidas después de las palabras «Galileo dijo que», signifiquen algo diferente, o se refieran algo distinto que aquello a lo que suelen hacerlo cuando están en otros entornos. Sin duda, su papel en *oratio obliqua* es especial en algún sentido; pero esto es otra historia. El lenguaje es el instrumento que es porque la misma expresión, sin variar los rasgos semánticos (significado), puede servir para incontables propósitos. He intentado mostrar que nuestra comprensión del discurso indirecto no supone tensión alguna para esta intuición básica.

INOCENCIA SEMÁNTICA Y SITUACIONES NO COMPROMETIDAS*

JON BARWISE y JOHN PERRY

> Desde Frege, los filósofos se han hecho a la idea de que las oraciones contenido en el discurso sobre actitudes proposicionales pueden referirse extrañamente a entidades como intensiones, proposiciones, oraciones, proferencias e inscripciones [...]. *Si pudiéramos recobrar nuestra inocencia semántica prefregeana*, pienso que sería sencillamente increíble que las palabras «la Tierra se mueve», proferidas tras las palabras «Galileo dijo que», signifiquen algo diferente, o se refieran a algo distinto, de lo que es usual para ellas cuando vienen en otros entornos.
>
> DONALD DAVIDSON, «On Saying That»[1].

I. SITUACIONES COMPROMETIDAS

Estos autores han logrado recobrar su inocencia semántica prefregeana al redescubrir una vieja idea: que los enunciados están por situaciones, complejos de objetos y de propiedades que se dan en el mundo. La idea se encuentra en diversas formas en Russell, Wittgenstein y Austin, y más recientemente en Gustav Bergmann y otros realistas del Medio Oeste, pero les ha resultado poco atractiva a aquellos cuya filosofía del lenguaje está guiada por el modelo tradicional de la semántica formal.

Las situaciones quedaron comprometidas por el supuesto de Frege de que la referencia de una oración debe ser un valor de verdad. Este enfoque no dejó espacio para las situaciones e importantes figuras como Church, Quine y Davidson han seguido a Frege en este respecto. Carnap trató de tomar las proposiciones como *designata* de las oraciones en su primeriza *Introduction to Semantics*, y sus proposiciones se parecían a estados de cosas o situaciones. Pero Church, en su recensión del libro, dio una prueba formal de que

* Versión castellana de Alfonso García Suárez.

[1] Donald Davidson, «On Saying That», reimpreso en *The Logic of Grammar*, ed. por Donald Davidson y Gilbert Harman, Encino, Cal., 1975, p. 152. Publicado originalmente en *Synthèse*, 19 (1968-1969). Cursivas nuestras. [Véanse pp. 183-198 de este volumen.]

eso no podía funcionar[2]. Ese argumento usaba ideas de Frege para mostrar que la referencia de una oración debe ser un valor de verdad, siempre que se den por sentados principios con los que Carnap estaba comprometido.

Nosotros hemos desarrollado una concepción teórico-modelista de la semántica que toma en serio las situaciones. Nos vemos obligados a hacerlo para dar una explicación inocente de la semántica de la percepción y de la creencia, respectivamente. Habiendo desarrollado la semántica de situaciones, recordamos la vieja prueba de que era imposible. El reexamen del argumento de Church desde esta nueva perspectiva muestra que mezcla confusamente dos modos totalmente diferentes de contemplar la relación entre enunciados y situaciones.

En este ensayo esbozamos (muy brevemente) lo suficiente de nuestra concepción de las situaciones y sus tipos para permitirnos compartir nuestro reexamen. Un desarrollo más completo de la semántica de situaciones aparecerá a su debido tiempo.

II. TIPOS DE SITUACIONES

La imagen básica que deseamos promover es así. El mundo, al menos el mundo del sentido común que refleja el lenguaje humano, consta no sólo de objetos, propiedades y relaciones, sino también de objetos que tienen propiedades y están en relaciones entre sí. Hay partes del mundo, claramente reconocidas (aunque no individuadas precisamente) en el sentido común y en el lenguaje humano, que llamamos situaciones.

Estamos seguros de que ciertas situaciones son parte del mundo porque las vemos (como cuando vemos a la Torre Hoover proyectar una sombra sobre Stanford), porque nos encontramos nosotros mismos en situaciones (el habernos retrasado con este ensayo nos pone en una situación apurada), y porque encontramos que siempre hemos creído en ellas (como hemos creído frecuentemente que Colón descubrió América). Los estados de cosas son situaciones, los sucesos y los episodios son situaciones que se dan en el tiempo, las escenas son situaciones percibidas visualmente, los cambios son secuencias de situaciones y los hechos son situaciones enriquecidas (o contaminadas) por el lenguaje.

Las situaciones tienen propiedades de dos clases, internas y externas. El que el gato pasease sobre el piano enervó a Enrique. El que lo haya enervado es lo que llamamos una propiedad externa del acontecimiento. El acontecimiento consta de un cierto gato realizando una cierta actividad sobre un cierto piano; ésas son sus propiedades internas.

---

[2] Rudolf Carnap, *Introduction to Semantics*, Cambridge, 1942; Alonzo Church, «Carnap's *Introduction to Semantics*», *Philosophical Review*, 52 (1943), pp. 298-305.

Los enunciados indicativos simples clasifican las situaciones, de acuerdo con sus propiedades internas, afirmando que la situación real es un cierto *tipo* de situación. Para representar las propiedades internas o el tipo de una situación usamos funciones parciales que toman secuencias de relaciones y objetos como argumentos y 1 ó 0 como valores. El tipo de situación que enervó a Enrique es uno en el que

s(sobre, el gato, el piano) = 1.

El tipo de situación s′ en el que el gato no está paseando sobre el piano sino que está donde debe, sobre la estera, satisface

s′(sobre, el gato, el piano) = 0
s′(sobre, el gato, la estera) = 1.

La creencia en el mundo es una creencia en una situación máxima; a su tipo lo llamamos el tipo cósmico.

Tomamos en serio las propiedades y las relaciones; no son ni significados ni conjuntos de individuos ni conjuntos de secuencias de individuos. El dominio A de los individuos y el dominio R de las relaciones son productos paralelos de una actividad conceptual, la de individuación. Son igualmente abstractos pero igualmente los ítems más concretos con los que nos las vemos en la percepción y en el lenguaje. La individuación proporciona la articulación del mundo necesaria para que el lenguaje pueda hacerse cargo del mundo.

Las situaciones reales son parte del mundo real. La actividad conceptual que individúa el mundo nos permite clasificar las situaciones según sus tipos. Sin embargo, una vez que tenemos algunos de los hechos, nos damos cuenta de que podrían haber sido de otro modo, que hay situaciones tipo que no son realizadas por situaciones reales. Estas situaciones tipo no realizadas intervienen en muchas de nuestras esperanzas, miedos, intenciones y creencias. Gran parte de nuestra vida mental y por tanto del lenguaje que usamos para describir esa vida mental comporta tales situaciones tipo no realizadas.

III. INTERPRETACIÓN Y EVALUACIÓN

¿Cómo se hace cargo del mundo el lenguaje? Lo hace al nivel más rudimentario mediante enunciados indicativos simples que describen tipos de situaciones, y el significado de una oración es lo que la hace apropiada para esa tarea. Pero la de significado es una noción notoriamente resbaladiza y compleja, que mezcla confusamente muchos aspectos distintos del uso del lenguaje. Así como el número 100 es la suma de muchas diferentes columnas de números menores, así hay muchos modos en que se podría tratar de desmenuzar el significado en componentes menores. Ciertos modos de hacerlo están bastante arraigados en filosofía: referencia *versus* sentido en Frege, extensión *versus* intensión en Carnap. Más recientemente, David Kaplan ha defendido un sistema con tres niveles: carácter, intensión (o contenido) y extensión[3]. Nuestro propio intento también tienen tres niveles: *significado lingüístico*, *interpretación* y *evaluación*.

Del significado lingüístico tendremos poco que decir aquí, excepto a través de ejemplos que indican cómo da lugar a la interpretación, pero debe mantenerse diferenciado de ella. Esto lo hemos aprendido de los trabajos de Kaplan sobre la indexicidad. (Es también una importante intuición de Austin, y la obra de Austin en general es valiosa para el filósofo de orientación situacional[4].) Kaplan superimpone su estrato superior, el carácter, a una semántica de los mundos posibles. El carácter y la intensión o contenido los ve como aspectos de la noción fregeana de sentido. Nosotros creemos que los dos estratos del fondo de esta estructura requieren una reorganización drástica y que el estrato superior puede beneficiarse de la apercepción de la naturaleza de las situaciones inferiores. Nuestro estrato medio *no* es el sentido de Frege, pues nuestras interpretaciones son complejos de objetos y propiedades, no habitantes de un tercer reino fregeano ni tampoco los procedimientos o las funciones de mundos posibles a extensiones que han sido usados por filósofos del lenguaje actuales para interpretar los sentidos de Frege. Los objetos y las propiedades se encuentran en el nivel de la referencia de Frege. Pero la noción de referencia de Frege refleja su concepción según la cual se dispone de un reino del sentido para proporcionar la especificidad necesaria para los enunciados que aparecen incrustados. Creemos que esto va totalmente descaminado; de ahí que nuestro nivel medio sea a lo sumo una reelaboración drástica de la referencia.

Hay mucho explorable en los niveles de la interpretación y de la evaluación que parece estar aislado en buena medida de otras complejidades del significado lingüístico. Lo hacemos siguiendo dos principios metodológicos. Nuestro primer principio es que, en el nivel de la interpretación, los enunciados indicativos están por, describen, o (como diremos oficialmente) *designan* tipos de situaciones.

---

[3] David Kaplan, «Dthat» y «On the Logic of Demonstratives», en *Contemporary Perspectives in the Philosophy of Language*, ed. por Peter A. French, Theodore E. Uehling, Jr., y Howard K. Wettstein, Minneapolis, 1979, pp. 383-412.

[4] J. L. Austin, *Philosophical Papers*, Oxford, 1961. Véanse particularmente «Truth» y «Unfair to Facts». [*Ensayos filosóficos*, Alianza, Madrid, 1975, los ensayos titulados «Verdad» e «Injusto con los hechos».]

Nuestro segundo principio es una versión de la composicionalidad, la afirmación de que el significado de un enunciado es una función de los significados de sus partes. Enunciado tan vagamente, es difícil que pudiera ser falso.

Frege usó este principio en su teoría en ambos niveles: la referencia de una expresión compleja es una función de las referencias de sus partes y similarmente respecto del sentido. Nuestro segundo principio metodológico es el principio de composicionalidad modesta y flexible: seamos composicionales en el nivel de la interpretación, pero seamos modestos en nuestras metas y no seamos rígidos en extremo. Modestamente, muerde tan poco como sea posible del «significado» de modo que resulte que las interpretaciones de un todo sean funciones de las interpretaciones de sus partes. Flexiblemente, advierte que puede haber más de un modo de componer un todo a partir de partes.

Hay ambigüedades deliberadas en estos principios. Cuando dijimos que los enunciados han de designar situaciones tipo, usamos el plural para enmascarar una complicación. A saber, un enunciado solo no designa una sola situación tipo, sino un conjunto de situaciones tipo. Por ejemplo, «Alguien está dormido» no describe una sola situación tipo, la de algún individuo particular que está dormido; describe, más bien, el tipo de situación en que *alguien* está dormido. Esto es, designará el conjunto de tipos de situaciones en que alguien está dormido.

Similarmente, «Jackie o Molly tienen pulgas» designa el conjunto de tipos de situaciones en que o bien Jackie o bien Molly o ambas tienen pulgas. Llamaremos a un conjunto de situaciones tipo una *proposición*, de manera que los enunciados designan proposiciones.

Otra ambigüedad contenida en el primer principio es la que se da entre enunciado y oración, y aquí el primero de nuestros principios comienza a interactuar con el segundo. La oración «Soy nebraskano» tiene un significado lingüístico que es independiente de qué hablante del español la use, o cuándo lo haga (dentro de los límites temporales en los que las palabras individuales no adquieren significados diferentes o el todo se convierte en un giro idiomático). Sin embargo, expresa diferentes proposiciones (tipos de situaciones) según quién la diga. Dicha por el primer autor, el enunciado resultante designa un conjunto de tipos de situaciones no realizadas. Dicha por el segundo, el enunciado resultante es diferente y contiene el tipo del mundo real entre sus *designata*.

En nuestro énfasis en los enunciados y los tipos de situaciones seguimos a J. L. Austin en su famoso ensayo «Verdad». Sin embargo, Austin intentó hacer que sus «convenciones descriptivas» lleven directamente de oraciones a situaciones tipo, una jugada que confunde dos pasos que necesitan mantenerse separados. (De ahí que Austin no lograse implementar la intuición antes mencionada; el sistema de Kaplan lo logra.) El modo en que proferencias de «Soy nebraskano» dan lugar a diferentes enunciados es una parte importante del significado lingüístico, pero es una parte que impide hacer que las oraciones designen situaciones tipo. De ahí nuestro énfasis en los enunciados[5].

Una oración es una oración de algún lenguaje y parte de lo que proporciona el lenguaje es el significado lingüístico de la oración. En un uso particular, el significado lingüístico proporciona interpretaciones de las partes y del todo. La interpretación del todo ha de ser el conjunto de situaciones tipo designado por el enunciado. (Esto es una simplificación excesiva; como veremos. La interpretación de las partes subdetermina la interpretación del todo.) En general, el enunciado tendrá una interpretación sola que es independiente del modo en que son realmente las cosas en el mundo: esto es, una interpretación determinada por el enunciado, el conjunto A de objetos y el conjunto R de relaciones, pero independiente de la estructura del mundo tal como ésta resulte ser. Esto debe suceder ya que podemos interpretar enunciados que resultan ser falsos o que tienen que ver con situaciones inaccesibles para nosotros.

Pasemos ahora a nuestro segundo principio metodológico: la composicionalidad modesta y flexible. Primero, veamos una aplicación trivial. La interpretación de «Jackie ladra» ha de ser una proposición, el conjunto de situaciones tipo *s* en las que Jackie ladra, i.e.,

$$\{s \mid s(\text{está ladrando, Jackie}) = 1\}.$$

Ha de ser también una función de la interpretación de las partes del enunciado, de modo que «Jackie» ha de suministrar el objeto Jackie y «ladra» la propiedad de ladrar. Esto es, la más simple elección de interpretaciones compatible con nuestros principios es interpretar «Jackie» como Jackie y «ladra» como la propiedad de ladrar. Al nivel de la interpretación encontramos, pues, objetos como interpretaciones de nombres, variables y otros términos no complejos, propiedades y relaciones como interpretación de predicados simples y proposiciones (i.e., conjuntos de situaciones tipo) como interpretación de enunciados.

Hay una tendencia en la filosofía del lenguaje del siglo XX a confundir propiedades con significados; esto debe evitarse. Cuando el primer autor dice «Mollie es de este color», apuntando a una estera de un cierto color, y el segundo autor dice «Jackie es de este color», apuntando a un libro, usan exactamente la misma frase verbal con el mismo significado. Pero si los colores de la estera y el libro son diferentes, los predicados están por propiedades enteramente diferentes en los dos enunciados.

Para llevar el análisis de la interpretación un paso más allá, hallemos qué es la interpretación de un predicado o frase verbal complejos, como «ama

---

[5] Tratamos de usar «oración» y «enunciado» apropiadamente, excepto al discutir los puntos de vista de otros cuando parezca inadecuado.

a María». Inicialmente hay un problema. Interpretamos «ama» por medio de una relación de dos lugares *l* y «María» por medio de María, y necesitamos obtener de los dos alguna propiedad: la propiedad de amar a María. ¿Necesitamos suponer que ésta es primitiva o podemos construirla a partir de lo que tenemos a mano?

Para mostrar cómo construirla, partimos de nuestro primer principio. Para cualquier a miembro de A, queremos que el enunciado de que a ama a María se interprete como el conjunto de situaciones tipo *s* en que a ama a María, *s*(*l*, a, María) = 1. Llamemos a esta proposición, a este conjunto de situaciones tipo, p(a). La función que va de cualquier a de A a p(a) tiene dos importantes propiedades: (1) puede definirse solamente en términos de las interpretaciones *l* de «ama» y María de «María», y (2) a partir de esta función y cualquier a $\in$ A podemos construir la proposición de que a ama a María, a saber, p(a). Éstas son justamente las propiedades que exigimos de una interpretación de «ama a María».

Así pues, definimos P como el conjunto de todas las proposiciones obtenibles de A y R, y llamamos a cualquier función que vaya de A a P una *propiedad compleja*. Son nuestras análogas a las funciones proposicionales de Russell. Cualquier propiedad primitiva p puede identificarse con una propiedad compleja p* —la propiedad de tener p— definiendo p*(x) como la proposición de que x tiene p,

$$p^*(x) = \{s \in S \mid s(p,x) = 1\}.$$

Así, en general, la interpretación de una frase verbal es una propiedad compleja.

Un momento de reflexión convencerá al lector de que la conjunción de dos enunciados ϕ y ψ debe interpretarse por medio de la intersección de sus respectivas interpretaciones. Si usamos $[[\phi]]$ para denotar la interpretación de ϕ, entonces $[[\phi \text{ y } \psi]] = [[\phi]] \cap [[\psi]]$. Similarmente, $[[\phi \text{ o } \psi]] = [[\phi]] \cup [[\psi]]$. ¿Qué hay de la negación?

Austin, en «Verdad», lamenta la confusión entre falsedad y negación, y con esto hemos de concordar. En la situación de la que nos apercibimos aquí en nuestro estudio, no es verdad que Jackie esté ladrando. Jackie no está presente a nuestros sentidos; sencillamente ella no es parte de esta situación. Así, mientras que la proposición de que Jackie está ladrando no contiene el tipo de la situación de la que nos apercibimos, tampoco lo contiene la proposición de que Jackie *no* está ladrando. Conociendo a Jackie, probablemente esté ladrando en casa. Así, el enunciado de que Jackie no está ladrando es interpretado como el conjunto de tipos s tales que s (está ladrando, Jackie) = 0, mientras que el enunciado «Es falso que Jackie está ladrando» puede ser interpretado como {s | s(está ladrando, Jackie) ≠ 1}. Sólo esta última proposición contiene la situación de la que nos apercibimos. Puesto que las situaciones tipo son tipos cósmicos parciales, nunca toman más que uno de los valores 0 o 1, pero al ser parciales pueden no tomar ninguno de los dos. Esto no significa que tengamos una «lógica trivalente». Un enunciado es verdadero o no lo es.

La semántica situacional es mucho más flexible que los enfoques más tradicionales en formas que deberían agradar al lingüista o al filósofo del lenguaje que no ha permitido que la lógica tradicional se adueñe demasiado firmemente de sus procesos de pensamiento. Ciertos conceptos clásicamente simples como el de negación y el de implicación material se ven como confusiones de diversas nociones, provocadas por trabajar con una única situación: el mundo.

Al hablar de composicionalidad flexible, sin embargo, tuvimos en mente otro aspecto, absolutamente central, de nuestra teoría. Recuérdese que nuestro sistema tiene tres niveles: significado, interpretación y evaluación. La idea que hay tras la tercera categoría es ésta. A menudo mediante una mirada al mundo o a alguna parte del mundo (o incluso a alguna situación tipo pertinente que no se ajusta al mundo) una expresión puede ser equipada con una «interpretación cargada de valores»: una interpretación que depende de cómo disponga las cosas la situación tipo. Esta interpretación cargada de valores es una contribución alternativa que puede hacer la expresión a la interpretación del enunciado del que forma parte.

Algunas clases de evaluación obvias consisten en (1) determinar si un tipo de situación dado está en una proposición dada; (2) determinar la extensión de una propiedad en una situación dada; (3) determinar las propiedades que tiene un individuo en una situación dada. Creemos que ciertas categorías semánticas tradicionales, como la *Bedeutung* de Frege o la noción más moderna de extensión, están a un paso de ser una mezcolanza entre interpretación y evaluación, provocada por el papel central de la evaluación en la comprensión del lenguaje. Así a las proposiciones se las ha tomado por valores de verdad, a las propiedades se las ha confundido con extensiones, y en la obra de Montague a los individuos se los ha casi identificado con conjuntos de propiedades.

Pero la distinción es difícil de ignorar cuando las oraciones están incrustadas en contextos de percepción y de creencia. Así todo el mundo puede sentir las dos lecturas de

Sally vio a un perro con pulgas saltar a la piscina

o

Sally cree que la secretaria del decano es decana.

Quien no logra ver las interpretaciones alternativas cuando los enunciados no están incrustados se ve obligado a hallar una fuente alternativa de la ambigüedad de los enunciados incrustados. Es natural entonces echar mano del alcance, y este modo de contemplar las cosas está tan arraigado que llega a confundirse con los fenómenos mismos. Nosotros vemos la ambigüedad como simplemente un asunto de la interpretación de la oración incrustada, no como un asunto de alcance.

Aplicada a las descripciones definidas, la distinción entre libre de valores y cargada de valores es simplemente la distinción de Donnellan entre usos atributivos y referenciales [6]. La teoría de las descripciones de Russell se centró en su uso libre de valores o atributivo, la de Frege y Strawson en su uso cargado de valores. Donnellan vio que no deberían ser teorías alternativas, sino usos alternativos explicados por una sola teoría. Donnellan se sintió inseguro sobre hacia qué clase de ambigüedad estaba llamando la atención; algunos filósofos han pensado que estaba llamando la atención simplemente hacia la ambigüedad potencial, debida al alcance, que se da cuando están incrustadas las oraciones que contienen descripciones definidas. Nosotros pensamos que Donnellan puso el dedo en una ambigüedad claramente semántica y que la distinción referencial-atributivo es una manifestación de un fenómeno ubicuo e importante de carga de valores.

IV. SEMÁNTICA INOCENTE

Se pueden hallar dos razones en Frege para renunciar a la inocencia. La primera es que la sustitución de expresiones correferenciales dentro de enunciados incrustados en ciertos contextos lingüísticos no preserva la verdad del enunciado incrustante completo. A esos contextos se los llama ahora frecuentemente, siguiendo a Quine, «referencialmente opacos». Está ampliamente extendida la creencia de que las actitudes proposicionales son referencialmente opacas. Nosotros creemos que en conjunto no lo son. En cualquier caso, debería existir acuerdo general en que *algunas* no lo son. Un contexto así es el de percepción no epistémica:

(1) Sally ve correr a Mollie.

Otro es el de creencia ordinaria:

Sally cree que mi perra está corriendo.

---

[6] Keith Donnellan, «Reference and Definite Descriptions», *Philosophical Review*, 75 (1966), pp. 281-304 [pp. 85-104 de este volumen]; «Putting Humpty Dumpty Together Again», *Philosophical Review*, 77 (1968), pp. 203-215. Ruth Marcus observa de pasada en «Modalities and Intensional Languages», *Synthèse*, 14 (1962), que las descripciones pueden funcionar como nombres propios, i.e., «de modo puramente referencial»; considera que su uso normal es más como el uso atributivo; véase p. 283.

Algunos argumentos en pro de la opacidad referencial parecen basados en ignorar la diferencia entre interpretación cargada de valores y libre de valores. Podría argumentarse, por ejemplo, que la percepción no epistémica es opaca citando la falsedad de

(1)′ Sally ve correr a la perra del collar rojo.

Pero (1)′ sólo es falso si la descripción se usa atributivamente; esto es, si el tipo de escena que se dice que ve Sally tiene la propiedad de tener un collar rojo como constituyente. Pero usada así, la sustitución de «Mollie» por «la perra del collar rojo» no preserva la interpretación. Por otro lado, si la descripción está cargada de valores (usando para la carga un tipo de una porción del mundo mayor que la que ve Sally), (1)′ es verdadero si lo es (1), dado que Molly es la perra en cuestión.

Algunos argumentos en pro de la opacidad referencial parecen basados en una confusión entre implicaturas conversacionales y entrañamientos semánticos. Así nosotros pensamos que «Smith cree que Cicerón era un orador» no implica, sino que a lo sumo sugiere, que Smith le asignaría verdad a «Cicerón era un orador». La sugerencia es claramente cancelable: «Smith cree que Cicerón era un orador, pero sólo sabe llamarlo "Tulio"»[7].

En cualquier caso, nos parece claro que hay actitudes proposicionales, incrustadoras de oraciones, que son transparentes. Pero la segunda razón de Frege para renunciar a la inocencia semántica fue un conjunto de consideraciones que lo convencieron de que cualquiera de esos contextos sería equivalente a «Es verdad que...».

En «Sobre sentido y referencia» Frege pregunta cuál debería ser la referencia de una oración declarativa completa, cuando «concierne a la referencia de sus palabras». Concluye que es el valor de verdad. Un punto clave a favor de esto es que el valor de verdad de una expresión permanece inmutable cuando se reemplaza una parte de la oración por una expresión que tenga la misma referencia. «¿Qué otra cosa, sino el valor veritativo, podría encontrarse», pregunta Frege, «que pertenezca con toda generalidad a cada oración en la que interese la referencia de sus componentes, y que permanezca inmodificada en una sustitución del tipo mencionado?»[8].

---

[7] Véase J. O. Urmson, «Criteria of Intentionality», en *Logic and Philosophy for Linguists*, ed. por J. M. E. Moravcsik, La Haya, 1974, pp. 226-237. Véase también Jon Barwise, «Scenes and Other Situations», artículo no publicado, Stanford University [publicado después en el *Journal of Philosophy*, 78 (1981), pp. 369-397], y John Perry, «Belief and Acceptance», *Midwest Studies in Philosophy*, 5 (1980), pp. 533-542, y «The Problem of the Essential Indexical», *Noûs*, 13 (1979), pp. 3-21.

[8] Gottlob Frege, «On Sense and Reference», en *Translations from the Philosophical Writings of Gottlob Frege*, ed. y trad. por Peter Geach y Max Black, Oxford, 1960, p. 64. [«Sobre sentido y referencia», pp. 29-49 de este volumen.]

Una semántica inocente entiende que la referencia del enunciado —aquel aspecto de la significación que depende de la referencia de sus partes— es justamente aquello que contribuye a la referencia de los todos en que está incrustado. Si entendemos que la referencia de la oración es su valor de verdad, abandonamos la esperanza de una semántica inocente, como ve Frege:

> Ahora bien, si el valor veritativo de la oración es su referencia, resulta que, por una parte, todas las oraciones verdaderas tienen la misma referencia, y que, por otra parte, también todas las oraciones falsas tienen la misma referencia. De ahí que, en la referencia de la oración todo lo específico desaparezca[9].

Dado que Mollie está corriendo y Richard está echado, esto dejaría a una semántica inocente comprometida a la equivalencia de

(1) Sally ve correr a Mollie
(2) Sally ve echado a Richard

o

(3) Sally cree que Mollie está corriendo
(4) Sally cree que Richard está echado.

Una semántica que no pudiera asegurarles diferentes valores de verdad a estos pares sería un caso desesperado.

La tradición ha abordado la pérdida de la inocencia semántica de Frege de dos maneras: (i) para actitudes proposicionales plausiblemente opacas, trátense las oraciones como incrustadas y la semántica como culpable; (ii) para actitudes proposicionales innegablemente transparentes, trátese la incrustación de la oración como ilusoria, adoptando un análisis que desplace la posición aparentemente transparente de su lugar en la oración incrustada. La semántica para la porción de la oración que queda incrustada será de nuevo no inocente.

Nuestro enfoque es tratar la oración como incrustada y la semántica como inocente, y negar que los problemas que Frege y otros han visto en este enfoque sean tan importantes.

Por ejemplo, entendemos que un enunciado de la forma *X ve E* tiene incrustado un enunciado E y es verdadero justamente si X ve una escena (una clase de situación específica) que pertenece a algún tipo que está en la interpretación de E. Entendemos que *X cree que E*, en sus usos más centrales y habituales, dice que X tiene una cierta propiedad relacional compleja construida a partir de los objetos y propiedades que son constituyentes de la

[9] Ibíd., p. 65.

proposición de que E. En ambos casos, las partes del enunciado incrustado tienen sus interpretaciones usuales en el todo. ¿Qué puede ir mal en este enfoque inocente?

V. EL TIRACHINAS DE FREGE-CHURCH

Los argumentos propios de Frege contra la inocencia semántica no parecen muy impresionantes. A su pregunta, «¿Qué otra cosa, sino el valor veritativo, podría encontrarse que pertenezca con toda generalidad a cada oración en la que interese la referencia de sus componentes, y que permanezca inmodificada en una sustitución...?», respondemos «Las situaciones designadas». En la situación, no se pierde todo lo específico.

Además, Frege dice que «siempre puede buscarse la referencia de una oración, cuando interesa la referencia de sus componentes, y esto sucede cuando y sólo cuando indagamos acerca del valor de verdad». Esto parece implicar que sólo nos interesamos por la referencia de los componentes de una oración cuando indagamos acerca de su valor de verdad; pero no es así. Si se me dice «Smith cree que su vecino es tonto», bien podría estar interesado en la referencia de «su vecino» sin preocuparme en absoluto por la verdad de la oración incrustada.

Hay, sin embargo, un argumento muy influyente, virtualmente *a priori*, sugerido sin duda por observaciones de Frege, formulado explícitamente por Church en su recensión de Carnap y empleado en diversas formas con rigor formal y vigor sin piedad por Quine, Davidson y otros, que parece excluir la posibilidad misma de una semántica de situaciones no trivial. El argumento es tan pequeño, ocupando rara vez más de media página, y emplea tal mínimo de munición —una teoría de las descripciones y una noción popular de equivalencia lógica— que lo llamamos *el tirachinas*. Tal como lo desarrolla Church, la conclusión es que todas las oraciones con el mismo valor de verdad deben designar la misma cosa. Tal como lo desarrolla Quine, se nos pone en el dilema de o bien aceptar la «extensionalidad», lo que significa no ver ninguna distinción entre (1) y (2) o (3) y (4), o bien perder nuestra inocencia semántica y aceptar la opacidad. Davidson usó el tirachinas para excluir una semántica inocente directa y luego aplicó increíbles dosis de ingenio para recobrar la inocencia perdida dando rodeos.

Church da una forma del tirachinas en la sección inicial de su *Introduction to Mathematical Logic,* para motivar la adopción de valores de verdad como la noción clave en el desarrollo de la lógica. Esta versión del argumento es especialmente interesante porque, siendo para un lector que todavía no sabe lógica, Church no puede echar mano de ninguna noción aceptada de equivalencia lógica. Esto la hace eminentemente adecuada para un reexamen, para ver dónde precisamente va mal. Church considera estas oraciones:

(5) Sir Walter Scott es el autor de *Waverley*.
(6) Sir Walter Scott es el hombre que escribió enteramente las veintinueve novelas *Waverley*.
(7) El número tal que Sir Walter Scott es el hombre que escribió enteramente esas tantas novelas *Waverley* es veintinueve.
(8) El número de condados de Utah es veintinueve.

Church argumenta que, según pasamos de cada oración a la siguiente, lo que denotan las oraciones es lo mismo. Pero la primera y la última no parecen tener nada de importancia en común excepto su valor de verdad; dice él, «La elaboración de ejemplos de esta clase nos lleva rápidamente a la conclusión, con al menos plausibilidad, de que todas las oraciones verdaderas tienen la misma denotación»[10].

La oración (6) resulta de (5) por reemplazo de una descripción por otra, donde ambas descripciones describen a la misma persona, Scott. La oración (8) resulta de (7) por un movimiento similar, describiendo las descripciones el mismo número, veintinueve. El paso de (6) a (7), sin embargo, es de tipo diferente. Church dice que (6), aunque quizá no sinónima a (7), «se acerca al menos tanto a ello que asegura la posesión de la misma denotación»[11].

El argumento es como una figura ambigua o un dibujo de Escher. Si uno es consciente de las situaciones, tiene que andar cambiando de perspectiva para hacer que el argumento le engañe. Desde una perspectiva el primero y el último paso son perfectos pero el paso intermedio es totalmente incorrecto. Desde una segunda perspectiva el paso intermedio es razonablemente bueno pero los pasos primero y último son completamente infundados.

Intuitivamente, las situaciones son complejos de objetos y relaciones (bajo las cuales subsumiremos en adelante las propiedades). Dada esta concepción, el papel de las partes de la oración es identificar los objetos y relaciones a partir de los cuales se construye el complejo. Tengamos esto en mente y recorramos los pasos del argumento desde ambas perspectivas.

Para pasar de (5) a (6), necesitamos suponer que la gran diferencia entre «el autor de *Waverley*» y «el hombre que escribió enteramente las veintinueve novelas *Waverley*» es absolutamente indiferente para las situaciones descritas por las dos oraciones, esto es, que la contribución que hacen estas dos descripciones a la situación es justamente identificar a Scott. Así, la primera perspectiva es aquella en la que las cuatro descripciones definidas son interpretadas por los objetos que resultan describir, Scott en dos casos, el número veintinueve en los otros dos.

Pero, desde esta perspectiva, el paso de (6) a (7) no va en absoluto. Recordemos que estamos intentando mostrar que las cuatro oraciones deben desig-

---

[10] Alonzo Church, *Introduction to Mathematical Logic*, Princeton, 1956, p. 25.
[11] Ibíd.

nar las mismas situaciones. Pero, desde nuestra perspectiva actual, (6) designa una situación cuyo único objeto constituyente es Scott, mientras que (7) designa una cuyo único objeto constituyente es el número veintinueve.

Centrémonos ahora en el paso de (6) a (7). Si intentamos ver estas oraciones como algo que designa la misma situación, entonces debe ser la de que Scott ha escrito exactamente veintinueve novelas *Waverley* por completo. Para verlas como algo que designa esta situación, sin embargo, debemos prestar estrecha atención a las propiedades involucradas en las descripciones definidas. Esto no deja de ser razonable. Si se toman en serio las situaciones, es totalmente natural distinguir dos modos en que las descripciones podrían contribuir a la oración. Lo que se necesita es los materiales para construir una situación, un complejo de objetos y propiedades, ¿y por qué la descripción no habría de aportar el individuo descrito o las propiedades involucradas en la descripción de la situación?

Así, la segunda perspectiva, que se sugiere en cualquier caso si tomamos en serio las situaciones, es aquella en la que «el autor de *Waverley*» no se interpreta simplemente como Scott, sino que aporta a las situaciones que describe la oración el complejo de objetos y propiedades que menciona. Pero esta perspectiva es absolutamente fatal para el paso de (5) a (6) o de (7) a (8). Las descripciones de Scott, e incluso más aún las de veintinueve, aportan objetos y propiedades radicalmente distintos a la situación global. La oración (7) designa que veintinueve es el número de novelas *Waverley* que escribió Scott, pero la oración (8) designa que veintinueve es el número de los condados de Utah: distintas situaciones si es que alguna vez hubo distintas situaciones.

Vemos así que desde la primera perspectiva, la que Frege nos invitaría a tomar, en la que en la referencia de la descripción queda obliterado todo lo específico, los pasos primero y último están perfectamente, pero el intermedio es incorrecto. Desde la segunda perspectiva, más en línea con la teoría de las descripciones de Russell, el paso intermedio sale mejor parado, pero los pasos primero y último son incorrectos. Bajo ninguna lectura nos vemos obligados a aceptar el argumento.

La conexión entre el tirachinas y la teoría de las descripciones de Russell fue, en efecto, comentada por Gödel en su ensayo «Russell's Mathematical Logic», pues usó una especie de tirachinas inverso para motivar la teoría de Russell:

> Pero diferentes oraciones verdaderas pueden indicar diferentes cosas verdaderas. Por tanto, esta concepción de las oraciones requiere o bien abandonar el principio antes mencionado (de composicionalidad) [...] o negar que una frase descriptiva denote el objeto descrito. Russell hizo lo último al adoptar el punto de vista de que una frase descriptiva no denota nada en absoluto sino solamente tiene significado en un contexto, [...] [12].

[12] Kurt Gödel, «Russell's Mathematical Logic», reimpreso en *Philosophy of Mathematics*, ed. por Paul Benacerraf y Hilary Putnam, Englewood Cliffs, NJ, 1966, pp. 214-215.

Gödel continúa diciendo que no puede evitar sentir que la enigmática conclusión del tirachinas «sólo ha sido dejada de lado por la teoría de las descripciones de Russell y que hay algo tras ella que aún no es completamente entendido»[13].

Creemos que ese «algo» fue alcanzado por Donnellan, con la distinción entre referencial y atributivo, y que esta versión del tirachinas, y todas sus versiones, se basa simplemente en cambios de interpretaciones libres de valores a interpretaciones cargadas de valores. Evaluamos cargadas las descripciones definidas en el primer paso, las tomamos como libres de valor en el siguiente y luego las volvemos a cargar para finalizar el argumento.

Church habla de la íntima relación entre (6) y (7) pero, como está introduciendo ideas lógicas en este punto, no explota el hecho de que son lógicamente equivalentes en el sentido tradicional: verdaderos en exactamente los mismos modelos. Desde una de las perspectivas ambos son enunciados de identidad (*Scott es Scott*, *veintinueve es veintinueve*, respectivamente). Desde la otra son contingentes, pero sin embargo verdaderos en los mismos modelos. Para el filósofo que ha aprendido la noción tradicional de equivalencia lógica, es fácil sentirse impresionado por esto. Pudiera parecer que los enunciados lógicamente equivalentes deben estar por la misma cosa; deben, después de todo, ser equivalentes en sus *poderes* lógicos o no se llamarían así. Pero esta línea de pensamiento usaría la idea de que todas las oraciones verdaderas están por la misma cosa como premisa para un argumento del que también es la conclusión. Si las oraciones designan valores de verdad, entonces, ciertamente, las oraciones que tienen el mismo valor de verdad bajo todas las asignaciones a las constantes no lógicas serán equivalentes en lo que designan. Pero, si los enunciados designan algo distinto, podrían ser equivalentes en valor de verdad en virtud de la estructura lógica y a la vez ser no equivalentes en lo que designan. Bajo nuestra teoría, «equivalencia lógica» es un mal nombre para la relación que se da entre enunciados verdaderos en los mismos modelos; esos enunciados no tienen en absoluto por qué tener el mismo tema, en el sentido de los objetos y propiedades designados por sus partes. Tan pronto como esos enunciados «lógicamente equivalentes» que difieren en su tema se incrustan en otros enunciados, las diferencias en sus poderes lógicos se tornan evidentes. La noción estándar de equivalencia lógica desempeña un papel importante en los usos del tirachinas a los que pasamos ahora.

VI. QUINE Y EL TIRACHINAS

Quine usa varias formas del tirachinas a lo largo de sus escritos. Uno de los más explícitos de estos usos aparece en su discusión de lo que llama

---

[13] Ibíd.

el principio de extensionalidad: los enunciados figuran dentro de otros enunciados o bien veritativo-funcionalmente u opacamente, lo cual nos fuerza a renunciar a la inocencia semántica[14]. Cuando suponemos que (1) y (3) podrían ser verdaderos, y (2) y (4) falsos, pero aún mantenemos que las partes de las oraciones incrustadas hacen sus contribuciones usuales a los todos, estamos violando el principio de extensionalidad.

Quine no dice que esa violación sea imposible, sólo que «no es fácil». Supongamos que S y S′ son verdaderos y que F es un contexto de incrustación oracional referencialmente transparente. Quine desea argumentar que si F(S) es verdadero, también lo es F(S′), y a la inversa. Adviértase primero que

(A) $\{x \mid S \,\&\, x = \varnothing\} = \{x \mid S' \,\&\, x = \varnothing\} = \{\varnothing\}$
(B) S es lógicamente equivalente a $[\{\varnothing\} = \{x \mid S \,\&\, x = \varnothing\}]$
S′ es lógicamente equivalente a $[\{\varnothing\} = \{x \mid S' \,\&\, x = \varnothing\}]$

A partir de F(S) obtenemos $F([\{\varnothing\} = \{x \mid S \,\&\, x = \varnothing\}])$ por substitución de equivalentes lógicos, después obtenemos $F([\{\varnothing\} = \{x \mid S' \,\&\, x = \varnothing\}])$ por (A) y la transparencia referencial de F, y luego F(S′) por otra substitución de equivalentes lógicos. Si S y S′ son ambos falsos, cámbiese $\{\varnothing\}$ por $\varnothing$. Así, si F es referencialmente transparente, tratará por igual a oraciones que justamente coincidan en tener los mismos valores de verdad.

Quine encuentra en este argumento fundamentos «compelentes» para el principio de extensionalidad, un principio que él llegó a defender para la totalidad de la ciencia[15]. Y, sin embargo, observa explícitamente que para que funcione hemos de suponer no sólo que el contexto incrustante es transparente, sino también que los equivalentes lógicos son intercambiables en él. El argumento nos lleva simplemente de la premisa de que los contextos transparentes no discriminan entre enunciados «lógicamente equivalentes» a la conclusión de que no discriminan entre enunciados que coinciden en ser equivalentes en valor de verdad.

Todas las versiones del tirachinas se apoyan en el hecho de que enunciados lógicamente equivalentes pueden diferir en el tema, i.e. en qué individuos y relaciones designan sus partes.

Llamemos *insensible* (acerca del tema) a un contexto que es transparente y en el que los equivalentes lógicos son intercambiables. A los que son transparentes pero en los que los equivalentes lógicos no son intercambiables los llamaremos *sensibles*. Parece haber una serie de contextos claramente sensibles. El más apremiante es el de percepción:

---

[14] W. v. Quine, «Three Grades of Modal Involvement», en *Ways of Paradox*, edición revisada y ampliada, Cambridge, 1976, pp. 163-164.

[15] W. v. Quine, «The Scope and Language of Science», en *Ways of Paradox*, p. 242.

(9) Fred ve entrar a Betty.
(10) Fred ve entrar a Betty y (fumar a Sally o no fumar a Sally).

Los enunciados incrustados en (9) y (10) son lógicamente equivalentes. «Fred ve» parece claramente un contexto transparente. Y, sin embargo, no podemos pasar de (9) a (10). Si lo hiciéramos, tendríamos que admitir que Fred o bien vio a Sally fumar o vio a Sally no fumar, aun cuando, como podemos suponer, Fred nunca puso los ojos en Sally. La admisión vendría obligada por los principios:

Si Fred ve P y Q, entonces Fred ve Q
Si Fred ve P o Q, entonces Fred ve P o Fred ve Q.

Se podría ciertamente negar uno de estos principios para salvar el principio de extensionalidad, o se podría negar que los enunciados de percepción como (9) y (10) sean transparentes. Pero no vemos motivos para ninguna de estas maniobras. Quine parece transmitir la actitud de que los contextos insensibles están en el orden natural de las cosas, pero, para ser justos, no dice que no haya contextos sensibles. Su argumento tiene que ver con su operador enunciativo «nec», y estipula cuidadosamente que los equivalentes lógicos son intercambiables dentro de él sin cambio de valor de verdad. Otros escritores no son tan cuidadosos.

VII. DAVIDSON Y EL TIRACHINAS

El término «tirachinas» nos fue originalmente sugerido por el uso que hace Donald Davidson de esta pieza compacta de artillería filosófica en sus guerras contra algunos de los gigantes de nuestra industria. Es parte esencial de sus críticas de la posición de Reichenbach acerca de los sucesos y de la de Austin acerca de la verdad, por ejemplo. El mayor gigante al que Davidson se enfrenta es, sin embargo, Frege, pues Davidson se ha resistido consistentemente a la idea de que los enunciados incrustados en actitudes proposicionales retienen su especificidad refiriéndose a sentidos fregeanos. Por esa resistencia, y por su reconocimiento de las situaciones, debe ser aplaudido. Desgraciadamente, la devoción de Davidson al tirachinas le bloqueó la más directa implementación de estas intuiciones. Por variar el chiste, aunque Davidson se resistió al *Sinn* original, sucumbió al *Bedeutung* original*.

* El chiste es intraducible. El término fregeano «*Sinn*» suena igual que la palabra inglesa «*sin*» (pecado). Quine dijo que la lógica modal fue «concebida en pecado», el pecado de confundir uso y mención. Dummett insistió en el chiste titulando uno de los capítulos de su *Frege: Philosophy of Language*, «Original *Sinn*», que suena como «*original sin*» (pecado original). *(N. del T.)*

Para ver cómo el tirachinas corrompe a Davidson, atendamos brevemente a sus críticas de Reichenbach. En *Elements of Symbolic Logic* Reichenbach desarrolló una lógica simbólica formal en la que cuantificaba sobre situaciones, sucesos y hechos. Para Reichenbach los términos «hecho» y «suceso» eran sinónimos, y los sucesos «tienen la existencia física de las cosas y no la existencia ficticia de las situaciones»[16]. Así sus sucesos y hechos son análogos a nuestras situaciones, y sus situaciones a nuestras situaciones tipo.

Reichenbach ve una estrecha relación entre enunciados como (11) y (12):

(11) Scott escribió *Waverley*
(12) El suceso de escribir Scott *Waverley* tuvo lugar.

Se refiere a tales enunciados como modos alternativos de «trocear» una situación: «troceo en cosas» y «troceo en sucesos». La estrecha relación es que una cierta situación «correspondiente» a (11) es referida por la descripción de (12). Reichenbach no cree que haya ningún término singular, manifiesto u oculto, en (11) que se refiera a la situación; sólo el enunciado como un todo tiene esa relación con ella; la transformación de (11) a (12) es «holística».

Davidson encuentra mucho de valor en la teoría de Reichenbach[17]. Reconoce y subraya la importancia de admitir situaciones para resolver una serie de problemas acerca de la lógica de los enunciados de acción. Pero tiene que rechazar la componente directriz de la idea de Reichenbach: no cree que (11) pueda corresponder a la situación referida por la descripción de (12) a no ser que (11) contenga también un lugar argumental (oculto) para sucesos. En este punto, creemos nosotros, Davidson logra una intuición filosófica a costa de la plausibilidad sintáctica.

El villano es aquí el tirachinas. Convence a Davidson de que la propuesta de Reichenbach es «radicalmente defectuosa», por llevar inevitablemente a la conclusión de que hay sólo un gran suceso. El empleo del tirachinas depende del principio,

> Si E y E′ son lógicamente equivalentes, entonces, para todo suceso s, s consiste en el hecho de que E si y sólo si s consiste en el hecho de que E′.

Éste es justamente el supuesto de que «s consiste en el hecho de que» proporciona un contexto insensible. Aquí Davidson está siendo menos cauto que

[16] Hans Reichenbach, *Elements of Symbolic Logic*, Nueva York, 1966, p. 272. Secciones relevantes están reimpresas en *The Logic of Grammar*, ed. por Davidson y Harman.

[17] Donald Davidson, «The Logical Form of Action Sentences», en *The Logic of Grammar*, pp. 235-246. Este ensayo fue publicado originalmente en *The Logic of Decision and Action*, ed. por Nicholas Rescher, Pittsburgh, 1967.

lo fue Quine, quizá por sentir mayor reverencia por la frase «equivalencia lógica». No hay ninguna razón para suponer que este operador sería insensible, como debería estar ahora bien claro. El desarrollo natural de la idea de que un enunciado corresponde a un suceso o clase de sucesos lleva a que ese suceso o clase de sucesos es determinado por los objetos y propiedades que designan las partes del enunciado. Y los enunciados lógicamente equivalentes pueden tener partes que designan muy diferentes conjuntos de objetos y relaciones. Reichenbach no tendría ninguna razón para aceptar el principio.

La equivalencia lógica como criterio asumido de codesignación de enunciados desempeña un papel clave en otro importante ensayo de Davidson. En «Verdad y significado» considera la posibilidad de un sistema semántico un tanto semejante al nuestro [18]. Nuestro nivel de la interpretación es un aspecto del significado que se asigna a los enunciados de un modo (modesto y flexible) que es función de las interpretaciones de las partes. Tal sistema, arguye Davidson, debe concluir que todas las oraciones verdaderas tienen el mismo significado y así, también, todas las falsas. Esta versión del tirachinas ocupa muy poco espacio:

> Pero ahora supongamos que «R» y «S» abrevian cualesquiera dos oraciones iguales en valor de verdad. Entonces las siguientes cuatro oraciones tienen la misma referencia:
> (1) R
> (2) $\hat{x}(x = x.R) = \hat{x}\ (x = x)$
> (3) $\hat{x}\ (x = x.S) = \hat{x}\ (x = x)$
> (4) S
> Pues (1) y (2) son lógicamente equivalentes, como lo son (3) y (4), mientras que (3) difiere de (2) sólo en contener el término singular «$\hat{x}\ (x = x.S)$» donde (2) contiene «$\hat{x}\ (x = x.R)$» y éstos se refieren a la misma cosa si S y R son iguales en valor de verdad [19].

Esta dificultad para tal teoría del significado brota cuando hacemos dos supuestos que Davidson describe como razonables:

> que términos singulares lógicamente equivalentes tienen la misma referencia; y que un término singular no cambia su referencia si un término singular que contiene es reemplazado por otro con la misma referencia [20].

Davidson advierte que el argumento es esencialmente de Frege, cita a Church y dice que «el argumento no depende de ninguna identificación particular de las entidades a las que se supone que se refieren las oraciones».

---

[18] Donald Davidson, «Truth and Meaning», en *Philosophical Logic*, ed. por J. W. Davis *et al.*, Dordrecht, 1969, pp. 1-20. Este ensayo fue publicado originalmente en *Synthèse*, 17 (1967). [Véanse pp. 336-355 de este volumen.]

[19] Ibíd., p. 3.

[20] Ibíd., pp. 2-3.

Aunque nosotros no hablamos de este modo, podría decirse que, al asignar interpretaciones a enunciados completos, los estamos tratando como términos singulares. Atendamos, entonces, a los dos principios de Davidson desde la perspectiva de alguien que trata a los enunciados como términos singulares que se refieren a situaciones. El primer principio sería totalmente inaceptable, pues en realidad es simplemente el rechazo de esta idea misma. Esto no es sorprendente, ya que fue el rechazo de la idea completa por parte de Frege lo que llevó al uso de la «equivalencia lógica» que explota la formulación del principio. A pesar de lo que dice Davidson, es difícil imaginar que aceptase este principio ninguno de quienes han decidido que los enunciados designan algo, excepto quienes han decidido que designan valores de verdad. El segundo principio es ambiguo, dependiendo de si a los términos singulares complejos se les da una interpretación libre de valores o una cargada de valores. Tomados del primer modo, y asumiendo el primer principio, el primer paso del argumento funciona pero no el segundo. Tomados del segundo modo, el primer paso falla.

VIII. OBSERVACIONES FINALES

En muchos contextos los enunciados incrustados parecen aportar algo más específico que sus valores de verdad a los enunciados incrustantes. La elección por parte de Frege del valor de verdad como lo que pertenece al enunciado en virtud de las referencias de sus partes impidió tomar esta apariencia en serio. Su enfoque consistió en buscar otro aspecto del significado para la especificidad proporcionada por el enunciado incrustado. Otros que son escépticos del significado más allá de la referencia, como Quine, han sido llevados a dudar de la inteligibilidad misma de tales contextos de incrustación de enunciados. Un tercer enfoque es reconocer que los enunciados sí aportan algo a los todos mayores en que se encuentran, algo que depende de las designaciones de sus partes, pero negar que cuando esto ocurre estén verdaderamente incrustados. Quine toma también esta actitud a veces, y el artículo de Davidson del que se tomó nuestra cita inicial adopta una versión radical de este enfoque. Quizás una combinación de la primera y la tercera actitud es una especie de ortodoxia filosófica. El enfoque de Frege se adopta hacia ciertos casos («*de dicto*»): el enunciado está incrustado, pero lo que proporciona no depende de la referencia de sus partes. La tercera actitud se adopta hacia otros casos («*de re*»): las partes del enunciado contenido sí proporcionan sus designaciones al todo, pero los enunciados no están realmente incrustados, sólo parecen estarlo al nivel de la sintaxis superficial.

Una alternativa es cuestionar la decisión original de Frege. Aquí creemos que el tirachinas ha tenido una influencia real y desafortunada. Quizá su uso más importante fue el primero, el de Church en su recensión de la

Introduction to Semantics de Carnap. Church usó principios internos al sistema de Carnap para mostrar que debe tener valores de verdad como las designaciones de las oraciones, en vez de las proposiciones similares a situaciones que Carnap había preferido. El argumento de Church giraba sobre el principio de que las oraciones «L-equivalentes» tienen la misma designación y sobre el supuesto de que la substitución de dos términos singulares enteramente diferentes que designasen la clase nula preservaba la designación de la oración en la que aparecen («Λ» y «(λx) (x = x & ~ ...)», donde «...» es alguna oración verdadera pero no L-verdadera). Su argumento parece decisivo contra el sistema de Carnap tal como está. Una posible respuesta habría sido repensar los principios de Carnap acerca de la designación y su concepción de las proposiciones, para ver si podía evitarse el tirachinas. Pero tanto Church como Carnap fueron en otra dirección y asumieron que lo que es específico no debe hallarse en la referencia de la oración. Apabullantes empleos formales del tirachinas parecen establecerlo sin cuestión. Es posible ver todo el desarrollo de la semántica de los mundos posibles, y muchas cosas más en la filosofía del lenguaje de los últimos treinta años, como una excrecencia de esta respuesta al empleo por parte de Church del tirachinas contra Carnap.

Nos complace ver la semántica de situaciones y la semántica de mundos posibles como dos líneas que se encuentran en un único punto, siendo ese punto allí donde hay sólo un mundo y una situación. Creemos que puede desarrollarse una semántica más factible para el lenguaje natural a lo largo de la línea que estamos proponiendo y que se le pueden incorporar muchas de las intuiciones valiosas del enfoque en términos de mundos posibles. Puede que resulte, sin embargo, que los hechos semánticos no se ajusten a esa concepción estrecha y que tengamos que atender al plano complejo determinado por las dos líneas. Si es así, dejamos al lector decidir qué línea es el eje real y cuál el imaginario.

PARA SEGUIR LEYENDO

La posición de FREGE sobre los contextos de actitudes proposicionales aparece en «Sobre sentido y referencia», pp. 27-48 de este volumen. La antología de Tomás Moro en SIMPSON, *Semántica filosófica: problemas y discusiones* (Siglo XXI, Madrid, 1973), contiene una buena colección de artículos de CHURCH, CARNAP, SCHEFFER y PUTNAM sobre el análisis de oraciones de actitudes proposicionales. También la colección de LINSKY (*Reference and Modality*, Oxford University Press, Oxford, 1971) recoge importantes artículos de QUINE, KAPLAN, HINTIKKA y CHURCH sobre actitudes proposicionales y, en general, sobre opacidad referencial.

La postura de QUINE en «Cuantificadores y actitudes proposicionales» se reformula en *Palabra y objeto,* Herder, Barcelona, 2001. HINTIKKA, SLEIGH y KAPLAN presentan objeciones a QUINE que están recogidas en la citada antología de Tomás Moro en SIMPSON.

Por lo que respecta a la teoría paratáctica de Davidson, puede encontrarse un interesante precedente en la *Gramática de la lengua castellana* de Andrés BELLO. Los comentarios de Rufino José CUERVO a la *Gramática* de Bello presentan fuertes argumentos en contra de su viabilidad. La teoría paratáctica ha sido atacada desde varios frentes. Robin HAACK, en «On Davidson's Paratactic Theory of Oblique Contexts» (*Noûs,* vol. 5, 1971), cree ver una inconsistencia en la distinción entre aseverar y exhibir cuando estamos en contextos de actitudes proposicionales iteradas. G. SEGAL y M. SPEAS («On Saying That», *Mind and Language*, 1, 1986) le han presentado objeciones importantes desde el punto de vista sintáctico, semántico e incluso fonético. La noción de idemdicencia ha sido también puesta en tela de juicio; véase A. GARCÍA SUÁREZ, *Modos de significar*, Tecnos, Madrid, 1998, y R. ELUGARDO, «Samesaying», en U. M. ZEGLEN (ed.), *Donald Davidson. Meaning, Truth and Knowledge*, Routledge, Londres, 1999.

«Quantifying In» de KAPLAN (recogido en la antología citada de LINSKY) critica las posiciones tanto de QUINE como de DAVIDSON al ofrecer un tratamiento fregeano de las cláusulas-que. El artículo de KRIPKE «A Puzzle about Belief» (recogido en antología citada de SALMON y SOAMES) es una obra indispensable para, entre otros temas, el tratamiento de los problemas de sustitutividad; la obra de la que también es autor, *Wittgenstein sobre las reglas y el lenguaje privado*, Tecnos, Madrid, 2005, es un texto clásico sobre el problema de la normatividad de las actitudes proposicionales. El libro de SCHIFFER *Remnants of Meaning* (The MIT Press, Cambridge, Mass., 1987) presenta lo que puede considerarse como una retirada de posiciones previas —por ejemplo, en SCHIFFER, *Meaning*, Oxford University Press, Oxford, 1972 (2.ª ed. con nuevo e importante prólogo en 1988)— sobre la primacía de las actitudes proposicionales respecto de la noción de significado; contiene también una discusión severamente crítica de DAVIDSON. Los libros de SALMON (*Frege's Puzzle*, The MIT Press, Cambridge, Mas., 1986), RICHARD (*Propositional Attitudes. Essay on Thoughts and How We Ascribe Them*, Cambridge University Press, Cambridge, 1990) y CRIRNMINS (*Talk about Belief*, The MIT Press, Cambridge, Mass., 1992) son, junto con la antología de SALMON y SOAMES (*Propositions and Attitudes*, Oxford University Press, Oxford, 1988), una buena muestra de la producción reciente sobre este campo. La obra de A. GARCÍA SUÁREZ antes citada tiene una entera sección dedicada a la opacidad referencial, y *A Companion to The Philosophy of Language* (editado por HALE y WRIGHT, Blackwell, Oxford, 1997) contiene un espléndido panorama de M. RICHARD sobre actitudes proposicionales.

F. RECANATI publicó en el año 2000 *Oratio Oblicua, Oratio Recta. An Essay in Metarepresantion*, The MIT Press, Cambridge, Mass., que analiza las actitudes proposicionales como representaciones que representan otras representaciones. Una antología con numerosas contribuciones sobre este enfoque ha sido editada por D. SPERBER, *Metarepresentations: A Multidisciplinar Perspective*, Oxford University Press, Nueva York, 2000.

IV. SIGNIFICADO Y VERIFICACIÓN

INTRODUCCIÓN

La investigación sobre lo que sea el significado es, como se ha señalado anteriormente, una de las tareas centrales de la filosofía del lenguaje. En este apartado se incluye un grupo de artículos que tienen que ver con la teoría del significado del positivismo lógico, teoría dominante en el panorama filosófico, si bien durante breve tiempo, a partir de 1930.

Desde que en 1922 Moritz Schlick tomó posesión de la cátedra de Filosofía de las Ciencias Inductivas de la Universidad de Viena, un grupo de filósofos y científicos cuyo denominador común era su marcado talante antimetafísico, empezó a agruparse en torno a él dando lugar a lo que se denominaría «el Círculo de Viena». Ese talante tenía su fuente en la tesis, apasionadamente defendida por ellos, de que todas las proposiciones inteligibles se basaban en la experiencia. Había, sin embargo, un problema importante: ¿cómo reconciliar esta tesis con el hecho de que las proposiciones de la matemática y de la lógica son «ideales» y, con todo, inteligibles? (Ninguno de ellos, no es necesario recordarlo, se atrevería a abrazar la posición de Mill de que las proposiciones de la lógica y la matemática eran generalizaciones empíricas.) Fue, al parecer, el matemático Hans Hahn el primero en llamar la atención de los miembros del Círculo hacia la afirmación del *Tractatus* de Wittgenstein de que tales proposiciones eran tautologías. De este modo la tesis matriz sólo tuvo que sufrir un ligero cambio: toda proposición inteligible se basa en la experiencia a menos que sea una tautología que, al no decir nada sobre el mundo (algo que el metafísico no admitiría para sus proposiciones), no posee contenido empírico. Con esto se alcanzaba, como Schlick gustaba decir, un empirismo consistente y una formulación del principio de verificación (que ellos, erróneamente, suponían que se derivaba del *Tractatus*): el significado de una proposición reside en su método de verificación.

Casi simultáneamente a su formulación se produjeron las primeras disputas sobre el significado, el *status* y la plausibilidad del principio de las cuales no es la menos importante la que concierne a su autoaplicación. En efecto, si se quería mantener que tal principio era cognitivamente significativo debía encontrarse —algo que resultó una empresa imposible— un método de verificación para él. Si, por otra parte, se mantenía que era analítico, surgía el problema de su carencia de significado cognitivo. Problemas de este tenor llevaron a un abandono paulatino del principio a partir de los años cincuenta.

En «Problemas y cambios del criterio empirista del significado», Carl Hempel, aunque receptivo a la concepción general del positivismo lógico, analiza y discute algunos de esos problemas mostrando que dicho principio es demasiado débil (incluye algunas cosas que se desearían excluir) o demasiado fuerte (excluye algunas cosas que se desearían incluir) y señala que el significado cognitivo de un enunciado no reside sólo en las oraciones observacionales de un lenguaje, sino en las relaciones lógicas que mantiene con todos los demás enunciados de ese lenguaje. «Dos dogmas del empirismo», quizá el artículo de filosofía más importante de la segunda mitad de este siglo, pasa por ser la crítica más implacable del positivismo lógico y de su criterio de significatividad asociado: el principio de verificación. Ciertamente, en este artículo se lanza un despiadado ataque contra la distinción entre proposiciones analíticas y proposiciones sintéticas (empíricas) y se llega a la conclusión no tanto —como suele afirmarse— de que es imposible definir las nociones de «analítico» y «sintético» de manera no circular, como de que dichas nociones no tienen aplicación alguna: no existe la clase de las proposiciones analíticas como distinta de la de las sintéticas. Pero sería un error concluir a partir de esto que la posición de Quine no es verificacionista. Como Michael Dummett ha señalado («The Significance of Quine's Indeterminacy Thesis», *Synthèse*, vol. 27, 1974), el modelo de lenguaje que Quine presenta en «Dos dogmas» es tan verificacionista como el de los empiristas lógicos: «nuestra comprensión del lenguaje reside, según este modelo, en nuestra capacidad de reconocer qué experiencias son recalcitrantes, esto es: qué experiencias nos obligan a hacer alguna revisión en nuestras asignaciones de valores de verdad a las oraciones del lenguaje, y qué revisiones constituyen una respuesta adecuada a una experiencia recalcitrante dada». Lo que Quine critica de los empiristas lógicos es, más bien, que su verificacionismo tomase un sesgo molecular en vez de holista, lo que los llevó a diferenciar (erróneamente, según él) entre dos tipos de significados opuestos: el de las proposiciones de la lógica y la matemática y el de las proposiciones empíricas.

«Significado y traducción» —además de presentar un cuadro bastante completo de la famosa tesis de la indeterminación de la traducción— desarrolla y modifica partes importantes de «Dos dogmas». La admisión de oraciones observacionales con significado estimulativo determinado y de oraciones analíticas estimulativas —si bien no distinguibles de las oraciones empíricas generalmente aceptadas como verdaderas— y, por ende, de los conceptos de significado estimulativo y analiticidad estimulativa, obliga a plantearse qué se hizo del radicalismo inicial de «Dos dogmas».

PROBLEMAS Y CAMBIOS EN EL CRITERIO EMPIRISTA DE SIGNIFICADO*

CARL G. HEMPEL

1. INTRODUCCIÓN

La idea fundamental del empirismo moderno es la concepción de que todo conocimiento no analítico se basa en la experiencia. Llamemos a esta tesis el principio del empirismo [1]. El empirismo lógico contemporáneo ha agregado [2] la máxima de que una oración constituye una aserción cognoscitivamente significativa, y por lo tanto puede decirse que es verdadera o falsa, sólo si es o bien (1) analítica o contradictoria, o bien (2) capaz, por lo menos en principio, de ser comprobable empíricamente. De acuerdo con este *criterio empirista de significado cognoscitivo*, como se lo llama, muchas de las formulaciones de la metafísica y la gnoseología tradicionales carecen de significado cognoscitivo, por más que algunas de ellas sean ricas en connotaciones no cognoscitivas en virtud de su atractivo emocional o de la inspiración moral que ofrecen. Del mismo modo ciertas doctrinas que en algún momento se formularon dentro de las ciencias empíricas o en sus disciplinas colaterales están construidas de manera tal que resultan incapaces de ser comprobadas por ninguna prueba concebible; en consecuencia, se las califica de pseudohipótesis que no afirman nada y que por lo tanto están totalmente desprovistas de fuerza explicativa o predictiva. Este veredicto se

* Versión castellana de Mario Bunge, Emilio O. Colombo, Estela Arias y Lilia Fornasari.

[1] Este término es empleado por Benjamin (2) en un examen de los fundamentos del empirismo. Si se desea un tratamiento reciente de las ideas básicas del empirismo véase Russell (27), parte VI.

[2] Stace sostiene, en efecto, en su incitante artículo «Positivism» que el criterio de comprobabilidad del significado no se sigue lógicamente del principio del empirismo. (Véase (29), y especialmente la sección 11.) Esto es exacto; según el principio del empirismo una oración expresa conocimientos sólo si es analítica o si es corroborada por la prueba empírica; el criterio de comprobabilidad va más allá e identifica el dominio del discurso cognoscitivamente significativo con el del conocimiento potencial; es decir que otorga contenido cognoscitivo sólo a oraciones para las que es concebible una prueba empírica, salvo que sean analíticas o contradictorias.

aplica, por ejemplo, a las especulaciones neovitalistas acerca de entelequias o fuerzas vitales, y a las «hipótesis telefinalistas» propuestas por Lecomte du Noüy[3].

Sin embargo, las formulaciones precedentes del principio del empirismo y del criterio empirista del significado no ofrecen sino una caracterización general y muy vaga de un punto de vista básico, y por lo tanto necesitan ser elucidadas y ampliadas. Mientras que en las primeras fases de su desarrollo el empirismo lógico se ocupaba en gran parte de una crítica de las formulaciones filosóficas y científicas mediante aquellos principios fundamentales, en los últimos años ha experimentado una preocupación creciente por las tareas positivas de analizar en detalle la lógica y la metodología de la ciencia empírica y por aclarar y reformular las ideas básicas del empirismo a la luz de los resultados así obtenidos. En este trabajo me propongo discutir algunos de los problemas que han aparecido en dicha investigación y algunos de los resultados que parece haber establecido.

2. CAMBIOS EN EL CRITERIO DE COMPROBABILIDAD DEL SIGNIFICADO EMPÍRICO

Como lo muestra nuestra formulación, el criterio empirista del significado establece el requisito de comprobabilidad empírica para las oraciones cognoscitivamente significativas que no son ni analíticas ni contradictorias; denominémoslas oraciones de significado empírico. El concepto de comprobabilidad, que ha de precisar la vaga noción de estar fundado (o mejor de poder fundarse) en la experiencia, ha sufrido diversas modificaciones que revelan un análisis cada vez más fino de la estructura del conocimiento empírico. En esta sección examinaremos las etapas fundamentales de ese desarrollo.

Para facilitar la exposición introduciremos primero tres conceptos auxiliares, a saber, los conceptos de características observables, predicado observacional y oración observacional. Una propiedad o una relación de objetos físicos será una *característica observable* si, en condiciones apropiadas, su presencia o ausencia en una oración dada puede ser establecida por observación directa. Así, «verde», «blando», «líquido», «más largo que», designan características observables, mientras que no lo hace «bivalente», «radiactivo», «mejor conductor eléctrico» e «introvertido». Los términos que designan características observables se denominarán *predicados observacionales*. Finalmente, entenderemos por *oración observacional*, cualquier oración que afirme, correcta o incorrectamente, que uno o más objetos nombrados específicamente poseen o no poseen cierta característica observa-

[3] Cfr. (19), cap. XVI.

ble. Por ejemplo, las siguientes oraciones satisfacen esta condición: «La torre de Eiffel es más alta que los edificios vecinos», «La aguja de este instrumento no cubre el punto de la escala marcado con 3», y aun «El dinosaurio más grande que se exhibe en el Museo de Historia Natural de Nueva York tenía una lengua azul», ya que esta última oración asigna a un objeto específico una característica (la de tener una lengua azul) tal que en condiciones apropiadas (v. gr., en el caso de mi perro *chow*) puede establecerse su presencia o su ausencia por observación directa. Nuestro concepto de oración observacional pretende suministrar una interpretación precisa de la vaga idea de una oración que asevera algo que «en principio» puede establecerse por observación directa, aunque puede ocurrir que sea inobservable para mí, quizá también para mis contemporáneos, y aun para cualquier ser humano que jamás haya vivido o viva en el futuro. Cualquier prueba que pueda aducirse en la comprobación de una hipótesis empírica puede considerarse ahora expresada en oraciones observacionales de esta especie[4].

Volvamos ahora nuestra atención sobre la concepción de la comprobabilidad, y por lo tanto del significado empírico. En los comienzos del Círculo de Viena se decía que una oración posee significado empírico si es capaz, por lo menos en principio, de ser completamente verificada por la prueba observacional; o sea si puede describirse una prueba observacional tal que de obtenerse realmente establecería de manera concluyente la verdad de la oración[5]. Con la ayuda del concepto de oración observacio-

---

[4] Las oraciones observacionales de esta especie pertenecen a lo que Carnap ha llamado lenguaje-cosa (cfr. (7), pp. 52-53). En particular para el caso de procedimientos de comprobación intersubjetivos empleados tanto en la ciencia como en vastos sectores de investigación empírica al nivel del sentido común, es claro que se adecúan para formular datos que sirvan de base a las comprobaciones empíricas. En las discusiones gnoseológicas a menudo se supone que la prueba última de creencias acerca de cuestiones empíricas consiste en percepciones y sensaciones cuya descripción requiere un tipo de lenguaje fenomenista. No podemos discutir aquí los problemas específicos relacionados con la concepción fenomenista; pero debe señalarse que en todo caso todas las consideraciones críticas ofrecidas en este artículo respecto del criterio de comprobabilidad pueden aplicarse, *mutatis mutandis*, también al caso de un fundamento fenomenista.

[5] Originalmente, se consideraba que la prueba admisible se limita a lo que es observable por el interlocutor y sus semejantes durante sus respectivas vidas. Así interpretado, el criterio elimina a título de cognoscitivamente no significativos, a todos los enunciados acerca del pasado remoto y del futuro distante, como lo señalaron, entre otros, Ayer en (1), cap. I; Pap (21), cap. XIII, especialmente pp. 333 ss.; y Russell (27), pp. 445-447. Sin embargo, esta dificultad desaparece si permitimos que la prueba consista en un conjunto finito de «datos observacionales lógicamente posibles», formulado cada uno de ellos en una oración observacional. Por ejemplo, la oración S_1: «La lengua del dinosaurio más grande que se exhibe en el Museo de Historia Natural de Nueva York era azul o negra» es completamente verificable en este sentido, puesto que es una consecuencia lógica de la oración S_2: «La lengua del dinosaurio más grande que se exhibe en el Museo de Historia Natural de Nueva York era azul», y ésta es una oración observacional, como se demostró anteriormente.

nal podemos reformular este requerimiento de la manera siguiente: Una oración *S* tiene significado empírico si y sólo si es posible indicar un conjunto finito de oraciones observacionales $O_1, O_2, \ldots O_n$, tal que si éstas son verdaderas, necesariamente *S* es también verdadera. Sin embargo, así formulada esta condición se satisface también si *S* es una oración analítica o si las oraciones observacionales dadas son lógicamente incompatibles entre sí. Mediante la siguiente formulación descartamos estos casos y a la vez formulamos más precisamente el criterio requerido:

2.1. Requisito de completa verificabilidad en principio

Una oración tiene significado empírico si y solamente si no es analítica y se sigue lógicamente de alguna clase de oraciones observacionales finita y lógicamente coherente[6].

Si a los conceptos de *verificabilidad en principio* y al más *general de confirmabilidad en principio* que consideraremos más adelante se los interpreta como referidos a la *prueba lógicamente posible*, tal como es expresada por las oraciones observacionales, entonces del mismo modo se sigue que la clase de los enunciados verificables, o por lo menos confirmables, incluyen en principio aserciones tales como la de que el planeta Neptuno y el continente Antártico existieron antes de ser descubiertos, y que la guerra atómica, si no se la detiene, puede conducir a la extinción de este planeta. Las objeciones que esgrime Russell [cfr. (27), pp. 445 y 447] contra el criterio de verificabilidad haciendo referencia a esos ejemplos, no se aplican, pues, si el criterio se entiende de la manera que hemos sugerido. Incidentalmente, los enunciados del tipo de los que menciona Russell, los cuales no son verificables por ningún ser humano, ya eran reconocidos como cognoscitivamente significativos por Schlick (en (28), parte V), quien sostenía que la imposibilidad de verificarlos es «meramente empírica». La caracterización de la verificabilidad con la ayuda del concepto de oración observacional tal como se ha sugerido aquí podría servir como una enunciación más explícita y rigurosa de esa concepción.

[6] Como se ha señalado a menudo en la literatura empirista, el término «verificabilidad» debe señalar, desde luego, la concebibilidad, o mejor, la posibilidad lógica de pruebas de tipo observacional, que de obtenerse, fuesen concluyentes con respecto a la oración dada; no se refiere a la posibilidad técnica de llevar a cabo las comprobaciones necesarias para obtener tales pruebas, y menos aun a la posibilidad de encontrar realmente fenómenos directamente observables que constituyan una prueba concluyente de dicha oración, lo que equivaldría a la existencia misma de tal prueba e implicaría la verdad de la oración. Observaciones análogas se aplican a los términos «refutabilidad» y «confirmabilidad». Esto ha sido omitido en algunas consideraciones críticas recientes del criterio de verificabilidad. Por ejemplo, Russell (cfr. (27), p. 448) interpreta la verificabilidad como la existencia real de un conjunto de hechos que constituyan una verificación concluyente. Esta concepción, que jamás ha sido sostenida por ningún empirista lógico, naturalmente debe resultar inadecuada, ya que de acuerdo con ella no puede establecerse la significación empírica de una oración sin obtener pruebas empíricas, y además en cantidad suficiente para constituir una prueba concluyente de la oración en cuestión (*sic*). No es sorprendente, pues, que su extraordinaria interpretación de la verificabilidad lo lleve a la siguiente conclusión: «En realidad, no es verificable que una

Con todo, este criterio tiene varios defectos serios. El primero de los que hemos de mencionar ha sido señalado por diversos autores:

a) El requisito de verificabilidad elimina toda oración de forma universal, y por lo tanto todos los enunciados que pretendan expresar leyes generales, ya que éstas no pueden ser verificadas concluyentemente por ningún conjunto finito de datos observacionales. Y puesto que una parte importante de las teorías científicas está constituida por oraciones de este tipo, debe considerarse que el requisito de verificabilidad es excesivamente restrictivo a este respecto. Del mismo modo, el criterio mencionado descalifica todas las oraciones tales como ésta: «Para cualquier sustancia existe algún solvente», que contienen cuantificadores existenciales y universales (esto es, en las que aparecen los términos «todos» y «algún» o sus equivalentes), ya que ninguna de estas oraciones puede deducirse lógicamente de ningún conjunto finito de oraciones observacionales.

Hay otros dos defectos del requisito de verificabilidad que no parecen haber sido señalados generalmente:

b) Supongamos que *S* es una oración que satisface el criterio propuesto, mientras que *N* es una oración tal como «El absoluto es perfecto», a la cual el criterio no le atribuye significado empírico. Entonces la disyunción «*S* o *N*» (o sea, la expresión que se obtiene conectando ambas oraciones por medio de la palabra «o») satisface el criterio, porque si *S* es una consecuencia de alguna clase finita de oraciones observacionales es trivial que «*S* y *N*» sea una consecuencia de esa clase. Pero es claro que el criterio empirista de significado no pretende justificar oraciones de este tipo. En consecuencia, en este respecto el requisito de verificabilidad es demasiado amplio.

c) Sea «*P*» un predicado observacional. Entonces la oración puramente existencial «*(Ex) Px*» («Existe por lo menos una cosa que tiene la propie-

---

proposición sea verificable» (*loc. cit.*). Según la intepretación empirista de la completa verificabilidad, cualquier enunciado que asevere la verificabilidad de una oración *S* cuyo texto se cita es analítico o contradictorio; puesto que la decisión acerca de si existe una clase de oraciones observacionales, sean éstas verdaderas o falsas, es asunto de lógica pura y no requiere información fáctica alguna.

Un malentendido similar se muestra en el siguiente pasaje en el cual W. H. Werkmeister pretende caracterizar una concepción sostenida por los positivistas lógicos. «Se dice que una proposición es "verdadera" cuando es "verificable en principio", es decir, cuando conocemos las condiciones que de darse haría posible la "verificación" (cfr. Ayer).» (Cfr. (31), p. 145.) La tesis citada, que tampoco ha sido sostenida por ningún positivista lógico, incluyendo el propio Ayer, es lógicamente absurda. Fácilmente podemos describir condiciones que de darse verificarían la oración «El edificio Chrysler está pintado por fuera de un amarillo brillante», pero del mismo modo podríamos describir condiciones para su negación; de aquí que, según el principio citado, deberían considerarse verdaderas tanto la primera oración como su negación. En realidad, el pasaje en discusión no concuerda con la correcta observación de Werkmeister (*loc. cit.*, p. 40) de que la verificabilidad caracteriza el significado de una oración, lo que muestra que es un criterio de significado cognoscitivo y no un criterio de verdad.

dad *P*») es completamente verificable, ya que se sigue de cualquier oración observacional que afirme que un determinado objeto tiene la propiedad *P*. Pero su negación, al ser equivalente a la oración universal «$\forall x \neg Px$» («Nada tiene la propiedad *P*») evidentemente no es completamente verificable, como se desprende de lo dicho en el punto (*a*). De aquí que, según el criterio (2.1) las negaciones de algunas oraciones empíricamente (y por lo tanto cognoscitivamente) significativas son empíricamente no significativas, y puesto que no son ni analíticas ni contradictorias, carecen de significado cognoscitivo. Pero cualquiera que sea la manera en que delimitemos el dominio del discurso significativo, tendremos que insistir en que si una oración cae dentro de ese dominio, lo mismo debe ocurrir con su negación. Para decirlo más explícitamente: las oraciones que han de calificarse como cognoscitivamente significativas son precisamente aquellas de las cuales puede decirse significativamente que son o verdaderas o falsas. Pero en ese caso, la adhesión a (2.1) engendrará un serio dilema, como lo muestra la consecuencia que acaba de mencionarse: o bien tendríamos que desechar el principio lógico fundamental de que una oración es o verdadera o falsa, y por lo tanto su negación es falsa o verdadera respectivamente (siendo entonces cognoscitivamente significativa); o si no debemos negar, de una manera similar a la concepción intuicionista de la lógica y la matemática, que «$\forall x \neg Px$» sea lógicamente equivalente a la negación de «*(Ex) Px*». Evidentemente, el criterio expuesto en (2.1), que se ha mostrado inadecuado en varios otros aspectos, no justifica tan drásticas medidas para seguir sosteniéndolo; por lo tanto debe abandonarse[7].

Exactamente las mismas consideraciones se aplican a un criterio opuesto, que hace de la completa refutabilidad en principio la característica definitoria del significado empírico. Formulémoslo así: Una oración tiene significado empírico si y sólo si en principio es capaz de ser completamente refutada por un número finito de datos observacionales, o más precisamente:

[7] Los argumentos que se sostienen aquí contra el criterio de verificabilidad también prueban la inadecuación de una concepción estrechamente relacionada con él, a saber, que dos oraciones tienen el mismo significado cognoscitivo si cualquier conjunto de oraciones observacionales que verificase a una de ellas también verificaría a la otra, y viceversa. Así, de acuerdo con este criterio, habría que asignar el mismo significado cognoscitivo a dos leyes generales cualesquiera, puesto que ninguna ley general es verificada por ningún conjunto de oraciones observacionales. Esta concepción debe distinguirse claramente de una posición que Russell examina en su exposición crítica del criterio positivista del significado. Se trata de «la teoría de que dos proposiciones cuyas consecuencias verificadas son idénticas, tienen el mismo significado» [(27), p. 448]. En verdad, esta concepción es insostenible, puesto que la cuestión acerca de cuáles son las consecuencias de un enunciado que han sido verificadas en un momento dado, constituye un accidente histórico que no puede servir para establecer la identidad de significados cognoscitivos. Pero no creo que ningún positivista lógico se haya adherido a esa «teoría».

2.2. Requisito de completa refutabilidad en principio

Una oración tiene «significado empírico» si y sólo si su negación no es analítica y se sigue lógicamente de una clase finita y lógicamente coherente de oraciones observacionales[8].

Este criterio califica a una oración como empíricamente significativa si su negación satisface el requisito de completa verificabilidad; como era de esperar, resulta inadecuado por los mismos motivos que el anterior. Éstos son:

a) Descarta hipótesis puramente existenciales, tales como «Existe por lo menos un unicornio», y todas aquellas oraciones cuya formulación exige una cuantificación mixta (esto es, universal y existencial), puesto que es imposible refutarlas concluyentemente por un número finito de oraciones observacionales.

b) Si una oración *S* es completamente refutable, mientras que la oración *N* no lo es, entonces su conjunción $S \wedge N$ (o sea la expresión que se obtiene conectando ambas oraciones por medio de la palabra «y») es completamente refutable; porque si la negación de *S* se sigue de alguna clase de oraciones observacionales, entonces *a fortiori* la negación de $S \wedge N$ se sigue de la misma clase. En consecuencia, el criterio otorga significado empírico a muchas oraciones que un criterio empirista adecuado tendría que rechazar, como, por ejemplo, «Todos los cisnes son blancos y el absoluto es perfecto».

c) Si «*P*» es un predicado observacional, entonces la afirmación de que todas las cosas tienen la propiedad *P* es calificada como significativa, pero su negación, al ser equivalente a una hipótesis puramente existencial, es descalificada (cfr. *a*). Por lo tanto el criterio (2.2) origina el mismo dilema que (2.1).

En suma, pues, las interpretaciones del criterio de comprobabilidad en términos de completa verificabilidad o completa refutabilidad son inadecuadas por ser excesivamente restrictivas en una dirección y excesivamente amplias en la otra, y porque ambas requieren cambios importantes en los principios fundamentales de la lógica.

Se han llevado a cabo varios intentos de salvar estas dificultades interpretando el criterio de comprobabilidad como un requisito de confirmabilidad parcial y posiblemente indirecta de las hipótesis empíricas por medio de la prueba observacional.

---

[8] La idea de emplear la refutabilidad teórica por pruebas observacionales como «criterio de demarcación», separando la ciencia empírica de la matemática y la lógica por un lado y de la metafísica por el otro, se debe a K. Popper (cfr. (22), secciones 1-7 y 19-24, véase también (23), vol. II, pp. 282-285). No sé si Popper aceptaría la reformulación del criterio de refutabilidad propuesta.

(2.3) Una formulación sugerida por Ayer[9] es característica de estas tentativas para establecer un criterio de confirmabilidad claro y suficientemente amplio. Establece, en efecto, que una oración *S* tiene significado empírico si es posible deducir de *S*, en conjunción con hipótesis auxiliares apropiadas, oraciones observacionales que no son deducibles de las hipótesis auxiliares únicamente.

Esta condición es sugerida luego de una consideración más acabada de la estructura lógica de la comprobación científica, pero así formulada es demasiado liberal. En verdad, el mismo Ayer ha señalado en la segunda edición de su libro *Language, Truth and Logic*[10], que su criterio otorga significado cognoscitivo a cualquier oración. Así, por ejemplo, si *S* es la oración «El absoluto es perfecto», basta con elegir como hipótesis auxiliar a la oración «Si el absoluto es perfecto, entonces esta manzana es roja» para que sea posible deducir la oración observacional «Esta manzana es roja», la cual claramente no se deduce de la hipótesis auxiliar aislada[11].

(2.4) Para hacer frente a esta objeción Ayer ha propuesto recientemente una versión modificada de su criterio de comprobabilidad. La modificación, en efecto, limita las hipótesis auxiliares mencionadas en (2.3) a oraciones que sean o bien analíticas, o bien que pueda demostrarse indepen-

---

[9] (1), cap. I. También Pap presentó de una manera muy clara la posición contraria a los requisitos de verificabilidad y refutabilidad y a favor de un requisito de confirmabilidad y disconfirmabilidad parciales en (21), cap. XIII.

[10] (1), 2.ª ed., pp. 11-12.

[11] Según Stace (cfr. (29), p. 218), el criterio de comprobabilidad parcial o indirecta, al cual denomina principio positivista, presupone (y por lo tanto implica lógicamente) otro principio, y llama a éste *Principio de especies observables*; reza así: «Para que una oración sea significativa debe aseverar o negar hechos de una especie o clase tal que resulta lógicamente posible observar directamente algunos hechos que sean casos de dicha especie o clase. Y si una oración asevera o niega hechos de una especie o clase tal que resultaría lógicamente imposible observar directamente ningún caso de esta clase o especie, entonces la oración es no significativa.» Creo que el argumento que ofrece Stace para probar que su principio se sigue del requisito de comprobabilidad no es concluyente, fundamentalmente, en virtud de la incorrecta y tácita suposición de que «según la concepción de la deducción como transformación» las premisas de un razonamiento deductivo válido deben ser condiciones necesarias de la conclusión (*loc. cit.*, p. 225). Sin ir más adelante, quiero agregar aquí una observación sobre el propio principio de especies observables. El profesor Stace no dice cómo habremos de determinar cuáles son los «hechos» que asevera o niega una oración dada, ni aun si asevera o niega «hecho» alguno. En consecuencia queda sin aclarar el contenido exacto del principio. Sin embargo, cualquiera que sea el criterio que elijamos respecto de la referencia fáctica de las oraciones, parece indudable que si una oración expresa hecho alguno, digamos *f*, entonces satisface el criterio establecido en la primera oración del principio, porque siempre podemos formar una clase que contenga a *f* junto con el hecho expresado por medio de alguna oración observacional a elección, lo que convierte a *f* en miembro de una clase de hechos, por lo menos de una clase directamente observable en principio. Por lo tanto, la primera parte del principio de especies observables es demasiado amplia, similar en esto a la primera formulación de Ayer del criterio empirista del significado.

dientemente que son comparables en el sentido de la versión modificada del criterio [12].

Pero en seguida puede demostrarse que este nuevo criterio, tal como el requisito de completa refutabilidad, concede significado empírico a cualquier conjunción $S \wedge N$ donde S satisfaga el criterio de Ayer, mientras que N puede ser una oración tal como «El absoluto es perfecto», la cual debe rechazarse según dicho criterio. En realidad, cualesquiera que sean las consecuencias que se deduzcan de S con la ayuda de hipótesis auxiliares admisibles, también pueden deducirse de $S \wedge N$ por medio de las mismas hipótesis subsidiarias, y puesto que el nuevo criterio de Ayer se formula esencialmente en términos de la deducibilidad de cierto tipo de consecuencia de una oración dada, admite a $S \wedge N$ lo mismo que a S. El profesor A. Church [13] ha señalado que si se dan tres oraciones observacionales cualesquiera y ninguna de ellas es deducible de las demás, entonces se sigue que cualquier oración S o su negación tiene significado empírico según el criterio revisado de Ayer.

3. TRADUCIBILIDAD A UN LENGUAJE EMPIRISTA COMO UN NUEVO CRITERIO DE SIGNIFICADO EMPÍRICO

Creo que sería inútil continuar la búsqueda de un criterio adecuado de comprobabilidad en términos de relaciones de deducibilidad con oraciones observacionales. El desarrollo de esta investigación, que hemos considerado en sus principales etapas, parece garantizar la presunción de que en tanto procuremos establecer un criterio de comprobabilidad de oraciones individuales en términos de sus relaciones lógicas con oraciones observacionales, el resultado será o bien demasiado restrictivo, o bien demasiado amplio, o bien ambas cosas a la vez. En particular parece probable que tales criterios otorguen significado empírico, al modo de (2.1) *b* o (2.2) *b* ya sea a cualquier disyunción o a cualquier conjunción de dos oraciones de las cuales por lo menos una se califique como empíricamente significativa. Esta característica tiene consecuencias indeseables porque las liberales reglas gramaticales del castellano, así como las de cualquier otro lenguaje natural, acuerdan el carácter de oraciones a expresiones («El absoluto es perfecto» era nuestro ejemplo) que aun para los patrones empiristas más liberales no constituyen de ninguna manera aserciones, y tendrían que ser admitidas como componentes de enunciados empíricamente significativos.

Esta dificultad no surgiría, por supuesto, en un lenguaje artificial cuyo vocabulario y cuya gramática se eligieran de tal manera que impidiesen total-

---

[12] Esta restricción se expresa en forma recurrente y no involucra ningún círculo vicioso. Si se desea el enunciado completo del criterio de Ayer, véase (1), 2.ª ed., p. 13.

[13] Church (11).

mente la posibilidad de formar cualquier oración que sea rechazada por el criterio empirista de significado. Llamemos *lenguaje empirista* a cualquier lenguaje de esas características. Esta reflexión sugiere un encaramiento del problema totalmente distinto: hacer una caracterización general del tipo de lenguaje que se consideraría empirista, y establecer luego el siguiente:

3.1. Criterio de traducibilidad para el significado cognoscitivo

Una oración tiene significado cognoscitivo si y sólo si es traducible a un lenguaje empirista.

Esta concepción del significado cognoscitivo parece estar en la base de muchos de los más recientes trabajos de los empiristas, aunque quizá no se la formule explícitamente. Hasta donde alcanzo a ver tiene su origen en el trabajo de Carnap «Testability and Meaning» (especialmente la parte IV).

Como cualquier otro lenguaje, el lenguaje empirista también puede caracterizarse indicando su vocabulario y las reglas que determinan su lógica; esta última incluye las reglas sintácticas de acuerdo con las cuales pueden formarse oraciones por medio del vocabulario dado. En efecto, el criterio de traducibilidad propone caracterizar las oraciones cognoscitivamente significativas por el vocabulario con el que puede construirse y por los principios sintácticos que gobiernan dicha construcción. Qué oraciones se considerarán cognoscitivamente significativas dependerá, entonces, de la elección del vocabulario y las reglas de construcción. Consideremos una de las posibilidades:

(3.2) Podríamos considerar empirista a un lenguaje *L* si satisface las siguientes condiciones:

(a) *El vocabulario de L* contiene:

(1) Las locuciones comunes de la lógica que se emplean en la formulación de oraciones, incluyendo especialmente las expresiones «no», «y», «o», «si... entonces», «todos», «algunos», «la clase de las cosas tales que...», «... es un elemento de la clase...»;

(2) Ciertos *predicados observacionales*. Éstos constituirán el vocabulario empírico básico de *L*;

(3) Toda expresión definible mediante las indicadas en (1) y (2).

(b) *Las reglas para la formación de oraciones en L* son las que se establecen en algún sistema lógico contemporáneo, v. gr., *Principia Mathematica*.

Puesto que pueden eliminarse todos los términos definidos a favor de los primitivos, estas reglas estipulan, en efecto, que un lenguaje *L* es empirista si todas sus oraciones son expresables, con la ayuda de las locuciones lógicas usuales, en términos de características observables de objetos físicos. Denominemos a cualquier lenguaje de esta especie lenguaje-cosa en sentido restringido. Inversamente, puede interpretarse el vocabulario empírico básico de un lenguaje empirista como consistiendo en términos fenomenistas, cada uno de los cuales se refiere a un aspecto del fenómeno perceptivo o sensitivo. Sin embargo, la construcción de lenguajes fenomenistas adecuados presenta dificultades considerables[14], y en el empirismo más reciente se ha dirigido la atención especialmente a las potencialidades de los lenguajes cuyo vocabulario empírico básico consiste en predicados observacionales, pues éstos se prestan más directamente a la descripción del tipo de la prueba intersubjetiva que se requiere en la comprobación de las hipótesis científicas.

Si interpretamos los lenguajes empiristas en el sentido de (3.2), entonces el criterio de traducibilidad (3.1) elimina todos los inconvenientes señalados en nuestra discusión de las primeras formas del criterio de comprobabilidad.

(*a*) Nuestra caracterización de los lenguajes empiristas toma en cuenta explícitamente la cuantificación universal y existencial, o sea, el uso de los términos «todos» y «algunos»; de aquí que en general no se excluye ningún tipo de enunciado cuantificado del ámbito del discurso cognoscitivamente significativo.

(*b*) Oraciones tales como «El absoluto es perfecto» no pueden formularse en un lenguaje empirista (cfr. (*d*) más adelante); por lo tanto no existe el peligro de que se considere cognoscitivamente significativa una conjunción o disyunción que contenga una oración de ese tipo;

(*c*) En un lenguaje *L* con reglas sintácticas conforme a *Principia Mathematica* la negación de una oración siempre es también una oración de *L*. Por lo tanto el criterio de traducibilidad no conduce a la consecuencia de que las negaciones de ciertas oraciones significativas son no significativas, como se sigue, en cambio, tanto de (2.1) como de (2.2);

(*d*) A pesar de su amplitud, el nuevo criterio no atribuye significado cognoscitivo a toda oración; por ejemplo, «El absoluto es perfecto» y «La nada anonada» no pueden traducirse a un lenguaje empirista porque sus términos claves no son definibles por medio de expresiones puramente lógicas y términos observacionales.

4. EL PROBLEMA DE LOS TÉRMINOS DISPOSICIONALES Y LAS CONSTRUCCIONES LÓGICAS

Empero, este nuevo criterio es todavía demasiado restrictivo, como lo son sus predecesores, en un importante respecto que reclama nuestra aten-

---

[14] Carnap (5) y Goodman (15) han hecho contribuciones importantes al problema.

ción. Si se definen los lenguajes empiristas de acuerdo con (3.2), entonces, como se señaló anteriormente, el criterio de traducibilidad (3.1) otorga significado cognoscitivo a una oración sólo si los términos empíricos que la constituyen pueden definirse explícitamente por medio de predicados observacionales. Pero como veremos enseguida, muchos términos aun de las ciencias físicas no pueden ser definidos de este modo; por lo tanto el criterio nos obligaría a rechazar por carentes de significado cognoscitivo a todas las hipótesis científicas que contengan esos términos, y ésta es una consecuencia totalmente inadmisible.

Tal es el caso, por ejemplo, del concepto de temperatura. A primera vista parecería que la frase «El objeto x tiene una temperatura de c grados centígrados», o más brevemente «$T(x) = c$» puede definirse mediante la siguiente oración (D): «$T(x) = c$ si y sólo si satisface la condición siguiente: Si se pone en contacto un termómetro con x entonces registrará c grados sobre su escala.»

Sutilezas a un lado, puede afirmarse que el *definiens* dado aquí está formulado totalmente con términos observacionales. Sin embargo, tiene un aspecto muy cuestionable: en *Principia Mathematica* y otros sistemas similares se considera la frase «si p entonces q» sinónima de «no p o q»; y en esta interpretación llamada material del condicional, un enunciado de la forma «si p entonces q» es obviamente verdadero si (aunque no sólo si) la oración que está en lugar de «p» es falsa. Por lo tanto, si el significado de «si... entonces...» en el *definiens* de (D) se entiende en el sentido material, dicho *definiens* es verdadero si (aunque no sólo si) x es un objeto que no está en contacto con un termómetro, cualquiera que sea el valor numérico que otorguemos a c. Y puesto que el *definiendum* será verdadero en las mismas circunstancias, la definición (D) considerará verdadera la asignación de cualquier temperatura a todo objeto que no esté en contacto con un termómetro (*sic*). Consideraciones análogas se aplican a términos tales como «eléctricamente cargado», «magnético», «inteligente», «resistencia eléctrica», etc., en pocas palabras, a todos los términos disposicionales, o sea, términos que expresan la disposición de uno o más objetos a reaccionar de determinada manera en condiciones especificadas. No puede darse una definición de estos términos por medio de predicados observacionales a la manera de (D), por muy natural y obvio que parezca en primera instancia este modo de definición[15].

Se puede tratar de resolver esta dificultad en dos direcciones principales. Por un lado, puede sostenerse que la definición de los términos disposicionales a la manera de (D) es perfectamente adecuada siempre que la frase «si... entonces...» que figura en el *definiens* se interprete en el sentido que

---

[15] Esta dificultad en la definición de los términos disposicionales fue señalada y analizada por primera vez por Carnap (en (6); ver especialmente la sección 7).

obviamente se supone que posee, a saber, implicando en el caso (*D*) que aunque *x* no esté realmente en contacto con un termómetro, si ése *fuera* el caso, entonces el termómetro *registraría c* grados. En oraciones como ésta se dice que la frase «si... entonces...» se emplea contrafácticamente; y en este sentido «fuerte», que implica un condicional contrafáctico, tendría que interpretarse el *definiens* de (*D*). Esta sugerencia ofrecería una respuesta al problema de definir términos disposicionales si no fuese que hasta el momento no se ha podido dar cuenta satisfactoriamente del significado exacto de los condicionales contrafácticos. Por lo tanto, el primer camino para salvar la dificultad posee el carácter de programa más bien que el de solución. La falta de una teoría adecuada de los condicionales contrafácticos es aún más deplorable por cuanto se la necesita también para el análisis del concepto de ley general en la ciencia empírica y otras ideas conexas. Un esclarecimiento de este conjunto de problemas constituye actualmente uno de los urgentes desiderata en la lógica y la metodología de la ciencia [16].

Carnap sugirió otra manera de encarar el problema de la definición originado por los términos disposicionales, y la desarrolló en detalle. Consiste en permitir la introducción de términos nuevos en un lenguaje empirista mediante las llamadas oraciones reductivas [*reduction sentences*], que tienen el carácter de definiciones parciales o condicionales [17]. Así, en nuestro último ejemplo puede introducirse el concepto de temperatura por medio de la siguiente oración reductiva (R): Si un termómetro está en contacto con un objeto *x*, entonces $T(x) = c$ si y sólo si el termómetro registra *c* grados.

Esta regla, con la cual el condicional puede interpretarse en el sentido material, especifica el significado de «temperatura» [esto es, de los enunciados de la forma «$T(x) = c$»] sólo parcialmente, a saber, con respecto a los objetos que estén en contacto con un termómetro; para todos los objetos restantes no determina el significado de «$T(x) = c$». La especificación del significado de «temperatura» entonces puede extenderse sucesivamente a casos no comprendidos en (R) formulando nuevas oraciones reductivas que indiquen la medición de la temperatura por medios distintos del empleo de termómetros.

---

[16] El concepto de implicación estricta tal como lo entiende C. I. Lewis no nos servirá para interpretar el «si... entonces...» fuerte tal como lo entendemos aquí, puesto que se refiere a una relación de implicación puramente lógica, mientras que el concepto en cuestión en general representará una relación nomológica, esto es, basada en leyes empíricas. Para discusiones recientes de los problemas de los condicionales contrafácticos y las leyes, véase Langford (18); Lewis (20); pp. 210-230; Chisholm (10); Goodman (14); Reichenbach (26), cap. VIII; Hempel y Oppenheim (16), parte III y Popper (24).

[17] Cfr. Carnap (6); puede encontrarse una exposición elemental y breve de la idea central en Carnap (7), parte III. La definición parcial (R) formulada anteriormente para la expresión «$T(x) = c$» sólo ilustra el tipo más simple de oración reductiva, llamada oración reductiva bilateral.

Las oraciones reductivas no permiten, pues, formular con precisión las definiciones que suelen llamarse «operacionales» [18]. Al mismo tiempo muestran que estas últimas no son definiciones en el estricto sentido de la palabra, sino más bien especificaciones parciales de significado.

Estas consideraciones sugieren que en nuestra caracterización (3.2) de los lenguajes empiristas ampliamos la condición en *a*-(3) introduciendo en el vocabulario de *L* todos aquellos términos cuyo significado pueda especificarse en términos del vocabulario empírico básico por medio de definiciones u oraciones reductivas. Los lenguajes que satisfagan este criterio más amplio serán llamados lenguajes-cosa en sentido amplio.

Si se amplía de esta manera el concepto de lenguaje empirista, el criterio de traducibilidad alcanza también, como tendría que hacerlo, a todos aquellos enunciados cuyos términos empíricos constitutivos incluyan «construcciones conceptuales empíricas», o sea, términos que no designan observables, pero que pueden introducirse mediante oraciones reductivas sobre la base de predicados observacionales.

Sin embargo, aun en esta formulación generalizada nuestro criterio de significado cognoscitivo puede no hacerse justicia a las teorías científicas avanzadas, las cuales se formulan en términos de «construcciones teóricas», como, por ejemplo, los términos «temperatura absoluta», «potencial gravitatorio», «campo eléctrico», «función ψ», etc. Hay razones para pensar que ni las definiciones ni las oraciones reductivas son adecuadas para introducir estos términos sobre la base de predicados observacionales. Por ejemplo, si se dispusiera de un sistema de oraciones reductivas para el concepto de campo eléctrico, entonces (simplificando algo la cosa) sería posible describir en términos de características observables condiciones necesarias y suficientes para la presencia de un campo eléctrico en una región dada, cualquiera que sea la complejidad de su descripción matemática. Sin embargo, en el mejor de los casos sólo pueden formularse tales criterios para algunas especies de campos suficientemente simples.

Ahora bien, las teorías de tipo avanzado mencionadas aquí pueden considerarse como sistemas hipotético-deductivos en los cuales todos los enunciados son consecuencias lógicas de un conjunto de suposiciones fundamentales. En un sistema tal, tanto los enunciados fundamentales como los derivados se formulan o bien en términos de ciertas construcciones conceptuales teóricas que no se definen en el sistema y que por lo tanto representan el papel de primitivos, o bien en términos de expresiones definidas en términos de estos últimos. Por lo tanto estos sistemas se asemejan por su estructura lógica a los sistemas axiomatizados no interpretados que se estudian en lógica y matemática. Se tornan aplicables a las cuestiones empíri-

---

[18] Acerca del concepto de definición operacional, que fue desarrollado por Bridgman, véase, por ejemplo, Bridgman (3, 4) y Feigl (12).

cas, adquiriendo así el *status* de teorías de la ciencia empírica, en virtud de una interpretación empírica. Ésta se lleva a cabo traduciendo algunas de las oraciones de la teoría, más a menudo derivadas que fundamentales, a un lenguaje empirista, que puede contener tanto predicados observacionales como construcciones empíricas. Y puesto que las oraciones a las que de este modo se les confiere significado empírico son consecuencias lógicas de las hipótesis fundamentales de la teoría, dicha traducción produce indirectamente una interpretación parcial de dichas hipótesis y de las construcciones conceptuales en términos de las cuales se las formula [19].

A los efectos de hacer de la traducibilidad a un lenguaje empirista un criterio adecuado de contenido cognoscitivo, extendemos así el concepto de lenguaje empirista de modo tal que incluya lenguajes-cosa en sentido amplio y en sentido restringido, como así también todos los sistemas teóricos interpretados del tipo de los que hemos mencionado [20]. Entendido de esta manera (3.1), puede servir finalmente como criterio general de significado cognoscitivo.

5. SOBRE «EL SIGNIFICADO» DE UN ENUNCIADO EMPÍRICO

En efecto, el criterio que acabamos de formular califica a una oración de cognoscitivamente significativa si sus componentes no lógicos se refieren a observables directamente o de ciertas y determinadas maneras indirectas. Pero no se pronuncia acerca de cuál es «el significado» de una oración cognoscitivamente significativa, y en particular no dice ni implica que el significado pueda caracterizarse exhaustivamente por lo que revelarían

---

[19] La distinción entre un sistema deductivo formal y la teoría empírica que resulta de ella en virtud de una interpretación ha sido elaborada en detalle por Reichenbach en sus profundos estudios acerca de las relaciones entre la geometría pura y la geometría física; cfr. Reichenbach (25). El método mediante el cual se confiere a un sistema formal un contenido empírico es caracterizado por Reichenbach como «definición coordinadora» de los primitivos de la teoría por medio de conceptos empíricos específicos. Sin embargo, como lo sugiere nuestra discusión de la reducción y de la interpretación de las construcciones conceptuales teóricas, el proceso en cuestión debe considerarse como una interpretación parcial de los términos no lógicos del sistema y no como una definición completa de estos últimos en términos de los conceptos de un lenguaje-cosa.

[20] No hemos caracterizado aquí a estos sistemas todo lo acabada y precisamente que sería deseable. En verdad, el carácter exacto de la interpretación empírica de las construcciones conceptuales teóricas y de las teorías en las cuales funcionan requiere aún ser investigado. Algunos de los problemas que surgen a este respecto, como por ejemplo, si puede decirse, y en qué sentido, que las construcciones conceptuales teóricas denotan algo, sin duda son de considerable interés gnoseológico. En Carnnap (8), sección 24, y en Kaplan (17) pueden encontrarse algunas sugerencias referentes a la interpretación de los esquemas conceptuales teóricos. Para una excelente discusión de los aspectos gnoseológicos del problema véase Feigl (13).

todos los tests posibles en términos de fenómenos observables. En realidad, *generalmente el contenido de un enunciado de contenido empírico no puede expresarse exhaustivamente por medio de ninguna clase de oraciones observacionales.*

Consideremos primero, entre los enunciados que admite nuestro criterio, cualquier hipótesis puramente existencial o cualquier enunciado en el que se dé una cuantificación mixta. Como señalamos anteriormente, en (2.2) *a*, los enunciados de esta especie no implican ninguna oración observacional; por lo tanto su contenido no puede expresarse por medio de una clase de oraciones observacionales.

En segundo lugar, aun la mayor parte de los enunciados de forma puramente universal (tales como «Todos los flamencos son rosados») implican oraciones observacionales (tales como «Esa cosa es rosa») sólo cuando se unen a otras oraciones observacionales adecuadas (tales como «Esa cosa es un flamenco»).

Puede generalizarse esta última observación; el empleo de hipótesis empíricas para predecir fenómenos observables requiere en casi todos los casos el uso de hipótesis empíricas auxiliares[21]. Por ejemplo, la hipótesis de que el agente de la tuberculosis tiene forma de bastón por sí sola no implica que si se observan a través de un microscopio esputos de un tuberculoso se hallarán objetos con forma de bastón; tendrán que emplearse como premisas adicionales de un gran número de hipótesis auxiliares, incluyendo la teoría del microscopio, para deducir esa predicción.

En consecuencia, lo que se denomina «el significado (cognoscitivo)» de una hipótesis científica dada no puede ser adecuadamente caracterizado en términos de pruebas potencialmente observacionales solamente, ni puede tampoco especificarse para la hipótesis tomada aisladamente; para entender «el significado» de una hipótesis formulada en un lenguaje empirista, no sólo tenemos que saber qué oraciones observacionales implica, sola o en conjunción con hipótesis auxiliares, sino también qué otras oraciones empíricas no observacionales implica, qué oraciones del lenguaje empirista dado la confirmarían o refutarían, y qué otras hipótesis ella misma confirmaría o refutaría. En otras palabras, el significado cognoscitivo de un enunciado en un lenguaje empirista surge de la totalidad de sus relaciones con todos los demás enunciados del lenguaje y no con las oraciones observacionales solamente. En este sentido, los enunciados de la ciencia empírica tienen un significado que excede a lo que puede ser expresado en términos de oraciones observacionales relevantes[22].

---

[21] En los criterios del significado cognoscitivo de Ayer, los cuales fueron considerados en la sección 2, se toma en cuenta claramente este punto.

[22] Para una discusión más completa de los problemas involucrados aquí, cfr. Feigl (13) y los comentarios acerca de la posición de Feigl que serán publicados junto con este artículo.

6. EL *STATUS* LÓGICO DEL CRITERIO EMPIRISTA DE SIGNIFICADO

Se inquiere a menudo: ¿qué tipo de oración es el propio criterio empirista de significado? Ciertamente no es una hipótesis empírica; pero tampoco es analítica ni contradictoria; por lo tanto, si se la juzga con sus mismos términos, ¿no carece de significado cognoscitivo? Y en tal caso, ¿qué tipo de verdad o validez puede otorgársele?

Se lo podría interpretar como una definición que indique lo que los empiristas entienden por una oración cognoscitivamente significativa; así entendido no tendría el carácter de una aserción y no sería verdadero ni falso. Pero esta concepción asignaría al criterio un grado de arbitrariedad inconciliable con las ardientes controversias que ha originado, y aun menos con el hecho repetidamente señalado en este artículo, de que los cambios en su contenido específico siempre han sido determinados por la pretensión de hacerlo un índice más adecuado de significado cognoscitivo. Y este objetivo aclara el carácter del criterio empirista de significado: pretende ofrecer un esclarecimiento y *elucidación* de la idea de una oración que constituya una aserción inteligible[23]. Se admite que dicha idea sea vaga, y es la tarea de la elucidación filosófica reemplazarla por un concepto más preciso. En vista de esta diferencia de precisión no podemos exigir, por supuesto, que este «nuevo» concepto, el *explicatum*, sea idéntico al viejo, el *explicandum*[24]. ¿Cómo hemos de juzgar entonces la adecuación de la elucidación propuesta tal como se expresa en determinado criterio de significado cognoscitivo?

Ante todo, existe una clase numerosa de oraciones que generalmente se reconoce que constituyen aserciones inteligibles, y otra clase, igualmente numerosa, de las que se suele negar que lo sean. Necesitamos una elucidación adecuada que tome en cuenta estas esferas de uso común; por lo tanto tendrá que rechazarse toda elucidación que niegue significado cognoscitivo a las descripciones de acontecimientos pasados o generalizaciones expresadas en términos de observables. Como hemos visto, este primer requisito de adecuación ha representado un papel importante en el desarrollo del criterio empirista de significado.

---

[23] En el prefacio de la segunda edición de su libro, Ayer adopta una posición muy similar; sostiene que el criterio de comprobabilidad es una definición que con todo no es enteramente arbitraria, porque una oración que no satisfaga dicho criterio «no podría ser comprendida en el sentido en el que habitualmente se entienden tanto las hipótesis científicas como los enunciados de sentido común» ((1), p. 16).

[24] Cfr. la caracterización que hace Carnap de la elucidación en su artículo (9), donde examina en sus líneas generales la elucidación del concepto de probabilidad. La definición de Frege-Russell de los enteros como clases de clases equivalentes, y la definición semántica de la verdad (cfr. Tarski (30)), son notorios ejemplos de elucidación. Para una lúcida discusión de varios aspectos del análisis lógico véase Pap (21), cap. 17.

Pero una elucidación adecuada del concepto de enunciado cognoscitivamente significativo debe satisfacer también otro requisito, aún más importante: además de la elucidación de algunos otros conceptos, tales como los de confirmación y probabilidad, debe ofrecer el esquema de una descripción teórica general de la estructura y los fundamentos del conocimiento científico. La elucidación, como aquí se la entiende, no es una mera descripción de los usos aceptados de los términos en cuestión; tiene que ir más allá de las limitaciones, ambigüedades e incoherencias del uso común, mostrando cómo tendríamos que interpretar el significado de dichos términos si hemos de lograr una teoría del conocimiento coherente y amplia.

Este tipo de consideraciones, que han sido muy influidas por el estudio de la estructura de teorías científicas, han impulsado los desarrollos más recientes del criterio empirista de significado. Estas ampliaciones han sido diseñadas para incluir en el ámbito de lo cognoscitivamente significativo varios tipos de oraciones que podrían aparecer en teorías científicas avanzadas, o que tendrían que admitirse a favor de una simplicidad sistemática y uniformidad[25], pero acerca de cuyo significado o no significado cognoscitivo el estudio del significado del término «aserción inteligible» en el habla cotidiana no arrojaría luz alguna.

Como consecuencia de ello, el criterio empirista de significado, así como el resultado de cualquier otra elucidación, representa una propuesta lingüística que en sí misma no es ni verdadera ni falsa, pero a la cual se exige que sea adecuada en dos respectos: primero, en el sentido de que suministre un minucioso *análisis* del significado del *explicandum* usualmente aceptado, y este requisito implica una aserción empírica; y en segundo lugar, en el sentido de que la elucidación logre una «*reconstrucción racional*» del *explicandum*, o sea, que suministre, quizá junto con otras elucidaciones, un esquema conceptual general que permita una reformulación coherente y precisa y una sistematización teórica de los contextos en los que se usa el *explicandum*, y este requisito implica por lo menos una aserción de carácter lógico.

Aunque por su forma es una propuesta, el criterio empirista de significado está lejos de ser una definición arbitraria; está sujeto a revisión en caso de descubrirse una violación de los requisitos de adecuación, o aun si se hallan maneras de satisfacerlos más completamente. En realidad cabe esperar que a corto plazo se esclarezcan algunos de los problemas abiertos surgidos en el análisis del significado cognoscitivo; y que entonces nuestra última versión del criterio empirista de significado sea sustituida por otra más adecuada.

---

[25] Por ejemplo, nuestro criterio califica de significativos a ciertos enunciados que contienen, digamos, miles de cuantificadores existenciales o universales, aun cuando tales oraciones pueden no aparecer en el lenguaje cotidiano, ni aun en el discurso científico. En realidad, desde un punto de vista sistemático, sería arbitrario e injustificable limitar la clase de los enunciados significativos a aquellos que contengan no más de un número determinado de cuantificadores. Para una discusión más completa de este punto cfr. Carnap (6), secciones 17, 24 y 25.

REFERENCIAS BIBLIOGRÁFICAS

(1) AYER, A. J.: *Language, Truth and Logic*, Oxford University Press, 1936; 2.ª ed., Londres, Gollancz, 1946. [Versión castellana: Martínez Roca, Barcelona, 1971.]

(2) BENJAMÍN, A. C.: «Is Empiricism Self-Refuting?», en *Journal of Philosophy*, 38, 1941.

(3) BRIDGMAN, P. W.: *The Logic of Modern Physics*, Macmillan, Nueva York, 1927.

(4) BRIGMAN, P. W.: «Operational Analysis», en *Philosophy of Science*, 5, 1938.

(5) CARNAP, R.: *Der logische Aufbau der Welt*, Berlín, 1928.

(6) CARNAP, R.: «Testability and Meaning», en *Philosophy of Science*, 3, 1936, y 4, 1937.

(7) CARNAP, R.: «Logical Foundations of the Unity of Science», en *International Encyclopedia of Unified Science*, I, 1, University of Chicago Press, 1939.

(8) CARNAP, R.: «Foundations of Logic and Mathematics», en *International Encyclopedia of Unified Science*, I, 3, University of Chicago Press, 1939.

(9) CARNAP, R.: «The Two Concepts of Probability», en *Philosophy and Phenomenological Research*, 5, 1945.

(10) CHISHOLM, R. M.: «The Contrary-To-Fact Conditional», en *Mind*, 55, 1946.

(11) CHURCH, A.: Reseña de (1), 2.ª ed., en *The Journal of Symbolic Logic*, 14, 1949, pp. 52-53.

(12) FEIGL, H.: «Operationism and Scientific Method», en *Psychological Review*, 52, 1945. Reproducido en Feigl y Sellars (comps.), *Readings in Philosophical Analysis*, Nueva York, 1949.

(13) FEIGL, H.: «Existential Hypothesis: Realistic vs. Phenomenalistic Interpretations», en *Philosophy of Science*, 17, 1950.

(14) GOODMAN, N.: «The Problem of Counterfactual Conditionals», en *Journal of Philosophy*, 44, 1947.

(15) GOODMAN, N.: *The Structure of Appearance*, Harvard University Press, Cambridge, 1951.

(16) HEMPEL, C. G., y OPPENHEIM, P.: «Studies in the Logic of Explanation», en *Philosophy of Science*, 15, 1948.

(17) KAPLAN, A.: «Definition and Specification of Meaning», en *Journal of Philosophy*, 43, 1946.

(18) LANGFORD, C. H.: Reseña en *The Journal of Symbolic Logic*, 6, 67, 1941.

(19) LECOMTE DU NOÜY: *Human Destiny*, Nueva York/Londres/Toronto, 1947.

(20) LEWIS, C. I.: *An Analysis of Knowledge and Valuation*, Open Court Publ., La Salle, Ill., 1946.

(21) PAP, A.: *Elements of Analytic Philosophy*, Macmillan, Nueva York, 1949.

(22) POPPER, K. R.: *Logik der Forschung*, Springer, Viena, 1935. [Traducción inglesa: *The Logic of Scientific Discovery*, Hutchinson, Londres, 1959. Versión castellana: Tecnos, Madrid, 1972.]

(23) POPPER, K. R.: *The Open Society and its Enemies*, 2 vols., Routledge, Londres, 1945. [Traducción castellana: *La sociedad abierta y sus enemigos*, Paidós, Buenos Aires, 1957.]

(24) POPPER, K. R.: «A Note on Natural Laws and So-Called "Contrary-To-Fact Conditionals"», en *Mind*, 58, 1949.

(25) REICHENBACH, H.: *Philosophie der Raum-Zeit-Lehre*, Berlín, 1928. [Traducción inglesa: *The Philosophy of Space and Time*, Dover, Nueva York, 1958.]

(26) REICHENBACH, H.: *Elements of Symbolic Logic*, Macmillan, Nueva York, 1947.

(27) RUSSELL, B.: *Human Knowledge*, Simon and Schuster, Nueva York, 1948. [Versión castellana en Taurus, Madrid, 1977.]

(28) SCHLICK, M.: «Meaning and Verification», en *Philosophical Review*, 45, 1936. Reproducido en Feigl y Sellars (compls.), *Readings in Philosophical Analysis*, Nueva York, 1949.

(29) STACE, W. T.: «Positivism», en *Mind*, 53, 1944.

(30) TARSKI, A.: «The Semantic Conception of Truth and the Foundations of Semantics», en *Philosophy and Phenomenological Research*, 4, 1944 [pp. 301-338 de este volumen].

(31) WERKMEISTER, W. H.: *The Basis and Structure of Knowledge,* Harper, Nueva York/Londres, 1948.

(32) WHITEHEAD, A. N., y RUSSELL, B.: *Principia Mathematica*, 3 vols., 2.ª ed., Cambridge, 1925-1927.

DOS DOGMAS DEL EMPIRISMO*

WILLARD V. O. QUINE

El empirismo moderno ha sido en gran parte condicionado por dos dogmas. Uno de ellos es la creencia en cierta distinción fundamental entre verdades que son *analíticas*, basadas en significaciones, con independencia de consideraciones fácticas, y verdades que son *sintéticas*, basadas en los hechos. El otro dogma es el *reductivismo*, la creencia en que todo enunciado que tenga sentido es equivalente a alguna construcción lógica basada en términos que se refieren a la experiencia inmediata. Voy a sostener que ambos dogmas están mal fundados. Una consecuencia de su abandono es, como veremos, que se desdibuja la frontera que se supone trazada entre la metafísica especulativa y la ciencia natural. Otra consecuencia es una orientación hacia el pragmatismo.

1. EL TRASFONDO DE LA ANALITICIDAD

La distinción kantiana entre verdades analíticas y verdades sintéticas fue anticipada por la distinción de Hume entre relaciones de ideas y cuestiones de hecho, y por la distinción leibniziana entre verdades de razón y verdades de hecho. Leibniz decía de las verdades de razón que son verdaderas en todos los mundos posibles. Dejando aparte ese pintoresquismo, lo que quería decir es que las verdades de razón son aquellas que no pueden ser falsas. En el mismo sentido vemos definir los enunciados analíticos como aquellos enunciados cuyas negaciones son autocontradictorias. Pero esta definición tiene escaso valor explicativo, pues la noción de autocontradictoriedad, en el muy amplio sentido requerido por esta definición de la analiticidad, necesita tanta clarificación como la misma noción de analiticidad. Las dos nociones son la cara y la cruz de una misma problemática moneda.

Kant concebía un enunciado analítico como aquel que no atribuye a su sujeto más de lo que ya está conceptualmente contenido en dicho sujeto. Esta

* Versión castellana de Manuel Sacristán.

formulación tiene dos insuficiencias: se limita a enunciados de la forma sujeto-predicado, y apela a la noción de contenido, dejándola, al mismo tiempo, al nivel de una metáfora. Pero la intención de Kant, que se manifiesta en el uso que hace de la noción de analiticidad más que en su definición de ella, puede precisarse del modo siguiente: un enunciado es analítico cuando es verdadero por virtud de significaciones e independientemente de los hechos. Examinemos siguiendo esa línea el concepto de *significación* que queda presupuesto.

Recordemos que significar y nombrar no pueden identificarse[1]. El ejemplo de Frege de «el lucero de la tarde» y «el lucero del alba» y el ejemplo russelliano de «Scott» y «el autor de *Waverley*» ilustran el hecho de que diversos términos pueden nombrar o denotar la misma cosa y diferir por su significación o sentido. No menos importante es la distinción entre significar y nombrar al nivel de los términos abstractos. Los términos «9» y «el número de los planetas» nombran una sola y misma cosa, pero seguramente deben considerarse diversos en cuanto al sentido; pues para determinar la identidad de la entidad en cuestión hizo falta practicar observaciones astronómicas y no bastó la mera reflexión sobre significaciones.

Los anteriores ejemplos constan de términos singulares, concretos o abstractos. Con términos generales, o predicados, la situación es algo diversa, pero paralela. Mientras que un término singular pretende nombrar una entidad, abstracta o concreta, un término general o universal no tiene ese alcance, sino que es *verdadero* de una entidad, o de cada una de muchas, o de ninguna de ellas[2]. La clase de todas las entidades de las que es verdadero un término general se llama *extensión* del mismo. En paralelismo con el contraste que se da entre la significación o el sentido de un término singular y la entidad denotada por él tenemos que distinguir ahora análogamente entre el sentido de un término general y su extensión. Los términos generales «criatura con corazón» y «criatura con riñones», por ejemplo, son quizás iguales en extensión, pero desiguales en significación.

La confusión de la significación con la extensión es menos corriente en el caso de los términos generales que la confusión de significación con denotación en el caso de los términos singulares. Es, en efecto, un tópico filosófico la oposición entre intensión* (o significación, o sentido) y extensión, o bien, en un léxico diverso, entre connotación y denotación.

La noción aristotélica de esencia fue sin duda la precursora de la noción moderna de intensión, significación y sentido. Para Aristóteles, era esen-

---

[1] Cfr. ensayo anterior, p. 35 [se refiere a «Acerca de lo que hay» en W. v. O. Quine, *Desde un punto de vista lógico*, Ariel, Barcelona, 1962].

[2] Cfr. *supra*, p. 36 e *infra*, pp. 159-171 [se refiere a la obra citada en nota 1].

* En la terminología tradicional: comprensión o comprehensión. *(N. del T.)*

cial al hombre el ser racional, y accidental el ser bípedo. Pero hay una diferencia importante entre esa actitud y la teoría de la significación. Desde el punto de vista de la última puede en efecto concederse (pero sólo por necesidades de la discusión) que la racionalidad esté incluida en la significación de la palabra «hombre», mientras que el tener dos piernas no lo esté; pero el tener dos piernas puede al mismo tiempo considerarse incluido en la significación de «bípedo», mientras que la racionalidad no lo está. Así que, desde el punto de vista de la teoría de la significación, no tiene sentido decir de un individuo concreto, que sea a la vez hombre y bípedo, que su racionalidad le es esencial y que su tener dos piernas le es accidental, o viceversa. Las cosas, según Aristóteles, tienen esencia, pero sólo las formas lingüísticas tienen significación. Significación es aquello en que se convierte la esencia cuando se separa de su objeto de referencia y se adscribe a la palabra.

Una cuestión capital para la teoría de la significación es la de la naturaleza de su objeto: ¿qué clase de cosas son las significaciones? La necesidad tradicionalmente sentida de recurrir a entidades mentadas puede deberse a la antigua ceguera para apreciar el hecho de que significación y referencia son dos cosas diversas. Una vez tajantemente separadas la teoría de la referencia y la de la significación, basta dar un breve paso para reconocer que el objeto primario de la teoría de la significación es, simplemente, la sinonimia de las formas lingüísticas y la analiticidad de los enunciados; las significaciones mismas, en tanto que oscuras entidades intermediarias, pueden abandonarse tranquilamente[3].

Así nos encontramos, pues, de nuevo con el problema de la analiticidad. No hay que buscar mucho para dar con enunciados que sean analíticos por filosófica aclamación. Esos enunciados se distribuyen en dos clases. Los de la primera clase, que pueden llamarse *lógicamente verdaderos*, pueden tipificarse mediante el enunciado siguiente:

(1) Ningún hombre no casado es casado.

El rasgo relevante de ese ejemplo consiste en que no sólo es verdadero tal como queda enunciado, sino que sigue siéndolo para toda nueva interpretación de «hombre» y «casado». Si suponemos un inventario previo de partículas *lógicas*, con «no» y otras formas de negación, «si», «entonces» (en sentido ilativo, no temporal), «y», etc., puede decirse en general que una verdad lógica es un enunciado que es verdadero y sigue siéndolo para cualquier interpretación de sus componentes que no sean partículas lógicas.

---

[3] Cfr. *supra*, pp. 37 s., e *infra*, pp. 84 s. [se refiere a la obra citada en nota 1].

Pero hay además una segunda clase de enunciados analíticos, tipificable por:

(2) Ningún soltero es casado.

Lo característico de un enunciado como ése es que puede convertirse en una verdad lógica sustituyendo sinónimos por sinónimos; así (2) puede convertirse en (1) poniendo «hombre no casado» por su sinónimo «soltero». Pero seguimos careciendo de una caracterización adecuada de esta segunda clase de enunciado analítico y, por tanto, de la analiticidad en general, pues en la anterior descripción nos hemos basado en una noción de «sinonimia» que no necesita menos aclaración que la de analiticidad.

En años recientes Carnap ha tendido a explicar la analiticidad apelando a lo que llama descripciones de estado[4]. Una descripción de estado es cualquier asignación exhaustiva de valores veritativos a los enunciados atómicos, no compuestos, del lenguaje. Carnap admite que todos los demás enunciados del lenguaje se construyen a partir de sus cláusulas componentes por medio de los expedientes lógicos habituales, de tal modo que el valor veritativo de cualquier enunciado complejo queda fijado para cada descripción de estado por leyes lógicas especificables. Un enunciado se explica entonces como analítico cuando resulta verdadero para cualquier descripción de estado. Esta explicación es una adaptación de la idea leibniziana de «verdad en todos los mundos posibles». Pero nótese que esta versión de la analiticidad consigue su propósito sólo en el caso de que los enunciados atómicos del lenguaje sean recíprocamente independientes; a diferencia de lo que ocurre con «Juan es soltero» y «Juan es casado». Si no hay tal independencia, habrá una descripción de estado que asigne el valor verdad a «Juan es soltero» y a «Juan es casado», con lo que «Ningún soltero es casado» resultaría, bajo el criterio ofrecido, sintético en vez de analítico. Así pues, el criterio de analiticidad en términos de descripciones de estado no sirve más que para lenguajes que carezcan de pares sinónimos del tipo que precisamente da origen a la «segunda clase» de enunciados analíticos. Este criterio es pues, en el mejor de los casos, una reconstrucción de la verdad lógica, y no de la analiticidad.

No quiero decir con ello que Carnap se haga ilusiones en este punto. Su simplificado modelo lingüístico, con sus descripciones de estado, no está primariamente orientado hacia la solución del problema general de la analiticidad, sino hacia otro objetivo, a saber, la aclaración de los problemas de la probabilidad y la inducción. Nuestro problema es en cambio la analitici-

[4] Carnap, pp. 9; [2], pp. 70 ss.

dad; y en este campo la dificultad no se encuentra en la primera clase de enunciados analíticos, las verdades lógicas, sino más bien en la segunda clase, que depende de la noción de sinonimia.

2. DEFINICIÓN

Hay quien considera resolutoria la salida consistente en decir que los enunciados de la segunda clase se reducen a los de la primera, a las verdades lógicas, por *definición*; «soltero», por ejemplo, se *define* como «hombre no casado». Pero ¿cómo descubrimos que «soltero» se define por «hombre no casado»? ¿Quién lo ha definido así, y cuándo? ¿Es que basta con apelar al diccionario más a mano y con aceptar como una ley la formulación del lexicógrafo? Esto equivaldría a poner la carreta delante de los bueyes. El lexicógrafo es un científico empírico, cuya tarea consiste en recopilar hechos antecedentes; y si glosa la palabra «soltero» mediante «hombre no casado» es porque cree que se da una relación de sinonimia entre esas formas, relación implícita en el uso general o preponderante anterior a su propia obra. La misma noción de sinonimia, presupuesta por el lexicógrafo, tiene que ser aclarada, presumiblemente en términos referentes al comportamiento lingüístico. Está claro que la «definición», que no es más que el informe del lexicógrafo acerca de una sinonimia observada, no puede tomarse como fundamento de la sinonimia.

Pero la definición no es exclusivamente una actividad de filólogos. Filósofos y científicos tienen frecuentemente ocasión de «definir» un término abstruso parafraseándolo en términos de un vocabulario más familiar. No obstante, ordinariamente una tal definición, igual que la del filólogo, es mera cuestión de lexicografía, y afirma simplemente una relación de sinonimia anterior a la exposición en curso.

Lo que no está aclarado, ni mucho menos, es lo que significa el afirmar una sinonimia, qué son las interconexiones que resultan necesarias y suficientes para que dos formas lingüísticas puedan describirse correctamente como sinónimas; pero, cualesquiera que sean, esas interconexiones están ordinariamente basadas en el uso. Las definiciones que aportan casos seleccionados de sinonimia son, pues, informaciones acerca del uso.

Hay empero un tipo de actividad definitoria que no se limita a informar acerca de sinonimias preexistentes. Pienso al decir esto en la que Carnap llama *explicación*, actividad a la que son aficionados los filósofos y también los científicos en sus momentos más filosóficos. En la explicación, la intención no es meramente parafrasear el *definiendum* mediante un sinónimo palmario, sino perfeccionar realmente el *definiendum*, afinando o completando su significación. Pero incluso la explicación, a pesar de no consistir meramente en recoger una sinonimia preexistente entre el *definiendum* y el *definiens*, descansa de todos modos en *otras* sinonimias preexistentes.

Esta cuestión puede considerarse del modo siguiente. Toda palabra digna de explicación tiene algunos contextos que, en conjunto, son lo suficientemente claros y precisos como para resultar útiles; el objeto de la explicación es preservar el uso de esos contextos privilegiados y afinar el uso de otros contextos. Para que una determinada definición sea adecuada a fines de explicación, lo que se requiere no es, por tanto, que en el uso anterior el *definiendum* fuera sinónimo del *definiens*, sino sólo que todos y cada uno de los contextos privilegiados del *definiendum*, tomados como un todo en su uso anterior, sean sinónimos del contexto correspondiente del *definiens*.

Dos *definientia* alternativos pueden ser igualmente apropiados para los fines de una misma tarea de explicación, aun sin ser sinónimos entre sí; pues pueden ser ambos igualmente apropiados en los contextos privilegiados, y diferir en cambio en otros. Al escoger uno de esos *definientia* en vez de otro, una definición de tipo explicativo engendra, por un *fiat*, una relación de sinonimia entre *definiendum* y *definiens* que no existía antes. Pero, como se ha visto, una tal definición debe su propia función explicativa a sinonimias anteriores.

Queda, de todos modos, un tipo extremo de definición que no recurre en absoluto a sinonimias anteriores, a saber, la introducción, explícitamente convencional, de nuevas notaciones con fines de mera abreviación. Aquí el *definiendum* se hace sinónimo del *definiens* simplemente porque ha sido precisamente creado para ser sinónimo del *definiens*. Éste es un patente caso de sinonimia creada por definición; si esto ocurriera en todos los casos, todas las especies de sinonimia serían inteligibles sin más. Pero, en general, la definición descansa en la sinonimia más que explicarla.

La palabra «definición» ha llegado a cobrar un sonido peligroso por la tranquilidad que produce, seguramente a causa de la frecuencia con que aparece en los escritos lógicos y matemáticos. Será conveniente ahora hacer una breve digresión para apreciar el papel de la definición en el trabajo formal.

En los sistemas lógicos y matemáticos puede preferirse uno de dos tipos antagónicos de economía expresiva, cada uno de los cuales tiene su peculiar utilidad práctica. Por un lado, puede buscarse la economía de la expresión práctica, facilidad y brevedad en el enunciado de relaciones complejas. Este tipo de economía exige generalmente notaciones concisas y bien distintas para una gran cantidad de conceptos. Por otro lado, en cambio, puede buscarse una economía en la gramática y el vocabulario; podemos intentar hallar un mínimo de conceptos básicos tales que, una vez adjudicada una notación precisa a cada uno de ellos, sea posible expresar cualquier otro concepto ulterior que se desee mediante la mera combinación e iteración de nuestras notaciones básicas. Este segundo tipo de economía es poco práctico en un sentido, puesto que la pobreza en elementos idiomáticos básicos tiende necesariamente a ocasionar la dilatación del discurso. Pero es práctico en otro sentido: simplifica grandemente el discurso teórico *acerca del* lenguaje, puesto que minimiza el número de términos y de formas constructivas en que consiste el lenguaje.

Ambos tipos de economía, aunque incompatibles *prima facie*, son valiosos cada uno a su manera. Por eso se ha desarrollado la costumbre de combinar ambos, fijando en la práctica dos lenguajes tales que uno de ellos sea parte del otro. El lenguaje más amplio, aunque redundante en su gramática y en su vocabulario, es económico en cuanto a la longitud de las comunicaciones, mientras que el lenguaje-parte, llamado notación primitiva, es económico en su gramática y en su vocabulario. El todo y la parte están relacionados por reglas de traducción gracias a las cuales cada elemento idiomático que no pertenezca a la notación primitiva se pone en ecuación con alguna construcción compleja de dicha notación primitiva. Esas reglas de traducción son las llamadas *definiciones* que aparecen en los sistemas formalizados. Lo mejor es considerarlas no como agregadas a un lenguaje, como apéndices de él, sino como correlaciones entre dos lenguajes, uno de los cuales es parte del otro.

Pero esas correlaciones no son arbitrarias. Se supone que muestran cómo las notaciones primitivas son capaces de cumplir todos los objetivos del lenguaje redundante, excepto su brevedad y su conveniencia. Por eso puede esperarse que, en cada caso, el *definiendum* y su *definiens* estén relacionados entre sí de uno de los tres modos antes indicados. El *definiens* puede ser una fiel paráfrasis del *definiendum* en la notación más reducida (primitiva), recogiendo una sinonimia directa[5] como las de usos preexistentes; o bien el *definiens* puede perfeccionar, en el sentido de la explicación, el anterior uso del *definiendum*; o bien, por último, el *definiendum* puede ser una notación creada *ad hoc* y a la que se asigna significación en ese momento y en ese contexto.

Así pues, tanto en el trabajo formal cuanto en el que no lo es, comprobamos que la definición —excepto en el caso extremo de la introducción explícitamente convencional de nuevas notaciones— se basa en relaciones de sinonimia anteriores. Tras reconocer, por tanto, que la noción de definición no contiene la clave de la sinonimia y la analiticidad, volvamos a prestar atención a la sinonimia y dejemos ya la definición.

3. INTERCAMBIABILIDAD

Una ocurrencia muy natural y que merece atento examen es la de que la sinonimia de las formas lingüísticas consiste simplemente en su intercambiabilidad en todos los contextos sin que cambie el valor veritativo; intercambiabilidad *salva veritate*, según expresión de Leibniz[6]. Nótese que la

[5] Según otro sentido importante de «definición», la relación recogida puede ser la relación, más débil, de mera concordancia en la referencia; cfr. *infra*, p. 191 [obra citada en nota 1]. Pero en el presente contexto será mejor olvidar ese sentido de «definición», que es irrelevante para la cuestión de la sinonimia.

[6] Cfr. Lewis [1], p. 373.

sinonimia así concebida no se libera necesariamente de vaguedad, al menos en la medida en que es posible hacer compatibles vaguedades.

Pero no es completamente verdad que los sinónimos «soltero» y «hombre no casado» sean intercambiables en todo caso *salva veritate*. Es fácil construir verdades que resultan falsedades al sustituir «soltero» por «hombre no casado»; por ejemplo, con ayuda de comillas:

«soltero» tiene menos de diez letras.

Pero tales contraejemplos pueden probablemente darse de lado tratando el entrecomillado «soltero» como una palabra simple e indivisible (comillas incluidas), y estipulando que la intercambiabilidad *salva veritate* que debe ser piedra de toque de la sinonimia no se presume aplicable a instancias fragmentarias en el interior de una palabra. Esta explicación de la sinonimia, aun admitiendo que sea aceptable en todo lo demás, tiene el inconveniente de apelar a una previa concepción de «palabra» que puede a su vez, con toda probabilidad, presentar dificultades de formulación. No obstante, puede argüirse que se ha hecho algún progreso al reducir el problema de la sinonimia al problema de la naturaleza de las palabras. Sigamos pues un poco esta línea, considerando resuelto el problema «palabra».

Sigue en pie la cuestión de si la intercambiabilidad *salva veritate* (aparte de instancias en el interior de palabras) es una condición suficiente de sinonimia o si, por el contrario, hay expresiones heterónimas que pueden ser intercambiables del mismo modo. Tengamos bien claro que lo que nos preocupa aquí no es la sinonimia en el sentido de completa identidad de las asociaciones psicológicas o de la cualidad poética; en este sentido no hay dos expresiones sinónimas. Lo único que nos ocupa es lo que puede llamarse sinonimia *cognitiva*. No puede decirse, naturalmente, qué es esta sinonimia sino una vez rematado con éxito el presente estudio; pero sabemos algo de ella a causa de la necesidad que se presentó de ella en conexión con la analiticidad en el § 1. El tipo de sinonimia que allí se necesitó consistía meramente en que todo enunciado analítico pudiera convertirse en una verdad lógica sustituyendo sinónimos por sinónimos. Empezando ahora por el final y suponiendo explicada la analiticidad, podríamos explicar la sinonimia cognitiva en los términos siguientes (tomando los del ejemplo ya conocido): decir que «soltero» y «hombre no casado» son cognitivamente sinónimos no es ni más ni menos que decir que el enunciado

(3) Todos y sólo los solteros son hombres no casados

es analítico[7].

---

[7] Ésta es sinonimia cognitiva en un sentido primario y amplio. Carnap ([3], pp. 56 ss.) y Lewis ([2], pp. 83 ss.) han indicado como puede obtenerse, una vez que se tiene esta noción,

Lo que necesitamos es una explicación de la sinonimia cognitiva que no presuponga la analiticidad, si es que queremos explicar, a la inversa, la analiticidad con ayuda de la sinonimia cognitiva, tal como se emprendió en el § 1. A nuestra consideración se ofrece ahora, precisamente, una tal independiente explicación de la sinonimia cognitiva: la intercambiabilidad *salva veritate* en todas partes excepto en el interior de palabras. La cuestión que se nos plantea —cojamos el cabo del hilo— es la de si esa intercambiabilidad es una condición suficiente de la sinonimia cognitiva. Podemos convencernos pronto de que lo es, mediante ejemplos del tipo siguiente. El enunciado

(4) Necesariamente todos y sólo los solteros son solteros

es evidentemente verdadero, incluso suponiendo que «necesariamente» se construye tan restrictivamente que no sea correctamente aplicable más que a enunciados analíticos. Si «soltero» y «hombre no casado» son intercambiables *salva veritate*, el resultado de poner «hombre no casado» por una de las instancias de «soltero» en (4), a saber,

(5) Necesariamente todos y sólo los solteros son hombres no casados

tiene que ser verdadero como (4). Pero decir que (5) es verdadero es decir que (3) es analítico y, por tanto, que «soltero» y «hombre sin casar» son cognitivamente sinónimos.

Veamos qué hay en esa argumentación que le da su aspecto de arte de birlibirloque. La condición de intercambiabilidad *salva veritate* tiene mayor o menor fuerza según la riqueza del lenguaje de que se trate. La anterior argumentación supone que estamos trabajando con un lenguaje lo suficientemente rico como para contener el adverbio «necesariamente» construido de tal modo que da el valor verdad siempre y sólo si se aplica a un enunciado analítico. Pero ¿podemos admitir un lenguaje que contenga ese adverbio? ¿Tiene realmente sentido ese adverbio? Suponer que lo tiene es suponer que hemos conseguido ya un sentido satisfactorio de «analítico». Y, entonces, ¿para qué seguimos trabajando tan celosamente?

Nuestra argumentación no era un flagrante círculo vicioso, pero sí algo parecido. Por decirlo metafóricamente, tiene la forma de una curva cerrada en el espacio.

La intercambiabilidad *salva veritate* carece de sentido a menos que se relativice a un lenguaje cuya amplitud esté especificada en algunos importantes

---

un sentido más estricto de sinonimia cognitiva que es preferible para algunas finalidades. Pero esta especial ramificación en la construcción de conceptos cae fuera de nuestro presente objetivo y no debe confundirse con el tipo amplio de sinonimia cognitiva que aquí nos ocupa.

respectos. Supongamos que consideramos un lenguaje que contiene precisamente los siguientes elementos. Hay una reserva indefinidamente grande de predicados monádicos (por ejemplo, «*F*»; «*Fx*» significa que *x* es un hombre) y poliádicos (por ejemplo, «*G*»; «*Gxy*» significa que *x* ama a *y*), la mayoría de los cuales se refieren a materias extralógicas. El resto del lenguaje es lógico. Los enunciados atómicos consisten cada uno de ellos en un predicado seguido por una o más variables «*x*», «*y*», etc.; y los enunciados complejos se construyen partiendo de los atómicos mediante funciones veritativas («no», «y», «o», etc.), y la cuantificación[8]. Un tal lenguaje goza de los beneficios de la descripción y, por tanto, de los términos singulares en general, los cuales pueden ser contextualmente definidos del modo visto[9]. También los términos singulares abstractos que denotan clases, clases de clases, etc., son contextualmente definibles con tal de que la reserva de predicados incluya el predicado diádico de pertenencia de individuo a clase[10]. Ese lenguaje puede ser adecuado para la matemática clásica y para el discurso científico en general, excepto en la medida en que este último incluye expedientes discutibles como los condicionales contrafactuales o adverbios modales como «necesariamente»[11]. Un lenguaje de este tipo es extensional en el siguiente sentido: siempre que dos predicados coinciden extensionalmente (esto es, son verdaderos de los mismos objetos) son intercambiables *salva veritate*[12].

En un lenguaje extensional, por tanto, la intercambiabilidad *salva veritate* no garantiza una sinonimia cognitiva del tipo deseado. Que «soltero» y «hombre no casado» son intercambiables en un lenguaje extensional *salva veritate* no nos garantiza absolutamente nada más que la verdad de (3). No hay ninguna seguridad de que la coincidencia extensional de «soltero» y «hombre no casado» descanse en la significación y no en circunstancias fácticas accidentales, como ocurre con la coincidencia extensional de «criatura con corazón» y «criatura con riñones».

Para muchos propósitos la coincidencia extensional es la mejor aproximación a la sinonimia que podemos conseguir. Pero sigue en pie el hecho de que la coincidencia extensional queda lejos de la sinonimia cognitiva del tipo requerido para explicar la analiticidad del modo emprendido en el § 1. El tipo de sinonimia cognitiva que se necesita tiene que ser tal que permita sentar la equivalencia de la sinonimia de «soltero» y «hombre no casado» con la analiticidad de (3) y no simplemente con la verdad de (3).

---

[8] En pp. 125 ss., *infra* [obra citada en nota 1], se encontrará una descripción de un lenguaje así con la particularidad de que no contiene más que un predicado, el predicado diádico «∊» [pertenencia de miembro a clase]. *(N. del T.)*

[9] Cfr. *supra*, pp. 31-34; *infra*, pp. 130 ss., 237 s. [obra citada en nota 1].

[10] Cfr. *infra*, p. 134 [obra citada en nota 1].

[11] Sobre tales expedientes cfr. también el ensayo VIII [obra citada en nota 1].

[12] Ésa es la sustancia de Quine, *121.

Tenemos pues que reconocer que la intercambiabilidad *salva veritate* construida en relación con un lenguaje extensional no es condición suficiente de la sinonimia cognitiva en el sentido requerido para derivar de ella la analiticidad a la manera del § 1. Si el lenguaje contiene un adverbio intensional, el adverbio «necesariamente», en el sentido antes indicado, u otras partículas que tengan el mismo efecto, la intercambiabilidad *salva veritate* será en ese lenguaje una condición suficiente de la sinonimia cognitiva; pero ocurre que un tal lenguaje no es inteligible más que si la noción de analiticidad se entiende ya por anticipado.

Es posible que el esfuerzo dirigido a explicar primero la sinonimia cognitiva para derivar luego de ella la analiticidad, como se apuntó en el § 1, yerre su dirección. En lugar de esforzarnos según esa línea podríamos intentar explicar la analiticidad de algún modo que no apele a la sinonimia cognitiva. Luego podríamos sin duda derivar la sinonimia cognitiva de la analiticidad de un modo plenamente satisfactorio. Hemos visto que la sinonimia cognitiva de «soltero» y «hombre no casado» puede explicarse como analiticidad de (3). La misma explicación sirve para todo par de predicados monádicos, como es natural, y puede generalizarse de modo obvio a los predicados poliádicos. También pueden incluirse en la explicación, de un modo paralelo, otras categorías sintácticas. Por lo que hace a los términos singulares puede decirse que son cognitivamente sinónimos cuando el enunciado de identidad formado escribiendo «=» entre aquellos términos singulares es analítico. Por lo que hace a los enunciados, puede decirse simplemente que son cognitivamente sinónimos cuando su bicondicional (el resultado de unirlos mediante la conectiva «si y sólo si») es un enunciado analítico[13]. Si queremos reunir todas esas categorías sintácticas en una sola formulación, podemos hacerlo —al precio de volver a cargar con la noción de «palabra», a la que ya antes se apeló en esta sección— describiendo como cognitivamente sinónimo cualquier par de formas lingüísticas que sean intercambiables (aparte de instancias en el interior de palabras) *salva analyticitate* (y no ya *veritate sólo*). Surgen entonces ciertos problemas técnicos sobre casos de ambigüedad o de homonimia; pero no nos detendremos ahora en ellos, ya que aún nos encontramos en nuestra larga digresión. Abandonemos más bien el problema de la sinonimia y volvamos de nuevo al de la analiticidad.

4. REGLAS SEMÁNTICAS

Pareció al principio que la manera más natural de definir la analiticidad consistía en apelar a un reino de significaciones. Afinando esa solución, la

[13] Entendiendo «si y sólo si» en el sentido veritativo-funcional. Cfr. Carnap [1], p. 14.

apelación a significaciones dio lugar a la apelación a la sinonimia o a la definición. Pero la definición mostró ser un fuego fatuo, y en cuanto a la sinonimia, resultó que ésta no puede entenderse correctamente sino mediante una previa apelación a la analiticidad misma. Y así volvemos al problema de la analiticidad.

No sé si el enunciado «Toda cosa verde es extensa» es analítico. ¿Traiciona mi indecisión ante ese ejemplo una comprensión incompleta, una incompleta captación de las significaciones de «verde» y «extensa»? Yo creo que no. La dificultad no está en «verde» ni en «extensa», sino en «analítico».

Se dice a menudo que la dificultad de distinguir entre enunciados analíticos y enunciados sintéticos en el lenguaje ordinario se debe a la vaguedad de éste, y que la distinción es clara cuando se trata de un lenguaje artificial preciso con «reglas semánticas» precisas. Voy a intentar mostrar que eso es una confusión.

La noción de analiticidad en torno de la cual nos movemos es una relación entre enunciados y lenguajes: de un enunciado *E* se dice que es *analítico para* un lenguaje (o en un lenguaje) *L*, y el problema consiste en conseguir un sentido general de esa relación, es decir, para «*E*» y «*L*» como variables. La gravedad del problema no es menos perceptible en lenguajes artificiales que en lenguajes naturales. El problema de dar sentido a la frase «*E* es analítico para *L*», con «*E*» y «*L*» variables, sigue siendo correoso aunque limitemos el campo de la variable «*L*» a lenguajes artificiales. Intentaré ahora poner esto de manifiesto.

En materia de lenguajes artificiales y de reglas semánticas es natural dirigirse a los escritos de Carnap. Sus reglas semánticas toman varias formas, y para precisar mi tarea tendré que distinguir algunas de esas formas. Supongamos, para empezar, un lenguaje artificial L_0 cuyas reglas semánticas tengan explícitamente la forma de una especificación —recursiva o de otro tipo— de todos los enunciados analíticos de L_0. Las reglas nos dicen que tales y cuales enunciados, y sólo ellos, son los enunciados analíticos de L_0. La única dificultad en este caso es que las reglas contienen la palabra «analítico»... que es la palabra que no comprendemos. Comprendemos cuáles son las expresiones a las que las reglas atribuyen analiticidad, pero no comprendemos qué es en realidad lo que las reglas les atribuyen. Dicho brevemente: para que podamos entender una regla que empieza diciendo «Un enunciado *E* es analítico para el lenguaje L_0 si y sólo si...», tenemos que entender antes el término general relativo «analítico para»; tenemos que entender «*E* es analítico para *L*» siendo «*E*» y «*L*» variables.

Podemos naturalmente también considerar la llamada regla como una definición convencional de un nuevo símbolo simple, el símbolo «analítico para L_0», que valdrá más escribir, sin tendencia psicológica, «*K*» por ejemplo, para que no parezca indebidamente que arroja luz sobre la palabra que nos interesa, «analítico». Cualquier número de clases, *K, M, N,* de enunciados de L_0 puede especificarse en atención a diversas necesidades o sin ninguna finalidad; ¿qué significa entonces decir que *K*, a diferencia de *M*, *N*, etc., es la clase de los enunciados «analíticos» de L_0?

Enumerando los enunciados que son analíticos para L_0 explicamos «analítico para L_0», pero no «analítico» ni «analítico para». No explicamos la frase «*E* es analítico para *L*» con «*E*» y «*L*» variables, ni siquiera limitando el campo de «*L*» a los lenguajes artificiales.

En realidad, conocemos lo suficiente de la significación buscada de «analítico» como para saber que los enunciados analíticos se suponen verdaderos. Atendamos por ello ahora a otra forma de regla semántica, la cual no dice que tales o cuales enunciados son analíticos, sino, simplemente, que tales o cuales enunciados se incluyen entre los verdaderos. Una regla de este tipo no está sujeta a la crítica por contener la palabra «analítico», cuya comprensión se busca; por mor de la argumentación podemos suponer que no hay dificultades a propósito del término, más amplio, «verdadero». No se supone que una regla semántica de este segundo tipo, una regla veritativa, especifique todas las verdades de su lenguaje; sólo precisa —recursivamente o de otro modo— un cierto número de enunciados que deben considerarse verdaderos junto con otros que no especifica. Puede concederse que una tal regla es suficientemente clara. Sobre ella puede luego precisarse derivativamente la analiticidad del modo siguiente: un enunciado es analítico si es verdadero por la regla semántica (no simplemente verdadero).

Pero con ello no se ha conseguido ningún progreso real. En vez de apelar a la inexplicada palabra «analítico» estamos apelando ahora a la inexplicada frase «regla semántica». No todo enunciado verdadero que dice que los enunciados de una clase determinada son verdaderos puede tomarse como una regla semántica, pues entonces *todas* las verdades serían «analíticas» en el sentido de ser verdaderas por virtud de reglas semánticas. Todo parece indicar que la única característica de las reglas semánticas consiste en figurar en una página encabezada por el rótulo «Reglas Semánticas», y este rótulo carece por su parte de significación.

Podemos pues decir que un enunciado es *analítico para* L_0 si y sólo si es verdadero según tales y cuales «reglas semánticas» precisamente especificadas, pero con ello volvemos a encontrarnos esencialmente en el mismo caso inicialmente discutido: «*E* es analítico para L_0 si y sólo si...». Y puesto que lo que queremos explicar es «*E* es analítico para *L*» en términos generales para la variable «*L*» (aunque admitiendo su limitación a los lenguajes artificiales), la explicación «verdadero según las reglas semánticas de *L*» es estéril, pues el término relativo «regla semántica de» necesita por lo menos tanta aclaración como «analítico para».

Puede ser instructivo comparar la noción de regla semántica con la de postulado. Dado un conjunto de postulados, es muy fácil decir qué es un postulado: es un miembro del conjunto dado. Y dado un conjunto de reglas semánticas, es también muy fácil decir qué es una regla semántica. Pero dada simplemente una notación matemática o de otro tipo, entendida como se quiera en cuanto a la traducción o a las condiciones veritativas de sus enunciados, ¿quién puede decir cuáles de sus enunciados verdaderos tienen el rango de postulados? Es obvio que la cuestión carece de sentido; tanto como la pregunta que inquiriera qué lugares de Ohio son puntos de partida. Toda selección finita (o infinita, pero efectivamente especificable) de enunciados (quizá preferiblemente verdaderos) es *un* conjunto de postulados con el mismo derecho que cualquier otra selección. La palabra «postulado» es significante sólo si es relativa a un concreto acto de investigación; aplicamos la palabra a un conjunto de enunciados en la medida en que al mismo tiempo pensamos en esos enunciados en relación con otros que pueden obtenerse de ellos mediante un conjunto de transformaciones al que hemos tenido que prestar nuestra atención. La noción de regla semántica es tan concreta y significativa como la de postulado si se concibe con el mismo espíritu relativo —relativo, en este caso, a la tarea de informar a alguna persona acerca de las condiciones suficientes de la verdad de enunciados en un determinado lenguaje, natural o artificial, *L*—. Pero desde este punto de vista ninguna indicación de una subclase de verdades de *L* es por derecho propio más regla semántica que otra, y si «analítico» significa «verdadero por reglas semánticas», ninguna verdad de *L* es más analítica que otra [14].

Podría pensarse en argüir que un lenguaje artificial *L* (a diferencia de un lenguaje natural) es un lenguaje en el sentido ordinario de esa palabra *más* un conjunto de reglas semánticas explícitas —constituyendo el conjunto, digamos, un par ordenado—; y que las reglas semánticas de *L* son entonces simplemente especificables como el segundo elemento del par *L*. Pero, con el mismo resultado y menos dificultad, podemos construir un lenguaje artificial *L* como un par ordenado cuyo segundo elemento es la clase de sus enunciados analíticos; en este caso los enunciados analíticos de *L* son especificables sencillamente como los enunciados que componen el segundo elemento de *L*. O, mejor aún, podemos dejar de una vez de intentar levantarnos tirándonos de nuestras propias orejas.

No todas las explicaciones de la analiticidad conocidas por Carnap y sus lectores han sido explícitamente cubiertas por las anteriores consideraciones; pero no es difícil ver cómo pueden éstas ampliarse a las demás formas. Sólo habría que mencionar aún un factor adicional que interviene algunas veces: en ocasiones las reglas semánticas son en realidad reglas de traducción al lenguaje ordinario, caso en el cual los enunciados analíticos del lenguaje artificial se reconocen efectivamente por la analiticidad de sus especificadas traducciones al lenguaje ordinario. Realmente, en este caso no podrá decirse que el problema de la analiticidad quede eliminado por el lenguaje artificial.

---

[14] El párrafo anterior no figuraba en la primera edición de este ensayo. Ha sido inspirado por Martin (v. bibliografía), igual que el final del ensayo VII [obra citada en nota 1].

Desde el punto de vista del problema de la analiticidad, la noción de lenguaje artificial con reglas semánticas es un *feu follet par excellence*. Las reglas semánticas como determinantes de los enunciados analíticos de un lenguaje artificial no tienen interés más que si hemos entendido ya la noción de analiticidad; pero no prestan ninguna ayuda en la consecución de esa comprensión.

La apelación a lenguajes hipotéticos de un tipo artificialmente sencillo podría probablemente ser útil para la aclaración de la analiticidad, siempre que el modelo simplificado incluyera algún esquema de los factores mentales, comportamentísticos o culturales relevantes para la analiticidad, cualesquiera que ellos sean. Pero es poco verosímil que un modelo que toma la analiticidad como un carácter irreductible pueda arrojar luz a la hora de intentar explicar la analiticidad.

Es obvio que la verdad en sentido general depende a la vez del lenguaje y del hecho extralingüístico. El enunciado «Bruto mató a César» sería falso si el mundo hubiera sido diverso en algunos aspectos de lo que ha sido, y también lo sería si resultara que la palabra «mató» tuviera el sentido de «procreó». Por eso se presenta la tentación de suponer que la verdad de un enunciado es algo analizable en una componente lingüística y una componente fáctica. Dada esa suposición, parece a continuación razonable que en algunos enunciados la componente fáctica se considere nula; y éstos son los enunciados analíticos. Pero por razonable que sea todo eso *a priori*, sigue sin trazarse una línea separatoria entre enunciados analíticos y enunciados sintéticos. La convicción de que esa línea debe ser trazada es un dogma nada empírico de los empiristas, un metafísico artículo de fe.

5. LA TEORÍA DE LA VERIFICACIÓN Y EL REDUCTIVISMO

En el curso de estas sombrías reflexiones hemos conseguido una visión bastante oscura de la noción de significación primero, luego de la sinonimia cognitiva y, finalmente, de la de analiticidad. ¿Y la teoría de la verificación, qué es una teoría de la significación?, se preguntará. Esa frase —teoría de la verificación— se ha establecido tan firmemente como marca de fábrica del empirismo que habría sido muy poco científico no buscar antes por otros lados una posible clave del problema de la significación y demás problemas asociados con él.

La teoría de la verificación, tan destacada en la literatura a partir de Peirce, sostiene que el sentido o significación de un enunciado es el método de confirmación o confutación empírica del mismo. Un enunciado analítico es aquel caso límite que queda confirmado en cualquier supuesto.

Como se dijo en el § 1, podemos perfectamente obviar la cuestión de las significaciones como entidades y dirigirnos directamente hacia la de la identidad de significación, o sinonimia. Pues lo que la teoría de la verificación dice es que unos enunciados son sinónimos si y sólo si coinciden en cuanto al método de confirmación o invalidación empírica.

Es ésta una explicación de la sinonimia cognitiva de enunciados, y no de formas lingüísticas en general [15]. No obstante, partiendo del concepto de sinonimia de enunciados podemos derivar el concepto para otras formas lingüísticas mediante consideraciones bastante parecidas a las hechas al final del § 3. Presuponiendo la noción de «palabra», podemos en efecto explicar la sinonimia de dos formas cualesquiera por el hecho de que la sustitución de una instancia de una forma en cualquier enunciado (aparte de instancias en el interior de una «palabra») por la otra forma produce un enunciado sinónimo. Por último, dado así el concepto de sinonimia para formas lingüísticas en general, podemos definir la analiticidad en términos de sinonimia y verdad lógica como en el § 1. En realidad, podemos definir la analiticidad más simplemente en términos de mera sinonimia de enunciados más verdad lógica; no es necesario apelar a la sinonimia de formas lingüísticas diversas de los enunciados. Pues un enunciado puede describirse como analítico con tal de que sea sinónimo de un enunciado lógicamente verdadero.

Así pues, si la teoría de la verificación puede aceptarse como explicación adecuada de la sinonimia de enunciados, la noción de analiticidad se salva en última instancia. Pensemos, de todos modos. La teoría dice que la sinonimia de enunciados es la igualdad de método de confirmación o invalidación empírica. Pero ¿qué son esos métodos que hay que comparar para establecer su igualdad? Dicho de otro modo: ¿cuál es la naturaleza de la relación entre un enunciado y las experiencias que contribuyen a su confirmación o la impiden?

La concepción más ingenua de esta relación consiste en suponer que se trata de una referencialidad directa. Tal es el reductivismo radical, que sostiene que todo enunciado con sentido es traducible a un enunciado (verdadero o falso) acerca de experiencia inmediata. En una forma u otra, el reductivismo radical precede a la teoría de la verificación propiamente dicha. Así, por ejemplo, Locke y Hume sostenían que toda noción se origina directamente en la experiencia sensible, o bien es un compuesto de nociones así originadas. Recogiendo una indicación de Tooke, podemos reformular esta doctrina en la jerga técnica semántica diciendo que para ser significante un término tiene que ser el nombre de un dato sensible, o bien un compuesto de tales nombres o una abreviatura de un compuesto de esa naturaleza. Así formulada, la

[15] Pero la doctrina puede formularse con términos —en vez de enunciados— como unidades. Así, Lewis define la significación de un término como «*un criterio mental* por referencia al cual somos capaces de aplicar, o negarnos a aplicar, la expresión en cuestión en el caso de cosas o situaciones presentes o imaginadas» ([2], p. 133). Para una instructiva exposición de las vicisitudes de la teoría de la verificación, centrada en la noción de significatividad y no en las de sinonimia y analiticidad, véase Hempel; pp. 225-244 de este volumen.

doctrina sigue siendo ambigua porque se refiere a la vez a datos sensibles como acaecimientos sensoriales y datos sensibles como cualidades sensibles; y es además vaga en cuanto a los modos admisibles de composición (de nombres de datos sensibles). Aún más: la doctrina es innecesaria e inadmisiblemente restrictiva por la casuística crítica de términos que impone. Más razonablemente —aunque sin rebasar los límites de lo que he llamado reductivismo radical— podemos tomar como unidades significantes enunciados completos, y exigir que nuestros enunciados sean traducibles como totalidades al lenguaje de los datos sensibles, y no que lo sean término por término.

Esta corrección habría sido sin duda bien recibida por Locke, Hume y Tooke, pero históricamente no se produjo hasta el momento de la importante reorientación de la semántica por la cual se pasó a ver el vehículo primario de la significación en el enunciado y no en el término. Esta reorientación, ya explícita en Frege ([1], § 60), está en la base del concepto russelliano de símbolo incompleto definido por el uso [16]; también está implícita en la teoría de la significación que consideramos, la teoría de la verificación, puesto que los objetos de la verificación son enunciados.

El reductivismo radical, concebido con los enunciados como unidades, se pone la tarea de especificar un lenguaje de los datos sensibles y de mostrar la forma de traducir a él, enunciado por enunciado, el resto del discurso significante. En esta empresa se embarcó Carnap en *Der logische Aufbau der Welt*.

El lenguaje que Carnap adoptó como punto de partida no era un lenguaje de datos sensibles, en el sentido más estricto imaginable, pues incluía también notaciones lógicas hasta el nivel de la teoría de conjuntos superior. Incluía, en efecto, todo el lenguaje de la matemática pura. La ontología implícita en ese lenguaje —es decir, el campo de valores de sus variables— abrazaba no sólo acaecimientos sensoriales, sino también clases de clases, etc. Hay empiristas que se aterrarían ante tal prodigalidad. En cambio, el punto de partida de Carnap es muy económico en su parte extralógica o sensorial. En una serie de construcciones en las que aprovecha con mucho ingenio los recursos de la lógica moderna, Carnap consigue definir una amplia colección de importantes conceptos adicionales de tipo sensorial que, a no ser por sus construcciones, nadie habría imaginado definibles sobre tan estrecha base. Carnap fue el primer empirista que, no contento con afirmar la reducibilidad de la ciencia a términos de experiencia inmediata, dio serios pasos hacia la realización de esa reducción.

Si el punto de partida de Carnap es satisfactorio, sus construcciones no eran en cambio, como él mismo subrayaba, más que un fragmento del programa entero. Incluso la construcción de los enunciados más sencillos acer-

[16] Cfr. *supra*, p. 31 [obra citada en nota 1].

ca del mundo físico quedaba en un estadio esquemático o de esbozo. A pesar de su carácter esquemático, las sugerencias de Carnap en este terreno eran realmente sugerencias —sugestivas—. Explicaba los puntos-instantes espacio-temporales como conjuntos de cuatro números reales, y estudiaba la asignación de cualidades sensibles a los puntos-instantes según ciertos cánones. Sumariamente resumido, el plan consistía en asignar cualidades a los puntos-instantes de tal modo que se consiguiera el mundo más perezoso compatible con nuestra experiencia. El principio de acción mínima debía ser nuestra guía en la construcción de un mundo a partir de la experiencia.

Pero Carnap no parece haber visto que su tratamiento de los objetos físicos no alcanzaba la reducción no sólo por su carácter esquemático, sino por principio. Según sus cánones, había que atribuir valores veritativos a enunciados de la forma «La cualidad *c* se encuentra en el punto-instante *x*; *y*; *z*; *t*'», maximizando y minimizando ciertos rasgos generales, y con el enriquecimiento de la experiencia había que revisar progresivamente los valores veritativos dentro de esa misma línea. Creo que esto es una buena esquematización (sin duda deliberadamente simplificada) de lo que realmente hace la ciencia; pero no da la menor indicación, ni siquiera la más esquemática, sobre cómo podría traducirse al inicial lenguaje de datos sensibles y lógica un enunciado de la forma «La cualidad *c* se encuentra en *x*; *y*; *z*; *t*'». La conectiva «se encuentra en» es una conectiva añadida y no definida; los cánones nos guían en su uso, pero no en su eliminación.

Carnap parece haber apreciado este problema más tarde, pues en sus posteriores escritos ha abandonado la noción de traducibilidad de los enunciados sobre el mundo físico a enunciados acerca de la experiencia inmediata. El reductivismo en su forma radical ha dejado de figurar en la filosofía de Carnap hace ya mucho tiempo.

Pero el dogma reductivista ha seguido influyendo en el pensamiento de los empiristas en una forma sutil y más tenue. Persiste la opinión de que con cada enunciado, o con todo enunciado sintético está asociado un único campo posible de acaecimientos sensoriales, de tal modo que la ocurrencia de uno de ellos añade probabilidad a la verdad del enunciado, y también otro campo único de posibles acaeceres sensoriales cuya ocurrencia eliminaría aquella probabilidad. Esta noción está sin duda implícita en la teoría de la verificación.

El dogma reductivista sobrevive en la suposición de que todo enunciado, aislado de sus compañeros, puede tener confirmación o invalidación. Frente a esta opinión, la mía, que procede esencialmente de la doctrina carnapiana del mundo físico en el *Aufbau*, es que nuestros enunciados acerca del mundo externo se someten como cuerpo total al tribunal de la experiencia sensible, y no individualmente [17].

[17] Esta doctrina fue bien argüida por Duhem, pp. 303-328. Ver también Lowinger, pp. 132-140.

Incluso en su forma atenuada, el dogma reductivista está en íntima conexión con el otro dogma, a saber, que hay una distinción entre lo analítico y lo sintético. Nosotros mismos nos hemos visto llevados de un problema a otro a través de la doctrina de la significación ofrecida por la teoría de la verificación. Aun más directamente, el primer dogma sostiene al segundo del modo siguiente: mientras se considere significante en general hablar de la confirmación o la invalidación de un enunciado, parece también significante hablar de un tipo límite de enunciados que resultan confirmados vacuamente, *ipso facto*, ocurra lo que ocurra; esos enunciados son analíticos.

Los dos dogmas son en efecto idénticos en sus raíces. Antes dijimos que en general la verdad de los enunciados depende obviamente del lenguaje y del hecho extralingüístico; y ya entonces notamos que esa circunstancia obvia lleva consigo, no por inferencia lógica, pero sí muy naturalmente, la sensación de que la verdad de un enunciado es algo analizable en una componente lingüística y otra factual. Desde un punto de vista empirista, la componente factual debe reducirse a un campo de experiencias confirmativas. En el caso extremo de que lo único que importe sea la componente lingüística, el enunciado es analítico. Pero creo que ahora estaremos bastante impresionados por la tenacidad con que la distinción entre analítico y sintético ha resistido a toda precisión. Personalmente me impresiona también lo confuso que ha sido siempre el problema de llegar a cualquier teoría explícita de la confirmación empírica de un enunciado sintético —dejando aparte los prefabricados ejemplos de las bolas blancas y negras en la urna—. Quiero sugerir en este momento que hablar de una componente lingüística y una componente factual en la verdad de cualquier enunciado particular es un sinsentido que da lugar a muchos otros sinsentidos. Tomada en su conjunto, la ciencia presenta esa doble dependencia respecto del lenguaje y respecto de los hechos; pero esta dualidad no puede perseguirse significativamente hasta los enunciados de la ciencia tomados uno por uno.

Como ya hemos observado, la idea de definir un símbolo por el uso fue un progreso respecto del imposible empirismo de los términos individuales propios de Locke y Hume. Con Frege, el enunciado llegó a ser reconocido, en vez del término, como la unidad relevante para una crítica empirista. Lo que ahora afirmo es que nuestra red sigue siendo de mallas demasiado estrechas incluso cuando tomamos el enunciado entero como unidad. La unidad de significación empírica es el todo de la ciencia.

6. EMPIRISMO SIN DOGMAS

La totalidad de lo que llamamos nuestro conocimiento, o creencias, desde las más casuales cuestiones de la geografía y la historia hasta las más profundas leyes de la física atómica o incluso de la matemática o de la lógica puras, es una fábrica construida por el hombre y que no está en contacto con la experiencia más que a lo largo de sus lados. O, con otro símil, el todo de la ciencia es como un campo de fuerzas cuyas condiciones-límite da la experiencia. Un conflicto con la experiencia en la periferia da lugar a reajustes en el interior del campo: hay que redistribuir los valores veritativos entre algunos de nuestros enunciados. La nueva atribución de valores a algunos enunciados implica la revaloración de otros en razón de sus interconexiones lógicas —y las leyes lógicas son simplemente unos determinados enunciados del sistema, determinados elementos del campo. Una vez redistribuidos valores entre algunos enunciados, hay que redistribuir también los de otros que pueden ser enunciados lógicamente conectados con los primeros o incluso enunciados de conexiones lógicas. Pues el campo total está tan escasamente determinado por sus condiciones-límite —por la experiencia— que hay mucho margen de elección en cuanto a los enunciados que deben recibir valores nuevos a la luz de cada experiencia contraria al anterior estado del sistema. Ninguna experiencia concreta y particular está ligada directamente con un enunciado concreto y particular en el interior del campo, sino que esos ligámenes son indirectos, se establecen a través de consideraciones de equilibrio que afectan al campo como un todo.

Si esta visión es correcta, será entonces erróneo hablar del contenido empírico de un determinado enunciado —especialmente si se trata de un enunciado situado lejos de la periferia del campo—. Además, resulta entonces absurdo buscar una divisoria entre enunciados sintéticos, que valen contingentemente y por experiencia, y enunciados analíticos que valen en cualquier caso. Todo enunciado puede concebirse como valedero en cualquier caso siempre que hagamos reajustes suficientemente drásticos en otras zonas del sistema. Incluso un enunciado situado muy cerca de la periferia puede sostenerse contra una experiencia recalcitrante apelando a la posibilidad de estar sufriendo alucinaciones, o reajustando enunciados de las llamadas leyes lógicas. A la inversa, y por la misma razón, no hay enunciado alguno inmune a la revisión. Hasta una revisión de la ley lógica de tercio excluso se ha propuesto como un expediente para simplificar la mecánica cuántica; ¿y qué diferencia hay en principio entre un cambio así y el cambio por el que Kepler sustituyó a Ptolomeo, o Einstein a Newton, o Darwin a Aristóteles?

Por motivos de plasticidad he estado hablando de distancias respecto de una periferia sensible. Aclaremos ahora esta noción sin metáforas. Algunos enunciados, aunque *se refieren* a objetos físicos y no a experiencia sensible, parecen hermanarse característicamente con la experiencia sensible —y, además, de un modo selectivo: esto es, tales enunciados con tales experiencias, tales otros con tales otras, etc.—. En nuestra metáfora, los enunciados que están especialmente hermanados con experiencias determinadas se describen como próximos a la periferia. Pero en esa relación de «hermandad» no veo más que una laxa asociación que refleja la relativa probabilidad de que en la práctica escojamos un enunciado en vez de otro para someterlo a revisión caso de presentarse una experiencia negativa. Podemos, por ejemplo, imaginar experiencias negativas para acomodar a las cuales nuestro sistema nos inclinaríamos sin duda a cambiar los valores anteriormente atribuidos a un enunciado como el de que hay casas de ladrillo en el Paseo de Gracia*, junto con otros asociados y relativos a ese mismo tema. Podemos imaginar otras experiencias críticas para acomodar a las cuales nuestro sistema nos inclinaríamos a dar un nuevo valor al enunciado de que no hay centauros y a otros emparentados con él. Según he dicho, una experiencia imprevista puede acomodarse en el sistema mediante una de varias nuevas valoraciones posibles en otros tantos sectores del sistema; pero en los casos que hemos imaginado, nuestra natural tendencia a perturbar lo menos posible el sistema en su conjunto nos lleva a centrar la revisión en esos específicos enunciados relativos a casas de ladrillo o a centauros. Por eso se tiene la sensación de que esos enunciados tienen una referencia empírica más precisa que los muy teoréticos enunciados de la física, de la lógica o de la ontología. Puede considerarse que éstos están situados en una zona relativamente central de la red, lo que significa meramente que presentan poca conexión preferencial con algún dato sensible determinado.

Como empirista, sigo concibiendo el esquema conceptual de la ciencia como un instrumento destinado en última instancia a predecir experiencia futura a la luz de la experiencia pasada. Introducimos con razón conceptualmente los objetos físicos en esta situación porque son intermediarios convenientes, no por definición en términos de experiencia, sino irreductiblemente puestos con un estatuto epistemológico comparable al de los dioses de Homero[18]. Yo por mi parte, como físico lego que soy, creo en los objetos físicos y no creo en los dioses de Homero, y considero un error científico orientar su creencia de otro modo. Pero en cuanto a fundamento epistemológico, los objetos físicos y los dioses difieren sólo en grado, no en esencia. Ambas suertes de entidades integran nuestras concepciones sólo como elementos de cultura. El mito de los objetos físicos es epistemológicamente superior a muchos otros mitos porque ha probado ser más eficaz que ellos como procedimiento para elaborar una estructura manejable en el flujo de la experiencia.

Esa actitud que pone objetos físicos no se reduce al nivel macroscópico. También al nivel atómico se ponen objetos para que las leyes de los objetos macroscópicos —y, en última instancia, las leyes de la experiencia— sean más simples y manejables; y no debemos esperar ni pedir una plena definición de las entidades atómicas y subatómicas en términos de entidades macroscópicas, ni tampoco una definición de las cosas macroscópicas en términos de datos sensibles. La ciencia es una prolongación del sentido común que consiste en hinchar la ontología para simplificar la teoría.

---

* Texto original: «... that there are brick houses on Elm Street...» *(N. del T.)*

[18] Cfr. *supra*, p. 44 [obra citada en nota 1].

Los objetos físicos, los grandes y los pequeños, no son las únicas entidades puestas. Otro ejemplo son las fuerzas; y efectivamente hoy nos dicen que la separación entre materia y energía está anticuada. Las entidades abstractas que son la sustancia de las matemáticas —en última instancia clases y clases de clases y así sucesivamente— son también entidades puestas en el mismo sentido. Epistemológicamente, todos esos son mitos con la misma base que los objetos físicos y los dioses, y por lo único que unos son mejores que otros es por el grado en que favorecen nuestro manejo de la experiencia sensible.

La extensa álgebra de los números racionales e irracionales está subdeterminada por el álgebra de los números racionales, pero es más cómoda y conveniente que ella, y la incluye como parte coja o manca[19]. La ciencia total —matemática, natural y humana— está análogamente subdeterminada por la experiencia, de un modo aún más extremado. El contorno del sistema tiene que cuadrar con la experiencia; el resto, con todos sus elaborados mitos y sus ficciones tiene como objetivo la simplicidad de las leyes.

Desde este punto de vista las cuestiones ontológicas van a la par con las científico-naturales[20]. Considérese la cuestión de si deben admitirse las clases como entidades. Se trata, como he indicado en otros lugares[21], de la cuestión de si deben cuantificarse variables que toman clases como valores. Carnap [6] ha sostenido que ésta no es una cuestión factual, sino de elección de la forma lingüística conveniente, del esquema o estructura conceptual conveniente para la ciencia. Puedo estar de acuerdo con esa opinión, siempre que se conceda lo mismo respecto de todas las hipótesis científicas en general. Carnap ([6], p. 32 n.) ha reconocido que sólo puede sostener una diversidad de criterios para las cuestiones ontológicas por un lado y para las hipótesis científicas por otro asumiendo una distinción absoluta entre lo analítico y lo sintético; y no es necesario repetir que ésta es una distinción que ya he rechazado[22].

La cuestión de si hay o no hay clases parece más bien una cuestión relativa al esquema conceptual conveniente. Y la cuestión de si hay casas de ladrillo en el Paseo de Gracia o la de si hay centauros parecen más bien cuestiones de hecho. Pero he indicado que esta diferencia es sólo de grado y se basa en nuestra vaga inclinación pragmática a reajustar un determinado ramal de la red de la ciencia, en vez de otros u otros, cuando intentamos acomodar en ella alguna experiencia negativa inesperada. En esas decisiones desempeñan algún papel el conservadurismo y la búsqueda de la simplicidad.

---

[19] Cfr. *supra*, p. 43 [obra citada en nota 1].

[20] «L'ontologie fait corps avec la science elle-même et ne pour en être separée». Meyerson, p. 439.

[21] Cfr. *supra*, pp. 39 s.; *infra*, pp. 153 ss. [obra citada en nota 1].

[22] Se hallará una eficaz expresión de otros motivos para dudar de esta distinción en White.

Carnap, Lewis y otros adoptan una actitud pragmática en la elección entre formas lingüísticas o estructuras científicas; pero su pragmatismo se detiene ante la imaginaria frontera entre lo analítico y lo sintético. Al repudiar esa frontera expongo un pragmatismo más completo: Todo hombre recibe una herencia científica más un continuo y fuego graneado de estímulos sensoriales; y las consideraciones que le mueven a moldear su herencia científica para que recoja sus continuos estímulos sensoriales son, si racionales, pragmáticas.

BIBLIOGRAFÍA

CARNAP, R. [1]: *Meaning and Necessity*, University of Chicago Press, Chicago, 1947.

CARNAP, R. [2]: *Logical Foundations of Probability*, Chicago University Press, Chicago, 1950.

DUHEM, P.: *La Théorie Physique: son object et sa structure*, París, 1906.

LEWIS, C. I. [1]: *A Survey of Symbolic Logic*, Berkeley, 1918.

LEWIS, C. I. [2]: *An Analysis of Knowledge and Valuation*, Open Court, Lasalle, Ill., 1946.

LOWINGER, A.: *The Methodology of Pierre Duhem*, Columbia University Press, Nueva York, 1941.

MARTÍN, R. M.: «On "analytic"», *Philosophical Studies*, 3, 1952, pp. 42-47.

MEYERSON, E.: *Identité et réalité*, París, 1908, 4.ª ed., 1932.

QUINE, W. V. O.: *Mathematical Logic*, Norton, Nueva York, 1940; ed. revisada: Harvard University Press, Cambridge, 1951. [Versión castellana en *Revista de Occidente*, Madrid, 1972.]

WHITE, M.: «The Analytic and the Synthetic: an Untenable Dualism», en Sidney Hook (ed.), *John Dewey, Philosopher of Science and Freedom*, Dial Press, Nueva York, 1950, pp. 316-330.

SIGNIFICADO Y TRADUCCIÓN*

WILLARD V. O. QUINE

I. SIGNIFICADO ESTIMULATIVO

Dado un discurso, y todas sus circunstancias estimulativas, su significado empírico es lo que queda después de despojarlo de toda verborrea; es lo que las oraciones de una lengua tienen en común con sus traducciones bien fundamentadas a una lengua completamente diferente. Por ello, si quisiéramos aislar el significado empírico, una perspectiva apropiada para hacernos una idea de en qué habría de consistir tal cosa sería la del lingüista dispuesto a comprender y traducir una lengua desconocida hasta el momento. Se dispondría de las proferencias inanalizadas de los indígenas y de las circunstancias observables que las rodean. Se necesitarían los significados; o las traducciones castellanas, pues una buena forma de informar sobre un significado es ofrecer una expresión de la lengua propia que tenga ese significado.

La traducción entre lenguas tan próximas como el frisón y el inglés se ve facilitada por la semejanza formal entre palabras afines. La traducción entre lenguas no emparentadas, como, por ejemplo, el húngaro y el inglés, puede estar facilitada por las tradicionales ecuaciones que se han ido estableciendo paralelamente al desarrollo de una cultura compartida. Para iluminar la naturaleza del significado, debemos pensar más bien en la traducción *radical*, es decir, la traducción de la lengua de un pueblo que ha permanecido aislado hasta ahora. Aquí es donde, en el caso de que ello sea posible, el significado estrictamente empírico se separa de las palabras que lo poseen.

En esta situación, las proferencias traducidas en primer lugar y con el menor riesgo de error serán por fuerza las que informan sobre observaciones manifiestamente compartidas por el lingüista y su informante. Un conejo pasa corriendo, el indígena dice «Gavagai» y nuestro lingüista de la jungla anota

* Versión castellana de Aurelio Pérez Fustegueras.

la oración «Conejo» (o «He aquí un conejo») como traducción de tanteo. Así, se abstendrá al principio de poner ninguna palabra en boca de su informante, bien que sólo sea porque no tiene palabras que poner. Cuando pueda, sin embargo, el lingüista tendrá que someter oraciones indígenas a la aprobación del informante, aun a riesgo de sesgar los datos por sugestión. Por lo demás, poco puede hacer a base de términos indígenas que tengan referencias en común. Supongamos, en efecto, que el lenguaje de la jungla cuenta con las oraciones S_1, S_2 y S_3 que son, de hecho, traducibles por «Animal», «Blanco» y «Conejo», respectivamente. Las situaciones estimulativas son siempre diferentes, de forma relevante o no; y, dado que las respuestas aportadas tienen lugar una a una, las clases de las situaciones en las que el nativo afirma S_1, S_2 y S_3 son, desde luego, mutuamente excluyentes, a pesar de los significados reales, aunque ocultos, de las palabras. Entonces, ¿de qué manera podrá percibir el lingüista que el nativo habría estado dispuesto a asentir a S_1 en todas las situaciones en las que ha afirmado S_3 y en algunas, aunque quizás no todas, en las que ha afirmado S_2? Únicamente tomando la iniciativa e indagando sobre distintas combinaciones de oraciones indígenas y situaciones estimulativas, con objeto de ir reduciendo el número de sus hipótesis hasta quedarse, eventualmente, con la más satisfactoria.

Imaginemos, pues, al lingüista preguntando «¿Gavagai?» en situaciones estimulativas diversas y anotando cada vez si el indígena asiente, disiente o se abstiene. Aquí están implícitas algunas suposiciones sobre la capacidad de intuición del lingüista. En primer lugar, debe ser capaz de reconocer el asentimiento y el disentimiento en cualquier lengua. Por otra parte, debe ser capaz de adivinar la estimulación que su informante tiene en cuenta en cada momento —no desde un punto de vista neurológico sino en términos de referencia, aunque sea aproximada, al entorno—. Por último, debe poder conjeturar si esa estimulación impulsa realmente el asentimiento, o el disentimiento, del indígena a la pregunta concurrente; en este sentido, ha de estar en condiciones de eliminar los casos en los que el asentimiento, o el disentimiento, tiene su origen en una valoración de la oración en sí misma y no en la consideración del conejo que, ostensiblemente, pasa corriendo.

En un número suficiente de casos el lingüista tiene, ciertamente, éxito, y de igual modo podríamos tenerlo cualquiera de nosotros, aunque no fuéramos conscientes de nuestras pautas ni de nuestro método. Los gestos de asentimiento y disentimiento de los turcos son casi una inversión de los nuestros pero la expresión del rostro es reveladora y pronto nos pone en el buen camino. Por otra parte, lo que alguien observa en un momento dado puede inferirse, generalmente, de su orientación en el espacio, junto con nuestro conocimiento de los intereses humanos. El tercer y último punto a discernir es más difícil, a pesar de que con facilidad nos imaginamos cumpliéndolo en los casos típicos: juzgando, sin mayor conocimiento de la lengua, sobre si el asentimiento o el disentimiento del sujeto, subsiguiente a una pregunta inesperada, ha sido promovido por la cosa que en esa ocasión estaba bajo examen. Señalando a la vez que se pregunta, se puede obtener una pista; si el objeto señalado es irrelevante, la respuesta irá acompañada, seguramente, de una mirada perpleja. Otro indicio de irrelevancia puede estar en el hecho de que una pregunta no acompañada de ostensión dé lugar a que el indígena deje de prestar atención y parezca abstraído. Pero, dejando a un lado mecanismos hipotéticos, el hecho evidente es que, en virtud de las intuiciones no analizadas que sea, tendemos a obtener estos mínimos datos sobre las actitudes de los nativos sin la ayuda de un especial aparato lingüístico.

La pauta consistente en proponer oraciones en situaciones diversas vale únicamente para oraciones de una clase especial: aquellas que, como «Gavagai», «Rojo», «Eso hace daño», «Éste tiene la cara sucia», etc., sólo imponen asentimiento en presencia de ciertas circunstancias observables. Es una cuestión de *oraciones ocasionales* frente a *oraciones fijas*. Son las oraciones con las que nuestro lingüista ha de empezar y, también, aquellas a partir de las cuales podemos intentar una primera aproximación al concepto de significado.

La distinción entre oraciones ocasionales y oraciones fijas es definible en términos de la noción de asentimiento y disentimiento provocados que hemos supuesto disponible. Una oración es ocasional para un hombre si está preparado a asentir a, o a disentir de, ella solamente cuando la pregunta va acompañada de una estimulación que lo predisponga a ello.

No se trata de que el asentimiento o el disentimiento respecto a los enunciados fijos no pueda ser provocado de ese modo. Una estimulación visual fácilmente imaginable moverá a un buen conocedor de la ciudad a asentir al enunciado fijo «Hay casas de ladrillo en la calle de Los Olmos». En cierta ocasión la estimulación generada por un interferómetro movió a Michelson y a Morley a disentir del enunciado fijo «Existe una corriente de éter». Pero estos enunciados se diferencian de los ocasionales en que el sujeto, cuando es interrogado con posterioridad, puede insistir en su primer asentimiento o disentimiento aunque no medie ninguna estimulación específica; un enunciado ocasional, por el contrario, sólo suscita asentimiento o disentimiento si cada vez la pregunta va acompañada de la oportuna estimulación.

Definimos el *significado estimulativo afirmativo* de una oración ocasional S, para un hablante dado, como la clase de todas las estimulaciones que provocarían su asentimiento a S. Similarmente, pero en términos de disentimiento, podemos definir el significado estimulativo *negativo* de S. Finalmente, podemos definir el *significado estimulativo*, sin más, de S como el par ordenado de ambos. Podríamos distinguir grados de indecisión en el asentimiento y en el disentimiento; por ejemplo, según el tiempo de reacción; y de forma fácilmente imaginable podríamos ampliar nuestra definición de significado estimulativo para incluir esta información; pero, con objeto de simplificar la exposición, no lo haremos.

Las distintas estimulaciones que reunimos en clases para integrar los significados estimulativos no deben ser tomadas como eventos particulares, fechados con exactitud, sino como tipos de eventos repetibles. Ha de poderse decir que la misma estimulación *ha ocurrido dos veces*, en vez de decir que han tenido lugar dos estimulaciones completamente similares. Para ver la necesidad de este enfoque, consideremos el significado estimulativo positivo de una oración ocasional S. Este significado es la clase Σ de todas las estimulaciones que *provocarían* el asentimiento a S. Si las estimulaciones se entendieran como eventos y no como tipos de eventos, Σ habría de ser una clase de eventos muchos de los cuales no han ocurrido ni ocurrirán pero que, si ocurrieran, provocarían asentimiento a S. Siempre que Σ contuviera un evento particular σ, realizado o no, tendría que contener todos los demás duplicados no realizados de σ; pero *¿cuántos* son éstos? Sin duda, es un irremediable sinsentido hablar de particulares no realizados y de su agrupamiento en clases. Las entidades no realizadas han de ser concebidas como universales porque, al carecer de especificaciones espacio-temporales y al ser semejantes en lo demás, es imposible distinguirlas entre sí.

Para nuestra presente tarea no es necesario determinar con exactitud cuándo hay que contar dos episodios de activación sensorial como recurrencias de la misma estimulación y cuándo como ocurrencias de estimulaciones diferentes. Está claro que en la práctica el lingüista nunca tendrá que preocuparse de los correlatos neurológicos de los episodios de estimulación. Siempre bastará con saber, por ejemplo, que el sujeto ha tenido una vislumbre fiable de un conejo. Esto es suficiente porque es razonable esperar que en circunstancias similares la conducta será la misma.

Los significados estimulativos, afirmativo y negativo, de un enunciado son mutuamente excluyentes. Hemos supuesto que el lingüista es capaz de reconocer el asentimiento y el disentimiento, y queremos interpretar estos últimos de manera que sea imposible decir de alguien que asiente y disiente en la misma ocasión al y del mismo enunciado ocasional. Es verdad que una cierta estimulación σ podría provocar, en cierto momento, el asentimiento de nuestro sujeto a S y que, más tarde, una recurrencia de σ podría provocar su disentimiento de S; pero en tal caso concluiríamos, simplemente, que el significado, para él, de S ha cambiado. Contaríamos a σ como elemento del significado estimulativo afirmativo que para él tenía S en la primera fecha, y como elemento del significado estimulativo negativo que para él tenía S en la segunda fecha. Una misma estimulación nunca pertenecerá a la vez a la significación estimulativa afirmativa y a la significación negativa de S; es seguro que estas dos clases de estimulaciones son mutuamente excluyentes.

No obstante, los significados estimulativos afirmativo y negativo no se determinan uno a otro, pues el significado estimulativo negativo de S no abarca generalmente todas las estimulaciones que no provocarían el asentimiento a S. En general, por tanto, la comparación entre significados estimulativos íntegros puede ser una mejor base para la traducción que la mera comparación entre significados estimulativos afirmativos.

¿Qué decir, por último, de ese condicional fuerte, el «provocaría» de nuestra definición de significado estimulativo? El expediente es usado de manera tan indiscutida en sólidas ramas tradicionales de la ciencia que objetar su uso en un estudio tan inseguro como el presente sería, evidentemente, una pretensión fuera de lugar, algo así como un cumplido bien intencionado pero inmerecido. Lo que el condicional fuerte define es una disposición; en este caso una disposición a asentir a S o a disentir de él ante estimulaciones diversas. Podemos suponer que esa disposición consiste en alguna sutil condición estructural, al modo de una alergia o de la solubilidad (en particular, se parece a la alergia en que no la comprendemos). Sea cual sea el estatuto ontológico de las disposiciones o el estatuto filosófico del discurso acerca de disposiciones, lo cierto es que sabemos bastante bien, en líneas generales, cómo establecer, a partir de comprobaciones juiciosas, muestras representativas y uniformidades observadas, una conjetura sobre la existencia de una determinada disposición.

II. LA INESCRUTABILIDAD DE LOS TÉRMINOS

A la vista de la interdependencia de las oraciones, cabe preguntarse si podemos hablar razonablemente de significados, aunque sea de significados de enunciados completos y no de expresiones más breves, si no es en relación con los demás enunciados de una teoría inclusiva. Tal relatividad resultaría embarazosa porque, a su vez, el único acceso a la teoría viene dado por sus enunciados individualmente considerados. Ahora bien, la noción de significado estimulativo nos saca, en parte, del apuro. Esta noción aisla, para ciertos enunciados singulares, un tipo de significado empírico neto, y, aunque lo hace con independencia de la teoría, no por ello se pierde lo que el enunciado debe a ésta. En cierta medida, se trata de un instrumento para explorar el edificio de enunciados interconectados procediendo uno a uno. Algún expediente de este género es indispensable para iniciar la penetración en una cultura extraña, a la vez que es relevante para analizar nuestro propio conocimiento del mundo.

El punto de partida de nuestras consideraciones acerca del significado ha estado en las oraciones, si bien se ha tratado de oraciones de una clase especial y de una noción un tanto forzada de significado. Pues las palabras, cuando no son aprendidas como oraciones, lo son sólo, derivadamente, por abstracción de las funciones que desempeñan en las oraciones aprendidas. Con todo, antes de cualquier abstracción, hay oraciones de una sola palabra; y por fortuna estas últimas son, justamente, del tipo especial que ya estamos investigando; son oraciones ocasionales como «Blanco» y «Conejo». Además, tal vez en la medida en que se pueda decir que el concepto de significado estimulativo constituye, aunque en algún forzado sentido, un concepto de significado para oraciones ocasionales, se pueda decir también que constituye en particular un concepto de significado para términos generales como «Blanco» y «Conejo». Examinemos la aplicación de la noción de significado estimulativo a este último y convenientemente limitado ámbito de aplicación.

Afirmar la igualdad, para dos hablantes, del significado estimulativo de un término, o de dos términos para uno o dos hablantes, es afirmar una cierta igualdad en su aplicación: hay coincidencia tanto en las estimulaciones que provocan asentimiento como en las que provocan disentimiento. Ahora bien, ¿equivale eso a decir que el término o los términos tienen la misma *extensión*, es decir, que son verdaderos de los mismos objetos, para el hablante o hablantes en cuestión? Así podría parecer en el caso de «Conejo» y «Gavagai»; pero realmente la cosa es, en general, más complicada. Así, adaptando un ejemplo de Carnap, imaginemos un término general bárbaro aplicable a caballos y unicornios. Puesto que los unicornios no existen, la extensión de ese inclusivo término bárbaro es, sencillamente, la de «caballos». No obstante, nos gustaría de algún modo decir que el término, a diferencia de «caballo», también *sería* verdadero de los unicornios, si existieran. Pues bien, nuestro concepto de significado estimulativo nos ayuda realmente a dotar de sentido a esa determinación que queremos hacer respecto a objetos inexistentes, porque el significado estimulativo es, según la teoría del mismo, una cuestión de irritaciones de nuestras superficies sensoriales, no de caballos o unicornios. Cada estimulación causada por la observación de un unicornio es una combinación de impactos nerviosos que, en principio, no es menos real ni menos especificable que las causadas por la observación de un caballo. Incluso es posible provocar una estimulación de ese género mediante un artificio de cartón piedra. En la práctica también se puede hacer esto sin engaño, mediante descripciones y preguntas hipotéticas, siempre que se tenga un conocimiento suficiente del lenguaje; tales expedientes son maneras indirectas de hacer conjeturas acerca del significado estimulativo, si bien al margen de la definición del mismo.

Para términos como «Caballo», «Unicornio», «Blanco» y «Conejo» —términos generales para objetos externos observables— nuestro concepto de significado estimulativo parece proporcionar una relación de traducción razonablemente fuerte que va más allá de la mera coextensionalidad. Pero no es así; bien mirado, la relación ni siquiera alcanza la igualdad de extensión. Consideremos «Gavagai» de nuevo. ¿Quién sabe si los objetos a los que este término se aplica no son, después de todo, conejos sino simples estadios, o breves segmentos temporales, de conejos? En ambos casos, las mismas situaciones estimulativas que provocarían asentimiento a «Gavagai» provocarían asentimiento a «Conejo». O, quizás, «Gavagai» se aplica a cualquier parte no separada de conejos; y tampoco en este caso el significado estimulativo reflejaría diferencia alguna. Cuando, a partir de la igualdad de los significados estimulativos de «Gavagai» y «Conejo», el lingüista concluye que un gavagai es un conejo íntegro y duradero, está dando por sentado que el nativo es lo bastante semejante a nosotros para tener un término general breve para conejos y ninguno para estadios o partes de conejos.

Generalmente, podemos traducir algo (por ejemplo, «por mor de») a un lenguaje dado aunque no haya nada en él que se corresponda con algunas de las sílabas componentes (por ejemplo, con «mor»). Precisamente de esta manera la oración ocasional «Gavagai» es traducible como diciendo que ahí hay un conejo, aunque ningún fragmento de «Gavagai», ni nada en el lenguaje nativo, se corresponda exactamente con el término «conejo». La sinonimia de «Gavagai» y «Conejo», en tanto oraciones, gira sobre consideraciones acerca de asentimientos provocados, las cuales trascienden todas las fronteras culturales; no ocurre lo mismo con la sinonimia de estas expresiones en tanto términos. Hacemos bien en escribir «Conejo» en vez de «conejo», para señalar que estamos considerando esa expresión en relación con sus sinónimos en tanto oración y no en relación con sus sinónimos en tanto término.

¿Podría superarse la supuesta indecisión entre conejos, estadios de conejos y partes integrantes de conejos mediante un pequeño suplemento de ostensión y de preguntas? Reflexionemos sobre esto. Cuando señalamos un conejo estamos señalando, también, un estadio de conejo y una parte integrante de un conejo. Cuando señalamos una parte de un conejo estamos, también, señalando un conejo y un estadio de conejo. Y sucede lo propio con la tercera alternativa. Nada que no pueda ser distinguido ya en el significado estimulativo mismo podrá serlo mediante ostensión, a menos que esta última vaya acompañada de preguntas sobre identidad y diferencia: ¿Es éste el mismo gavagai que aquél? ¿Hay aquí un gavagai, o dos? Tal interrogatorio exigiría del lingüista un dominio de la lengua indígena que nosotros por el momento no estamos en condiciones de justificar. Más aún, supondría que, a semejanza del nuestro, el esquema conceptual indígena divide la realidad, de una forma o de otra, en una multiplicidad de objetos físicos distinguibles e identificables, sean conejos, estadios, o partes. Pero el enfoque indígena podría, después de todo, ser muy diferente al nuestro. El término «gavagai» podría ser el nombre propio de un universal recurrente, la cualidad de conejo, y *aun así* la oración ocasional «Gavagai» tendría el mismo significado estimulativo que posee bajo las otras alternativas sugeridas más arriba. Aún más, el punto de vista indígena podría ser tan ajeno al nuestro que hablar de objetos, incluso objetos abstractos como la conejeidad, en relación con el mismo resultase carente de sentido. Los senderos por los que discurre el lenguaje de la jungla podrían ser completamente distintos del discurso occidental sobre esto y aquello, igual y diferente, uno y dos. Faltando algunos de estos usuales expedientes, no es posible decir, de modo significativo, que el indígena postula objetos; sustancias, tal vez, pero no objetos, concretos o abstractos. Y con todo, incluso en la perspectiva de esta actitud ontológica de naturaleza tan diferente, la oración ocasional «Gavagai» podría tener el mismo significado estimulativo que «(He aquí un) conejo». Las oraciones ocasionales y los significados estimulativos son moneda universal, en tanto que los términos, como expresiones que se aplican en algún sentido a objetos, son complementos provinciales de una cultura, como la nuestra, inclinada a la reificación.

¿Podemos siquiera imaginar alguna alternativa seria a nuestra pauta reificadora? Tal vez no, pues tendríamos que imaginarla en el proceso de traducción y lo que la traducción hace es imponer nuestra pauta. Quizá la noción misma de un tal contraste radical entre culturas carezca de sentido, salvo en uno puramente negativo: el fallo persistente en hallar análogos indígenas de nuestros familiares expedientes de la referencia objetiva, como los artículos, el predicado de identidad y las terminaciones de plural, que sean simples y convincentes. Sólo un fallo así podría hacernos percibir que el lenguaje indígena representa la materia del mundo de un modo inaccesible a nuestro lenguaje.

III. ORACIONES OBSERVACIONALES

En las secciones primera y segunda hemos podido apreciar que, siempre que se limite a las oraciones ocasionales, la igualdad de significado estimulativo constituye, en algunos aspectos, una eficaz relación de sinonimia. Pero aun así limitado el significado estimulativo no cumple los requisitos implícitos en el habitual discurso acrítico sobre el significado. El problema está en que el asentimiento o el disentimiento de un informante a una oración ocasional puede depender sólo parcialmente de la estimulación actuante y hacerlo en amplia medida de información adicional propia que el lingüista desconoce. Cuando, primero, distinguimos entre oraciones ocasionales y oraciones fijas (sección I) y, después, pospusimos las segundas, excluimos todos los casos en los que el asentimiento o el disentimiento del informante podía depender por entero de información colateral, pero no los casos en los que su asentimiento, o disentimiento, depende principalmente de información de esa clase y sólo en muy escasa medida de la estimulación presente que lo provoca. Así, el asentimiento del nativo a «Gavagai» al vislumbrar algún movimiento entre la hierba puede deberse, más que nada, a la previa observación, cuando el lingüista estaba ausente, de conejos en los alrededores. Y hay oraciones ocasionales cuyos significados estimulativos no pueden ser considerados como sus «significados» por mucho esfuerzo de imaginación que se haga, porque el asentimiento a las mismas, aunque también requiere una estimulación, *siempre* depende en gran medida de información colateral. Un ejemplo es «Soltero»; el asentimiento a esta oración es provocado genuinamente por la visión de una cara; no obstante, se basa principalmente en información almacenada y no en la estimulación provocadora, salvo en la medida necesaria para reconocer al amigo soltero. La dificultad con «Soltero» radica en que su significado trasciende el mero aspecto físico de las personas que provocan el asentimiento y está relacionado con cuestiones que solamente pueden ser conocidas por otras vías. Es claro, entonces, que debemos procurar distinguir una subclase de las oraciones ocasionales, la de las *oraciones observacionales*, y reconocer que lo que he llamado significado estimulativo, constituye una razonable noción de significado para, a lo sumo, tales oraciones. Las oraciones ocasionales han sido definidas (sección I) como aquéllas respecto a las que se asiente o disiente sólo en presencia de una estimulación; lo que ahora exigimos de las oraciones observacionales, más particularmente, es que el asentimiento o el disentimiento sea provocado en todos los casos sin la ayuda de más información que la proporcionada por la estimulación misma.

Es curioso lo seguros que estamos de que cada asentimiento a «Soltero», o a un equivalente indígena, se basa en datos procedentes de dos fuentes: la estimulación presente y la información lateral. No carecemos de elaboradas, aunque asistemáticas, intuiciones sobre los usos de «Soltero» o de otras palabras de nuestro lenguaje. No obstante, no debemos enorgullecernos de esta clase de discurso fácil sobre significados y argumentos de sentido común, pese a toda su productividad, pues puede conducirnos casi sin darnos cuenta a las creencias más desesperadamente confusas y a controversias sin sentido.

Supongamos establecido que una determinada clase Σ comprende exactamente las estimulaciones capaces de provocar directamente, sin el concurso de información lateral, el asentimiento al enunciado ocasional S. Supongamos igualmente que las estimulaciones comprendidas en otra clase Σ', aptas también para provocar asentimiento a S, deben su eficacia más bien a cierta información lateral C muy extendida. ¿No podríamos también decir, en lugar de lo anterior, que al adquirir C los hombres han encontrado conveniente, de manera implícita, cambiar el *significado* mismo de S, en el sentido de que ahora los elementos de Σ' son aptos para provocar asentimiento directamente, al igual que los elementos de Σ? Me parece que se pueden mantener las dos actitudes; ni la más completa perspicacia histórica revelaría distinción alguna, aunque revelara todas las etapas de la adquisición de C, porque el significado puede evolucionar *pari passu*. La distinción es ilusoria. Lo que hay objetivamente es una adaptación evolutiva a la naturaleza, reflejada en un conjunto evolutivo de disposiciones a dejarse provocar por estimulaciones a asentir, o a disentir, a, o de, enunciados ocasionales. Puede admitirse que estas disposiciones son impuras en el sentido de que incorporan conocimiento de cosas del mundo, pero lo hacen en una solución que no precipita nunca.

Las oraciones observacionales son oraciones ocasionales el asentimiento, o disentimiento, a las cuales es provocado sin la ayuda de información lateral. Pero la noción de ayuda por medio de información lateral ha resultado poco sólida. De todas maneras, la noción de oración observacional está en una posición mejor debido a un efecto estadístico de estabilización, un efecto que tal vez esté en mi mano explicar si por un momento sigo hablando acríticamente en términos de la dudosa noción de información lateral. Una parte de la información lateral relevante para una oración ocasional S puede estar muy extendida, otra parte puede no estarlo. A su vez, una porción de la información ampliamente extendida puede ser compartida por un grupo importante de personas y otra porción por otro grupo, de forma que pocas personas, si es que las hay, la conocerán completa. Por otra parte, el significado es social; incluso el individuo que usa una palabra de manera extravagante compartirá, probablemente, su desvío con algunos otros.

De cualquier modo, el efecto se pone de manifiesto llamativamente al comparar «Conejo» con «Soltero». El significado estimulativo de «Soltero» nunca será el mismo para dos hablantes que no sean hermanos siameses. Por el contrario, el significado estimulativo de «Conejo» será uniforme para casi todos los hablantes; excepciones como la del movimiento entre la hierba son raras. Entonces, un concepto que parece cumplir bastante bien el objetivo de la noción de oración observacional es, simplemente, el de *oración ocasional que posee un significado estimulativo intersubjetivo*.

¿Será entonces suficiente, para que una oración ocasional sea observacional, que haya *dos* personas para quienes aquélla tenga el mismo significado estimulativo? No, como pone de relieve el ejemplo de los hermanos siameses. ¿Debe tener el mismo significado estimulativo para todos los miembros de la comunidad lingüística (suponiendo que ésta pudiera ser definida)? Seguramente, no. ¿Debe tener *exactamente* el mismo significado estimulativo para al menos dos hablantes? Quizá, no; considerando de nuevo el movimiento entre la hierba. Pero la cuestión es que estas preguntas aspiran a unos refinamientos fuera de lugar. Lo que aquí nos interesa son tendencias generales de conducta y lo que importa para la noción de oración observacional que aquí pretendemos construir es que para un número significativamente alto de hablantes los significados estimulativos tengan desviaciones significativamente pequeñas.

En un punto la variabilidad intersubjetiva del significado estimulativo de enunciados como «Soltero» ha sido expuesta incompletamente. El significado estimulativo de ese enunciado para una persona no sólo diferirá de su significado para otra persona sino que diferirá también del significado que para esta última tenga cualquier otro enunciado apropiado, en el mismo lenguaje o en otro.

El lingüista no está en condiciones de examinar y establecer *in extenso* un significado estimulativo indígena y, después, construir una oración castellana compleja cuyo significado estimulativo, para él, resulte equiparable, por medio de un exhaustivo agotamiento de casos, al significado indígena. Más bien tiene que extrapolar cualquier significado estimulativo indígena a partir de muestras relevantes, procurando adivinar la manera de pensar de su informante. Si la oración es tan poco observacional como «Soltero», simplemente no descubrirá líneas apropiadas de extrapolación; la traducción mediante significado estimulativo no producirá, entonces, un resultado erróneo, sencillamente no producirá resultado alguno. Esto es interesante porque lo que nos indujo a intentar definir las oraciones observacionales fue la consideración de que constituían la subclase de las oraciones ocasionales que parecían traducibles razonablemente por identidad de significados estimulativos. Vemos ahora que la limitación de este método de traducción a esta clase de oraciones es autorreforzante. Cuando una oración ocasional indígena no sea observacional, el lingüista se dará cuenta de que no podrá encontrar entre su propio repertorio de significados estimulativos de oraciones castellanas ninguno plausiblemente equiparable al que la oración indígena tiene para el informante.

Vimos que la noción de significado estimulativo no requiere una pluralidad de informantes. Lo que hay en general es el significado estimulativo de una oración para un hablante dado en un cierto momento de su vida (aunque al intentar delimitar ese significado el lingüista puede ver facilitada su tarea preguntando en momentos diversos y variando de informante). También vimos que la definición de oración observacional requiere puntos de referencia más amplios; en especial, requiere la comparación de diversos hablantes de la misma lengua. Pero en definitiva la consideración contenida en el párrafo anterior nos confirma que en realidad se puede prescindir de tal ampliación de horizontes: la traducción de oraciones ocasionales mediante el significado estimulativo se limitará de manera natural a las oraciones observacionales y, por tanto, no habrá necesidad de sacar a colación una y otra vez la definición de oración observacional.

La expresión «enunciado observacional» sugiere, a epistemólogos o metodólogos, los datos de la ciencia. A este respecto, nuestra versión no está fuera de lugar, pues, tal y como han sido definidos, nuestros enunciados observacionales son, precisamente, los enunciados ocasionales sobre los que es casi seguro que habrá un firme acuerdo por parte de todos los observadores bien situados. Por esto, ellos serán, justamente, los enunciados a los que un científico recurrirá en última instancia cuando sea requerido por colegas reticentes para que ordene sus datos y repita sus observaciones y experimentos.

IV. SINONIMIA INTRASUBJETIVA DE ORACIONES OCASIONALES

El significado estimulativo ha quedado definido para oraciones ocasionales en general, sin tener en cuenta la observacionalidad. No obstante, su parecido con lo que razonablemente podría ser llamado significado es menor cuando se aplica a oraciones no observacionales, como «Soltero». La traducción de «Bachelor» por «Soltero» no puede ser justificada sobre la base de la igualdad de los significados estimulativos; y tampoco puede serlo la sinonimia de «Soltero» y «Hombre que nunca se ha casado».

A pesar de eso, los significados estimulativos de «Soltero» y «Hombre que nunca se ha casado» son, curiosamente, idénticos para cada hablante.

En todo momento un individuo será provocado por las mismas estimulaciones a asentir a «Soltero» y a «Hombre que nunca se ha casado»; y similarmente por lo que respecta al disentimiento. Vemos de esta manera que, aunque el concepto de significado estimulativo está muy lejos del significado «auténtico» cuando se aplica a las oraciones ocasionales no observacionales «Soltero» y «Hombre que nunca se ha casado», la sinonimia se puede definir fielmente como la igualdad de significado estimulativo, tanto para estas oraciones como para las más escogidas oraciones observacionales, con tal de que nos limitemos a un hablante. Para cada hablante «Soltero» y «Hombre que nunca se ha casado» son sinónimos en un sentido definido (a saber, en tanto semejantes en significado estimulativo), sin tener por ello el mismo significado en ningún sentido aceptablemente definido de «significado» (pues en el caso de «Soltero» el significado estimulativo no es una base sólida para una definición aceptable). Puestas así las cosas, demos la bienvenida a la sinonimia y prescindamos del significado.

La restricción a un hablante no es obstáculo para afirmar que «Soltero» y «Hombre que nunca se ha casado» son sinónimas para el conjunto de la comunidad, en el sentido de que lo son para cada uno de sus miembros. Una extensión práctica al caso de dos lenguajes es posible si se dispone de un hablante bilingüe. Para un bilingüe, «Soltero» y «Bachelor» serán sinónimos en virtud de un criterio interno, a saber, la igualdad de significado estimulativo. Si tomamos a este hablante como muestra, podemos tratar «Soltero» y «Bachelor» como sinónimas para propósitos de traducción en las dos comunidades que él representa. Observando el grado de fluidez con el que se comunica en ambas comunidades, comparando otros individuos bilingües u observando cómo funcionan las traducciones, comprobaríamos si se trata de una muestra suficientemente buena.

Pero este uso de individuos bilingües no está al alcance del lingüista de la jungla que intenta penetrar en una cultura que ha permanecido aislada. Hasta ahora el único concepto disponible para la traducción radical es la igualdad de significado estimulativo, y aún éste sólo para enunciados observacionales.

Las afinidades y diferencias entre la sinonimia intrasubjetiva y la traducción radical requieren una cuidadosa atención. La sinonimia intrasubjetiva, al igual que la traducción, puede valer para toda una comunidad. Es intrasubjetiva en el sentido de que cada sujeto conecta los sinónimos por medio de la igualdad, para él, de significado estimulativo; pero, no obstante, es comunitaria en el sentido de que las expresiones sinónimas en cuestión son conectadas mediante dicha igualdad por cada miembro de la comunidad. Obviamente, la sinonimia intrasubjetiva es en principio tan objetiva, tan susceptible de descubrimiento por el lingüista de campo, como lo es la traducción. Nuestro lingüista puede incluso descubrir que dos oraciones indígenas son intrasubjetivamente sinónimas sin por ello encontrar traducciones castellanas de las mismas —en resumen, sin comprenderlas—, pues puede descubrir que ambas tienen el mismo significado estimulativo para su informante y no conocer ninguna oración castellana cuyo significado estimulativo, para él, sea presumiblemente el mismo. Así, para invertir la perspectiva, un marciano podría hallar que «Soltero» y «Hombre que nunca se ha casado» son sinónimas sin descubrir cuándo asentir a una u otra.

«Soltero» y «Sí» son dos oraciones ocasionales que podemos comparar instructivamente. Ni una ni otra son observacionales y, por tanto, no son traducibles mediante identidad de significados estimulativos. Mal le iría al equivalente selvático de «Sí» (digamos, «Tak») si fuese traducido mediante el significado estimulativo. Las estimulaciones que, acompañando la pregunta del lingüista «¿Tak?», provocarían asentimiento a esta extraña oración, incluso por parte de todos los nativos, nunca habrían provocado el asentimiento de un castellano a «Sí», o a algo parecido, y ello a causa de su condición puramente verbal y de su exclusiva materialización en la lengua de la selva. «Tak» es precisamente lo que el lingüista busca como señal de asentimiento a cualquiera de las oraciones ocasionales indígenas que él pueda investigar, pero ella misma es inadecuada para ser investigada con los métodos que estamos considerando. Realmente, podemos suponer que, al igual que ocurre con «Soltero», no habrá dos hablantes, ni siquiera de la misma lengua, para quienes «Tak», o «Sí», tenga el mismo significado estimulativo; «Sí» sólo puede poseer el mismo significado estimulativo para hablantes que estén de acuerdo en cada cosa que cualquiera pueda decir, incluso sin premeditación. No obstante, la igualdad de significado estimulativo es lo que define la sinonimia intrasubjetiva, no solamente entre «Soltero» y «Hombre que nunca se ha casado», sino también entre «Sí» y «Por supuesto» o «Ciertamente».

Repárese en que aún se mantienen las reservas formuladas en la sección II en relación con la coextensividad de términos. Aunque el marciano descubriera que «Soltero» y «Hombre que nunca se ha casado» son oraciones ocasionales sinónimas, no habría probado con ello que «soltero» y «hombre que nunca se ha casado» son términos generales coextensos. Por lo que él sabe, uno u otro de los términos podría aplicarse con exclusión del otro no a hombres sino a estadios temporales o partes de hombres, o incluso a un atributo abstracto (véase la sección II).

Cuando consideramos oraciones ocasionales y no términos, apreciamos que la sinonimia dentro de un lenguaje está en mejor situación que la traducción radical. La igualdad de significado estimulativo servirá como criterio de sinonimia intrasubjetiva de cualesquiera oraciones ocasionales, observacionales o no.

En realidad, debemos limitarnos a oraciones breves y sencillas. De lo contrario, la mera incapacidad de asimilar preguntas largas puede dar lugar, en términos de nuestras definiciones, a diferencias entre los significados estimulativos de oraciones que preferiríamos considerar como sinónimas. Puede ocurrir que una estimulación provoque asentimiento a la oración corta y no a la larga debido, precisamente, a la oscuridad de la segunda; en este caso no nos gustaría decir que para el sujeto el significado de la oración larga es diferente sino, sencillamente, que no la ha comprendido.

Con todo, no todas las oraciones serán cortas sino que algunas contendrán a otras. Pienso en la ayuda que para ello prestan conjunciones como «o», «y», «pero», «si», «entonces», «que», etc., al regular la oración contenida como una cláusula de la oración continente. Pero también puede ocurrir en un nivel más elemental. Oraciones muy simples pueden contener sustantivos y adjetivos («rojo», «teja», «soltero», etc.) que también satisfacen los requisitos de las oraciones ocasionales, quedando sujetos, por tanto, a nuestro concepto de sinonimia. De esta manera, este concepto se aplica en pie de igualdad a oraciones que a veces ocurren como partes de otras. Es posible, entonces, cierta extensión de la sinonimia a oraciones ocasionales de mayor longitud que contienen a otras como partes, mediante el tipo de construcción que se expone a continuación.

Supongamos que R (S) es una oración ocasional que, aunque moderadamente corta, contiene como parte suya la oración ocasional S. Con R (...) podemos referirnos ahora al resultado de borrar la oración contenida en R (S), y, siguiendo a Peirce, podemos hablar de ello como de un *rhema.* Diremos que un *rhema* R (...) es *regular* si cumple la siguiente condición: para cada S y S', si S y S' son sinónimas y R (S) y R (S') son oraciones ocasionales idiomáticamente aceptables y suficientemente breves para nuestro concepto de sinonimia, entonces R (S) y R (S') son sinónimas. Por ahora, este concepto de regularidad sólo tiene un sentido razonable para *rhemas* cortos puesto que R (S) y R (S') deben ser, para S y S' convenientemente breves, suficientemente breves como para caer bajo nuestro concepto de sinonimia. No obstante, el propio concepto de regularidad invita de manera natural a una extensión: cuando los *rhemas* R_1 (...) y R_2 (...) sean regulares, admitiremos que también lo sea el *rhema* más largo R_1 (R_2 (...)). De este modo se hace posible calificar de regulares a *rhemas* cada vez más largos. A partir de aquí, podemos extender el concepto de sinonimia a diversas oraciones ocasionales largas, de la siguiente manera. Si R (...) es un *rhema* regular y S y S' son oraciones ocasionales cortas sinónimas en el sentido inicial, no extendido, y si R (S) y R (S') son, en alguna medida, combinaciones idiomáticamente aceptables, entonces, por extensión, podemos a su vez calificar de sinónimas a R (S) y R (S'), y ello aunque sean demasiado largas para ser sinónimas en el primer sentido. Ahora ya no hay limitación en la longitud, puesto que el *rhema* regular R (...) puede ser tan largo como queramos.

V. FUNCIONES VERITATIVAS

En las secciones II y III justificamos la traducción radical de oraciones observacionales llevada a cabo mediante identificación de significados estimulativos. Pero hay un campo marcadamente diferente que también se presta de manera inmediata a la traducción radical, a saber, el de las *funciones veritativas* como la negación, la conyunción lógica y la disyunción. Supongamos, como antes, que el asentimiento y el disentimiento fueran reconocibles en general. Las oraciones presentadas al nativo para aprobación o rechazo pueden ser, indiferentemente, ocasionales o fijas. Las ocasionales tendrán, naturalmente, que ir acompañadas de las oportunas estimulaciones provocadoras, si es que se pretende conseguir asentimiento o disentimiento; las fijas pueden ser presentadas en solitario. Ahora bien, por referencia al acuerdo y al desacuerdo podemos formular *criterios semánticos* para determinar si una expresión nativa dada ha de ser traducida como expresiva de la función veritativa en cuestión. Lo que sirve como criterio semántico de la negación es que ésta torna cualquier oración breve a la que estamos dispuestos a asentir en una oración de la que disentiremos, y viceversa. Para la conyunción tomamos el hecho de que la misma genera compuestos a los cuales, suponiendo que las oraciones componentes sean breves, estamos dispuestos a asentir cuando y sólo cuando estamos dispuestos a asentir a cada componente. El criterio de la disyunción es similar pero cambiando «asentir» por «disentir» en sus dos ocurrencias.

La razón de exigir brevedad en los componentes es simplemente que, como en la sección IV, si son largas, el sujeto puede confundirse. La identificación de una expresión indígena como negación, conyunción o disyunción no debe ser descartada sobre la base de la desviación de un sujeto respecto a nuestros criterios semánticos cuando es debida, tan sólo, a confusión. Adviértase que no se impone ningún límite a la longitud de los enunciados componentes a los que puede aplicarse la negación, la conyunción o la disyunción; se trata solamente de que los casos utilizados como prueba, a fin de reconocer por vez primera tales construcciones en una lengua extraña, siempre tendrán componentes breves.

Una vez que hallamos que una construcción nativa cumple alguno de estos tres criterios semánticos, ya no podemos pedir una comprensión más profunda de ello. Entonces estamos en condiciones de traducir la expresión nativa al castellano como «no», «y» u «o», según sea el caso, sin más salvedades que las rutinarias (es bien sabido que estas tres palabras castellanas no representan exactamente y sin ambigüedad a la negación, la conyunción y la disyunción).

En lógica se considera que una construcción que genera una oración a partir de otras oraciones expresa una función veritativa si cumple la condición de que el compuesto tenga un único «valor de verdad» (verdad o falsedad) para cada asignación de valores de verdad a los componentes. Obviamente, es posible formular criterios semánticos para todas las funciones veritativas de manera similar a como hicimos con la negación, la conyunción y la disyunción.

A veces, oímos hablar de pueblos de mentalidad prelógica que aceptan como verdaderas contradicciones manifiestas. Imaginemos, forzando sin duda las intenciones de Levy-Bruhl, que alguien afirma que estos indígenas admiten la verdad de cierto enunciado de la forma «*p* ka bu *p*», donde «ka» significa «y» y «bu» significa «no». Ahora bien, está a la vista que, si la traducción de «ka» como «y» y de «bu» como «no» sigue nuestros criterios semánticos, esta afirmación es absurda. ¿Y qué otros criterios podríamos aplicar sin incurrir en dogmatismo? A la inversa, afirmar sobre la base de un mejor diccionario que los nativos comparten nuestra lógica sería imponer esta última e incurrir en una petición de principio, en el caso de que aquí haya realmente algo que con sentido pueda ser pedido como principio. De todas maneras, yo me inclino por el diccionario mejor.

En el ámbito del castellano se puede ilustrar este punto mediante el tema de las lógicas alternativas. ¿Quien propone leyes lógicas heterodoxas está realmente contradiciendo nuestra lógica o sólo está sugiriendo nuevos e irrelevantes usos para algunos viejos vocablos familiares («y», «o», «no», «todos», etc.)? La cuestión carece de sentido, salvo desde la perspectiva de algún conjunto de criterios para traducir partículas lógicas. Dados los criterios ya expuestos, la respuesta es clara.

Oímos de vez en cuando que en su famosa libertad para resistematizar la ciencia o para forjar nuevos cálculos matemáticos el científico está obligado a respetar, al menos, la ley de contradicción. ¿Cuál ha de ser nuestra actitud ante esto? Huimos de la contradicción porque buscamos la verdad, pero ¿qué pensar de una revisión tan fundamental que considerara como verdaderas a las contradicciones? Antes que nada habría que sopesar cuidadosamente la utilidad del cambio. Las leyes de la lógica nos permiten deducir cualquier enunciado, indiscriminadamente, de una contradicción. Pero esa universal afirmación haría inútil la ciencia por ausencia de toda distinción. Así pues, una revisión que considere verdaderas las contradicciones habrá de ir acompañada de la revisión de otras leyes lógicas. Desde luego que todo esto puede hacerse; pero, una vez hecho, ¿cómo podemos afirmar que se ha logrado lo que se pretendía? Esta lógica heroicamente original cae bajo las consideraciones del párrafo anterior y, por tanto, tal vez pueda ser reconstruida, sencillamente, como la lógica de siempre, sólo que expresada en una mala notación.

Podemos, significativamente, contemplar el cambio de una ley lógica, la de tercero excluido, por ejemplo, o incluso la de contradicción. Pero esto es así porque mientras consideramos el cambio seguimos traduciendo *idénticamente*: «y» como «y», «o» como «o», etc. Después, una traducción más retorcida tal vez consiga anular el cambio de ley; o tal vez, por el contrario, se aprecie que el cambio da lugar a un sistema sustancialmente más fuerte que, además, no es en modo alguno susceptible de ser traducido al viejo sistema. Pero, aun en este último caso, cualquier conflicto entre la vieja y la nueva lógica resulta ilusorio, pues sólo es posible porque traducimos por identidad.

En cualquier caso, una vez que hemos fijado nuestras traducciones mediante los repetidos criterios semánticos, hemos establecido completamente, al menos hasta donde alcanza la parte veritativo-funcional de la lógica, las leyes lógicas de un pueblo. En particular, queda determinada la clase de las *tautologías*, los compuestos veritativo-funcionales que son verdaderos en virtud, exclusivamente, de su estructura veritativo-funcional. Hay un conocido algoritmo tabular para determinar exactamente, en los casos de oraciones en las que las conectivas lógicas están excesivamente repetidas y superpuestas, qué asignaciones de valores de verdad a las oraciones componentes últimas hacen verdadero a todo el compuesto; las tautologías son los compuestos que resultan verdaderos para toda asignación.

Es un lugar común de la epistemología (y, por esa razón, ocasionalmente objetado) que solamente dos ámbitos muy opuestos del conocimiento disfrutan de una certeza inamovible. Uno es el conocimiento de lo que se hace directamente presente a la experiencia sensible, el otro es el conocimiento de la verdad lógica. Es notable que estos sean, aproximadamente, los dos dominios donde hemos dotado a la traducción radical de un pleno sentido conductista. Un dominio donde la traducción parecía no ofrecer problemas era el de las oraciones observacionales. El otro, el de las funciones veritativas y, por tanto, también en cierto sentido el de las tautologías, dado que éstas son las verdades para las que solamente son relevantes las funciones veritativas.

Ahora bien, las funciones veritativas y las tautologías son tan sólo las más simples de las funciones y las verdades lógicas. ¿Podemos ir más allá? Las funciones lógicas que ahora se presentan como candidatos naturales son las oraciones *categóricas*, representadas tradicionalmente por *A*, *E*, *I*, y *O*, y formadas habitualmente en castellano con las construcciones «todos son» («Todos los conejos son tímidos»), «ninguno es», «algunos son» y «algunos no son». A primera vista, un criterio semántico para *A* podría ser el siguiente: el compuesto impone asentimiento (a un hablante dado) si y sólo si el significado estimulativo positivo (para él) del primer componente es un subconjunto del significado estimulativo positivo del segundo. Es bastante obvio el modo en que este criterio puede ser adaptado a *E*, *I*, y *O*; lo malo es que, según lo visto en la sección II, la línea de razonamiento es equivocada en su conjunto. Tomemos, por ejemplo, *A*. Si «hipoide» es un término general aplicable a los caballos y a los unicornios, entonces, al no haber unicornios, todos los hipoides son caballos, y, sin embargo, el significado estimulativo positivo de «Hipoide» incluye patrones de estimulación, los correspondientes a «Unicornio», que no pertenecen al significado estimulativo positivo de «Caballo». Por esta razón, porque va más allá de la extensión, el criterio semántico sugerido no vale para «Todos los S son P». Y falla en un punto aún más serio, aunque de tipo opuesto, pues, mientras que los estadios de conejos no son conejos, vimos en la sección II que en punto a significado estimulativo no hay ninguna diferencia.

La dificultad es fundamental. La verdad de los enunciados categóricos depende de los objetos de los que los términos componentes son verdaderos, por muy externos e inferenciales que sean; y qué objetos sean ésos es algo que no viene determinado unívocamente por los significados estimulativos. En realidad, los enunciados categóricos, al igual que las desinencias de plural y la identidad, sólo adquieren sentido en relación a un esquema conceptual que postule la existencia de objetos; en contraste con esto, y conforme a lo subrayado en la sección II, los significados estimulativos pueden ser exactamente los mismos tanto para personas que posean esquemas de ese género como para personas tan ajenas a ello como se quiera. De lo que consideramos como lógica, la parte veritativo-funcional es, al parecer, la única que en una lengua extranjera somos capaces de atrapar con criterios conductistas.

VI. HIPÓTESIS ANALÍTICAS

¿Cómo extiende, entonces, nuestro lingüista la traducción radical más allá de los límites de las oraciones observacionales y las funciones de verdad? En líneas generales procede de la manera que se expone a continuación. Segmenta las proferencias oídas, en trozos recurrentes manejablemente cortos y, a partir de ahí, compila una relación de «palabras» nativas. A título de hipótesis pone en ecuación diferentes miembros de esa relación con palabras y expresiones castellanas, cuidando que sean respetadas las traducciones ya establecidas de oraciones observacionales completas. Estas ecuaciones conjeturales pueden ser llamadas *hipótesis analíticas* de traducción. El lingüista tendrá que hacer uso de estas hipótesis no sólo para las palabras nativas sino también para las construcciones sintácticas o modos de reunir palabras, porque no cabe presumir que el lenguaje nativo siga el orden que las palabras tienen en castellano. El conjunto de estas hipótesis analíticas de traducción constituye una gramática y un diccionario jungla-castellano que son aplicados por el lingüista a oraciones para cuya traducción no hay evidencia independiente.

Las hipótesis analíticas de traducción no dependen exclusivamente, en cuanto a su evidencia, de traducciones previas de enunciados observacionales. También pueden ser parcialmente contrastadas comprobando su conformidad con la sinonimia intrasubjetiva (sección IV) que pueda darse entre enunciados ocasionales. Por ejemplo, si las hipótesis analíticas llevan a traducir los enunciados S_1 y S_2 como «He aquí un soltero» y «He aquí un hombre que nunca se ha casado», respectivamente, debemos esperar entonces que para cada nativo el significado estimulativo de S_1 sea el mismo que el de S_2.

Además de a la luz de la traducción de oraciones ocasionales, las hipótesis analíticas de traducción pueden, algunas veces, ser comprobadas parcialmente a la luz de la traducción de oraciones fijas. Estas últimas difieren de las ocasionales sólo en que el asentimiento y el disentimiento respecto a ellas pueden producirse sin que medie una estimulación provocadora, no en que jamás medie una estimulación. El concepto de asentimiento provocado es razonablemente aplicado, para un hablante dado y por una vez, a la oración fija «Algunos conejos son negros», siempre que consigamos presentarle un ejemplar antes de que sepa que existen conejos negros. Un hablante puede, incluso, ser provocado repetidamente a asentir a algunas oraciones fijas; cada año se le puede realmente provocar a asentir a «El azafrán ha florecido», y cada día a «*The Times* ha llegado». De esta manera se reducen distancias entre oraciones fijas y ocasionales, lo que no obsta a la permanencia del límite definido hacia la mitad de la sección I. Así, el lingüista puede también evaluar sus hipótesis analíticas de traducción comparando las traducciones que se desprenden de las mismas con las traducciones originales que pueden ser llevadas a cabo a partir de asentimientos y disentimientos provocados.

Las oraciones fijas pueden aportar una pequeña prueba adicional a las hipótesis analíticas al margen de asentimientos y disentimientos provocados. Si, por ejemplo, las hipótesis analíticas apuntan a una oración castellana más bien trivial como traducción de una oración nativa S, el lingüista se tranquilizará si encuentra que S también impone, sin necesidad de provocación, un asentimiento general.

No es necesario que en la práctica las hipótesis analíticas de traducción adopten forma de ecuación. No es necesario que cada palabra indígena sea directamente puesta en ecuación con alguna palabra o expresión castellana. El traductor puede especificar ciertos contextos en los que una palabra debe ser traducida de una manera y otros en los que debe ser traducida de otra. Puede añadir a la forma ecuacional indicaciones semánticas suplementarias *ad libitum.* «En mal estado (*dicho de un huevo*)» es una definición lexicográfica tan buena como «podrido», a pesar de la intrusión de observaciones complementarias. Las instrucciones de traducción que tienen que ver con inflexiones gramaticales —por tomar un caso extremo— se pueden hacer depender de ecuaciones de palabras y expresiones en combinación inextricable con elementos no ecuacionales, pues el objetivo no es la traducción de palabras o construcciones sueltas sino la del discurso coherente. Las hipótesis a las que llega el lingüista y las instrucciones que formula son hipótesis e instrucciones concomitantes acerca de la traducción del discurso coherente y pueden ser presentadas en cualquier forma que resulte clara y práctica, ecuacional o no.

No obstante, conviene prestar una particular atención a la forma más simple de hipótesis analítica, la que iguala directamente una palabra nativa o una construcción con un hipotético equivalente castellano. La razón de ello es que las hipótesis han de ser concebidas por el lingüista y el caso típico de concepción es aquél en el que éste percibe un paralelismo funcional entre un fragmento de una oración nativa S y una palabra de la traducción castellana de S. Solamente así podemos explicar que alguien decida traducir radicalmente al castellano una locución indígena como una desinencia de plural, como el predicado de identidad «=», como una cópula categórica o como cualquier otra parte de nuestro propio aparato de la referencia objetiva; porque, según ha sido subrayado en anteriores páginas, el examen, por muy detallado que sea, de los significados estimulativos o de otros aspectos de la conducta no puede determinar, ni siquiera, si el nativo posee un esquema conceptual tan inclinado como el nuestro a postular la existencia de objetos. Únicamente por medio de esa abierta proyección de sus propios hábitos lingüísticos puede el traductor radical encontrar términos en la lengua indígena o, después de encontrados, emparejarlos con los de su propia lengua. Los significados estimulativos nunca bastarán ni siquiera para determinar qué palabras son términos, si es que los hubiera; menos aún, para determinar qué términos son coextensos.

En realidad, el lingüista que se toma el lenguaje de la jungla lo suficientemente en serio como para emprender la elaboración de un diccionario y una gramática completos no actuará exactamente como hemos imaginado. Desdeñando los paralelismos entre el castellano y la lengua indígena, se sumergirá en esta última hasta llegar a hablarla como un nativo. Desde el comienzo el aprendizaje puede desarrollarse tan exento de cualquier apelación a otras lenguas como queramos suponer; puede ser, virtualmente, un duplicado acelerado del aprendizaje infantil. Cuando, finalmente, el lingüista se aplica a la traducción y a elaborar un diccionario jungla-castellano y la correspondiente gramática, puede hacerlo como bilingüe. En adelante, sus dos personalidades asumen los papeles que en las anteriores páginas se repartían el lingüista y su informante. Iguala «Gavagai» con «Conejo» al apreciar que ambas oraciones poseen, para él, el mismo significado estimulativo. Y es fácil imaginar que seguirá el mismo procedimiento para traducir oraciones no observacionales del tipo de «Soltero»; en este punto pone de manifiesto sus ventajas la situación intrasubjetiva (cfr. la sección IV). Cuando el lingüista obtiene buenos resultados con otras traducciones más abstrusas, sin duda pone en juego, esencialmente, el método de las hipótesis analíticas, con la diferencia de que ahora las proyecta desde el previo dominio por separado de ambas lenguas y no las utiliza para llegar a dominar la de la jungla. Ahora bien, aunque la traducción llevada a cabo por un bilingüe es la que hace mayor justicia a la lengua de los nativos, la reflexión sobre la misma nos revela muy poco sobre la naturaleza del significado, porque el traductor bilingüe avanza en su trabajo en virtud de la comunicación que se lleva a cabo en el seno de una personalidad desdoblada, y este método solamente tendría para nosotros un sentido operativo en la medida en que consiguiéramos exteriorizarlo. Por lo tanto, sigamos pensando en los términos de nuestro plan primitivo, que incluía al informante nativo como colaborador vivo, antes que permitir que el lingüista empiece por devorarlo.

VII. UN PUÑADO DE SIGNIFICADO

Una vez terminado, el manual jungla-castellano debe ser considerado como un manual para la traducción de oraciones por oraciones. Cualesquiera que sean los detalles de sus indicaciones sobre la traducción de palabras y sobre paradigmas sintácticos, el logro esencial del lingüista es una *correlación semántica* infinita de oraciones: la implícita especificación de una oración castellana para cada una de las infinitas oraciones posibles de la jungla. No es necesario que a cada oración de la jungla le corresponda una sola oración castellana pero sí lo es que las diversas alternativas sean sinónimas bajo cualquier criterio aceptable de sinonimia intrasubjetiva entre oraciones castellanas; y lo mismo vale de la traducción inversa. Aunque la concepción y formulación de esa correlación semántica de oraciones depende de la fragmentación de las mismas en palabras, la evidencia que pueda haber será evidencia en favor de oraciones. Según lo indicado en la sección VI, ésta consiste en diversas concordancias o conformidades en torno al significado estimulativo. Las sinonimias intrasubjetivas y otros puntos relacionados con el asentimiento y el disentimiento provocado y no provocado.

A pesar de que la correlación semántica agota la totalidad de las oraciones indígenas, ella misma no está determinada en toda su extensión por su soporte evidencial. Debido a ello, incontables correlaciones alternativas son igualmente compatibles con esa evidencia. Si el lingüista arriba a la suya sin experimentar la sensación de que su opción haya sido demasiado arbitraria, ello se debe a lo limitado que está en cuanto a las correlaciones que puede manejar. A causa de su finitud no tiene las manos libres para asignar a cada una de las infinitas oraciones de la jungla cualquier oración castellana que sea compatible con la evidencia pertinente; ha de hacer estas asignaciones de un modo manejablemente sistemático y sin salirse de un manejablemente limitado conjunto de fragmentos verbales repetibles. Al lingüista le es indispensable proceder palabra a palabra a la hora de especificar su correlación semántica, e incluso a la hora de concebirla.

El método de la segmentación no sólo limita las posibilidades de una eventual correlación semántica sino que, además, contribuye a definir los objetivos del lingüista en relación con la traducción. Concederá gran valor a los paralelismos estructurales, es decir, a la correspondencia entre las partes del enunciado indígena, según él mismo lo segmenta, y las partes de su traducción castellana. A igualdad de otros factores, la traducción más literal es considerada la mejor traducción[1]. La tendencia a la traducción literal está asegurada por un factor técnico. En efecto, la verdadera utilidad de la segmentación no es otra que permitir llevar a cabo traducciones largas a par-

---

[1] De aquí, también, el concepto de sinonimia estructural de Carnap. Véase su *Meaning and Necessity*, Chicago, 1947, secciones 14-16.

tir de correspondencias entre trozos cortos. Después, la tendencia termina por convertirse en un objetivo —y un objetivo que incluso varía en los detalles según la segmentación que haya sido adoptada en la práctica—.

Por medio de sus hipótesis analíticas nuestro lingüista de campo formula implícitamente (y, en realidad, alcanza) la gran hipótesis sintética que su correlación semántica general constituye. La evidencia que hay en favor de su correlación semántica es la misma que hay para sus hipótesis analíticas. Cronológicamente, las hipótesis analíticas son formuladas antes de que se disponga de toda esa evidencia; después de formuladas, la evidencia que vaya siendo obtenida será percibida como la corroboración pragmática de un diccionario de uso. En cualquier caso, la traducción de un vasto dominio de oraciones indígenas si bien amparada por la correlación semántica, nunca podrá ser corroborada o sustentada si no es a modo de voladizo: es, sencillamente, lo que ocurre cuando las hipótesis analíticas son aplicadas más allá de la zona cubierta por la evidencia. El hecho de que estas traducciones inverificables vayan adelante sin tropiezos no debe ser tomado como evidencia pragmática de un buen trabajo lexicográfico, pues el tropiezo es imposible.

Debemos reconocer, por consiguiente, que las hipótesis analíticas y la gran hipótesis sintética que ellas componen son hipótesis sólo en un sentido incompleto. Un caso muy diferente es el de la traducción de «Gavagai» como «He aquí un conejo» mediante la igualdad de significado estimulativo. Ésta es una hipótesis genuina que, aunque formulada a partir de la observación de casos paradigmáticos, puede ser errónea. «Gavagai» y «He aquí un conejo» poseen significados estimulativos para ambos hablantes y estos significados son iguales o diferentes con independencia de nuestras conjeturas. Por el contrario, no es posible dotar de sentido a la sinonimia entre palabras como las que constituyen el objeto típico de las hipótesis analíticas. No se trata de que no podemos estar seguros de que las hipótesis analíticas son correctas, sino de que ni siquiera hay, como sí ocurre en el caso de «Gavagai», una materia objetiva sobre la que acertar o equivocarse.

La traducción radical progresa en todos sus frentes y las hipótesis analíticas resultan indispensables. Además, no son caprichosas; precisamente un poco más arriba hemos esbozado el modo en que reciben apoyo. ¿No podemos, entonces, decir que, después de todo, estos modos de concebir y respaldar las hipótesis analíticas *proporcionan* un sentido a la igualdad de significado entre las expresiones que tales hipótesis ponen en ecuación? No. Solamente podríamos afirmar esto si no fuera el caso de que dos conjuntos de hipótesis analíticas pueden chocar entre sí en el plano semántico y, no obstante, estar apoyadas por igual por toda la evidencia teóricamente accesible (incluyendo cualesquiera consideraciones sobre simplicidad).

Esta imposibilidad de definir la sinonimia por referencia al método de las hipótesis analíticas no es, formalmente, diferente de la imposibilidad de definir la verdad por referencia al método científico. También las consecuencias son paralelas. De la misma manera que sólo podemos hablar significativamente de la verdad de un enunciado en los términos de una teoría o esquema conceptual sólo podemos, en general, hablar significativamente de sinonimia entre palabras y expresiones de dos lenguas en términos de un determinado sistema de hipótesis analíticas.

El método de las hipótesis analíticas es un procedimiento para que el lenguaje propio nos catapulte al lenguaje de la jungla. Es un procedimiento para injertar brotes exóticos en el viejo arbusto familiar hasta que sólo sea visible lo exótico. Las oraciones indígenas que no son semánticamente neutrales son traducidas tentativamente por oraciones castellanas sobre la base, en realidad, de una aparente analogía funcional en ambos lenguajes. Puesto que no son únicas, estas relaciones de analogía no pueden ser consideradas como los significados. Y, de todos modos, las analogías van siendo más débiles a medida que avanzamos hacia las oraciones más alejadas de la observación, es decir, hacia las oraciones teóricas. Puestas así las cosas, ¿quién se arriesgaría a traducir «Los neutrinos carecen de masa» a la lengua de la jungla? Si alguien lo hace, será acuñando nuevas palabras indígenas o desvirtuando el uso de las viejas. Y, probablemente, alegará en su descargo que los nativos carecen de los conceptos necesarios, así como que saben demasiado poca física. Y tendrá razón. No obstante, hay otra manera de presentar la cuestión: las hipótesis analíticas son, en el mejor de los casos, expedientes por medio de los cuales ponemos de manifiesto, indirectamente, ciertas analogías entre las oraciones que han sido realmente traducidas y las que no, extendiendo así los límites iniciales de la traducción; y «Los neutrinos carecen de masa» está fuera de lugar allí donde los efectos de las hipótesis analíticas que somos capaces de idear son demasiado borrosos para servir de algo.

La integración de ambos en el continuo lingüístico que era el bajo-alemán facilitó la traducción del frisón al inglés (sección I), y su integración en un continuo de evolución cultural facilitó la traducción del húngaro al inglés. Al facilitar la traducción, estas continuidades despiertan la ilusión de una materia objetiva: la ilusión de que esas oraciones nuestras tan fácilmente intertraducibles son diversas encarnaciones verbales de alguna proposición o significación intercultural, cuando en realidad sería mejor considerarlas como meras variantes de una única expresión verbal intracultural. Sólo la discontinuidad de la traducción radical pone a prueba nuestras significaciones: las contrapone a sus encarnaciones verbales o, más propiamente, no encuentra nada en éstas.

Las oraciones observacionales se dejan mondar bien; sus significados, los significados estimulativos, surgen íntegros y libres de toda contaminación verbal residual. Las oraciones teóricas, como «Los neutrinos carecen de masa», la ley de entropía o la de constancia de la velocidad de la luz, están en el extremo opuesto. No es imaginable una situación estimulativa que provoque asentimiento o disentimiento a una de ellas y que no incluya estimulación verbal procedente del interior del lenguaje. Las oraciones de este extremo teórico, y también otras que se encuentran entre ambos extremos, carecen de significado lingüísticamente neutral.

Es una afirmación trivial decir que no podemos conocer el significado de un enunciado extranjero salvo en la medida en que podemos ofrecer una traducción suya a nuestra propia lengua. Pero eso no es todo: sólo relativamente a un manual de traducción, en gran parte arbitrario, es posible, de muchos enunciados extranjeros, decir que comparten el significado de los correspondientes enunciados castellanos, y aun esto en un sentido muy parroquial de significado, a saber, su uso en castellano. Dejando a un lado los significados estimulativos de los enunciados observacionales, la mayor parte del discurso sobre el significado requiere la referencia tácita a una determinada lengua de manera similar a como el discurso sobre la verdad supone una referencia tácita a nuestro propio sistema del mundo, el mejor que por el momento podemos aglutinar.

Habiendo tan poca cosa en cuanto a significados neutrales (salvo los significados estimulativos) que sea relevante para la traducción radical, no es posible saber cuánto de nuestro éxito con las hipótesis analíticas se debe a una auténtica afinidad entre nuestra manera de ver las cosas y la de los indígenas, y cuánto se debe al talento lingüístico o a la coincidencia afortunada. Ni siquiera estoy seguro de que la cuestión tenga sentido. Podemos admirarnos tanto de la inescrutabilidad de la mente de los indígenas como del estrecho parecido entre ellos y nosotros, según que hayamos sido incapaces de encontrar una buena traducción o, por el contrario, hayamos hecho un trabajo más detallado, hasta leer nuestros propios usos lingüísticos provinciales en el lenguaje de la jungla.

Usener, Cassirer, Sapir y, más recientemente, B. L. Whorf han subrayado que diferencias profundas en el lenguaje comportan diferencias esenciales en el modo de pensar o de ver el mundo. Yo preferiría no plantear la cuestión de manera que pareciera sugerir que ciertas proposiciones filosóficas son afirmadas en una cultura y negadas en otra. De lo que realmente se trata es de la dificultad o indeterminación para establecer una correlación. A medida que dejamos atrás las oraciones que tienen un claro condicionamiento directo a estímulos no verbales y a medida que abandonamos el terreno conocido, hay menos base para comparar dos traducciones y tiene menos sentido decir que una es una buena traducción y que la otra es mala.

PARA SEGUIR LEYENDO

El libro de AYER *Lenguaje, verdad y lógica* (Ed. Martínez Roca, Barcelona, 1971) es indispensable para cualquiera que esté interesado en una exposición concisa y brillante de las doctrinas del positivismo lógico. La antología, también, de AYER *El positivismo lógico* (Fondo de Cultura Económica, México/Madrid, 1965) es también útil por, al menos, dos razones. Contiene una introducción del propio AYER que resume las principales tesis del positivismo lógico, hace una breve historia del movimiento y recoge los principales artículos clásicos de esta corriente, entre ellos «El viraje de la filosofía» y «Positivismo y realismo» de SCHLICK, «La superación de la metafísica mediante el análisis lógico del lenguaje» de CARNAP, «Lógica, matemática y conocimiento de la naturaleza» de HAHN o «El significado emotivo de los términos éticos» de STEVENSON. Sobre la influencia de WITTGENSTEIN en el Círculo de Viena puede consultarse el libro de P. M. S. HACKER *Wittgenstein's Place in Twentieth-Century Analitic Philosophy*, Blackwell, Oxford, 1996. El libro de V. KRAFT *El Círculo de Viena*, Taurus, Madrid, 1986, es una exposición clásica del neopositivismo. La parte 4.ª del volumen 1 de la obra de SOAMES, *Philosophical Analysis in the Twenthieth Century* examina los avatares del principio de verificación y sus relaciones con el emotivismo ético. El libro de A. MILLER *Philosophy of Language*, UCL Press, Londres, 1998, contiene una magnífica exposición de los problemas del principio de verificación y los argumentos desplegados para su solución.

En *Fact, Science and Morality* [WRIGHT y MACDONALD (eds.), Blackwell, Oxford, 1986] está recogido el artículo «Scientific Realism, Observation and the Verification Principle», donde pueden encontrarse, por una parte, una exposición de las principales objeciones a que fue sometido el principio y, por otra, el intento de WRIGHT de presentar una formulación que no se vea afectada por ellas. En «The Verification Principle: Another Puncture, Another Patch» (*Mind*, 1989), WRIGHT vuelve sobre su formulación de 1986. GARCÍA SUÁREZ, en «Nuevos problemas y cambios en el criterio empirista de significación» (*Teorema*, vol. XVIII/2, 1999), presenta una nueva objeción a la versión enmendada de WRIGHT.

Aparte de «Dos dogmas», es también obligada la lectura de «La relatividad ontológica» y «Naturalización de la epistemología» (en QUINE, *La relatividad ontológica y otros ensayos*, Tecnos, Madrid, 1974). Un artículo como respuesta a «Dos dogmas» es «In Defense of a Dogma» de GRICE y STRAWSON (*Philosophical Review*, 1956). Merece también destacarse el artículo de PUTNAM «The Analytic and the Synthetic» (en *Mind, Language and Reality*, Cambridge University Press, Cambridge, 1975). El capítulo 14 de *A Companion to the Philosophy of Language*, Blackwell, Oxford, 1997, «Analyticity», discute, entre otros problemas, los planteados por QUINE respecto de la noción de analiticidad. De entre las numerosas monografías dedicadas a QUINE me permito recomendar la de Cris HOOKWAY (*Quine*, Polity Press, Cambridge, 1988). El libro citado en el párrafo anterior de S. SOAMES dedica su parte 5.ª a la perspectiva postpositivista de QUINE. Las relaciones entre QUINE y el positivismo lógico son analizadas en el artículo de D. ISAACSON «Quine and Logical Positivism», recogido en R. E. GIBSON JR. (ed.), *The Cambridge Companion to Quine*, Cambridge University Press, Cambridge, 2004 (libro también valioso para muchos aspectos de la obra quineana). En fin, la antología de BOGHOSIAN y PEACOCKE, *New Essays on the A Priori*, Oxford University Press, Oxford, 2000, sin ser específicamente sobre Quine, examina las nuevas perspectivas sobre analiticidad y aprioricidad después de QUINE.

Sobre el problema de la indeterminación de la traducción puede verse el famoso libro de QUINE *Palabra y objeto,* especialmente el capítulo 2 (Herder, Barcelona, 2001), y su artículo «On the Reasons for the Indeterminacy of Translation» (*Journal of Philosophy*, 1970). Sus puntos de vista más recientes están en *La búsqueda de la verdad*, Crítica, Barcelona, 1992, y *Del estímulo a la ciencia*, Ariel, Barcelona, 1998. Artículos que creo claves sobre el asunto son «Identity and Predication» de EVANS (*The Journal of Philosophy*, 1975), «Quine's Empirical Assumptions» de CHOMSKY [en DAVIDSON y HINTIKKA (eds.), *Words and Objections*, Reidel, Dordrecht, 1969] e «Indeterminacy, Empiricism and the First Person» de SEARLE (*The Journal of Philosophy*, 1987). El libro de L. KIRK *Translation Determined* (Oxford University Press, Oxford, 1986) y el capítulo de *A Companion to the Philosophy of Language* de Blackwell cuyo autor es C. WRIGHT, «The Indeterminacy of Translation», proporcionan unas buenas discusiones generales. El libro de A. GARCÍA SUÁREZ *Modos de significar* (Tecnos, Madrid, 1997) contiene una muy buena exposición de las teorías verificacionistas del significado. *Las palabras, las ideas y las cosas* de M. GARCÍA-CARPINTERO (Ariel, Barcelona, 1996) y el libro de A. MILLER *Philosophy of Language*, UCL Press, Londres, 1998, incluyen también un excelente capítulo sobre la indeterminación de la traducción radical. El libro editado por L. E. HAHN y P. A. SCHLIP, *The Philosophy of W. v. Quine*, Open Court, La Salle, Ill., perteneciente a la serie *The Library of Living Philosophers*, ofrece un completo panorama crítico —con respuestas del propio QUINE— de sus posiciones filosóficas. Más recientemente, en 2004, R. F. GIBSON JR. ha editado un volumen titulado *The Cambridge Companion to Quine* en la conocida serie patrocinada por Cambridge University Press.

V. SIGNIFICADO Y VERDAD

INTRODUCCIÓN

La filosofía del lenguaje contemporánea ha heredado de la obra seminal de G. Frege dos ideas que alguna de las propuestas de explicación del significado que se recogen en este apartado explotan de manera intensiva. Una de ellas es el denominado *principio estructural o contextual*, que afirma que el significado de cualquier constituyente oracional viene dado por su contribución a las estructuras oracionales en cuyo contexto puede figurar. Con ello se atribuye, por un lado, prioridad semántica a la noción de significado oracional y, por otro, se adscribe como tarea a la teoría del significado para un lenguaje particular la de proporcionar los significados de cada una de sus oraciones en virtud de la contribución sistemática a los mismos de sus componentes y estructura. La otra consiste en la afirmación de que el significado de una oración viene dado por sus condiciones de verdad; la conjunción de estas dos ideas —principio estructural y significado como condiciones de verdad— proporciona un rasgo único de las oraciones —el concepto de verdad— en términos del cual derivar los significados de las oraciones de un lenguaje de acuerdo con las exigencias anteriormente enunciadas.

En «La concepción semántica de la verdad y los fundamentos de la semántica» —una versión informal de un artículo anterior más técnico publicado en 1933— Alfred Tarski muestra cómo es posible, en contra de lo que mantenían la mayor parte de los positivistas lógicos, tratar de manera rigurosa las nociones semánticas presentando una definición satisfactoria, esto es: materialmente adecuada y formalmente correcta, del concepto de verdad. En «Verdad y significado» Donald Davidson, teniendo presente la conexión fregeana entre significado y verdad, mantiene que la mejor manera de proporcionar una explicación sistemática de los significados de un lenguaje consiste en desarrollar una definición recursiva de la verdad *à la* Tarski para ese lenguaje: «extraer un concepto rico (aquí algo razonablemente cercano a la traducción) a partir de finos trocitos de evidencia (aquí los valores de verdad de las oraciones) imponiendo estructura formal a bastantes trozos».

El proyecto de Davidson es, sin duda, grandioso a la vez que desafiante. Desde Frege era casi un asunto de dogma en filosofía del lenguaje que, mientras que era posible pasar del sentido a la referencia, «no había camino de vuelta —por decirlo con palabras de Russell— de la referencia al sentido» (justamente lo que el programa de Davidson propone). No es extraño, pues, que pronto surgieran respuestas y modificaciones. Peter Strawson mantiene en «Significado y verdad» —un título bastante revelador— que la «pugna homérica» entre los teóricos de la semántica formal (entre los que se cuenta Davidson) y los de la intención comunicativa se resuelve a favor de estos últimos, dado que la noción de enunciado verdadero no es una noción neutral, sino que ha de analizarse en términos de lo que un hablante quiere decir mediante tal enunciado. El propio Davidson, consciente de la existencia de teorías extensionalmente equivalentes pero no igualmente interpretativas, modifica sus posiciones iniciales de «Verdad y significado» en «Interpretación radical», presentando ciertas constricciones adicionales que (además de las formales) una teoría adecuada debe respetar. Cabe preguntarse si la doctrina de la interpretación radical es capaz de proporcionar teoremas interpretativos dejando a salvo lo que se proclama como mayor mérito de la teoría: su carácter extensional.

«Teorías del significado veritativo-condicionales» de Michael Dummett discute los problemas que plantean este tipo de teorías del significado y esboza sus posibles alternativas. Para Dummett, las teorías «modestas» como las de Davidson —contrariamente a las teorías «vigorosas» como las que él propone— suponen que ya entendemos ciertos conceptos sobre los que descansa el significado de los demás. Su método consiste en derivar el significado de cada oración de un lenguaje a partir de un conjunto de axiomas de acuerdo con determinadas condiciones. Pero no nos dice nada sobre en qué consiste el significado de los axiomas, o sobre el significado de «es verdadera» en los teoremas. Esto lleva de manera natural al holismo. Pero una teoría adecuada del significado debe ser, según Dummett, atomista o, cuando menos, molecular, y debe poder decirnos no meramente lo que se tiene que saber para conocer el significado de una expresión dada, sino en qué consiste tener tal conocimiento. Y esto es algo que, de acuerdo con Dummett, propuestas como la de Davidson simplemente no pueden hacer. En el artículo aquí recogido, Dummett argumenta que defender una teoría veritativo-condicional nos compromete con un punto de vista realista sobre aquello de lo que tratan las oraciones. Tal punto de vista, nos comprometería, a su vez, con una noción de verdad radicalmente no epistémica, dado que no podría satisfacer el principio de que el uso determina exhaustivamente el significado, particularmente en el caso de oraciones indecidibles, esto es: oraciones para las que no tenemos ningún medio efectivo, incluso en principio, de decidir si los enunciados hechos por medio de ellas son verdaderos o falsos. Dummett presenta entonces dos posibles alternativas antirrealistas a las teorías del significado veritativo-condicionales: la teoría verificacionista y la teoría pragmatista.

LA CONCEPCIÓN SEMÁNTICA DE LA VERDAD Y LOS FUNDAMENTOS DE LA SEMÁNTICA*

ALFRED TARSKI

Este trabajo consta de dos partes: la primera es de carácter expositivo, y la segunda es más bien polémica.

En la primera parte me propongo resumir de manera no formal los principales resultados de mis investigaciones concernientes a la definición de la verdad y al problema, más general, de los fundamentos de la semántica. Estos resultados están incorporados en una obra publicada hace varios años[1]. Aunque mis investigaciones conciernen a conceptos de los que se ha ocupado la filosofía clásica, se las conoce comparativamente poco en los círculos filosóficos a causa de su carácter estrictamente técnico. Por esta razón espero que se me excusará por retomar el asunto[2].

Desde que apareció mi obra, mis investigaciones han suscitado varias objeciones de valor desigual; algunas de ellas fueron publicadas y otras fueron formuladas en discusiones públicas y privadas en que he tomado parte[3]. En la segunda parte de este trabajo expondré mis opiniones acerca de estas objeciones. Espero que las observaciones que formularé al respecto no sean consideradas de carácter puramente polémico, sino que se encuentre en ellas algunas contribuciones constructivas al asunto.

---

* Versión castellana de Mario Bunge, Emilio O. Colombo, Estela Arias y Lilia Fornasari.

[1] Compárese Tarski (2) (véase la bibliografía al final de este trabajo). Esta obra puede consultarse para encontrar una presentación más detallada y formal del asunto de que trata esta memoria, y en particular de los tópicos incluidos en las secciones 6 y 9 a 13. También contiene referencias a mis primeras publicaciones sobre los problemas semánticos (una comunicación en polaco, 1930; el artículo Tarski (1) en francés, 1931; una comunicación en alemán, 1932; y un libro en polaco, 1933). La parte expositiva del presente trabajo se relaciona con Tarski (3). Mis investigaciones sobre la noción de verdad y sobre la semántica teórica han sido reseñadas o discutidas por Hofstadter (1), Juhos (1), Kokoszynska (1) y (2), Kotarbinski (2), Scholz (1), Weinberg (1) y otros.

[2] Puede esperarse que aumente el interés por la semántica teórica, de resultas de la reciente publicación de la importante obra de Carnap (2).

[3] Esto se aplica, en particular, a las discusiones públicas durante el I Congreso Internacional para la Unidad de la Ciencia (París, 1935) y la Conferencia de Congresos Internacionales para la Unidad de la Ciencia (París, 1937); cfr., por ejemplo, Neurath (1) y Gonseth (1).

En la segunda parte de este trabajo hago amplio uso de materiales gentilmente puestos a mi disposición por la Dra. Marja Kokoszynska (Universidad de Lwów). He contraído una deuda de gratitud con los profesores Ernest Nagel (Universidad de Columbia) y David Rynin (Universidad de California), quienes me han ayudado a preparar el texto final y me han hecho varias observaciones críticas.

I. EXPOSICIÓN

1. *El problema principal: una definición satisfactoria de la verdad.* Nuestro discurso tendrá como centro la noción[4] de *verdad.* El problema principal es el de dar una *definición satisfactoria* de esta noción, es decir, una definición que sea *materialmente adecuada y formalmente correcta.* Pero semejante formulación del problema no puede, por su generalidad, considerarse inequívoca; requiere, pues, algunos comentarios adicionales.

Con el fin de evitar toda ambigüedad, debemos comenzar por especificar las condiciones en que la definición de verdad será considerada adecuada desde el punto de vista material. La definición deseada no se propone especificar el significado de una palabra familiar que se usa para denotar una noción nueva; por el contrario, se propone asir el significado real de una noción vieja. Por consiguiente, debemos caracterizar esta noción con la suficiente precisión para que cualquiera pueda determinar si la definición desempeña realmente su tarea.

En segundo lugar, debemos determinar de qué depende la corrección formal de la definición. Por esto, debemos especificar las palabras o conceptos que deseamos usar al definir la noción de verdad; y también debemos dar las reglas formales a que debiera someterse la definición. Hablando con mayor generalidad, debemos describir la estructura formal del lenguaje en que se dará la definición.

El tratamiento de estos puntos ocupará una considerable porción de la primera parte de este trabajo.

2. *La extensión del término «verdadero».* Comenzaremos por hacer algunas observaciones acerca de la extensión del concepto de verdad que aquí consideramos.

El predicado «*verdadero*» se usa con referencia a fenómenos psicológicos, tales como juicios o creencias, otras veces en relación con ciertos obje-

---

[4] Las palabras «noción» y «concepto» se usan en este trabajo con toda la vaguedad y ambigüedad con que figuran en la literatura filosófica. De modo que unas veces se refieren simplemente a un término. A veces no tiene importancia determinar cuál de estas interpretaciones se tiene en cuenta y en ciertos casos tal vez ninguna de ellas se aplica adecuadamente. Si bien en principio comparto la tendencia a evitar estos términos en toda discusión exacta, no he considerado necesario hacerlo así en esta presentación informal.

tos físicos —a saber, expresiones lingüísticas y, específicamente, oraciones [*sentences*]— y a veces con ciertos entes ideales llamados «proposiciones». Por «oración» entenderemos aquí lo que en gramática se llama usualmente «oración enunciativa»; en lo que respecta al término «proposición», su significado es, notoriamente, tema de largas disputas de varios filósofos y lógicos, y parece que nunca se lo ha tornado bastante claro e inequívoco. Por diversas razones, lo más conveniente parece *aplicar el término «verdadero» a las oraciones*; es lo que haremos[5].

Por consiguiente, siempre debemos relacionar la noción de verdad, así como la de oración con un lenguaje específico; pues es obvio que la misma expresión que es una oración verdadera en un lenguaje puede ser falsa o carente de significado en otro.

Desde luego, el hecho de que en este lugar nos interese primariamente la noción de verdad de las oraciones no excluye la posibilidad de extender subsiguientemente esta noción a otras clases de objetos.

3. *El significado del término «verdadero»*. El problema del significado (o intensión) del concepto de verdad plantea dificultades mucho más graves.

La palabra «verdad», como otras palabras del lenguaje cotidiano, ciertamente no es inequívoca. Y no me parece que los filósofos que han tratado este concepto hayan ayudado a disminuir su ambigüedad. En las obras y discusiones de filósofos encontramos muchas concepciones diferentes de la verdad y de la falsedad; debemos indicar cuál de ellas constituirá la base de nuestra discusión.

Quisiéramos que nuestra definición hiciese justicia a las intuiciones vinculadas con la *concepción aristotélica clásica de la verdad*, intuiciones que encuentran su expresión en las conocidas palabras de la *Metafísica* de Aristóteles:

> *Decir de lo que es que no es, o de lo que no es que es, es falso, mientras que decir de lo que es que es, o de lo que no es que no es, es verdadero.*

Si quisiéramos adaptarnos a la terminología filosófica moderna, quizá podríamos expresar esta concepción mediante la familiar fórmula:

> *La verdad de una oración consiste en su acuerdo (o correspondencia) con la realidad.*

(Se ha sugerido el término «teoría de la correspondencia» para designar una teoría de la verdad que se base en esta última formulación.)

---

[5] Para nuestros fines es más conveniente entender por «expresiones», «frases», etc., no inscripciones individuales, sino clases de inscripciones de forma similar (por consiguiente, no cosas físicas individuales, sino clases de tales cosas).

En cambio, si decidimos extender el uso popular del término «designa» aplicándolo no sólo a nombres, sino también a oraciones; y si acordamos hablar de los designados [*designata*] de las oraciones como de «estados de cosas», posiblemente podríamos usar, para los mismos fines, la oración siguiente:

Una oración es verdadera si designa un estado de cosas existente[6].

Sin embargo, todas estas formulaciones pueden conducir a diversos equívocos, pues ninguna de ellas es suficientemente precisa y clara (aunque esto se aplica mucho menos a la formulación aristotélica original que a cualquiera de las otras); en todo caso, ninguna de ellas puede considerarse una definición satisfactoria de la verdad. De nosotros depende que busquemos una expresión más precisa de nuestras intuiciones.

4. *Un criterio de adecuación material de la definición*[7]. Empecemos con un ejemplo concreto. Consideremos la oración «*la nieve es blanca*». Nos preguntamos en qué condiciones esta oración es verdadera o falsa. Parece claro que, si nos basamos sobre la concepción clásica de la verdad, diremos que la oración es verdadera si la nieve es blanca, y falsa si la nieve no es blanca. Por consiguiente, si la definición de verdad ha de conformarse a nuestra concepción, debe implicar la siguiente equivalencia:

La oración «la nieve es blanca» es verdadera si, y sólo si, la nieve es blanca.

Obsérvese que la oración «*la nieve es blanca*» figura entre comillas en el primer miembro de esta equivalencia, y sin comillas en el segundo miembro. En el segundo miembro tenemos la oración misma, y en el primero el nombre de la oración. Empleando la terminología lógica medieval, también

[6] Para la formulación aristotélica, véase Aristóteles (1), Γ, 7, 27. Las otras dos formulaciones son muy comunes en la literatura, pero no sé a quiénes se deben. Puede encontrarse un tratamiento crítico de varias concepciones de la verdad, por ejemplo, en Kotarbinski (1) (en polaco solamente por ahora), pp. 123 ss., y Russell (1), pp. 362 ss.

[7] En lo que respecta a la mayoría de las observaciones contenidas en las secciones 4 y 8, reconozco mi deuda con S. Lesniewski, quien las desarrolló en sus clases inéditas en la Universidad de Varsovia (en 1910 y años posteriores). Sin embargo, Lesniewski no anticipó la posibilidad de un desarrollo riguroso de la teoría de la verdad, y menos aun de una definición de esta noción; por consiguiente, si bien señaló equivalencias de la forma (V) como premisas de la antinomia del mentiroso, no las concibió como condiciones suficientes para un uso adecuado (o definición) de la noción de verdad. Tampoco se le deben las observaciones de la sección 8 respecto de la presencia de una premisa empírica en la antinomia del mentiroso, y la posibilidad de eliminar dicha premisa.

podríamos decir que en el segundo miembro las palabras «*la nieve es blanca*» figuran en *suppositio formalis*, y en el primero en *suppositio materialis*. Apenas hace falta explicar por qué debemos poner el nombre de la oración, y no la oración misma, en el primer miembro de la equivalencia. En primer lugar, desde el punto de vista de la gramática de nuestro lenguaje, una expresión de la forma «*X es verdadera*» no se convertirá en una oración significativa si en ella reemplazamos «*X*» por una oración o por cualquier otra cosa que no sea un nombre, ya que el sujeto de una oración sólo puede ser un nombre o una expresión que funcione como nombre. En segundo lugar, las convenciones fundamentales que regulan el uso de cualquier lenguaje requieren que, toda vez que nos pronunciemos acerca de un objeto, sea el nombre del objeto el que se emplee y no el objeto mismo. Por consiguiente, si deseamos decir algo acerca de una oración —por ejemplo, que es verdadera— debemos usar el nombre de esa oración y no la oración misma[8].

Puede agregarse que el poner una oración entre comillas no es, de ningún modo, la única manera de formar su nombre. Por ejemplo, suponiendo el orden usual de las letras de nuestro alfabeto, podemos usar la siguiente expresión como nombre (descripción) de la oración «*la nieve es blanca*».

La oración constituida por cuatro palabras, la primera de las cuales consiste en las letras 13.ª y 1.ª, la segunda en las letras 16.ª, 10.ª, 25.ª, y 6.ª, la tercera en las letras 6.ª y 22.ª, y la cuarta en las letras 2.ª, 13.ª, 1.ª, 16.ª, 3.ª y 1.ª del alfabeto castellano.

Generalicemos ahora el procedimiento que acabamos de aplicar. Consideremos una oración arbitraria; la reemplazaremos por la letra «*p*». Formemos el nombre de esta oración y reemplacémoslo por otra letra, por ejemplo, «*X*». Nos preguntamos cuál es la relación lógica que existe entre las dos oraciones «*X es verdadera*» y «*p*». Está claro que, desde el punto de vista de nuestra concepción básica de la verdad, estas oraciones son equivalentes. En otras palabras, vale la siguiente equivalencia:

(V) *X es verdadera si, y sólo si, p.*

Llamaremos «*equivalencia de la forma* (V)» a toda equivalencia de esta clase (en la que «*p*» sea reemplazada por cualquier oración del lenguaje a que se refiere la palabra «*verdadera*», y «*X*» sea reemplazada por un nombre de esta oración).

Por fin podemos formular de manera precisa las condiciones en que consideraremos el uso y la definición del término «*verdadero*» como adecua-

---

[8] En relación con diversos problemas lógicos y metodológicos envueltos en este trabajo, el lector puede consultar Tarski (6).

do desde el punto de vista material: deseamos usar el término «*verdadero*» de manera tal que puedan enunciarse todas las equivalencias de la forma (V), y *llamaremos «adecuada» a una definición de la verdad si de ella se siguen todas estas equivalencias.*

Debemos subrayar que ni la expresión (V) misma (que no es una oración sino sólo un esquema de oración), ni caso particular alguno de la forma (V) pueden considerarse como una definición de la verdad. Sólo podemos decir que toda equivalencia de la forma (V), obtenida reemplazando «*p*» por una oración particular, y «*X*» por un nombre de esta oración, puede considerarse una definición parcial de la verdad, que explica en qué consiste la verdad de esta oración individual. La definición general debe ser, en cierto sentido, una conjunción lógica de todas estas definiciones parciales.

(La última observación exige algunos comentarios. Un lenguaje puede admitir la construcción de infinitas oraciones; por lo tanto, el número de definiciones parciales de la verdad referentes a oraciones de dicho lenguaje también será infinito. De modo que, para darle a nuestra observación un sentido preciso, tendríamos que explicar qué se entiende por «conjunción lógica» de infinitas oraciones; pero esto nos llevaría muy lejos en la consideración de problemas técnicos de la lógica moderna.)

5. *La verdad como concepto semántico*. Propongo el nombre de «*concepción semántica de la verdad*» para designar la concepción de la verdad que se acaba de exponer.

La *semántica* es una disciplina que —para decirlo sin gran precisión— *se ocupa de ciertas relaciones entre las expresiones de un lenguaje y los objetos* (o «estados de cosas») *a que se «refieren» esas expresiones*. Como ejemplos típicos de conceptos semánticos mencionemos los de *designación*, *satisfacción* y *definición*, tal como figuran en los ejemplos siguientes:

> *La expresión «el padre de este país» designa (denota) a George Washington*; *la nieve satisface la función proporcional* [sentential] *(la condición) «x es blanca»*;
>
> *la ecuación* «2.x=1» *define (determina unívocamente) el número* 1/2.

Mientras que las palabras «*designa*», «*satisface*» y «*define*» expresan relaciones (entre ciertas expresiones y los objetos a que se «refieren» estas expresiones), la palabra «*verdadero*» posee una naturaleza lógica diferente: expresa una propiedad (o denota una clase) de ciertas expresiones, a saber, de oraciones. Sin embargo, se ve fácilmente que todas las formulaciones que se dieron anteriormente (cfr. las secciones 3 y 4) y que tenían por finalidad explicar el significado de esta palabra, no se referían a las oraciones mismas sino a objetos «acerca de los que hablan» estas oraciones, o posiblemente a «estados de cosas» descritas por ellas. Más aún, resulta que la manera más simple y natural de obtener una definición exacta de verdad es la que acarrea el uso de otras nociones semánticas, por ejemplo, la noción de satisfacción. Por estas razones incluimos el concepto de verdad que aquí tratamos entre los conceptos semánticos, y el problema de definir la verdad resulta estar estrechamente relacionado con el problema más general de echar los fundamentos de la semántica teórica.

Acaso valga la pena decir que la semántica, tal como se la concibe en este trabajo (y en trabajos anteriores del autor), es una disciplina sobria y modesta que no tiene pretensiones de ser una panacea universal para curar todos los males y las enfermedades de la humanidad, sean imaginarios o reales. No se encontrará en la semántica remedio alguno para la caries dental, el delirio de grandezas o los conflictos de clase. Tampoco es la semántica un artificio para establecer que todos, con excepción del que habla y sus amigos, dicen disparates.

Desde la antigüedad hasta nuestros días, los conceptos semánticos han desempeñado un importante papel en las discusiones de los filósofos, lógicos y filólogos. Sin embargo, estos conceptos se han tratado durante mucho tiempo con cierta sospecha. Desde el punto de vista histórico, esta sospecha está completamente justificada. Pues, aunque el significado de los conceptos semánticos, tal como se los usa en el lenguaje cotidiano, parece bastante claro e inteligible, todas las tentativas de caracterizar este significado de manera general y exacta han fracasado. Y, lo que es peor, varios argumentos que implicaban estos conceptos, y que por lo demás parecían correctos y estar basados sobre premisas aparentemente obvias, conducían con frecuencia a paradojas y antinomias. Baste mencionar aquí la *antinomia del mentiroso*, la *antinomia de la definibilidad* (mediante un número finito de palabras) de Richard, y la *antinomia de los términos heterólogos*, de Grelling y Nelson[9].

Creo que el método esbozado en este trabajo ayuda a superar estas dificultades y asegura la posibilidad de lograr un uso coherente de los conceptos semánticos.

6. *Lenguajes con una estructura especificada.* A causa de la posible aparición de antinomias, el problema de especificar la estructura formal y el vocabulario de un lenguaje en que hayan de darse definiciones de conceptos semánticos se hace especialmente agudo. Nos ocuparemos ahora de este problema.

Hay ciertas condiciones generales en las cuales se considera *exactamente especificada* la estructura de un lenguaje. Para especificar la

---

[9] La antinomia del mentiroso (atribuida a Eubúlides o Epiménides) se trata en las secciones 7 y 8. Para la antinomia de la definibilidad (debida a J. Richard) véase, por ejemplo, Hilbert-Bernays (1), vol. 2, pp. 263 ss.; para la antinomia de los términos heterólogos, véase Grelling-Nelson (1), p. 307.

estructura de un lenguaje debemos, por ejemplo, caracterizar inequívocamente la clase de palabras o expresiones que hayan de considerarse *significativas* [*meaningful*]. En particular, debemos indicar todas las palabras que hayamos decidido usar sin definirlas, y que se llaman «*términos indefinidos* (o *primitivos*)»; y debemos dar las llamadas *reglas de definición* para introducir *términos definidos* o nuevos. Más aún, debemos establecer criterios para distinguir, dentro de la clase de expresiones, aquellas que llamaremos «*oraciones*» [*sentences*]. Por último, debemos formular las condiciones en que puede *afirmarse* una oración del lenguaje. En particular, debemos indicar todos los *axiomas* (u *oraciones primitivas*), esto es, oraciones que hayamos decidido afirmar sin prueba; y debemos dar las llamadas *reglas de inferencia* (o *reglas de prueba*) mediante las cuales podemos deducir nuevas oraciones afirmadas a partir de otras oraciones afirmadas previamente. Los axiomas, así como las oraciones que se deducen de ellos mediante las reglas de inferencia, se denominan «*teoremas*» u «*oraciones comprobables*».

Si, al especificar la estructura de un lenguaje, nos referimos exclusivamente a la forma de las expresiones que comprenden, se dirá que el lenguaje está *formalizado*. En tal lenguaje, los teoremas son las únicas oraciones que pueden afirmarse.

En la actualidad, los únicos lenguajes que poseen una estructura especificada son los lenguajes formalizados de los diversos sistemas de lógica deductiva, posiblemente enriquecidos mediante ciertos términos no lógicos. Sin embargo, el campo de aplicación de estos lenguajes es bastante amplio; teóricamente podemos desarrollar en ellos varias ramas de la ciencia, por ejemplo, la matemática y la física teórica.

(En cambio, podemos imaginar la construcción de lenguajes que tienen una estructura exactamente especificada sin estar formalizados. En un lenguaje de este tipo la afirmabilidad [*assertability*] de las oraciones, por ejemplo, puede no depender siempre de su forma sino de otros factores, de índole no lingüística. Sería interesante e importante construir realmente un lenguaje de este tipo, y más particularmente un lenguaje que resultara suficiente para el desarrollo de una amplia rama de la ciencia empírica; pues esto justificaría la esperanza de que los lenguajes de estructura especificada terminaran por reemplazar el lenguaje cotidiano en el discurso científico.)

El problema de la definición de la verdad adquiere un significado preciso y puede resolverse en forma rigurosa solamente para aquellos lenguajes cuya estructura se ha especificado exactamente. Para otros lenguajes —por ejemplo, para todos los lenguajes naturales o «hablados»— el significado del problema es más o menos vago, y su solución sólo puede tener un carácter aproximado. *Grosso modo*, la aproximación consiste en reemplazar un lenguaje natural (o un trozo del mismo en que estemos interesados) por otro cuya estructura se especifica exactamente, y que difiere del lenguaje dado «tan poco como sea posible».

7. *La antinomia del mentiroso.* Para descubrir algunas de las condiciones más específicas que deben satisfacer los lenguajes en que (o para los cuales) haya de darse la definición de la verdad, es aconsejable comenzar con el tratamiento de la antinomia que implica directamente la noción de verdad, a saber, la antinomia del mentiroso.

Para obtener esta antinomia en una forma clara [10], consideremos la oración siguiente:

la oración impresa en la página 307, líneas 8-9, de este trabajo, no es verdadera.

Para abreviar reemplazaremos la oración que acabamos de enunciar por la letra «*s*».

De acuerdo con nuestra convención concerniente al uso adecuado del término «*verdadero*», afirmamos la siguiente equivalencia de la forma (V):

(1) *«s» es verdadera si, y sólo si, la oración impresa en la página 307, líneas 8-9, de este trabajo, no es verdadera.*

Por otra parte, teniendo presente el significado del símbolo «*s*», establecemos empíricamente el siguiente hecho:

(2) *«s» es idéntica a la oración impresa en la página 307, líneas 8-9 de este trabajo.*

Ahora bien, por una ley familiar de la teoría de la identidad (ley de Leibniz), se sigue de (2) que en (1) podemos reemplazar la expresión «*la oración impresa en la página 307, líneas 8-9, de este trabajo*» por el símbolo «“*s*”». Obtenemos así lo que sigue:

(3) *«s» es verdadera si, y sólo si, «s» no es verdadera.*

De esta manera, hemos llegado a una contradicción evidente.

A mi juicio, sería erróneo y peligroso, desde el punto de vista del progreso científico, despreciar la importancia de esta y otras antinomias, tratándolas como bromas o sofistequerías. Es un hecho que estamos en presencia de un absurdo, que nos hemos visto obligados a afirmar una oración falsa (puesto que (3), como equivalencia entre dos oraciones contradictorias, es necesariamente falsa). Si tomamos en serio nuestro trabajo no podemos tolerar este hecho. Debemos descubrir su causa, es decir, debemos ana-

---

[10] Debida al profesor J. Lukasiewicz (Universidad de Varsovia).

lizar las premisas sobre las que se basa la antinomia; luego debemos rechazar por lo menos una de esas premisas, y debemos investigar las consecuencias que esto tiene para el dominio íntegro de nuestra investigación.

Debemos insistir en que las antinomias han desempeñado un papel prominente en el establecimiento de los fundamentos de las modernas ciencias deductivas. Y, así como las antinomias de la teoría de las clases —y en particular la antinomia de Russell (de la clase de todas las clases que no son miembros de sí mismas)— fueron el punto de partida de las tentativas exitosas por formalizar coherentemente la lógica y la matemática, por su parte la antinomia del mentiroso y otras antinomias semánticas dan origen a la construcción de la semántica teórica.

8. *La incoherencia* [inconsistency] *de los lenguajes semánticamente cerrados*. Analizando las suposiciones que conducen a la antinomia del mentiroso, observamos las siguientes:

(I) Hemos supuesto, implícitamente, que el lenguaje en que se construye la antinomia contiene, además de sus expresiones, los nombres de estas expresiones, así como términos semánticos tales como el término «verdadero» referido a oraciones de este lenguaje; también hemos supuesto que todas las oraciones que determinan el uso adecuado de este término pueden afirmarse en el lenguaje. Un lenguaje que goza de estas propiedades se llamará «*semánticamente cerrado*».

(II) Hemos supuesto que en este lenguaje valen las leyes ordinarias de la lógica.

(III) Hemos supuesto que podemos formular y afirmar en nuestro lenguaje una premisa empírica, tal como el enunciado (2) que figuraba en nuestro argumento.

Resulta que la suposición (III) no es esencial, pues es posible reconstruir la antinomia del mentiroso sin su ayuda[11]. En cambio, se demuestra que las suposiciones (I) (II) son esenciales. Puesto que todo lenguaje que satis-

---

[11] Esto puede hacerse, a grandes rasgos, de la siguiente manera. Sea *S* un enunciado cualquiera que comience con las palabras «*todo enunciado*». Correlacionamos con *S* un nuevo enunciado *S** sometiendo a *S* a las siguientes modificaciones: reemplazamos en *S* la primera palabra, «*todo*», por «*el*»; y después de la segunda palabra, «*enunciado*», insertamos toda la frase *S* entre comillas. Convengamos en llamar «(auto)aplicable» o «no (auto)aplicable» al enunciado *S*, según que el enunciado correlacionado S* sea verdadero o falso. Consideremos ahora el enunciado siguiente:

Todo enunciado es no aplicable.

Es fácil comprobar que el enunciado que acaba de formularse debe ser a la vez aplicable y no aplicable; por consiguiente, constituye una contradicción. Puede no ser del todo claro en qué sentido esta formulación de la antinomia no envuelve una premisa empírica; pero no me detendré más en este punto.

face ambas suposiciones es incoherente [*inconsistent*], debemos rechazar al menos una de ellas.

Sería superfluo subrayar en este punto las consecuencias del rechazo de la suposición (II), esto es, del cambio de nuestra lógica (suponiendo que esto fuera posible) aunque sólo fuera en sus partes más elementales y fundamentales. Por esto consideraremos solamente la posibilidad de rechazar la suposición (I). Decidiremos *no usar lenguaje alguno que sea semánticamente cerrado* en el sentido dado anteriormente.

Esta restricción sería, desde luego, inaceptable para quienes —por razones que no son claras para mí— creen que hay un solo lenguaje «genuino» (o, al menos, que todos los lenguajes «genuinos» son mutuamente traducibles). Sin embargo, esta restricción no afecta a las necesidades o a los intereses de la ciencia de una manera esencial. Los lenguajes (sea los formalizados o —lo que ocurre con mayor frecuencia— los trozos del lenguaje cotidiano) que se usan en el discurso científico no tienen por qué ser semánticamente cerrados. Esto es obvio en el caso en que los fenómenos lingüísticos y, en particular, las nociones semánticas, no intervienen de manera alguna en el asunto de una ciencia; pues en tal caso el lenguaje de esta ciencia no necesita ser provisto de términos semánticos. Sin embargo, veremos en la próxima sección cómo puede prescindirse de lenguajes semánticamente cerrados incluso en aquellas discusiones científicas que acarrean esencialmente nociones semánticas.

Se presenta el problema de la posición que ocupa el lenguaje cotidiano a este respecto. A primera vista parecería que este lenguaje satisficiera las suposiciones (I) y (II), y que por ello es incoherente. Pero en realidad el caso no es tan simple. Nuestro lenguaje cotidiano no es, ciertamente, un lenguaje que posea una estructura exactamente especificada. No sabemos con precisión qué expresiones son oraciones, y sabemos aún menos qué oraciones pueden tomarse como afirmables. De manera que el problema de la coherencia carece de sentido exacto respecto de este lenguaje. En el mejor de los casos sólo podemos arriesgarnos a conjeturar que un lenguaje cuya estructura ha sido especificada exactamente, y que se parece a nuestro lenguaje cotidiano tanto como sea posible, es incoherente.

9. *Lenguaje-objeto y metalenguaje.* Puesto que hemos acordado no emplear lenguajes semánticamente cerrados, debemos usar dos lenguajes diferentes al tratar el problema de la definición de la verdad y, en general, todos los problemas semánticos. El primero de estos lenguajes es el lenguaje acerca del que «se habla», y que es el tema de toda la discusión; la definición de la verdad que estamos buscando se aplica a las oraciones de este lenguaje. El segundo es el lenguaje en que «hablamos acerca del» primer lenguaje, y en cuyos términos deseamos, en particular, construir la definición de verdad para el primer lenguaje. Denominaremos *lenguaje-objeto* al primer lenguaje y *metalenguaje* al segundo.

Obsérvese que estos términos, «lenguaje-objeto» y «metalenguaje», sólo tienen un sentido relativo. Por ejemplo, si nos interesa la noción de verdad aplicada a oraciones, este último se convierte automáticamente en el lenguaje objeto de nuestra discusión; y para definir la verdad para este lenguaje, debemos ir a un nuevo metalenguaje, a un metalenguaje, por así decir, de un nivel superior. De esta manera llegamos a toda una jerarquía de lenguajes.

El vocabulario del metalenguaje está determinado, en gran parte, por las condiciones enunciadas anteriormente, en las que se considerará materialmente adecuada una definición de la verdad. Recordemos que esta definición debe implicar todas las equivalencias de la forma (V):

(V) *X es verdadera si, y sólo si, p.*

La definición misma, y todas las equivalencias implicadas por ella, han de formularse en el metalenguaje. En cambio, el símbolo «*p*» que figura en (V) representa una oración arbitraria de nuestro lenguaje-objeto. Por consiguiente, toda oración que figure en el lenguaje-objeto también debe figurar en el metalenguaje; en otras palabras, el metalenguaje debe contener el lenguaje-objeto como parte de él. Esto es al menos necesario para probar que la definición es adecuada, aun cuando la definición misma puede formularse a veces en un metalenguaje menos amplio que no satisface esta condición.

(La condición en cuestión puede modificarse un tanto, pues basta suponer que el lenguaje-objeto puede traducirse al metalenguaje; esto requiere cierto cambio de la interpretación del símbolo «*p*» en [V]. En todo lo que sigue ignoraremos la posibilidad de esta modificación.)

Más aún, el símbolo «*X*» que figura en (V) representa el nombre de la oración por la que está «*p*». Vemos, pues, que el metalenguaje debe tener la riqueza suficiente para dar la posibilidad de construir un nombre para cada una de las frases del lenguaje objeto.

Además, el metalenguaje debe contener, obviamente, términos de carácter lógico general, tal como la expresión «si y sólo si» [12].

Es deseable que el metalenguaje no contenga términos indefinidos, a excepción de los involucrados explícita o implícitamente en las observaciones

---

[12] Los términos «lógica» y «lógico» se usan en este trabajo en un sentido amplio, que se ha tornado casi tradicional en las últimas décadas; la lógica comprende —según se supone aquí— toda la teoría de las clases y relaciones (esto es, la teoría matemática de los conjuntos). Por muchas y diferentes razones, me inclino personalmente a usar el término «lógica» en un estudio mucho más estrecho, a saber, de manera que sólo se aplique a lo que a veces se llama la «lógica elemental», es decir, al cálculo proposicional y al cálculo (restringido) de predicados.

precedentes (es decir, términos del lenguaje-objeto), de los términos referentes a la forma de las expresiones del lenguaje objeto, de los términos que se usan para construir nombres de estas expresiones, y de los términos lógicos. En particular, deseamos que *los términos semánticos* (referentes al lenguaje-objeto) se *introduzcan en el metalenguaje sólo por definición*. Pues, si se satisface este postulado, la definición de la verdad, o de cualquier otro concepto semántico, cumplirá lo que esperamos intuitivamente de toda definición; es decir, explicará el significado del término que se define en términos cuyos significados parecen completamente claros e inequívocos. Más aún, tendremos entonces una garantía de que el uso de conceptos semánticos no nos complicará en contradicciones.

No tendremos otros requisitos que imponer a la estructura formal del lenguaje-objeto y del metalenguaje; suponemos que es semejante a la de otros lenguajes formalizados conocidos en la actualidad. En particular, suponemos que en el metalenguaje se observan las habituales reglas formales de definición.

10. *Condiciones de una solución positiva del problema principal.* Ahora ya tenemos una idea clara, tanto de las condiciones de adecuación material a que se sujetará la definición de la verdad como de la estructura formal del lenguaje en que haya de construirse esta definición. En estas circunstancias, el problema de definir la verdad adquiere el carácter de un problema determinado de naturaleza puramente deductiva.

Sin embargo, la solución del problema no es en manera alguna obvia, y no la daría en detalle sin usar toda la maquinaria de la lógica contemporánea. En este lugar me limitaré a esbozar la solución y a tratar algunos de los puntos de mayor interés general comprendidos en ella.

La solución resulta ser unas veces positiva y otras negativa. Esto depende de ciertas relaciones formales entre el lenguaje objeto y su metalenguaje; o, más específicamente, del hecho de si el metalenguaje en su parte lógica es «*esencialmente más rico*» que el lenguaje-objeto, o no. No es fácil dar una definición general y precisa de esta noción de «riqueza esencial». Si nos limitamos a los lenguajes que se basan sobre la teoría lógica de los tipos, la condición para que el metalenguaje sea «esencialmente más rico» que el lenguaje-objeto es que contenga variables de un tipo lógico superior al de las del lenguaje-objeto.

Si no se satisface la condición de «riqueza esencial», usualmente puede demostrarse que es posible formular una interpretación del metalenguaje en el lenguaje-objeto; es decir, cualquier término dado del metalenguaje puede correlacionarse con un término bien determinado del lenguaje-objeto, de manera tal que las oraciones afirmables [*assertible*] de uno de los lenguajes resulten correlacionadas con oraciones afirmables del otro. De resultas de esta interpretación, la hipótesis de que en el metalenguaje se ha formulado una definición satisfactoria de verdad implica la posibilidad de reconstruir, en ese lenguaje, la antinomia del mentiroso; y esto nos obliga, a su vez, a rechazar la hipótesis en cuestión.

(El hecho de que el metalenguaje, en su parte no lógica, sea comúnmente más amplio que el lenguaje-objeto, no afecta a la posibilidad de interpretar el primero en el segundo. Por ejemplo, los nombres de las expresiones del lenguaje-objeto figuran en el metalenguaje, aunque en su mayor parte no figuran en el lenguaje-objeto; sin embargo, es posible interpretar estos nombres en términos del lenguaje-objeto.)

Vemos, pues, que la condición de «riqueza esencial» es necesaria para que sea posible dar una definición satisfactoria de la verdad en el metalenguaje. Si queremos desarrollar la teoría de la verdad en un metalenguaje que no satisfaga esta condición, debemos abandonar la idea de definir la verdad con la sola ayuda de los términos que hemos señalado anteriormente (en la sección 8). Debemos incluir entonces el término «*verdadero*», o algún otro término semántico, en la lista de los términos indefinidos del metalenguaje, expresando las propiedades fundamentales de la noción de verdad en una serie de axiomas. No hay nada que sea esencialmente incorrecto en semejante procedimiento axiomático, y puede resultar útil para diversos fines [13].

Sucede, sin embargo, que puede evitarse este procedimiento. Pues *la condición de «riqueza esencial» del metalenguaje resulta ser, no sólo necesaria, sino también suficiente para construir una definición satisfactoria de la verdad*; es decir, si el metalenguaje satisface esta condición, en él puede definirse la noción de verdad. Indicaremos ahora, en términos generales, cómo puede llevarse a cabo esta construcción.

11. *La construcción de la definición* (*bosquejo*) [14]. A partir de la definición de otra noción semántica, la de *satisfacción*, puede obtenerse en forma muy sencilla una definición de verdad.

La de satisfacción es una relación entre objetos arbitrarios y ciertas expresiones llamadas «*funciones proposicionales*» [*sentential functions*]. Éstas son expresiones tales como «*x es blanca*», «*x es mayor que y*», etc. Su estructura formal es análoga a la de las proposiciones; sin embargo, pueden contener variables de las llamadas libres (tales como «*x*» e «*y*» en «*x es mayor que y*») que pueden figurar en enunciados.

Al definir la noción de función proposicional en los lenguajes formalizados, comúnmente aplicamos lo que se llama «procedimiento recursivo»; es decir, primero describimos funciones proposicionales de la estructura más simple (lo que comúnmente no ofrece dificultades) y luego indicamos las operaciones mediante las cuales pueden construirse funciones compuestas a partir de otras más simples. Una operación de este tipo puede consistir,

---

[13] Véase, sin embargo, Tarski (3), pp. 5 ss.

[14] El método de construcción que esbozaremos puede aplicarse —mediando cambios apropiados— a todos los lenguajes formalizados que se conocen en la actualidad; sin embargo, no se sigue que no podría construirse un lenguaje al que no pudiera aplicarse este método.

por ejemplo, en formar la disyunción o la conjunción lógica de dos funciones dadas, es decir, en combinarlas por las palabras «*o*» o «*y*». Una oración [*sentence*] puede definirse ahora simplemente como una función proposicional que no contiene variables libres.

En lo que respecta a la noción de satisfacción, podríamos tratar de definirla diciendo que ciertos objetos *satisfacen* una función dada si ésta se convierte en una oración verdadera cuando reemplazamos sus variables libres por nombres de los objetos dados. En este sentido, por ejemplo, la nieve satisface la función proposicional «*x es blanca*», ya que la oración «*la nieve es blanca*» es verdadera. Pero, aparte de otras dificultades, no podemos emplear este método porque deseamos usar la noción de satisfacción para definir la verdad.

Para obtener una definición de satisfacción debemos aplicar nuevamente un procedimiento recurrente. Indicamos cuáles son los objetos que satisfacen las funciones proposicionales más simples; y luego enunciamos las condiciones en que los objetos dados satisfacen una función compuesta (suponiendo que sabemos cuáles son los objetos que satisfacen las funciones simples a partir de las cuales se construye la compuesta). Así, por ejemplo, decimos que ciertos números satisfacen la disyunción lógica «*x es mayor que y o x es igual a y*» si satisfacen por lo menos una de las funciones «*x es mayor que y*» o «*x es igual a y*».

Una vez obtenida la definición general de satisfacción, observamos que también se le aplica automáticamente a las funciones proposicionales especiales que no contienen variables libres, es decir, a las oraciones. Resulta que para una oración hay sólo dos casos posibles: una oración o bien es satisfecha por todos los objetos, o no es satisfecha por objeto alguno. Por consiguiente, llegamos a una definición de la verdad y de la falsedad diciendo simplemente que *una oración es verdadera si es satisfecha por todos los objetos, y falsa en caso contrario*[15].

---

[15] Al llevar a la práctica esta idea surge cierta dificultad técnica. Una función proposicional puede contener un número arbitrario de variables libres; y la naturaleza lógica de la noción de satisfacción varía con este número. Así, por ejemplo, la noción en cuestión, aplicada a funciones de una variable, es una relación binaria entre estas funciones y objetos singulares; aplicada a funciones de dos variables se convierte en una relación ternaria entre funciones y pares de objetos; y así sucesivamente. Por consiguiente, estrictamente hablando no se nos presenta una sola noción de satisfacción sino infinitas nociones; y resulta que estas nociones no pueden definirse independientemente entre sí, sino que deben introducirse simultáneamente.

Para vencer esta dificultad empleamos la noción matemática de sucesión infinita (o, posiblemente, de sucesión finita con un número arbitrario de términos). Convenimos en considerar la satisfacción, no como una relación de orden superior entre funciones proposicionales y un número indefinido de objetos, sino como una relación binaria entre funciones y sucesiones de objetos. Con esta suposición, la formulación de una definición general y precisa de satisfacción ya no presenta dificultades; y un enunciado verdadero puede definirse ahora como aquel que es satisfecho por toda sucesión.

(Puede parecer extraño que hayamos elegido un rodeo para definir la verdad de una oración, en lugar de tratar de aplicar, por ejemplo, un procedimiento directo de recurrencia. La razón de esto es que las oraciones compuestas se construyen a partir de funciones proposicionales sencillas, pero no siempre a partir de oraciones simples; por consiguiente, no se conoce ningún método general de recurrencia que se aplique específicamente a las oraciones.)

Este tosco esbozo no aclara dónde y cómo está implicada la suposición de la «riqueza esencial» del metalenguaje; esto no se aclara sino cuando se lleva a cabo la construcción de manera detallada y formal[16].

12. *Consecuencias de la definición.* La definición de verdad esbozada precedentemente tiene muchas consecuencias interesantes.

En primer lugar, la definición resulta ser no sólo formalmente correcta, sino también materialmente adecuada (en el sentido establecido en la sección 4); en otras palabras, implica todas las equivalencias de la forma (V). A este respecto, es importante señalar que las condiciones de adecuación material de la definición determinan unívocamente la extensión del término «*verdadero*». Por esto, toda definición de la verdad que sea materialmente adecuada es necesariamente equivalente a la que hemos construido. La concepción semántica de la verdad no nos da, por así decir, ninguna posibilidad de elección entre diversas definiciones no equivalentes de esta noción.

Más aún, de nuestra definición podemos deducir varias leyes de naturaleza general. En particular, con su ayuda podemos probar las *leyes de contradicción* y del *tercero excluido*, tan características de la concepción aristotélica de la verdad. Estas leyes semánticas no debieron identificarse con las leyes lógicas de contradicción y del tercero excluido, relacionadas con ellas; las leyes lógicas pertenecen al cálculo proposicional, es decir, a la parte más elemental de la lógica, y no incluyen para nada el término «*verdadero*».

Aplicando la teoría de la verdad a los lenguajes formalizados de cierta clase muy amplia de disciplinas matemáticas, se obtienen otros resultados importantes; sólo se excluyen de esta clase disciplinas de un carácter ele-

---

[16] Para definir recursivamente la noción de satisfacción, debemos aplicar cierta forma de la definición recursiva que no se admite en el lenguaje-objeto. Luego, la «riqueza esencial» del metalenguaje puede consistir simplemente en admitir este tipo de definición. En cambio, se conoce un método general que haga posible la eliminación de todas las definiciones recursivas, reemplazándolas por definiciones normales, explícitas. Si tratamos de aplicar este método a la definición de satisfacción, vemos que, o bien debemos introducir en el metalenguaje variables de tipo lógico superior al de las que figuran en el lenguaje-objeto, o bien debemos suponer axiomáticamente, en el metalenguaje, la existencia de clases más amplias que todas aquellas cuya existencia puede establecerse en el lenguaje-objeto. Véanse a este respecto Tarski (2), pp. 393 ss., y Tarski (5), p. 110.

mental y de una estructura lógica muy elemental. Resulta que, para una disciplina de esta clase, *la noción de verdad nunca coincide con la de comprobabilidad* [*provability*]; pues todas las oraciones comprobables son verdaderas, pero hay oraciones verdaderas que no son comprobables[17]. Se sigue, entonces, que toda disciplina de este tipo es coherente pero incompleta; es decir, de dos oraciones contradictorias cualesquiera, a lo sumo una es comprobable y, lo que es más, existe un par de oraciones contradictorias ninguna de las cuales es comprobable[18].

13. *Extensión de los resultados a otras nociones semánticas*. La mayor parte de los resultados obtenidos en las secciones anteriores al tratar la noción de verdad pueden extenderse, mediando cambios apropiados, a otras nociones semánticas; por ejemplo, a la noción de satisfacción (impli-

---

[17] A causa del desarrollo de la lógica moderna, la noción de prueba matemática ha sufrido una simplificación de grandes alcances. Un enunciado de una disciplina formalizada dada es comprobable si puede obtenerse a partir de los axiomas de esta disciplina por la aplicación de ciertas reglas de inferencia sencillas y puramente formales, tales como las de separación y sustitución. Por consiguiente, para mostrar que todos los enunciados comprobables son verdaderos, basta probar que todos los enunciados aceptados como axiomas son verdaderos, y que las reglas de inferencia, cuando se las aplica a enunciados verdaderos, producen nuevos enunciados verdaderos; y por lo común esto no ofrece dificultades.

En cambio, a causa de la naturaleza elemental de la noción de comprobabilidad, una definición precisa de esta noción sólo requiere medios lógicos bastante simples. En la mayoría de los casos, los artificios lógicos disponibles en la disciplina formalizada (con la que está relacionada la noción de comprobabilidad) son más que suficientes para estos fines. Sabemos, sin embargo, que en lo que respecta a la definición de la verdad vale justamente lo contrario. Por consiguiente, en general las nociones de verdad y de comprobabilidad no pueden coincidir; y, puesto que todo enunciado comprobable es verdadero, debe haber enunciados verdaderos que no son comprobables.

[18] La teoría de la verdad nos da, pues, un método general para efectuar pruebas de coherencia [*consistency*] en las disciplinas matemáticas formalizadas. Es fácil advertir, sin embargo, que una prueba de coherencia obtenida por este método puede poseer algún valor intuitivo —esto es, puede convencernos, o reforzar nuestra creencia, de que la disciplina en cuestión es realmente coherente— tan sólo en el caso de que logremos definir la verdad en términos de un metalenguaje que no contenga como parte al lenguaje-objeto (ver a este respecto una observación en la sección 9). Pues sólo en este caso pueden ser intuitivamente más simples y obvias las suposiciones deductivas del metalenguaje que las del lenguaje objeto, aun cuando se satisfaga formalmente la condición de «riqueza esencial». Cfr. también Tarski (3), p. 7.

La incompletitud de una amplia clase de disciplinas formalizadas constituye el contenido esencial de un teorema fundamental de K. Gödel; cfr. Gödel (1), pp. 187 ss. La explicación del hecho de que la teoría de la verdad conduce tan directamente al teorema de Gödel es bastante simple. Al deducir el resultado de Gödel a partir de la teoría de la verdad hacemos un uso esencial del hecho de que la definición de verdad no puede darse en un lenguaje que sea sólo tan «rico» como el lenguaje-objeto (cfr. nota 17); sin embargo, al establecer este hecho se aplica un método de razonamiento que está estrechamente relacionado con el usado (por primera vez) por Gödel. Puede añadirse que Gödel fue obviamente guiado, en su prueba, por ciertas consideraciones intuitivas concernientes a la noción de verdad, aun cuando esta noción no figure explícitamente en la prueba; cfr. Gödel (1), pp. 174 ss.

cada en nuestra discusión precedente) y a las de *designación* y *descripción.*

Cada una de estas nociones puede analizarse siguiendo las líneas generales del análisis de la verdad. De esta manera pueden establecerse criterios para un uso adecuado de estas nociones; puede mostrarse que cada una de estas nociones, cuando se la usa en un lenguaje semánticamente cerrado de acuerdo con estos criterios, conduce necesariamente a una contradicción [19]; vuelve a tornarse indispensable una distinción entre el lenguaje-objeto y el metalenguaje; y en todos los casos la «riqueza esencial» del metalenguaje resulta ser una condición necesaria y suficiente para lograr una definición satisfactoria de la noción en cuestión. Por consiguiente, los resultados obtenidos al discutir una noción semántica particular se aplican al problema general de los fundamentos de la semántica teórica.

Dentro de la semántica teórica podemos definir y estudiar algunas otras nociones, cuyo contenido intuitivo es más complicado y cuyo origen semántico es menos evidente; nos referimos, por ejemplo, a las importantes nociones de *consecuencia*, *sinonimia y significado* [20].

En este trabajo nos hemos ocupado de la teoría de nociones semánticas vinculadas con un lenguaje objeto individual (aun cuando en nuestros argumentos no han figurado propiedades específicas de este lenguaje). Sin embargo, también podríamos considerar el problema de desarrollar una *semántica general* que se aplique a una amplia clase de lenguajes objeto. Una parte considerable de nuestras observaciones previas puede extenderse a este problema general; sin embargo, a este respecto surgen ciertas dificultades nuevas que no discutiremos en este lugar. Sólo observaré que el método axiomático (mencionado en la sección 10) puede resultar el más apropiado para el tratamiento del problema [21].

---

[19] Las nociones de designación y definición llevan directamente a las antinomias de Grelling-Nelson y de Richard (cfr. nota 9). Para obtener una antinomia a partir de la noción de satisfacción, construimos la siguiente expresión:

La función proposicional X no satisface a X.

Surge una contradicción cuando consideramos la cuestión de si esta expresión, que es claramente una función proposicional, se satisface a sí misma o no.

[20] Todas las nociones mencionadas en esta sección pueden definirse en términos de satisfacción. Podemos decir, por ejemplo, que un término dado designa un objeto dado si este objeto satisface la función proposicional «*x es idéntico a T*», donde «*T*» representa el término dado. Análogamente, se dirá que una función proposicional define un objeto dado si este último es el único objeto que satisface esta función. Para una definición de consecuencia, véase Tarski (4), y para la sinonimia, Carnap (2).

[21] La semántica general es el tema de Carnap (2). A este respecto véanse también observaciones de Tarski (2), pp. 388 ss.

II. OBSERVACIONES POLÉMICAS

14. *La concepción semántica de la verdad ¿es la «correcta»?* Comenzaré la parte polémica de este trabajo haciendo algunas observaciones generales.

Espero que nada de lo que aquí se diga se interprete como una pretensión de que la concepción semántica de la verdad es la «correcta» o aun la «única posible». No tengo la menor intención de contribuir de manera alguna a esas discusiones interminables y a menudo violentas sobre el asunto: «¿Cuál es la concepción correcta de la verdad»?[22]. Confieso que no entiendo de qué se trata en esas disputas; pues el problema mismo es tan vago que no es posible alcanzar una solución determinada. En efecto, me parece que nunca se ha aclarado el sentido en que se usa la oración «la concepción correcta». En la mayoría de los casos se tiene la impresión de que la oración se usa en un sentido casi místico que se funda en la creencia de que toda palabra tiene un solo significado «real» (idea de tipo platónico o aristotélico), y que todas las concepciones rivales realmente intentan captar este significado único; pero, puesto que se contradicen entre sí, sólo una de las tentativas puede tener éxito, y por lo tanto una sola de las concepciones es la «correcta».

Las disputas de este tipo no se restringen, en modo alguno, a la noción de verdad. Se producen en todos los dominios en que se usa el lenguaje común, con su vaguedad y ambigüedad, en lugar de una terminología exacta, científica; y carecen siempre de sentido y son, por ello, vanas.

Me parece evidente que el único enfoque racional de estos problemas es el siguiente: debiéramos aceptar el hecho de que no nos enfrentamos con un concepto sino con diversos conceptos diferentes denotados por una palabra; debiéramos tratar de aclarar estos conceptos todo lo posible (mediante la definición, o un procedimiento axiomático, o de alguna otra manera); para evitar más confusiones, debiéramos convenir en usar diferentes términos para designar los diferentes conceptos; y luego podremos emprender un estudio tranquilo y sistemático de todos estos conceptos que exhiba sus principales propiedades y relaciones mutuas.

Para referirnos específicamente a la noción de verdad, sin duda acontece que en las discusiones filosóficas —y quizá también en el uso cotidiano— pueden encontrarse algunas concepciones incipientes de esta noción que difieren esencialmente de la clásica (y de la cual la concepción semántica no es sino una forma modernizada). En efecto, en la literatura se han discutido varias concepciones de esta clase; por ejemplo, la concepción pragmatista, la teoría de la coherencia, etc.

---

[22] Cfr. varias citas en Ness (1), pp. 13 ss.

Me parece que ninguna de estas concepciones ha sido formulada, hasta ahora, de una manera inteligible e inequívoca. Sin embargo, esto puede cambiar; puede venir una época en que nos veamos frente a varias concepciones de la verdad, incompatibles pero igualmente claras y precisas. Se hará entonces necesario abandonar el uso ambiguo del término «*verdadero*», introduciendo en su lugar diversos términos, cada uno de los cuales denote una noción diferente. Personalmente, no me sentiría herido si un futuro congreso mundial de «teóricos de la verdad» decidiera, por mayoría de votos, reservar la palabra «*verdad*» para una de las concepciones no clásicas y sugiriera otra palabra, por ejemplo «*ferdad*», para designar la concepción que aquí consideramos. Pero no puedo imaginar que nadie pueda presentar argumentos sólidos en sostén de la tesis de que la concepción semántica es «equivocada» y debe abandonarse por entero.

15. *Corrección formal de la definición de la verdad que se ha sugerido*. Las objeciones específicas que se han formulado a mis investigaciones pueden dividirse en varios grupos, que discutiremos por separado.

Creo que prácticamente todas estas objeciones se aplican, no a la definición especial que he propuesto, sino a la concepción semántica de la verdad en general. Aun aquellas que se formularon contra la definición propuesta podrían referirse a cualquier otra definición que se conformara a esta concepción.

Esto se aplica, en particular, a aquellas objeciones que conciernen a la corrección formal de la definición. He oído unas pocas objeciones de esta clase; sin embargo, dudo mucho que cualquiera de ellas pueda ser tratada seriamente.

Como ejemplo típico citaré en sustancia una de estas objeciones[23]. Al formular la definición usamos necesariamente conectivas proposicionales, es decir, expresiones tales como «*si..., entonces*», «*o*», etc. Ellas aparecen en el *definiens*; y una de ellas, a saber, la frase «*si, y sólo si*», se emplea comúnmente para combinar el *definiendum* con el *definiens*. Sin embargo, es bien sabido que el significado de las conectivas proposicionales se explica en lógica con ayuda de las palabras «*verdadero*» y «*falso*»; por ejemplo, decimos que una equivalencia, es decir, un enunciado de la forma «*p si, y sólo si q*», es verdadero si sus dos miembros —esto es, las oraciones representadas por «*p*» y «*q*»— son verdaderos, o son falsos. Por lo tanto, la definición de la verdad implica un círculo vicioso.

Si esta objeción fuera válida no sería posible ninguna definición formalmente correcta de la verdad; pues no podemos formular ninguna ora-

[23] No citaremos los nombres de las personas que han formulado objeciones, a menos que dichas objeciones hayan sido publicadas.

ción compuesta sin usar conectivas proposicionales u otros términos lógicos definidos con su ayuda. Afortunadamente, la situación no es tan grave.

Sin duda, un desarrollo estrictamente deductivo de la lógica es precedido a menudo por ciertas declaraciones que explican en qué condiciones se consideran verdaderas o falsas oraciones de la forma «*si p, entonces q*», etc. (Tales explicaciones se dan a menudo esquemáticamente, mediante las llamadas tablas de verdad.) Sin embargo, esas declaraciones están fuera del sistema de la lógica, y no debieran considerarse como definiciones de los términos en cuestión. No se formulan en el lenguaje del sistema, sino que constituyen consecuencias especiales de la definición de la verdad que se da en el metalenguaje. Más aún, esas declaraciones no influyen de manera alguna el desarrollo deductivo de la lógica. Pues en tal desarrollo no tratamos la cuestión de si una oración dada es verdadera: sólo nos interesa el problema de si es comprobable[24].

En cambio, desde el momento en que nos encontramos dentro del sistema deductivo de la lógica —o de cualquier disciplina basada sobre la lógica, tal como la semántica— tratamos las conectivas proposicionales como términos indefinidos, o bien las definimos mediante otras conectivas proposicionales, pero nunca mediante términos semánticos tales como «*verdadero*» o «*falso*». Por ejemplo, si convenimos en considerar las expresiones «*no*» y «*si..., entonces*» (y posiblemente también «*si y sólo si*») como términos indefinidos, podemos definir «*o*» diciendo que una oración de la forma «*p o q*» es equivalente a la oración correspondiente de la forma «*si no p, entonces q*». La definición puede formularse, por ejemplo, de la manera siguiente:

(p o q) si, y sólo si (si no p, entonces q).

Obviamente, esta definición no contiene términos semánticos.

Sin embargo, un círculo vicioso surge en la definición sólo cuando el *definiens* contiene, ya el término que se define, ya otros términos definidos con su ayuda. Vemos así claramente que el uso de las conectivas proposicionales en la definición del término semántico «*verdadero*» no acarrea círculo alguno.

[24] Debe subrayarse, sin embargo, que en lo que respecta a la cuestión de un presunto círculo vicioso la situación no cambiaría aun cuando adoptáramos un punto de vista diferente, tal como el de Carnap (2); esto es, si consideráramos la especificación de las condiciones en que son verdaderas las oraciones de un lenguaje como parte esencial de la descripción de ese lenguaje. En cambio, puede observarse que el punto de vista representado en el texto no excluye la posibilidad de usar tablas de verdad en un desarrollo deductivo de la lógica. Sin embargo, estas tablas deben considerarse meramente como un instrumento formal para verificar la comprobabilidad de ciertas oraciones; y los símbolos «*V*» y «*F*» que figuran en ellas, y que usualmente se consideran abreviaturas de «*verdadero*» y «*falso*», no debieran interpretarse en ninguna forma intuitiva.

Mencionaré otra objeción que encontré en la literatura y que también parece concernir a la corrección formal, si no de la definición misma de verdad, al menos a los argumentos que conducen a esta definición[25].

El autor de esta objeción se equivoca al considerar el esquema (V) de la sección 4 como una definición de la verdad. Objeta a esta presunta definición que está afectada de una «brevedad inadmisible, es decir, incompletitud», que «no nos da un medio para decidir si por "equivalencia" se entiende una relación lógico-formal, o bien no lógica y también estructuralmente no descriptible». Para eliminar este «defecto» sugiere completar (V) de una de las dos maneras siguientes:

(V') *X es verdadera si, y sólo si, p es verdadera.*

(V'') *X es verdadera si, y sólo si, se da p (es decir, si ocurre lo que declara p).*

Luego discute estas dos nuevas «definiciones», que estarían libres del «defecto» formal de la vieja, pero que resultan insatisfactorias por otras razones, de índole no formal.

Esta nueva objeción parece surgir de una incomprensión relativa a la naturaleza de las conectivas proposicionales (por lo cual está de alguna manera relacionada con la que tratamos anteriormente). El autor de la objeción no parece advertir que la frase «*si y sólo si*» (contrariamente a oraciones tales como «*son equivalentes*», o «*es equivalente a*») no expresa una relación entre oraciones, puesto que no combina nombres de oraciones.

En general, todo el argumento se funda sobre una obvia confusión entre oraciones y sus nombres. Baste señalar que —a diferencia de (V)— los esquemas (V') y (V'') no dan ninguna expresión significativa si en ellos sustituimos «*p*» por una oración; pues las oraciones «*p es verdadera*» y «*se da p*» (es decir, «*lo que declara p ocurre*») pierden significado si se reemplaza «*p*» por una oración, y no por el nombre de una oración (cfr. la sección 4)[26].

[25] Cfr. Juhos (1). Debo admitir que no entiendo claramente las objeciones de Juhos y que no sé cómo clasificarlas; por esto me limito a ciertos puntos de carácter formal. Von Juhos parece ignorar mi definición de la verdad; sólo se refiere a una presentación informal en Tarski (3), en la que la definición no aparece para nada. Si conociera la definición real tendría que cambiar su argumento. Sin embargo, no dudo de que también en esta definición descubriría algunos «defectos». Pues él cree que ha probado que «por razones de principio es imposible dar tal definición».

[26] Las oraciones «*p es verdadera*» y «*ocurre p*» [«*p is the case*»] (o, mejor, «*es verdad que p*» y «*ocurre que p*») se usan a veces en tratamientos informales, principalmente por razones estilísticas; pero se las considera sinónimas de la oración representada por «*p*». En cambio, en la medida en que entiendo la situación, las oraciones en cuestión no pueden ser usadas por Juhos como sinónimas de «*p*»; pues de lo contrario la sustitución de (V) por (V') o (V'') no constituirían ningún «adelanto».

Mientras que el autor de la objeción considera el esquema (V) como «inadmisiblemente breve», por mi parte me inclino a considerar los esquemas (V') y (V'') como «inadmisiblemente largos». Y hasta creo que puedo probar rigurosamente esta afirmación sobre la base de la siguiente definición: Se dice que una expresión es «inadmisiblemente larga» si (I) no es significativa y (II) se ha obtenido a partir de una expresión significativa insertándole palabras superfluas.

16. *Redundancia de términos semánticos; su posible eliminación.* La objeción que me propongo discutir ahora no concierne ya a la corrección formal de la definición, pero con todo trata de ciertos rasgos formales de la concepción semántica de la verdad.

Hemos visto que esta concepción consiste, en esencia, en considerar la oración «*X es verdadera*» como equivalente a la oración denotada por «*X*» (donde «*X*» representa un nombre de una oración del lenguaje-objeto). Por consiguiente, el término «*verdadera*», cuando aparece en una oración simple de la forma «*X es verdadera*» puede eliminarse fácilmente, y la oración misma, que pertenece al metalenguaje, puede reemplazarse por una oración equivalente del lenguaje-objeto; y lo mismo se aplica a oraciones compuestas siempre que el término «*verdadera*» figure en ellas exclusivamente como parte de expresiones de la forma «*X es verdadera*».

Por este motivo, algunos han insistido en que el término «*verdadero*», en el sentido semántico, siempre puede eliminarse, y que por esta razón la concepción semántica de la verdad es del todo estéril e inútil. Y, puesto que las mismas consideraciones se aplican a otras nociones semánticas, se ha sacado la conclusión de que la semántica en su conjunto es un juego puramente verbal y, en el mejor de los casos, sólo un pasatiempo inofensivo.

Pero la cosa no es tan simple[27]. No siempre puede efectuarse esta clase de eliminación. No puede hacerse en el caso de los enunciados universales que expresan el hecho de que todos los enunciados de cierto tipo son verdaderos, o que todas las oraciones verdaderas tienen cierta propiedad. Por ejemplo, en la teoría de la verdad podemos probar el siguiente enunciado:

Todas las consecuencias de los enunciados verdaderos son verdaderas.

Sin embargo, no podemos librarnos en este caso de la palabra «*verdadera*» en la forma sencilla que se ha puesto.

Además, aun en el caso de los enunciados particulares que tienen la forma «*X es verdadera*», semejante eliminación sencilla no puede hacerse siempre. En efecto, la eliminación es posible sólo en aquellos casos en que el nombre del enunciado del que se dice que es verdadero figura en una forma

---

[27] Cfr. la discusión de este problema en Kokoszynska (1), pp. 161 ss.

que nos permite reconstruir el enunciado mismo. Por ejemplo, nuestro conocimiento histórico actual no nos da posibilidad de eliminar la palabra «*verdadera*» de la siguiente oración:

La primera oración escrita por Platón es verdadera.

Por supuesto, desde que tenemos una definición de la verdad, y desde que toda definición permite reemplazar el *definiendum* por su *definiens*, siempre es teóricamente posible eliminar el término «*verdadera*» en un sentido semántico. Pero ésta no sería la eliminación simple aludida anteriormente, y no daría como resultado la sustitución de un enunciado del metalenguaje por un enunciado del lenguaje-objeto.

Sin embargo, si alguien insistiera en que —a causa de la posibilidad teórica de eliminar la palabra «*verdadera*» sobre la base de su definición— el concepto de verdad es estéril, debe aceptar la conclusión de que todas las nociones definidas son estériles. Pero este resultado es tan absurdo y tan irrazonable históricamente, que no es necesario comentarlo. Por mi parte, me inclino más bien a concordar con quienes sostienen que los momentos de mayor avance creador de la ciencia coinciden con frecuencia con la introducción de nuevas nociones por medio de definiciones.

17. *Conformidad de la concepción semántica de la verdad con los usos filosófico y vulgar*. Se ha suscitado la cuestión de si la concepción semántica de la verdad puede considerarse como una forma precisa de la vieja concepción clásica de esta noción.

En la primera parte de este trabajo se citaron varias formulaciones de la concepción clásica (sección 3). Debo repetir que, a mi juicio, ninguna de ellas es bastante precisa y clara. Por consiguiente, la única manera segura de resolver la cuestión sería confrontar a los autores de aquellos enunciados con nuestra nueva formulación, y preguntarles si ella concuerda con sus intenciones. Desgraciadamente, este método no es practicable, porque dichos autores murieron hace algún tiempo.

En lo que a mí respecta, no tengo duda alguna de que nuestra formulación se conforma al contenido intuitivo de la de Aristóteles. Estoy menos seguro respecto de las formulaciones posteriores de la concepción clásica, pues son, por cierto, muy vagas[28].

Más aún, se han expresado algunas dudas acerca de si la concepción semántica refleja la noción de verdad en su uso vulgar y cotidiano. Me doy cuenta (como ya lo he señalado) de que el sentido vulgar de la palabra «*verda-*

[28] La mayoría de los autores que han discutido mi obra sobre la noción de verdad opinan que mi definición se conforma a la concepción clásica de esta noción; véanse, por ejemplo, Kortabinski (2) y Scholz (1).

dero» —como el de cualquier otra palabra del lenguaje cotidiano— es hasta cierto punto vago, y que su uso es más o menos fluctuante. Por lo tanto, el problema de asignarle a esta palabra un significado fijo y exacto queda relativamente muy especificado, y toda solución de este problema implica necesariamente cierta desviación respecto de la práctica del lenguaje cotidiano.

A pesar de todo esto, creo que la concepción semántica se conforma en medida considerable al uso vulgar, aunque me apresuro a admitir que puedo estar equivocado. Y, lo que es más pertinente, creo que la cuestión suscitada puede resolverse científicamente, aunque desde luego no mediante un procedimiento deductivo, sino con ayuda del método estadístico de la encuesta. De hecho, semejante investigación se ha llevado a cabo, y de algunos de sus resultados se ha informado a congresos y han sido en parte publicados[29].

Desearía subrayar que, en mi opinión, semejantes investigaciones deben llevarse a cabo con el máximo cuidado. Por ejemplo, si le preguntáramos a un muchacho de escuela secundaria, o a un adulto inteligente sin preparación filosófica especial, si considera que una oración es verdadera si concuerda con la realidad, o si designa una situación existente, puede resultar simplemente que no comprenda la pregunta; por consiguiente su respuesta, cualquiera que sea, carecerá de valor para nosotros. Pero su respuesta a la pregunta acerca de si admitiría que la oración «*está nevando*» pueda ser verdadera aun cuando no esté nevando, o falsa aunque esté nevando, sería, naturalmente, muy importante para nuestro problema.

Por esto, nada me sorprendió (en una discusión dedicada a estos problemas) enterarme de que en un grupo de personas preguntadas sólo el 15 por 100 concordó en que «*verdadero*» significa para ellos «*concordante con la realidad*», en tanto que el 90 por 100 convino en que una oración tal como «*está nevando*» es verdadera si, y sólo si, está nevando. De modo que una gran mayoría de esas personas parecían rechazar la concepción clásica de la verdad en su formulación «filosófica», aceptando en cambio la misma concepción cuando se la formulaba en palabras sencillas (haciendo a un lado la cuestión de si se justifica en este lugar el uso de la oración «la misma concepción»).

18. *La definición en su relación con «el problema filosófico de la verdad» y con varias corrientes gnoseológicas.* He oído la observación de que la definición formal de la verdad no tiene nada que ver con «el problema filosófico de la verdad»[30]. Sin embargo, nadie me ha enseñado jamás, en forma inteligible, en qué consiste este problema. Se me ha informado, a este

---

[29] Cfr. Ness (1). Desgraciadamente, los resultados de la parte de la investigación de Ness que es particularmente importante para nuestro problema no se tratan en su libro; cfr. p. 148, nota 1.

[30] Aunque he oído esta opinión varias veces, sólo una vez la he visto escrita y, lo que por cierto es curioso, en una obra que no tiene un carácter filosófico: en Hilbert-Bernays (1),

respecto, que mi definición, aunque enuncia condiciones necesarias y suficientes para que una frase sea verdadera, en realidad no aprehende la «esencia» de este concepto. Como nunca he logrado entender lo que es la «esencia» de un concepto, permítaseme abandonar la discusión en este punto.

En general, no creo que exista algo así como «el problema filosófico de la verdad». Creo, en cambio, que hay varios problemas inteligibles e interesantes (pero no necesariamente filosóficos) concernientes a la noción de verdad, pero creo también que pueden formularse exactamente y resolverse, posiblemente, sólo sobre la base de una concepción precisa de esta noción.

Si bien por una parte la definición de la verdad ha sido criticada por no ser suficientemente filosófica, por la otra se le han opuesto una serie de objeciones que la acusan de graves implicaciones filosóficas, todas ellas de naturaleza muy indeseable. Discutiré ahora una objeción especial de este tipo; trataré otro grupo de objeciones de esta clase en la próxima sección.

Se ha sostenido que —a causa de que una oración tal como «la nieve es blanca» se considera semánticamente verdadera si la nieve es *de hecho* blanca (el subrayado es del crítico)— la lógica se encuentra envuelta en un realismo extremadamente acrítico[31].

Si yo tuviera la oportunidad de discutir esa objeción con su autor, diría dos cosas. En primer lugar, le pediría que eliminase las palabras «*de hecho*», que no figuran en la formulación original y que son equívocas, aun cuando no afectan el contenido. Pues estas palabras producen la impresión de que la concepción semántica de la verdad tiene por finalidad establecer las condiciones en que tenemos la garantía de poder afirmar cualquier oración, y en particular cualquier oración empírica. Pero bastará reflexionar brevemente para ver que esta impresión no es sino una ilusión; y creo que el autor de la objeción es víctima de la ilusión que él mismo creó.

En efecto, la definición semántica de la verdad nada implica respecto de las condiciones en que puede afirmarse una oración tal como (1),

La nieve es blanca.

Sólo implica que, siempre que afirmamos o rechazamos esta oración, debemos estar listos para afirmar o rechazar la oración correlacionada (2),

La oración «la nieve es blanca» es verdadera.

De manera que podemos aceptar la concepción semántica de la verdad sin abandonar ninguna actitud gnoseológica que podamos haber tenido; segui-

---

vol. II, p. 269 (donde, dicho sea de pasada, no se la expresa como objeción). En cambio, no he encontrado ninguna observación a este respecto en el tratamiento de mi obra por los filósofos profesionales (cfr. nota 1).

[31] Cfr. Gonseth (1), pp. 187 ss.

mos siendo realistas ingenuos, realistas críticos o idealistas, empiristas o metafísicos: lo que hayamos sido antes. La concepción semántica es completamente neutral respecto de todas esas posiciones.

En segundo lugar, yo trataría de obtener alguna información respecto de la concepción de la verdad que, en opinión del autor de la objeción, no envuelva a la lógica en el más ingenuo de los realismos. Diría que esta concepción debe ser incompatible con la semántica. Por ejemplo, debe haber oraciones que son verdaderas en una de estas concepciones sin ser verdaderas en la otra. Supongamos, v. gr., que la oración (1) es de esta clase. La verdad de esta oración está determinada, en la concepción semántica, por una equivalencia de la forma (V):

> *La oración «la nieve es blanca» es verdadera si, y sólo si, la nieve es blanca.*

Por consiguiente, en la nueva concepción debemos rechazar esta equivalencia, y por lo tanto, debemos aceptar su negación:

> *La oración «la nieve es blanca» es verdadera si, y sólo si, la nieve no es blanca* (o quizá, *la nieve no es, de hecho, blanca*).

Esto suena a paradoja. No considero absurda semejante consecuencia de la nueva concepción; pero temo un poco que alguien, en el futuro, pueda acusarla de envolver a la lógica en un «irrealismo extremadamente artificioso». En todo caso, me parece importante advertir que toda concepción de la verdad incompatible con la semántica tiene consecuencias de este tipo.

Me he detenido un tanto en esta cuestión, no porque me parezca importante la objeción que hemos tratado, sino porque al discutirla han surgido ciertos puntos que debieran tomar en cuenta todos aquellos que, por diversas razones gnoseológicas, se inclinan a rechazar la concepción semántica de la verdad.

19. *Los supuestos elementos metafísicos de la semántica.* La concepción semántica de la verdad ha sido acusada varias veces de envolver ciertos elementos metafísicos. Se han hecho objeciones de esta clase no sólo a la teoría de la verdad, sino a todo el dominio de la semántica teórica[32].

No me propongo tratar el problema general de si es objetable la introducción de un elemento metafísico en la ciencia. El único punto que me inte-

---

[32] Véanse Nagel (1) y Nagel (2), pp. 471 ss. Una observación dirigida, tal vez, en la misma dirección, se encuentra también en Weinberg (1), p. 77; véanse, sin embargo, sus observaciones anteriores, pp. 75 ss.

resará en este lugar será si, y en qué sentido, está envuelta la metafísica en el tema de nuestra discusión.

Toda la cuestión depende, evidentemente, de lo que se entienda por «metafísica». Por desgracia, esta noción es extremadamente vaga y equívoca. Cuando se escuchan discusiones sobre este tema, a veces se tiene la impresión de que el término «metafísico» ha perdido todo significado objetivo, usándoselo tan sólo como una especie de invectiva filosófica profesional.

Para algunos, la metafísica es una teoría general de los objetos (ontología), una disciplina que debe desarrollarse de una manera puramente empírica, y que difiere de otras ciencias empíricas tan sólo por su generalidad. No sé si realmente existe semejante disciplina (algunos cínicos pretenden que en filosofía es habitual bautizar niños no nacidos); pero creo que, en todo caso, la metafísica así entendida no puede ser objetada por nadie, y apenas tiene conexiones con la semántica.

Pero la mayoría de las veces, el término «metafísico» se usa como directamente opuesto —en uno u otro sentido— al término «empírico»; en todo caso, es usado de esta manera por quienes se inquietan con el pensamiento de que pueda haberse introducido algún elemento metafísico en la ciencia. Esta concepción general de la metafísica toma varias formas más específicas.

Por ejemplo, algunos consideran que es sintomático de la presencia de un elemento metafísico en una ciencia cuando se emplean métodos de investigación que no son deductivos ni empíricos. Pero en el desarrollo de la semántica no pueden encontrarse vestigios de este síntoma (a menos que estén envueltos algunos elementos metafísicos en el lenguaje-objeto a que se refieren las nociones semánticas). En particular, la semántica de los lenguajes formalizados se construye de manera puramente deductiva.

Otros sostienen que el carácter metafísico de una ciencia depende principalmente de su vocabulario y, más específicamente, de sus términos primitivos. Así, por ejemplo, se dice que un término es metafísico si no es lógico ni matemático, y si no está asociado con un procedimiento empírico que nos permita decidir si una cosa es denotada por este término, o no. Con respecto a esta opinión sobre la metafísica, baste recordar que un metalenguaje sólo incluye tres clases de términos indefinidos: (I) términos tomados de la lógica, (II) términos del lenguaje-objeto correspondiente, y (III) nombres de expresiones del lenguaje-objeto. Es, pues, obvio que en el metalenguaje no figuran términos indefinidos de índole metafísica (a menos, nuevamente, que tales términos aparezcan en el propio lenguaje-objeto).

Hay, sin embargo, quienes creen que, aun cuando no figuren términos metafísicos entre los términos primitivos de un lenguaje, pueden introducirse por definición; a saber, mediante aquellas definiciones que no nos proveen de criterios generales para decidir si un objeto cae dentro del concepto definido. Se arguye que el término «*verdadero*» es de esta clase, ya que ningún criterio universal de verdad se deduce en forma inmediata de la definición de este término, y ya que se cree generalmente (y en cierto sentido hasta pudo probarse) que jamás se encontrará semejante criterio. Este comentario sobre el carácter real de la noción de verdad parece perfectamente justo. Sin embargo, debe advertirse que la noción de verdad no difiere, a este respecto, de muchas nociones de la lógica, de la matemática, y de las partes teóricas de diversas ciencias empíricas, por ejemplo, de la física teórica.

En general, es preciso decir que si el término «metafísico» se emplea en un sentido tan amplio que abarque ciertas nociones (o métodos) de la lógica, de la matemática o de las ciencias empíricas, se aplicará *a fortiori* a aquellas de la semántica. En efecto, como ya lo sabemos por la Parte I de este trabajo, al desarrollar la semántica de un lenguaje usamos todas las nociones de este lenguaje, y aplicamos un aparato lógico aun más poderoso que el que se usa en el lenguaje mismo. Por otra parte, puedo resumir los argumentos expuestos anteriormente, afirmando que en ninguna de las interpretaciones del término «metafísico» que me son familiares o más o menos inteligibles, envuelve la semántica términos metafísicos que le sean peculiares.

Haré una última observación en relación con este grupo de objeciones. La historia de la ciencia muestra muchos ejemplos de conceptos que fueron juzgados metafísicos (en un sentido vago, pero en todo caso despectivo de este término) antes que fuera precisado su sentido; pero una vez que recibieron una definición rigurosa, formal, se evaporó la desconfianza que se les tenía. Como ejemplos típicos podemos mencionar los conceptos de números negativos e imaginarios en la matemática. Espero que el concepto de verdad y otros conceptos semánticos tengan un destino similar; y me parece, por lo tanto, que quienes han desconfiado de dichos conceptos a causa de sus presuntas implicaciones metafísicas debieran acoger con agrado el hecho de que se dispone ahora de definiciones precisas de ellos. Si a consecuencia de esto los conceptos semánticos perdiesen interés filosófico, no harían sino compartir el destino de muchos otros conceptos científicos, lo que no es de lamentar.

20. *Aplicabilidad de la semántica a las ciencias empíricas especiales.* Llegamos a las objeciones del último y acaso del más importante de los grupos. Se han expresado algunas fuertes dudas acerca de si las nociones semánticas tienen o pueden encontrar aplicaciones en varios dominios de la actividad intelectual. En su mayoría, estas dudas han concernido a la aplicabilidad de la semántica al campo de la ciencia empírica, sea a las ciencias especiales o a la metodología general de este campo; aunque se ha expresado un escepticismo similar con respecto a las posibles aplicaciones de la semántica a las ciencias matemáticas y a su metodología.

Creo que es posible calmar un tanto estas dudas, y que no carece de fundamento cierto optimismo respecto del valor potencial de la semántica para varios dominios del pensamiento.

Para justificar este optimismo, creo que basta subrayar dos puntos bastante obvios. En primer lugar, el desarrollo de una teoría que formula una definición precisa de una noción y establece sus propiedades generales provee, *eo ipso*, de una base más firme para todas las discusiones en que se halle envuelta dicha noción; por esto, no puede ser indiferente para nadie que use esa noción y desee hacerlo de manera consciente y coherente. En segundo lugar, las nociones semánticas están de hecho comprendidas en varias ramas de la ciencia, y en particular de la ciencia empírica.

El hecho de que en la investigación empírica sólo tratemos con lenguajes naturales, y que la semántica teórica se aplique a estos lenguajes sólo con cierta aproximación, no afecta esencialmente al problema. Sin embargo, tiene sin duda la consecuencia de que el progreso de la semántica tendrá una influencia retardada y algo limitada a este campo. Esta situación no difiere esencialmente de la que se presenta cuando aplicamos las leyes de la lógica a las discusiones de la vida diaria o, en general, cuando intentamos aplicar la ciencia teórica a los problemas empíricos.

En la psicología, la sociología y prácticamente en todas las humanidades están envueltas, en mayor o menor grado, nociones semánticas. Así, por ejemplo, un psicólogo define el llamado cociente de inteligencia en términos del número de respuestas *verdaderas* (correctas) y *falsas* (incorrecta) que da una persona a ciertas preguntas; para un historiador de la cultura, puede ser de gran importancia el dominio de los objetos para los cuales una raza humana, en etapas sucesivas de su desenvolvimiento, posee *designaciones* adecuadas; un estudioso de la literatura puede estar intensamente interesado en el problema de si un autor dado siempre usa dos palabras dadas con el mismo *significado.* Los ejemplos de este tipo pueden multiplicarse indefinidamente.

El dominio más natural y promisorio para la aplicación de la semántica teórica es, claramente, la lingüística, esto es, el estudio empírico de los lenguajes naturales. Ciertas partes de esta ciencia se llaman incluso «semántica», a veces con un calificativo. Ocasionalmente se le da este nombre a ese trozo de la gramática que intenta clasificar todas las palabras de un lenguaje en partes de la oración, según lo que significan o designan las palabras. A veces se llama «semántica histórica» al estudio de la evolución de los significados en el desarrollo histórico de un lenguaje. En general, la totalidad de las investigaciones sobre relaciones semánticas que figuran en un lenguaje natural se denomina «semántica descriptiva». La relación entre la semántica teórica y la descriptiva es análoga a la que existe entre la matemática pura y la aplicada, o quizás a la que existe entre la física teórica y la experimental; el papel que desempeñan los lenguajes formalizados en la semántica puede compararse *grosso modo* al de los sistemas aislados en física.

Acaso sea innecesario decir que la semántica no puede encontrar aplicación directa alguna en las ciencias naturales tales como la física, la biología, etc.; pues en ninguna de estas ciencias tratamos con fenómenos lingüísticos, y aun menos con relaciones semánticas entre expresiones lingüísticas y objetos a que se refieren estas expresiones. En la sección siguiente veremos, sin embargo, que la semántica puede tener una especie de influencia indirecta sobre aquellas ciencias en que no intervienen directamente las nociones semánticas.

21. *Aplicabilidad de la semántica a la metodología de las ciencias empíricas*. Además de la lingüística, otro importante dominio de posibles aplicaciones de la semántica es la metodología de la ciencia; este término se usará aquí en un sentido amplio, que abarque la teoría de la ciencia en general. Independientemente de si la ciencia se concibe meramente como un sistema de enunciados o como una totalidad de ciertos enunciados y actividades humanas, el estudio del lenguaje científico constituye una parte esencial del tratamiento metodológico de una ciencia. Y me parece claro que cualquier tendencia a eliminar las nociones semánticas (tales como las de verdad y designación) de esta discusión la haría fragmentaria e inadecuada[33]. Más aún, tal tendencia no tiene razón de ser hoy día, cuando se han superado las principales dificultades que presenta el uso de los términos semánticos. La semántica del lenguaje científico debiera incluirse simplemente como parte de la metodología de la ciencia.

No me inclino, de modo alguno, a encargar a la metodología y, en particular, a la semántica —sea teórica o descriptiva— la tarea de aclarar los significados de todos los términos científicos. Esta tarea se deja a las ciencias que usan los términos, y en realidad es cumplida por ellas (de la misma manera en que, p. ej., la tarea de aclarar el significado del término «*verdadero*» se deja a la semántica, la que la lleva a cabo). Sin embargo, puede haber ciertos problemas especiales de esta clase, en que es deseable un enfoque metodológico, o incluso en que éste es necesario (quizás el problema de la noción de causalidad sea un buen ejemplo de esto); y en una discusión metodológica de semejantes problemas, las nociones semánticas pueden desempeñar un papel esencial. Así, pues, la semántica puede tener alguna influencia sobre cualquiera de las ciencias.

Se presenta el problema de si la semántica puede ayudar a resolver problemas generales y, por decirlo así, clásicos de la metodología. Trataré con algún detalle un aspecto especial, aunque muy importante, de esta cuestión.

Uno de los principales problemas de la metodología de la ciencia empírica consiste en establecer las condiciones en que puede considerarse aceptable una teoría o una hipótesis empírica. Esta noción de aceptabilidad debe hacerse relativa a una etapa dada del desarrollo de una ciencia (o a un cierto cúmulo de conocimiento). En otras palabras, podemos considerarla provista de un coe-

---

[33] Esta tendencia era evidente en obras anteriores de Carnap (véase, p. ej., Carnap (1), especialmente Parte V) y en escritos de otros miembros del Círculo de Viena. Cfr. a este respecto Kokoszynska (1) y Weinberg (1).

ficiente dependiente del tiempo; pues una teoría aceptable hoy, puede ser insostenible mañana como resultado de nuevos descubrimientos científicos.

Parece *a priori* muy plausible que la aceptabilidad de una teoría depende de alguna manera de la verdad de sus enunciados, y que por consiguiente un metodólogo, en sus (hasta ahora bastante infructuosos) intentos de precisar la noción de aceptabilidad, puede esperar alguna ayuda de la teoría semántica de la verdad. Por consiguiente, nos preguntamos: ¿Hay algún postulado que pueda imponerse razonablemente a las teorías aceptables y que envuelva la noción de verdad? Y, en particular, nos preguntamos si es razonable el siguiente postulado:

Una teoría aceptable no puede contener (o implicar) enunciado falso alguno.

La respuesta a esta última pregunta es claramente negativa. Pues, ante todo, estamos prácticamente seguros —sobre la base de nuestra experiencia histórica— que toda teoría empírica aceptada hoy será tarde o temprano rechazada o reemplazada por otra teoría. También es muy probable que la nueva teoría sea incompatible con la vieja; es decir, implicará un enunciado contradictorio con uno de los enunciados contenidos en la vieja teoría. Por lo tanto, al menos una de las dos teorías debe incluir enunciados falsos, pese al hecho de que cada una de ellas es aceptada en cierto momento. En segundo lugar, el postulado en cuestión difícilmente podría ser satisfecho en la práctica; pues no conocemos, y es muy improbable que los encontremos, criterios de verdad que nos permitan mostrar que ningún enunciado de una teoría empírica es falso.

El postulado en cuestión podría considerarse, a lo sumo, como la expresión de un ideal de teorías sucesivamente más adecuadas en un dominio dado de la investigación; pero a esto apenas se le puede dar un significado preciso.

Sin embargo, me parece que hay un importante postulado que puede imponerse razonablemente a las teorías empíricas aceptables, y que envuelve la noción de verdad. Está estrechamente relacionado con el que acabamos de tratar, pero es esencialmente más débil. Recordando que la noción de aceptabilidad está dotada de un coeficiente temporal, podemos darle a este postulado la siguiente forma:

Tan pronto como logramos mostrar que una teoría empírica contiene (o implica) frases falsas, ya no puede considerarse aceptable.

En apoyo de este postulado quisiera hacer las siguientes observaciones.

Creo que todo el mundo concuerda en que una de las razones que pueden obligarnos a rechazar una teoría empírica es la prueba de su incoherencia [*inconsistency*]: una teoría se torna insostenible si logramos deducir de ella dos frases contradictorias. Ahora podemos preguntar cuáles son los motivos usuales para rechazar una teoría por tales motivos. Quienes están familiarizados con la lógica moderna se inclinan a responder a esta cuestión de la siguiente manera: Una conocida ley lógica muestra que una teoría que nos permite deducir dos frases contradictorias también nos permite deducir cualquier enunciado; por consiguiente, tal teoría es trivial y carece de interés científico.

Tengo algunas dudas de que esta respuesta contenga un análisis adecuado de la situación. Creo que las personas que no conocen lógica moderna se inclinan tan poco a aceptar una teoría incoherente como quienes están totalmente familiarizados con ella; y probablemente esto se aplique incluso a quienes consideran (como aún ocurre con algunos) qué la ley lógica sobre la que se basa el argumento es altamente controvertible y casi paradójica. No creo que cambiara nuestra actitud para con una teoría incoherente aun cuando decidiéramos, por alguna razón, debilitar nuestro sistema lógico privándonos de la posibilidad de deducir todo enunciado a partir de dos enunciados contradictorios cualesquiera.

Me parece que la auténtica razón de nuestra actitud es diferente, a saber: sabemos (aunque sólo sea intuitivamente) que una teoría incoherente debe contener ciertos enunciados falsos; y no nos inclinamos a considerar como aceptable ninguna teoría acerca de la cual se haya demostrado que contiene enunciados de esa clase.

Hay varios métodos para mostrar que una teoría dada incluye enunciados falsos. Algunos se fundan sobre propiedades puramente lógicas de la teoría en cuestión; el método que acabamos de tratar (esto es, la prueba de la incoherencia) no es el único método de este tipo, pero es el más simple y el que se aplica con mayor frecuencia en la práctica. Con ayuda de ciertas suposiciones referentes a la verdad de los enunciados empíricos, podemos obtener métodos que tienen la misma finalidad pero que no son de naturaleza puramente lógica. Si decidimos aceptar el postulado general sugerido más arriba, una aplicación exitosa de cualquiera de estos métodos tornará insostenible a la teoría.

22. *Aplicaciones de la semántica a la ciencia deductiva.* En lo que respecta a la aplicabilidad de la semántica a las ciencias matemáticas y a su metodología, esto es, a la matemática, estamos en una posición mucho más favorable que en el caso de las ciencias empíricas. Pues, en lugar de proponer razones que justifiquen algunas esperanzas para el futuro (haciendo así una especie de propaganda en favor de la semántica), podemos señalar resultados concretos que ya se han alcanzado.

Siguen expresándose dudas acerca de si la noción de enunciado verdadero —a diferencia de la de enunciado comprobable— puede tener importancia para las disciplinas matemáticas y desempeña algún papel en las discusiones acerca de la metodología de la matemática. Me parece, sin embargo, que precisamente esta noción de enunciado verdadero constituye una valiosísima contribución de la semántica a la metamatemática. Ya poseemos una serie de interesantes resultados metamatemáticos obtenidos con ayuda de la teoría de la verdad. Estos resultados conciernen a las relaciones mutuas entre la noción de verdad y la de comprobabilidad; establecen nuevas propiedades de esta última noción (que, como es sabido, es una de las nociones básicas de la metamatemática), y echan alguna luz sobre los problemas fundamentales de la coherencia y de la completitud. Los más importantes de estos resultados ya fueron considerados brevemente en la sección 12[34].

Más aún, aplicando el método semántico podemos definir adecuadamente diversas nociones metamatemáticas de importancia que hasta ahora se han usado solamente en forma intuitiva; tales como, por ejemplo, la noción de definibilidad o la de modelo de un sistema axiomático. De esta manera podemos encarar un estudio sistemático de estas nociones. En particular, las investigaciones sobre la definibilidad ya han producido algunos resultados interesantes, y prometen más para el futuro[35].

Hemos tratado las aplicaciones de la semántica a la metamatemática y no a la matemática propiamente dicha. Pero esta distinción entre matemática y metamatemática no tiene gran importancia. Pues la propia metamatemática es una disciplina deductiva y, por consiguiente, desde cierto punto de vista, es parte de la matemática; y es bien sabido que —a causa del carácter formal del método deductivo— los resultados que se obtienen en una disciplina deductiva pueden extenderse automáticamente a cualquier otra disciplina en que la disciplina dada encuentre una interpretación. Así, por ejemplo, todos los resultados metamatemáticos pueden interpretarse como resultados de la teoría de los números. Tampoco desde el punto de vista práctico existe una nítida línea divisoria entre la metamatemática y la matemática propiamente dicha; por ejemplo, las investi-

[34] Para otros resultados obtenidos con ayuda de la teoría de la verdad, véanse Gödel (2); Tarski (2), pp. 401 ss.; y Tarski (5), pp. 111 ss.

[35] Un objeto —p. ej., un número o un conjunto de números— se dice definible (en cierto formalismo) si existe una función proposicional que lo define; cfr. nota 20. Por consiguiente, el término «definible», aunque de origen matemático (semántico), es puramente matemático en lo que respecta a su extensión, puesto que expresa una propiedad (denota una clase) de objetos matemáticos. Por consiguiente, la noción de definibilidad puede redefinirse en términos puramente matemáticos, aunque no dentro de la disciplina formalizada a que se refiere esta noción; con todo, la idea fundamental de la definición no cambia. Ver a este respecto, y también para mayores referencias bibliográficas, Tarski (1). En la literatura pueden encontrarse varios otros resultados concernientes a la definibilidad; por ejemplo, en Hilbert-Bernays (1), vol. 1, pp. 354 ss., 369 ss., 456 ss., etc., y en Lindenbaum-Tarski (1). Obsérvese que el término «definible» se usa a veces en otro sentido, metamatemático pero no semántico; esto ocurre, por ejemplo, cuando decimos que un término es definible en otros términos (sobre la base de un sistema axiomático dado). Para una definición de modelo de un sistema axiomático, véase Tarski (4).

gaciones sobre la definibilidad podrían incluirse en cualquiera de estos dominios.

23. *Observaciones finales.* Deseo concluir esta discusión con algunas observaciones generales y más bien libres acerca de la cuestión de la evaluación de las conquistas de la ciencia en términos de su aplicabilidad. Debo confesar que tengo varias dudas a este respecto.

Por ser matemático (y también lógico, y acaso filósofo de cierta especie), he tenido oportunidad de asistir a muchas discusiones entre especialistas en matemática, donde el problema de la aplicación es especialmente agudo, y he observado en varias ocasiones el siguiente fenómeno: si un matemático desea disminuir la importancia de la obra de uno de sus colegas, digamos A, el mejor método que encuentra para hacerlo es preguntarle a qué pueden aplicarse sus resultados. El interrogado, puesto entre la espada y la pared, termina por desenterrar las investigaciones de otro matemático, B, como el lugar de las aplicaciones de sus propios resultados. Si a su vez B es sometido al mismo interrogatorio, se referirá a otro matemático C. Después de unos pocos pasos de esta clase se vuelve a hacer referencia a las investigaciones de A, cerrándose así la cadena.

Hablando más seriamente, no negaré que el valor de la obra de un hombre pueda aumentar por sus implicaciones para la investigación de otros y para la práctica. Creo, sin embargo, que es contrario al progreso de la ciencia medir la importancia de investigación alguna exhaustiva o primordialmente en términos de su utilidad y aplicabilidad. Sabemos, por la historia de la ciencia, que muchos resultados y descubrimientos de importancia hubieron de esperar siglos hasta recibir aplicación en algún campo. Y, en mi opinión, hay otros factores de importancia que no pueden dejarse de lado al determinar el valor de una obra científica. Me parece que hay un dominio especial de necesidades humanas muy profundas e intensas, que están relacionadas con la investigación científica, y que son en muchos respectos similares a las necesidades estéticas y acaso religiosas. Y también me parece que la satisfacción de estas necesidades debiera considerarse como una importante tarea de la investigación. Por consiguiente, creo que la cuestión del valor de una investigación cualquiera no puede contestarse adecuadamente sin tener en cuenta la satisfacción intelectual que producen los resultados de esa investigación a quienes la comprenden y estiman. Acaso sea impopular y anticuado decirlo, pero no creo que un resultado científico que nos dé una mejor comprensión del mundo y lo haga más armonioso a nuestros ojos deba tenerse en menos que, por ejemplo, una invención que reduzca el costo de la pavimentación de los caminos o mejore las instalaciones sanitarias del hogar.

Está claro que las observaciones que acabo de hacer son inútiles si se usa la palabra «aplicación» en un sentido muy amplio y liberal. No es menos obvio, quizá, que nada se deduce, de estas observaciones generales, que concierna a los tópicos específicos que se han tratado en este trabajo; y realmente no sé si la investigación semántica puede ganar o perder con la introducción del patrón de valor que he sugerido.

BIBLIOGRAFÍA

Sólo se da la lista de los libros y artículos a que se hace referencia en este trabajo.

ARISTÓTELES (1): *Metaphysica* (*Works*, vol. VIII, traducción inglesa de W. D. Ross), Oxford, 1908. [Versión castellana: Gredos, Madrid, 1970.]

CARNAP, R. (1): *Logical Syntax of Language*, Londres/Nueva York, 1937.

CARNAP, R. (2): *Introduction to Semantics*, Cambridge, 1942.

GÖDEL, K. (1): «Über formal unentscheidbare Sätze der *Principia Mathematica* und verwandter Systeme, I», en *Monatshefte für Mathematik und Physik*, vol. XXXVIII, 1931, pp. 173-198. [Versión castellana: *Cuadernos Teorema*, Valencia, 1980.]

GÖDEL, K. (2): «Über die Länge von Beweisen», en *Ergebnisse eines mathematischen Kolloquiums*, vol. VII, 1936, pp. 23-24. [Versión castellana en K. Gödel, *Obras completas*, Alianza, Madrid, 1980.]

GONSETH, F. (1): «Le Congrès Descartes. Questions de Philosophie Scientifique», en *Revue Thomiste*, vol. XLIV, 1938, pp. 183-193.

GRELLING, K., y NELSON, L. (1): «Bemerkungen zu den Paradoxien von Russell und Burali-Forti», en *Abhandlungen der Fries'schen Schule*, vol. II (nueva serie), 1908, pp. 301-334.

HOFSTADTER, A. (1): «On Semantic Problems», en *The Journal of Philosophy*, vol. XXXV, 1938, pp. 225-232.

HILBERT, D., y BERNAYS, P. (1): *Grundlagen der Mathemahik*, 2 vols., Berlín, 1934-1939.

JUHOS, B. VON (1): «The Truth of Empirical Statements», en *Analysis*, vol. IV, 1937, pp. 65-70.

KOKOSZYNSKA, M. (1): «Über den absoluten Wahrheitsbegriff und einige andere semantische Begriffe», en *Erkenntnis*, vol. VI, 1936, pp. 143-165.

KOKOSZYNSKA, M. (2): «Syntax, Semantik und Wissenschaftslogik», en *Actes du Congrès International de Philosophie Scientifique*, vol. III, pp. 9-14, París, 1936.

KOTARBINSKI, T. (1): *Elementy teorji poznania, logiki formalnej i metodologji nauk* (*Elementos de teoría del conocimiento, lógica formal y metodología de las ciencias*), en polaco, Lwów, 1929.

KOTARBINSKI, T. (2): «W sprawie pojecia prawdy» («Sobre el concepto de verdad»), en *Przeglad filozoficzny*, vol. XXXVII, 1934, pp. 85-91. [Traducción castellana en *Cuadernos de Epistemología*, n.º 9, Buenos Aires, 1959.]

LINDENBAUM, A., y TARSKI, A. (1): «Über die Beschränktheit der Ausdrucksmittel deduktiver Tehorien», en *Ergebnisse eines mathematischen Kolloquiums*, vol. VII, 1936, pp. 15-23.

NAGEL, E. (1): Reseña de Hofstadter (1), en *The Journal of Symbolic Logic*, vol. III, 1938, p. 90.

NAGEL, E. (2): Reseña de Carnap (2), en *The Journal of Philosophy*, vol. XXXIX, 1942, pp. 468-473.

NESS, A. (1): «"Truth" as Conceived by Those who are not Professional Philosophers», en *Skrifter utgitt av Det Norske Videnskaps-Akademi i Oslo, II. Hist. - Filos. Klasse*, vol. IV, Oslo, 1938.

NEURATH, O. (1): «Erster Internationaler Kongress für Einheit der Wissenschaft in Paris 1935», en *Erkenntnis*, vol. V, 1935, pp. 377-406.

RUSSELL, B. (1): *An Inquiry into Meaning and Truth*, Nueva York, 1940.

SCHOLZ, H. (1): Reseña de *Studia Philosophica*, vol. I, en *Deutsche Literaturzeitung*, vol. LVIII, 1937, pp. 1914-1917.

TARSKI, A. (1): «Sur les ensembles définissables des nombres réels.», en *Fundamenta Mathematicae*, vol. XVII, 1931, pp. 210-239.

TARSKI, A. (2): «Der Wahrheitsbegriff in der formalisierten Sprachen» (traducción alemana de un libro en polaco, 1933), en *Studia Philosophica*, vol. I, 1935, pp. 261-405 [incluido en *Logic*, *Semantics*, *Methamathematics*, Oxford, 1956.]

TARSKI, A. (3): «Grundlegung der wissenschaftlichen Semantik», en *Actes du Congrès International de Philosophie Scientifique*, vol. III, París, 1936, pp. 1-8.

TARSKI, A. (4): «Über den Begriff der logischen Folgerung», en *Actes du Congrès International de Philosophie Scientifique*, vol. VII, París, 1937, pp. 1-11.

TARSKI, A. (5): «On Undecidable Statements in Enlarged Systems of Logic and the Concept of Truth», en *The Journal of Symbolic Logic*, vol . IV, 1939, pp. 105-112.

TARSKI, A. (6): *Introduction to Logic*, Nueva York, 1941. [Traducción castellana: *Introducción a la lógica y a la metodología de las ciencias deductivas*, Buenos Aires, 1951.]

WEINBERG, J. (1): Reseña de *Studia Philosophica*, vol. I, en *The Philosophical Review*, vol. XLVII, pp. 70-77.

VERDAD Y SIGNIFICADO*

DONALD DAVIDSON

Se concede por muchos filósofos del lenguaje, y recientemente incluso por algunos lingüistas, que una teoría satisfactoria del significado debe dar una explicación de cómo los significados de las oraciones dependen de los significados de las palabras. A menos que tal explicación pueda proporcionarse para un lenguaje particular, se arguye, no se habrá explicado el hecho de que podemos aprender el lenguaje: no se habrá explicado el hecho de que, al dominar un vocabulario finito y un conjunto finitamente enunciado de reglas, estamos preparados para producir y entender cualquiera de entre un número potencialmente infinito de oraciones. No discuto estas vagas afirmaciones, en las que percibo más que una porción seminal de verdad[1]. En su lugar quiero plantear qué es para una teoría dar una explicación del género bosquejado.

Una propuesta es comenzar asignando a cada palabra (u otro rasgo sintáctico significativo) de la oración alguna entidad como su significado; así podríamos asignar Teeteto a «Teeteto» y la propiedad de volar a «vuela» en la oración «Teeteto vuela». Surge entonces el problema de cómo a partir de esos significados se genera el significado de la oración. Contemplando la concatenación como un fragmento significativo de la sintaxis, podríamos asignarle a ella la relación de participar en o instanciar; es, sin embargo, obvio que tenemos aquí el comienzo de un regreso al infinito. Frege buscaba evitar el regreso diciendo que las entidades que corresponden a predicados (por

---

* Versión castellana de Luis M. Valdés Villanueva.

Una primera versión de este artículo fue leída en la reunión de la *Eastern Division* de la *American philosophical Association* en diciembre de 1966; el tema principal se remonta a un artículo no publicado presentado en la *Pacific Division* de la *American Philosophical Association* en 1953. Las formulaciones presentes deben mucho a John Wallace, con el que he discutido estos asuntos desde 1962. Mi investigación fue apoyada por la *National Science Foundation.*

[1] En otras partes he defendido insistentemente que es una condición necesaria, si un lenguaje ha de ser aprendible, que tenga solamente un número finito de primitivos semánticos: véase «Theories of Meaning and learnable Languages», en *Proceedings of the 1964 International Congress for logic, methodology and philosophy of science*, North Holland Publishing Company, Amsterdam, 1965, pp. 383-394.

ejemplo) eran «insaturadas» o «incompletas» en contraste con las entidades que corresponden a nombres. Pero esta doctrina parece rotular una dificultad más bien que resolverla.

Lo que quiero decir se pondrá de manifiesto si pensamos por un momento en los términos singulares complejos, a los que juntamente con las oraciones se aplica la teoría de Frege. Considérese la expresión «el padre de Annette»; ¿cómo depende el significado del todo del significado de las partes? La respuesta parecería ser que el significado de «el padre de» es tal que, cuando esta expresión es prefijada a un término singular, el resultado se refiere al padre de la persona a la que se refiere el término singular. ¿Qué papel desempeña, en esta explicación, la entidad insaturada o incompleta por la que está «el padre de»? Todo lo que podemos pensar en decir es que esta entidad «proporciona» o «da» el padre de *x* como valor cuando el argumento es *x*, o quizás que esta entidad pone en correspondencia personas con sus padres. Puede no estar claro si la entidad por la que se dice que está «el padre de» realiza alguna función explicativa genuina en la medida en que permanecemos aferrados a expresiones individuales; pensemos pues, en cambio, en la clase infinita de expresiones formadas al escribir cero o más veces «el padre de» delante de «Annette». Es fácil proporcionar una teoría que diga, para uno de esos términos singulares arbitrarios, a qué se refiere: si el término es «Annette», se refiere a Annette, mientras que, si el término es complejo, constando de «el padre de» prefijado a un término singular *t*, entonces se refiere al padre de la persona a la que *t* se refiere. Es obvio que ninguna entidad correspondiente a «el padre de» es, o necesita ser, mencionada al enunciar esta teoría.

Sería inapropiado quejarse de que esta pequeña teoría usa las palabras «el padre de» al dar la referencia de expresiones que contienen esas palabras. Pues la tarea era dar el significado de todas las expresiones de un cierto conjunto infinito sobre la base del significado de las partes; no estaba en el trato dar también los significados de las partes atómicas. Por otro lado, es ahora evidente que una teoría satisfactoria del significado de las expresiones complejas puede no exigir entidades como significado de todas las partes. Nos incumbe entonces reformular nuestra exigencia impuesta a una teoría satisfactoria del significado de modo que no sugiera que las palabras individuales tienen que tener significados en absoluto, en algún sentido que trascienda al hecho de que tienen un efecto sistemático sobre el significado de las oraciones en las que ocurren. En efecto, para el caso que traemos entre manos podemos hacerlo aún mejor al enunciar el criterio de éxito: lo que queríamos, y lo que obtuvimos, es una teoría que entraña toda oración de la forma «*t* se refiere a *x*» donde «*t*» es reemplazada por una descripción estructural[2]

[2] Una «descripción estructural» de una expresión describe la expresión como una concatenación de elementos extraídos de una lista finita (por ejemplo, de palabras o letras).

de un término singular, y «*x*» es reemplazada por ese término mismo. Además nuestra teoría cumple esto sin apelar a ningún concepto semántico más alla del básico «se refiere a». Finalmente, la teoría sugiere claramente un procedimiento efectivo para determinar, para cualquier término singular de su universo, a qué se refiere ese término.

Una teoría con tales méritos evidentes merece una aplicación más amplia. El dispositivo propuesto por Frege para este fin tiene una brillante simplicidad: contar los predicados como una clase especial de expresiones funcionales, y las oraciones como un caso especial de términos singulares complejos. Ahora bien, se vislumbra sin embargo una dificultad si continuamos en nuestra presente trayectoria (implícita) de identificar el significado de un término singular con su referencia. La dificultad se sigue de hacer dos suposiciones razonables: que términos singulares lógicamente equivalentes tienen la misma referencia; y que un término singular no cambia su referencia si un término singular contenido es reemplazado por otro con la misma referencia. Pero supongamos ahora que «*R*» y «*S*» abrevian cualesquiera dos oraciones con el mismo valor de verdad. Entonces las cuatro oraciones siguientes tienen la misma referencia:

(1) R
(2) $\hat{x}(x=x.R)=\hat{x}(x=x)$
(3) $\hat{x}(x=x.\ S)=\hat{x}(x=x)$
(4) S

Pues (1) y (2) son lógicamente equivalentes, como lo son (3) y (4), mientras que (3) difiere solamente de (2) en que contiene el término singular «$\hat{x}(x=x.S)$», donde (2) contiene «$\hat{x}(x=x.R)$» y éstos se refieren a la misma cosa si *S* y *R* tienen el mismo valor de verdad. Por consiguiente, cualesquiera dos oraciones tienen la misma referencia si tienen el mismo valor de verdad[3]. Y, si el significado de una oración es aquello a lo que se refiere, todas las oraciones que tienen el mismo valor de verdad tienen que ser sinónimas —un resultado intolerable—.

Aparentemente tenemos que abandonar el presente enfoque como camino conducente a una teoría del significado. Éste es el punto natural al que volver en busca de ayuda a la distinción entre significado y referencia. El problema, se nos dice, es que las cuestiones de referencia se establecen, en general, por medio de hechos extralingüísticos; las cuestiones de significado no, y los hechos pueden mezclar las referencias de expresiones que no

[3] El argumento es esencialmente de Frege. Véase A. Church, *Introduction to Mathematical Logic*, vol. I, Princeton, 1956, pp. 24-25. Vale la pena quizás mencionar que el argumento no depende de ninguna identificación particular de las entidades a las que se supone que se refieren las oraciones.

son sinónimas. Si queremos una teoría que dé el significado (como distinto de la referencia) de cada oración, tenemos que comenzar con el significado (como distinto de la referencia) de las partes.

Hasta aquí hemos estado siguiendo las huellas de Frege; gracias a él el sendero es bien conocido e incluso está bien gastado. Pero ahora, me gustaría sugerir, hemos alcanzado un *impasse*: el cambio de referencia a significado no lleva a ninguna explicación provechosa de cómo los significados de las oraciones dependen de los significados de las palabras (u otros rasgos estructurales) que las componen. Pregúntese, por ejemplo, por el significado de «Teeteto vuela». Una respuesta fregeana podría decir algo parecido a esto: dado el significado de «Teeteto» como argumento, el significado de «vuela» proporciona el significado de «Teeteto vuela» como valor. La vacuidad de esta respuesta es obvia. Queríamos saber cuál es el significado de «Teeteto vuela»; no constituye ningún progreso el que se nos diga que es el significado de «Teeteto vuela». Todo esto ya lo sabíamos antes que teoría alguna estuviera a la vista. En la explicación no genuina que se acaba de dar, hablar de la estructura de la oración y del significado de las palabras era ocioso, pues esto no desempeñaba ningún papel en la descripción dada del significado de la oración.

El contraste que hay aquí entre una explicación real y otra aparente será aún más claro si reclamamos una teoría, análoga a la teoría en miniatura para los términos singulares que acabamos de bosquejar, pero diferente por el hecho de que trata de significados en lugar de referencias. Lo que la analogía exige es una teoría que tenga como consecuencias todas las oraciones de la forma «*o* significa *m*», donde «*o*» es reemplazada por una descripción estructural de una oración y «*m*» es reemplazada por un término singular que se refiere al significado de esa oración; una teoría que, por otra parte, proporciona un método efectivo para llegar al significado de una oración arbitraria descrita estructuralmente. Claramente si estos criterios han de ser cumplidos[4] es esencial algún modo más articulado de referirse a los significados. Los significados como entidades, o el concepto relacionado de sinonimia, nos permite formular la regla siguiente que pone en relación oraciones y sus partes: son sinónimas aquellas oraciones cuyas partes correspondientes son sinónimas («correspondientes» necesita aquí, desde luego, aclararse detalladamente). Y los significados como entidades pueden, en

---

[4] Puede pensarse que Church, en «A Formulation of the Logic of Sense an Denotation», en *Structure, Method an Meaning: Essays in Honor of H. M. Sheffer* (editado por Henle, Kallen y Langer), Liberal Arts Press, Nueva York, 1951, pp. 3-24, ha dado una teoría de significado que hace uso esencial de significados como entidades. Pero esto no es el caso: las lógicas del sentido y la denotación de Church se interpretan como siendo sobre significados, pero no mencionan expresiones y así no pueden ser, desde luego, teorías del significado en el sentido que está ahora en discusión.

teorías tales como la de Frege, actuar de vez en cuando como referencias, perdiendo entonces su *status* como entidades distintas de las referencias. Paradójicamente, la única cosa que los significados no parecen hacer es engrasar las ruedas de una teoría del significado —al menos en la medida en que exigimos de tal teoría que dé de manera no trivial el significado de toda oración del lenguaje—. Mi objeción a los significados en la teoría de significado no es que son abstractos o que sus condiciones de identidad son oscuras, sino que no tienen un uso demostrado.

Éste es el lugar para descartar otro prometedor pensamiento. Supóngase que tenemos una teoría satisfactoria de la sintaxis para nuestro lenguaje, que conste de un método efectivo de decir, para una expresión arbitraria, si es o no significativa independientemente (*i.e.*, si es una oración), y supongamos como algo usual que esto comporta contemplar cada oración como compuesta, de maneras admisibles, a partir de elementos extraídos de un *stock* finito fijo de elementos sintácticos atómicos (aproximadamente, palabras). El pensamiento prometedor es que la sintaxis, así concebida, proporcionará la semántica cuando se añade un diccionario que da el significado de cada átomo sintáctico. Las esperanzas se frustran, sin embargo, si la semántica ha de comprender una teoría del significado en nuestro sentido, pues el conocimiento de las características estructurales que contribuyen a la significatividad en una oración, más el conocimiento del significado de las partes últimas, no equivale al conocimiento de lo que significa la oración. Este punto es fácilmente ilustrado por las oraciones de creencia. Su sintaxis carece relativamente de problemas. Con todo, añadir un diccionario deja intacto el problema semántico estándar, que es que no podemos dar cuenta ni tan siquiera de las condiciones de verdad de tales oraciones sobre la base de lo que sabemos del significado de las palabras que están en ellas. La situación no se altera radicalmente refinando el diccionario para indicar qué significado o significados comporta una expresión ambigua en cada uno de sus posibles contextos; el problema de las oraciones de creencia persiste después de que las ambigüedades se resuelven.

El hecho de que la sintaxis recursiva con diccionario añadido no sea necesariamente semántica recursiva ha sido oscurecido en algún escrito reciente sobre lingüística mediante la intromisión de criterios semánticos en la discusión de pretendidas teorías sintácticas. El asunto se reduciría a una inocua diferencia sobre terminología si los criterios semánticos fuesen claros; pero no lo son. Mientras que hay acuerdo en que la tarea central de la semántica es dar la interpretación semántica (el significado) de toda oración del lenguaje, no se encontrará en parte alguna de la literatura lingüística, al menos que yo sepa, una explicación franca de cómo una teoría realiza esta tarea, o de cómo decir cuándo ha sido cumplida. El contraste con la sintaxis es chocante. La principal tarea de una sintaxis modesta es caracterizar *significatividad* (u oracionalidad). Podemos tener tanta confianza en la corrección de tal caracterización como tenemos en la representatividad de nuestra muestra y en nuestra capacidad de decir cuándo expresiones particulares son significativas (oraciones). ¿Qué tarea y *test* claros y análogos existen para la semántica?[5].

Decidimos hace un rato no suponer que las partes de las oraciones tienen significados excepto en el sentido ontológicamente neutral de hacer una contribución sistemática al significado de las oraciones en las que aparecen. Puesto que postular significados no ha producido ninguna ganancia, volvamos a esa intuición. Una dirección hacia la que apunta es una cierta visión holista del significado. Si las oraciones dependen para su significado de su estructura, y si entendemos el significado de cada elemento de la estructura solamente como una abstracción a partir de la totalidad de las oraciones en las que desempeña un papel, entonces podemos dar el significado de cualquier oración (o palabra) dando solamente el significado de toda oración (y palabra) del lenguaje. Frege dijo que solamente en el contexto de una oración tiene significado una palabra; podría haber añadido, en la misma vena, que solamente en el contexto del lenguaje tiene significado una oración (y, por lo tanto, una palabra).

Este grado de holismo estaba ya implícito en la sugerencia de que una teoría adecuada del significado tenía que entrañar *todas* las oraciones de la forma «*o* significa *m*». Pero ahora, no habiendo encontrado más ayuda en los significados de las oraciones que en los significados de las palabras, preguntémonos si podemos deshacernos de los molestos términos singulares que se supone reemplazan a «*m*» y referirnos a significados. De algún modo, nada podría ser más fácil: escribamos solamente «*o* significa que *p*», e imaginemos «*p*» reemplazada por una oración. Las oraciones, como hemos visto, no pueden nombrar significados, y las oraciones con «que» como prefijo no son en absoluto nombres, a menos que lo decidamos así. Sin embargo, parece ahora como si estuviésemos en dificultades bajo otra consideración, pues parece razonable esperar que, al luchar con la lógica de la expresión aparentemente no extensional «significa que», nos encontraremos con problemas tan difíciles como, o quizás idénticos a los problemas que nuestra teoría se está esforzando en resolver.

El único modo que conozco de tratar con esta dificultad es simple y radical. La ansiedad de que estamos enmarañados en lo intensional surge de

---

[5] Para una formulación reciente e instructiva del papel de la semántica en la lingüística, veáse Noam Chomsky, «Topics in the Theory of Generative Grammar», en *Current Trends in Linguistics* (editado por Thomas A. Sebeok), vol. III, La Haya, 1966. En este artículo Chomsky (1) subraya la importancia central de la semántica en la teoría lingüística, (2) argumenta a favor de la superioridad de las gramáticas transformativas sobre las gramáticas de estructura de frase sobre la base, en gran medida, de que, aunque las gramáticas de estructura de frase pueden ser adecuadas para definir oracionalidad para (al menos) algunos lenguajes naturales, son inadecuadas como fundamento para semántica y (3) hace comentarios repetidamente sobre el «estado más bien primitivo» de los conceptos de la semántica y observa que la noción de interpretación semántica «opone aún resistencia a cualquier análisis profundo».

usar las palabras «significa que» como relleno entre la descripción de la oración y la oración, pero puede ser que el éxito de nuestra aventura dependa no del relleno, sino de lo que éste rellena. La teoría habrá realizado su trabajo si proporciona, para toda oración *o* del lenguaje que se está estudiando, una oración apareada con la anterior (para reemplazar a «*p*») que, en algún sentido que todavía ha de clarificarse, «dé el significado» de *o*. Una candidata obvia para oración a aparear es justamente *o* misma, si el lenguaje objeto está contenido en el metalenguaje; en el caso contrario una traducción de *o* en el metalenguaje. Como paso intrépido final, intentemos tratar la posición ocupada por «*p*» extensionalmente: para llevar a cabo esto, quitemos de en medio el oscuro «significa que», proveamos a la oración que reemplaza a «*p*» de una conectiva oracional apropiada, y suministremos a la descripción que reemplaza a «*o*» su propio predicado. El resultado plausible es

(V) *o* es *V* si y sólo si *p*.

Lo que exigimos de una teoría del significado para un lenguaje *L* es que sin apelar a ninguna noción semántica (adicional) coloque restricciones suficientes sobre el predicado «es *V*» para entrañar todas las oraciones obtenidas a partir del esquema (V) cuando «*o*» se reemplaza por una descripción estructural de una oración de *L y* «*p*» por esa oración.

Cualesquiera dos predicados que satisfagan esta condición tienen la misma extensión[6], de modo que, si el metalenguaje es suficientemente rico, nada se interpone en el camino de expresar lo que yo llamo una teoría del significado en la forma de una definición explícita de un predicado «es *V*». Pero, ya esté definido explícitamente o caracterizado de modo recursivo, es claro que las oraciones a las que se aplica el predicado «es *V*» serán justamente las oraciones verdaderas de *L*, pues la condición que hemos colocado sobre las teorías del significado satisfactorias es en esencia la Convención V de Tarski que pone a prueba la adecuación de una definición semántica formal de verdad[7].

El sendero hasta este punto ha sido tortuoso, pero la conclusión puede enunciarse de manera simple: una teoría del significado para un lenguaje *L* muestra «cómo los significados de las oraciones dependen de los significados de las palabras» si contiene una definición recursiva de verdad-en-*L*. Y, al menos hasta ahora, no tenemos ninguna otra idea de cómo producir el resultado deseado. Merece la pena subrayar que el concepto de verdad no

---

[6] Suponiendo, desde luego, que la extensión de esos predicados se limita a las oraciones de *L*.

[7] Alfred Tarski, «The Concept of Truth in Formalized Languages», en *Logic, Semantics, Metamathematics*, Oxford, 1956, pp. 152-278.

desempeñaba ningún papel ostensible en el enunciado de nuestro problema original. Este problema, después de ciertos refinamientos, llevó al punto de vista de que una teoría adecuada del significado tiene que caracterizar a un predicado que cumpla ciertas condiciones. Constituyó un descubrimiento el que tal predicado se aplicase exactamente a las oraciones verdaderas. Espero que lo que estoy haciendo pueda describirse en parte como una defensa de la importancia filosófica del concepto semántico tarskiano de verdad. Pero mi defensa está solamente relacionada de manera distante, si es que lo está de algún modo, con la cuestión de si el concepto que Tarski ha mostrado cómo definir es la (o una) concepción filosóficamente interesante de verdad, o con la cuestión de si Tarski ha arrojado alguna luz sobre el uso ordinario de palabras como «verdadero» y «verdad». Es un hecho desafortunado el que el polvo proveniente de fútiles y confusas batallas sobre estas cuestiones haya impedido a aquéllos con un interés filosófico en el lenguaje —filósofos, lógicos, psicólogos y lingüistas por igual— el reconocer en el concepto semántico de verdad (bajo cualquier nombre) el sofisticado y poderoso fundamento de una teoría del significado competente.

No hay necesidad de suprimir, desde luego, la conexión obvia entre una definición de verdad del género que Tarski ha mostrado cómo construir, y el concepto de significado. Es ésta: la definición funciona dando las condiciones necesarias y suficientes para la verdad de toda oración, y dar las condiciones de verdad es una manera de dar el significado de una oración. Conocer el concepto semántico de verdad para un lenguaje es saber en qué consiste para una oración —para cualquier oración— ser verdadera, y esto equivale, en un buen sentido que podemos dar a la frase, a comprender el lenguaje. De todas formas, esto es mi excusa para un rasgo de la presente discusión que tiene propensión a escandalizar a perros viejos: mi uso desenfadado de la palabra «significado», pues lo que yo llamo teoría del significado ha resultado después de todo no hacer uso alguno de significados, ya sean de oraciones o de palabras. Ciertamente, puesto que una definición de verdad de tipo tarskiano proporciona todo lo que hasta ahora hemos pedido a una teoría del significado, es claro que tal teoría cae confortablemente dentro de lo que Quine denomina la «teoría de la referencia» como algo que se distingue de lo que denomina la «teoría del significado». Con lo dicho hasta ahora basta ya para lo que llamo una teoría del significado, y basta también, quizás, en contra de mi llamarla así[8].

---

[8] Pero Quine puede citarse en apoyo de mi usanza: «[...] en cuanto al *significado* [...] puede decirse que una palabra está determinada hasta el punto en que está determinada la verdad o falsedad de sus contextos». «Truth by Convention», publicado por vez primera en 1936; ahora en *The Ways of Paradox*, Nueva York, 1966, p. 82. Puesto que una definición de verdad determina el valor de verdad de toda oración del lenguaje objeto (relativo a una oración del metalenguaje), determina el significado de toda palabra y oración. Esto me parece que justifica el título Teoría del Significado.

Una teoría del significado (en mi ligeramente perverso sentido) es una teoría empírica, y su ambición es dar cuenta del funcionamiento del lenguaje natural. Al igual que cualquier teoría, puede ponerse a prueba comparando alguna de sus consecuencias con los hechos. En el caso presente esto es fácil, pues la teoría ha sido caracterizada como dando como resultado una plétora infinita de oraciones, tal que cada una de ellas da las condiciones de verdad de una oración; necesitamos solamente preguntar, en casos tomados como muestra, si lo que la teoría afirma que son las condiciones de verdad de una oración lo son realmente. Un caso de prueba típico podría incluir el decidir si la oración «La nieve es blanca» *es* verdadera si y sólo si la nieve es blanca. No todos los casos serán tan simples (por razones que se bosquejarán), pero es evidente que esta clase de prueba no invita a pensar que se trata de coser y cantar. Una concepción neta de lo que constituye una teoría en este dominio proporciona un contexto excitante para plantear profundas cuestiones sobre cuándo es correcta una teoría del lenguaje y cómo ha de probarse. Pero las dificultades son teóricas, no prácticas. En su aplicación, el problema es obtener una teoría que se aproxime al funcionamiento; cualquiera puede decir si es correcta[9]. Uno puede ver por qué esto es así. La teoría no revela nada nuevo sobre las condiciones bajo las cuales es verdadera una oración individual; no clarifica más esas condiciones en punto alguno de lo que lo hace la oración misma. El funcionamiento de la teoría consiste en relacionar las condiciones de verdad conocidas de cada oración con esos aspectos («palabras») de la oración que recurren en otras oraciones, y a los que pueden asignarse idénticos papeles en otras oraciones. La potencia empírica de tal teoría depende del éxito en recuperar la estructura de una capacidad muy complicada —la capacidad de hablar y comprender un lenguaje—. Podemos decir con bastante facilidad cuándo los pronunciamientos particulares de la teoría se acomodan a nuestra comprensión del lenguaje; esto es consistente con una ligera idea del diseño de la maquinaria de nuestros logros lingüísticos.

Las observaciones del último párrafo se aplican sólo directamente al caso especial en el que se supone que el lenguaje para el que la verdad está siendo caracterizada es parte del lenguaje usado y comprendido por el caracterizador. Bajo estas circunstancias el constructor de una teoría se aprovechará cuando pueda como algo natural de la ventaja inherente a un metalenguaje con la garantía de una oración equivalente para cada oración del lenguaje objeto. Con todo, este hecho no debería persuadirnos de que pensásemos que es más correcta una teoría que entraña «"La nieve es blanca" es verdadera si y sólo si la nieve es blanca» que una que entrañe en su lugar:

---

[9] Para dar un solo ejemplo: es claramente un punto a favor de la teoría el que entrañe «"La nieve es blanca" es verdadera si y sólo si la nieve es blanca», pero diseñar una teoría que entrañe esto (y funcione para todas las oraciones relacionadas) no es trivial. No conozco ninguna teoría que tenga éxito con este mismo caso (el problema de los «términos de masa»).

(O) *«La nieve es blanca» es verdadera si y sólo si el césped es verde.*

en el supuesto, desde luego, que estemos tan seguros de la verdad de (O) como lo estamos de la de su más célebre predecesora. Sin embargo (O) puede no fomentar la misma confianza de que una teoría que la entrañe merezca ser llamada una teoría del significado.

La amenazadora falta de vigor puede contrarrestarse como sigue. Lo grotesco de (O) no es en sí mismo nada en contra de una teoría de la cual es una consecuencia, en el supuesto de que la teoría dé los resultados correctos para toda oración (sobre la base de su estructura, no habiendo ninguna otra manera). No es fácil ver cómo (O) podría ser parte de tal empresa, pero, si lo fuese —esto es, si (O) se siguiese de una caracterización del predicado «es verdadero» que llevase al emparejamiento invariable de verdades con verdades y falsedades con falsedades—, entonces, pienso, no habría nada esencial a la idea de significado que quedara por capturar [10].

Lo que aparece a la derecha del bicondicional en las oraciones de la forma «*o* es verdadera si y sólo si *p*» cuando tales oraciones son consecuencias de una teoría de la verdad desempeña su papel al determinar el significado de *o* no pretendiendo sinonimia, sino añadiendo una pincelada más al cuadro que, tomado como un todo, dice qué hay que conocer del significado de *o*; esta pincelada se añade en virtud del hecho de que la oración que reemplaza a «*p*» es verdadera si y sólo si *o* lo es.

Puede servir de ayuda el reflexionar que (O) es aceptable, si lo es, porque estamos seguros independientemente de la verdad de «La nieve es blanca», y «El césped es verde»; pero, en casos en los que no estamos seguros de la verdad de una oración, podemos tener confianza en una caracterización del predicado veritativo solamente si empareja esa oración con una respecto de la cual tenemos una buena razón para pensar que es equivalente. Sería una imprudencia por parte de alguien que tuviese algunas dudas sobre el color de la nieve o del césped aceptar una teoría que proporcionase (O), incluso si sus dudas eran de igual grado, a menos que pensase que el color de lo uno estaba enlazado con el color de lo otro [11]. La omnisciencia puede permitirse

---

[10] Los críticos no han logrado a menudo darse cuenta de la estipulación esencial mencionada en este párrafo. El punto es que (O) no podría pertenecer a ninguna teoría razonablemente simple que diese también las condiciones de verdad correctas para «Eso es nieve», «Esto es blanco». (Véase la discusión de las expresiones indéxicas más adelante.) [Nota añadida en 1982.]

[11] Este párrafo es confuso. Lo que diría es que las oraciones de la teoría son generalizaciones empíricas sobre los hablantes, y de este modo tienen no sólo que ser verdaderas sino también legaliformes. Presumiblemente (O) no es una ley, puesto que no apoya contrafácticos apropiados. Es también importante que la evidencia para aceptar las condiciones de verdad (relativizadas por lo que respecta al tiempo y al hablante) para «Eso es nieve» se basa en la conexión causal entre el asentimiento de un hablante a la oración y la presentación demostrativa de

obviamente teorías del significado más extravagantes que la ignorancia; pero, entonces, la omnisciencia tiene menos necesidad de comunicación.

Desde luego, tiene que ser posible para el hablante de un lenguaje construir una teoría del significado para el hablante de otro, aunque en este caso las comprobaciones empíricas de la corrección de la teoría ya no serán triviales. Como antes, la meta de la teoría será una correlación infinita de oraciones iguales en verdad. Pero esta vez no se tiene que suponer que el constructor de la teoría tiene intuición directa respecto de las equivalencias verosímiles entre su propia lengua y la ajena. Lo que tiene que hacer es averiguar, en la medida en que pueda, qué oraciones mantiene como verdaderas el forastero en su propia lengua (o, mejor aún, hasta qué grado las mantiene como verdaderas). El lingüista intentará construir una caracterización de verdad-para-el-forastero que proporcione, en la medida de lo posible, una correspondencia de oraciones mantenidas como verdaderas (o como falsas) por el forastero con oraciones mantenidas como verdaderas (o como falsas) por el lingüista. Suponiendo que no se logre un ajuste perfecto, el residuo de oraciones mantenidas como verdaderas traducidas por oraciones mantenidas como falsas (y viceversa) es el margen de error (foráneo o doméstico). La caridad al interpretar las palabras y los pensamientos de otros es también inevitable en otra dirección: así como tenemos que maximizar el acuerdo, o corremos el riesgo de no conferir sentido a aquello sobre lo que el forastero está hablando, así también tenemos que maximizar la autoconsistencia que le atribuimos, so pena de no comprender*le*. No surge ningún único principio de caridad óptima; las constricciones, por lo tanto, no determinan ninguna teoría única. En una teoría de la traducción radical (como Quine la llama) no hay cuestiones respecto de lo que el forastero quiere decir que estén completamente desenmarañadas de las cuestiones sobre lo que cree. No sabemos lo que alguien quiere decir a menos que sepamos lo que cree; no sabemos lo que alguien cree a menos que sepamos lo que quiere decir. En la traducción radical somos capaces de romper este círculo, bien que sólo incompletamente, puesto que algunas veces podemos decir que una persona asiente a una oración que nosotros no entendemos [12].

En las últimas páginas he estado preguntando cómo una teoría del significado que toma la forma de una definición de verdad puede ponerse a

nieve. Para una discusión adicional véase «Reply to Foster», en G. Evans y J. McDowell (eds.), Oxford University Press, 1966, pp. 33-41. [Nota añadida en 1982.]

[12] Este bosquejo de cómo puede someterse a comprobación una teoría del significado para una lengua ajena debe obviamente su inspiración a la explicación de Quine de la traducción radical en el capítulo II de *Word and Object*, Nueva York, 1960. [Versión castellana: *Palabra y objeto*, Labor, Barcelona, 1968.] Al sugerir que una teoría aceptable de la traducción radical toma la forma de una caracterización recursiva de la verdad, voy más allá de cualquier cosa explícita en Quine. Hacia el final de este artículo, en la discusión de los demostrativos, aparecerá otro marcado punto de acuerdo.

prueba empíricamente, y he ignorado alegremente la cuestión prioritaria de si hay alguna posibilidad seria de que tal teoría pueda darse para un lenguaje natural. ¿Cuáles son las perspectivas para una teoría semántica formal de un lenguaje natural? Muy pobres, de acuerdo con Tarski; y creo que la mayor parte de los lógicos, filósofos del lenguaje y lingüistas están de acuerdo [13]. Permítaseme que haga lo que pueda para disipar el pesimismo. Lo que pueda de una manera general y programática, desde luego; pues aquí la prueba del pastel estará ciertamente en la demostración de los teoremas correctos.

Tarski concluye la primera sección de su ensayo clásico sobre el concepto de verdad en los lenguajes formalizados con las observaciones siguientes, que él pone en cursiva:

> [...] *La misma posibilidad de un uso consistente de la expresión «oración verdadera» que esté en armonía con las leyes de la lógica y el espíritu del lenguaje diario parece ser muy cuestionable, y consecuentemente la misma duda afecta a la posibilidad de construir una definición correcta de esta expresión* [14].

Más adelante, en el mismo ensayo, vuelve al tema:

> [...] el concepto de verdad (así como otros conceptos semánticos) cuando se aplica al lenguaje coloquial en conjunción con las leyes normales de la lógica lleva inevitablemente a confusiones y contradicciones. Quienquiera que desee, a pesar de todas las dificultades, dedicarse a la semántica del lenguaje coloquial con la ayuda de métodos exactos se verá impulsado en primer lugar a emprender la desagradecida tarea de reformar este lenguaje. Encontrará que es necesario definir su estructura, superar la ambigüedad de los términos que ocurren en él, y finalmente dividir el lenguaje en series de lenguajes de mayor y mayor alcance, cada uno de los cuales está en la misma relación con el siguiente que en la que está un lenguaje formalizado con su metalenguaje. Puede, sin embargo, dudarse, si el lenguaje de la vida diaria preservaría, después de ser «racionalizado» de esta manera, su naturalidad y si no asumiría más bien los rasgos característicos de los lenguajes formalizados [15].

---

[13] Hasta donde estoy enterado, ha habido muy poca discusión sobre si puede darse una definición formal de verdad para un lenguaje natural. Pero, en una vena más general, diversas personas han defendido insistentemente que los conceptos de la semántica formal se aplican al lenguaje natural. Véanse, por ejemplo, las contribuciones de Yehoshua Bar-Hillel y Evert Beth a *The philosophy of Rudolph Carnap* (editado por Paul A. Schilpp), La Salle, Ill., 1963 y «Logical Syntax and Semantics» de Bar-Hillel, en *Language*, 30, pp. 230-237.

[14] Tarski, ibíd., p. 165.

[15] Ibíd., p. 267.

Surgen aquí dos temas: que el carácter universal de los lenguajes naturales lleva a contradicción (las paradojas semánticas), y que los lenguajes naturales son demasiado confusos y amorfos para permitir la aplicación directa de métodos formales. El primer punto merece una respuesta seria, y me gustaría tenerla. Ya que esto es así, diré solamente por qué pienso que estamos justificados en proseguir sin haber desinfectado esta fuente particular de ansiedad conceptual. Las paradojas semánticas surgen cuando el rango de los cuantificadores en el lenguaje objeto es demasiado generoso en ciertas maneras. Pero no está realmente claro cuán injusto se habría de ser respecto al urdu o al dórico para contemplar el rango de sus cuantificadores como insuficiente para proporcionar una definición explícita de «verdadero-en-urdu» o «verdadero-en-dórico». O para plantear el asunto de otra manera (si no más seriamente): puede haber siempre algo en la naturaleza del caso que captamos al comprender el lenguaje de otro (el concepto de verdad) que no podemos comunicarle a él. En cualquier caso, la mayor parte de los problemas de interés filosófico general surgen dentro de un fragmento del lenguaje natural relevante que puede concebirse como conteniendo muy poca teoría de conjuntos. Desde luego estos comentarios no hacen frente a la afirmación de que los lenguajes naturales son universales. Pero me parece que esta afirmación, ahora que sabemos que tal universalidad lleva a paradojas, es sospechosa.

El segundo punto de Tarski es que tendríamos que reformar un lenguaje natural hasta el punto de dejarlo irreconocible antes de que pudiésemos aplicarle métodos semánticos formales. Si esto es verdad, es fatal para mi proyecto, pues la tarea de una teoría del significado tal como yo la concibo no es cambiar, mejorar o reformar un lenguaje, sino describirlo y entenderlo. Miremos al lado positivo. Tarski ha mostrado la manera de dar una teoría para lenguajes formales interpretados en varios géneros; selecciónese uno tan parecido al castellano como sea posible. Puesto que este nuevo lenguaje ha sido explicado en castellano y contiene gran parte de castellano, no sólo podemos sino que pienso que tenemos que contemplarlo como una parte del castellano para aquellos que lo entienden. Para este fragmento del castellano tenemos, *ex hypothesi*, una teoría de la clase requerida. No solamente eso, sino que al interpretar esta parte asociada del castellano en el antiguo castellano dimos necesariamente indicaciones que conectan antiguo y nuevo. Dondequiera que haya oraciones del antiguo castellano con las mismas condiciones de verdad que las oraciones de la parte asociada podemos extender la teoría de modo que las cubra. Mucho de lo que se pide consiste solamente en mecanizar hasta donde sea posible lo que ahora hacemos gracias a una habilidad cuando ponemos el castellano ordinario en una u otra notación canónica. El meollo del asunto no es que la notación canónica sea mejor que la tosca expresión idiomática original, sino más bien que, si sabemos *para* qué expresión idiomática es canónica la notación canónica, tenemos una teoría tan buena para la expresión idiomática como para su compañera.

Los filósofos han estado ocupados desde hace tiempo en la ardua tarea de aplicar la teoría al lenguaje ordinario mediante el dispositivo de aparear oraciones vernaculares con oraciones para las que tienen una teoría. La impresionante contribución de Frege consistió en mostrar cómo «todo», «alguno», «cada uno», «ninguno» y pronombres asociados podrían domesticarse, en algunos de sus usos; por vez primera fue posible soñar en una semántica formal para una parte significativa de un lenguaje natural. Este sueño se convirtió en realidad de una manera palpable con la obra de Tarski. Sería una vergüenza pasar por alto el hecho de que como resultados de esos dos magníficos logros, el de Frege y el de Tarski, hemos ganado una profunda penetración en la estructura de nuestras lenguas maternas. Los filósofos de inclinación lógica han tendido a comenzar donde estaba la teoría y a desarrollar su trabajo hacia las complicaciones del lenguaje natural. Los lingüistas contemporáneos, con una aspiración que no puede verse fácilmente que sea diferente, empiezan con el lenguaje ordinario y su trabajo avanza hacia una teoría general. Si cualquiera de las dos partes tiene éxito, ha de haber un encuentro. La obra reciente de Chomsky y otros está haciendo mucho para colocar dentro del alcance de una teoría semántica seria las complejidades de los lenguajes naturales. Para dar un ejemplo: supóngase que se tiene éxito al dar las condiciones de verdad para algún rango significativo de oraciones de la voz activa. Entonces, con algún procedimiento formal para transformar cada oración tal en una oración correspondiente en la voz pasiva, la teoría de la verdad podría extenderse de una manera obvia a este nuevo conjunto de oraciones[16].

Un problema tocado de pasada por Tarski no tiene que ser resuelto, al menos en todas sus manifestaciones, para lograr éxito con la teoría: la existencia en los lenguajes naturales de «términos ambiguos». En la medida en que la ambigüedad no afecta a la forma gramatical, y puede traducirse, ambigüedad por ambigüedad, en el metalenguaje, una definición de verdad no

---

[16] La *aproximación* que anticipadamente imagino entre la gramática transformativa y una teoría correcta del significado ha progresado mucho gracias a un cambio reciente en la concepción de la gramática transformativa descrito por Chomsky en el artículo al que se ha hecho referencia anteriormente (nota 5). Las estructuras generadas por la parte correspondiente a la estructura de frase de la gramática son aquellas adecuadas, como se ha reconocido desde hace algún tiempo, para interpretación semántica; pero este punto de vista es inconsistente con la idea, mantenida por Chomsky hasta hace muy poco, de que las operaciones recursivas se introducen solamente mediante las reglas de transformación. Chomsky cree ahora que las reglas de estructura de frase son recursivas. Puesto que los lenguajes a los que los métodos semánticos formales se aplican directa y naturalmente son aquellos para los que es apropiada una gramática de estructura de frase (recursiva), es claro que la presente concepción de Chomsky de la relación entre las estructuras generadas por la parte correspondiente a la estructura de frase de la gramática, y las oraciones del lenguaje, es muy parecida a la concepción que muchos lógicos y filósofos han tenido de la relación entre los lenguajes foralizados más ricos y el lenguaje ordinario. (En estas observaciones estoy en deuda con Bruce Vermazen.)

nos dirá mentira alguna. El problema principal, para la semántica sistemática, con la frase «cree que» en castellano no es su vaguedad, ambigüedad o su inadecuación para ser incorporada en una ciencia seria: sea nuestro metalenguaje el castellano y, todos *esos* problemas serán traspasados sin pérdida o ganancia al metalenguaje. Pero el problema central de la gramática lógica de «cree que» continuará persiguiéndonos de manera persistente.

El ejemplo es adecuado para ilustrar otro punto, ciertamente relacionado, pues la discusión de las oraciones de creencia ha estado negativamente afectada por el fallo en observar una distinción fundamental entre tareas: descubrir la gramática lógica o forma de las oraciones (que es la provincia de la teoría del significado tal como la interpreto), y el análisis de las palabras o expresiones individuales (que son tratadas como primitivas por la teoría). Así, Carnap, en la primera edición de *Meaning and Necessity*, sugería que vertiésemos «Juan cree que la Tierra es redonda» como «Juan responde afirmativamente a "la Tierra es redonda" como una oración del castellano». Abandonó esto cuando Mates señaló que Juan podría responder afirmativamente a una oración y no a otra sin importar cuán próximas estuvieran en significado[17]. Pero hay aquí una confusión desde el comienzo. La estructura semántica de una oración de creencia, de acuerdo con esta idea de Carnap, es dada por un predicado de tres lugares con lugares reservados para expresiones que se refieren a una persona, a una oración y a un lenguaje. Es una clase de problema enteramente diferente intentar un análisis de este predicado de acuerdo, quizás, con líneas conductistas. No es el menor entre los méritos de la concepción de Tarski de una teoría de la verdad el que la pureza de método que exige de nosotros se siga de la formulación del problema mismo, no de la autoimpuesta moderación de algún puritanismo filosófico adventicio.

Pienso que son difíciles de exagerar las ventajas para la filosofía del lenguaje de tener presente esta distinción entre cuestiones de forma o gramática lógicas, y el análisis de los conceptos individuales. Otro ejemplo puede ayudar a poner de manifiesto este punto.

Si suponemos decididas las cuestiones de gramática lógica, oraciones como «Bardot es buena» no plantean problemas especiales para una definición de verdad. Las profundas diferencias entre términos descriptivos y evaluativos (emotivos, expresivos, etc.) no se muestran aquí. Incluso si mantenemos que hay algún sentido importante en el que las oraciones morales o evaluativas no tienen un valor de verdad (por ejemplo, porque no pueden ser verificadas), no deberíamos sobresaltarnos ante «"Bardot es buena" es verdadera si y sólo si Bardot es buena»; en una teoría de la verdad, esta consecuencia se seguiría con el resto, estando al tanto, como debe hacerse, de la localización semántica de tales oraciones en el lenguaje como un todo

[17] B. Mates, «Sinonimity», en *Semantics and the Philosophy of language*, L. Linsky (ed.), University of Illinois Press, Urbana, Illinois (1952).

—de su relación con las generalizaciones, su papel en oraciones compuestas como «Bardot es buena y Bardot es tonta», y así sucesivamente—. Lo que es especial de las palabras evaluativas simplemente queda intocado: el misterio es transferido de la palabra «buena» en el lenguaje objeto a su traducción en el metalenguaje.

Pero «buena» tal como se presenta en «Bardot es una buena actriz» es otro asunto. El problema no es que la traducción de esta oración no está en el metalenguaje —supongamos que está—. El problema es construir una definición de verdad tal que «"Bardot es una buena actriz" es verdadera si y sólo si Bardot es una buena actriz» —y todas las oraciones iguales que ésta— sean consecuencias. Obviamente «buena actriz» no significa «buena y una actriz». Podríamos pensar en considerar «es una buena actriz» como un predicado inanalizado. Esto borraría toda conexión entre «es una buena actriz» y «es una buena madre», y no nos daría excusa alguna para pensar en «buena», en esos usos, como una palabra o elemento semántico. Pero, aún peor, nos impediría construir en absoluto una definición de verdad, pues no hay fin alguno a los predicados que habríamos de tratar como lógicamente simples (y, por consiguiente, acomodar en cláusulas separadas en la definición de satisfacción): «es un buen amigo de los perros», «es un buen conversador de veintiocho años», y así sucesivamente. El problema no es peculiar al caso: es el problema general de los adjetivos atributivos.

Es consistente con la actitud tomada aquí el considerar usualmente como un error estratégico el emprender un análisis filosófico de palabras y expresiones que no esté precedido por, o acompañado de alguna manera por, el intento de obtener directamente la gramática lógica. Pues ¿cómo podemos tener confianza alguna en nuestros análisis de palabras tales como «correcto», «debe», «puede» y «obligado», o las frases que usamos para hablar de acciones, eventos y causas, si no sabemos con qué partes del habla (lógicas, semánticas) hemos de tratar? Diría otro tanto sobre los estudios de la «lógica» de esas y otras palabras, y las oraciones que las contienen. Si el esfuerzo y el ingenio que se han gastado en el estudio de lógicas deónticas, lógicas modales, lógicas impertivas y erotéticas han sido o no en gran parte fútiles no puede saberse hasta que tengamos un análisis aceptable de las oraciones que tales sistemas pretenden tratar. Los filósofos y los lógicos hablan algunas veces como si fueran libres de elegir entre, digamos, el condicional veritativo-funcional y otros, o libres de introducir operadores oracionales no veritativo-funcionales tales como «Sea el caso que» o «Debe ser el caso que». Pero de hecho la decisión es crucial. Cuando nos separamos de las expresiones idiomáticas que podemos acomodar en una definición de verdad, nos deslizamos en (o creamos) un lenguaje para el que no tenemos ninguna explicación semántica coherente —esto es, ninguna explicación de cómo tal discurso puede integrarse en el lenguaje como un todo—.

Para volver a nuestro tema principal: hemos reconocido que una teoría del género propuesto deja todo el asunto de lo que significan exactamente las palabras individuales exactamente donde estaba. Incluso cuando el metalenguaje es diferente del lenguaje objeto, la teoría no ejerce presión alguna para mejorar, clarificar o analizar las palabras individuales, excepto cuando, por un accidente de vocabulario, la traducción llana y simple falla. Del mismo modo que la sinonimia, como sucede entre expresiones, queda generalmente sin tratar, así también sucede con la sinonimia de oraciones y la analiticidad. Incluso oraciones tales como «Una yegua es un hembra de caballo» no llevan ninguna etiqueta especial a menos que nos plazca proporcionarle una. Una definición de verdad no distingue entre oraciones analíticas y otras, excepto para oraciones que deben su verdad a la presencia sola de las constantes que dan a la teoría su agarre a la estructura: la teoría entraña no solamente que esas oraciones son verdaderas, sino que permanecerán verdaderas bajo todas las refundiciones significativas de sus partes no lógicas. Así pues, habiendo dado a la noción de verdad lógica una aplicación limitada, las nociones relacionadas de equivalencia lógica y entrañamiento seguirán igual camino. Es difícil imaginar cómo una teoría del significado podría no lograr leer una lógica en su lenguaje objeto hasta este grado; y, hasta el punto en que lo hace, nuestras intuiciones de verdad lógica, equivalencia y entrañamiento podrían reclamarse para construir y poner a prueba la teoría.

Vuelvo ahora a una mosca más, y bien grande por cierto, atrapada en el panal: el hecho de que la misma oración pueda en un tiempo o en una boca ser verdadera y en otro tiempo o en otra boca ser falsa. Tanto los lógicos como aquellos que son críticos con los métodos formales parecen estar aquí ampliamente de acuerdo (aunque de ningún modo universalmente) en que la semántica formal y la lógica son incompetentes para tratar con los trastornos causados por los demostrativos. Los lógicos han reaccionado a menudo degradando el lenguaje natural e intentando mostrar cómo continuar sin demostrativos; sus críticos reaccionan degradando la lógica y la semántica formal. Nada de esto puede hacerme feliz: claramente los demostrativos no pueden eliminarse de un lenguaje natural sin pérdida o cambio radical; de este modo no hay otra opción que acomodar la teoría a ellos.

No resulta error lógico alguno si tratamos simplemente a los demostrativos como constantes[18]; ni tampoco surge problema alguno para dar una definición semántica de verdad. «"Yo soy sabio" es verdadera si y sólo si yo soy sabio», con su gentil ignorancia del elemento demostrativo incorporado en «Yo» abandona la cadena de montaje a la par que «"Sócrates es sabio" es verdadera si y sólo si Sócrates es sabio» con su gentil indiferencia hacia el elemento demostrativo incorporado en «es sabio» (el tiempo verbal).

Lo que sufre en este tratamiento de los demostrativos no es la definición de un predicado veritativo, sino la plausibilidad de la afirmación de que lo que se

[18] Quine tiene buenas cosas que decir sobre esto en *Methods of Logic*, Nueva York, 1950. [Versión castellana: *Los métodos de la lógica*, Ariel, Barcelona, 1962.] Véase § 8.

ha definido es verdad. Pues esta afirmación es aceptable solamente si el hablante y las circunstancias de emisión de cada oración mencionada en la definición encajan con el hablante y las circunstancias de emisión de la definición de verdad misma. Podría también señalarse con justicia que parte del comprender los demostrativos consiste en conocer las reglas mediante las cuales ajustan su referencia a la circunstancia; la asimilación de los demostrativos a términos constantes oblitera este rasgo. Estas quejas pueden responderse aunque solamente, pienso, mediante una revisión de gran alcance de la teoría de la verdad. Sugeriré apenas cómo podría hacerse esto, pero todo lo que se necesita es la sugerencia escueta: la idea es técnicamente trivial y está completamente en la línea del trabajo que se viene haciendo sobre la lógica de los tiempos verbales[19].

Podríamos considerar que la verdad es una propiedad no de oraciones, sino de emisiones, o de actos de habla, o de triplos ordenados de oraciones, tiempos y personas; pero es más simple considerar la verdad sólo como una relación entre una oración, una persona y un tiempo. Bajo tal tratamiento, la lógica ordinaria tal como ahora se interpreta se aplica de la manera usual, pero solamente a conjuntos de oraciones relativizadas al mismo hablante y tiempo; las relaciones lógicas adicionales entre oraciones proferidas en tiempos diferentes por hablantes diferentes pueden articularse mediante axiomas nuevos. Tal cosa no me preocupa. La teoría del significado experimenta un cambio sistemático aunque sin presentar dificultades: correspondiendo a cada expresión con un elemento demostrativo, tiene que haber en la teoría una frase que pone en relación las condiciones de verdad de las oraciones en las que la expresión ocurre con tiempos y hablantes cambiantes. Así pues, la teoría entrañará oraciones como la siguiente:

> «Estoy cansado» es verdadera en tanto que (potencialmente) proferida por p en t si y sólo si p está cansado en t.
> «Ese libro fue robado» es verdadera en tanto que (potencialmente) proferida por p en t si y sólo si el libro señalado por p en t es robado anteriormente a t[20].

Claramente, este procedimiento no muestra cómo eliminar los demostrativos; no hay ninguna sugerencia de que «el libro señalado por el hablante»

---

[19] Para una bibliografía puesta al día, y discusión, ver A.N. Prior, *Past, Present and Future*, Oxford, 1967. [En la edición de 1982 esta nota ha sido cambiada por la que viene a continuación: [19] Esta afirmación ha resultado ser ingenuamente optimista. Para algún trabajo serio sobre el tema, véase S. Weinstein, «Truth and Demostratives», *Noûs*, 8 (1974), pp. 179-184.]

[20] Hay algo más que una insinuación de este enfoque de los demostrativos y la verdad en el artículo de Austin de 1950 «Truth», reimpreso en *Philosophical Papers*, Oxford, 1961. [Versión castellana: *Ensayos filosóficos*, Alianza, Madrid, 1989], ver pp. 89-90. Estoy en deuda con Daniel Bennett por señalarme la necesidad del parentético «potencialmente» en esas formulaciones.

pueda sustituir a «ese libro» en todos los lugares *salva veritate*. El hecho de que los demostrativos son susceptibles de tratamiento formal debería incrementar en gran medida las esperanzas de una semántica seria del lenguaje natural, puesto que es probable que muchos problemas destacados, tales como el análisis de citas u oraciones sobre actitudes proposicionales, puedan resolverse si reconocemos una construcción demostrativa encubierta.

Ahora que hemos relativizado la verdad a tiempos y hablantes, resulta apropiado el echar una mirada hacia atrás, hacia el problema de comprobar empíricamente una teoría del significado para una lengua ajena. La esencia del método era, como se recordará, correlacionar oraciones mantenidas como verdaderas con oraciones mantenidas como verdaderas por medio de una definición de verdad, y dentro de los límites de error inteligible. Ahora el cuadro debe elaborarse para tomar en cuenta el hecho de que las oraciones son verdaderas, y se mantienen como verdaderas, relativas solamente a un hablante y a un tiempo. Las oraciones con demostrativos proporcionan obviamente un modo muy sensible de comprobar una teoría del significado, y constituyen el lazo más directo entre el lenguaje y los objetos macroscópicos recurrentes de interés y atención humanos[21].

En este artículo he supuesto que los hablantes de un lenguaje pueden determinar efectivamente el significado o los significados de una expresión arbitraria (si ésta tiene significado), y que la tarea central de una teoría del significado es mostrar cómo esto es posible. He argumentado que una caracterización de un predicado veritativo describe el género requerido de estructura y proporciona un criterio claro y comprobable de una semántica adecuada para una lenguaje natural. Sin duda hay otras exigencias razonables que pueden imponerse a una teoría del significado. Pero una teoría que no haga más que definir verdad para un lenguaje se aproxima más a constituir una teoría del significado completa de lo que un análisis superficial podría sugerir; por ello, al menos, he estado abogando insistentemente.

Puesto que creo que no hay alternativa, he abrazado una visión optimista y programática de las posibilidades para una caracterización formal de un predicado veritativo para un lenguaje natural. Pero hay que conceder que permanece una imponente lista de dificultades y enigmas. Para citar unos pocos: no conocemos la forma lógica de las oraciones contrafácticas o subjuntivas; ni de las oraciones sobre probabilidades o sobre relaciones causales; no tenemos ninguna buena idea de cuál es el papel lógico de los adverbios, ni el papel de los adjetivos atributivos; no tenemos teoría alguna para términos masa tales como «fuego», «agua», y «nieve», ni para oraciones sobre creencia, percepción o intención, ni para verbos de acción que implican

---

[21] Estas observaciones se derivan claramente de la idea de Quine de que las «oraciones ocasionales» (aquéllas con un elemento demostrativo) tienen que desempeñar un papel central en la construcción de un manual de traducción.

propósito. Y, finalmente, están todas las oraciones que no parecen tener valores de verdad en absoluto: las imperativas, optativas, interrogativas, y toda una hueste más de ellas. Una teoría comprensiva del significado tiene que habérselas con éxito con cada uno de estos problemas[22].

[22] Para las soluciones intentadas a algunos de esos problemas, véanse los ensayos «The Logical Form of Action Sentences» (1967), «Causal Relations» (1967), «The Individuation of Events» (1969), «Events as Particulars» (1970) y «Eternal vs. ephemeral Events» (1971), todos ellos recogidos en D. Davidson, *Actions and Events*, Oxford University Press, 1980. También los ensayos «Quotation» (1979), «On saying That» (1968) [pp. 183-198 de este volumen] y «Mood an Performances» (1979), recogidos en D. Davidson, *Inquiries into Truth and Interpretation*, Oxford University Press, 1984 [versión castellana: *De la verdad y de la interpretación*, Gedisa, Barcelona, 1990]. Hay discusiones adicionales en los ensayos «True to the Facts» (1969), «Semantics for Natural languages» (1970), «Radical Interpretation» (1973) [recogido en este volumen pp. 374-388] y «Belief and the Basis of Meamng» (1974), todos ellos recogidos en *Inquiries into Truth and Interpretation*. Hay referencia a algunos progresos en la sección 1 de «Radical Interpretation» [pp. 374-388 de este volumen]. [Nota añadida en 1982.]

SIGNIFICADO Y VERDAD*

PETER F. STRAWSON

Durante el último cuarto de siglo Oxford ha ocupado, o ha vuelto a ocupar, una posición que había detentado en el pasado, hace quizás seiscientos años: la de un gran centro filosófico del mundo occidental. Durante el mismo período mi predecesor en esta Cátedra, el profesor Gilbert Ryle, ha sido el centro de este centro. Debemos mucho a su visión, su iniciativa y su dedicación a modo de supervisor —un supervisor completamente no autocrático— del desarrollo y la organización, pero debemos mucho más a su fertilidad, su brillantez y su originalidad como filósofo.

Es característico de los filósofos el reflexionar sobre su propia actividad con el mismo temple con que reflexionan sobre los objetos de esa actividad; examinar filosóficamente la naturaleza, los propósitos y los métodos del examen filosófico. El profesor Ryle, cuando ha escrito en esta vena metafilosófica, ha presentado algunas veces el modelo de filósofo bajo una luz un tanto austera: como una persona cuyo papel es corregir una postura mental habitualmente lánguida, desenredar los embotellamientos en el tráfico de las ideas o prescribir los ejercicios correctos para nuestros calambres y confusiones intelectuales. El profesor Ryle ha hecho su contribución a este necesario trabajo de corrección. Pero, cuando contemplamos su producción filosófica como un todo, la impresión que produce no es de austeridad, sino de abundancia; de profusión de perspicacia, vivacidad de ilustración y prontitud de inventiva. Cada tema recalcitrante es, a su vez, brillantemente iluminado por un método en el que el detalle, las imágenes, el contraste y la generalización se combinan poderosamente. Los temas de los que se ha ocupado cubren un extenso rango; muchos de ellos caen en las vastas regiones de la filosofía del significado y la filosofía de la mente; y si pudiera, tentativamente, expresar aquí un juicio de preferencia, seleccionaría su tratamiento del *pensar* —tratamiento sobre el cual él ya ha escrito mucho y en el que está todavía ocupado— como quizás lo más sutil y de mayor sensibilidad de todas sus exploraciones filosóficas.

---

* Versión castellana de Luis M. Valdés Villanueva.

En la obra del profesor Ryle, como en la de algunos otros pocos filósofos, el pensamiento y el estilo son uno: la acumulación de imagen y epigrama, la antítesis aguda, las tensas y equilibradas oraciones no son adiciones decorativas a su argumentación, sino la forma misma de su pensamiento. Si se tuviera que nombrar una única cualidad como supremamente característica de ese pensamiento y de ese estilo, habrá de ser una característica que, por fuerza he nombrado ya dos veces: *brillantez*. Sus escritos forman una contribución brillante y perdurable no sólo a la filosofía, sino también —lo cual es de la mayor importancia— a las letras inglesas.

¿En qué consiste que algo tenga un *significado*, a la manera, o en el sentido, en que palabras, oraciones o señales tienen significado? ¿En qué consiste que una oración particular tenga el significado o los significados que tiene? ¿En qué consiste que una frase particular, o una palabra particular, tenga el significado o los significados que tiene? Son éstas, obviamente, preguntas conectadas. Cualquier explicación que demos del significado en general (en el sentido relevante) tiene que cuadrar con la explicación que demos de en qué consiste que las expresiones particulares tengan significados particulares; y hemos de reconocer, como dos verdades complementarias, primero, que el significado de una oración en general depende, de alguna manera sistemática, de los significados de las palabras que la componen y, segundo, que el que una palabra tenga un significado particular es un asunto concerniente al hecho de que dicha palabra haga una contribución particular sistemática a los significados de las oraciones en que aparece.

No voy a comprometerme a intentar responder a esas preguntas tan obviamente conectadas. No es ésa una tarea para una conferencia; tampoco para un hombre. Quiero más bien discutir cierto conflicto, o conflicto aparente, más o menos débilmente discernible en los enfoques actuales de esas preguntas. Para darle una etiqueta, podríamos llamarlo el conflicto entre los teóricos de la intención comunicativa y los teóricos de la semántica formal. De acuerdo con los primeros, es imposible dar una explicación adecuada del concepto de significado sin hacer referencia a la posesión por parte de los hablantes de intenciones, de un cierto género complejo, dirigidas a un auditorio. Los significados particulares de palabras y oraciones son en gran parte, sin duda, un asunto de regla y convención; pero, la naturaleza general de tales reglas y convenciones sólo puede entenderse a la larga por referencia al concepto de intención comunicativa. El punto de vista opuesto, al menos en su aspecto negativo, es que esta doctrina simplemente elude el asunto de una manera errónea, o lo presenta de una manera errónea, o confunde lo contingente con lo esencial. Desde luego, podemos esperar una cierta regularidad de relación entre lo que la gente intenta comunicar al emitir ciertas oraciones y lo que esas oraciones significan convencionalmente. Pero el sistema de reglas semánticas y sintácticas, cuyo dominio constituye el conocimiento de un lenguaje —las reglas que determinan el significado de las oraciones— no es en absoluto un sistema de reglas *para* comunicar. Las reglas pueden explotarse para ese propósito, pero esto queda al margen de su carácter esencial. Sería perfectamente posible que alguien comprendiese un lenguaje completamente —tuviese una competencia lingüística perfecta— sin tener tan siquiera el pensamiento implícito de la función de comunicación, con tal que, desde luego, el lenguaje en cuestión no contuviese palabras que se refiriesen explícitamente a esta función.

Una pugna sobre lo que parece ser una cuestión central en filosofía debería tener un cierto carácter homérico; y una pugna homérica exige dioses y héroes. Yo puedo al menos nombrar, aunque tentativamente, algunos capitanes vivientes y algunas benévolas sombras: de un lado, digamos, Grice, Austin y el último Wittgenstein, y del otro, Chomsky, Frege y el primer Wittgenstein.

En primer lugar, pues, lo que respecta a los teóricos de la intención comunicativa. La manera más simple, y más fácilmente inteligible, aunque no la única, de unirse a sus filas es presentar su teoría general del significado en dos estadios: en primer lugar, presentar y elucidar un concepto primitivo de *comunicación* (o intención comunicativa) en términos que no presupongan el concepto de *significado lingüístico*; mostrar a continuación que el último concepto puede ser, y ha de ser, explicado en términos del primero[1]. Para cualquier teórico que siga este sendero, el concepto fundamental de la teoría del significado es el de un hablante o, de manera general, un emisor que *quiere decir significativamente algo* por medio de una emisión dirigida a un auditorio en una ocasión particular. Una emisión es algo producido o ejecutado por un emisor; no necesita ser vocal; podría ser un gesto o un dibujo o el mover y colocar objetos de una manera determinada. Lo que un emisor quiere decir mediante su emisión se especifica, dicho sea de paso, al especificar la intención compleja con que produce la emisión. El análisis del género de intención en cuestión es demasiado complejo para darlo aquí en detalle, de modo que me limitaré a una descripción incompleta. Un emisor podría tener, como una de sus intenciones al ejecutar su emisión, la de inducir a su auditorio a pensar que él, el emisor, cree alguna proposición, digamos la proposición de que *p*; y podría intentar que esta intención fuese completamente abierta, que fuese claramente reconocida por el auditorio. O, por otra parte, podría tener la intención de inducir a su auditorio a pensar que él, el emisor, quiere que su auditorio realice alguna acción, digamos *a*; y podría intentar que esta intención suya fuese completamente abierta, fuese reconocida claramente por el auditorio. Entonces, dado que se cumplen otras determinadas condiciones respecto de la intención del emisor, puede

[1] No la *única* manera, puesto que decir que un concepto ϕ no puede ser elucidado adecuadamente sin referencia a un concepto ψ no es lo mismo que decir que es posible dar un análisis clásico de ϕ en términos de ψ. Pero es la manera *más simple*, pues el método clásico de análisis es aquel en términos del cual, en nuestra tradición, pensamos más naturalmente.

decirse que el emisor, en el sentido relevante, quiere decir significativamente algo mediante su emisión: específicamente, que quiere decir significativamente que *p* en el modo indicativo en el primer caso, y que quiere decir significativamente, en el modo imperativo, que el auditorio ha de realizar la acción *a* en el segundo caso. Grice nos ha dado razones para pensar que, con suficiente cuidado, y con un refinamiento mucho mayor que el que yo he indicado, es posible exponer tal concepto de intención comunicativa o, como él lo llama, de significado del emisor, que se mantiene a prueba de objeciones y que no presupone la noción de significado lingüístico.

Digamos ahora unas palabras acerca de cómo se supone que procedería el análisis del significado lingüístico en términos del significado del emisor. Aquí tampoco voy a entrar en detalles. Los detalles serían muy complejos. Pero la idea fundamental es comparativamente simple. Estamos acostumbrados a pensar, y de manera razonable, en los significados lingüísticos en términos de reglas y convenciones, semánticas y sintácticas. Y cuando consideramos la enorme elaboración de esas reglas y convenciones —su capacidad, como los lingüistas modernos subrayan, de generar un número infinito de oraciones en un lenguaje dado— podemos sentirnos infinitamente separados de la clase de situación de comunicación primitiva en la que pensamos naturalmente cuando intentamos comprender la noción de significado del emisor en términos que no presuponen claramente significado lingüístico. Pero las reglas o convenciones gobiernan las prácticas y actividades humanas que tienen algún propósito. Por tanto, deberíamos preguntar qué actividades que tienen algún propósito están gobernadas por *esas* convenciones. ¿Para qué sirven *esas* reglas? Y el pensamiento más simple del que he hablado y que está subyacente en el tipo de análisis sugerido es que esas reglas son, precisamente, reglas para comunicar, reglas mediante cuya observancia el emisor puede lograr su propósito, cumplir su intención comunicativa; y que éste es su carácter *esencial*. Esto es, que no se trata solamente de un hecho afortunado el que esas reglas nos permitan su uso para este propósito; más bien, la misma naturaleza de las reglas que nos ocupan sólo puede entenderse si se contemplan como reglas mediante las cuales puede lograrse este propósito.

Esta simple consideración puede parecer demasiado simple, y de diversas maneras. Pues está claro que podemos comunicar, y de hecho lo hacemos, cosas muy complicadas mediante el uso del lenguaje; y si hemos de pensar en el lenguaje fundamentalmente como un sistema de reglas para facilitar el logro de nuestras intenciones de comunicación, y si el análisis no ha de ser circular, ¿no es cierto que debemos atribuirnos a nosotros mismos intenciones de comunicación extremadamente complicadas (o al menos, deseos), independientemente de que tengamos a nuestra disposición los medios lingüísticos para cumplir esos deseos? ¿Y no es esto absurdo? Pienso que sí lo es. Pero el programa de análisis no lo requiere. Todo lo que el análisis requiere es que podamos explicar la noción de convenciones de comunicación en términos de la noción de comunicación preconvencional a un nivel más bien básico. Dado que podemos hacer esto, entonces hay más de una manera en la que podemos empezar a hacer avanzar nuestra posición sirviéndonos de nuestros cordones de bota lingüísticos, y parece que podemos explicar la noción de convenciones de comunicación en términos de la noción de comunicación preconvencional a un nivel más bien básico.

Podemos, por ejemplo, contarnos a nosotros mismos una historieta de la variedad analítico-genética. Supongamos que un emisor tiene éxito en una comunicación preconvencional ante un auditorio dado por medio de una emisión, digamos *x*. El emisor tiene una intención compleja, *vis-a-vis* al auditorio de la clase que cuenta como una intención comunicativa, y tiene éxito al cumplir esa intención emitiendo *x*. Supongamos que la intención primaria era tal que el emisor *quería decir significativamente* que *p* al emitir *x*; y, ya que, por hipótesis, logró un éxito comunicativo, el emisor fue *comprendido*, consiguientemente, por su auditorio. Ahora bien, si se presenta más tarde al mismo emisor, en relación con el mismo auditorio, el mismo problema de comunicación, el hecho, conocido por ambos, de que el emisor quiso decir significativamente que *p* al emitir *x* anteriormente proporciona al emisor una razón para emitir de nuevo *x* y al auditorio una razón para interpretar la emisión de la misma manera que antes. (La razón que cada uno tiene es el conocimiento de que el otro tiene el conocimiento que tiene.) Así es fácil ver cómo la emisión de *x* llega a convertirse en algo establecido entre este emisor y este auditorio como un medio de querer decir significativamente que *p*. Puesto que ha funcionado, se convierte en algo establecido; y entonces funciona *puesto que* está establecido. Es fácil ver cómo podría contarse esta historieta de manera que incluyese no solamente un grupo de dos, sino uno más amplio. Así podemos tener un movimiento a partir de un emisor que preconvencionalmente quiere decir significativamente que *p* por medio de una emisión de *x* hasta la emisión-tipo *x* que significa convencionalmente que *p* dentro de un grupo, y desde allí volver a los miembros emisores del grupo que quieren decir significativamente que *p* mediante una instancia del tipo, pero ahora *de acuerdo con las convenciones*.

Desde luego, esta explicación del significado convencional en términos del significado del emisor no es suficiente por sí misma. Pues sólo cubre el caso, o sólo cubre de manera obvia el caso, de emisiones-tipo sin estructura, esto es, de emisiones-tipo cuyo significado no se deriva sistemáticamente de los significados de sus partes. Pero una de las características de las emisiones-tipo lingüísticas es que tengan estructura. El significado de una oración es una función sintáctica de los significados de sus partes y la disposición de estas últimas. Sin embargo, no existe en principio ninguna razón por la que una emisión preconvencional no habría de tener una cierta complejidad, un género de complejidad que permitiese que un emisor, habiendo logrado un éxito en la comunicación, lograse otro repitiendo una parte de la emisión mientras varía la otra; lo que quiere decir significativamente en la segunda ocasión tiene algo en común con, y algo que lo diferencia de, lo que quiere decir significativamente en la primera ocasión. Y si el emisor logra un segundo éxito está abierto el camino para que llegue a establecerse un *sistema* rudimentario de emisiones-tipo, esto es, para que llegue a ser convencional dentro de un grupo.

Un sistema de convenciones puede modificarse para hacer frente a necesidades que difícilmente podemos imaginar que existan antes que el sistema existiese. Y esta modificación y enriquecimiento pueden crear, a su vez, la posibilidad de pensamientos tales que no podemos comprender lo que sería para alguien tenerlos, sin suponer que tal modificación y enriquecimiento han tenido lugar. De este modo podemos describir un género alternativo de desarrollo. Las intenciones de comunicación primitivas y los éxitos dan lugar al surgimiento de un sistema de significado convencional limitado, que hace posible su propio enriquecimiento y desarrollo que hacen posible, a su vez, la ampliación de pensamiento y las necesidades de comunicación hasta un punto en que otra vez se presiona sobre los recursos existentes del lenguaje que, a su vez, responde a tal presión... Y, desde luego, hay en esto un elemento de misterio, pero así es en cualquier caso en la creatividad social e intelectual humanas.

Todo lo anterior es un a modo de bosquejo, lo más esquemático posible, de algunas características sobresalientes de una teoría del significado de la intención comunicativa, y de insinuación respecto de cómo podría hacerse frente a la obvia objeción de que ciertas intenciones comunicativas presuponen la existencia del lenguaje. Todo esto se ha dicho antes y con mucho mayor refinamiento. Pero esto servirá, espero, como base suficiente para la confrontación de los puntos de vista que deseo plantear.

Pasemos ahora, pues, al punto de vista opuesto, al menos aparentemente, que hasta ahora he caracterizado sólo en su aspecto negativo. Desde luego, aquellos que sostienen este punto de vista comparten una zona del campo con sus oponentes. Ambos están de acuerdo en que los significados de las oraciones de un lenguaje están en gran parte determinados por las reglas o convenciones semánticas y sintácticas de ese lenguaje. Ambos están de acuerdo en que los miembros de cualquier grupo o comunidad de personas que comparten el conocimiento de un lenguaje —que tienen una competencia lingüística común— disponen de un instrumento o medio más o menos poderoso de comunicación y, por tanto, de modificar mutuamente las creencias o actitudes o influenciar mutuamente las acciones. Ambos están de acuerdo en que esos medios se usan regularmente de una manera por completo convencional, que lo que la gente intenta comunicar mediante lo que dice está relacionado regularmente con los significados convencionales de las oraciones que emiten. Donde discrepan es en lo que respecta a las relaciones entre las reglas del lenguaje que determinan el significado, de un lado, y la función de comunicación, de otro: un bando insiste, y el otro (aparentemente) se niega a admitir, que la naturaleza general de esas reglas puede comprenderse sólo por referencia a esta función.

El rechazo saca a colación naturalmente una pregunta, a saber: ¿cuál es el carácter general de esas reglas que, en algún sentido, han de ser dominadas por cualquiera que hable y comprenda un lenguaje dado? La respuesta rechazada fundamenta su carácter general en la función social de la comunicación, por ejemplo, de creencias, deseos o instrucciones. Si se rechaza esta respuesta, debe ofrecerse otra. De este modo preguntamos otra vez: ¿cuál es el carácter de esas reglas que determinan el significado?

Me parece que hay solamente un tipo de respuesta que ha sido alguna vez seriamente avanzado o desarrollado, o que necesita ser considerado seriamente, que proporciona una alternativa posible a la tesis del teórico de la comunicación. Se trata de una respuesta que descansa en la noción de condiciones de verdad. El pensamiento de que el sentido de una oración está determinado por sus condiciones de verdad se encuentra en Frege y en el primer Wittgenstein, y lo encontramos de nuevo en muchos escritores posteriores. Tomo como ejemplo un reciente artículo del profesor Davidson. Davidson está directamente interesado en el punto de que una explicación adecuada de las reglas de significado para un lenguaje *L* mostrará cómo los significados de las oraciones dependen de los significados de las palabras en *L*; y una teoría del significado para *L* llevará a cabo esto —dice él— si contiene una definición recursiva de verdad-en-*L*. La «conexión obvia» —dice él— entre tal definición de verdad y el concepto de significado es ésta: «la definición funciona dando las condiciones necesarias y suficientes para la verdad de cada oración, y *dar las condiciones de verdad es un modo de dar el significado de una oración*. Conocer el concepto semántico de verdad para un lenguaje es saber lo que es para una oración —cualquier oración— ser verdadera, y *esto equivale a, en un buen sentido que podemos dar a la frase, comprender el lenguaje*»[2].

Davidson, en el artículo del que estoy citando, tiene un interés limitado. Pero este interés encuentra su lugar dentro de una idea más general; y la idea general, dicha lisa y llanamente, es que las reglas sintácticas y semánticas juntas determinan los significados de todas las oraciones de un lenguaje y hacen esto, precisamente, por medio de la determinación de sus condiciones de verdad.

Ahora bien, si hemos de llegar a la raíz del asunto, si hemos de aislar la cuestión crucial, me parece importante dejar de lado, al menos inicialmente, una clase de objeciones a la adecuación de tal concepción del significado. He dicho una clase de objeciones, pero se trata de una clase de objeciones que admite subdivisiones. Así pues, puede señalarse que existe algún género de oraciones —por ejemplo, imperativas, optativas e interrogativas— para las que la noción de condiciones de verdad parece inapropiada en el sentido de

---

[2] «Truth and Meaning», *Synthese* (1967), p. 310 [versión castellana: pp. 336-355 de este volumen]. Las cursivas son mías.

que la emisión convencional de tales oraciones no tiene como resultado el decir nada verdadero o falso. O puede señalarse también que incluso las oraciones a las cuales la noción de condiciones de verdad puede parecer apropiada pueden contener expresiones que ciertamente dan lugar a una diferencia por lo que respecta a su significado convencional, pero no el tipo de diferencia que puede explicarse en términos de sus condiciones de verdad. Compárese la oración «Afortunadamente Sócrates está muerto» con la oración «Desafortunadamente Sócrates está muerto». Compárese una oración de la forma «*p* y *q*» con una oración de la forma «*p* pero *q*». Resulta claro que el significado de los miembros de cada par de oraciones es diferente; dista de estar claro que difieran sus condiciones de verdad. Y no hay solamente una o dos expresiones que den lugar a este problema, sino un gran número de tales expresiones.

Obviamente, tanto una teoría del significado general y comprensiva como una teoría semántica comprensiva para un lenguaje particular deben estar equipadas para habérselas con esos puntos. Con todo, pueden considerarse razonablemente como puntos periféricos. Porque es una verdad reconocida implícitamente por los mismos teóricos de la comunicación[3] el que en casi todas las cosas que contaríamos entre las oraciones existe un núcleo central y substancial de significado que es explicable o en términos de condiciones de verdad o en términos de alguna noción relacionada derivable de manera completamente simple de la de condición de verdad, por ejemplo, la noción, como podríamos llamarla, de condición de obediencia en el caso de una oración imperativa o de condición de cumplimiento en el caso de una optativa. Si suponemos, por tanto, que puede darse una explicación de la noción de condición de verdad misma, una explicación que sea de hecho independiente de la referencia a la intención comunicativa, entonces podemos razonablemente pensar que la mayor parte de la tarea de una teoría general del significado se ha llevado a cabo sin tal referencia. Y corroborando esto, según la misma suposición, podemos pensar que la mayor parte de la teoría particular del significado de un lenguaje particular *L* puede también darse, libre de cualquier referencia, incluso implícita, de este tipo; pues puede darse estableciendo de manera sistemática las reglas semánticas y sintácticas que determinan las condiciones de verdad para las oraciones de *L*.

---

[3] Este reconocimiento está implícito probablemente, aunque no de manera muy clara, en el concepto austiniano de *significado locucionario* (cfr. *How to do Things with Words*. Oxford, 1962 [versión castellana: *Palabras y acciones*, Paidós, Buenos Aires, 1969]; está ciertamente implícito en la distinción de Grice entre lo que los hablantes *dicen efectivamente*, en un sentido favorecido de «decir», y lo que implican (cfr. «Utterer's Meaning. Sentence-Meaning and Word-Meaning», en *Foundations of Language*, 1968); y de nuevo en la distinción de Searle entre la *proposición* que se propone y el modo ilocucionario en que es propuesta (cfr. *Speech Acts*, Cambridge, 1969 [versión castellana: *Actos de habla. Ensayo de filosofía del lenguaje*, Cátedra, Madrid, 1980]).

Desde luego, como ya se ha admitido, algo habrá de añadirse para completar nuestra teoría general y nuestras teorías particulares. Así, a una teoría particular habrá de añadírsele una explicación de las transformaciones que producen oraciones con condiciones de obediencia o de cumplimiento a partir de oraciones con condiciones de verdad; y la teoría general tendrá que decir qué clase de cosa es en general, semánticamente hablando, una oración derivada de este tipo. Pero esto, aunque dé como resultado una abundante cosecha de oraciones, es en sí mismo una adición relativamente pequeña, tanto a la teoría particular como a la general. De nuevo, serán necesarias otras adiciones en conexión con las otras objeciones que he mencionado. Pero, movido a confianza por su hipotético éxito, el teórico puede pensar en habérselas con alguna de esas adiciones sin referencia esencial a la intención comunicativa; y, movido a generosidad por este hipotético éxito, puede darse el gusto de conceder derechos en alguna pequeña y externa porción del territorio *de facto* de la semántica teórica al teórico de la intención comunicativa, en lugar de confinar a este último a algún territorio menos apetitoso denominado pragmática teórica.

Espero que resulte claro ahora cuál es el punto central. No consiste en otra cosa que la aparentemente simple cuestión de si la noción de condiciones de verdad puede ella misma explicarse o comprenderse sin referencia a la función de comunicación. Se requiere una clarificación menor antes de que vuelva a examinar la cuestión directamente. He usado libremente la frase «las condiciones de verdad de las oraciones» y he hablado de esas condiciones de verdad como determinadas por las reglas semánticas y sintácticas del lenguaje al que las oraciones pertenecen. En tal contexto nosotros entendemos de manera natural la palabra «oración» en el sentido de una «oración-tipo». (Entiendo por oración en el sentido de tipo el sentido en que hay precisamente una oración castellana que diga «Estoy sintiendo escalofríos», o precisamente una oración castellana que diga «Ella celebró ayer su decimosexto cumpleaños», donde una y la misma oración puede emitirse en incontables ocasiones diferentes, por personas diferentes y con diferentes referencias o aplicaciones.) Pero para muchas oraciones-tipo, tales como esta que acabamos de mencionar, la cuestión de si ellas, las *oraciones*, son verdaderas o falsas es una cuestión que no tiene aplicación natural: no es de las mismas oraciones-tipo invariantes de las que se dice naturalmente que son verdaderas o falsas, sino más bien de las cosas sistemáticamente variantes que las personas dicen, las proposiciones que expresan, cuando emiten esas oraciones en diferentes ocasiones particulares. Pero, si la noción de *valores* de verdad es en general inapropiada para las oraciones-tipo, ¿cómo puede ser apropiada la noción de *condiciones* de verdad? Pues, presumiblemente, las condiciones de verdad de algo son las condiciones bajo las cuales es verdadero.

La dificultad, sin embargo, se resuelve muy fácilmente. Todo lo que es necesario decir es que el enunciado de las condiciones de verdad para muchas oraciones-tipo —quizás la mayor parte de las que se emiten efectivamente en la conversación ordinaria— ha de ser relativizado, y puede serlo, de una manera sistemática, a las condiciones contextuales de emisión. Un enunciado general de las condiciones de verdad para tal oración será entonces, no un enunciado de las condiciones bajo las cuales esa oración es una verdad, sino un enunciado general de un tipo de condiciones bajo las cuales diferentes emisiones particulares de ella darán por resultado diferentes verdades particulares. Y existen otras maneras más o menos equivalentes, aunque más bien menos naturales, de resolver la dificultad.

Vayamos ahora, al fin, al punto central. Para los teóricos de la semántica formal, como los he llamado, el peso total, o la mayor parte del peso, tanto de la teoría general del significado como de las teorías semánticas particulares reside en la noción de condiciones de verdad y, por consiguiente, en la noción de verdad. Acordamos dejar el asunto aquí. Pero no podemos estar todavía convencidos de que tenemos una comprensión general adecuada de la noción de significado a menos que estemos convencidos de que tenemos una comprensión general adecuada de la noción de verdad.

Hay aquí una maniobra que bloquearía toda esperanza de lograr la comprensión adecuada; y, si no estoy equivocado, se trata de una maniobra que tiene un cierto atractivo para algunos teóricos de la semántica formal. Consiste en reaccionar ante la petición de una explicación general de la noción de verdad remitiéndonos a una concepción de la verdad-en-un-lenguaje-dado, *L*, tipo Tarski, una concepción que es elucidada precisamente mediante un enunciado recursivo de las reglas que determinan las condiciones de verdad para oraciones de *L*. Esto equivale a rechazar totalmente el encararse con la cuestión filosófica general. Una vez que estamos de acuerdo en el punto general de que los significados de las oraciones de un lenguaje están determinados, o determinados en gran medida, por las reglas que determinan las condiciones de verdad, planteamos a continuación la cuestión general de qué clase de cosa son las condiciones de verdad, o *de* qué son condiciones las condiciones de verdad; y se nos dice que el concepto de verdad para un lenguaje dado está definido por las reglas que determinan las condiciones de verdad para oraciones de ese lenguaje.

Evidentemente, no podemos quedar satisfechos con esto. Así volvemos a nuestra cuestión general sobre la verdad. E inmediatamente sentimos cierta turbación. Pues hemos llegado a pensar que hay muy poco que decir sobre la verdad *en general*. Pero veamos lo que podemos hacer con este poquito. Hay aquí una manera de decir algo incontrovertido y bastante general sobre la verdad. Alguien que hace un enunciado o aserción hace un enunciado verdadero si y sólo si las cosas son, al hacer el enunciado, como él enuncia que son. O de nuevo, alguien que expresa una suposición expresa una suposición verdadera si y sólo si las cosas son, al expresar la suposición, como él expresamente supone que son. Entretejamos ahora con tales observaciones tan inocuas como éstas los pensamientos en que estábamos de acuerdo sobre significado y condiciones de verdad. Tenemos entonces: primero, el significado de una oración está determinado por aquellas reglas que determinan cómo se enuncia que son las cosas por alguien que, al emitir la oración, hace un enunciado; o cómo se supone expresamente que son las cosas por alguien que, al emitir la oración, expresa una suposición. Y así, recordando que las reglas están relativizadas a condiciones contextuales, podemos parafrasear lo anterior como sigue: el significado de una oración está determinado por las reglas que determinan *qué* enunciado hace alguien que, al emitir la oración en condiciones dadas, hace un enunciado, o que determinan *qué* suposición expresa alguien que, al emitir la oración en condiciones dadas, expresa una suposición, y así sucesivamente.

Así nos vemos retrotraídos, por medio de la noción de verdad, a la noción del *contenido* de actos de habla tales como enunciar, suponer expresamente, y así sucesivamente. Y aquí el teórico de la intención comunicativa ve su oportunidad. No hay esperanza, dice él, de elucidar la noción del contenido de tales actos de habla sin prestar alguna atención a las nociones de esos mismos actos de habla. Ahora bien, de todos los actos de habla en los cuales, de un modo u otro, puede proponerse algo verdadero o falso, resulta razonable considerar que el enunciado o aserción tiene una posición especialmente central. (En ascuas tras certezas: valoramos primariamente la especulación puesto que valoramos la información.) Y no podemos elucidar, mantiene el teórico, la noción de enunciar o aseverar excepto en términos de intención dirigida a un auditorio. Pues el caso fundamental de enunciar o aseverar en términos de los cuales deben comprenderse todas las variantes es el de emitir una oración con una cierta intención —una intención completamente abierta en el sentido requerido por el análisis del significado del emisor— que puede describirse incompletamente como la intención de hacer que un auditorio sepa, o la de inducirlo a pensar, que el hablante tiene una cierta creencia; como resultado de lo cual puede, o no puede, activarse o producirse en el auditorio esa misma creencia. Las reglas que determinan el significado convencional de la oración se asocian con las condiciones contextuales de su emisión para determinar lo que la creencia en cuestión *es* en tal caso primario y fundamental. Y al determinar lo que la creencia en cuestión es en tal caso, las reglas determinan qué enunciado se hace en ese caso. Determinar lo primero *es* determinar lo último. Pero esto es precisamente lo que nosotros buscábamos. Puesto que cuando partíamos del punto de acuerdo de que las reglas que determinan las condiciones de verdad determinan de este modo el significado, la conclusión a que fuimos llevados era precisamente que aquellas reglas determinaban qué enunciado hace alguien que, al emitir la oración, hace un enunciado. De esta manera, el punto de acuerdo, lejos de ser una alternativa a la teoría comunicativa del significado, nos lleva directamente a tal teoría del significado.

La conclusión puede parecer un poco demasiado rápida. Así pues, veamos si hay alguna manera de evitarla. La condición general para evitarla resulta clara. Consiste en que seamos capaces de dar una explicación de la noción de condiciones de verdad que no incluya referencia esencial a actos de habla comunicativos. La alternativa de rehusar el dar cualquier explicación en absoluto —de apoyarse sólo en la noción de condiciones de verdad— simplemente no nos está abierta, como ya he indicado, si estamos interesados en la elucidación filosófica de la noción de significado: nos dejaría con los conceptos de significado y verdad señalando el uno hacia el otro vacua e inútilmente. Tampoco serviría de ayuda, por más que podría ser tentador en este punto, retroceder desde la noción de condiciones de verdad a la noción menos específica de correlación en general; decir, simplemente, que las reglas que determinan el significado de las oraciones lo hacen correlacionando las oraciones, contempladas como emitidas en ciertas condiciones contextuales, con ciertos estados de cosas posibles. Una razón por la que esto no ha de funcionar es que la noción de correlación en general es simplemente demasiado inespecífica. Hay muchos géneros de conducta (incluyendo la conducta verbal) —y podrían imaginarse muchos más géneros—, que están correlacionados mediante reglas con estados de cosas posibles sin que sea el caso que tal correlación les confiera el género de relación con esos estados de cosas posibles en los que estamos interesados.

Otra razón por la cual esto no funcionará es la siguiente: Considérese la oración «Estoy cansado». Las reglas que determinan su significado son en efecto tales que correlacionan la oración, considerada como emitida por un hablante particular en un tiempo particular, con el estado de cosas posible consistente en que el hablante está cansado en ese tiempo. Pero esta característica no es peculiar de esa oración o de los miembros de la clase de oraciones que tienen el mismo significado que ella. Pues considérese la oración «No estoy cansado». Las reglas que determinan su significado son también tales que correlacionan la oración, contemplada como emitida por un hablante determinado en un tiempo determinado, con el estado de cosas posible consistente en que el hablante está cansado en ese tiempo. Desde luego, los géneros de correlación son diferentes. Son tales, respectivamente, que a aquel que emitiese la primera oración se le comprendería normalmente como afirmando, y a aquel que emitiese la segunda oración se le comprendería normalmente como negando, que el estado de cosas en cuestión se daba; o, de nuevo, son tales que aquel que emite la primera oración cuando el estado de cosas en cuestión se da, ha hecho un enunciado verdadero, y aquel que emite la segunda oración en esas circunstancias ha hecho un enunciado falso. Pero invocar esas diferencias sería precisamente renunciar a la idea de emplear sólo la noción no específica de correlación en general. No merece la pena elaborar más este punto. Pero fácilmente se verá que no sólo oraciones diferentes, incluso opuestas, en significado están correlacionadas, de una manera u otra, con el mismo estado de cosas posible, sino que una y la misma oración no ambigua está correlacionada, de una manera u otra, con muchos estados de cosas diferentes y en algunos casos mutuamente incompatibles. La oración «Estoy cansado» está correlacionada con el estado de cosas posible consistente en que el hablante está en un punto total de agotamiento, y también con el estado de cosas consistente en que está fresco como una rosa. La oración «Tengo más de cuarenta años» está correlacionada con cualquier estado de cosas posible respecto a la edad del hablante, y la de «Los cisnes son blancos» con cualquier estado de cosas respecto del color de los cisnes.

La completamente inespecífica noción de correlación carece entonces de uso para el propósito que llevamos entre manos. Es necesario encontrar alguna manera de especificar una correlación particular en cada caso, a saber: la correlación de la oración con el estado de cosas posible cuyo darse sería necesario y suficiente para que se hubiera dicho algo *verdadero* al emitir la oración bajo cualesquiera condiciones contextuales que se contemplen. Así volvemos, una vez más, a la noción de condiciones de verdad y a la cuestión de si podemos dar una explicación de esta noción que no incluya referencia esencial a actos de habla comunicativos, esto es, a la intención comunicativa.

En este punto solamente acierto a ver un recurso abierto, o aparentemente abierto, para el teórico del significado que aún mantenga que la noción de intención comunicativa no tiene un lugar esencial en el análisis del concepto de significado. Si no ha de tragar el anzuelo de su oponente, tiene que imitarle. Él ve ahora que no puede detenerse en la idea de verdad. Esta idea lleva directamente a la idea de *lo que es dicho*, del contenido de lo que es dicho, cuando se hacen las emisiones; y esto, a su vez, a la cuestión de lo que está siendo *hecho* cuando se hacen las emisiones. Pero ¿no puede el teórico recorrer algún trecho de este camino sin ir tan lejos como su oponente? ¿No sería posible *suprimir* la referencia a la intención comunicativa *preservando* una referencia a, digamos, la expresión de creencia? ¿Y no será esto, dicho sea de paso, más realista en tanto que nosotros a menudo nos vocalizamos nuestros pensamientos a nosotros mismos, sin ninguna intención comunicativa?

La maniobra propuesta merece una descripción más completa. Es como sigue. En primer lugar, sigue al teórico de la intención comunicativa al responder al desafío de que proporcione una elucidación de la noción de condiciones de verdad invocando la noción de, por ejemplo, y centralmente, enunciado o aserción (aceptando el punto incontrovertido de que alguien hace un enunciado o aserción verdaderos cuando las cosas son como, al hacer esa aserción, él asevera que son). En segundo lugar, sigue de nuevo al teórico de la comunicación al responder al desafío de que proporcione una elucidación de la noción de aseverar haciendo una conexión con la noción de creencia (concediendo que hacer una aserción es, en el caso primario, dar expresión a una creencia; hacer una aserción verdadera es dar expresión a una creencia correcta; y una creencia es correcta cuando las cosas son como aquel que sostiene esa creencia, cree que son). Pero, en tercer lugar, se aparta del teórico de la comunicación en lo que respecta a la naturaleza de esta conexión entre aserción y creencia; esto es: niega que el análisis de la noción de aseverar incluya referencia esencial a una intención; por ejemplo, lograr que un auditorio piense que el que hace la aserción mantiene la creencia; niega que el análisis de la noción de aseverar incluya *algún* género de referencia a una intención dirigida a un auditorio; mantiene, por el contrario, que es perfectamente satisfactorio aceptar aquí la noción de simplemente vocalizar o expresar una creencia. Entonces concluye que las reglas determinantes del significado para una oración del lenguaje son las reglas que determinan *qué* creencia es convencionalmente articulada por alguien que, en condiciones contextuales dadas, emite la oración. Como antes, determinar qué es esta creencia, es la misma cosa que determinar qué aserción se hace. Así se preservan todos los méritos de la teoría del oponente, mientras que la referencia a la comunicación es empujada hacia afuera.

Desde luego, este teórico y su oponente deben decir muchas más cosas. Pues las oraciones que pueden usarse para expresar creencias no tienen por qué ser usadas siempre de esta manera. Pero la observación ha de hacerse a ambas partes. Por esto podemos ignorarla por ahora.

Ahora bien, ¿servirá esto? Creo que no. Pero para ver que no ha de servir, es posible que tengamos que luchar duramente contra una determinada ilusión. Pues la noción de expresar una creencia puede parecernos perfectamente llana; y, por tanto, la noción de expresar una creencia de acuerdo con ciertas convenciones puede parecernos igualmente llana. Con todo, en tanto que la noción de expresar una creencia es la noción que necesitamos, puede tomar prestada toda su fuerza y aparente llaneza precisamente de la situación de comunicación de cuya dependencia se suponía que liberaba al análisis del significado. Podemos sentirnos tentados a argumentar como sigue. A menudo expresamos creencias con una intención dirigida a un auditorio; intentamos que nuestro auditorio considere que tenemos la creencia que expresamos y quizás también que esa creencia sea activada o producida en el auditorio. Pero, entonces, ¿podría haber algo más sencillo que esto: que lo que hacemos con una intención dirigida a un auditorio lo podemos hacer también sin ninguna intención semejante? Esto es, la intención dirigida a un auditorio, cuando está presente, es algo sobreañadido a la actividad de expresar una creencia y no es de ningún modo esencial a ella, o al concepto de ella.

Ahora bien, ¡qué mezcla de verdad y falsedad, de perogrullada e ilusión tenemos aquí! Supóngase que reconsideráramos por un momento ese análisis del significado del emisor que fue someramente bosquejado al comienzo. El emisor produce algo —su emisión *x*— con una intención compleja dirigida a un auditorio, que incluye, digamos, inducir al auditorio a pensar que él tiene una cierta creencia. No podemos separar o extraer del análisis un elemento que corresponda a su expresar una creencia sin ninguna intención tal, aunque podríamos producir efectivamente la descripción siguiente e imaginar su defensa: él actúa *como* si tuviese tal intención aunque, de hecho, no la tiene. Pero aquí la descripción depende de la descripción del caso en que él tiene tal intención.

Lo que estoy sugiriendo es que podemos sentirnos tentados, aquí como en otras partes, por un género de aritmética de conceptos ficticia. Dado el concepto de Expresión de Creencia Dirigida a un Auditorio (ECDA), podemos en efecto pensar en Expresión de Creencia (EC) sin Dirección a un Auditorio (DA), y encontrar casos de esto. Pero no se sigue que el concepto de ECDA es un género de compuesto lógico, integrado, a su vez, por los dos conceptos más simples DA y EC, y, por consiguiente, que EC es conceptualmente independiente de ECDA.

Estas observaciones no muestran, desde luego, que no hay un concepto independiente de expresión de creencia que haya de responder a las necesidades del teórico de la anticomunicación. Se trata solamente de observaciones dirigidas contra un argumento demasiado simple al efecto de que hay tal concepto.

Hasta aquí esto está claro. Si existe tal concepto esencialmente independiente de expresión de creencia que haya de responder a las necesidades del análisis de la noción de significado, no podemos detenernos justamente en la frase «expresar una creencia». Tenemos que ser capaces de dar alguna *explicación* de este concepto, de contarnos a nosotros mismos alguna historieta inteligible sobre él. Algunas veces podemos decir razonablemente de las acciones de un hombre o de su conducta que expresan una creencia cuando, por ejemplo, vemos que esas acciones están dirigidas hacia un fin o meta que es plausible adscribirle en tanto que es también plausible adscribirle esa creencia. Pero esta reflexión no nos lleva por sí misma muy lejos. Por una parte, según el presente programa, le está vedado hacer referencia al fin o meta de la comunicación como parte esencial de nuestra historieta. Por otra parte, la clase de conducta en la que estamos interesados ha de ser, o ha de ser capaz de ser, formalizada o convencionalizada de tal manera que pueda ser considerada como sujeta a, o realizada por, la observancia de reglas; y de reglas, además, que regulan la conducta precisamente en su aspecto como expresión de creencia. No valdrá el decir simplemente: podríamos suponer que una persona encuentra *alguna* satisfacción (inespecificada) o *algún* objeto (inespecificado) al realizar ciertas acciones (quizás vocales) en algunas ocasiones, estando relacionadas esas acciones sistemáticamente con el hecho de que esa persona tenga ciertas creencias. Pues supongamos que una persona tuviese una práctica de vocalizar de determinada manera siempre que ve que el sol sale y de otra manera, en parte similar, en parte diferente, siempre que ve que se pone. Entonces esta práctica estaría relacionada regularmente con ciertas creencias, esto es, que el sol estaba saliendo o que se estaba poniendo. Pero esta descripción no nos da ninguna razón en absoluto para decir que cuando esa persona estaba entregándose a esa práctica estaba *expresando la creencia* de que el sol estaba saliendo o poniéndose, de acuerdo con una regla para hacerlo así. Realmente no tenemos una descripción suficiente para saber *qué* decir. Por lo que podemos contar, podríamos decir nosotros, esa persona tiene este ritual consistente en *saludar* la salida y la puesta del sol de esta manera. No sabemos qué necesidades suyas satisface esto.

Sin embargo, supongamos —en atención al argumento— que podemos elaborar alguna concepción relevante de expresar una creencia que no presuponga nada que, según el presente programa, le está vedado presuponer; y que trazamos este concepto de expresar una creencia para dar cuenta, o proporcionar un análisis, según las líneas indicadas, de la noción de significado lingüístico. Resulta entonces una consecuencia interesante. Esto es, aparecerá como una verdad completamente contingente sobre el lenguaje el que las reglas o convenciones que determinan los significados de las oraciones del lenguaje son reglas o convenciones públicas o sociales. Esto será, por así decirlo, un hecho natural, un hecho de la naturaleza, de ninguna manera esencial al concepto de lenguaje, y que reclama una explicación natural a la que no se le debe permitir tocar o modificar ese concepto. No debe haber nada en el *concepto* que excluya la idea de que todo individuo podría tener su propio lenguaje que solamente él comprende. Pero entonces podría preguntarse: ¿Por qué habría de observar cada individuo sus propias reglas, o unas cualesquiera? ¿Por qué no habría de expresar cualquier creencia que quisiese de cualquier modo que se le antojase cuando tuviese el impulso de expresarla? Hay al menos una respuesta a esta pregunta que le está vedado dar al teórico, aunque sólo sea en interés de su propio programa. No puede decir: bien, una persona podría querer *registrar* sus creencias de modo que pudiese referirse a los registros más tarde y entonces encontraría conveniente el tener reglas para interpretar sus propios registros. Al teórico le está vedado el dar esta respuesta porque introduce, aunque de forma atenuada, el concepto de intención comunicativa: la persona primera se comunica con su yo posterior.

Podría haber una manera de acallar las dudas que surgen tan rápidamente a lo largo de esta senda. Consistiría en ofrecer explicaciones naturales posibles del supuesto hecho natural de que el lenguaje es público, de que las reglas lingüísticas son más o menos reglas socialmente comunes; explicaciones que evitasen con éxito cualquier sugerencia de que la conexión de las reglas públicas con la comunicación no era algo sino incidental y contingente. ¿Cómo podría funcionar tal explicación? Podríamos decir que era un punto de acuerdo el que la posesión de un lenguaje desarrolla la mente, que hay creencias que no podrían expresarse sin un lenguaje para expresarlas, pensamientos que no se podrían considerar sin un sistema de expresiones gobernado por reglas para articularlos. Y es un hecho el que los seres humanos no adquirirían simplemente dominio de tal sistema a menos que estuvieran expuestos, cuando niños, a condicionamiento o entrenamiento por los miembros adultos de una comunidad. Sin que nos ocupemos de los orígenes remotos del lenguaje, podemos entonces suponer que los miembros adultos de una comunidad desean que sus sucesores tengan a su disposición este instrumentos de desarrollo de la mente, y evidentemente el procedimiento total de entrenamiento se simplificará si todos ellos enseñan el mismo, el lenguaje común. Podemos suponer razonablemente que los aprendices, al principio, no se dan cuenta por completo de lo que habrán de hacer a la larga con el lenguaje; se trata para ellos, al principio, de aprender a hacer la cosa correcta más bien que de aprender a decir la cosa verdadera; esto es, se trata de responder vocalmente a situaciones de una manera en la que alcanzarán recompensa o evitarán castigo, más bien que *expresar sus creencias*. Pero más tarde llegan a darse cuenta de que han dominado un sistema que les capacita para realizar esta (aún inexplicada) actividad siempre que lo deseen, y *entonces* están hablando un lenguaje.

Desde luego, tiene que admitirse que en el proceso son susceptibles también de adquirir la destreza *secundaria* de comunicar sus creencias. Pero esto es simplemente algo añadido, un beneficio extra y conceptualmente fuera de contrato que queda completamente al margen de la descripción de lo que es haber dominado las reglas de significado del lenguaje. Si, en efecto, se dirigen emisiones inequívocas, cuya función especial es expresión de creencia, a otro miembro de la comunidad, éste tenderá a considerar que se mantienen cualesquiera creencias que estén es cuestión y que efectivamente se intenta que él considere que esto es así; y este hecho puede dar lugar —en realidad ha de admitirse que da lugar— a un racimo completo de consecuencias sociales, y saca a la luz toda suerte de posibilidades de géneros de comunicación lingüística distintos del que se basa en la expresión de creencia. Por ello, como ya se ha reconocido, podemos tener que permitir a la larga alguna referencia esencial a la intención comunicativa en porciones externas de nuestra teoría semántica. Pero incurrimos en este riesgo solamente cuando vamos más allá del núcleo central de significado, determinado por las reglas que determinan las condiciones de verdad. Por lo que concierne al núcleo central, la función de comunicación permanece como algo secundario, derivativo, conceptualmente inesencial.

Espero que esté claro que cualquier historieta de este tipo ha de ser demasiado perversa y arbitraria para satisfacer las exigencias de una teoría aceptable. Si es éste el modo en que ha de plantearse el juego, entonces debe concedérsele al teórico de la comunicación el haber ganado.

Pero, finalmente, ¿ha de plantearse el juego de esta manera? Pienso, finalmente, que tiene que jugarse así. En efecto, es una cosa inocua y saludable el decir que conocer el significado de una oración es saber bajo qué condiciones el que la emite dice algo verdadero. Pero si deseamos una elucidación filosófica del concepto de significado, entonces el *dictum* representa no el final, sino el comienzo de nuestra tarea. Simplemente restringe, y cambia de lugar, nuestro problema, forzándonos a indagar qué es lo que contiene la frasecita «...dice algo verdadero». Desde luego hay muchas maneras en las que se puede decir algo que es de hecho verdadero, dar expresión, si se quiere, a una proposición, sin expresar, por ese medio, creencia en ello, sin aseverar esa proposición: por ejemplo, cuando las palabras en cuestión forman ciertos tipos de cláusulas subordinadas o coordinadas, cuando se está citando o actuando, y así sucesivamente. Pero cuando nos ponemos a intentar explicar en general qué es decir algo verdadero, expresar una proposición verdadera, es ineludible la referencia a creencia o a aserción (y, por medio de esto, a creencia). Entonces podemos aventurar inocuamente: alguien dice algo verdadero si las cosas son como dice que son. Pero éste «dice» tiene ya la fuerza de «asevera». O, para evitar el «dice» que equivale a «asevera», podemos aventurar inocuamente: alguien propone de una manera u otra una proposición verdadera si las cosas son como cualquiera que creyese lo que propone, creería por este medio que son. Y aquí la referencia a la creencia es explícita.

La referencia, directa o indirecta, a la expresión de creencia es inseparable del análisis de decir algo verdadero (o falso). Y, como he intentado mostrar, no es realista hasta el punto de ser ininteligible —o, al menos, es de una perversidad extrema— el intentar liberar la noción de expresión lingüística de creencia de toda conexión esencial con el concepto de intención comunicativa.

Anteriormente insinué que el hábito de algunos filósofos de hablar como si «verdadero» fuese un predicado de oraciones-tipo era solamente una aberración menor, que podría bastante fácilmente acomodarse a los hechos. Y así se puede hacer. Pero no se trata de una simple pedantería el insistir en corregir la aberración. Pues si no andamos con cuidado es susceptible de inducirnos totalmente a error. Es susceptible, cuando indagamos sobre la naturaleza del significado, de hacernos olvidar *para* qué son las oraciones. Conectamos significado con verdad, y verdad, demasiado simplemente, con oraciones; y las oraciones pertenecen al lenguaje. Pero, como los teóricos, nosotros no sabemos nada del *lenguaje* humano, a menos que comprendamos el *habla* humana.

INTERPRETACIÓN RADICAL*

DONALD DAVIDSON

Kurt emite las palabras «Es regnet» y, bajo las condiciones correctas, sabemos que ha dicho que está lloviendo. Una vez que hemos identificado su emisión como intencional y lingüística, somos capaces de continuar e interpretar sus palabras: podemos decir lo que sus palabras significaban en esa ocasión. ¿Qué podríamos saber que nos capacitase para hacer esto? ¿Cómo podríamos llegar a saberlo? La primera de esas preguntas no es la misma que la pregunta acerca de si sabemos *efectivamente* lo que nos capacita para interpretar las palabras de otros. Pues podría fácilmente haber algo que podríamos saber y no sabemos, cuyo conocimiento fuese suficiente para la interpretación, mientras que, por otra parte, no es absolutamente obvio que haya algo que de hecho sepamos y que desempeñe un papel esencial en la interpretación. La segunda pregunta, cómo podríamos llegar a tener un conocimiento que nos sirviese para producir interpretaciones, no es algo que, desde luego, concierna a la historia efectiva de la adquisición del lenguaje. Se trata, pues, de una pregunta doblemente hipotética: dada una teoría que hiciera posible la interpretación, ¿qué evidencia plausiblemente disponible a un intérprete potencial apoyaría la teoría hasta un grado razonable? En lo que sigue intentaré afinar esas preguntas y sugerir respuestas.

El problema de la interpretación es tanto doméstico como foráneo; se plantea entre hablantes del mismo lenguaje en la forma de la pregunta: ¿cómo se puede determinar que el lenguaje es el mismo? Los hablantes del mismo lenguaje pueden proceder de acuerdo con la suposición de que, para ellos, las mismas expresiones han de interpretarse de la misma manera, pero esto no indica lo que justifica la suposición. Toda comprensión del habla de otro implica interpretación radical. Pero nos ayudará a mantener que las suposiciones no pasen inadvertidas el concentrarnos en casos donde más claramente se requiere la interpretación: la interpretación en un idioma del habla en otro idioma[1].

* Versión castellana de Luis M. Valdés Villanueva.

[1] Aquí, y a lo largo de este artículo, mi deuda con el trabajo de W. v. O. Quine será obvia. El término «interpretación radical» quiere sugerir una fuerte afinidad con la «interpretación

¿Qué conocimiento serviría para la interpretación? Una respuesta breve sería la siguiente: el conocimiento de lo que significa cada expresión significativa. En alemán, esas palabras que Kurt dijo significan que está lloviendo y Kurt estaba hablando alemán. Así, al emitir las palabras «Es regnet», Kurt dijo que estaba lloviendo. Esta réplica, como podría pensarse en principio, no vuelve a enunciar meramente el problema. Pues sugiere que al pasar de una descripción que no interpreta (su emitir las palabras «Es regnet») a una descripción interpretante (su decir que está lloviendo) tenemos que introducir un mecanismo de palabras y expresiones (que pueden o no ejemplificarse en emisiones efectivas), y esta sugerencia es importante. Pero la réplica no sirve de más ayuda, pues no dice lo que es saber lo que significa una expresión.

Hay ciertamente también una ligera indicación de que correspondientemente a cada expresión significativa hay una entidad, su significado. Se ha demostrado que esta idea, sino errónea, sirve de muy poca ayuda: en el mejor de los casos hipostatiza el problema.

El desencanto respecto a los significados en tanto que llevando a cabo una explicación viable de la comunicación o interpretación ayuda a explicar por qué algunos filósofos han intentado abandonar no solamente los significados, sino cualquier teoría seria en absoluto. Resulta tentador, cuando los conceptos que convocamos para intentar explicar la interpretación resultan ser más frustrantes que el *explanandum*, hacer la reflexión de que después de todo la comunicación verbal no consiste en nada más que perturbaciones elaboradas producidas en el aire que forman un eslabón causal entre las actividades no lingüísticas de los agentes humanos. Pero aunque los discursos interpretables no son nada más que (esto es, son idénticos a) acciones realizadas con variadas intenciones no lingüísticas (aconsejar, controlar, divertir, distraer, insultar), y esas acciones no son a su vez más que (son idénticas a) movimientos intencionales de los labios y la laringe, esta observación no nos hace avanzar nada hacia una explicación general inteligible de lo que podríamos saber que nos permitiese redescribir emisiones no interpretadas como las emisiones correctamente interpretadas.

La apelación a los significados nos deja más varados aún que cuando empezábamos a partir de las actividades no lingüísticas que tenían que proporcionar la base evidencial para la interpretación; la actitud «nada más que» no proporciona ninguna clave de cómo está relacionada la evidencia con aquello para lo que con seguridad es evidente.

Otras propuestas para llenar el vacío fracasan de varias maneras. Las teorías «causales» de Ogden y Richards y de Charles Morris intentaban analizar el significado de las oraciones, tomadas una por una, sobre la base de

---

radical» de Quine (*Word and Object*, Cambridge, Mass., 1960 [versión castellana: Labor, Barcelona, 1968]). Sin embargo, afinidad no es identidad, e «interpretación» en lugar de «traducción» marca una de las diferencias: un mayor énfasis sobre lo explícitamente semántico.

datos conductistas. Incluso si esas teorías hubiesen funcionado para las oraciones más simples (que claramente no lo hacen), no han tocado el problema de extender el método a oraciones de mayor complejidad y abstracción. Las teorías de otro género empiezan intentando conectar palabras más bien que oraciones con hechos no lingüísticos. Esto es prometedor puesto que las palabras son finitas en número mientras que las oraciones no lo son, y sin embargo cada oración no es más que una concatenación de palabras: esto ofrece la oportunidad de una teoría que interprete cada una de las infinitas oraciones usando solamente recursos finitos. Pero tales teorías fallan a la hora de alcanzar la evidencia, pues parece claro que las características semánticas de las palabras no pueden explicarse directamente sobre la base de fenómenos no lingüísticos. La razón es simple. Los fenómenos a los que tenemos que volvernos son los intereses y actividades extralingüísticos al servicio de los cuales está el lenguaje, y las palabras están al servicio de ellos solamente en la medida en que las palabras están incorporadas (o siempre que sucede que lo están) en oraciones. Pero no hay oportunidad de dar una explicación fundacional de las palabras antes de darla de las oraciones.

Por razones completamente diferentes, la interpretación radical no puede esperar tomar como evidencia para el significado de una oración una explicación de las intenciones complejas y delicadamente discriminadas con las que se emite típicamente la oración. No es fácil ver cómo un enfoque tal podría habérselas con el rasgo estructural y recursivo del lenguaje que es esencial para explicar cómo pueden entenderse nuevas oraciones. Pero la dificultad central es que no podemos esperar añadir un sentido a la atribución de intenciones finamente discriminadas independientemente de la interpretación del habla. La razón es que no podemos plantear cuestiones necesarias, sino que interpretar las intenciones de un agente, sus creencias y sus palabras son partes de un proyecto único, ninguna de cuyas partes puede asumirse que esté completa hasta que el resto lo esté. Si esto es correcto, no podemos hacer de la panoplia completa de intenciones y creencias la base evidencial de una teoría de la interpretación radical.

Estamos ahora en posición de decir algo que sirva para hacer posible la interpretación. El intérprete tiene que ser capaz de entender cualquiera de las infinitas oraciones que el hablante podría emitir. Si hemos de enunciar explícitamente lo que el intérprete podría conocer de modo que lo capacitase para hacer esto, tenemos que ponerlo en forma finita[2]. Si ha de cumplirse este requi-

[2] En alguna época estuve convencido de que, a menos que una teoría tal caracterizada finitamente pudiera ser proporcionada para un lenguaje, éste no podría ser aprendido por una criatura con poderes finitos. (Ver Donald Davidson, «Theorics of Meaning and Learnable Languages», en *Proceedings of the 1964 International Congress for Logic, Methodology and Philosophy of Science*, Amsterdam, 1966, pp. 383-394 [versión castellana en: *De la verdad y la interpretación*, Gedisa, Barcelona, 1990].) Esto aún me parece igualmente correcto, pero George Kreisel me ha hecho comprender que la idea no es obvia.

sito, cualquier esperanza de un método universal de interpretación debe abandonarse. Lo máximo que puede esperarse es explicar cómo un intérprete podría interpretar las oraciones de los hablantes de un único lenguaje (o un número finito de lenguajes): carece de sentido pedir una teoría que proporcionase una interpretación explícita para cualquier emisión en cualquier (posible) lenguaje.

No está aún claro, desde luego, en qué consiste para una teoría proporcionar una interpretación explícita de una emisión. La formulación del problema parece invitarnos a pensar en la teoría como la especificación de una función que toma las emisiones como argumentos teniendo las interpretaciones como valores. Pero entonces las interpretaciones no serían mejor que los significados y seguramente no mejor que entidades de algún género misterioso. Así pues, parece prudente describir lo que se quiere de la teoría sin referencia aparente a significados o interpretaciones: alguien que conoce la teoría puede interpretar las emisiones a las que la teoría se aplica.

El segundo requisito general que se impone a una teoría de la interpretación consiste en que pueda ser apoyada o verificada por evidencia plausible disponible a un intérprete. Puesto que la teoría es general —tiene que aplicarse a potencialmente infinitas oraciones— sería natural pensar en la evidencia que está de su parte como instancias de interpretaciones particulares reconocidas como correctas. Y este caso surge, desde luego, para el intérprete que trata con un lenguaje que ya conoce. El hablante de un lenguaje no puede producir una teoría finita explícita para su propio lenguaje, pero puede poner a prueba una teoría propuesta puesto que puede decir si ésta proporciona interpretaciones correctas cuando se aplica a emisiones particulares.

En la interpretación radical, sin embargo, se supone que la teoría proporciona una comprensión de emisiones particulares que no se da de antemano, de modo que la última evidencia para la teoría no puede consistir en interpretaciones correctas de muestras. Para habérselas con el caso general, la evidencia tiene que ser de una clase que tendría que estar disponible a cualquiera que no sepa previamente cómo interpretar las emisiones para tratar con las cuales está diseñada la teoría: tiene que ser evidencia que pueda ser enunciada sin uso esencial de conceptos lingüísticos tales como significado, interpretación, sinonimia y cosas parecidas.

Antes de decir qué género de teoría pienso que cumplirá estos propósitos, quiero discutir una última sugerencia alternativa, a saber: que toda la teoría que se necesita es un método de traducción del lenguaje que se va a interpretar al lenguaje del intérprete. Tal teoría consistiría en el enunciado de un método efectivo para pasar de una oración arbitraria de la lengua ajena a una oración de un lenguaje familiar; de este modo satisfaría la exigencia de un método finitamente enunciado aplicable a cualquier oración[3]. Pero

---

[3] La idea de un manual de traducción con constricciones empíricas apropiadas como un recurso para estudiar problemas en la filosofía del lenguaje es, desde luego, de Quine. La idea

no pienso que un manual de traducción sea la mejor forma que puede tomar una teoría de la interpretación.

Cuando nuestro punto de mira es la interpretación, un método de traducción se ocupa de un asunto erróneo, una relación entre dos lenguajes, donde lo que se desea es una interpretación de uno (en otro, desde luego, pero esto no hace falta decirlo puesto que cualquier teoría está en algún lenguaje). No podemos sin ocasionar alguna confusión contar el lenguaje usado al enunciar la teoría como parte del tema de la teoría a menos que explícitamente lo hagamos así. En el caso general, una teoría de la traducción comporta tres lenguajes: el lenguaje objeto, el lenguaje sujeto, y el metalenguaje (los lenguajes a partir de que y en el cual tiene lugar la traducción, y el lenguaje de la teoría, que dice qué expresiones del lenguaje sujeto traducen qué expresiones del lenguaje objeto). Y, en este caso general, podemos saber qué oraciones del lenguaje sujeto traducen qué oraciones del lenguaje objeto sin saber qué significa ninguna de las oraciones de cualquiera de los dos lenguajes (en algún sentido esto permitiría, de todos modos, que alguien que entendiese la teoría interpretase las oraciones del lenguaje objeto). Si el lenguaje sujeto resulta ser idéntico al lenguaje de la teoría, entonces alguien que entendiese la teoría podría sin duda usar el manual de traducción para interpretar emisiones ajenas; pero esto sucede porque pone en uso dos cosas que él sabe y que la teoría no enuncia: el hecho de que el lenguaje sujeto es el suyo propio, y su conocimiento de cómo interpretar emisiones de su propio lenguaje.

Resulta complicado intentar hacer explícita la suposición de que una oración mencionada pertenece al lenguaje de uno mismo. Podríamos probar, por ejemplo, de esta manera: «"Es regnet" en el lenguaje de Kurt se traduce como "Está lloviendo" en el mío»; pero la autorreferencia indéxica está fuera de lugar en una teoría que debiera funcionar para cualquier intérprete. Si decidimos aceptar esta dificultad, queda el hecho de que el método de traducción deja de manera tácita y fuera del alcance de la teoría lo que necesitamos saber de modo que nos permita interpretar nuestro propio lenguaje. Una teoría de la traducción debe de leer algún tipo de estructura en las oraciones, pero no hay ninguna razón para esperar que proporcione intuición alguna respecto a cómo los significados de las oraciones dependen de su estructura.

Una teoría satisfactoria para interpretar las emisiones de un lenguaje, incluido el nuestro, habrá de revelar estructuras semánticas significativas:

---

inspiró mucho de mi pensamiento sobre el presente tema, y mi propuesta está en importantes aspectos muy cercana a la de Quine. Puesto que Quine puede no haber intentado responder las cuestiones que yo he establecido, la pretensión de que el método de traducción no es adecuado como solución al problema de la interpretación radical puede no ser una crítica de ninguna doctrina de Quine.

la interpretación de las emisiones de oraciones complejas dependerán sistemáticamente de la interpretación, por ejemplo, de emisiones de oraciones más simples. Supongamos que hemos de añadir a una teoría de la traducción una teoría satisfactoria de la interpretación para nuestro propio lenguaje. Entonces tendríamos exactamente lo que queremos, pero en una forma innecesariamente abultada. El manual de traducción produciría mecánicamente, para cada oración del lenguaje a traducir, una oración del lenguaje del traductor; la teoría de la interpretación da a continuación la interpretación de esas oraciones familiares. Claramente la referencia al lenguaje de casa es superflua; es un intermediario del que no hay necesidad entre la interpretación y el idioma ajeno. Las únicas expresiones que una teoría de la interpretación tiene que mencionar son aquellas que pertenecen al lenguaje que ha de ser interpretado.

Una teoría de la interpretación para un lenguaje objeto puede ser contemplada entonces como el resultado de la fusión de una teoría de la interpretación para un lenguaje conocido que sea estructuralmente reveladora, y un sistema de traducción del lenguaje desconocido al conocido. La fusión convierte en ociosa cualquier referencia al lenguaje conocido; cuando esta referencia se elimina, lo que queda es una teoría de la interpretación estructuralmente reveladora para el lenguaje objeto —formulada, desde luego, en palabras familiares—. Tenemos tales teorías, sugiero, en las teorías de la verdad del género que Tarski mostró por vez primera cómo proporcionar[4].

Lo que caracteriza una teoría de la verdad en el estilo de Tarski es que entraña, para toda oración *o* del lenguaje objeto, una oración de la forma:

o es verdadera (en el lenguaje objeto) si y sólo si *p*

Se obtienen instancias de la forma (que llamaremos V-oraciones) reemplazando «*o*» por una descripción canónica de *o* y «*p*» por una traducción de *o*. La noción semántica importante no definida en la teoría es la de *satisfacción* que pone en relación las oraciones, abiertas o cerradas, con secuencias infinitas de objetos, que puede considerarse que pertenecen al rango de las variables del lenguaje objeto. Los axiomas, en número finito, son de dos géneros: algunos dan las condiciones bajo las cuales una secuencia satisface una oración compleja sobre la base de las condiciones de satisfacción de oraciones más simples; otras dan las condiciones bajo las cuales se satisfacen las oraciones más simples (abiertas). La verdad es definida para las oraciones cerradas en términos de la noción de satisfacción. Una teoría recursiva como ésta puede convertirse, como Tarski muestra, en una definición explícita de acuerdo totalmente con líneas familiares, en el supuesto de que

[4] Alfred Tarski, «The Concept of Truth in Formalized Languages», en *Logic, Semantics, Metamathematics*, Oxford, 1956.

el lenguaje de la teoría contenga suficiente teoría de conjuntos; pero no nos ocuparemos de este paso adicional.

Se presentan nuevas complejidades si los nombres propios y las expresiones funcionales son rasgos irreductibles del lenguaje objeto. Un asunto más intrincado es el que atañe a los dispositivos indéxicos. Tarski estaba interesado en los lenguajes formalizados que no contienen aspectos indéxicos o demostrativos. Por consiguiente, él podía tratar a las oraciones como vehículos de la verdad; la extensión de la teoría a emisiones es, en este caso, trivial. Pero los lenguajes naturales están indispensablemente repletos de rasgos indéxicos, como el tiempo verbal, y así sus oraciones pueden variar por lo que a la verdad respecta de acuerdo con el tiempo y el hablante. El remedio es caracterizar verdad para un lenguaje relativamente a un tiempo y a un hablante. La extensión a emisiones es de nuevo sencilla[5].

Lo que sigue es una defensa de la afirmación de que una teoría de la verdad modificada para aplicarla a un lenguaje natural, puede usarse como una teoría de la interpretación. La defensa consistirá en intentos de responder a tres cuestiones:

1. ¿Es razonable pensar que puede darse una teoría de la verdad de la clase descrita para un lenguaje natural?
2. ¿Sería posible decir que tal teoría era correcta sobre la base de la evidencia plausiblemente disponible a un intérprete que no tenga ningún conocimiento anterior del lenguaje que va a ser interpretado?
3. Si se supiese que la teoría era verdadera, ¿sería posible interpretar emisiones de los hablantes del lenguaje?

La primera cuestión se dirige a la suposición de que puede darse una teoría de la verdad para un lenguaje natural; la segunda y la tercera plantean si tal teoría satisfacería las exigencias adicionales que hemos impuesto a la teoría de la interpretación.

1. ¿PUEDE DARSE UNA TEORÍA DE LA VERDAD PARA UN LENGUAJE NATURAL?

Nos ayudará a apreciar el problema el considerar brevemente el caso en el que se usa un fragmento significativo de un lenguaje (más uno o dos predicados semánticos) para enunciar su propia teoría de la verdad. De acuerdo con la Convención V de Tarski, es una prueba de la adecuación de la teoría el

---

[5] Para una discusión de cómo una teoría de la verdad puede manejar demostrativos, y cómo la Convención V debe ser modificada, ver Scott Weinstein, «Truth and Demostratives», *Noûs*, 1974.

que ésta entrañe todas las V-oraciones. Esta prueba no puede aparentemente afrontarse sin asignar a las oraciones del lenguaje algo muy parecido a la forma cuantificacional estándar, y sin apelar, en la teoría, a una noción relacional de satisfacción[6]. Pero lo llamativo de las V-oraciones es que sea cual sea la maquinaria que tenga que operar para producirlas, y sean cuales sean las ruedas ontológicas que tengan que girar, al final una V-oración enuncia las condiciones de verdad de una oración usando recursos que no son más ricos, puesto que son los mismos, que aquellos de la oración misma. A menos que la oración original mencione mundos posibles, entidades intensionales, propiedades, o proposiciones, el enunciado de sus condiciones de verdad no lo hace.

No hay un modo igualmente simple de proceder análogamente respecto de una lengua ajena sin apelar, como Tarski lo hace, a una noción no analizada de traducción. Pero lo que podemos hacer para nuestro propio lenguaje deberíamos poder hacerlo para otro; el problema, resultará, será el saber que estamos haciéndolo.

La restricción impuesta al exigir que una teoría satisfaga la Convención V parece ser considerable: no hay ningún método generalmente aceptado que se conozca en este momento para tratar, dentro de la restricción, con una hueste de problemas, por ejemplo, oraciones que atribuyen actitudes, modalidades, enunciados causales generales, contrafácticos, adjetivos atributivos, cuantificadores como «la mayor parte», y así sucesivamente. Por otro lado, hay lo que me parece que es un progreso bastante impresionante. Para mencionar algunos ejemplos, está la obra de Tyler Burge sobre nombres propios[7], la de Gilbert Harman sobre «debe»[8], la de John Wallace sobre términos de masa y comparativos[9], y está mi propia obra sobre atribuciones de actitudes y realizativos[10], sobre adverbios, eventos y enunciados causales singulares[11], y sobre el citar[12].

Si estamos inclinados a ser pesimistas sobre lo que queda por hacer (¡o sobre algo de lo que se ha hecho!) deberíamos pensar en el magnífico logro de Frege sometiendo bajo control lo que Dummett llama «generalidad múltiple»[13]. Frege no tenía *in mente* una teoría de la verdad en el sen-

---

[6] Ver John Wallace, «On the Frame of Reference», *Synthese*, vol. 22 (1970), pp. 61-94.

[7] Tyler Burge, «Reference and Proper Names», *Journal of Philosophy*, vol. 70 (1973), pp. 425-439.

[8] Gilbert Harman, «Moral Relativism Defended», en prensa.

[9] John Wallace, «Positive, comparative, Superlative», *Journal of Philosophy*, vol. 69 (1972), pp. 773-782.

[10] Donald Davidson, «On Saying That», *Synthese*, vol. 19 (1968), pp. 130-146 [Véanse pp. 183-198 de este volumen].

[11] Donald Davidson, «Causal Relations», *Journal of Philosophy*, vol. 64 (1967), pp. 691-703.

[12] Donald Davidson, «Quotation», en *The Structure of Truth*, Oxford [versión castellana en obra citada en nota 2].

[13] Michael Dummett, *Frege*, Londres, 1973.

tido de Tarski, pero es obvio que buscaba, y encontró, estructuras de un género para el que puede darse una teoría de la verdad.

El trabajo de aplicar en detalle una teoría de la verdad a una lengua natural se dividirá en la práctica con casi total certeza en dos estadios. En el primer estadio se caracterizará la verdad, no para la totalidad del lenguaje, sino para una parte cuidadosa y astutamente separada del lenguaje. Esta parte, aunque sin duda gramaticalmente pobre, contendrá infinitas oraciones que agotan el poder expresivo de todo el lenguaje. La segunda parte apareará cada una de las oraciones restantes con una o (en el caso de ambigüedad) más de una de las oraciones para las que la verdad ha sido caracterizada. Podemos pensar en las oraciones a las que se aplica el primer estadio de la teoría como dando la forma lógica, o estructura profunda, de todas las oraciones.

2. ¿PUEDE VERIFICARSE UNA TEORÍA DE LA VERDAD APELANDO A LA EVIDENCIA DISPONIBLE ANTES DE QUE HAYA COMENZADO LA INTERPRETACIÓN?

La Convención V dice que una teoría de la verdad es satisfactoria si genera una V-oración para cada oración del lenguaje objeto. Es entonces suficiente para demostrar que una teoría de la verdad es empíricamente correcta verificar que las V-oraciones son verdaderas (en la práctica, una muestra adecuada confirmará la teoría hasta un grado razonable). Las V-oraciones mencionan solamente las oraciones cerradas del lenguaje, de modo que la evidencia puede consistir enteramente en hechos sobre la conducta y actitudes de los hablantes en relación con las oraciones (sin duda por vía de las emisiones). Una teoría practicable tiene, desde luego, que tratar a las oraciones como concatenaciones de expresiones de longitud menor que la oracional, tiene que introducir nociones como las de satisfacción y referencia, y tiene que apelar a una ontología de secuencias y a los objetos ordenados por las secuencias. Todo este aparato se contempla propiamente como una construcción teórica más allá del alcance de la verificación directa. Ha llevado a cabo su misión en el supuesto de que sólo entrañe resultados comprobables en la forma de V-oraciones, y éstas no hagan mención de la maquinaria. Una teoría de la verdad reconcilia así la exigencia de una teoría que articule la estructura gramatical con la exigencia de una teoría que pueda ser comprobada solamente por lo que dice sobre las oraciones.

En la obra de Tarski las V-oraciones se considera que son verdaderas porque se supone que la rama derecha del bicondicional es una traducción de la oración cuyas condiciones de verdad se están dando. Pero no podemos suponer de antemano que puede reconocerse la traducción correcta sin vaciar ya el objetivo de la interpretación radical; en las aplicaciones empíricas tenemos que abandonar la suposición. Lo que propongo es invertir la dirección de explicación: al suponer la traducción Tarski era capaz de definir verdad, la idea presente es considerar la verdad como básica y extraer una explicación de la traducción o interpretación. Las ventajas, desde el punto de vista de la interpretación radical, son obvias. La verdad es una propiedad de una pieza que se agrega, o deja de agregarse, a las emisiones, mientras que cada emisión tiene su propia interpretación; y la verdad es más propensa a conectar con actitudes bastante simples de los hablantes.

No hay ninguna dificultad en volver a expresar la Convención V sin apelar al concepto de traducción: una teoría aceptable de la verdad tiene que entrañar, para toda oración *o* del lenguaje objeto, una oración de la forma: *o* es verdadera si y sólo si *p*, donde «*p*» es reemplazada por alguna oración que es verdadera si y sólo si *o* lo es. Dada esta formulación la teoría es puesta a prueba por la evidencia de que las V-oraciones son simplemente verdaderas; hemos abandonado la idea de que tenemos también que decir si lo que reemplaza a «*p*» traduce *o*. Podría parecer que no hay oportunidad de que surja una teoría de la interpretación, si exigimos tan poco de las V-oraciones. Y desde luego esto sería así si considerásemos las V-oraciones aisladamente. Pero la esperanza es que imponiendo restricciones formales y empíricas sobre la teoría como un todo, las V-oraciones individuales sirvan de hecho para proporcionar interpretaciones.

Tenemos aún que decir qué evidencia está disponible para un intérprete —evidencia, vemos ahora, de que las V-oraciones son verdaderas—. La evidencia no puede consistir en descripciones detalladas de las creencias e intenciones del hablante, puesto que las atribuciones de actitudes, al menos donde se requiere cierta sutileza, exigen una teoría que tiene que descansar sobre casi la misma evidencia que la interpretación. La interdepencia de creencia y significado es evidente de esta manera: un hablante mantiene que una oración es verdadera a causa de lo que la oración (en su lenguaje) significa, y a causa de lo que él cree. Sabiendo que mantiene que la oración es verdadera, y conociendo el significado, podemos inferir su creencia; si se nos da información suficiente sobre sus creencias, podríamos quizás inferir el significado. Pero la interpretación radical debe descansar sobre evidencia que no suponga conocimiento de significados o conocimiento detallado de creencias.

Un buen lugar para empezar es el de la actitud de mantener una oración como verdadera, de aceptarla como verdadera. Esto es, desde luego, una creencia, pero es una actitud de una sola pieza aplicable a todas las oraciones, y de este modo no se nos pide ser capaces de hacer distinciones finamente discriminadas entre creencias. Se trata de una actitud que un intérprete puede plausiblemente considerar que es capaz de identificar antes de que pueda interpretar, puesto que puede saber que una persona intenta expresar una verdad al emitir una oración sin tener idea alguna de *qué* verdad se trata. No se piense que la aserción sincera es la única razón para suponer que una persona mantiene que una oración es verdadera. Mentiras, órdenes, anécdotas, ironía, si son detectadas como actitudes, pueden revelar si un hablante mantiene que sus oraciones son verdaderas. No hay razón para descartar otras actitudes hacia oraciones, tales como desear verdadero, necesitar hacer verdadero, creer que uno va a hacer verdadero, y así sucesivamente, pero estoy inclinado a pensar que toda la evidencia de este género puede resumirse en términos de mantener que son verdaderas oraciones.

Supongamos, entonces, que la evidencia disponible es solamente que los hablantes del lenguaje a interpretar mantienen en ciertos tiempos y bajo circunstancias especificadas que varias oraciones son verdaderas. ¿Cómo puede usarse esta evidencia para apoyar una teoría de la verdad? Por una parte, tenemos V-oraciones de la forma:

> (V) «Es regnet» es verdadera-en-alemán cuando es proferida por *x* en el tiempo *t* si y sólo si está lloviendo cerca de *x* en *t*.

Por otra parte, tenemos la evidencia, en la forma:

> (E) Kurt pertenece a la comunidad de habla alemana y Kurt mantiene como verdadera «Es regnet» el sábado al mediodía y está lloviendo cerca de Kurt el sábado al mediodía.

Deberíamos, pienso, considerar (E) como evidencia de que (V) es verdadera. Puesto que (V) es un condicional cuantificado universalmente, el primer paso sería reunir más evidencia para apoyar la afirmación de que:

> (GE) (*x*) (*t*) (si *x* pertenece a la comunidad de habla alemana entonces (*x* mantiene como verdadera «Es regnet» en *t* si y sólo si está lloviendo cerca de *x* en *t*)).

La apelación a una comunidad de habla constituye un atajo pero no pide la cuestión: los hablantes pertenecen a la misma comunidad de habla si funcionan para ellos las mismas teorías de la interpretación.

La objeción obvia es que Kurt, o cualquier otro, puede estar equivocado respecto a si está lloviendo cerca de él. Y esto es, desde luego, una razón para no considerar (E) como evidencia conclusiva para (GE) o para (V); y una razón para no esperar que generalizaciones como (GE) sean más que generalmente verdaderas. El método es más bien el de conseguir un ajuste óptimo. Queremos una teoría que satisfaga las constricciones formales impuestas a una teoría de la verdad, y que maximice el acuerdo, en el sentido de hacer que Kurt (y otros) estén en lo cierto, hasta donde podamos determinarlo, tan a menudo como sea posible. El concepto de maximización no puede ser tomado aquí literalmente, puesto que las oraciones son infinitas en número, y en cualquier caso una vez que la teoría comienza a tomar forma tiene sentido aceptar el error inteligible y tener en cuenta la probabilidad relativa de diversos géneros de error.

El proceso de diseñar una teoría de la verdad para una lengua nativa desconocida podría proceder, a grandes rasgos, de la manera siguiente. En primer lugar buscamos el mejor modo de hacer encajar nuestra lógica con el nuevo lenguaje, hasta el punto requerido para obtener una teoría que satisfaga la convención V; esto puede significar leer en el lenguaje la estructura lógica de la teoría de la cuantificación de primer orden (más identidad), no considerando las constantes lógicas una por una, sino tratando esta considerable porción de lógica como una rejilla que ha de hacerse encajar con el lenguaje de una vez. La evidencia consiste aquí en clases de oraciones mantenidas siempre como verdaderas o mantenidas siempre como falsas por casi todo el mundo y casi siempre (verdades lógicas potenciales) y patrones de inferencia. El primer paso identifica predicados, términos singulares, cuantificadores, conectivas e identidad; en teoría, establece los asuntos de la forma lógica. El segundo paso se concentra en oraciones con expresiones indéxicas; aquellas oraciones mantenidas algunas veces como verdaderas y algunas veces como falsas de acuerdo con cambios descubribles en el mundo. Este paso en conjunción con el primero limita las posibilidades para interpretar predicados individuales. El último paso se ocupa de las oraciones restantes, aquellas respecto de las cuales no hay acuerdo uniforme, o aquellas cuyo valor de verdad mantenido no depende sistemáticamente de cambios en el entorno [14].

Este método intenta resolver el problema de la interdependencia de creencia y significado manteniendo la creencia constante en la medida de lo posible mientras encuentra una solución al significado. Esto se lleva a cabo asignando condiciones de verdad a oraciones ajenas que hacen que los hablantes nativos estén en lo correcto cuando es plausiblemente posible, de acuerdo, desde luego, con nuestra propia visión de lo que es correcto. Lo que justifica el procedimiento es el hecho de que tanto el acuerdo como el desacuerdo son inteligibles solamente en contraste con un trasfondo de acuerdo substancial. Aplicado al lenguaje este principio reza: cuantas más oraciones concurrimos en aceptar o rechazar (sea o no por medio de la interpretación), mejor entendemos el resto, estemos o no de acuerdo sobre ellas.

---

[14] Los lectores que aprecien hasta qué punto esta explicación es paralela a la de Quine de la traducción radical en el capítulo segundo de *Palabra y objeto* observarán también las diferencias: la constricción semántica de mi método fuerza una estructura cuantificacional sobre el lenguaje a ser interpretado, lo cual probablemente no deja lugar para la indeterminación de la forma lógica; la noción de significado estimulativo no desempeña ningún papel en mi método, pero su lugar es ocupado por la referencia a los rasgos objetivos del mundo, que se alteran en conjunción con cambios de actitud hacia la verdad de las oraciones; el principio de caridad, que Quine subraya sólo en conexión con la identificación de las conectivas oracionales (puras), yo lo aplico de cabo a rabo.

El consejo metodológico de interpretar de una manera que optimice el acuerdo no debería concebirse como descansando en una suposición caritativa sobre la inteligencia humana que podría resultar ser falsa. Si no podemos encontrar un modo de interpretar las emisiones y otra conducta de una creatura en tanto que revelando un conjunto de creencias en gran parte consistentes y verdaderas de acuerdo con nuestros propios estándares, no tenemos razón alguna para tener en cuenta a esa creatura como racional, o como diciendo algo.

Querría insertar aquí una observación sobre la metodología de mi propuesta. En filosofía acostumbramos a usar definiciones, análisis, reducciones. Típicamente se pretende que estas cosas nos lleven de conceptos mejor entendidos, o claros, o más básicos epistemológica u ontológicamente, a otros que queremos entender. El método que he sugerido no encaja con ninguna de esas categorías. He propuesto una relación más laxa entre los conceptos que hay que iluminar y los relativamente más básicos. En el centro está situada una teoría formal, una teoría de la verdad que impone una estructura compleja a oraciones que contienen las nociones primitivas de verdad y satisfacción. A esas nociones se les da aplicación por la forma de la teoría y la naturaleza de la evidencia. El resultado es un teoría parcialmente interpretada. La ventaja del método reside no en su apelación en estilo libre a la noción de apoyo evidencial sino en la idea de una poderosa teoría interpretada en el punto más ventajoso. Esto nos permite reconciliar la necesidad de una estructura semánticamente articulada con una teoría comprobable solamente en el nivel oracional. La ganancia más sutil es que esta muy ligera evidencia en apoyo de cada uno de los puntos potencialmente infinitos puede proporcionar ricos resultados, incluso con respecto a los puntos. Conociendo solamente las condiciones bajo las cuales los hablantes mantienen como verdaderas oraciones, podemos encontrarnos como resultado, dada una teoría satisfactoria, con una interpretación de cada oración. Queda por validar esta última afirmación. La teoría misma da en el mejor de los casos condiciones de verdad. Lo que necesitamos mostrar es que si tal teoría satisface las constricciones que hemos especificado, puede usarse para proporcionar interpretaciones.

3. SI SABEMOS QUE UNA TEORÍA DE LA VERDAD SATISFACE LOS CRITERIOS FORMALES Y EMPÍRICOS DESCRITOS, ¿PODEMOS INTERPRETAR LAS EMISIONES DEL LENGUAJE PARA EL QUE ES UNA TEORÍA?

Una teoría de la verdad entraña una V-oración para cada oración del lenguaje objeto, y una V-oración da condiciones de verdad. Resulta tentador, por lo tanto, decir simplemente que una V-oración «da el significado» de una oración. No, desde luego, nombrando o describiendo una entidad que es un significado, sino diciendo simplemente bajo qué condiciones es verdadera una emisión de una oración [15].

Pero si reflexionamos es claro que una V-oración no da el significado de la oración a la que atañe: las V-oraciones fijan el valor de verdad relativo a ciertas condiciones, pero no dicen que la oración del lenguaje objeto es verdadera *porque* las condiciones valen. Sin embargo, si los valores de verdad fuese todo lo que importase, la V-oración para «La nieve es blanca» podría también decir que es verdadera si y sólo si la hierba es verde o si $2 + 2 = 4$ como dice que es verdadera si y sólo si la nieve es blanca. Podemos tener confianza, quizás, en que ninguna teoría satisfactoria de la verdad producirá tales V-oraciones anómalas, pero esta confianza no nos da licencia para tratar con especial consideración a las V-oraciones.

Un movimiento que podría parecer provechoso es afirmar que no es la V-oración sola, sino la demostración canónica de una V-oración la que nos permite interpretar la oración ajena. Una demostración canónica, dada una teoría de la verdad, es fácil de construir, moviéndose, por así decirlo, a través de una ristra de condicionales y estableciendo como requisito para unicidad solamente decisiones ocasionales para gobernar la precedencia izquierda y derecha. La demostración refleja la forma lógica que la teoría asigna a la oración, y de este modo podría pensarse que revela algo sobre el significado. Pero de hecho no sabríamos más que antes sobre cómo interpretar si todo lo que supiésemos fuese que una cierta secuencia de oraciones era la demostración, para alguna teoría verdadera, de una V-oración particular.

Una sugerencia final de acuerdo con esas líneas es que podemos interpretar una oración particular en el supuesto de que conozcamos una teoría de la verdad correcta que trata del lenguaje de la oración. Pues entonces no solamente conocemos la V-oración para la oración que ha de ser interpretada, sino que también «conocemos» las oraciones para todas las demás oraciones; y, desde luego, todas las demostraciones. Entonces veríamos el lugar de la oración en el lenguaje como un todo, conoceríamos el papel de cada parte significativa de la oración, y tendríamos conocimiento acerca de las conexiones lógicas entre esta oración y otras.

Si supiésemos que una V-oración satisfacía la convención V de Tarski, sabríamos que era verdadera, y podríamos usarla para interpretar una oración puesto que sabríamos que la rama derecha del bicondicional traducía

---

[15] Esta idea, y otras rechazadas aquí, serán encontradas en varios de mis artículos: ver «Verdad y significado» [en este mismo volumen, pp. 336-355], *Synthese*, vol. 7 (1967), pp. 304-323; «Semantics for Natural Languages», en *Linguaggi nella Società e nella Tecnica*, Milán, 1970, pp. 177-188, y «True to the Facts», *Journal of Philosophy*, vol. 66 (1969), pp. 748-764 [versión castellana en obra citada en nota 2].

la oración que había que interpretar. Nuestra presente dificultad surge del hecho de que en la interpretación radical no podemos suponer que una V-oración satisface el criterio de traducción. Lo que hemos estado pasando por alto es, sin embargo, que hemos proporcionado un criterio alternativo: este criterio es que la totalidad de las V-oraciones encajarían óptimamente (en el sentido descrito más arriba) con la evidencia sobre las oraciones mantenidas como verdaderas por los hablantes nativos. La idea presente es que lo que Tarski supuso de una vez para cada V-oración puede ser obtenido indirectamente por medio de una constricción holista. Si esta constricción es adecuada, cada V-oración proporcionará de hecho una interpretación aceptable.

Una V-oración para una teoría de la verdad puede, entonces, usarse para interpretar una oración en el supuesto de que conocemos también la teoría que la entraña, y que sabemos que es una teoría que cumple los criterios formales y empíricos. Pues, si las constricciones son adecuadas, el rango de teorías aceptables será tal que cualquiera de ellas proporciona alguna interpretación correcta para cada emisión potencial. Para ver cómo podría funcionar esto, aceptemos por un momento la hipótesis absurda de que las constricciones restringen las posibles teorías a una, y ésta implica la V-oración (V) discutida previamente. Entonces estamos justificados al usar esta V-oración para interpretar la emisión de Kurt de «Es regnet» como su decir que está lloviendo. No es probable, dada la naturaleza flexible de las restricciones, que todas las teorías aceptables vayan a ser idénticas. Cuando toda la evidencia esté en posesión nuestra quedarán, como Quine ha subrayado, los inestables equilibrios entre las creencias que atribuimos a un hablante y las interpretaciones que damos a sus palabras. Pero la indeterminación resultante no puede ser tan grande que ninguna teoría que pase las pruebas no sirva para proporcionar interpretaciones.

TEORÍAS DEL SIGNIFICADO VERITATIVO-CONDICIONALES*

MICHAEL A. E. DUMMETT

[...]

CRITICAR UNA TEORÍA SEMÁNTICA

Una teoría semántica puede criticarse sobre dos bases totalmente diferentes. Puede criticarse por no ser susceptible de ser extendida a una teoría del significado que dé cuenta de la práctica lingüística existente y, por tanto, por no ser la teoría semántica *correcta* para el lenguaje que tenemos[1]. Alter-

* Versión castellana de Alfonso García Suárez.

[1] Dummett distingue en *The Logical Basis of Metaphysics* entre una teoría semántica (*a semantic theory*), *la* teoría del significado (*the theory of meaning*) y *una* teoría del significado (*a meaning-theory*). Usa la frase «la teoría del significado» para designar la rama de la filosofía habitualmente conocida como «la filosofía del lenguaje». Su preferencia por la primera designación consigna su «acuerdo con Davidson en que la metodología correcta para la teoría del significado es indagar los principios generales sobre los que ha de construirse una teoría del significado» (p. 22). Por «una teoría del significado» entienden Davidson y Dummett «una especificación completa de los significados de todas las palabras y expresiones de un lenguaje particular» (ibíd.). Una teoría semántica, finalmente, es sólo un esbozo preliminar de una teoría del significado completa «que pretende dar un enunciado de los significados de las constantes lógicas de un sistema formal y así proporcionar un estándar por el que podamos juzgar si una formalización es correcta, en el sentido de que todas las inferencias que permite son genuinamente válidas, o si es completa, en el sentido de que permite todas las inferencias genuinamente válidas» (p. 18). Si denominamos «valor semántico» de una expresión a aquel rasgo de su significado del que depende la verdad de cualquier oración en la que aparece, podemos decir, que la tarea central de una teoría semántica «es exhibir el modo en que el valor semántico de una oración es determinado por los valores semánticos de sus componentes y dar la condición general para la verdad de una oración en términos de su valor semántico» (p. 61). El ejemplo más familiar de lo que Dummett llama una teoría semántica es la semántica clásica bivalente, en la que el valor semántico de un enunciado es la verdad o la falsedad y los significados de las constantes lógicas son explicables en términos de las condiciones de verdad de los enunciados compuestos con ellas formados. En cambio, en una teoría semántica intuicionista como la de Heyting el valor semántico de un enunciado tiene que ver con una construcción que constituiría una demostración del enunciado. En ella, los significados de las constantes lógicas no son explicables en términos de condiciones de verdad sino en términos de condiciones de justificabilidad o aseverabilidad. *(N. del T.)*

nativamente, una teoría semántica puede criticarse sobre la base de que no puede ser extendida a una teoría del significado coherente o factible; y puesto que, por definición, una teoría semántica puede extenderse de ese modo, esta crítica equivale a decir que no es, después de todo, una auténtica teoría semántica. Es de una crítica de este segundo tipo de la que debe depender una crítica de una ley lógica fundamental. El crítico es un revisionista confeso que pretende cambiar la práctica existente. En tanto no se haya mostrado que algún rasgo de la práctica lingüística existente es incoherente, permanece vigente, y optaremos automáticamente por preferir cualquier teoría del significado que concuerda con él a una que no lo hace. El revisionista lógico carece de argumento, a no ser que pueda mostrar que no es posible ninguna teoría del significado coherente que justifique la ley lógica que él desea rechazar; debe afirmar, sobre esta base, que la práctica existente es confusa y que debe ser reordenada.

SEMÁNTICA BIVALENTE

¿Qué fundamentos pueden darse para sostener que es incoherente una teoría del significado que se apoya sobre la base de alguna teoría semántica? Podemos responderlo con un ejemplo: las objeciones que pueden hacerse a una teoría del significado basada en la semántica bivalente. Este tipo de teoría del significado es la que nos resulta más familiar, siendo la abogada por Frege, por Wittgenstein en el *Tractatus*, por Davidson y por la mayoría de los demás filósofos. Se la caracteriza a menudo como la teoría en la que el significado de una oración es dado por sus condiciones de verdad, pero ésa es una descripción un tanto desorientadora, ya que es posible representar cualquier teoría del significado composicional como una teoría en la que el significado de una oración es determinado por la condición para su verdad. Lo que se pretende decir es que, en aquella teoría del significado, la verdad no es explicada en términos de ninguna otra noción semántica. Es, más bien, la noción central de la teoría del significado en el más fuerte de nuestros dos sentidos: el valor semántico de una oración consiste simplemente en que sea o no sea verdadera. Así, en una teoría del significado de este tipo, la verdad es una noción irreducible, no explicada en términos de ninguna otra noción, tomada como más fundamental, sino sólo en términos de su papel en la teoría como un todo y, en particular, por la conexión establecida en la teoría de la fuerza entre las condiciones de verdad de una oración y su uso efectivo en el lenguaje. Es, por tanto, natural describir una teoría del significado de este tipo como una forjada en términos de la verdad, en cuanto opuesta a otras forjadas en términos de la verificación o de las consecuencias.

SEMÁNTICA POLIVALENTE

Podemos dejar de lado las objeciones que hablan a favor de reemplazar la teoría semántica bivalente por alguna finitamente polivalente. Lo característico de una teoría del significado basada en la semántica bivalente —de una teoría veritativo-condicional del significado, en la terminología usual— es que considera que el valor de verdad de un enunciado se le atribuye determinada y objetivamente, con independencia de nuestro conocimiento o nuestra capacidad de conocer. Según esa teoría del significado, por tanto, el significado de una oración no nos es dado, en general, en términos de los medios que tenemos disponibles para reconocerla como verdadera o como algo cuya aserción por nuestra parte debería ser justificada. Nuestra comprensión de la oración consiste, más bien, en nuestro conocimiento de qué tiene que darse para que sea verdadera, independientemente del conocimiento de cómo podemos reconocerla como verdadera o como falsa, si es que podemos hacerlo; se supone que tenemos un concepto de verdad según el cual sabemos que la oración es determinadamente verdadera o falsa. Nuestro conocimiento de cómo reconocer que la oración es verdadera es *derivado* de nuestra comprensión de la misma. Puesto que esta comprensión consiste en nuestra captación de sus condiciones de verdad, podemos, en ocasiones, captar éstas perfectamente antes de llegar a saber cómo podría mostrarse que es verdadera (como en el ejemplo de la comprensión por parte del niño del enunciado de que todo entero positivo es la suma de cuatro cuadrados). Una teoría del significado que sustituye la teoría semántica bivalente por una finitamente polivalente representa una variación muy trivial de esto: se nos proporciona meramente un mecanismo ligeramente más complicado para determinar la verdad o la no verdad de una oración compleja de acuerdo con su composición a partir de las suboraciones. En tal teoría semántica, la verdad, como hemos venido usando esta noción, corresponde a tener un valor preferencial. Si hay distintos valores preferenciales, éstos representan por tanto diferentes modos de ser verdadero, mientras que los diversos valores no preferenciales representan diferentes modos de no ser verdadero; las distinciones entre los diversos valores se necesitan sólo para explicar cómo es determinada la verdad de una oración compleja de acuerdo con su composición. La concepción esencial del modo en que el significado es dado sigue siendo la misma: una captación del significado de una oración aún comporta apercibirse de que la oración posee objetivamente algún determinado valor de entre los finitamente muchos valores de enunciados, y sigue en pie que nuestro conocimiento de qué debe suceder para que tenga cualquier valor particular de entre ellos es dado, generalmente, independientemente de los medios que podamos tener para reconocer cuál de esos diferentes valores tiene. Por tanto, la distinción entre una teoría del significado basada en la semántica bivalente y una n-valente, para un $n > 2$ finito, es comparativamente insignificante.

WITTGENSTEIN

En los escritos de sus períodos intermedio y último, Wittgenstein desplegó una prolongada lucha interna contra la teoría veritativo-condicional del significado que había abrazado en el *Tractatus.* En los escritos de los intuicionistas, las conclusiones sobre los significados de los enunciados matemáticos casi siempre parecen derivarse de premisas metafísicas acerca de la naturaleza de la realidad matemática; Wittgenstein, en contraste, criticó ciertas concepciones metafísicas en cuanto figuras generadas por modelos incorrectos del significado. Lo que yo mantengo es que una teoría del significado tiene consecuencias metafísicas, ya las rebajemos al grado de representaciones figurativas o ya les concedamos el *status* de tesis, pero que debemos atender primero a la teoría del significado y construir nuestra metafísica de acuerdo con ella, en vez de enunciar primero supuestos metafísicos y luego intentar extraer de ellos conclusiones acerca de la teoría del significado.

La desventaja de enfocar estas cuestiones a través de Wittgenstein es el carácter relativamente asistemático de sus discusiones. Aunque no son tan asistemáticas como pudieran parecer superficialmente, parece haber una ambigüedad inerradicable en su actitud acerca de si es o no es posible dar una teoría del significado exhaustiva y sistemática para un lenguaje natural. Sus juegos de lenguaje son presentados como lenguajes completos en miniatura de los que puede darse una descripción exhaustiva desde fuera. Para que tengan el interés que se les atribuye —en particular, para que sean tan iluminadores acerca de en qué consiste el que las expresiones de un lenguaje tengan significado, como al parecer se pretende—, esa descripción, aunque enormemente más complicada, debe ser en principio posible para los lenguajes humanos existentes. Y, sin embargo, la práctica entera de Wittgenstein parece repudiar la posibilidad misma de un marco sistemático para esa descripción, sin que se avance razón ninguna para su imposibilidad. Sea como fuere, es indudable que él se desinteresó personalmente de la construcción de esa teoría del significado. Es mejor, por tanto, proceder simplemente a exponer una serie de consideraciones que hablan contra una teoría veritativo-condicional del significado, algunas de ellas reconociblemente motivadas por la obra de Wittgenstein, sin meterse en una exégesis cuidadosa para determinar cuán fielmente representan sus opiniones.

Significado y conocimiento

Una teoría veritativo-condicional del significado viola el requisito de que el significado esté correlacionado con el conocimiento de los hablantes. Según la teoría del significado del *Tractatus*, dos oraciones pueden tener el mismo sentido, porque dividen el espacio lógico exactamente del mismo modo, aun cuando podamos no apercibirnos de su equivalencia. En general, el

Tractatus no admite ninguna distinción por principio entre equivalencia analítica e identidad de sentido. Ahora bien, es obvio que no conocemos efectivamente toda equivalencia analítica; si la conociésemos, la mayoría de las demostraciones matemáticas serían superfluas. Según la teoría del *Tractatus*, el sentido de una oración es determinado por qué combinaciones de estados de cosas la harían verdadera, independientemente de cómo reconocemos si esa combinación se da o no. Por tanto, es sólo con respecto a una suerte de conocimiento ideal, no con respecto a nuestro conocimiento real, como puede decirse que conocemos cuándo tienen el mismo sentido dos oraciones. La demanda de que el significado sea correlativo al conocimiento de los hablantes requiere, sin embargo, que si dos expresiones tienen el mismo sentido, cualquiera que las entienda debe saber que son equivalentes.

Éste fue el principio fregeano de la transparencia del sentido, que quizá sea rechazado por demasiado fuerte. Frege sostuvo que la equivalencia debe ser *inmediatamente* obvia si las expresiones son realmente sinónimas; pero la definición de la igualdad numérica que hizo suya no es en verdad inmediatamente obvia, y necesita al menos un momento de reflexión reconocer la equivalencia de «son primos primeros» y «comparten un par de abuelos». Una vez admitida la reflexión, el concepto de sinonimia se vuelve vago, pues la línea entre «reconocible como equivalente tras reflexión» y «reconocible como equivalente sobre la base de un argumento» es borrosa. Esto no debilita, no obstante, la actual objeción. Si el sentido ha de ser correlativo del conocimiento, entonces a cualquiera que entienda dos expresiones sinónimas debe serle *posible* llegar a reconocer su equivalencia sin adquirir ninguna información nueva. Claramente la teoría del *Tractatus* no admite esta posibilidad.

La réplica natural es que el argumento habla, no contra una teoría veritativo-condicional del significado en general, sino sólo contra la forma muy especial que asumió en el *Tractatus*. El argumento, puede decirse, muestra meramente hasta qué punto el *Tractatus* representa un retroceso con respecto a la teoría del significado de Frege, un retroceso resultante del repudio, por Wittgenstein, de la distinción entre sentido y referencia tal como fue trazada por Frege. Para Frege, el sentido de una expresión *era* un asunto del conocimiento de los hablantes, que es por lo que determina el valor cognitivo de una oración que la contenga. El único modo en que podemos interpretar la noción de una condición de verdad, bajo la teoría del significado de Frege, es, no como un ámbito objetivo de combinaciones de estados de cosas posibles, no como una región en el espacio lógico, sino como el *sentido* de la oración, que consiste en una captación por parte de un hablante del modo en que la oración es determinada como verdadera, si es verdadera. Si empleamos una distinción fregeana entre sentido y referencia, no necesitaremos admitir que dos oraciones tienen el mismo sentido justamente porque las hacen verdaderas las mismas combinaciones de estados de cosas; pues consideraremos parte del sentido de la oración cómo nos son dados una cierta combinación de estados de cosas o un ámbito de tales combinaciones, esto es, cómo los concebimos. Lo que objetivamente es la misma combinación puede darse de diferentes maneras.

La verdad y el reconocimiento de la verdad

La réplica es ciertamente correcta: el objetor tiene toda la razón en que, al rechazar la distinción de Frege entre sentido y referencia o, más bien, al transformarla de modo que sólo una oración pudiera tener sentido y sólo un nombre pudiera tener referencia, Wittgenstein dio un gran paso hacia atrás.

No obstante, la idea no ha sido desacreditada: sólo necesita una reformulación. La forma apropiada de la objeción es que es imposible explicar en términos de una teoría veritativo-condicional del significado cómo podemos, en general, derivar del significado de una oración nuestro conocimiento de qué cuenta como mostrar que es verdadera, o de cuándo hemos de reconocer que es verdadera. Éstos son rasgos de su uso que dependen de su significado. Un partidario de una teoría veritativo-condicional del significado puede, ciertamente, afirmar que le es posible a alguien conocer el significado de una oración sin saber cómo somos capaces de reconocer que es verdadera, como en el caso del niño y la proposición aritmética. Lo que lo hace posible es que nuestros medios de reconocer que el enunciado es verdadero no son para él una *parte* de su significado; el significado no nos es dado en términos de eso. Sería intolerable, sin embargo, sostener que, aunque el significado de una oración haya sido fijado completamente, queda espacio para que nosotros elijamos lo que proponemos contar como mostrar que es verdadero un enunciado hecho por medio de ella. Eso sería, realmente, inconsistente con una teoría del significado puramente veritativo-condicional, pues comportaría lo que constituye un medio de mostrar que el enunciado es verdadero *es* una parte del significado de la oración, aunque una parte asignada con independencia parcial de la condición para su verdad. Lo más que puede admitir el partidario de una teoría veritativo-condicional del significado es que reconocemos a algo como una cosa que muestra que una oración es verdadera *a la luz de* nuestra captación de su significado —que, al decidir considerar a algo como una cosa que establece su verdad, debemos respetar su significado y, por tanto, estamos en lo correcto o en lo incorrecto al decidirlo—. Se seguirá de ello que somos susceptibles de pasar por alto algunas cosas que tendríamos derecho a considerar como cosas que muestran que la oración es verdadera y de errar al considerar que ciertas cosas lo muestran cuando de hecho no lo hacen.

Sin embargo, esto no resuelve la cuestión. En la medida en que el significado de una oración sea dado independientemente de los medios que tenemos para reconocer que es verdadera, la cuestión es cómo podemos retroceder desde el significado, en tanto que dado así, hasta lo que hemos de contar como algo que muestra que es verdadera. No es ninguna respuesta decir que, al decidir qué contar como algo que muestra que la oración es verdadera, debemos respetar su significado tal como nos ha sido dado: el problema es cómo somos capaces de ejercer ese deber. La noción de sentido de Frege no resuelve el problema; meramente lo retrotrae un estadio. Supongamos, por ejemplo, que el significado de un nombre propio consiste, no meramente en su posesión de un cierto referente, sino también en nuestra captación de un sentido que lo determina como poseedor de ese referente. Pues bien, ¿en qué consiste nuestra captación de ese sentido? Si decimos que consiste en un medio o capacidad efectivos de reconocer a un objeto, cuando se nos presenta de cierto modo, como el referente del nombre, entonces hasta el momento no hemos disociado las condiciones de verdad de las oraciones en las que aparece el nombre de nuestros medios de reconocerlas como verdaderas. La parte del procedimiento para determinar el valor de verdad de una tal oración que consiste en la identificación de un objeto como el referente del nombre será una parte efectiva. Por ello, para que tenga alguna sustancia la tesis de que nuestra captación de las condiciones de verdad es independiente de nuestros medios de reconocer la verdad de los enunciados, no puede suceder que el sentido de toda expresión haya de ser explicado siguiendo este modelo, esto es, como algo que consiste en el dominio de un medio efectivo de determinar la referencia.

Debemos admitir, por tanto, que nuestra captación del sentido de un nombre pueda consistir meramente en el conocimiento de la condición que un objeto tiene que satisfacer para ser el referente de ese nombre, una condición de cuya satisfacción por cualquier objeto dado puede que no tengamos ningún medio efectivo de decisión. En vista del hecho de que usamos libremente nombres de objetos que nos son inaccesibles, por ejemplo de personas que han muerto hace mucho tiempo, esto puede parecernos altamente plausible. Sigue sucediendo, no obstante, que la apelación a la noción fregeana de sentido no ha logrado en absoluto responder a nuestra cuestión original.

Es natural suponer que en una teoría verificacionista del significado el sentido de un nombre propio, «General Noriega» pongamos por caso, consistirá en algún medio efectivo de identificar a su portador. La verificación de un enunciado atómico, como «El General Noriega ronca», será entonces diseccionable en dos subprocedimientos: la identificación de un individuo como portador del nombre y la verificación de que ese individuo satisface el predicado. El modelo sigue siendo enteramente plausible cuando el predicado trata del pasado. Se podría verificar el enunciado «Henry Kissinger dijo "*I am discombobulated*"» identificando primero el portador del nombre y luego reconociéndolo como el mismo individuo que apareció en un viejo noticiario diciendo «*I am discombobulated*». El verificacionista no tiene que mantener que todas las verificaciones de enunciados que contienen nombres propios tienen que proceder por medio de las identificaciones de sus portadores, tiene sólo que mantener que esas identificaciones son requeridas para la verificación *directa* o *canónica* de esos enunciados.

No obstante, incluso entendido así, el modelo pierde toda plausibilidad cuando el portador hace mucho que ha dejado de existir; y esto arroja dudas sobre casos en los que el portador todavía existe pero el predicado trata de una historia relativamente remota. Aun si Bertrand Russell estuviera todavía vivo, ello importaría poco para la verificación del enunciado «Russell cambió frecuentemente de opiniones filosóficas». ¿Qué tendría que ver la identificación como Bertrand Russell de un individuo envejecido con la verdad de ese enunciado? Menos aún puede tener alguna relación con el sentido de nombres como «Ticiano» o «Aníbal» la fantasía de una supervivencia prolongada. Un verificacionista debe admitir, más bien, que puede suceder que una verificación canónica sólo hubiera sido posible bajo condiciones que nunca pueden recrearse (ya que la creencia en la resurrección general no se aplica a animales, barcos, ciudades, etc.). Como dejó claro nuestro estudio de las justificaciones de leyes lógicas en términos de teoría de la demostración, tiene que admitir como aseverables enunciados para los que tenemos un método efectivo de mostrar que *podrían haber* sido verificados, aunque ya no pueden serlo; éste es el papel en nuestra práctica lingüística que debe asignar a la concepción de una verificación canónica.

El teórico veritativo-condicional del significado tiene una concepción enteramente distinta. Para él, la historia entera del universo, pasado y futuro, subsiste en un *plenum* eterno de realidad y *es* con esa realidad con la que se relacionan nuestras aserciones. Distinguimos objetos individuales dentro de ese *plenum* asociando con los nombres que empleamos ciertas condiciones satisfacibles singularmente. El que esas condiciones sean expresables en términos puramente generales o tengan componentes demostrativos, y el que ellas mismas involucren o no nuestro uso de los nombres con los que están asociadas, son cuestiones de detalle que no afectan a la concepción general. La condición que asociamos con un nombre como aquella que debe ser satisfecha por un objeto para que sea el referente no necesita ser una condición de cuya satisfacción por un objeto arbitrario debamos tener algún método efectivo de decisión, por muy favorablemente situados que estemos: nuestro uso del nombre es mediado solamente por el conocimiento de que, objetivamente, la condición es satisfecha por a lo sumo un objeto en la historia del universo y por nuestra creencia en que es satisfecha por al menos uno. Por tanto, es indiferente para el teórico veritativo-condicional el que el objeto nos resulte actualmente accesible o no.

Nuestra primera reacción queda así confirmada: el teórico veritativo-condicional no tiene ningún problema *especial* con los nombres de objetos inaccesibles. Sin embargo, esto deja intacta nuestra cuestión original. Especializada para enunciados que identifican un objeto como el portador de un nombre, la cuestión original era cómo pasar de una captación del sentido del nombre a una capacidad de reconocer un objeto como su portador en circunstancias favorables. Si el sentido es dado por una condición no efectiva para que un objeto sea el portador, nuestro conocimiento de esa condición no puede consistir en un medio de reconocer cualquier objeto que sea el portador. Es más, nuestra capacidad de referirnos a objetos inaccesibles, y de juzgar verdaderos enunciados sobre ellos, genera una cuestión variante ulterior: ¿qué nos capacita para juzgar la verdad de un enunciado que contiene el nombre de un objeto, cuando la identificación de algún objeto como el portador del nombre no necesita desempeñar ninguna parte en nuestro reconocimiento de su verdad?

El verificacionista, supuesto que pueda dar cuenta satisfactoriamente del tiempo verbal pasado en general, tiene una respuesta a esto: nuestro reconocimiento de la verdad del enunciado se debe a que poseemos un medio de mostrar que podría haber sido verificado. Pero la concepción de la verdad del teórico veritativo-condicional no es dependiente de la verificabilidad por ningún observador, cualquiera que sea su localización en el espacio y en el tiempo. ¿Cómo puede conectar nuestra captación de las condiciones para la verdad de nuestros enunciados con los medios efectivos que usamos para reconocer su verdad o falsedad, cuando, después de todo, se ha tomado tantas molestias en disociarlos?

Vocabulario básico

Las explicaciones llegan a un término en algún lugar. Hay una enorme cantidad de palabras para las que somos capaces enunciar su condición de aplicación, incluyendo aquellas para cuya comprensión se requiere un conocimiento explícito de esa condición. Hay otras para las que es posible dar una respuesta informativa a la pregunta por cómo reconocemos que se aplican, aunque un hablante puede que lo sepa sólo implícitamente; si hay conocimiento implícito, puede ser traído a la superficie. Pero esto no puede continuar por siempre. Por necesidad, hay palabras para las que no es posible ninguna formulación informativa de las condiciones para su aplicación, y para las que, por tanto, un intento de formular esas condiciones será inevitablemente circular. Para estas palabras, no puede decirse que reconozcamos la presencia de lo que denotan *por medio* de nada —tan sólo lo reconocemos inmediatamente—. Más exactamente, eso es lo que hemos de decir si concebimos la comprensión como algo que consiste en el conocimiento de la condición que debe darse para que una oración sea verdadera. Entre esas palabras están, por ejemplo, «dolor» y «amarillo»: podemos saber que alguien viene de Escocia por su acento, podemos saber que vamos a vomitar por una sensación peculiar de náusea, pero no hay nada por lo que sepamos que tenemos un dolor de muelas o que las cortinas son amarillas. Lo mismo vale para las operaciones. Nos es posible explicar la regla para calcular la función factorial *n*! diciendo que consiste en multiplicar conjuntamente todos los números desde 2 hasta *n*, y nos es posible dar la regla para las tablas de multiplicar; pero no podemos dar la regla para seguir la regla para multiplicar de acuerdo con las tablas de multiplicar (o, si podemos hacerlo, no podemos dar la regla para seguir *esa* regla).

Una vez, en un escrito, hice la observación de que, si Wittgenstein estuviera en lo correcto, la comunicación estaría en todo momento en peligro de romperse. Saul Kripke me comentó, en una conversación privada, que la comunicación está en peligro de romperse en todo momento. La afirmación correcta, desde una posición wittgensteiniana, es que la comunicación no está en peligro de romperse y que ésta es una de las cosas de las que tenemos derecho a estar seguros, pero que nuestra seguridad no se funda en nada. Una regla para calcular una función, la función factorial pongamos por caso, sólo determina el valor de esa función para toda la infinidad de argumentos si alcanza a tratar de todos los casos a los que aún no hemos aplicado la regla. Realmente, hace eso, puesto que está formulada en términos generales. Pero la formulación alcanza a todos los casos no ensayados sólo en virtud de los significados de los términos generales, del hecho de que también ellos alcanzan a casos a los que aún no han sido aplicados. Y ahora podemos preguntar de nuevo: «¿Cómo lo hacen *ellos*?» Siempre que podamos dar una regla para su aplicación, podemos dar la misma respuesta que antes: «Porque tenemos una formulación general». Últimamente, sin embargo, debemos llegar a algunos términos para cuya aplicación no tenemos ninguna formulación general: aprendimos el principio para su aplicación justamente por sernos mostrado un número finito de casos y luego «supimos continuar». Así, el carácter determinado de la función general se funda, últimamente, en el carácter determinado de esos términos, quizá para operaciones básicas como reemplazar un símbolo por otro, cuya aplicación no es dada por ninguna fórmula general. ¿Y en qué se funda su carácter determinado?

Si consideramos que el significado es dado por condiciones de verdad, habrá ciertas oraciones cuyas condiciones de verdad no podemos formular informativamente, sino formular sólo de una manera circular. ¿Qué comporta, entonces, atribuir a un hablante una captación de una condición de ese tipo? Para palabras como «dolor» y «amarillo» comporta atribuirle una facultad de reconocimiento inmediato de algún objeto, cualidad, proceso o suceso; para palabras relativas a operaciones fundamentales comporta atribuirle una captación inmediata de un principio general. Esta capacidad de reconocimiento inmediato, esta captación inmediata de un principio, no pueden ser explicadas ulteriormente: en el primer caso, el hablante simplemente asocia el nombre con el objeto (cualidad, etc.) que se le presenta inmediatamente y que él es simplemente capaz de reconocer siempre que lo encuentra; en el último caso, simplemente asocia la palabra con el principio, que capta directamente sin la mediación de una fórmula general. Esta asociación es la definición ostensiva privada. Siempre que se conciba el significado de una oración como algo que es dado por una captación de la condición para su verdad, los significados de las partes más básicas de nuestro vocabulario sólo pueden concebirse como algo que es conferido de esta manera: por medio de una asociación inmediata, en la mente del hablante, entre la palabra y su referente, puesto que no hay nada para mediar su referencia.

Sin embargo, esta atribución de una capacidad de reconocimiento inmediato, o de una captación inmediata de un principio, es ociosa. No sólo no explica nada, sino que todo podría suceder exactamente del mismo modo si la atribución estuviera equivocada. Si se supone que el hablante es capaz de reconocer algo, debe también tener sentido suponer que lo reconoce erróneamente; pero, si suponemos que es esto lo que ocurre —es decir, que él repetidamente estima que está presente el mismo objeto o cualidad, aunque es, cada vez, uno diferente— nuestra suposición carece, en sí misma, de consecuencias. Asimismo, si suponemos que alguien que cree haber captado un principio es en realidad víctima de una ilusión y meramente tiene la impresión de hacer la misma cosa cada vez, esa suposición, en sí misma, no altera nada. Lo que sí tiene importancia, en muchos de estos casos, es el hecho de nuestra concordancia: el hecho de que, globalmente, llamamos a las mismas cosas «amarillas», el hecho de que concordamos en los resultados de nuestros cálculos.

Lo que también importa son las manifestaciones externas de la percepción. Considérese, por ejemplo, la orientación del campo visual. Pudiera parecernos que el campo visual nos viene como un cuadro con los rótulos «Arriba» y «Abajo» o «Así En Vertical». ¿Qué podría ser un rasgo más inmediato de lo dado visualmente que la localización en el eje vertical? Si se le hace a alguien llevar unas gafas inversoras, lo verá todo boca abajo: lo que está en el suelo aparecerá para él arriba en su campo visual, y a la inversa. Ahora bien, si continúa llevando esas gafas por un período prolongado, gradualmente llegará a ver las cosas con la orientación vertical correcta, como demuestra el hecho de que, cuando al final se quita las gafas, todo le parece estar boca abajo otra vez. Si la orientación del campo visual fuera parte de lo inmediatamente dado, si fuera una de las cosas que reconocemos inmediatamente, esto sólo podría significar que su campo visual rota gradualmente. Obviamente, no significa eso. En lo que consiste el que él, cuando se ha acostumbrado del todo a llevar las gafas, vea las cosas con la orientación vertical correcta, es en que *levanta* su cabeza o sus ojos para mirar algo que está físicamente en el borde superior de su ámbito de visión, *se inclina* para coger un vaso que ve caer de la mesa, etc. Ésas son las manifestaciones del hecho de que ve una cosa como más alta o más baja que otra; en ellas *consiste* el que lo vea así. Asimismo, el hecho de que nosotros, que no llevamos gafas inversoras, reaccionemos de esos modos a lo que vemos, a no ser que, como cuando ocasionalmente nos apoyamos en nuestras manos o estamos colgados por los pies, nos tomamos la molestia de inhibir esas reacciones, *constituye* el que veamos una cosa como más alta y otra como más baja en el campo visual. Presumiblemente, alguien como un acróbata, que pasa mucho tiempo cabeza abajo, podría verse en un brete para decir si en ese estado ve las cosas boca arriba o no: ¿cuál *es* el arriba de su campo visual?

Si la explicación veritativo-condicional del significado fuera correcta, el reconocimiento inmediato que alguien tiene de una cualidad cromática, pongamos por caso, serviría para *explicar* su concordancia con otros hablantes; su captación inmediata de una regla que no pudiera ser formulada *explicaría* el hecho de que los resultados de sus cálculos concuerdan con los de los demás; su reconocimiento inmediato de una sensación interna *explicaría* las manifestaciones de ella en su conducta. Sin embargo, sería posible que estas explicaciones fueran incorrectas, que, por ejemplo, nuestras percepciones cromáticas cambiaran de día a día, sin que lo advirtiésemos, siendo equilibrados exactamente los cambios en nuestras percepciones por nuestros errores de memoria, de manera que no quedase afectada la concordancia entre los juicios de diferentes hablantes. No se trata de que esa hipótesis sea improbable; se trata, más bien, de que no se requiere ninguna hipótesis. Diremos que alguien conoce el significado de la palabra «amarillo» justamente en caso de que sus juicios acerca de lo que es amarillo concuerden, globalmente, con los de los demás. Si llamamos a esto, entonces, su «capacidad de reconocer el color», su posesión de esa capacidad no es una hipótesis que sirva para explicar la concordancia de sus juicios con los de los demás: es en la concordancia en lo que consiste su posesión de esa capacidad. Si la explicación veritativo-condicional del significado fuera correcta, sería posible que fuera de hecho falso todo en lo que concordamos que es verdadero, ¿y cuál sería entonces la conexión entre los significados que hemos atribuido a nuestras oraciones y el uso que hacemos de ellas?

Enunciados indecidibles

Por razones como éstas, Wittgenstein, en su período medio, llegó a sustituir la noción de verdad de una aserción por la de justificación, como la noción central de la teoría del significado: «Es lo que se considera la justificación de una aserción lo que constituye el sentido de la aserción» (*Gramática filosófica,* I, § 40). Al dar una explicación de lo que justifica la aserción de una oración, escapamos de la circularidad inevitable en ciertos puntos en cualquier intento de formular la condición para su verdad. La circularidad es inevitable porque la explicación veritativo-condicional comporta dar cuenta de los significados de los términos básicos «según el modelo de nombre y objeto», y también porque requiere que la verdad o falsedad de una oración que no contiene referencia a actividades humanas se represente como algo determinado objetivamente por una realidad que no incluye esas actividades, mientras que cualquier explicación exhaustiva de lo que justifica una aserción hecha por medio de la proferencia de la oración tendría que mencionar hechos relativos a nuestro empleo de nuestro lenguaje común.

Hay, sin embargo, otro área en la que la circularidad infecta los intentos de formular lo que tiene que darse para que una oración sea verdadera. Tiene que ver, no con los niveles inferiores del lenguaje, sino con niveles comparativamente altos. Wittgenstein se ocupó mucho menos de este tema que del discutido en la sección anterior; pero es el más directamente conectado con las cuestiones metafísicas acerca del realismo.

Nuestro lenguaje contiene muchas oraciones para las que no tenemos ningún medio efectivo, incluso en principio, de decidir si los enunciados hechos por medio de ellas son verdaderos o falsos; designémoslas con la etiqueta «oraciones indecidibles». Si se asume que la verdad está sujeta al principio de bivalencia —de que toda oración es determinadamente o verdadera o falsa—, el lenguaje también contiene oraciones para las cuales no tenemos base para pensar que, de ser verdaderas, debemos ser capaces en principio de estar en posición de reconocer que lo son. La presencia en el lenguaje de oraciones de este último tipo es un resultado inevitable de una característica fundamental de una teoría veritativo-condicional del significado: que los significados de nuestras oraciones no son dados en términos de aquello por lo cual reconocemos que son verdaderas. Tres rasgos de nuestro lenguaje pueden ser distinguidos como especialmente responsables de la existencia de oraciones indecidibles.

(i) Nuestra capacidad de hacer referencia a regiones inaccesibles del espacio-tiempo, como el pasado y lo remoto espacialmente.

(ii) El uso de cuantificación ilimitada sobre totalidades infinitas, por ejemplo, sobre todo tiempo futuro.

(iii) Nuestro uso del condicional subjuntivo. Éste está mucho más extendido de lo que aparece en la superficie, porque está involucrado en casi todas las explicaciones «operacionales» del significado. Entendemos un término que está por una propiedad por referencia a algún test que revelaría la presencia o ausencia de esa propiedad; pero, dado que interpretamos el término realistamente, asumimos que una adscripción de esa propiedad a un objeto de la clase adecuada es objetivamente o bien verdadera o bien falsa, independientemente de si el test se ha llevado a cabo o puede llevarse a cabo después de algún tiempo. La presentación de la oración que adscribe la propiedad al objeto en términos del test y sus resultados tiene que adoptar la forma de un condicional subjuntivo o realmente contrafáctico.

¿En qué consiste un conocimiento de la condición para la verdad de un enunciado, cuando esa condición no es una que seamos capaces de reconocer que se da siempre que se da y, en algunos casos, puede darse aunque seamos incapaces, incluso en principio, de reconocerlo? A veces ese conocimiento puede ser explícito; consistirá entonces, no problemáticamente, en nuestra capacidad de formular la condición en palabras cuya comprensión por nuestra parte es presupuesta por nuestra comprensión de la oración en cuestión. Sin embargo, es evidente que nuestra comprensión de las oraciones no puede consistir siempre en conocimiento explícito; ¿en qué consiste, pues, nuestro conocimiento de la condición de verdad de una oración indecidible cuando no es explícito? No es posible que todas las oraciones indecidibles sean explicables mediante vocabulario extraído del fragmento decidible de nuestro lenguaje. Los únicos medios que tenemos de importar indecidibilidad en el lenguaje son determinados recursos lingüísticos —entre ellos, la cuantificación sobre totalidades infinitas, los tiempos verbales pasados y el condicional subjuntivo— y la cuestión es qué constituye nuestra comprensión de esos recursos o, equivalentemente, de las oraciones que los contienen. Nuestro conocimiento de la condición de verdad de una oración indecidible no puede consistir en una capacidad de reconocer que se da esa condición siempre que se da, porque, por hipótesis, no tenemos esa capacidad. Ni puede consistir meramente en nuestra capacidad de reconocer que esa condición se da en los casos especiales en que es posible ese reconocimiento: pues la condición puede darse aun cuando no podamos reconocer su incidencia. Bajo la teoría veritativo-condicional, la captación por parte de un hablante del significado de la oración consiste en su consciencia de que esa condición misma es a la vez necesaria y suficiente para su verdad. En expresión a la que recurren repetidamente los exponentes de la teoría, él conoce en qué consiste el que sea verdadera. Sin embargo, por la naturaleza del caso, su captación de la condición no puede manifestarse exhaustivamente por medio del uso que hace de la oración.

La consecuencia de esto es que, al igual que sucede con la «cognición» inconsciente de Chomsky, la teoría no nos proporciona ninguna concepción de cómo le es *impartido* al hablante el conocimiento de la condición de verdad. El conocimiento explícito puede impartirse de forma verbal; y consideramos que la capacidad de aplicarlo a situaciones particulares está comprendida en el dominio del lenguaje. La concepción de un conocimiento que no es explícito permanece opaca, por contraste, hasta que se explica de qué modo es impartido siempre que ha de aplicarse, ya que, después de todo, su aplicación por parte del sujeto proporciona la única base para atribuirle su posesión. Esa explicación es requerida para ocupar el lugar de la que puede darse, en el caso del conocimiento explícito, de los medios por los que el lenguaje media entre el principio general y su aplicación. Eso es lo que tiene de malo el alegato de que un hablante manifiesta su conocimiento de en qué consiste el que sea verdadera la oración precisamente por su adhesión a prácticas lingüísticas, como argumentar de acuerdo con la lógica clásica, que serían indefendibles desde una posición verificacionista. El intuicionista afirma que el matemático clásico no puede manifestar la captación que pretende tener de en qué consiste el que sea verdadero un enunciado cuantificado universalmente aunque no haya ninguna demostración de él. De nada le sirve al matemático clásico responder que él la manifiesta razonando sobre el supuesto de que el enunciado es determinadamente verdadero o falso; queremos saber cuál es el contenido de ese supuesto. Para el teórico veritativo-condicional, la condición para la verdad de un enunciado constituye una masa cognitiva indisoluble que nos guía, pero cuya aplicación a casos particulares no puede diseccionarse. Esto es un signo seguro de que la concepción de la condición de verdad que transciende nuestra capacidad de reconocerla, pero no nuestra capacidad de captarla, es un caso de mitología, formada, como el centauro, pegando rasgos incompatibles de cosas reales. Y esto viola el principio de que el significado es el uso, el requisito de que una teoría del significado debe decir, en términos del modo en que se manifiesta, en qué consiste el conocimiento que constituye la comprensión de una expresión.

LAS ALTERNATIVAS

Los argumentos anteriores tan sólo han sido esbozados; el propósito no era repasarlos exhaustivamente sino meramente indicar la *clase* de argumento que puede dirigirse contra un tipo de teoría del significado, en cuanto caracterizada por la teoría semántica que le sirve de base. Tenemos ahora que indagar qué otro tipo de teoría del significado debería adoptar quien encuentre convincentes estos o similares argumentos.

El remedio evidente es reemplazar la verdad, como noción central de la teoría del significado, por alguna noción de la que se pueda dar cuenta totalmente en términos del uso que un hablante hace realmente de las oraciones del lenguaje. Ya hemos mencionado dos candidatos para esa posición: los medios reconocidos de establecer la verdad de un enunciado y las consecuencias de aceptarlo como verdadero. Probablemente todos los candidatos posibles sean variantes de uno u otro de estos dos. Bajo la opción primera, verificacionista, la condición que determina el sentido de la oración, y en cuya captación consiste su comprensión por un hablante, es una condición tal que de él *puede* considerarse que la reconoce siempre que se da: no hay por tanto ningún problema en atribuirle conocimiento de esa condición. La palabra «establecer» es engañosa en dos respectos. Primero, sugiere que podemos ofrecer indicios o fundamentos de la verdad de todo enunciado que aceptamos, lo cual notoriamente no es el caso. Y, segundo, algunos enunciados se resisten a ser establecidos definitivamente y son persistentemente anulables. Diferentes versiones de la teoría verificacionista del significado tratarán estos asuntos de diferentes maneras; por conveniencia, podemos continuar usando la palabra «establecer», a la vez que apuntamos hacia una formulación general diciendo que la condición relevante es aquella en la que tenemos incuestionablemente el derecho a aseverar el enunciado. Lo que establece que una oración es verdadera, en este sentido, será de lo más variado, dependiendo del significado de la oración: algunas oraciones pueden servir como informes de observación, otras, como los enunciados matemáticos, sólo pueden establecerse por una argumentación que es independiente de la observación, y muchas requerirán tanto la observación como alguna forma de argumentación basada en esa observación. En todos los casos, sin embargo, será correcto decir, según una teoría verificacionista, que aquello en lo que consiste la comprensión de la oración es una capacidad de reconocer, siempre que se lo encuentra, aquello que consideramos que cuenta como algo que establece su verdad. Al llamarlo, por brevedad, «verificación» debemos tener en mente que no ha de considerarse, como en la concepción positivista clásica, que la verificación consiste en la mera exposición a una secuencia de experiencias sensoriales. Con esta salvedad, la noción central de una teoría del significado de este tipo será la de verificación. Es decir, el corazón central de la teoría del significado consistirá en una especificación inductiva, para cada oración del lenguaje, de lo que es constituir una verificación de la misma, correspondiente a la especificación inductiva, en una teoría veritativo-condicional, de la condición para la verdad de cada oración.

El corazón de la teoría del significado no es su totalidad. Vimos que toda teoría del significado, so pena de futilidad, debe conectar los significados de las oraciones, tal como son especificados en el corazón, con la práctica real de usarlas. Al hacerlo, la teoría debe fijar el criterio apropiado para que una aserción sea correcta. Podemos llamarlo el criterio para la verdad de un enunciado: es en este sentido en el que toda teoría del significado puede describirse como una teoría que se ocupa de determinar la condición para la verdad de cualquier enunciado. La diferencia crucial es que en una teoría «veritativo-condicional» la verdad es una noción primitiva de la teoría, mientras que, en teorías de otros tipos, debe ser explicada en términos de la noción central. Hemos visto que una teoría verificacionista del significado no puede identificar crudamente la verdad de un enunciado con el que haya sido verificado, so pena de ser incapaz de reconocer la validez de razonamientos muy simples. Debe, más bien, explicar la verdad como algo que se conecta con un enunciado a la manera en que lo hace cuando el enunciado ha sido, o podría haber sido, verificado. Sea cual fuere la formulación correcta, la noción de verdad resultante no estará sujeta al principio de bivalencia. Fue precisamente la observación de que el lenguaje contiene oraciones para las cuales no tenemos base ninguna para asumir que serán, o incluso pueden ser, verificadas o confutadas la que nos proporcionó una razón para desechar la teoría veritativo-condicional del significado.

El rechazo de la bivalencia no es, en sí mismo, un rechazo de la lógica clásica. Un partidario de una teoría verificacionista del significado rechazará inevitablemente una metafísica realista pura. Debe sostener que la realidad está indeterminada en algún grado, pues no tenemos ninguna concepción de la realidad salvo como aquello que convierte en verdaderos los enunciados verdaderos que podemos construir y los pensamientos verdaderos que podemos concebir. Si nuestros enunciados y nuestros pensamientos no son todos determinadamente o verdaderos o falsos, entonces la realidad misma es indeterminada; contiene lagunas, muy similarmente a como una novela contiene lagunas en el sentido de que hay cuestiones acerca de los personajes para las que la novela no proporciona respuestas, y a las que no hay, por tanto, respuesta. He oído mantener que ésta es una doctrina atea, sobre la base de que Dios, al no estar sujeto a nuestras limitaciones, debe conocer de toda proposición si es verdadera o falsa, de modo que nuestra incapacidad de determinarlo no debería llevar a un teísta a dudar de la bivalencia. Este argumento pide la cuestión al asumir que toda proposición *es* verdadera o falsa; la omnisciencia de Dios comporta que conoce toda proposición verdadera, pero no dice nada acerca de cuántas proposiciones verdaderas hay. Dicho un tanto a la ligera, Dios no habla nuestro lenguaje; sus pensamientos no son como nuestros pensamientos. La apelación al conocimiento de Dios en modo alguno sirve para explicar en qué consiste nuestro conocimiento de las condiciones para la verdad de nuestros enunciados, si no hay una explicación de él sin esa apelación. La apelación *es* pertinente para la distinción entre la realidad como nos aparece y como es en sí misma. Nos esforzamos por acercarnos cada vez más a captar cómo es en sí misma; pero esta frase carece de sentido sostenible en un universo no creado o autocreativo. Así como no hay ninguna brecha entre la verdad de una proposición y el que Dios conozca que es verdadera, así también la frase «cómo son las cosas en sí mismas» no tiene, en última instancia, ningún significado distinto de «cómo aprehende Dios que son». Salvo bajo esta interpretación, la pretensión de haber descrito el mundo como es en sí mismo —una descripción que asumirá un carácter más y más puramente formal, matemático, a medida que se vacía progresivamente de términos cuyos significados derivan de nuestras facultades de observación— no tiene ningún contenido inteligible. Pero no hay más razón para que Dios, al crear el universo, deba haber completado todos los detalles, deba haber proporcionado respuestas a todas las preguntas concebibles, que la hay para que un artista humano —un pintor o un novelista— esté obligado a hacerlo. La concepción de un universo creado pero parcialmente indeterminado es más fácil de captar que la de uno no creado y parcialmente indeterminado.

Un verificacionista puede ser capaz de forjar una semántica de mundos alternativos —de descripciones de la realidad plenarias y alternativas, relativamente a cada una de las cuales vale la bivalencia— atribuyendo a cada hablante una concepción de en qué consiste el que cualquier enunciado dado sea verdadero en cualquiera de esos mundos. Si interpreta las constantes lógicas como algo que obedece a la semántica bivalente relativamente a cada mundo, obtendrá una lógica clásica; pero aún puede identificar la aseverabilidad (la verdad absoluta) con la verdad en *todos* los mundos, de modo que la bivalencia falle y la realidad aún contenga lagunas. Es mucho más plausible que adopte una teoría semántica que produzca una lógica no clásica —una lógica cuántica o, más probablemente, una lógica intuicionista—. Siempre que pueda considerarse que la lógica clásica está vigente, el verificacionista será un revisionista; pero, si sus argumentos contra una teoría veritativo-condicional del significado son correctos, y si no puede hallar ningún modo de reconciliar su teoría verificacionista con una semántica cuyo sistema de valuación es un álgebra booleana, está en una posición fuerte para demandar la revisión. Su teoría semántica será necesariamente más compleja que cualquiera de las propuestas para la matemática intuicionista, porque el lenguaje empírico difiere del de las matemáticas en un respecto crucial. En matemáticas, si un predicado o una oración son decidibles, permanecen decidibles, mientras que un enunciado empírico puede ser decidible ahora pero volverse indecidible subsecuentemente. No obstante, es plausible que pueda construirse una teoría semántica para enunciados empíricos que produzca la lógica intuicionista estándar. Bajo esa teoría semántica, será imposible *identificar* ningún enunciado como uno que no es ni verdadero ni falso, de igual manera que, en la matemática intuicionista, no hay enunciados identificables como ni demostrables ni refutables: pues decir de un enunciado que no es verdadero sería declarar que nunca podría haber sido verificado, que es justamente declararlo falso. Claramente, la adopción de una teoría del significado revisionista, y por tanto de una metafísica no realista, arrojaría, en tal caso, un cambio significativo de la práctica lingüística.

Una teoría del significado pragmatista, cuya noción central es la de las consecuencias de un enunciado (la segunda de las «candidatas» antes discutidas), es menos fácil de concebir, principalmente debido a que las consecuencias para un sujeto de aceptar un enunciado como verdadero son dependientes de sus propósitos y deseos contingentes. Sin embargo, no hay razón para suponer que una noción de consecuencias, independiente de los deseos individuales, no pueda ser desenmarañada y convertida en la base de una teoría del significado. Si es así, esa teoría tendría que emplear la concepción de una representación figurativa de la realidad. Si a usted se le dice que la tienda de música está enfrente de la oficina de correos, esto no tiene para usted ninguna consecuencia inmediata si usted no pretende comprar un instrumento musical o usar los servicios de correos; cubre meramente un detalle del mapa mental que usted usa para desenvolverse por ahí. Esto pudiera despertar la sospecha de que una teoría pragmatista podría decaer en una veritativo-condicional, vindicando con ello el realismo metafísico que apoya la teoría veritativo-condicional. Sin embargo, la sospecha va ciertamente descaminada: un enunciado no puede tener consecuencias para la acción, reales o potenciales, más allá del ámbito dentro del cual podemos obtener pruebas en su favor o en su contra.

Una teoría verificacionista del significado debe poder derivar las consecuencias de un enunciado a partir de su contenido, tal como es determinado por lo que lo verifica. Correspondientemente, una teoría pragmatista del significado debe poder derivar del contenido de un enunciado, tal como es determinado por sus consecuencias, lo que cuenta como verificándolo. En ambos casos, la derivación garantizará la armonía dentro del lenguaje como un todo entre los dos aspectos de la práctica lingüística, al igual que la justificación de las leyes lógicas en teoría de la demostración, garantiza, procediendo en una u otra dirección, la armonía entre las reglas de introducción y las de eliminación. No hay, en realidad, ninguna seguridad de antemano de que uno u otro tipo de teoría vaya a concordar completamente con nuestra práctica existente, ya que una armonía total puede no darse de hecho dentro de esa práctica. En ese caso, la construcción de la teoría del significado pondrá al descubierto una malfunción que necesitamos enmendar y tenderemos a realizar el ajuste más simple posible.

Parece intrínsecamente razonable extender la demanda de estabilidad, al igual que la de armonía, de las constantes lógicas al lenguaje como un todo. Podemos satisfacer esta demanda sólo si sabemos construir tanto una teoría del significado verificacionista como una pragmatista. Dada una teoría del significado verificacionista, podemos derivar cuáles han de ser las consecuencias de nuestros enunciados. Sobre la base de esas consecuencias, podemos construir una teoría del significado alternativa, pragmatista. De ésta podemos derivar entonces qué ha de contar como verificando cualquier enunciado dado: si hay estabilidad, las condiciones de verificación así derivadas serán las mismas que aquellas con las que comenzamos. A la inversa, podríamos partir de una teoría del significado pragmatista, derivar las condiciones de verificación correspondientes, construir sobre ellas una teoría del significado verificacionista y derivar las consecuencias de las que partimos. Una vez más, pudiéramos no ser capaces de concordar plenamente con la práctica existente; pero, de nuevo, esto sería una crítica de la práctica, que requeriría enmienda, y no de las teorías del significado. Si se reconoce la justicia de la demanda de estabilidad, las teorías del significado verificacionistas y las pragmatistas no son rivales genuinas sino aspectos complementarios de una sola empresa, la única que puede describir plenamente el funcionamiento de la más profunda de todas las creaciones humanas, el lenguaje. Es por eso por lo que el verificacionista no tiene por qué temer que el pragmatista reintroduzca subrepticiamente la concepción de las condiciones de verdad que él ha rechazado. El verificacionista mismo, dentro de su teoría, tiene que tratar de esa noción de las consecuencias de un enunciado que el pragmatista toma como su punto de partida. Si, para vindicar completamente su teoría, tiene que demostrar su estabilidad, entonces también él debe ser capaz de construir una teoría del significado pragmatista. Si realmente se demostrase que, para alcanzar una descripción adecuada de las consecuencias, nos vemos necesariamente retrotraídos a una concepción plenamente realista de las condiciones de verdad, entonces eso estaría latente en el enfoque verificacionista desde el inicio. El verificacionista habría entonces descubierto él mismo la verdadera respuesta al desafío que le hizo al teórico veritativo-condicional. Es más probable que pueda alcanzarse una descripción factible de las consecuencias sin replegarse a la mitología de las condiciones de verdad y, de ser así, el pragmatista no representa ninguna amenaza para el verificacionista: ambos son compañeros en el más ambicioso de los empeños intelectuales, lograr una visión clara del funcionamiento de nuestro lenguaje.

PARA SEGUIR LEYENDO

Además del ensayo de TARSKI recogido en este volumen, puede verse el más técnico y difícil «The Concept of Truth in Formalized Languages» (TARSKI, *Logic, Semantics, Metamathematics*, Clarendon Press, Oxford, 1956). El capítulo primero de PLATTS, *Ways of Meaning* (Routledge, Londres, 1979), y el capítulo 5 del libro de A. GARCÍA SUÁREZ, *Modos de significar* (Tecnos, Madrid, 1997), tienen buenas exposiciones de la teoría de la verdad de TARSKI.

De la verdad y de la interpretación (Gedisa, Barcelona, 1990) es el primer libro que recoge las primeras (y en muchos casos esenciales) contribuciones de DAVIDSON a la filosofía del lenguaje. En esta antología se incluye la «Respuesta a Foster» [FOSTER, «Meaning and Truth Theory», en EVANS y MCDOWELL (eds.), *Truth and Meaning. Essays in Semantics*, Oxford University Press, Oxford, 1976]. De los artículos no recogidos en esa antología merecen citarse «A Nice Derangement of Epitaphs» (GRANDY y WARNER, *Philosophical Grounds of Rationality*, Oxford University Press, Oxford, 1986) y «La estructura y contenido de la verdad» [M. J. FRAPOLLI (ed.), *Teorías de la verdad*, Tecnos, Madrid, 1997]. En los últimos años han aparecido tres colecciones de artículos de DAVIDSON que recogen sus aportaciones publicadas a partir de 1985; son: *Subjective, Intersubjective, Objective*, Clarendon Press, Oxford, 2001 [versión castellana en Cátedra, Madrid, 2003]; *Problems of Rationality*, Clarendon Press, Oxford, 2004, y *Truth, Language and History*, Clarendon Press, Oxford, 2005. Acaba de publicarse lo que es el único escrito de DAVIDSON concebido como un libro: se trata de *Truth and Predication*, The Belknap Press of Harvard University Press, Cambridge, Mass./Londres, 2005.

Entre las monografías sobre la filosofía del lenguaje de DAVIDSON están, además de la citada de PLATTS, las de RAMBERG, *Donald Davidson's Philosophy of Language*, Blackwell, Oxford, 1989; EVINE, *Donald Davidson*, Stanford University Press, Palo Alto, 1991; M. JOSEPH, *Donald Davidson*, Acumen, Chesham, 2004. Disponemos en castellano de una de las primeras en ser publicadas: la escrita por M. HERNÁNDEZ IGLESIAS, *La semántica de Davidson*, Visor, Madrid, 1990. Las colecciones de artículos más destacables son las siguientes: LEPORE y MCLAUGHLIN (eds.), *Truth and Interpretation: Perspectives on the Philosophy of Donald Davidson*, Blackwell, Oxford, 1986; STOECKER (ed.), *Reflecting Davidson. Donald Davidson Responding to an International Forum of Philosophers*, Walter de Gruyter, Berlín, 1993; ZEGLEN (ed.), *Donald Davidson. Truth, Meaning and Knowledge*, Routledge, Londres, 1999, y LUDWIG (ed.), *Donald Davidson*, Cambridge University Press, Cambridge, 2003. El volumen de *The Library of Living Philosophers*, vol. XXVII, editado por L. E. HAHN, *The Philosophy of Donald Davidson*, Open Court, Ill., 1999, ofrece, además de una autobiografía intelectual, artículos de importantes filósofos que reflexionan sobre el pensamiento de DAVIDSON y las respuestas de éste. El artículo de David WIGGINS «Meaning and Truth Conditions: from Frege's Great Design to Davidson's» (*A Companion to the Philosophy of Language*, Blackwell, Oxford, 1997) contiene una excelente panorámica de las teorías veritativo-condicionales. *Modos de significar* de A. GARCÍA SUÁREZ, *Philosophy of Language* de MILLER y *Philosophy of Language* de LYCAN presentan también muy buenas exposiciones de las vicisitudes de la teoría del significado de DAVIDSON.

La obra de R. LARSON y G. SEGAL *Knowledge of Meaning. An Introduction to Semantic Theory*, The MIT Press, Cambridge, Mass., 1995, presenta un enfoque de la semántica de los lenguajes naturales basada en el programa de DAVIDSON de la teoría de la verdad como teoría del significado.

El libro de DUMMETT *The Logical Basis of Metaphysics* (Harvard University Press, Cambridge, Mass., 1991) está concebido como compendio de sus posiciones filosóficas (no sólo por lo que respecta a la filosofía del lenguaje). La colección de artículos *Truth and Other Enigmas* (Duckworth, Londres, 1978), especialmente «The Logical Basis of Intuitionist Logic», es particularmente valiosa para comprender sus, a menudo, difíciles vericuetos argumentativos. *The Seas of Language* (Oxford University Press, Oxford, 1993) es también una utilísima colección de ensayos, entre los que destaca la segunda parte de su «What is a Theory of Meaning?». La última exposición y clarificación de DUMMETT sobre su postura sobre la metafísica del realismo y la filosofía del lenguaje se encuentra en *Truth and the Past*, Columbia University Press, Nueva York, 2005.

La monografía de MATAR *From Dummett's Philosophical Perspective*, Walter de Gruyter, Berlín, 1997, presenta una panorámica general de la obra de DUMMETT con especial atención a su filosofía del lenguaje. El libro de MCGUINESS y OLIVERI *The Philosophy of Michael Dummett* (Reidel, Dordrecht, 1994) contiene una serie de artículos de relevantes filósofos con las respuestas de DUMMETT a sus críticos. En los últimos cuatro años han aparecido dos buenas monografías sobre la filosofía de DUMMETT; una se debe a K. GREEN, *Dummett, Philosophy of Language*, Polity Press, Cambridge, 2001; la otra tiene como autor a B. WEISS, *Michael Dummett*, Acumen, Chesham, 2002.

El *Companion to the Philosophy of Language*, antes citado, incluye los artículos de SKORUPSKI «Meaning and Verification» y HALE «Realism and its Oppositions». El capítulo del libro de MILLER (*Philosophy of Language,* UCL Press, Londres, 1998) «Sense Objectivity and Metaphysics» contiene una muy buena discusión de las tesis metafísico-lingüísticas de DUMMETT. Lo mismo puede decirse del libro de GARCÍA SUÁREZ *Modos de significar*, que ya se ha citado anteriormente.

VI. ACTOS DE HABLA

INTRODUCCIÓN

El tipo de oración por el que tradicionalmente se han interesado los filósofos ha sido el de las declarativas, el de las oraciones mediante las que típica, pero no necesariamente, se hacen enunciados. Con ello su interés ha estado dirigido hacia las oraciones que figuran o representan hechos y que pueden ser calificadas, por ello, de verdaderas o falsas. Ya desde Aristóteles, el estudio de las oraciones que no poseían esta característica fue transferido a los tratados de Retórica o Poética, y la fundación de la moderna filosofía del lenguaje no llevó aparejado cambio significativo alguno. Tanto Frege, como Russell, como el autor del *Tractatus* o los positivistas lógicos compartían, por encima de sus diferencias, el punto de vista de acuerdo con el cual el objeto primario del lenguaje es representar y comunicar información fáctica, esto es: la parte del lenguaje que contaba era la cognitiva, la que es independiente de las intenciones, deseos o creencias que los hablantes tengan. De este modo, no es extraño que el significado propiamente dicho se entendiese estrictamente en términos de condiciones de verdad. Pero esto es una concepción cuando menos parcial de aquello en lo que consiste un lenguaje; hablar no es solamente emitir oraciones para comunicar información fáctica. Ciertamente los filósofos sabían esto desde la Antigüedad, pero no prestaron la atención debida al componente de acción que el lenguaje conllevaba. Es más: la tendencia dominante fue asimilar todos los casos de discurso significativo al modelo enunciativo. Así, a la pregunta «¿Cómo puede una promesa tener un significado tal que cree una obligación?» se solía responder diciendo: «Porque mí emisión de "Prometo que tal-y-tal" *describe* un acto mental mío: mi firme resolución de hacer tal-y-tal: ése es su significado.» Este tipo de respuesta es un ejemplo de lo que Austin llamará «falacia descriptiva». Esta concepción entró definitivamente en crisis al intentar llevarla hasta sus últimas consecuencias. Durante los años treinta el positivismo lógico extrajo como consecuencia, aplicando el principio de verificación, que la mayor parte del discurso ético, estético, filosófico e incluso ordinario carecía, estrictamente hablando, de sentido. Y esto que, debe reconocerse con Austin, tuvo un efecto temporalmente saludable en el planeta filosófico era, por una parte, más de lo que sensatamente podía aceptarse pero, por otra, incluso sirvió en cierto sentido de aguijón al propio Wittgenstein para revisar su doctrina del *Tractatus* y abrazar en las *Investigaciones* la tesis de que había que «romper con la idea de que el lenguaje funciona siempre de una manera, que tiene siempre el mismo objetivo: transmitir pensamientos». Por esa misma época J. L. Austin trabajaba, sin al parecer ninguna conexión con Wittgenstein, sobre lo que sería su teoría de los actos de habla. El artículo «Emisiones realizativas» es una de las primeras exposiciones de ella: en él se presenta la célebre distinción entre emisiones realizativas y emisiones constatativas y se argumenta que las primeras son, en contra de lo que podría pensar algún positivista lógico, perfectamente significativas sin que tengan valores de verdad. John R. Searle es el filósofo que más ha contribuido a sistematizar y divulgar (particularmente entre los lingüistas) la teoría de los actos de habla. «¿Qué es un acto de habla?» presenta las tesis de Austin (que, se diría, están originalmente formuladas en términos de «aires de familia») en un armazón más rígido y sistemático: en términos de condiciones necesarias y suficientes. Tales condiciones no parecen, sin embargo, suficientes para realizar una clasificación exhaustiva de los actos de habla, tarea que, con éxito discutible (¿qué ventajas, podría uno preguntarse, reportaría tal clasificación?), Searle emprende en el último de los artículos recogidos, «Una taxonomía de los actos ilocucionarios».

EMISIONES REALIZATIVAS*

JOHN L. AUSTIN

I

Tienen ustedes más que derecho a no saber lo que significa la palabra «realizativo». Es una palabra nueva y una palabra fea, y acaso no signifique nada demasiado. Pero en cualquier caso hay algo en su favor, que no es una palabra profunda. Recuerdo que una vez, cuando yo había hablado de este tema, alguien dijo después: «Sabes, no tengo la menor idea de lo que quiere decir, a menos que pudiera ser que simplemente quiera decir lo que dice.» Pues bien, esto es lo que me gustaría querer decir.

Consideremos primero cómo surge este asunto. No tenemos que retroceder muy lejos en la historia de la filosofía para encontrar filósofos dando por sentado como algo más o menos natural que la única ocupación, la única ocupación interesante, de cualquier emisión —es decir, de cualquier cosa que decimos— es ser verdadera o al menos falsa. Naturalmente, siempre han sabido que hay otros tipos de cosas que decimos —cosas como imperativos, las expresiones de deseos, y exclamaciones— algunas de las cuales han incluso sido clasificadas por los gramáticos, aunque tal vez no era demasiado fácil

---

* Versión castellana de Alfonso García Suárez.

Traduzco *utterance* como «emisión» y *performative* como «realizativo». La alternativa de traducir la primera como «expresión» —tal como hacen G. R. Carrió y E. A. Rabossi en *Palabras y acciones*, Paidós, Buenos Aires, 1971 (traducción de las conferencias de Austin *How to Do Things with Words*)— no me parece aceptable porque prefiero reservar esta palabra para *phrase*: segmento lingüístico que no llega a oración: *i.e.*, lo que los gramáticos europeos llaman sintagma. Tampoco «locución» parece adecuada porque Austin la utiliza, en *Palabras y acciones*, para referirse al contenido de un acto locucionario. «Emisión» goza además de la ventaja —de la que carece «locución»— de tener asociado el verbo *emitir*, correspondiente al inglés *to utter*. En cambio la traducción de Carrió y Rabossi de *performative* por «realizativo» me parece perfecta y preferible a la alternativa «ejecutivo». La razón es que «realizativo» es un neologismo sobre la base de palabras ya en uso: «realizar» y «realización» —del mismo modo que *performative* es, como dice Austin, una nueva y fea palabra sobre la base de *perform* y *performance*—. «Ejecutivo» equivaldría, en cambio, a *executive* (cfr. «poder ejecutivo»). *(N. del T.)*

decir siempre cuál era cuál. Pero, con todo, los filósofos han dado por sentado que las únicas cosas en las que están interesados son las emisiones que registran hechos o que describen situaciones con verdad o con falsedad. En los tiempos recientes este tipo de postura ha sido puesto en duda —en dos etapas, creo yo—. Lo primero de todo la gente comenzó a decir: «Está bien, si estas cosas son verdaderas o falsas debe ser posible decidir qué son, y si no podemos decidir qué son no son nada buenas sino que son, en resumen, sinsentidos.» Y esta nueva postura hizo muchísimo bien; una gran cantidad de cosas que probablemente son sinsentidos se descubrieron como tales. Sin embargo, no creo que sea cierto que se hayan clasificado adecuadamente todos los tipos de sinsentido, y tal vez algunas cosas que han sido rechazadas por sinsentidos no lo sean realmente; pero con todo este movimiento, el movimiento verificacionista, fue, a su manera, excelente.

Con todo, llegamos entonces a la segunda etapa. Después de todo, ponemos unos límites a la cantidad de sinsentido que decimos, o al menos a la cantidad de sinsentido que estamos dispuestos a admitir que decimos; y así la gente comenzó a preguntarse si después de todo algunas de las cosas que, tratadas como enunciados, estaban en peligro de ser rechazadas como sinsentidos fueron después de todo realmente propuestas como enunciados. ¿No podrían tal vez no pretender registrar hechos sino influir en la gente de esta o aquella manera, o dar rienda suelta a las emociones de esta o aquella manera? O tal vez en cualquier caso algunos elementos de estas emisiones realizaban esas funciones, o, por ejemplo, llamaban la atención de alguna forma (sin registrarlo efectivamente) hacia algún rasgo importante de las circunstancias en que la emisión se hacía. Sobre estas líneas la gente ha adoptado ahora un nuevo eslogan, el eslogan de los «diferentes usos del lenguaje». La vieja postura, la vieja postura enunciativa, es incluso llamada a veces una falacia, la falacia descriptiva.

Ciertamente hay una gran cantidad de usos del lenguaje. Es más bien una pena el que la gente tienda a invocar un nuevo uso del lenguaje siempre que se sienten inclinados a hacerlo, para que les ayude a salir de este, de aquel o del otro bien conocido enredo filosófico; necesitamos más de un entramado en el que discutir estos usos del lenguaje; y también creo que no debiéramos desesperarnos tan fácilmente y hablar, como tiende a hacer la gente, de los *infinitos* usos del lenguaje. Los filósofos hacen esto cuando han enumerado tantos como, digamos, diecisiete; pero incluso si hubiese unos diez mil usos del lenguaje, seguro que podríamos enumerarlos todos con tiempo. Esto, después de todo, no es mayor que el número de especies de escarabajo que los entomólogos se han tomado la molestia de enumerar. Pero sean cuales fueren los defectos de cualquiera de ambos movimientos —el movimiento «verificacionista» o el movimiento del «uso del lenguaje»—, en cualquier caso han dado lugar, nadie podría negarlo, a una gran revolución en filosofía y, dirían muchos, la más saludable en su historia. (Una pretensión, si se paran a pensarlo, no muy inmodesta.)

Pues bien, es una de esas suertes de uso del lenguaje la que quiero examinar aquí. Quiero discutir un tipo de emisión que parece un enunciado y supongo que gramaticalmente sería clasificada como un enunciado que no es carente de sentido, y sin embargo no es verdadera o falsa. Éstas no van a ser emisiones que contienen verbos curiosos como «pudo» o «podría», o palabras curiosas como «bueno», que muchos filósofos consideran hoy en día sencillamente como señales peligrosas. Serán emisiones perfectamente claras, con verbos corrientes en primera persona del singular del presente de indicativo de la voz activa, y no obstante veremos de inmediato que no tienen la posibilidad de ser verdaderas o falsas. Más aún, si una persona hace una emisión de este tipo, diríamos que está *haciendo* algo en vez de meramente *diciendo* algo. Esto puede sonar un poco extraño, pero los ejemplos que daré de hecho no son extraños en absoluto, y puede que incluso parezcan decididamente grises. He aquí tres o cuatro. Supongamos, por ejemplo, que en el transcurso de una ceremonia nupcial digo, como la gente hace, «Sí quiero»* (*sc.*, tomar a esta mujer por mi esposa legalmente desposada). O también, supongamos que le piso a usted en el pie y digo «Le pido disculpas»**. O también, supongamos que tengo la botella de champán en la mano y digo «Bautizo este barco el *Queen Elizabeth*». O supongamos que digo «Te apuesto cinco duros que lloverá mañana». En todos estos casos sería absurdo considerar la cosa que digo como un registro de la realización de la acción que indudablemente se hace —la acción de apostar, o bautizar, o disculparse—. Diríamos más bien que, al decir lo que digo, realizo efectivamente esa acción. Cuando digo «Bautizo este barco el *Queen Elizabeth*» no describo la ceremonia de bautizo, realizo efectivamente el bautizo; y cuando digo «Sí quiero» (*sc.,* tomar esta mujer como mi esposa legalmente desposada), no estoy informando de un matrimonio, estoy satisfaciéndolo.

Pues bien, estos tipos de emisiones son las que llamamos emisiones *realizativas.* Ésta es una palabra un poco fea, y una palabra nueva, pero parece que no hay ya en existencia ninguna palabra que haga su oficio. La aproximación más cercana que se me ocurre es la palabra «operativo», tal como la usan los abogados. Los abogados cuando hablan de instrumentos legales distinguen entre el preámbulo, que recita las circunstancias en que se efectúa una transacción, y por otro lado la parte operativa —la parte que realiza efectivamente el acto legal que el instrumento se propone realizar—. De manera que la palabra «operativo» está muy cerca de lo que queremos. «Lego mi reloj a mi hermano» sería una cláusula operativa y es una emisión realizativa. Sin embargo, la palabra «operativo» tiene otros usos, y parece preferible tener una palabra especialmente asignada para el uso que queremos.

* «I do.» *(N. del T.)*
** «I apologize.» *(N. del T.)*

Ahora bien, en este punto alguien podría objetar, quizá incluso con cierta alarma, que parezco estar sugiriendo que casarse es simplemente decir unas cuantas palabras, que justamente el decir unas cuantas palabras *es* casarse. Bien, esto ciertamente no es el caso. Las palabras tienen que decirse en las circunstancias apropiadas, y ésta es una cuestión que volverá a surgir después. Pero lo que no debemos suponer es que lo que se necesita en tales casos además de decir las palabras es la realización de un acto espiritual interno, del cual las palabras serán entonces un registro. Es muy fácil deslizarse hacia esta opinión al menos en casos difíciles, portentosos, aunque quizá no sea tan fácil en casos simples como el de pedir disculpas. En el caso de prometer —por ejemplo, «Prometo estar allí mañana»— es muy fácil pensar que la emisión es simplemente el signo externo y visible (es decir, verbal) de la realización de un acto espiritual interior de prometer, y esta opinión ciertamente ha sido expresada en muchos lugares clásicos. Tenemos el caso del Hipólito de Eurípides que dijo «Mi lengua lo juró, pero mi corazón no» —quizá debiera ser «mente» o «espíritu» en vez de «corazón», pero en cualquier caso una especie de artista de candilejas—. Ahora bien, es claro con este tipo de ejemplo que, si nos deslizamos hacia la creencia de que esas emisiones son registros, verdaderos o falsos, de la realización de actos espirituales e interiores, abrimos una fisura a perjuros, estafadores y bígamos, etc., de manera que tiene desventajas el ser excesivamente solemne de esta forma. Tal vez sea mejor aferrarnos al viejo dicho de que la palabra empeña.

Sin embargo, aunque estas emisiones no registran ellas mismas hechos y no son ellas mismas verdaderas o falsas, el decir estas cosas muy a menudo *implica* que determinadas cosas son verdaderas y no falsas, en algún sentido al menos de la palabra un tanto enredosa «implicar». Por ejemplo, cuando digo «Tomo a esta mujer como mi esposa legalmente desposada», o alguna otra fórmula de la ceremonia matrimonial, implico que no estoy ya casado, con esposa viva, cuerda, no divorciada, y demás cosas. No obstante, es muy importante darse cuenta de que implicar que esto o lo otro es verdadero, no es en absoluto lo mismo que decir algo que es ello mismo verdadero.

Estas emisiones realizativas no son, pues, verdaderas o falsas. Pero sufren de ciertas incapacidades propias. Pueden fracasar de maneras especiales y esto es lo que quiero considerar ahora. Las diversas maneras en que una emisión realizativa puede ser insatisfactoria las llamamos, por darles un nombre, infortunios*; y un infortunio surge —es decir, la emisión es desafortunada— si se rompen determinadas reglas, reglas transparentemente simples. Mencionaré algunas de estas reglas y daré entonces ejemplos de algunas infracciones.

Ante todo, es obvio que debe efectivamente existir el procedimiento convencional que nos estamos proponiendo emplear con nuestra emisión.

---

* *infelicities. (N. del T.)*

En los ejemplos dados aquí este procedimiento será verbal, un procedimiento verbal para casarse o donar o lo que fuere; pero debe tenerse en cuenta que hay muchos procedimientos no-verbales por los que realizar exactamente los mismos actos que realizamos por estos medios verbales. Vale la pena recordar también que una gran cantidad de las cosas que hacemos son al menos en parte de este género convencional. Los filósofos al menos tienden demasiado a dar por sentado que una acción es siempre en último extremo el llevar a cabo un movimiento físico, mientras que es usualmente, al menos en parte, una cuestión de convención.

La primera regla es, pues, que la convención invocada debe existir y ser aceptada. Y la segunda regla, también muy obvia, es que las circunstancias en que nos proponemos invocar este procedimiento deben ser apropiadas para su invocación. Si esto no se observa, entonces el acto que nos proponemos realizar no saldría —será, podríamos decir, un fallo*. Esto también ocurrirá si, por ejemplo, no llevamos a cabo el procedimiento —sea lo que fuera— correcta y completamente, sin ningún defecto** y sin ninguna obstrucción***. Si alguna de estas reglas no se observa, decimos que el que nos proponíamos realizar es nulo, sin efecto. Si, por ejemplo, el pretendido acto era un acto de casarse, entonces diríamos que «tomamos parte en una formalidad» de matrimonio, pero que no logramos efectivamente casarnos.

He aquí algunos ejemplos de este tipo de fallo. Supongamos que viviendo en un país como el nuestro, deseamos divorciarnos de nuestra esposa. Podemos intentar colocarla directamente frente a nosotros en la sala y decir, en voz lo bastante alta para que lo oigan todos, «Me divorcio de ti». Ahora bien, este procedimiento no es aceptado. No hemos logrado con él divorciarnos de nuestra esposa, al menos en este país y otros como él. Éste es un caso en que la convención, diríamos, no existe o no es aceptada. Por otra parte, supongamos que, escogiendo compañeros en una fiesta infantil, digo «Escojo a Jorge». Pero Jorge se sonroja y dice «No juego». En este caso obviamente, por una razón u otra, no escogí a Jorge —ya sea porque no existe la convención de que puedes escoger gente que no juega, o porque Jorge en esas circunstancias es un objeto inapropiado del procedimiento de escoger—. O consideremos el caso en que digo «Te nombro cónsul», y resulta que ya has sido nombrado —o quizá pueda incluso trascender que eres un caballo—; aquí de nuevo tenemos el infortunio de circunstancias inapropiadas, objetos inapropiados, cosas por el estilo. Ejemplos de defectos y obstrucciones tal vez apenas sean necesarios —una parte en la ceremonia de matrimonio dice «Sí querré», la otra dice «No querré»; yo digo «Apuesto cinco duros», pero nadie dice «Hecho», nadie acepta la oferta—. En todos estos

* *misfire. (N. del T.)*
** *flaw. (N. del T.)*
*** *bitche. (N. del T.)*

casos y otros similares, el acto que nos proponemos realizar, o que nos ponemos a realizar, no es logrado.

Pero hay otra manera un tanto diferente en que este tipo de emisión puede ir mal. Una buena cantidad de estos procedimientos verbales están diseñados para ser usados por personas que sostienen determinadas creencias o tienen determinados sentimientos o intenciones. Y si usted usa una de estas fórmulas cuando no tiene los pensamientos o sentimientos o intenciones requeridos entonces hay un abuso del procedimiento, hay una insinceridad. Tomemos, por ejemplo, la expresión «Te felicito». Esta expresión está diseñada para ser usada por personas que se alegran de que la persona aludida haya logrado una determinada hazaña, que creen que ella fue personalmente responsable del éxito, etc. Si digo «Te felicito» cuando no me alegro o cuando no creo que el mérito fuese tuyo, entonces hay una insinceridad. Asimismo si digo que prometo hacer algo, sin tener la menor intención de hacerlo o sin creerlo factible. En estos casos hay algo que va mal ciertamente, pero no es igual que un fallo. No diríamos que yo no prometí de hecho, sino más bien que prometí pero prometí insinceramente; te felicité pero las felicitaciones fueron huecas. Y puede haber un infortunio de una especie un tanto semejante cuando la emisión realizativa compromete al hablante a conducta futura de determinado tipo y luego en el futuro él no se comporta de hecho de la manera esperada. Esto es muy obvio, naturalmente, si prometo hacer algo y luego rompo mi promesa, pero hay muchos tipos de compromiso de una forma bastante menos tangible que la del caso de prometer. Por ejemplo, yo puedo decir «Te doy la bienvenida», dándote por bienvenido a mi casa o a donde fuere, pero luego empiezo a tratarte como si fueses extremadamente mal recibido. En este caso se ha abusado del procedimiento de decir «Te doy la bienvenida» de una manera un tanto diferente de la de simple insinceridad.

Podríamos preguntarnos ahora si esta lista de infortunios es completa, si los tipos de infortunio son mutuamente exclusivos, etc. Pues bien, no es completa, y no son mutuamente exclusivos; nunca lo son. Supongamos que estás a punto de bautizar el barco, has sido nombrado para bautizarlo, y estás a punto de estallar la botella contra el casco; pero en ese mismo instante un tipo burdo aparece, te arrebata la botella de la mano, la rompe contra el casco, exclama «Bautizo este barco el *Generalísimo Stalin*, y luego retira las cuñas con buen compás. Pues bien, estamos de acuerdo naturalmente en varias cosas. Estamos de acuerdo en que el barco no se llama ahora el *Generalísimo Stalin*, y estamos de acuerdo en que se trata de una infernal vergüenza, etc., etc. Pero puede que no estemos de acuerdo en cuanto a cómo clasificar el infortunio concreto de este caso. Podríamos decir que aquí tenemos el caso de un procedimiento perfectamente legítimo y admitido que, sin embargo, ha sido invocado en circunstancias incorrectas, concretamente por la persona incorrecta, este tipo burdo en vez de la persona designada para hacerlo. Pero por otro lado podríamos verlo de manera diferente y decir que éste es un caso en que el procedimiento en su totalidad no se ha llevado a cabo correctamente, porque parte del procedimiento para bautizar un barco es que tú hayas sido designado como la persona que debe hacer el bautizo y esto es lo que este compadre no fue. Así pues, la forma en que debemos clasificar los infortunios en casos diferentes quizá sea un asunto bastante difícil, e incluso puede que en último extremo sea un tanto arbitrario. Pero por cierto los abogados, que tienen que vérselas muchísimo con este género de cosas, han inventado todos los tipos de términos técnicos y han formulado numerosas reglas sobre diferentes tipos de casos, que les permiten clasificar bastante rápidamente lo que en particular anda mal en cualquier caso dado.

En cuanto a si esta lista es completa, ciertamente no lo es. Una forma ulterior por la que las cosas pueden ir mal es, por ejemplo, por lo que en general puede llamarse malentendido. Puede que no oigas lo que digo, o puede que entiendas que me refiero a algo distinto de aquello a lo que pretendí referirme, etc. Y aparte de ulteriores adiciones que pudiéramos hacer a la lista, está la prevalente consideración general de que, en cuanto que estamos realizando un acto cuando proferimos estas emisiones realizativas, puede por cierto que lo estemos haciendo bajo coerción o en otras circunstancias que no nos hagan enteramente responsables de hacer lo que estamos haciendo. Esto sería ciertamente una infelicidad de una cierta especie —cualquier especie de no-responsabilidad podría llamarse una infelicidad; pero naturalmente es un tipo de cosa completamente diferente de aquellas de las que hemos estado hablando. Y podría mencionar que, de nuevo de manera muy diferente, podríamos proferir cualquiera de estas emisiones, tal como podemos proferir una emisión de cualquier tipo, en el transcurso, por ejemplo, de representar un papel o de hacer un chiste o escribir un poema—, en cuyo caso naturalmente no sería presentado seriamente y no podremos decir que realizamos seriamente el acto en cuestión. Si el poeta dice «Ve y recoge una estrella cadente» o lo que fuere, no profiere seriamente una orden. Consideraciones de este género se aplican absolutamente a cualquier emisión, no solamente a las realizativas.

Esto, pues, tal vez sea bastante para seguir con ello. Hemos discutido la emisión realizativa y sus infortunios. Ello nos equipa, podemos suponer, con dos nuevas y relucientes herramientas para resquebrajar acaso la cuna de la realidad. También nos equipa —siempre lo hace— con dos nuevas y relucientes zapatas bajo nuestros pies metafísicos. La cuestión está en cómo las usamos.

II

Hasta aquí hemos estado haciendo firmes progresos, sintiendo deslizarse bajo nuestros pies el firme piso del prejuicio, lo cual es siempre bastante regocijante, pero ¿qué pasa ahora? Ustedes estarán esperando el momento en que nos embarranquemos, el momento en que nos retractemos de todo, y con bastante seguridad que llegará pero tomará tiempo. Ante todo formulémonos una pregunta bastante sencilla. ¿Cómo podemos estar seguros de, cómo podemos distinguir, si una emisión cualquiera ha de ser clasificada como realizativa o no? Seguramente, sentimos, debemos poder hacerlo. Y obviamente nos gustaría muchísimo poder decir que hay un criterio gramatical para ello, algún medio gramatical de decidir si una emisión es realizativa. Todos los ejemplos que he dado hasta aquí tienen de hecho la misma forma gramatical; todos ellos comienzan con el verbo en primera persona del singular del presente de indicativo de la voz activa —no precisamente cualquier tipo de verbo por cierto, pero con todo todos ellos son de hecho de esa forma—. Además, en el caso de los verbos que he usado hay una asimetría típica entre el uso de esta persona y tiempo del verbo y el uso del mismo verbo en otras personas y otros tiempos, y esta asimetría es una clave ciertamente importante.

Por ejemplo, cuando decimos «Yo prometo que...», el caso es muy diferente de cuando decimos «Él promete que...», o en tiempo pasado «Yo prometí que...». Pues cuando decimos «Yo prometo que...» realizamos un acto de prometer —hacemos una promesa—. Lo que *no* hacemos es informar de que alguien realiza un acto de prometer —en particular, no informamos de que alguien usa la expresión «Yo prometo»—. Efectivamente la usamos y hacemos la promesa. Pero si digo «Él promete», o en tiempo pasado «Yo prometí», informo precisamente de un acto de prometer, esto es, de un acto de usar la fórmula «Yo prometo» —informo de un acto presente de prometer por su parte, o de un acto pasado por mi parte—. Hay así una clara diferencia entre la primera persona del singular del presente de indicativo de la activa, y las demás personas y tiempos. Esto es puesto de manifiesto con el típico caso del pequeño Guillermito, cuyo tío dice que le dará media corona si promete no fumar nunca hasta que tenga cincuenta y cinco años. El ansioso padre del pequeño Guillermito dice «Naturalmente que lo promete, ¿verdad, Guillermito?», dándole un codazo, y el pequeño Guillermito ni siquiera dice esta boca es mía. La gracia reside aquí en que él debe hacer la promesa por sí mismo diciendo «Lo prometo», y su padre va demasiado rápido al decir que promete.

Esto, pues, es un ejemplo de una prueba de si una emisión es realizativa o no, pero no debemos suponer que toda emisión realizativa haya de adoptar esta forma estándar. Hay al menos otra forma estándar, igual de común que ésta, en que el verbo está en la voz pasiva (o reflexiva)* y en la segun-

* Añado la puntualización del paréntesis porque en castellano, frente al inglés, resulta forzado el utilizar la voz pasiva y se emplea, en cambio, de modo natural, la construcción con *se*: «Se advierte a los pasajeros de que...» y no «Los pasajeros son advertidos de que...». *(N. del T.)*

da o tercera persona, no en la primera. El tipo de caso al que me refiero es el de un aviso que reza «Se advierte a los pasajeros de que crucen las vías por el puente solamente», o de un documento que dice «Por la presente está usted autorizado» a hacer tal y cual. Éstos son indudablemente realizativos, y de hecho a menudo se requiere una firma a fin de mostrar quién es el que está haciendo el acto de advertir, o autorizar, o lo que fuere. Muy típico de este tipo de realizativo —especialmente susceptible de figurar en documentos escritos naturalmente— es que la expresión «por la presente»* o bien figura de hecho o podría con naturalidad insertarse.

Desgraciadamente, sin embargo, todavía no nos es posible sugerir que toda emisión que vaya a ser clasificada como un realizativo haya de adoptar una u otra de estas dos, por llamarlas así, formas estándares. Después de todo sería una emisión realizativa muy típica decir «Te ordeno que cierres la puerta». Satisface todos los criterios. Realiza el acto de ordenarte cerrar la puerta, y no es verdadera o falsa. Pero en las circunstancias apropiadas seguramente que pudimos realizar exactamente el mismo acto diciendo sencillamente «Cierra la puerta», en imperativo. O también, supongamos que alguien coloca un aviso «Este toro es peligroso», o simplemente «Toro peligroso», o simplemente «Toro». ¿Difiere esto necesariamente de colocar un aviso, apropiadamente firmado, diciendo «Por la presente se advierte que este toro es peligroso»? Parece que el simple aviso «Toro» puede realizar la misma función que la fórmula más elaborada. Naturalmente, la diferencia está en que si colocamos sólo «Toro» no quedaría del todo claro que es una advertencia; podría estar allí sólo por interés o información, como «Wallabi» ante la jaula del zoo, o «Monumento antiguo». Sin duda que sabríamos por la naturaleza del caso que era una advertencia, pero no sería explícita.

Pues bien, en vista de este derrumbamiento de los criterios gramaticales, lo que nos gustaría suponer —y es bastante suponer— es que cualquier emisión que sea realizativa podría ser reducida a, o desarrollada en, una de estas dos formas estándares que comienzan con «Yo...» tal y cual o que comienzan con «Usted (o él) por la presente...» tal y cual. Si hubiese alguna justificación para esta esperanza, como en alguna medida la hay, entonces podríamos esperar hacer una lista de todos los verbos que pueden aparecer en estas formas estándares, y luego podríamos clasificar los tipos de actos que pueden realizarse con emisiones realizativas. Podríamos hacerlo con la ayuda de un diccionario, usando una prueba como la ya mencionada —el que haya la asimetría característica entre la primera persona del singular del presente de indicativo de la activa y las demás personas y tiempos— a fin de decidir si un verbo entra en nuestra lista o no. Pues bien, si hacemos esta lista encontramos de hecho que caen en determinadas clases bastante bien diferenciadas. Tene-

---

* En el original «*is that the little word* "*hereby*"». *(N. del T.)*

mos la clase en que emitimos veredictos y hacemos estimaciones y valoraciones de diversos géneros. Tenemos la clase en que hacemos compromisos, nos comprometemos de diversas formas al decir algo. Tenemos la clase en que al decir algo ejercitamos diversos derechos y poderes, tales como nombrar, votar, etc. Y tenemos una o dos más clases bastante bien diferenciadas.

Supongamos realizada esta tarea. Entonces llamaríamos a los verbos de nuestra lista verbos realizativos explícitos, y a cualquier emisión que se redujese a una u otra de nuestras formas estándares la llamaríamos una emisión realizativa explícita. «Te ordeno cerrar la puerta» sería una emisión realizativa explícita, mientras que «Cierra la puerta» no lo sería —esto es, una emisión realizativa «primaria» o como quiera que deseemos llamarla—. Al usar el imperativo puede que estemos ordenándote cerrar la puerta, pero no queda justamente claro si estamos ordenándote o rogándote o implorándote o solicitándote o incitándote o tentándote, o uno u otro de entre muchos otros actos sutilmente diferentes que, en un lenguaje primitivo poco sofisticado, es muy probable que no sean discriminados. Pero necesitamos no sobreestimar la no sofisticación de los lenguajes primitivos. Hay una gran cantidad de recursos utilizables para aclarar, incluso al nivel primitivo, qué acto estamos realizando cuando decimos algo —el tono de voz, la cadencia, los gestos— y ante todo podemos confiar en la naturaleza de las circunstancias, en el contexto en que la emisión es proferida. Esto muy a menudo hace totalmente inconfundible si se trata de una orden que se está dando o si, pongamos por caso, estoy simplemente instigándote o rogándote. Puede que, por ejemplo, digamos algo de este tipo: «Viniendo de él yo estaba obligado a tomarlo como una orden.» No obstante, a pesar de todos estos recursos, hay una desafortunada cantidad de ambigüedad y falta de discriminación en ausencia de nuestros verbos realizativos explícitos. Si digo algo como «Estaré allí», puede que no quede determinado si es una promesa, o una expresión de intención, o tal vez incluso una predicción de mi conducta futura, de lo que va a sucederme; y puede que importe bastante, al menos en sociedades desarrolladas, cuál de estas cosas es precisamente. Y por esto es por lo que se ha desarrollado el verbo realizativo explícito —para aclarar exactamente cuál es, hasta qué punto me compromete y de qué manera, etc.—.

Éste es justamente un modo en que el lenguaje se desarrolla a tono con la sociedad de la cual es el lenguaje. Los hábitos sociales de la sociedad pueden afectar considerablemente qué verbos realizativos se desarrollan y cuáles, a veces por razones más bien irrelevantes, no lo hacen. Por ejemplo, si digo «Eres un cobarde», pudiera ser que te estoy censurando o pudiera ser que te estoy insultando. Ahora bien, dado que al parecer la sociedad aprueba el censurar o reprobar, hemos, en este caso, desarrollado una fórmula «Te repruebo», o «Te censuro», que nos permite llevar a cabo expeditivamente esta deseable empresa. Pero por otro lado, dado que al parecer no aprobamos el insultar, no hemos desarrollado una fórmula simple del tipo «Te insulto», cosa que pudiéramos haber hecho exactamente igual.

Por medio de estos verbos realizativos explícitos y de algunos otros recursos, pues, explicitamos qué acto preciso es el que estamos realizando cuando proferimos nuestra emisión. Pero aquí me gustaría añadir unas palabras de advertencia. Debemos distinguir entre la función de explicitar qué acto es el que estamos realizando, y la muy diferente cuestión de *enunciar* qué acto es el que estamos realizando. Podemos dibujar un valioso paralelo aquí con otro caso en que el acto, el acto convencional que realizamos, no es un acto del habla sino una realización física. Supongamos que aparezco ante usted un día y doblo profundamente el espinazo. Bien, esto es ambiguo. Puedo estar simplemente observando la flora del lugar, atando el cordón de mi zapato, o algo de este tipo; por otro lado, es concebible que pudiera estar haciéndole una reverencia. Pues bien, para esclarecer esta ambigüedad tenemos algunos recursos tales como levantar el sombrero, decir «Salaam», o algo de este tipo, para dejar completamente claro que el acto que se realiza es el convencional de hacer una reverencia en vez de otro acto. Ahora bien, nadie querría decir que levantar el sombrero fue enunciar que usted estaba realizando un acto de reverencia, ciertamente no lo es, pero deja completamente claro que lo estaba haciendo. Y así de la misma manera decir «Te advierto que...» o «Te ordeno que...» o «Prometo que...» no es enunciar que está usted haciendo algo, pero deja claro que lo está haciendo —constituye su realización verbal, una realización de un género particular—.

Hasta ahora hemos estado avanzando como si hubiese una diferencia totalmente clara entre nuestras emisiones realizativas y aquello con lo que las hemos contrastado, enunciados o informes o descripciones. Pero ahora comenzamos a encontrar que esta distinción no es tan clara como podría ser. Es ahora cuando empezamos a hundirnos un poco. En primer lugar, naturalmente, podemos sentir dudas en cuanto a cuán ampliamente se extienden nuestros realizativos. Si nos paramos a pensar en algunos tipos raros de expresión que usamos en casos raros, pudiéramos muy bien preguntarnos si satisfacen o no nuestros criterios un tanto vagos para ser emisiones realizativas. Supongamos, por ejemplo, que alguien dice «Bravo». Bien, no es verdadero o falso; está realizando el acto de vitorear. ¿La hace esto una emisión realizativa en nuestro sentido o no? O supongamos que él dice «Demonios»; está realizando el acto de jurar, y no es verdadera o falsa. ¿La hace esto realizativa? Sentimos que en cierto modo sí y sin embargo es bastante diferente. Por otro lado, consideremos casos de «dicho y hecho»*; éstos también pueden hacer que nos preguntemos si tal vez la emisión debiera clasificarse como realizativa. O a veces, si alguien dice «Lo siento», nos preguntamos si esto es justamente lo mismo que «Le pido disculpas» —en cuyo caso, naturalmente, hemos dicho que es una emisión realizativa— o si tal vez ha de ser

---

* En el original «cases of "suiting the action to the word"». *(N. del T.)*

tomada como una descripción, verdadera o falsa, del estado de sus sentimientos. Si hubiese dicho «Me siento profundamente apenado por ello», entonces pensaríamos que debe entenderse como una descripción del estado de sus sentimientos. Si hubiese dicho «Le pido disculpas», sentiríamos que ésta es claramente una emisión realizativa, que lleva a cabo el ritual de pedir disculpas. Pero si dice «Lo siento»* hay un aleteo entre las dos. Este fenómeno es muy común. Frecuentemente encontramos casos en que hay una obvia emisión realizativa pura y otras obvias emisiones conectadas con ella que no son realizativas sino descriptivas, pero por otro lado muchas en el medio de manera que no estamos enteramente seguros de lo que son. En algunas ocasiones por cierto son obviamente empleadas de una forma, en algunas ocasiones de otra, pero en algunas ocasiones parecen gozarse positivamente en la ambigüedad.

Por otro lado, consideremos el caso del árbitro cuando dice «Fuera» o «Cambio», o la emisión del jurado cuando dicen que encuentran al detenido culpable. Naturalmente, decimos, éstos son casos de dar veredictos, de realizar el acto de valorar, etc., pero no obstante en cierto modo tienen alguna conexión con los hechos. Parecen tener algo parecido al deber de ser verdaderos o falsos, y parecen no estar por tanto muy alejados de los enunciados. Si el árbitro dice «Cambio», esto seguramente que tiene al menos algo que ver con el hecho de que se hayan lanzado seis pelotas más bien que siete, etc. De hecho podemos en general acordarnos de que «Enuncio que...» no parece muy diferente de «Te advierto que...» o «Prometo...». Aclara seguramente que el acto que estamos realizando es un acto de enunciar, y por tanto funciona exactamente como «Advierto» u «Ordeno». Por tanto, ¿no es «Enuncio que...» una emisión realizativa? Pero entonces uno puede sentir que las emisiones que comienzan con «Enuncio que...» tienen que ser verdaderas o falsas, que *son* enunciados.

Consideraciones de esta especie, entonces, bien puede que nos hagan sentirnos bastante incómodos. Si volvemos la vista por un momento a nuestro contraste entre enunciados y emisiones realizativas, nos damos cuenta de que estábamos considerando los enunciados fiándonos demasiado en, como dijimos, el tratamiento tradicional. Teníamos que los enunciados habían de ser verdaderos o falsos; las emisiones realizativas por otra parte habían de ser afortunadas o desafortunadas. Consistían en hacer algo, mientras que con todo lo dicho el formular enunciados no era hacer algo. Ahora bien, seguro que este contraste es insatisfactorio si volvemos a examinarlo. Naturalmente los enunciados son susceptibles de ser evaluados en la cuestión de su correspondencia o falta de correspondencia con los hechos, es decir, de ser

* Quizá resulte un tanto forzado el ejemplo en castellano; en inglés no resulta forzado porque «*I am sorry*» tiene todas las trazas de una emisión que describe el estado de los sentimientos del que la profiere. *(N. del T.)*

verdaderos o falsos. Pero son también susceptibles de infortunio al igual que lo son las emisiones realizativas. De hecho puede demostrarse que algunas dificultades que han surgido en el estudio de los enunciados recientemente son sencillamente dificultades de infortunio. Por ejemplo, se ha señalado que hay algo muy extraño en decir algo como esto: «El gato está sobre la alfombra pero yo no creo que esté». Pues bien, el decir esto es una cosa chocante, pero no es contradictorio. No hay ninguna razón por la que el gato no debiera estar sobre la alfombra sin que yo crea que lo está. Por tanto, ¿cómo hemos de clasificar lo que anda mal en este enunciado peculiar? Si recordamos ahora la doctrina del infortunio veremos que la persona que hace esta observación sobre el gato está en gran medida en la misma posición que alguien que diga algo como esto: «Prometo que estaré allí, pero no tengo la menor intención de estar allí.» Una vez más usted puede, por cierto, perfectamente bien prometer estar allí sin tener la menor intención de estar allí, pero hay algo chocante en decirlo, en confesar efectivamente la insinceridad de la promesa que hace. De la misma manera hay insinceridad en el caso de la persona que dice «El gato está sobre la alfombra pero yo no creo que esté», y está confesando efectivamente esa insinceridad —lo cual forma un tipo peculiar de sinsentido—.

Un segundo caso que ha salido a discusión es el referente a los hijos de Juan —el caso en que se supone que alguien dice «Todos los hijos de Juan son calvos, pero Juan no ha tenido hijos»—. O quizás alguien dice «Todos los hijos de Juan son calvos», cuando de hecho —él no lo dice— Juan no tiene hijos. Pues bien, los que estudian enunciados se han hecho un lío con esto; ¿deben decir que el enunciado «Todos los hijos de Juan son calvos» es carente de significado en este caso? Bueno, si lo es, no se parece ni una pizca a muchísimos otros tipos más estándares de carencia de significado; y vemos, si nos volvemos a mirar nuestra lista de infortunios, que lo que anda mal aquí es en gran medida lo mismo que lo que anda mal en, por ejemplo, el caso de un contrato de venta de un trozo de tierra cuando el trozo de tierra al que se refiere no existe. Pues bien, lo que decimos en el caso de esta venta de tierra, que por cierto sería efectuada por una emisión realizativa, es que la venta es nula —nula por falta de referencia o ambigüedad de referencia—; y así podemos ver que el enunciado sobre todos los hijos de Juan es igualmente nulo por falta de referencia. Y si el hombre en cuestión dice efectivamente que Juan no tiene hijos de la misma sentada que dice que son todos calvos, está haciendo el mismo tipo de emisión chocante que el hombre que dice «El gato está sobre la alfombra y yo no creo que esté», o el hombre que dice «Prometo pero no tengo la intención de hacerlo».

De esta manera, pues, los males que se ha encontrado que afectan a los enunciados pueden ser puestos precisamente en paralelo con los males que son característicos de las emisiones realizativas. Y después de todo, cuando enunciamos algo o describimos algo o informamos de algo, realizamos un acto que es con igual derecho un acto que el acto de ordenar o de advertir.

No parece que haya ninguna buena razón por la que debamos darle al acto de enunciar una posición especialmente única. Ciertamente los filósofos han estado acostumbrados a hablar como si usted o yo o cualquiera pudiera justamente ponerse a enunciar cualquier cosa sobre cualquier cosa y esto estuviese perfectamente en orden, sólo que hay justamente una pequeña cuestión: ¿es verdadero o falso? Pero además de la pequeña cuestión, es verdadero o falso, hay seguramente la cuestión: ¿*está* en orden? ¿Puede usted ponerse precisamente a hacer enunciados sobre cualquier cosa? Supongamos, por ejemplo, que usted me dice «Esta mañana tengo la sensación de estar müy anticuado». Bien, yo le digo «No la tiene»; y usted dice «¿Qué demonios quiere decir, no la tengo?». Yo digo «Oh, nada —sólo estoy enunciando que no la tiene—, ¿es verdadero o falso?». Y usted dice «Espere un momento sobre si es verdadero o falso, la cuestión es ¿qué quiere usted decir al hacer enunciados sobre los sentimientos de otro? Yo le dije que tengo la sensación de estar muy anticuado. Usted no está precisamente en posición de decir, de enunciar, que no la tengo.» Esto pone de manifiesto que usted no puede justamente hacer enunciados sobre los sentimientos de otras personas (aunque puede hacer conjeturas si gusta); y hay muchas cosas que, no teniendo conocimiento de ellas, no estando en posición de pronunciarse sobre ellas, usted no puede justamente enunciar. Lo que necesitamos hacer con el caso de enunciar, y por la misma regla de tres describir e informar, es bajarlos un poco de su pedestal, darnos cuenta de que son actos del habla no menos que todos esos otros actos del habla que hemos estado mencionando y discutiendo como realizativos.

Entonces consideremos por un momento nuestro contraste original entre el realizativo y el enunciado desde el otro ángulo. Al manejar realizativos hemos estado expresándonos todo el tiempo como si la única cosa que una emisión realizativa tuviera que hacer fuera ser afortunada, salir, no ser un fallo, no ser un abuso. Sí, pero esto no es el final de la cuestión. Al menos en el caso de muchas emisiones que, basándonos en lo que hemos dicho, tendríamos que clasificar como realizativas —casos en que decimos «Te advierto...», «Te aconsejo...», etc.— habrá otras cuestiones además de simplemente: ¿estaba en orden?, ¿fue correcto?, ¿salió? Después de esto seguro que vendrá la cuestión: ¿fue un consejo bueno o sensato? ¿Fue una advertencia justificada? O en el caso, digamos, de un veredicto o una estimación: ¿fue una buena estimación, o un justo veredicto? Y éstas son cuestiones que sólo pueden decidirse considerando cómo se relaciona el contenido del veredicto o de la estimación realizativas en una dimensión general de correspondencia con el hecho. Puede que aún se diga, por cierto, que esto no las hace muy parecidas a los enunciados porque todavía no son verdaderas o falsas, y que ésta es una pequeña particularidad en blanco y negro que distingue a los enunciados como una clase aparte. Pero de hecho —aunque nos llevaría mucho proseguir con esto—, cuanto más se piensa en la verdad y la falsedad más se encuentra que muy pocos enunciados de los que emitimos son justamente verdaderos o justamente falsos. Usualmente se plantea la cuestión de si son justos o injustos, de si son adecuados o inadecuados, de si son exagerados o no exagerados. ¿Son demasiado toscos, o son perfectamente precisos, exactos, etc.? «Verdadero» y «falso» son justamente etiquetas generales para toda una dimensión de diferentes valoraciones que tienen una cosa u otra que ver con la relación entre lo que decimos y los hechos. Si, entonces, relajamos nuestras ideas de verdad y falsedad veremos que los enunciados cuando son evaluados en relación a los hechos, no son tan distintos después de todo de consejos, advertencias, veredictos, etc.

Vemos entonces que enunciar algo es realizar un acto justamente igual que lo es dar una orden o hacer una advertencia; y vemos, por otro lado, que, cuando damos una orden o hacemos una advertencia o damos un consejo, hay la cuestión de cómo esto está relacionado con los hechos, la cual no es quizá muy distinta del tipo de cuestión que surge cuando discutimos cómo está un enunciado relacionado con el hecho. Bien, esto parece significar que en su forma original nuestra distinción entre el realizativo y el enunciado se debilita considerablemente, y en realidad se derrumba. Haré sólo una sugerencia respecto a cómo tratar este asunto. Necesitamos retroceder mucho para considerar todas las maneras y sentidos en que decir algo es hacer esto o aquello —porque por cierto es siempre hacer una buena cantidad de cosas diferentes—. Y una cosa que sale a la luz cuando hacemos esto es que, además de la cuestión que ha sido muy estudiada en el pasado concerniente a lo que una determinada emisión *significa*, hay una cuestión ulterior distinta de ésta concerniente a cuál era *la fuerza*, por así llamarla, de la emisión. Puede que nos resulte totalmente claro lo que «Cierra la puerta» significa, pero no tengamos claro todavía en absoluto el punto ulterior concerniente a si en cuanto emitida en un momento determinado era una orden, un ruego o cosas por el estilo. Lo que necesitamos además de la vieja doctrina sobre los significados es una nueva doctrina sobre todas las posibles fuerzas de emisiones, y nuestra lista propuesta de verbos realizativos explícitos constituiría una gran ayuda para su descubrimiento; y luego, partiendo de allí, una investigación de los diversos términos de valoración que usamos al discutir actos del habla de este, de ese o de aquel tipo preciso —órdenes, advertencias y demás—.

Las nociones que hemos, pues, considerado son el realizativo, el infortunio, el realizativo explícito, y finalmente, un tanto apresuradamente, la noción de las fuerzas de emisiones. No sé si decir que todo esto parece un poco estéril, un poco complicado. Bueno, supongo que en algunos respectos es estéril, y supongo que debe ser beneficioso. Al menos, sin embargo, creo que si prestamos atención a estas cuestiones podemos aclarar algunas confusiones que se dan en filosofía; y después de todo la filosofía se usa como un chivo expiatorio, exhibe confusiones que son realmente las confusiones de todo el mundo. Podríamos incluso aclarar algunas confusiones que se dan en gramática, que tal vez sea un poco más respetable.

¿Y es complicado? Bueno, es un poco complicado; pero la vida y la verdad y las cosas tienden a ser complicadas. No son las cosas, son los filósofos los que son simples. Supongo que habrán oído decir que la simplificación excesiva es la enfermedad profesional de los filósofos, y en cierto modo se podría estar de acuerdo con ello. Pero por una secreta sospecha de que es su profesión.

¿QUÉ ES UN ACTO DE HABLA?*

JOHN R. SEARLE

I. INTRODUCCIÓN

En una situación de habla típica que incluye un hablante, un oyente y una emisión del hablante, existen muchos géneros de actos asociados con la emisión del hablante. El hablante habrá movido característicamente su mandíbula y su lengua y habrá producido ruidos. Además, habrá realizado característicamente algunos actos pertenecientes a la clase que incluye informar o irritar o aburrir a sus oyentes; habrá realizado también característicamente algunos actos pertenecientes a la clase que incluye referirse a Kennedy o a Jruschov o al polo Norte; y habrá realizado asimismo actos pertenecientes a la clase que incluye hacer enunciados, plantear preguntas, dar órdenes, emitir informes, saludar y aconsejar. Los miembros de esta última clase son los que Austin[1] llamó actos ilocucionarios, y es de esta clase de la que me ocuparé en este artículo; por consiguiente el artículo podría haberse titulado «¿Qué es un acto ilocucionario?». No intento definir la expresión «acto ilocucionario», aunque si mi análisis de un acto ilocucionario particular tiene éxito puede proporcionar las bases para una definición. Algunos de los verbos castellanos y frases verbales asociadas con actos ilocucionarios son: enunciar, aseverar, describir, aconsejar, observar, comentar, mandar, ordenar, suplicar, criticar, pedir disculpas, censurar, aprobar, dar la bienvenida, prometer, dar consentimiento y pedir perdón. Austin afirmaba que existían en inglés más de un millar de expresiones semejantes.

A modo de introducción tal vez pueda decir por qué pienso que tiene interés y es importante en filosofía del lenguaje estudiar los actos de habla, o, como se les denomina algunas veces, actos de lenguaje o actos lingüísticos. Creo que es esencial a cualquier especimen de comunicación lingüística el que incluya un acto lingüístico. La unidad de comunicación lingüística no

---

* Versión castellana de Luis M. Valdés Villanueva.

[1] J. L. Austin, *How to Do Things with Words*, Oxford, 1962. Versión castellana de G. R. Carrió y E. A. Rabossi, *Palabras y Acciones*, Paidós, Buenos Aires, 1971.

es, como generalmente se ha supuesto, ni el símbolo ni la palabra ni la oración, ni tan siquiera la instancia del símbolo, palabra u oración, sino más bien lo que constituye la unidad básica de la comunicación lingüística es la *producción* de la instancia en la realización del acto de habla. Para establecer más precisamente este punto: la producción de la oración-instancia bajo ciertas condiciones es el acto ilocucionario, y el acto ilocucionario es la unidad mínima de la comunicación lingüística.

No sé cómo *demostrar* que la comunicación lingüística incluye esencialmente actos, pero puedo pensar en argumentos con los cuales se podría intentar convencer a alguien que fuese escéptico. Un argumento consistiría en llamar la atención del escéptico sobre el hecho de que cuando él considera que un ruido o una marca sobre un papel es un caso de comunicación lingüística, como un mensaje, una de las cosas que se incluyen en su considerar así ese ruido o marca es que debe contemplarlo como habiendo sido producido por un ser con ciertas intenciones. No puede contemplarlo como un fenómeno natural, igual que una piedra, una cascada, o un árbol. Para contemplarlo como un caso de comunicación lingüística debe suponer que su producción es lo que yo estoy denominando un acto de habla. Por ejemplo, una presuposición lógica de los intentos corrientes de descifrar los jeroglíficos mayas consiste en que al menos avanzamos la hipótesis de que las marcas que vemos sobre las piedras fueron producidas por seres más o menos parecidos a nosotros mismos y producidas con ciertos géneros de intenciones. Si estuviéramos seguros de que las marcas eran una consecuencia de, digamos, erosión producida por el agua, entonces la cuestión de descifrarlas o incluso de denominarlas jeroglíficos no podría plantearse. Interpretarlas bajo la categoría de comunicación lingüística incluye necesariamente interpretar su producción como actos de habla.

Realizar un acto ilocucionario es tomar parte en una forma de conducta gobernada por reglas. Argüiré que cosas tales como plantear preguntas o hacer enunciados están gobernadas por reglas de maneras completamente semejantes a aquéllas en las que marcar un gol en fútbol o mover un caballo en el ajedrez son formas de actos gobernados por reglas. Por lo tanto, intento explicar la noción de acto ilocucionario enunciando un conjunto de condiciones necesarias y suficientes para la realización de un género particular de acto ilocucionario, y extraer de él un conjunto de reglas semánticas para el uso de la expresión (o dispositivo sintáctico) que distingue la emisión como un acto ilocucionario de ese género. Si tengo éxito al enunciar las condiciones y las reglas correspondientes para tan siquiera un género de acto ilocucionario, esto nos proporcionará un modelo para analizar otros géneros de actos, y consecuentemente para explicar la noción en general. Pero en orden a establecer la plataforma para enunciar efectivamente las condiciones y extraer las reglas para realizar un acto ilocucionario, tengo que discutir otras tres nociones preliminares: *reglas*, *proposiciones* y *significado*.

Limitaré mi discusión de estas nociones a aquellos aspectos que son esenciales para mis propósitos principales en este artículo, pero, incluso así, lo que deseo decir respecto de cada una de esas nociones, si hubiera de ser completo, requeriría un artículo para cada una de ellas; sin embargo, algunas veces puede que valga la pena sacrificar la minuciosidad en favor del alcance y, por lo tanto, seré muy breve.

II. REGLAS

En los años recientes se han producido considerables discusiones en la filosofía del lenguaje respecto a la noción de reglas para el uso de expresiones. Algunos filósofos han dicho incluso que conocer el significado de una palabra es simplemente un asunto de conocer las reglas para su uso o empleo. Una característica inquietante de tales discusiones la constituye el hecho de que ningún filósofo, al menos que yo sepa, ha dado jamás algo parecido a una formulación adecuada de las reglas para el uso de tan siquiera una expresión. Si el significado es un asunto de reglas de uso, seguramente deberíamos ser capaces de enunciar las reglas para el uso de expresiones de una manera que explicase el significado de esas expresiones. Algunos otros filósofos, desanimados quizás por el fracaso de sus colegas en proporcionar regla alguna han negado el punto de vista de moda de que el significado es un asunto de reglas y han aseverado que no existen en absoluto reglas semánticas del género propuesto. Me inclino a pensar que este escepticismo es prematuro y resulta del fracaso en distinguir diferentes géneros de reglas, en un sentido que ahora intentaré explicar.

Distingo entre dos clases de reglas: algunas regulan formas de conducta existentes antecedentemente; por ejemplo, las reglas de etiqueta regulan relaciones interpersonales, pero esas relaciones existen independientemente de las reglas de etiqueta. Algunas reglas, por otra parte, no regulan meramente, sino que crean o definen nuevas formas de conducta. Las reglas del fútbol, por ejemplo, no regulan meramente el juego del fútbol, sino que, por así decirlo, crean la posibilidad de, o definen, esa actividad. La actividad de jugar al fútbol se constituye actuando de acuerdo con esas reglas; el fútbol no tiene existencia aparte de esas reglas. Llamaré al último género de reglas, reglas constitutivas, y al primer género reglas regulativas. Las reglas regulativas regulan una actividad preexistente, una actividad cuya existencia es lógicamente independiente de la existencia de las reglas. Las reglas constitutivas constituyen (y también regulan) una actividad cuya existencia es lógicamente dependiente de las reglas[2].

---

[2] Esta distinción aparece en J. Rawls, «Two Concepts of Rules», *The Philosophi-cal Review*, 1955, y J. R. Searle, «How to Derive "Ought" from "Is"», *The Philosophical Review*, 1964.

Característicamente las reglas regulativas toman la forma de, o pueden ser parafraseadas como, imperativos, por ejemplo, «Cuando cortes alimentos mantén agarrado el cuchillo con la mano derecha» o «Los oficiales han de llevar corbata en la cena». Algunas reglas constitutivas toman una forma completamente diferente, por ejemplo, un jaque mate se hace si el rey es atacado de tal manera que ningún movimiento lo dejará inatacado; un *touchdown* se marca cuando un jugador cruza la línea de meta del contrario en posesión de la pelota mientras el juego está en marcha. Si nuestros paradigmas de reglas son reglas regulativas imperativas, tales reglas constitutivas no imperativas han de sorprendernos probablemente como extremadamente curiosas e incluso difícilmente como reglas en absoluto. Obsérvese que tienen casi carácter tautológico, puesto que lo que la «regla» parece ofrecer es una definición parcial de «jaque mate» o «*touchdown*». Pero, naturalmente, este carácter cuasi tautológico es una consecuencia necesaria del hecho de que sean reglas constitutivas: las reglas concernientes a *touchdowns* deben definir la noción de *«touchdown»* del mismo modo que las reglas que conciernen al fútbol definen «fútbol». Que, por ejemplo, un *touchdown* pueda ser marcado de tales y tales maneras y cuente como seis puntos, puede aparecer algunas veces como una regla, otras veces como una verdad analítica; y que pueda ser interpretada como una tautología es una pista para el hecho de que la regla en cuestión es constitutiva. Las reglas regulativas tienen generalmente la forma «Haz *X*» o «Si *Y* haz *X*». Algunos miembros del conjunto de reglas constitutivas tienen esta forma, pero otros tienen también la forma «*X* cuenta como *Y*»[3].

El fracaso en percibir esto tiene alguna importancia en filosofía. Así, por ejemplo, algunos filósofos preguntan «¿Cómo puede una promesa crear una obligación?». Una pregunta similar sería «¿Cómo puede un *touchdown* crear seis puntos?». Y tal como están planteadas ambas preguntas solamente pueden responderse enunciando una regla de la forma «*X* cuenta como *Y*».

Me inclino a pensar que tanto el fracaso de algunos filósofos en enunciar reglas para el uso de expresiones como el escepticismo de otros filósofos concerniente a la existencia de reglas tales surge, al menos en parte, del fracaso en reconocer la distinción entre reglas regulativas y constitutivas. El modelo o paradigma de una regla que muchos filósofos tienen es el de una regla regulativa, y si se buscan en semántica reglas puramente regulativas seguramente no se encontrará nada interesante desde el punto de vista del análisis lógico. Existen sin duda reglas sociales de la forma «No se deben decir obscenidades en las reuniones formales», pero esto difícilmente parece una regla de la clase que es crucial en la explicación de la semántica de un lenguaje. La hipótesis subyacente al presente artículo consiste en que

[3] La formulación de «*X* cuenta como *Y*» me fue originalmente sugerida por Max Black.

semántica de un lenguaje puede ser contemplada como una serie sistemas de reglas constitutivas, y que los actos ilocucionarios son actos realizados de acuerdo con esos conjuntos de reglas constitutivas. Uno de los propósitos de este artículo es formular un conjunto de reglas constitutivas para un cierto género de acto de habla. Y si lo que he dicho respecto de las reglas constitutivas es correcto, no deberíamos sorprendernos si no todas esas reglas toman la forma de reglas imperativas. De hecho, veremos que las reglas pertenecen a diversas y distintas categorías, ninguna de las cuales es completamente igual a las reglas de etiqueta. El esfuerzo para enunciar las reglas de un acto ilocucionario puede también contemplarse como un género de prueba de la hipótesis de que existen reglas constitutivas subyacentes a los actos de habla. Si no somos capaces de dar algunas formulaciones satisfactorias de reglas, nuestro fracaso podría interpretarse como evidencia parcialmente disconforme en contra de la hipótesis.

III. PROPOSICIONES

Diferentes actos ilocucionarios tienen a menudo características en común unos con otros. Considérense las emisiones de las oraciones siguientes:

(1) ¿Saldrá Juan de la habitación?
(2) Juan saldrá de la habitación.
(3) ¡Juan, sal de la habitación!
(4) Ojalá Juan saliese de la habitación.
(5) Si Juan saliese de la habitación, yo también saldría.

Las emisiones de cada una de estas oraciones en una ocasión dada constituirán característicamente realizaciones de diferentes actos ilocucionarios. La primera sería, característicamente, una pregunta, la segunda una aserción sobre el futuro, esto es, una predicción, la tercera una petición o una orden, la cuarta la expresión de un deseo, y la quinta una expresión hipotética de intención. Con todo en la realización de cada uno de ellos el hablante realizará algunos actos subsidiarios que son comunes a todos los cinco actos ilocucionarios. En la emisión de cada uno de ellos el hablante se *refiere* a una persona particular, Juan, y *predica* el acto de salir de la habitación de esa persona. En ningún caso es esto todo lo que él hace, pero en todo caso es una parte de lo que hace. Diré, por lo tanto, que en cada uno de esos casos, aunque los actos ilocucionarios sean diferentes, al menos alguno de los actos no-ilocucionarios de referencia y predicación son el mismo.

La referencia a alguna persona, Juan, y la predicación de la misma cosa de él en cada uno de esos actos ilocucionarios me inclina a decir que hay un *contenido* común en cada uno de ellos. Algo expresable por la cláusula «que

Juan saldrá de la habitación» parece ser una característica común de todos ellos. Podríamos, sin demasiada distorsión, escribir cada una de esas oraciones de una manera que aislase esa característica común: «Asevero que Juan saldrá de la habitación», «Pregunto si Juan saldrá de la habitación», etc.

A falta de una palabra mejor propongo llamar a este contenido común una proposición, y describiré esta característica de esos actos ilocucionarios diciendo que en la emisión de cada uno de (1)-(5) el hablante expresa la proposición de que Juan saldrá de la habitación. Obsérvese que no digo que la oración expresa la proposición; no sé cómo podrían las oraciones realizar actos de este género. Pero diré que en la emisión de la oración el hablante expresa una proposición. Obsérvese también que estoy distinguiendo entre una proposición y una aserción o enunciado de esa proposición. La proposición de que Juan saldrá de la habitación se expresa en la emisión de todas las oraciones (1)-(5), pero solamente en (2) se asevera esa proposición. Una aserción es un acto ilocucionario, pero una proposición no es en absoluto un acto, aunque el acto de expresar una proposición sea una parte de la realización de ciertos actos ilocucionarios.

Podría resumirse esto diciendo que distingo entre el acto ilocucionario y el contenido proposicional de un acto ilocucionario. Naturalmente, no todos los actos ilocucionarios tienen un contenido proposicional, por ejemplo una emisión de «¡Hurra!» o «¡Ay!» no lo tienen. En una u otra versión esta distinción es antigua y ha sido señalada por autores tan diversos como Frege, Sheffer, Lewis, Reichenbach y Hare, por mencionar solamente unos pocos.

Desde un punto de vista semántico podemos distinguir en la oración entre el indicador proposicional y el indicador de fuerza ilocucionaria. Esto es, para una extensa clase de oraciones usadas para realizar actos ilocucionarios, podemos decir para los propósitos de nuestro análisis que la oración tiene dos partes (no necesariamente separadas), el elemento indicador de la proposición y el dispositivo indicador de la función[4]. El dispositivo indicador de la función muestra cómo debe ser tomada la proposición o, dicho de otra manera, qué fuerza ilocucionaria ha de tener, esto es, qué acto ilocucionario está realizando el hablante al emitir la oración. Los dispositivos indicadores de función incluyen en castellano el orden de las palabras, el énfasis, la entonación, la puntuación, el modo del verbo y finalmente un conjunto de los llamados verbos realizativos: puedo indicar el género de acto ilocucionario que estoy realizando comenzando la oración con «Pido disculpas», «Aconsejo», «Enuncio», etc. A menudo en las situaciones efectivas de habla el contexto

[4] En la oración «Prometo que vendré» el dispositivo indicador de función y el elemento proposicional están separados. En la oración «Prometo venir», que significa lo mismo que la primera y se deriva de ella mediante ciertas transformaciones, los dos elementos no están separados.

clarificará cuál es la fuerza ilocucionaria de la emisión, sin que sea necesario apelar al dispositivo indicador de función apropiado.

Si esta distinción semántica tiene alguna importancia real, parece verosímil que deba haber alguna analogía sintáctica, y ciertos desarrollos recientes de la gramática transformacional tienden a respaldar este punto de vista. En el marcador de frase subyacente de una oración existe una distinción entre aquellos elementos que corresponden al dispositivo indicador de la función y aquellos que corresponden al contenido proposicional.

La distinción entre el dispositivo indicador de función y el dispositivo indicador de la proposición nos resultará muy útil a la hora de proporcionar un análisis de un acto ilocucionario. Puesto que la misma proposición puede ser común a todas las clases de actos ilocucionarios, podemos separar nuestro análisis de la proposición de nuestro análisis de los géneros de actos ilocucionarios. Creo que existen reglas para expresar proposiciones, reglas para cosas tales como referencia y predicación, pero estas reglas pueden ser discutidas independientemente de las reglas indicadoras de función. En este artículo no intentaré discutir las reglas proposicionales sino que me concentraré en las reglas para el uso de ciertas clases de dispositivos indicadores de función.

IV. SIGNIFICADO

Los actos de habla se realizan característicamente en la emisión de sonidos o en la producción de marcas. ¿Cuál es la diferencia entre *solamente* emitir sonidos o hacer marcas y realizar un acto de habla? Una diferencia consiste en que de los sonidos o marcas que una persona hace en la realización de un acto de habla se dice característicamente que *tienen significado*, y una segunda diferencia relacionada consiste en que característicamente se dice que una persona *quiere decir algo* mediante esos sonidos o marcas. Característicamente cuando se habla se quiere decir algo mediante lo que se dice, y de lo que se dice, de la sarta de morfemas que se emite, se dice característicamente que tienen un significado. Incidentalmente, hay aquí otro punto en el cual nuestra analogía entre realizar actos de habla y jugar se derrumba. De las piezas de un juego como el ajedrez no se dice característicamente que tengan significado, y además, cuando se hace una jugada no se dice característicamente que se quiere decir algo mediante esa jugada.

Pero ¿qué es para alguien querer decir algo mediante lo que dice, y qué es para algo tener un significado? Para responder a la primera de estas preguntas propongo tomar prestadas y revisar algunas de las ideas de Paul Grice. En un artículo titulado «Meaning»[5]. Grice da el siguiente análisis de un sen-

[5] *The Philosophical Review*, 1957. [Véanse las pp. 481-490 de este volumen.]

tido de la noción de «significado». Decir que *A* quiere decir algo mediante *x* es decir que «*A* intentó que la emisión de *x* produjese algún efecto en un auditorio por medio del reconocimiento de esta intención». Esto me parece un útil punto de partida para un análisis del significado, en primer lugar porque muestra la estrecha relación entre la noción de significado y la noción de intención, y en segundo lugar porque captura algo que es, pienso, esencial a hablar un lenguaje: al hablar un lenguaje intento comunicar cosas a mi oyente consiguiendo que reconozca mi intención de comunicar precisamente esas cosas. Por ejemplo, característicamente, cuando hago una aserción, intento comunicar a, y convencer a mi oyente, de la verdad de cierta proposición; y los medios que empleo para hacer esto son emitir ciertos sonidos, cuya emisión intento que produzca en él el efecto deseado por medio de su reconocimiento de mi intención de producir precisamente ese efecto. Por una parte podría intentar lograr que creyeses que soy francés hablando francés durante todo el tiempo, vistiéndome a la manera francesa, mostrando un frenético entusiasmo por De Gaulle y cultivando amistades francesas. Pero por otra parte podría lograr que creyeses que soy francés diciéndote simplemente que soy francés. Ahora bien, ¿cuál es la diferencia entre esas dos maneras de mi intento de lograr que creas que soy francés? Una diferencia crucial es que en el segundo caso intento lograr que creas que soy francés llevándote a reconocer que mi intención pretende lograr que creas precisamente eso. Ésta es una de las cosas que incluye el decirte que soy francés. Pero naturalmente, si intento lograr que creas que soy francés actuando de la manera que he descrito, entonces tu reconocimiento de mi intención de producir en ti la creencia de que soy francés no está constituida por los medios que estoy empleando. En efecto, en este caso, pienso, te volverías más bien receloso si reconocieses mi intención.

A pesar de que este análisis del significado es valioso, me parece que es defectuoso en ciertos aspectos. Primeramente no logra distinguir entre los diferentes géneros de efectos —perlocucionarios *versus* ilocucionarios— que uno puede intentar producir en sus oyentes, y además no logra mostrar la manera en que esos diferentes géneros de efectos se relacionan con la noción de significado. Un segundo defecto es que no logra dar cuenta de hasta qué punto el significado es un asunto de reglas o convenciones. Esto es, esta explicación del significado no muestra la conexión entre el querer decir algo por parte de alguien mediante lo que dice y lo que eso que alguien dice significa efectivamente en el lenguaje. Para ilustrar este punto quiero presentar ahora un contraejemplo a este análisis del significado. El objeto del contraejemplo será ilustrar la conexión entre lo que un hablante quiere decir y lo que las palabras que él emite significan.

Supongamos que yo soy un soldado americano de la Segunda Guerra Mundial y que soy capturado por las tropas italianas. Y supongamos también que deseo inducir a esas tropas a creer que soy un oficial alemán de modo que consiga que me suelten. Lo que me gustaría hacer sería decirles en alemán o italiano que soy un oficial alemán. Pero supongamos que no sé alemán o italiano suficientes para hacer esto. Entonces yo, por así decirlo, intento representar la pantomima de decirles que soy un oficial alemán recitándoles aquellos pequeños trozos de alemán que conozco, confiando en que ellos no saben suficiente alemán como para darse cuenta de mi plan. Supongamos que conozco solamente una línea de alemán que recuerdo de un poema que tenía que memorizar en un curso de alemán de la escuela secundaria. Por lo tanto yo, un prisionero americano, me dirijo a mis capturadores italianos con la siguiente oración: «*Kennst du das Land wo die Zitronen blühen?*». Ahora bien, describamos la situación en términos griceanos. Yo intento producir un cierto efecto en ellos, a saber, el efecto de que crean que soy un soldado alemán; e intento producir este efecto por medio de su reconocimiento de mi intención. Intento que piensen que lo que estoy intentando decirles es que soy un oficial alemán. Pero ¿se sigue de esta explicación que cuando digo «*Kennts du das Land...*», etc., lo que quiero decir (*mean*) es «Soy un oficial alemán»? No solamente no se sigue sino que en este caso me parece completamente falso que cuando emito la oración alemana lo que quiero decir es «Yo soy un oficial alemán», o incluso «*Ich bien ein deutscher Offizier*», puesto que lo que las palabras significan (*mean*) es «¿Conoces el país donde florecen los limoneros?». Naturalmente, deseo engañar a mis capturadores de modo que piensen que lo que quiero decir es «Yo soy un oficial alemán», pero parte de lo que se incluye en el engaño es lograr que piensen que esto es lo que las palabras que emito significan en alemán. En un punto de las *Philosophical Investigations* Wittgenstein dice «Di "hace frío aquí" queriendo decir "hace calor aquí"»[6]. La razón por la que no somos capaces de hacer esto es que lo que nosotros podemos querer decir es una función de lo que estamos diciendo. El significado es más que un asunto de intención, es un asunto de convención.

La explicación de Grice puede rectificarse para tratar con contraejemplos de este género. Tenemos un caso donde estoy intentando producir un cierto efecto por medio del reconocimiento de mi intención de producir ese efecto, pero el dispositivo que uso para producir ese efecto se usa convencionalmente, en virtud de las reglas que gobiernan el uso de ese dispositivo, como un medio de producir efectos ilocucionarios completamente diferentes. Debemos por lo tanto reformular la explicación del significado de Grice de una manera tal que haga claro que el querer decir algo por parte de una persona cuando ésta dice algo está relacionado más que contingentemente con lo que la oración significa en el lenguaje que esa persona está hablando. En nuestro análisis de los actos ilocucionarios debemos capturar tanto los aspectos convencionales como los intencionales y especialmente las relaciones entre ellos. En la realización de un acto ilocucionario el hablante

[6] *Philosophical Investigations*, Oxford, 1953, parágrafo 510 [versión castellana, UNAM/Crítica, Barcelona, 1988].

intenta producir un cierto efecto, logrando que el oyente reconozca su intención de producir ese efecto, y además, si está usando las palabras literalmente, intenta que este reconocimiento se logre en virtud del hecho de que las reglas para el uso de las expresiones que emite asocien las expresiones con la producción de ese efecto. Es esta *combinación* de elementos la que necesitaremos expresar en nuestro análisis del acto ilocucionario.

V. CÓMO PROMETER

Intentaré ahora ofrecer un análisis del acto ilocucionario de prometer. Para llevar a cabo esto preguntaré qué condiciones son necesarias y suficientes para que se haya realizado el acto de prometer en la emisión de una oración dada. Intentaré dar respuesta a esta pregunta enunciando esas condiciones como un conjunto de proposiciones tales que la conjunción de los miembros del conjunto entraña la proposición de que un hablante hizo una promesa, y la proposición de que el hablante hizo una promesa entraña esta conjunción. De esta manera cada condición será una condición necesaria para la realización del acto de prometer, y el conjunto de condiciones tomado colectivamente será una condición suficiente para que el acto haya sido realizado.

Si obtenemos un conjunto tal de condiciones podemos extraer de ellas un conjunto de reglas para el uso del dispositivo indicador de función. Aquí el método es análogo a descubrir las reglas del ajedrez preguntándonos cuáles son las condiciones necesarias y suficientes bajo las cuales puede decirse que un jugador ha movido correctamente un caballo, se ha enrocado, dado jaque mate, etc. Estamos en la posición de alguien que ha aprendido a jugar al ajedrez sin haber tenido jamás formuladas las reglas y que desea tal formulación. Nosotros aprendemos cómo jugar el juego de los actos ilocucionarios, pero en general esto se hace sin una formulación explícita de las reglas, y el primer paso para obtener tal formulación consiste en establecer las condiciones para la realización de un acto ilocucionario particular. Por lo tanto, nuestra investigación servirá a un doble propósito filosófico. Al enunciar un conjunto de condiciones para la realización de un acto ilocucionario particular, habremos ofrecido una explicación parcial de esa noción y también habremos preparado el terreno para el segundo paso, la formulación de las reglas.

Encuentro que el enunciado de las condiciones es muy difícil de hacer, y no estoy enteramente satisfecho con la lista que voy a presentar. Una razón de la dificultad es que la noción de promesa, al igual que muchas nociones del lenguaje ordinario, carece absolutamente de reglas estrictas. Existen toda clase de promesas extrañas, divergentes y dudosas; y pueden presentarse contraejemplos, más o menos extravagantes, en contra de mi análisis. Me inclino a pensar que no seremos capaces de obtener un conjunto abrumador de condiciones necesarias y suficientes que reflejen exactamente el uso ordinario de la palabra «promesa». Por lo tanto, limitaré mi discusión al meollo del concepto de prometer e ignoraré los casos límite, dudosos y parcialmente defectuosos. Limito también mi discusión a las promesas abiertas y explícitas e ignoro las promesas hechas mediante giros de frase elípticos, insinuaciones, metáforas, etc.

Otra dificultad surge de mi deseo de enunciar las condiciones sin ciertas formas de circularidad. Deseo proporcionar una lista de condiciones para la realización de cierto acto ilocucionario, que no hagan mención ellas mismas de la realización de ningún acto ilocucionario. Necesito satisfacer esta condición para ofrecer una explicación de la noción de acto ilocucionario en general; de otra manera estaría mostrando simplemente la relación entre diferentes actos ilocucionarios. Sin embargo, aunque no se hará referencia a *actos* ilocucionarios, ciertos *conceptos* ilocucionarios aparecerán en el *analysans* al igual que en el *analysandum*; y creo que esta forma de circularidad es inevitable debido a la naturaleza de las reglas constitutivas.

En la presentación de las condiciones consideraré en primer lugar el caso de una promesa sincera y después mostraré cómo modificar las condiciones para hacer sitio a las promesas insinceras. Dado que nuestra investigación es semántica más que sintáctica, supondré simplemente la existencia de oraciones gramaticalmente bien formadas.

Dado que un hablante *H* emite una oración *O* en presencia de un oyente *A*, entonces, en la emisión de *O*, *H* sincera (y no defectivamente) promete que *p* a *A* si y sólo si:

(1) *Se dan las condiciones normales de input y output.*

Uso los términos *input* y *output* para cubrir un extenso e indefinido rango de condiciones bajo las cuales es posible cualquier género de comunicación lingüística. *Output* cubre las condiciones requeridas para hablar inteligiblemente e *input* cubre las condiciones para la comprensión. Juntos incluyen cosas tales como que el hablante y el oyente conozcan ambos cómo hablar el lenguaje; que ambos sean conscientes de lo que están haciendo; que el hablante no esté actuando bajo coacción o amenazas; que no tengan impedimentos físicos para la comunicación tales como sordera, afasia o laringitis; que no estén actuando en una obra de teatro o hablando en broma, etc.

(2) *H expresa que p en la emisión de O.*

Esta condición aísla el contenido proposicional del resto del acto de habla y nos capacita para concentrarnos en las peculiaridades de prometer en el resto del análisis.

(3) *Al expresar que p, H predica un acto futuro X de H.*

En el caso de prometer el dispositivo indicador de función es una expresión cuyo alcance incluye ciertas características de la proposición. En una promesa debe predicarse un acto del hablante, y éste no puede ser un acto pasado. No puedo prometer haber hecho algo, y no puedo prometer que algún otro hará algo. (Aunque puedo prometer cuidarme de que lo hará.) La noción de acto, tal como lo estoy interpretando para los presentes propósitos, incluye abstenerse de realizar ciertos actos, realizar otras series de actos, y puede también incluir estados y condiciones: puedo prometer no hacer algo, puedo prometer hacer algo repetidamente, y puedo prometer estar o permanecer en cierto estado o condición. Llamaré a las condiciones (2) y (3) *condiciones de contenido proposicional.*

(4) *A preferiría que H hiciese X a que no hiciese X, y H cree que A preferiría que hiciese X a que no hiciese X.*

Una distinción crucial entre promesas de un lado y amenazas de otro es que una promesa es una garantía de que se hará algo a favor tuyo, no en tu contra, pero una amenaza es una garantía de que se hará algo en tu contra, no a tu favor. Una promesa es defectuosa si la cosa prometida es algo que no desea que se haga la persona a quien se promete; y es adicionalmente defectuosa si el que promete no cree que la persona a quien se promete desea que se haga, puesto que una promesa no defectuosa debe hacerse con la intención de que sea una promesa y no como una amenaza o consejo. Creo que las dos mitades de esta doble condición son necesarias para evitar contraejemplos bastante obvios.

Se puede, sin embargo, pensar en aparentes contraejemplos a esta condición tal como está enunciada. Supóngase que digo a un estudiante perezoso: «Si no entregas tu trabajo a tiempo, prometo que te daré una mala nota en el curso.» ¿Constituye esta emisión una promesa? Me siento inclinado a pensar que no; la describiríamos más naturalmente como un consejo o posiblemente incluso como una amenaza. Pero ¿por qué es posible usar la locución «Prometo» en tal caso? Creo que en este caso la usamos debido a que «Prometo» y «Por la presente prometo» son dos de los dispositivos indicadores de función más fuertes para *compromiso* que proporciona el idioma castellano. Por esta razón usamos a menudo estas expresiones en la realización de actos de habla que no son, estrictamente hablando, promesas, pero en los cuales deseamos subrayar nuestro compromiso. Para ilustrar esto consideremos otro aparente contraejemplo, de líneas diferentes, al análisis. Algunas veces se oye a la gente decir «Te lo prometo» cuando se hace una aserción enfática. Supongamos, por ejemplo, que te acuso de haber robado el dinero. Digo: «Tú robaste ese dinero, ¿no?» Tú replicas: «No, no lo hice, te prometo que no lo hice.» ¿Has hecho en este caso una promesa? Encuentro muy poco natural describir tu emisión como una promesa. Esta emisión se describiría de manera más apropiada como una negativa enfática, y podemos explicar la aparición del dispositivo indicador de función «Te lo prometo» como derivativo de promesas genuinas y sirviendo aquí como una expresión que añade énfasis a tu negativa.

En general, el punto enunciado en la condición (4) es que si una pretendida promesa ha de ser no defectuosa, la cosa prometida debe ser algo que el oyente desea que se haga, o considera que es de su interés, o preferiría que se hiciese a que no se hiciese, etc.; y el hablante debe ser consciente de, o creer, o saber, etc., que éste es el caso. Pienso que una formulación más exacta y elegante de esa condición requeriría la introducción de terminología técnica.

(5) *No es obvio ni para H ni para A, que H hará X en el curso normal de los acontecimientos.*

Esta condición es una instancia de una condición general de muchos géneros diferentes de actos ilocucionarios al efecto de que el acto debe tener un objeto. Por ejemplo, si pido a alguien que haga algo que es obvio que está haciendo ya o va a hacer, entonces mi petición carece de objeto, y a ese respecto es defectuosa. En una situación de habla efectiva, los oyentes, conociendo las reglas para realizar actos ilocucionarios, supondrán que esta condición se satisface. Supongamos, por ejemplo, que en el curso de una disertación pública digo a un miembro de mi auditorio: «Mira aquí, Pérez, presta atención a lo que estoy diciendo.» Para que esta emisión tenga sentido, el auditorio tendrá que suponer que Pérez no había estado prestando atención o en cualquier caso que no es obvio que había estado prestando atención, que la cuestión de su prestar atención ha surgido de alguna manera; pues una condición para hacer una petición es que no sea obvio que el oyente esté haciendo o vaya a hacer la cosa pedida.

Lo mismo sucede con las promesas. Está fuera de lugar que yo prometa hacer algo que es obvio que voy a hacer de todos modos. Si parece que estoy haciendo una promesa tal, el único modo en que mi auditorio puede dar sentido a mi emisión es suponer que creo que no es obvio que voy a hacer la cosa prometida. Un hombre felizmente casado que promete a su mujer que no la abandonará la próxima semana está probablemente provocando más ansiedad que alivio.

Entre paréntesis, creo que esta condición es una instancia de la clase de fenómeno enunciado en la ley de Zipf. Pienso que en nuestro lenguaje, como en la mayor parte de las formas de la conducta humana, está operando un principio de mínimo esfuerzo, en este caso un principio de máximos resultados ilocucionarios con mínimo esfuerzo fonético; y creo que la condición (5) es una instancia de esto.

Llamo a condiciones tales como (4) y (5) *condiciones preparatorias*. Ellas son las *sine quibus non* de una promesa feliz, pero no enuncian todavía la condición esencial.

(6) *H tiene la intención de hacer X.*

La distinción más importante entre promesas sinceras e insinceras es que en el caso de las promesas sinceras el hablante tiene la intención de llevar a cabo el acto prometido, y en el caso de las promesas insinceras no tiene intención de llevar a cabo el acto. Además en las promesas sinceras el hablante cree que le es posible llevar a cabo el acto (o abstenerse de hacerlo), pero creo que la proposición de que tiene intención de hacerlo entraña que piensa que le es posible hacerlo (o abstenerse de hacerlo), de modo que no enuncio esto como una condición adicional. A esta condición la llamo *condición de sinceridad.*

(7) *H tiene la intención de que la emisión de O le coloque bajo la obligación de hacer A.*

La característica esencial de una promesa consiste en asumir la obligación de realizar un cierto acto. Creo que esta condición distingue a las promesas (y a otros miembros de la misma familia, como los votos) de otros géneros de actos de habla. Obsérvese que en el enunciado de la condición solamente especificamos la intención del hablante; condiciones adicionales clarificarán cómo ha de realizarse esa intención. Sin embargo resulta claro que tener esta intención es una condición necesaria para hacer una promesa; pues, si un hablante puede demostrar que no tenía esta intención en una emisión dada, puede probar que la emisión no era una promesa. Sabemos, por ejemplo, que Mr. Pickwick no prometió casarse puesto que sabemos que no tenía la intención apropiada.

Llamo a esto la *condición esencial.*

(8) *H tiene la intención de que la emisión de O produzca en A la creencia de que las condiciones* (6) *y* (7) *se dan por medio del reconocimiento de la intención de producir esa creencia, y tiene la intención de que este reconocimiento se logre por medio del reconocimiento de que la oración se usa convencionalmente para producir tales creencias.*

Esto captura nuestro análisis griceano enmendado de lo que es para el hablante querer decir que hace una promesa. El hablante tiene la intención de producir un cierto efecto ilocucionario por el recurso de lograr que el oyente reconozca su intención de producir ese efecto, y él tiene también la intención de que este reconocimiento se consiga en virtud del hecho de que el carácter léxico y sintáctico del ítem que emite se asocia convencionalmente con la producción de ese efecto.

Estrictamente hablando, esta condición podría formularse como parte de la condición (1), pero tiene un interés filosófico suficiente como para que merezca la pena formularla separadamente. La encuentro dificultosa por la razón siguiente. Si mi objeción a Grice es realmente válida, entonces seguramente, podría decirse, todas esas intenciones iteradas son superfluas; todo lo que sería necesario es que el hablante emitiese seriamente una oración. La producción de todos esos efectos es simplemente una consecuencia del conocimiento que el oyente tiene de lo que la oración significa, lo cual a su vez es una consecuencia de su conocimiento del lenguaje, que se supone al principio por parte del hablante. Creo que la respuesta correcta a esta objeción es que la condición (8) explica lo que es para el hablante emitir «seriamente» una oración, esto es, emitirla y querer decirla (*mean it*), pero no confío completamente ni en la fuerza de la objeción ni en la de la respuesta.

(9) *Las reglas semánticas del dialecto hablado por H y A son tales que O se emite correcta y sinceramente si y sólo si se dan las condiciones* (1)-(8).

Esta condición pretende clarificar que la oración emitida es tal que se usa para hacer una promesa en virtud de las reglas semánticas del lenguaje. Tomada juntamente con la condición (8), elimina contraejemplos semejantes al caso del soldado alemán capturado, que hemos considerado anteriormente. Enseguida veremos cuál es exactamente la formulación de las reglas.

Hasta aquí hemos considerado solamente el caso de una promesa sincera. Pero las promesas insinceras son sin embargo promesas, y ahora tenemos necesidad de mostrar cómo modificar las condiciones para tomarlas en consideración. Al hacer una promesa insincera el hablante no tiene todas las intenciones y creencias que tiene cuando hace una promesa sincera. Sin embargo, da a entender que las tiene. En efecto, debido a que da a entender que tiene intenciones y creencias que no tiene describimos su acto como insincero. Así, para tomar en consideración las promesas insinceras necesitamos solamente revisar nuestras condiciones, y enunciar que el hablante asume la responsabilidad de tener las creencias e intenciones, más bien que enunciar que las tiene efectivamente. Un indicio de que el hablante asume tal responsabilidad lo constituye el hecho de que no podría, sin caer en el absurdo, decir, por ejemplo, «Prometo hacer *X*, pero no tengo la intención de hacer *X*». Decir «Prometo hacer *X*» es asumir la responsabilidad de tener la intención de hacer *X*, y esta condición vale ya sea la emisión sincera o insincera. Para tomar en consideración la posibilidad de una promesa insincera tenemos solamente que revisar la condición (6) de modo que enuncie, no que el hablante tiene la intención de hacer *X*, sino que asume la responsabilidad de tener la intención de hacer *X*, y para evitar la acusación de circulación expresaré esto de la manera siguiente:

(6*) *H tiene la intención de que la emisión de O le hará responsable de tener la intención de hacer X.*

Así rectificado (y con «sinceramente» suprimido de nuestro *analysandum* y de la condición (9)), nuestro análisis es neutral respecto de la cuestión de si la promesa era sincera o insincera.

VI. REGLAS PARA EL USO DEL DISPOSITIVO INDICADOR DE FUNCIÓN

Nuestra próxima tarea consiste en extraer de nuestro conjunto de condiciones un conjunto de reglas para el uso del dispositivo indicador de función. Obviamente no todas nuestras condiciones son igualmente relevantes para esta tarea. La condición (1) y las condiciones de las formas (8) y (9) se aplican a todos los géneros de actos ilocucionarios normales, y no son peculiares de prometer. Las reglas del dispositivo indicador de función para prometer ha de hallarse que corresponden a las condiciones (2)-(7).

Las reglas semánticas para el uso de cualquier dispositivo indicador de función *P* para prometer son:

Regla 1. *P* ha de emitirse solamente en el contexto de una oración (o trozo de discurso mayor), cuya emisión predica algún acto futuro *X* del hablante *H*. Llamo a esto *la regla de contenido proposicional.* Se deriva de las condiciones de contenido proposicional (2) y (3).

Regla 2. *P* ha de emitirse sólo si el oyente *A* prefería que *H* hiciese *X* a que no hiciese *X*, y *H* cree que *A* preferiría que *H* hiciese *A* a que no hiciese *A*.

Regla 3. *P* ha de emitirse solamente si no es obvio tanto para *H* como para *A* que *H* no hará *X* en el curso normal de los acontecimientos.

Llamo a las reglas 2 y 3 *reglas preparatorias*. Se derivan de las condiciones preparatorias (4) y (5).

Regla 4. *P* ha de emitirse solamente si *H* tiene la intención de hacer *X*.

Llamo a esto la *regla de sinceridad.* Se deriva de la condición de sinceridad (6).

Regla 5. La emisión de *P* cuenta como la asunción de una obligación de hacer *X*.

Llamo a esto la *regla esencial.*

Estas reglas están ordenadas: las reglas 2-5 se aplican solamente si la regla 1 es satisfecha, y la regla 5 se aplica solamente si las reglas 2 y 3 son satisfechas también.

Obsérvese que mientras que las reglas 1-4 toman la forma de cuasi imperativos, esto es, son de la forma: emite *P* sólo si *x*, la regla 5 tiene la forma: la emisión de *P* cuenta como *y*. Así, la regla 5 pertenece al género peculiar a los sistemas de reglas constitutivas que he discutido en la sección II.

Obsérvese también que la más bien dificultosa analogía con los juegos se mantiene destacablemente bien. Si nos preguntamos bajo qué condiciones puede decirse que un jugador ha movido correctamente un caballo, encontraríamos condiciones preparatorias, tales como que debe ser su turno para mover, al igual que la condición esencial que enuncia las posiciones de hecho a las que el caballo puede moverse. Creo que incluso existe una regla de sinceridad para los juegos competitivos, la regla de que cada parte intenta ganar. Sugiero que el equipo que en un juego «se vende» está comportándose de una manera estrechamente análoga al hablante que miente o hace promesas falsas. Desde luego, usualmente no existen reglas de contenido proposicional para los juegos, puesto que los juegos, en general, no representan estados de cosas.

Si mi análisis es de algún interés general más allá del caso de prometer, entonces parecería que estas distinciones habrán de trasladarse a otros tipos de actos de habla, y creo que una pequeña reflexión mostrará que es así. Considérese, por ejemplo, el dar una orden. Las condiciones preparatorias incluyen que el hablante esté en una posición de autoridad sobre el oyente, la condición de sinceridad consiste en que el hablante desea que se lleve a cabo el acto ordenado, y la condición esencial tiene que ver con el hecho de que la emisión es un intento de lograr que el oyente lo haga. Para las aserciones, las condiciones preparatorias incluyen el hecho de que el hablante deba tener algunas bases para suponer que la proposición aseverada es verdadera, la condición de sinceridad consiste en que debe creer que es verdadera, y la condición esencial tiene que ver con el hecho de que la emisión es un intento de informar al oyente y convencerlo de su verdad. Los saludos son un género muy simple de actos de habla, pero incluso aquí se aplican algunas de las distinciones. En la emisión de «Hola» no existe contenido proposicional ni condición de sinceridad. La condición preparatoria consiste en que el hablante debe haber acabado de encontrarse con el oyente, y la regla esencial es que la emisión indica un cortés reconocimiento del oyente.

Una propuesta para posterior investigación consistiría en llevar a cabo un análisis similar de otros tipos de actos de habla. Esto no solamente nos daría un análisis de conceptos interesantes en sí mismos, sino que la comparación entre diferentes análisis profundizaría nuestra comprensión de la totalidad del tema, e incidentalmente proporcionaría una base para una taxonomía más seria que cualquiera de las usuales y fáciles categorías tales como evaluativo frente a descriptivo, o cognitivo frente a emotivo.

UNA TAXONOMÍA DE LOS ACTOS ILOCUCIONARIOS*

JOHN R. SEARLE

I. INTRODUCCIÓN

El principal propósito de este artículo es desarrollar una clasificación razonada de los actos ilocucionarios en ciertas categorías o tipos básicos. Esto es responder a la pregunta: ¿Cuántos géneros de actos ilocucionarios hay? Puesto que cualquier intento de desarrollar una taxonomía debe tener en cuenta la clasificación de los actos ilocucionarios de Austin en sus cinco categorías básicas de veredictivos, expositivos, ejercitativos, comportativos y compromisorios, un segundo propósito de este artículo es valorar la clasificación de Austin para mostrar en qué aspectos es adecuada y en qué aspectos no lo es. Además, puesto que las diferencias semánticas tienen seguramente consecuencias sintácticas, un tercer propósito de este artículo es mostrar cómo esos diferentes tipos ilocucionarios básicos están realizados en la sintaxis de un lenguaje natural como el inglés.

En lo que sigue presupondré familiaridad con el modelo general de análisis de los actos ilocucionarios ofrecido en obras tales como las de Austin, *How to do Things with Words,* Searle, *Speech Acts*, y Searle «Austin on Locutionary and Illocutionary Acts»[1]. En particular presupondré la distinción entre fuerza ilocucionaria de una emisión y su contenido proposicional simbolizada como *F*(p). El propósito de este artículo es clarificar los diferentes tipos de *F.*

* Versión castellana de Luis M. Valdés Villanueva.

[1] J. L. Austin, *How to Do Things with Words*, Clarendon Press, Oxford, 1962 [existe traducción castellana bajo el título de *Palabras y Acciones*, por G. Carrió y R. Rabossi, Paidós, Buenos Aires, 1971 *(N. del T.)*]. J. R. Searle, *Speech Acts: An Essay in the Philosophy of Language*, Cambridge University Press, Londres, 1969 [traducción castellana: *Actos de Habla: Un Ensayo de Filosofía del Lenguaje*, Cátedra, Madrid, 1979 *(N. del T.)*] y J . R. Searle, «Austin on Locutionary and Illocutionary Acts», *Philosophical Review*, 1968.

II. DIFERENTES TIPOS DE DIFERENCIAS ENTRE DIFERENTES TIPOS DE ACTOS ILOCUCIONARIOS

Cualquier esfuerzo taxonómico de esta clase presupone criterios para distinguir una (clase de) actos ilocucionarios de otra. ¿Cuáles son los criterios mediante los cuales podemos decir que de tres emisiones efectivas una es un informe, otra es una predicción y otra es una promesa? Para desarrollar géneros de orden superior debemos primero conocer cómo las especies *promesa, predicción, informe*, etc., difieren una de otra. Cuando se intenta responder a esa pregunta se descubre que existen varios principios de distinción completamente diferentes; esto es, existen diferentes géneros de diferencias que nos capacitan para decir que la fuerza de esta emisión es diferente de la fuerza de esa emisión. Por esta razón la metáfora de la fuerza en la expresión «fuerza ilocucionaria» es desorientadora ya que sugiere que las diferentes fuerzas ilocucionarias ocupan posiciones diferentes en un único continuo de fuerza. Lo que efectivamente sucede es que existen varios continuos distintos entrecruzados. Una fuente de confusión relacionada es que estamos inclinados a confundir verbos ilocucionarios con tipos de actos ilocucionarios. Estamos inclinados a pensar, por ejemplo, que siempre que tenemos dos verbos ilocucionarios no sinónimos éstos deben señalar necesariamente dos géneros diferentes de actos ilocucionarios. En lo que sigue intentaré mantener una clara distinción entre verbos ilocucionarios y actos ilocucionarios. Las ilocuciones son una parte del lenguaje como opuesto a los lenguajes particulares. Los verbos ilocucionarios son siempre parte de un lenguaje particular: francés, alemán, castellano, o cualquier otro. Las diferencias en los verbos ilocucionarios son una buena guía pero en absoluto una guía segura para establecer diferencias en los actos ilocucionarios.

Me parece que hay (al menos) doce dimensiones significativas de variación en las que los actos ilocucionarios difieren uno de otro y que enumeraré todas ellas muy de pasada:

1. *Diferencias en el objeto (o propósito) del (tipo de) acto.* El objeto o propósito de una orden puede ser especificado diciendo que es un intento de conseguir que el oyente haga algo. El objeto o propósito de una descripción es que sea una representación (verdadera o falsa, exacta o inexacta) de cómo es algo. El objeto o propósito de una promesa es que sea la asunción de una obligación por parte del hablante de hacer algo. Esas diferencias corresponden a las condiciones esenciales de mi análisis de los actos ilocucionarios en *Speech Acts*[2]. Creo que, en el fondo, las condiciones esenciales for-

[2] Searle, *Speech Acts*, cap. 3.

man las mejores bases para una taxonomía, como intentaré mostrar. Es importante darse cuenta de que la terminología de «objeto» o «propósito» no implica, ni está basada sobre, el punto de vista de que todo acto ilocucionario tiene por definición un intento perlocucionario asociado. Para muchos —quizás la mayor parte— de los más importantes actos ilocucionarios no existe intento perlocucionario esencial asociado por definición con el verbo correspondiente; por ejemplo, enunciados y promesas no son, por definición, intentos de producir efectos perlocucionarios en los oyentes.

Llamaré al objeto o propósito de un tipo de ilocución su *objeto ilocucionario* (*Illocutionary point*). El objeto ilocucionario es parte de, pero no lo mismo que, la fuerza ilocucionaria. Así, por ejemplo, el objeto ilocucionario de una petición es el mismo que el de una orden: ambos son intentos de lograr que los oyentes hagan algo. Pero las fuerzas ilocucionarias son claramente diferentes. En general puede decirse que la noción de fuerza ilocucionaria es la resultante de diversos elementos de los cuales el objeto ilocucionario es sólo uno aunque, creo, el más importante.

2. *Diferencias en la dirección de ajuste entre las palabras y el mundo.* Algunas ilocuciones tienen como parte de su objeto ilocucionario el lograr que las palabras (más estrictamente, su contenido proposicional) encajen con el mundo, otras el lograr que el mundo encaje con las palabras. Las aserciones pertenecen a la primera categoría, las promesas y ruegos a la segunda. La mejor ilustración que conozco de esta distinción es la proporcionada por Miss Anscombe[3]. Supón que un hombre va al supermercado con una lista de compras que le ha dado su mujer en la que están escritas las palabras «habas, mantequilla, *bacon* y pan». Supón que mientras que él anda por allí con su carrito seleccionando esos elementos es seguido por un detective que escribe todo lo que coge. Cuando salen de la tienda comprador y detective tendrán listas idénticas. Pero la función de ambas listas será completamente diferente. En el caso de la lista del comprador el propósito de la lista es, por así decirlo, lograr que el mundo encaje con las palabras: se supone que la persona al llevar a cabo sus acciones se ajusta a la lista. En el caso del detective el propósito de la lista es hacer que las palabras encajen con el mundo: se supone que la persona, al hacer la lista, se ajusta a las acciones del comprador. Además, esto puede ser demostrado observando el papel de un «error» en los dos casos. Si el detective vuelve a casa y de repente se da cuenta que el hombre compró chuletas de cerdo en vez de *bacon,* puede, simplemente, borrar la palabra «*bacon*» *y* escribir «chuletas de cerdo». Pero si el comprador vuelve a casa y su mujer le advierte que ha comprado chuletas de cerdo cuando debía haber comprado *bacon,* no puede corregir el error borrando la palabra «*bacon*» de la lista y escribiendo «chuletas de cerdo».

[3] G. M. E. Anscombe, *Intention*, Blackwell, Oxford, 1957.

En esos ejemplos la lista proporciona el contenido proposicional de la ilocución y la fuerza ilocucionaria determina cómo se supone que el contenido se relaciona con el mundo. Propongo llamar a esta diferencia una diferencia en *la dirección de ajuste.* La lista del detective tiene la dirección de ajuste *palabra-a-mundo* (como la tienen los enunciados, descripciones, aserciones y explicaciones); la lista del comprador tiene la dirección de ajuste *mundo-a-palabra* (como la tienen los ruegos, órdenes, votos y promesas). Represento la dirección de ajuste palabra-a-mundo con una flecha hacia abajo, ↓, y la dirección de ajuste mundo-a-palabra con una flecha haca arriba, ↑. La dirección de ajuste es siempre una consecuencia del objeto ilocucionario. Resultaría más elegante si pudiésemos construir totalmente nuestra taxonomía en torno a esta distinción en la dirección de ajuste pero, aunque figurará extensamente en nuestra taxonomía, no soy capaz de hacer de ella la base total de las distinciones.

3. *Diferencias en los estados psicológicos expresados.* Una persona que enuncia, explica, asevera o afirma que *p*, *expresa la creencia que p*; una persona que promete, hace votos, profiere amenazas o se compromete a hacer *A, expresa la intención de hacer A*; una persona que ordena, manda o pide a *O* que haga *A expresa un deseo (aspiración o anhelo) de que O haga A*; una persona que pide disculpas por hacer *A expresa su sentimiento por haber hecho A*; etc. En general en la realización de cualquier acto ilocucionario con un contenido proposicional el hablante expresa alguna actitud, estado, etc., hacia ese contenido proposicional. Nótese que esto vale incluso si es insincero; incluso si no se tiene la creencia, deseo, intención, sentimiento o placer que se expresa, sin embargo se expresa una creencia, deseo, intención, sentimiento o placer en la realización del acto de habla. Este hecho está marcado lingüísticamente por el hecho de que es lingüísticamente inaceptable (aunque no autocontradictorio) el poner en conjunción el verbo realizativo explícito con la negación del estado psicológico expresado. Así no se puede decir «Enuncio que *p* pero no creo que *p*», «Prometo que *p*, pero no tengo intención de hacer *p*». Adviértase que esto sólo vale en el uso realizativo de la primera persona. Puede decirse «Enunció que *p*, pero no creía realmente que *p*», «Prometí que *p*, pero no tenía realmente la intención de hacerlo», etc. El estado psicológico expresado en la realización del acto ilocucionario es la *condición de sinceridad* del acto, tal como se analizó en *Speech Acts,* capítulo 3.

Si se intenta hacer una clasificación de los actos ilocucionarios basada enteramente en los diferentes estados psicológicos expresados (diferencias en la condición de sinceridad) puede emprenderse un larguísimo camino. Pues *creencia* no recoge solamente enunciados, aserciones, observaciones y explicaciones, sino también postulaciones, declaraciones, deducciones y argumentos. *Intención* recogerá promesas, votos, amenazas y compromisos. *Deseo o aspiración* recogerá peticiones, órdenes, mandatos, preguntas, súplicas, alegatos, ruegos e imploraciones. *Placer* no recoge tantos —congratulaciones, felicitaciones, bienvenidas y pocos más—.

En lo que sigue simbolizaré el estado psicológico expresado con las letras mayúsculas iniciales del verbo correspondiente; *C* para «creer», *D* para «desear», *I* para «intentar», etc.

Estas tres dimensiones —objeto ilocucionario, dirección de ajuste y condición de sinceridad— me parecen las más importantes y construiré sobre ellas la mayor parte de mi taxonomía, pero existen otras más que necesitan ser tomadas en cuenta.

4. *Diferencias en la fuerza o intensidad con la que se presenta el objeto ilocucionario.* «Sugiero que vayamos al cine» e «Insisto en que vayamos al cine» tienen ambos el mismo objeto ilocucionario pero es presentado con diferente intensidad del mismo modo que «Juro solemnemente que Bill robó el dinero» y «Sospecho que Bill robó el dinero». A lo largo de la misma dimensión de objeto o propósito ilocucionario puede haber diversos grados de intensidad o compromiso.

5. *Diferencias en el «*status*» o posición del hablante y el oyente en la medida en que afectan a la fuerza ilocucionaria de la emisión.* Si el general pide al soldado que limpie la habitación se trata, con toda probabilidad, de una orden. Si el soldado pide al general que limpie la habitación se tratará seguramente de una sugerencia, una propuesta o un ruego pero no de una orden o de un mandato. Esta característica corresponde a una de las condiciones preparatorias de mi análisis en *Speech Acts*, capítulo 3.

6. *Diferencias en la manera en que la emisión se relaciona con los intereses del hablante y del oyente.* Considérense, por ejemplo, las diferencias entre jactancias y lamentos, entre felicitaciones y condolencias. En estas dos parejas la diferencia se percibe entre lo que está o no está en los intereses del hablante y del oyente respectivamente. Esta característica es otro tipo de condición preparatoria de acuerdo con mi análisis de *Speech Acts*.

7. *Diferencias en las relaciones con el resto del discurso.* Algunas emisiones realizativas sirven para poner en relación la emisión con el resto del discurso (y también con el contexto circundante). Considérense, por ejemplo, «replico», «deduzco», «concluyo» y «objeto». Estas expresiones sirven para poner en relación emisiones con otras emisiones y con el contexto circundante. Los rasgos que señalan parecen implicar en gran medida emisiones pertenecientes a la clase de los enunciados. Además de enunciar simplemente una proposición uno puede enunciarla objetando lo que cualquier otro ha dicho, replicando a un punto anterior, deduciéndola de ciertas premisas evidentes, etc. «Sin embargo», «por otra parte» y «por lo tanto» realizan también esas funciones de relación de discurso.

8. *Diferencias en el contenido proposicional que están determinadas por los dispositivos indicadores de fuerza ilocucionaria.* Las diferencias entre, por ejemplo, un informe y una predicción incluyen el hecho de que una predicción debe ser sobre el futuro mientras que un informe puede ser sobre el pasado o el presente. Esas diferencias corresponden a las diferencias en las condiciones de contenido proposicional tal como se explicó en *Speech Acts*.

9. *Diferencias entre aquellos actos que deben siempre ser actos de habla y aquellos que pueden ser, pero no necesitan ser, realizados como actos de habla*. Pueden clasificarse cosas diciendo, por ejemplo, «Clasifico esto como un *A* y clasifico esto como un *B*». Pero no es necesario decir nada para clasificarlas; se puede, simplemente, colocar todos los *A* en el cajón *A* y todos los *B* en el cajón *B*. Lo mismo ocurre con estimar, diagnosticar y concluir. Puedo hacer estimaciones, dar diagnósticos y extraer conclusiones diciendo «estimo», «diagnostico» y «concluyo», pero para diagnosticar, estimar o concluir no es necesario decir nada en absoluto. Puedo, simplemente, estar delante de un edificio y estimar su altura, diagnosticar en silencio que eres un esquizofrénico marginal, o concluir que el hombre que está sentado a mi lado está completamente borracho. En tales casos no es necesario ningún acto de habla, ni siquiera interno.

10. *Diferencias entre aquellos actos que requieren instituciones extralingüísticas para su realización y aquellos que no*. Existe un gran número de actos ilocucionarios que requieren una institución extralingüística y generalmente una posición especial del hablante y el oyente dentro de una institución para que el acto sea realizado. Así para bendecir, excomulgar, bautizar, declarar culpable, declarar fuera al jugador de béisbol, dar jaque mate en ajedrez o declarar la guerra no es suficiente que cualquier hablante experimentado diga a cualquier oyente experimentado «bendigo» o «excomulgo», etc. Debe tenerse una posición dentro de una institución extralingüística. Austin habla algunas veces como si pensara que todos los actos ilocucionarios tuviesen esta característica, pero claramente esto no es así. Para hacer un enunciado de que está lloviendo o prometer venir a verte, necesito solamente obedecer las reglas del lenguaje. No se requiere ninguna institución extralingüística. Ese rasgo de ciertos actos de habla, que requieren instituciones extralingüísticas, es necesario distinguirlo del rasgo 5, el hecho de que ciertos actos ilocucionarios requieran que el hablante y posiblemente el oyente también tengan un determinado *status*. Las instituciones extralingüísticas confieren a menudo *status* en un sentido relevante para la fuerza ilocucionaria, pero no todas las diferencias de *status* se derivan de instituciones. Así un ladrón armado, en virtud de su posesión de una pistola, puede *ordenar*, como opuesto por ejemplo a pedir, rogar, o implorar a sus víctimas que levanten las manos. Pero su *status* aquí no deriva de una posición dentro de una institución, sino de su posesión de un arma.

11. *Diferencias entre aquellos actos donde el verbo ilocucionario correspondiente tiene un uso realizativo y aquéllos donde no lo tiene.* Muchos verbos ilocucionarios tienen usos realizativos —por ejemplo, «enunciar», «prometer», «ordenar», «concluir»—. Pero no pueden realizarse actos, por ejemplo, de jactarse o de amenazar diciendo «Por la presente me jacto» o «Por la presente amenazo»[4]. No todos los verbos ilocucionarios son verbos realizativos.

12. *Diferencias en el estilo de realización del acto ilocucionario.* Algunos verbos ilocucionarios sirven para señalar lo que podemos llamar el *estilo* especial en el cual es realizado un acto ilocucionario. Así la diferencia, por ejemplo, entre enunciar y hacer una confidencia no implica ninguna diferencia en el objeto ilocucionario o en el contenido proposicional, sino sólo en el *estilo* de la realización del acto ilocucionario.

III. DEFICIENCIAS EN LA TAXONOMÍA DE AUSTIN

Austin avanzó sus cinco categorías muy provisionalmente, más como una base de discusión que como un conjunto de resultados establecidos. «No estoy proponiendo, dice él, nada definitivo»[5]. Creo que forman una excelente base de discusión pero también creo que la taxonomía necesita ser seriamente revisada puesto que contiene diversas deficiencias. He aquí las cinco categorías de Austin:

Veredictivos: «Consisten en pronunciar un veredicto, oficial o inoficialmente, sobre la base de pruebas o razones respecto a cuestiones de valor o de hecho hasta el punto en que pueda distinguirse entre ambas.» Ejemplos de verbos de esta clase son: *absolver, juzgar, calcular, describir, analizar, estimar, fechar, clasificar, valorar, caracterizar* y *describir.*

Ejercitativos: Algunos de éstos consisten en «tomar una decisión en favor o en contra de cierto curso de acción o abogar por ella», «una decisión de que algo debe ser así como algo distinto de juzgar que es así». Algunos ejemplos son, *ordenar, mandar, dirigir (un ruego), abogar por, suplicar, reco-*

[4] Existen otros verbos en castellano que suenan raros en la primera persona del presente. Considérense «ocultarse» y «acechar». Resulta extraño decir como respuesta a la pregunta «¿Qué estás haciendo?», «Estoy ocultándome en los arbustos» o «Estoy acechando hoy». La razón puede ser que ambos verbos implican una valoración negativa y es extraño dar una valoración negativa de lo que uno está haciendo mientras lo hace voluntariamente. Quizás funcione una explicación similar para «jactarse» y «amenazar» puesto que ambos también parecen contener un elemento de valoración negativa. Nótese que son aceptables si están incluidos en alguna forma de disculpa, por ejemplo, «Espero que no te molestarás si me jacto de mi nueva motocicleta».

[5] Austin, *How to Do Things With Words*, p. 151.

mendar, rogar y *advertir.* Pedir es también un ejemplo obvio pero Austin no lo incluye en la lista. Del mismo modo que los anteriores Austin incluye también en la lista: *designar (para un cargo), destituir, dar nombre, vetar, clausurar, declarar abierta (la sesión),* así como también, *anunciar, aconsejar, proclamar* y *dar.*

Compromisorios: «El objeto total de un compromisorio» nos dice Austin «es comprometer al hablante en un cierto curso de acción». Algunos de los ejemplos más obvios son: *prometer, hacer votos, empeñar (la palabra), pactar, contratar, garantizar, abrazar (una causa)* y *jurar.*

Expositivos: «Se usan en actos de exposición que implican la exposición de puntos de vista, la dirección de argumentos y la clarificación de usanzas y referencias.» Austin da muchos ejemplos; entre ellos están: *afirmar, negar, subrayar, ilustrar, preguntar, informar, aceptar, objetar a, conceder, describir, clasificar, identificar* y *llamar.*

Comportativos: Esta clase, con la que Austin estaba muy insatisfecho (*a shocker* la llamó él), «incluye la noción de reacción frente a la conducta y fortuna de las demás personas y la de actitudes y expresiones de actitudes frente a la conducta pasada o inminente de algún otro».

Entre los ejemplos que Austin relaciona están: *pedir disculpas, dar las gracias, deplorar, compadecer, congratular, felicitar, dar la bienvenida, aplaudir, criticar, bendecir, maldecir* y *brindar por.* Pero también curiosamente *retar, desafiar, protestar* y *provocar.*

La primera cosa a tener en cuenta en estas listas es que no son clasificaciones de actos ilocucionarios sino de verbos ilocucionarios castellanos. Austin parece suponer que una clasificación de diferentes verbos es *eo ipso* una clasificación de géneros de actos ilocucionarios y que cualquier par de verbos sinónimos debe señalar diferentes actos ilocucionarios. Pero no existe ninguna razón para suponer que esto sea así. Como veremos algunos verbos señalan la manera en que se realiza un acto ilocucionario, por ejemplo, «anunciar». Pueden anunciarse órdenes, promesas, e informes pero anunciar no coincide exactamente con ordenar, prometer e informar. Anunciar, para anticipar las cosas, no es el nombre de un tipo de acto ilocucionario, sino el de un modo en el que se realiza algún acto ilocucionario. Un anuncio no es nunca solamente un anuncio porque «anunciar» no es el nombre de un objeto ilocucionario. Un anuncio debe ser también un enunciado, una orden, etc.

Incluso concediendo que las listas son de verbos ilocucionarios y no necesariamente de diferentes actos ilocucionarios me parece que se pueden dirigir las siguientes críticas adicionales contra ellas.

1. En primer lugar una crítica menor aunque no despreciable. Ni siquiera todos los verbos incluidos en la lista son verbos ilocucionarios. Por ejemplo «simpatizar», «considerar como», «proponerse (algo)», «intentar» y «lo haré» (*shall*). Tomemos «intentar»: no es claramente un realizativo. Decir

«Intento» no es intentar ni en la tercera persona da nombre a un acto ilocucionario: «Él intentó...» no informa de ningún acto de habla. Naturalmente existe el acto ilocucionario de *expresar una intención* pero la frase verbal ilocucionaria es «expresar una intención» no «intentar». Intentar no es nunca expresar un acto de habla; expresar una intención, usualmente aunque no siempre, lo es.

2. La deficiencia más importante de la taxonomía es simplemente ésta. No existe principio o conjunto de principios claros y consistentes sobre cuya base se construya la taxonomía. Solamente en el caso de los conmisivos Austin utilizó claramente y sin ambigüedades el objeto ilocucionario como base de la definición de una categoría. Los expositivos, hasta el punto en que la caracterización es clara, parecen estar definidos en términos de relaciones de discurso (mi rasgo 7). Los ejercitativos parecen estar, al menos parcialmente, definidos en términos del ejercicio de la autoridad. Tanto las consideraciones de *status* (mi rasgo 5) como las consideraciones institucionales (mi rasgo 10) están ocultas en ellos. Los comportativos no me parece que estén, en absoluto, bien definidos (como Austin, estoy seguro, estaría de acuerdo) pero parecen incluir nociones de lo que es bueno o malo para el hablante y el oyente (mi rasgo 6) así como expresiones de actitudes (mi rasgo 3).

3. Puesto que no existe un principio claro de clasificación y puesto que existe una persistente confusión entre actos ilocucionarios y verbos ilocucionarios, se da un alto grado de superposición de una categoría con otra y una gran heterogeneidad dentro de alguna de las categorías. El problema no es que haya casos dudosos —cualquier taxonomía que tenga que ver con el mundo real está probablemente abocada a encontrarse con casos dudosos— ni es meramente que un puñado de casos inusuales tenga las características definitorias de más de una categoría. Más bien un gran número de verbos se encuentran atrapados en el medio de dos categorías en competición dado que los principios de clasificación no son sistemáticos. Consideremos, por ejemplo, el verbo «describir», un verbo muy importante en cualquier teoría de los actos de habla. Austin lo incluye tanto en la lista de las expositivos como en la de los veredictivos. Dadas sus definiciones es fácil ver por qué: describir puede ser tanto emitir un fallo como un acto de exposición. Pero entonces cualquier «acto de exposición que incluya la exposición de puntos de vista» podía también ser, en su sentido más especial, «pronunciar un veredicto oficial o inoficial, sobre la base de pruebas o razones». Y, en efecto, un vistazo a su lista de expositivos (pp. 161-162) es suficiente para mostrar que muchos de sus verbos se ajustan a su definición de veredictivos lo mismo que «describir». Consideremos «afirmar» «negar», «enunciar», «clasificar», «identificar», «concluir» y «deducir». Todos éstos están incluidos en la lista de los expositivos pero con la misma facilidad podrían haber sido incluidos en la lista de los veredictivos. Los pocos casos que no son

claramente veredictivos son casos donde el significado del verbo trata puramente de relaciones de discurso, por ejemplo, «comenzar por», «pasar a», o donde no es un asunto de evidencia o razones, por ejemplo, «postular», «omitir», «llamar» y «definir». Pero esto no es realmente suficiente para justificar una categoría separada, especialmente dado que muchos de estos verbos —«comenzar por», «pasar a», «omitir»— no son en absoluto nombres de actos ilocucionarios.

4. No sólo existe una gran superposición de categorías próximas sino que dentro de alguna de las categorías hay clases de verbos completamente distintas. Así Austin incluye en la lista de los comportativos «retar», «desafiar» y «provocar» al lado de «dar las gracias», «pedir disculpas», «deplorar» y «dar la bienvenida». Pero «retar» «desafiar» y «provocar» tienen que ver con acciones subsecuentes de los oyentes. Estos comparten con «ordenar», «mandar» y «prohibir» los mismos fundamentos semánticos y sintácticos, como argüiré más adelante. Pero si examinamos la familia que incluye «ordenar» «mandar» e «instar» encontramos que están incluidos en la lista de los ejercitativos al lado de «vetar», «contratar» y «degradar». Pero éstos, como argüiré más adelante, pertenecen a dos categorías completamente distintas.

5. En relación con estas objeciones está la nueva dificultad de que no todos los verbos incluidos en las listas dentro de las clases satisfacen realmente las definiciones dadas, incluso si tomamos las definiciones de la manera más bien laxa y sugerente que Austin claramente intenta. Entonces dar nombre, nombrar para un cargo y excomulgar no son «el tomar una decisión a favor de o en contra de un cierto curso de acción» y mucho menos «abogar» por ella. Más bien son, como Austin mismo podría haber dicho, *realizaciones* de esas acciones y no *defensas* de algo. Esto es, en el sentido en el que podríamos estar de acuerdo en que ordenar, mandar e instar a alguien que haga algo son todos casos de *abogar* por que lo haga, no podemos estar de acuerdo en que sea también abogar por algo el dar nombre o nombrar para un cargo. Cuando yo te nombro presidente no abogo por que seas o llegues a ser presidente; te *hago* presidente.

En suma, existen (por lo menos) las siguientes seis dificultades relacionadas con la taxonomía de Austin. En orden ascendente de importancia, existe una persistente confusión entre verbos y actos; no todos los verbos son verbos ilocucionarios; existe una gran superposición de las categorías; hay una gran heterogeneidad dentro de las categorías; muchos de los verbos relacionados en las categorías no satisfacen la definición dada para la categoría; y, lo más importante, no existe un principio de clasificación consistente.

No creo que haya justificado plenamente todas las seis acusaciones y no intentaré hacerlo en los límites de este artículo que tiene otras miras. Creo, sin embargo, que mis dudas sobre la taxonomía de Austin tendrán mayor claridad y fuerza después que presente una alternativa. Lo que me propongo hacer es tomar el objeto ilocucionario y sus corolarios, dirección de ajuste, condiciones de sinceridad expresadas, como base para construir una clasificación. En tal clasificación, otros rasgos —el papel de la autoridad, las relaciones de discurso, etc.—, se incluirán en sus lugares apropiados.

IV. TAXONOMÍA ALTERNATIVA

En esta sección presentaré una lista de lo que considero categorías básicas de los actos ilocucionarios. Al hacerlo discutiré brevemente cómo se relaciona mi clasificación con la de Austin.

Representativos. El objeto o propósito de los miembros de la clase de los representativos es comprometer al hablante (en diferentes grados) con que algo es el caso, con la verdad de la proposición expresada. Todos los miembros de la clase de los representativos son evaluables según la dimensión de valoración que incluye *verdadero* y *falso.* Usando el signo de la aserción de Frege para marcar el objeto ilocucionario común a todos los miembros de esta clase y los símbolos introducidos más arriba, podemos simbolizar esta clase como sigue:

$$\vdash \downarrow C(p)$$

La dirección de ajuste es palabras-a-el-mundo y el estado psicológico expresado es creencia (de que *p*). Es importante subrayar que palabras tales como «creencia», y «compromiso» se usan aquí con el propósito de señalar dimensiones; son, por así decirlo, determinables más que determinadas. Así existe una diferencia entre *sugerir que p o presentarlo como una hipótesis de que p* de un lado e *insistir en que p o jurar solemnemente que p* del otro. El grado de creencia y compromiso puede aproximarse o incluso alcanzar cero, pero está claro o llegará a estarlo que *plantear hipotéticamente que p* y *enunciar llanamente que p* están en la misma línea de cuestiones en un sentido en el que ninguno de los dos se parece a pedir. Una vez que reconocemos la existencia de los representativos como una clase completamente separada, basada en la noción de objeto ilocucionario, entonces la existencia de un gran número de verbos realizativos que denotan ilocuciones que parecen ser evaluables en la dimensión verdadero-falso y con todo no son solamente «enunciados» será fácilmente explicable en términos del hecho que señalan rasgos de fuerza ilocucionaria que se suman al objeto ilocucionario. Así, por ejemplo, consideremos «jactarse» y «quejarse». Ambos denotan representativos con la característica adicional de que tienen algo que ver con el interés del hablante (rasgo 6 anterior). «Concluir» y «deducir» son también representativos con el rasgo adicional de que señalan ciertas relaciones entre el acto ilocucionario representativo y el resto del discurso o el contexto de emisión (rasgo 7 anterior). Esta clase contendrá la mayor parte de los expositivos de Austin así como también muchos de sus veredictivos por la razón, ahora espero que obvia, de que todos ellos tienen el mismo objeto ilocucionario y difieren solamente en otros rasgos de fuerza ilocucionaria. La prueba más simple de un representativo es ésta: puedes literalmente (*inter alia*) caracterizarlo como verdadero o falso. Sin embargo me apresuro a añadir que esto no proporcionará ni las condiciones necesarias ni las suficientes como veremos cuando lleguemos a mi quinta clase.

Estas observaciones sobre los representativos estarán más claras, espero, cuando discuta mi segunda clase que con alguna reticencia llamaré:

Directivos. Su objeto ilocucionario consiste en el hecho de que son intentos (de varios grados, y por eso más precisamente, son determinados del determinable que incluye intentar) del hablante de lograr que el oyente haga algo. Pueden ser «intentos» muy modestos como cuando te invito a hacer algo o te sugiero que lo hagas, o pueden ser intentos de mayor intensidad, como cuando insisto en que lo hagas. Usando de modo general el signo de la exclamación como dispositivo indicador del objeto ilocucionario para los miembros de esta clase tendremos el simbolismo siguiente:

$$! \uparrow D \, (O \text{ hace } A)$$

La dirección de ajuste es mundo-a-palabras y la condición de sinceridad es desear (o querer o aspirar). El contenido proposicional es siempre que el oyente *O* lleve a cabo alguna futura acción *A*. Los verbos que denotan miembros de esta clase son: *ordenar, mandar, pedir, preguntar, interrogar*[6], *suplicar, abogar por, rogar*, y también *invitar, permitir* y *aconsejar*. Pienso también que está claro que *retar, desafiar* y *provocar*, que Austin incluye en la lista de los comportativos, pertenecen a esta clase. Muchos de los ejercitativos de Austin también pertenecen a esta clase.

Compromisorios. La definición de Austin de los compromisorios me parece intachable y simplemente la haré compatible tal como está con la crítica de que varios de los verbos que incluye en la lista de los compromisorios tales como «lo haré» (*shall*), «intentar», «favorecer» y otros no pertenecen en absoluto a esta clase. Los compromisorios son, entonces aquellos actos ilocucionarios cuyo objeto es comprometer al hablante (de nuevo en grados varios) con algún futuro curso de acción. Usando «**C**» para los miembros de esta clase tenemos el siguiente simbolismo:

---

[6] Las interrogaciones son directivos ya que son intentos de lograr que el oyente realice un acto de habla.

$$\mathbf{C} \uparrow I\,(H \text{ hace } A)$$

La dirección de ajuste es mundo-a-palabras y la condición de sinceridad es intención. El contenido proposicional es siempre que el hablante *H* realice alguna acción futura *A*. Puesto que la dirección de ajuste es la misma para los compromisorios y los directivos tendríamos una taxonomía más elegante si pudiésemos mostrar que son realmente miembros de la misma categoría. Soy incapaz de hacer esto ya que mientras que el objeto de una promesa es comprometer al hablante a hacer algo (y no necesariamente inducirse a sí mismo a hacerlo) el objeto de una petición es intentar lograr que el oyente haga algo (y no necesariamente comprometerlo u obligarlo a que lo haga). Para asimilar las dos categorías sería necesario haber mostrado que las promesas son realmente especies de peticiones a uno mismo (esto me ha sido sugerido por Julian Boyd) o alternativamente se debería haber mostrado que las peticiones colocan al oyente bajo una obligación (esto me fue sugerido por William Alston y John Kearns). No he podido llevar a cabo ninguno de estos dos análisis y me quedo con la inelegante solución de dos categorías separadas con la misma dirección de ajuste.

Una cuarta categoría que llamaré:

Expresivos: El objeto ilocucionario de esta clase es expresar el estado psicológico especificado en la condición de sinceridad sobre el estado de cosas especificado en el contenido proposicional. Los paradigmas de los verbos expresivos son «dar las gracias», «congratularse», «pedir disculpas», «dar el pésame», «deplorar» y «dar la bienvenida». Nótese que en los expresivos no existe dirección de ajuste. Al realizar un expresivo el hablante no está ni intentando hacer que el mundo encaje con las palabras ni que las palabras encajen con el mundo; más bien se presupone la verdad de la proposición expresada. Así, por ejemplo, cuando pido disculpas por haberte pisado no es mi propósito ni afirmar que tu pie ha sido pisado, ni inducir a que se te pise. Este hecho se refleja claramente en las sintaxis (del inglés) por el hecho de que los verbos expresivos paradigmáticos, en su ocurrencia realizativa, no toman las cláusulas *que* sino que requieren una transformación nominal de gerundio (o alguna otra substantivación)**. No se puede decir:

** I apologize that I stepped on your toe*

** En castellano se requiere un infinitivo. Así, no es correcto decir* «Pido disculpas de que te he pisado», sino «Pido disculpas por haberte pisado». Debido a esta falta de correspondencia entre el inglés y el castellano prefiero dejar el original tal como está. *(N. del T.)*

más bien el inglés correcto es

I apologize for stepping on your toe.

Del mismo modo no puede decirse:

* *I congratulate you that you won the race*

ni

* *I thank you that you paid me the money.*

Debe decirse:

I congratulate you on winning the race (congratulations on winning the race).

I thank you for paying the money (thanks for paying me the money).

Estos hechos sintácticos, sugiero, son consecuencias del hecho de que en general no existe dirección de ajuste en los expresivos. La verdad de la proposición expresada en un expresivo se presupone. La simbolización de esta clase debe, por consiguiente, proceder como sigue:

E Ø (*P*) (*H* / *O* + propiedad)

donde **E** indica el objeto ilocucionario común a todos los expresivos, Ø es el símbolo de la clase vacía que indica que no existe dirección de ajuste, (*P*) es una variable cuyo rango son los diferentes estados psicológicos posibles expresados en la realización de los actos ilocucionarios de esta clase, y el contenido proposicional adscribe alguna propiedad (no necesariamente una acción) a *H* o a *O*. Puedo felicitarte no sólo por tu victoria en la carrera sino también por tu buen aspecto o por la victoria de tu hijo en la carrera. La propiedad especificada en el contenido proposicional de un expresivo debe, sin embargo, relacionarse con *H* o con *O*. No puedo sin algunas suposiciones muy especiales felicitarte por la primera ley del movimiento de Newton.

Si pudiéramos incluir todos los actos ilocucionarios en estas cuatro clases resultaría económico y proporcionaría algún apoyo adicional al modelo general de análisis adoptado en *Speech Acts*, pero me parece que no es todavía completo. Queda aún una importante clase de casos donde el estado de cosas representado en la proposición expresada es realizado o traído a la existencia por el dispositivo indicador de la fuerza ilocucionaria, casos donde se trae a la existencia un estado de cosas declarando que existe, casos donde, por así decirlo, «decir es hacer». Ejemplos de estos casos son «Dimito», «Quedas despedido», «Te excomulgo», «Bautizo este barco como Acorazado *Missouri*», «Te nombro presidente» y «Se declara la guerra». Estos casos se presentaron como paradigmas en las primitivas discusiones sobre los realizativos, pero me parece que están aún descritos inadecuadamente en las publicaciones sobre el tema y su relación con los otros géneros de actos ilocucionarios es frecuentemente mal comprendida. Llamemos a esta clase:

Declaraciones: La característica definitoria de esta clase es que la realización con éxito de uno de sus miembros da lugar a la correspondencia entre contenido proposicional y la realidad. La realización con éxito garantiza que el contenido proposicional corresponde al mundo: si realizo con éxito el acto de nombrarte presidente, entonces eres presidente; si realizo con éxito el acto de proclamarte candidato, entonces eres candidato; si realizo con éxito el acto de declarar el estado de guerra, entonces la guerra ha comenzado; si realizo con éxito el acto de casarte, entonces estás casado.

La estructura sintáctica superficial de muchas oraciones utilizadas para realizar declaraciones nos oculta este punto dado que en ellas no hay distinción sintáctica superficial entre el contenido proposicional y fuerza ilocucionaria. Así «Quedas despedido» y «Dimito» no parece permitir una distinción entre fuerza ilocucionaria y contenido proposicional pero, de hecho, pienso que en su uso para realizar declaraciones su estructura semántica es:

Declaro: tu empleo (por la presente) se termina.
Declaro: mi cargo (por la presente) se termina.

Las declaraciones dan lugar a una alteración en el *status* o condición de lo referido al objeto u objetos en virtud solamente del hecho de que la declaración ha sido realizada con éxito. Esta característica de las declaraciones las distingue de las otras categorías. En la historia de la discusión de estos temas desde la primera introducción de esta distinción entre realizativos y constatativos por parte de Austin, este rasgo de las declaraciones no ha sido debidamente comprendida. La distinción original entre realizativos y constatativos se suponía que era una distinción entre emisiones que son dichos (constatativos: enunciados, aserciones, etc.) y emisiones que son hechos (realizativos: promesas, apuestas, avisos, etc.). Lo que llamo declaraciones estaba incluido en la clase de los realizativos. El tema principal de la obra de madurez de Austin, *How to Do Things with Words*, es que esta distinción se derrumba. Lo mismo que decir que ciertas cosas constituyen casarse (un «realizativo») y que decir que ciertas cosas constituyen hacer una promesa (otro «realizativo»), así decir ciertas cosas constituye hacer un enunciado (supuestamente un constatativo). Como Austin vio, pero como muchos filósofos no aciertan aún a ver, el paralelo es exacto. Hacer un enunciado es tanto realizar un acto ilocucionario como hacer una promesa, una apuesta, un aviso o lo que se quiera. Cualquier emisión consistirá en la realización de uno o más actos ilocucionarios.

El dispositivo indicador de fuerza ilocucionaria en la oración opera sobre el contenido proposicional para indicar, entre otras cosas, la dirección de ajuste entre el contenido proposicional y la realidad. En el caso de los representativos la dirección de ajuste es palabras-a-mundo, en el caso de los directivos y compromisorios es mundo-a-palabras, en el caso de los expresivos la fuerza ilocucionaria no conlleva ninguna dirección de ajuste puesto que la existencia del ajuste se presupone. La emisión no puede despegar a menos que haya previamente un ajuste. Pero ahora con las declaraciones descubrimos una relación muy peculiar. La realización de una declaración da lugar a un ajuste en virtud de su realización con completo éxito. ¿Cómo es posible tal cosa?

Obsérvese que todos los ejemplos que hemos considerado hasta aquí incluyen una institución extralingüística, un sistema de reglas constitutivas además de las reglas constitutivas del lenguaje, para que la declaración pueda ser realizada con éxito. El dominio de aquellas reglas que constituyen la competencia lingüística del hablante no es, en general, suficiente para la realización de una declaración. Debe existir además una institución extralingüística y hablante y oyente deben ocupar lugares especiales dentro de esa institución. Solamente dadas instituciones tales como la iglesia, la ley, la propiedad privada, el estado y una posición especial del hablante y el oyente dentro de esas instituciones se puede excomulgar, nombrar para un cargo, transmitir y legar las propias posesiones, o declarar la guerra.

Las únicas excepciones al principio de que toda declaración requiere una institución extralingüística son aquellas declaraciones que conciernen al lenguaje mismo[7], como por ejemplo cuando se dice «defino, abrevio, nombro, llamo o estipulo». Austin habla a menudo como si todos los realizativos (y en la teoría general, todos los actos ilocucionarios) requiriesen alguna institución extralingüística, pero esto no es, evidentemente, el caso. Las declaraciones son una categoría muy especial de actos de habla. Simbolizaremos su estructura como sigue:

$$\mathbf{D} \updownarrow \varnothing\ (p)$$

donde **D** indica el objeto ilocucionario declaracional; la dirección de ajuste es tanto palabras-a-mundo como mundo-a-palabras a causa del carácter peculiar de las declaraciones; no hay condición de sinceridad, de ahí que ten-

[7] Otra clase más especial de excepciones concierne a lo sobrenatural. Cuando Dios dice «Hágase la Luz», esto es una declaración.

gamos el símbolo de la clase vacía en el hueco de la condición de sinceridad y empleamos la variable proposicional acostumbrada *p*.

La razón de que aquí tenga que haber una flecha de relación-de-ajuste es que las declaraciones intentan conseguir que el lenguaje encaje con el mundo. Pero no son intentos de hacerlo ni describiendo un estado de cosas existente (como hacen los representativos) ni intentando lograr que nadie dé lugar a un futuro estado de cosas (como hacen los directivos y los comisivos).

Algunos miembros de la clase de las declaraciones se superponen a miembros de la clase de los representativos. Esto sucede a causa de que en ciertas situaciones institucionales no solamente averiguamos los hechos sino que necesitamos una autoridad para asentar una decisión en cuanto a cuáles son los hechos después que se ha llevado a cabo el procedimiento de encontrarlos. La argumentación debe llegar eventualmente a un fin y dar por resultado una decisión y es por esto por lo que tenemos jueces y árbitros. Tanto el juez como el árbitro realizan afirmaciones fácticas: «penalti» o «culpable». Tales afirmaciones son evaluables claramente en la dimensión de ajuste palabra-a-mundo. ¿Tocó, realmente, el jugador la pelota dentro del área? ¿cometió él, realmente, el crimen?, son evaluables en la dimensión palabra-a-mundo. Pero, al mismo tiempo, ambas tienen la fuerza de declaraciones. Si el árbitro te pita un penalti (y sostiene lo dicho después de la apelación), entonces para los propósitos del fútbol has cometido un penalti, sin tener en cuenta los hechos del caso y si el juez te declara culpable (después de la apelación) entonces para los propósitos legales eres culpable. No hay nada misterioso en estos casos. Las instituciones requieren característicamente actos ilocucionarios que tienen la fuerza de declaraciones y que son proferidos por autoridades de varios géneros. Algunas instituciones requieren afirmaciones representativas que son proferidas con la fuerza de declaraciones para que la disputa sobre la verdad de la afirmación pueda llegar a un fin alguna vez y los siguientes pasos institucionales que descansan en el establecimiento de la solución fáctica puedan proceder: el prisionero es liberado o enviado a la cárcel, y el penalti se tira. A los miembros de esta clase los podemos denominar «declaraciones representativas». A diferencia de las otras representaciones comparten con los representativos una condición de sinceridad. El juez, jurado y árbitro pueden, lógicamente hablando, mentir, pero la persona que declara la guerra o te nombra no puede mentir en la realización de su acto ilocucionario. El simbolismo para la clase de las declaraciones representativas es, entonces, éste:

$$\mathbf{D}_r \downarrow \uparrow \; C\,(p)$$

donde $\mathbf{D}_r$ indica el objeto ilocucionario de emitir un representativo con la fuerza de una declaración; la primera flecha indica la dirección de ajuste representativa, la segunda la dirección de ajuste declarativa, la condición de sinceridad es creencia y la *p* representa el contenido proposicional.

V. ALGUNOS ASPECTOS SINTÁCTICOS DE LA CLASIFICACIÓN

Hasta aquí he clasificado los actos ilocucionarios y he utilizado hechos sobre verbos a modo de prueba e ilustración. En esta sección quiero discutir explícitamente algunos puntos sobre la sintaxis del inglés*. Si las distinciones señaladas en la sección IV tienen algún significado real, tendrán, igualmente, diversas consecuencias sintácticas y ahora me propongo examinar la estructura profunda de las oraciones realizativas explícitas en cada una de las cinco categorías; esto es, quiero examinar la estructura sintáctica de oraciones que contienen la ocurrencia realizativa de verbos ilocucionarios apropiados a cada una de las cinco categorías. Puesto que todas las oraciones que consideraremos contendrán un verbo realizativo en la cláusula principal y una cláusula subordinada, abreviaré las estructuras de árbol usuales de la siguiente manera: por ejemplo, la oración: «Yo predigo que Juan golpeará a Guillermo» (*I predict John will hit Bill*) tiene la estructura profunda mostrada en el diagrama introducido a continuación. Abreviaré esto simplemente como: «Yo predigo + Juan golpeará a Guillermo» (*I predict + John will hit Bill*). Los paréntesis se utilizarán para señalar elementos opcionales o elementos que son obligatorios solamente para clases restringidas de los verbos en cuestión. Donde existe una elección entre uno o dos elementos pondré una barra entre ellos, por ejemplo «yo» y «tú».

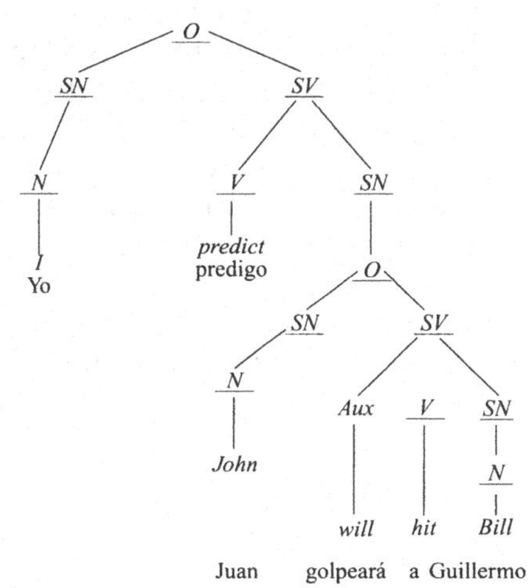

* Que, eventualmente, se aplicarán al castellano. *(N. del T.)*

Representativos. La estructura profunda de oraciones representativas paradigmáticas tales como: «Enuncio que está lloviendo» y «Predigo que él vendrá», es simplemente:

Yo verbo (que) + *O*

Esta clase, como tal clase, no presenta restricciones adicionales aunque algunos verbos particulares pueden presentar restricciones adicionales en el nudo inferior *O*. Por ejemplo, «predecir» requiere que en el nudo inferior *O* deba haber un *Aux* de futuro* o que de cualquier modo no pueda estar en pasado. Verbos representativos tales como «describir», «llamar», «clasificar» e «identificar» toman una estructura sintáctica diferente similar a muchos verbos de declaración que discutiré más adelante.

Directivos. Oraciones tales como «Te ordeno salir» o «Te mando prestar atención» tienen la estructura profunda siguiente:

Yo verbo tú + tú Fut.

Verbo (*SN*) (Adv.)

«Te ordeno salir» es entonces la realización de estructura superficial de «Yo te ordeno + tú saldrás» con eliminación del *SN* del repetido «tú». Obsérvese que un argumento sintáctico adicional para mi inclusión de «vetar», «desafiar» y «provocar» en mi lista de verbos directivos y objetar a Austin su inclusión al lado de «pedir disculpas», «dar las gracias», «congratularse», es que tienen la misma forma sintáctica que tienen los verbos paradigmáticas directivos «ordenar», «mandar» y «pedir». Del mismo modo «invitar» y «advertir» (en uno de sus sentidos) tienen la sintaxis directiva. «Permitir» tiene también la sintaxis de los directivos aunque dar permiso no es, estrictamente hablando, intentar lograr que alguien haga algo; más bien consiste en eliminar restricciones existentes antecedentemente sobre su acción.

Compromisorios. Oraciones tales como «Prometo pagarte el dinero», «Juro fidelidad a la bandera» y «Hago el voto de tomar venganza» tienen la estructura profunda:

Yo verbo (tú) + Yo Fut. Vol

Verbo (*SN*) (Adv.).

---

* Obviamente en inglés. En castellano requeriría simplemente una forma verbal en futuro. *(N. del T.)*

Así «Prometo pagarte el dinero» es la realización de estructura superficial de «Yo prometo + yo te pagaré el dinero» con eliminación del *SN* del repetido «Yo». La diferencia sintáctica entre «Te prometo venir el miércoles» y «Te ordeno venir el miércoles», la percibimos como consistiendo en que en la primera «Yo» es el sujeto de estructura profunda de «venir» y «tú» es el sujeto de estructura profunda en la segunda tal como requieren los verbos «prometer» y «ordenar», respectivamente. Nótese que no todos los compromisorios paradigmáticos tienen «tú» como objeto indirecto del verbo realizativo. En la oración «Juro fidelidad a la bandera» la estructura profunda no es «Yo juro a ti bandera + yo seré fiel». Es

Yo juro + yo seré fiel a la bandera

Mientras que existen argumentos puramente sintácticos a favor de que verbos directivos paradigmáticos tales como «ordenar» y «mandar», así como el modo imperativo requieran «tú» como sujeto de estructura profunda del nudo inferior *O*, no conozco ninguna argumentación puramente sintáctica que muestre que los compromisorios requieran «yo» como sujeto de estructura profunda en su nudo inferior *O*. Semánticamente, en efecto, debemos interpretar oraciones tales como «Prometo que Enrique estará aquí el miércoles» como significando.

Prometo que *yo haré* que Enrique esté aquí el próximo miércoles,

hasta el punto en que interpretemos la emisión como una promesa genuina, pero no conozco argumentos puramente sintácticos que muestren que la estructura profunda de la primera oración contiene los elementos en cursiva de la segunda.

Expresivos. Como he mencionado anteriormente los expresivos requieren una transformación de gerundio del verbo en el nudo inferior *O*. Decimos**:

* *I apologize for stepping on your toe,*

** En castellano, contrariamente al inglés donde no se permiten en el caso de los *expresivos* oraciones de infinitivo en el nudo inferior *O*, la estructura profunda de una oración con un verbo expresivo sería de modo general:

Yo verbo tú + Yo/Tú SV ⇒ Inft. (Nom.) (Adv.).

Así, «Pido disculpas por haberme portado mal» es una oración correcta del castellano mientras que no lo es *«Pido disculpas de que me he portado mal». Por otra parte, también en castellano es correcto utilizar una transformación de gerundio con los expresivos aunque este empleo no sea demasiado corriente: así, el caso en el que alguien enfáticamente dice: «Habiéndome portado mal, pido disculpas.» *(N. del T.)*

I congratulate you on winning the race,
I thank you for giving me the money

La estructura profunda de tales oraciones es:

Yo verbo tú + Yo/tú *SV* ⇒ Nom. de gerundio

Y, repitiendo, la explicación de la obligatoriedad del gerundio es que no existe dirección de ajuste. Las formas que corrientemente dan lugar a cuestiones concernientes a la dirección de ajuste, cláusulas *que* e infinitivos, no son permisibles. De ahí la imposibilidad de:

* *I congratulate you that you won the race,*
* *I apologize to step on your toe.*

Sin embargo, no todas las transformaciones de nominalización permisibles son gerundios; lo esencial es solamente que no se deben producir cláusulas *que* u oraciones de infinitivo***; así podemos tener o

I apologize for behaving badly

o

I apologize for my bad behaviour.

Pero no

* *I apologize that I behaved badly,*
* *I apologize to behave badly.*

Antes de considerar las declaraciones quiero resumir la discusión de aquellos verbos representativos que tienen una sintaxis diferente de los paradigmas anteriores. He dicho que los representativos paradigmáticos tienen la forma sintáctica

Yo verbo (que) + *O*

Pero si consideramos verbos representativos tales como «diagnosticar», «llamar» y «describir», así como «enclasar», «clasificar» e «identificar», encontramos que no se ajustan completamente a este modelo.

*** En castellano también es posible utilizar como complemento de verbos expresivos otras transformaciones distintas del infinitivo y del gerundio. Así, es castellano correcto, por ejemplo, decir: «Pido disculpas por mi mala conducta.» *(N. del T.)*

Consideremos «llamar», «describir» y «diagnosticar» en oraciones tales como:

I call him a liar,
I diagnose his case as appendicitis,
I describe John as a Fascist.

y en general la forma de esto es:

Yo verbo SN_1 + SN_1 ser pred.

No se puede decir:

* *I call that he is a liar,*
* *I diagnose that his case is appendicitis*

(perversamente algunos de mis alumnos encuentran aceptable esta forma),

* *I describe that John is a Fascist* **

Aquí parece, por lo tanto, existir un severísimo conjunto de restricciones sobre una clase importante de verbos representativos que no es compartida por los otros paradigmas. ¿No justificaría esto la conclusión de que estos verbos fueron erróneamente clasificados como representativos al lado de «enunciar», «aseverar», «afirmar» y «predecir» y que necesitamos una clase separada para ellos? He oído argüir que la existencia de esos verbos justifica la afirmación de Austin de que se requiere una clase separada de veredictivos distinta de los expositivos, pero esto sería, seguramente, sacar una conclusión muy curiosa ya que Austin incluye la mayor parte de los verbos que mencionamos arriba en la lista de los expositivos. Incluye «describir», «enclasar», «identificar» y «llamar» en los expositivos y «diagnosticar» y «describir» en los veredictivos. Una sintaxis común a muchos veredictivos y expositivos garantizaría difícilmente la necesidad de los vere-

** En castellano los representativos adoptan, en general, las dos formas indistintamente:

Yo verbo (que) + *O* y
Yo verbo SN_1 + SN_1 ser pred.

Es indiferente decir «Diagnostico su caso como apendicitis» o «Diagnostico que su caso de apendicitis». No obstante, pueden encontrarse excepciones a esta ambivalencia. Por ejemplo en el caso del verbo «describir» no puede utilizarse la primera forma. Así no puede decirse «Describo que Juan es un fascista», sino «Describo a Juan como un fascista». Tampoco, como se habrá observado, en el caso del verbo «llamar». *(N. del T.)*

dictivos como una clase separada. Pero dejando a un lado la taxonomía de Austin surge todavía la pregunta, ¿necesitamos una categoría semántica separada para dar cuenta de esos hechos sintácticos? Creo que no. Creo que hay una explicación mucho más simple de la distribución de estos verbos. A menudo, en el discurso representativo, enfocamos nuestra atención sobre algún tema de discusión. La cuestión no es justamente cuál es el contenido proposicional que estamos afirmando sino qué decimos sobre el *objeto(s)* al que nos referimos en el contenido proposicional: no precisamente lo que enunciamos, afirmamos, caracterizamos o aseveramos, sino cómo describimos, llamamos, diagnosticamos o identificamos algún tema de discusión al que previamente nos hemos referido. Cuando, por ejemplo, es un asunto de diagnosticar o de describir es siempre un asunto de diagnosticar a una persona o su caso, de describir un paisaje, una reunión o una persona, etc. Estos verbos ilocucionarios representativos nos proporcionan un dispositivo para aislar los temas de lo que se dice sobre ellos. Pero esta diferencia sintáctica tan genuina no señala una diferencia semántica lo suficientemente grande para justificar la formación de una categoría separada. Obsérvese aquí en apoyo de mi argumentación que las oraciones efectivas en las que se hace la descripción, el diagnóstico, etc., son rara vez del tipo realizativo explícito, sino que son más bien usualmente, en el tipo *estándar*, formas indicativas que son características de la clase representativa.

Emisiones de:

Él es un mentiroso,
Él tiene apendicitis,
Él es un fascista

son todas característicamente enunciados al hacer los cuales llamamos, diagnosticamos y describimos al igual que acusamos, identificamos y caracterizamos. Concluyo entonces que hay típicamente dos formas sintácticas para los verbos ilocucionarios representativos: una de ellas se concentra en el contenido proposicional, la otra en el (los) *objeto(s)* a que nos referimos en el contenido proposicional, pero ambas son semánticamente representativos.

Declaraciones. Menciono la forma sintáctica

Yo verbo SN_1 + SN_1 ser pred.

tanto para adelantar una argumentación para erigir una categoría semántica separada para ellos como a causa de que muchos verbos de declaración tienen esta forma. En efecto, parece haber diversas y diferentes formas sintácticas para realizativos explícitos de declaración. Creo que las tres clases siguientes son las más importantes:

1. Te declaro culpable (como acusado).
   En este momento os declaro marido y mujer.
   Te nombro presidente.

2. Se declara la guerra (por la presente).
   Declaro clausurada la sesión.

3. Quedas despedido.
   Dimito.
   Te excomulgo.

La estructura sintáctica profunda de las tres es, respectivamente, como sigue:

1. Yo verbo SN_1 + SN_1 ser pred.

Entonces en nuestros ejemplos tenemos:

Yo te declaro + tú eres culpable (como acusado).
Yo os declaro + vosotros sois marido y mujer.
Yo te nombro + tú eres presidente.

2. Yo declaro + *O*.

Entonces en nuestros ejemplos tenemos:

Yo/nosotros (por la presente) declaro/declaramos + un estado de guerra existe.
Yo declaro + la reunión es clausurada.

Esta forma es la forma más pura de la declaración: el hablante constituido en autoridad origina un estado de cosas especificado en el contenido proposicional diciendo, en efecto: declaro que el estado de cosas existe. Semánticamente todas las declaraciones tienen este carácter aunque en la clase 1 el centrarse en el tópico produce una alteración en la sintaxis que es exactamente la misma sintaxis que vimos en verbos representativos tales como «describir», «caracterizar», «llamar» y «diagnosticar» y en la clase 3 la sintaxis oculta aún más la estructura semántica.

3. La sintaxis de éstos es la más desorientadora; es simplemente:

Yo verbo (*SN*)

como en nuestros ejemplos:

Yo te despido.
Yo dimito.
Yo te excomulgo.

Su estructura semántica me parece, sin embargo, que es la misma que la de la clase 2. «Quedas despedido» si es emitida como realización del acto de despedir a alguien y no como un informe significa:

Yo declaro + Tu empleo se termina (por la presente).

Similarmente «Por la presente dimito» significa:

Yo (por la presente) declaro + Mi cargo se termina (por la presente).

«Te excomulgo» significa:

Yo declaro + Tu pertenencia a la iglesia se termina (por la presente).

La explicación de la desorientadoramente simple estructura de estas oraciones parece residir en el hecho de que tenemos algunos verbos que en su ocurrencia realizativa engloban tanto la fuerza declarativa como el contenido proposicional.

VI. CONCLUSIONES

Estamos ahora en posición de plantear algunas conclusiones generales.

1. Muchos de los verbos que llamamos verbos ilocucionarios no son marcadores de objeto ilocucionario sino de alguna otra característica del acto ilocucionario. Considérense «insistir» y «sugerir». Puedo insistir en que vayamos al cine o puedo sugerir que vayamos al cine, pero puedo también insistir en que la respuesta se haya en la página 16 o puedo sugerir que se encuentra en la página 16. El primer par es directivo, el segundo par es representativo. ¿Muestra esto que insistir y sugerir son actos ilocucionarios totalmente diferentes de los representativos y los directivos o quizás que son tanto representativos como directivos? Creo que la respuesta a ambas cuestiones es *no.* Tanto «insistir» como «sugerir» se usan para señalar el grado de intensidad con el que es presentado el objeto ilocucionario. No señalan un objeto ilocucionario separado en absoluto. Del mismo modo «anunciar», «presentar» y «hacer confidencias» no señalan objetos ilocucionarios separados sino más bien el estilo o manera de realización de un acto ilocucionario. Por paradójico que pueda parecer tales verbos son verbos ilocucionarios pero no nombres de géneros de actos ilocucionarios. Es por esta razón, entre otras, por

la que debemos distinguir cuidadosamente una taxonomía de actos ilocucionarios de una de verbos ilocucionarios.

2. En la sección IV intenté clasificar actos ilocucionarios y en la sección V intenté explorar algunas de las características sintácticas de los verbos que denotan miembros de cada una de las categorías. Pero no intenté clasificar verbos ilocucionarios. Si se hubiese hecho así creo que surgirían las cuestiones siguientes:

a) Primeramente, como he señalado, algunos verbos no designan ningún objeto ilocucionario sino algún otro rasgo; por ejemplo, «insistir», «sugerir», «anunciar», «hacer confidencias», «replicar», «responder», «interrumpir», «hacer observaciones», «exclamar» e «interponer».

b) Muchos verbos señalan un objeto ilocucionario más algún otro rasgo; por ejemplo, «jactarse», «lamentar», «amenazar», «criticar», «acusar» y «aconsejar» añaden todos el rasgo de bondad o maldad a su objeto ilocucionario primario.

c) Unos pocos verbos señalan más de un objeto ilocucionario; por ejemplo una *protesta* incluye tanto una expresión de desaprobación como una petición de cambio.

Promulgar una ley tiene tanto un *status* declaracional (el contenido proposicional se convierte en ley) como un *status* directivo (la ley es directiva por lo que respecta a su intención). Los verbos de declaración representativa se incluyen en la clase de los verbos con dos objetos ilocucionarios.

d) Un puñado de verbos puede tomar diferentes objetos ilocucionarios en diferentes emisiones. Considérense «advertir», «avisar» y «aconsejar». Nótese que ambos toman la sintaxis directiva o la sintaxis representativa. Así

¡Te advierto que te apartes de mi esposa!	(directivo)
Te advierto que ese toro va a atacar	(representativo)
Te aconsejo que marches	(directivo)
Por la presente se avisa a los pasajeros que el tren llegará con retraso	(representativo).

Del mismo modo me parece que advertir, avisar y aconsejar pueden ser o decirte *que* algo es el caso (con relevancia de lo que es o no es de tu interés) o decirte *que* hagas algo respecto de ello (puesto que es o no es de tu interés). Pueden también, aunque no necesariamente, ser ambas cosas a la vez.

3. La conclusión más importante a extraer de esta discusión es ésta. No existe, como Wittgenstein (en una interpretación posible) y muchos otros han afirmado, un número indeterminado o infinito de juegos o usos del len-

guaje. Mas bien la ilusión de los usos ilimitados del lenguaje se origina por una falta de claridad enorme sobre lo que constituyen los criterios para delimitar un juego o uso del lenguaje de otro. Si adoptamos el objeto ilocucionario como noción básica sobre la cual clasificar los usos del lenguaje, entonces existe un número muy limitado de cosas básicas que hacemos con el lenguaje: decimos a la gente cómo son las cosas, intentamos conseguir que hagan cosas, nos comprometemos a hacer cosas, expresamos nuestras creencias o actitudes y damos lugar a cambios mediante nuestras emisiones. Y, a menudo, hacemos más de una de estas cosas a la vez en la misma emisión.

PARA SEGUIR LEYENDO

La obra de AUSTIN no es precisamente muy copiosa. Es fundamental la lectura de *Cómo hacer cosas con palabras*, Paidós, Buenos Aires, 1971. Los artículos de AUSTIN están recogidos en sus *Ensayos filosóficos*, Alianza, Madrid, 1989. De los estudios sobre AUSTIN cabe destacar los siguientes: M. FURBERG, *Saying and Meaning. A Main Theme in J. L. Austin's Philosophy*, Blackwell, Oxford, 1971, y K. GRAHAM, *J. L. Austin. A Critique of Ordinary Language Philosophy*, Harvester Press, Sussex, 1977. Son también muy importantes los colectivos de K. T. FANN, *Symposium on J. L. Austin*, Routledge and Kegan Paul, Londres, 1969, y de I. BERLIN, *Essays on J. L. Austin*, Oxford University Press, Oxford, 1973.

La obra clave de John SEARLE es *Actos de habla. Un ensayo de filosofía del lenguaje*, Cátedra, Madrid, 1979. El colectivo *Expression and Meaning. Studies in the Theory of Speech Acts*, Cambridge University Press, Cambridge, 1979, recoge un buen conjunto de artículos sobre aspectos que van del significado literal a la influencia de la teoría de los actos de habla en la lingüística reciente. Algunos de sus puntos de vista han sido reformulados en *Intencionalidad*, Tecnos, Madrid, 1992. SEARLE y VANDERVEKEN publicaron en 1985 *Foundations of Illocutionary Logic*, Cambridge University Press, Cambridge, donde se intenta presentar una formalización de la teoría de los actos de habla. El artículo de SEARLE «Actos de habla indirectos» apareció en *Teorema,* vol. VIII/1, 1977. El libro de N. FOTION, *John Searle*, Acumen, Chesham, 2000, presenta una completa exposición de la obra de SEARLE en filosofía del lenguaje, de la mente y de la sociedad. E. LEPORE y R. VAN GULICK editaron en 1990 *John Searle and his Critics*, Balckwell, Oxford, en la que un numeroso grupo de distinguidos filósofos debate con SEARLE distintos aspectos de su obra. Gunther GREWENDORF y Georg MEGGLE son los editores de *Speech Acts, Mind and Social Reality: Discussions with John R. Searle*, Reidel, Dordrecht, 2002.

Merecen también destacarse dos libros colectivos: el editado por P. COLE y J. L. MORGAN, *Syntax and Semantics*, vol. 3, *Speech Acts*, Academic Press, Nueva York, 1975, y el editado por SEARLE *et al.*, *Speech Act Theory and Pragmatics*, Reidel, Dordrecht, 1980. El libro de K. BACH y R. M. HARNISH *Linguistic Communication and Speech Acts*, The MIT Press, Cambridge, Mass., 1979, es un clásico de la teoría de los actos de habla. Una revisión de los principales temas de la teoría de los actos de habla puede verse en F. RECANATI, *Meaning and Force. The Pragmatics of Performative Utterances*, Cambridge University Press, Cambridge, 1987. Daniel VANDERVEKEN y Susumu KUBO han editado recientemente *Essays in Speech Act Theory (Pragmatics and Beyond)*, John Benjamins Pub. Co., Filadelfia, 2002. La utilidad de la teoría de los actos de habla a la hora de entender la literatura se pone de manifiesto en el libro de J. Hillis MILLER *Speech Acts in Literature*, Stanford University Press, Palo Alto, 2002. Las obras de LEVINSON *Pragmatics*, Cambridge University Press, Cambridge, 1983, y de G. CHIERCHIA y S. MCCORNELL-GINET *Meaning and Grammar*, The MIT Press, Cambridge, Mas., 2000, contienen una excelente exposición de los temas y problemas de la teoría de los actos de habla, orientada especialmente hacia los estudiosos de la lingüística. Desde un punto de vista más filosófico, el libro de W. G. LYCAN *Philosophy of Language*, Routledge, Londres, 1999, examina la pragmática de los actos de habla. Finalmente, el libro de A. GARCÍA SUÁREZ *Modos de significar*, Tecnos, Madrid, 1997, dedica a la exposición de la teoría de los actos de habla un claro y bien construido capítulo.

VII. SIGNIFICADO E INTENCIÓN

INTRODUCCIÓN

En la filosofía del lenguaje contemporánea hay (al menos) dos enfoques rivales de lo que podemos denominar «el problema del significado». Algunos artículos de Donald Davidson, recogidos bajo el encabezamiento «Significado y verdad» (particularmente «Verdad y significado» e «Interpretación radical»), representan uno de ellos. El otro tiene su paradigma en lo que ha dado en llamarse «teoría causal del significado», desarrollado en la obra de H. P. Grice. Pero, mientras que la estrategia de Davidson consiste en investigar la forma correcta de una teoría del significado (lo que le lleva, en última instancia, a una explicación del significado en términos de la empresa epistemológica incluida en la doctrina de la interpretación radical), y su interés se centra en la interpretación por parte del oyente de una oración, el interés de Grice se dirige, primariamente, hacia la investigación del significado ocasional del hablante, como opuesto al significado de una emisión y como concepto clave con primacía lógica o conceptual. Un consecuencia muy importante —y novedosa— del enfoque de Grice es que el análisis del significado no requiere, en principio, hacer referencia a convenciones lingüísticas a la vez que permite, en un estadio posterior, explicar el significado convencional.

Ahora bien, ¿cómo se sustancia esa investigación del significado ocasional del hablante? Grice diseñó su teoría del significado en los términos recogidos en «Significado», el primero de los artículos recogidos en esta sección. Al proferir una emisión un hablante intenta comunicar algo y, a la vez, intenta que su intención comunicativa sea reconocida por su oyente: intenta, por ejemplo, inducir en él una creencia o lograr que lleve a cabo determinada acción mediante el reconocimiento de que su intención (del hablante) es precisamente ésa. Pero este reconocimiento no se produce por ensalmo: el hablante intenta que se logre vía ciertos rasgos o propiedades de su emisión (y esto, naturalmente, establece restricciones sobre las proferencias comunicativas que un hablante hace: supuesto que la conducta de éste sea racional, simplemente no puede querer decir cualquier cosa mediante cualquier cosa e intentar, además, que se reconozca su intención comunicativa). Una de las premisas básicas del enfoque de Grice es, entonces, su énfasis en el carácter eminentemente racional que preside la conducta verbal humana.

En «Las intenciones y el significado del hablante» —que puede considerarse quizás como la versión más depurada del programa griceano— Grice reformula en términos más exactos la noción de significado ocasional del emisor y modifica ligeramente la primitiva noción de significado para intentar hacer frente a los contraejemplos —verdadera plaga de su análisis—, especialmente a los aducidos por Strawson, Schiffer y Searle.

La racionalidad de la conducta verbal como premisa general de la explicación del significado está presente también en «Lógica y conversación». Es una noción común que en numerosas ocasiones los hablantes dicen mucho más (o algo distinto) de lo que literalmente significan sus emisiones. Partiendo de un conjunto de máximas que guiarían idealmente una conversación y supuesta la racionalidad del intercambio lingüístico, Grice bosqueja en este artículo, en términos lo que él denomina «implicaturas conversacionales», cómo es posible que tanto la observancia de las máximas como sus violaciones patentes produzcan beneficios comunicativos.

SIGNIFICADO * [1]

H. PAUL GRICE

Consideremos las siguientes oraciones:

«Esas manchas significan (significaban) sarampión.»
«Esas manchas no significaban nada para mí, pero para el doctor significaban sarampión.»
«El último presupuesto significa que tendremos un año difícil.»

(1) No puedo decir «Esas manchas significaban sarampión pero él no tenía sarampión» y no puedo decir «El último presupuesto significa que tendremos un año difícil, pero no lo tendremos». Es decir, en casos como los anteriores, *x significaba que p y x significa que p* implican *p*.

(2) No puedo pasar de «Esas manchas significan (significaban) sarampión» a alguna conclusión sobre «lo que significan (significaban) esas manchas»; por ejemplo, no tengo derecho a decir «Lo que significaban esas manchas era que él tenía sarampión». De igual manera no puedo sacar, de la afirmación acerca del último presupuesto la conclusión, «Lo que significó el último presupuesto es que tendremos un año difícil».

(3) No puedo pasar de «Esas manchas significaban sarampión» a ninguna conclusión en el sentido de que alguien haya querido decir tal o cual cosa por esas manchas. *Mutatis mutandis,* lo mismo es verdad sobre la oración acerca del último presupuesto.

(4) Para ninguno de los ejemplos anteriores podemos encontrar una reformulación en la cual después del verbo «significa» tengamos una oración o una frase entrecomillada. Así, «Esas manchas significaban sarampión» no se puede reformular de la siguiente manera: «Esas manchas significaban "sarampión"» o bien «Esas manchas significaban "él tiene sarampión"».

---

* La traducción castellana es de Aline Menassé.

[1] En muchos casos he traducido «mean», «meant» por «querer decir» en lugar de «significa», «significaba» para mantener una expresión correcta en español. *(N. de la T.)*

(5) Por otro lado, para todos estos ejemplos puede encontrarse una reformulación aproximada que comience con la frase «El hecho de que...»; por ejemplo, «El hecho de que él tuviera manchas significaba que tenía sarampión» y «El hecho de que el último presupuesto fuera como fue significa que tendremos un año difícil».

Ahora contrastemos las oraciones anteriores con las siguientes:

> «Esas tres llamadas del timbre (del autobús) significan que el autobús está lleno.»
> «Ese comentario "Smith no podía seguir sin sus quejas ni sus problemas" significaba que Smith encontraba indispensable a su esposa.»

(1) Puedo utilizar la primera oración y decir «Pero de hecho no está lleno —el conductor ha cometido un error— y puedo utilizar la segunda y decir «Pero de hecho Smith la abandonó hace siete años». Es decir, aquí *x significa que p* y *x significaba que p* no implican *p*.

(2) Puedo pasar de la primera oración a alguna afirmación acerca de «lo que significan (significaban)» las llamadas del timbre y de la segunda a alguna afirmación acerca de «lo que significa (significaba)» el comentario citado.

(3) Puedo pasar de la primera oración a la conclusión de que alguien (a saber, el conductor) quiso decir o, en cualquier caso, debió haber querido decir con las llamadas que el autobús estaba lleno, y puedo argüir análogamente con respecto a la segunda oración.

(4) La primera oración puede reformularse de manera que al verbo «significa» le siga una frase entrecomillada, esto es, «Esas tres llamadas del timbre significan "el autobús está lleno"». Así también la segunda oración.

(5) Una oración como «El hecho de que el timbre se haya tocado tres veces significa que el autobús está lleno» no es una reformulación del significado de la primera oración. Ambas pueden ser verdaderas, pero no tienen, ni siquiera aproximadamente, el mismo significado.

Cuando las expresiones «significa», «significa algo», «significa que» se usan de la manera en que se usaron en el primer grupo de oraciones, hablaré del sentido o sentidos en los cuales se usan, como el sentido o sentidos *natural(-es)* de las expresiones en cuestión. Cuando las expresiones se usen de la manera en que se usaron en el segundo grupo de oraciones, hablaré del sentido o sentidos en los cuales se usan, como el sentido o sentidos *no natural(-es)* de las expresiones en cuestión. Usaré la abreviación «significa$_{NN}$» para distinguir el sentido o sentidos no naturales.

Por conveniencia me propongo también incluir bajo el encabezado de sentido natural de «significa» los sentidos de «significa» que pueden ejemplificarse en oraciones del siguiente patrón: «*A* pretende (pretendía) *hacer* tal o cual (mediante *x*)»* en donde *A* es un agente humano. Como los ejemplos previos muestran, por contraste, incluyo bajo el encabezado de sentidos no naturales de «significa» cualesquiera sentidos de «significa» que se encuentren en oraciones del patrón «*A* significa (significaba) algo mediante *x*» o «*A* significa (significaba) mediante *x* que...». (Esto es demasiado rígido, pero servirá a modo de guía.)

No quiero mantener que *todos* nuestros usos de «significa» caen fácil, obvia y nítidamente dentro de uno de los dos grupos que he distinguido, pero pienso que en la mayoría de los casos deberíamos al menos estar fuertemente inclinados a asimilar un uso de «significa» a un grupo más que al otro. La pregunta que ahora surge es la siguiente: «¿qué más se puede decir sobre la distinción entre los casos donde deberíamos decir que la palabra se aplica en un sentido natural y los casos donde deberíamos decir que la palabra se aplica en un sentido no natural?». Por supuesto que preguntar esto no nos impide continuar buscando una explicación de «significado$_{NN}$» en términos de uno u otro sentido natural de «significa».

Creo que esta cuestión acerca de la distinción entre significados natural y no natural es la que pretenden alcanzar quienes muestran un interés por la distinción entre signos «naturales» y «convencionales». Pero pienso que mi formulación es mejor. Pues algunas cosas que pueden significar$_{NN}$ algo no son signos (por ejemplo, las palabras no lo son) y algunas no son convencionales en ningún sentido ordinario (por ejemplo, ciertos gestos); mientras que algunas cosas que significan naturalmente, no son signos de lo que significan (véase el ejemplo del último presupuesto).

Primero quiero considerar brevemente, y rechazar, lo que podría llamar un tipo causal de respuesta a la pregunta «¿Qué es significado$_{NN}$?». Podríamos, por ejemplo, tratar de decir, más o menos como lo hace C. L. Stevenson[2], que, para que *x* signifique$_{NN}$ algo, *x* tiene que tener (aproximadamente) una tendencia a producir alguna actitud (cognoscitiva o de otro tipo) en una audiencia y, en el caso de un hablante, una tendencia a ser producida *mediante* esa actitud, donde estas tendencias dependen de «un elaborado proceso de condicionamiento considerando el uso del signo en la comunicación»[3]. Esto claramente no funciona.

(1) Consideremos un caso en el cual una expresión, si es que puede acaso considerarse como significando$_{NN}$ algo, sea de tipo descriptivo o informativo y, por lo tanto, la actitud adecuada será cognoscitiva; por ejemplo, una creencia. (Uso «expresión» como una palabra neutral para aplicarse a

* En inglés, «means (meant)». *(N. de la T.)*

[2] *Ethics and Language*, New Haven, 1944, capítulo III.

[3] Ibíd., p. 57.

cualquier candidato de significado$_{NN}$; tiene una ambigüedad acto-objeto conveniente.) Sucede que mucha gente tiende a ponerse un frac cuando piensa que va a ir a un baile y sucede también, sin duda, que muchas personas al ver a alguien ponerse un frac, concluirían que la persona en cuestión está a punto de ir a un baile. ¿Nos convence el que el ponernos un frac significa$_{NN}$ que iremos a un baile (o que, en realidad, significa$_{NN}$ algo)? Obviamente, no. Para nada sirve referirnos a la frase calificativa «que dependen de un elaborado proceso de condicionamiento...». Pues, si lo que esto significa es que la respuesta al ver que alguien se pone un frac es de alguna manera aprendida o adquirida, no excluirá el caso actual como uno de significado$_{NN}$. Pero, si hemos de tomar seriamente la segunda parte de la frase calificativa («considerando el uso del signo en la comunicación»), entonces la explicación del significado$_{NN}$ es obviamente circular. Igualmente podríamos decir: «*X* tiene significado$_{NN}$ si se usa en la comunicación», lo cual, a pesar de ser verdad, no nos sirve.

(2) Si esto no basta, hay una dificultad —realmente pienso que es la misma dificultad— que Stevenson reconoce: ¿cómo podemos evitar decir, por ejemplo, que «Jones es alto» es parte de lo que se quiere decir con «Jones es atleta», puesto que decirle a alguien que Jones es un atleta lo haría tender a creer que Jones es alto? Aquí Stevenson apela a reglas lingüísticas, a saber, una regla permisiva del lenguaje: que «los atletas pueden no ser altos». Esto es tanto como decir que no hay regla que nos prohíba hablar de «atletas no altos». Pero ¿por qué no lo tenemos prohibido? No porque no sea un error gramatical o porque no sea de mala educación, etc., sino posiblemente porque no carece de significado (o, si esto es muy fuerte, porque de ningún modo viola las reglas de significado para las expresiones en cuestión). Pero esto parece que nos lleva a otro círculo. Por otra parte, uno se preguntaría por qué, si es aquí legítimo apelar a reglas que distingan lo que se quiere decir de lo que se sugiere, esta apelación no se hizo anteriormente, por ejemplo, para tratar el caso de los gemidos, que fue el caso por el cual Stevenson introdujo originalmente la frase calificativa acerca de la dependencia del condicionamiento.

Otra deficiencia en una teoría causal del tipo ahora expuesto parece ser que, aun si la aceptamos tal como aparece, sólo se nos proporciona un análisis de afirmaciones acerca del significado *estándar,* o del significado en general de un «signo». No se dice nada acerca de cómo tratar afirmaciones acerca de lo que quiere decir un hablante particular de palabra o por escrito con un signo en una situación particular (lo cual bien puede divergir del significado estándar del signo); ni tampoco es obvio cómo podría adaptarse la teoría para decirnos algo acerca de esto. Podemos profundizar la crítica aún más y mantener que la teoría causal ignora el hecho de que el significado (en general) de un signo necesita explicarse en términos de lo que quienes lo utilizan quieren decir (o deberían querer decir) con él en ocasiones particulares, y así esta última noción, que no explica la teoría causal es, de hecho, la fundamental. Yo simpatizo con esta crítica más radical, aunque me doy cuenta de que éste es un punto controvertido.

No me propongo considerar otras teorías del tipo de «tendencia causal». Sospecho que ninguna teoría así podría evitar dificultades análogas a las que he señalado sin perder por completo su pretensión de que fuera contada como una teoría de este tipo.

Consideraré ahora una idea diferente y, espero, más prometedora. Si podemos elucidar el significado de:

> «x significaba$_{NN}$ algo (en una ocasión particular)» y
> «x significaba$_{NN}$ que tal y cual (en una ocasión particular)»

y de

> «A quiso decir$_{NN}$ algo mediante x (en una ocasión particular)» y
> «A quiso decir$_{NN}$ mediante x que tal y cual (en una ocasión particular)»,

podríamos esperar razonablemente que esto nos ayudara con

> «x significa$_{NN}$ (intemporal) algo (que tal y cual)»,
> «A quiere decir$_{NN}$ (intemporal) algo mediante x (que tal y cual)»,

y con la explicación de «significa lo mismo que», «comprende», «implica», etc. Hagámonos la cuenta, por el momento, de que tenemos que tratar sólo con expresiones que podrían ser informativas o descriptivas.

Una primera tentativa sería sugerir que «x significaba$_{NN}$ algo» sería verdadero si quien expresó x, intentaba inducir una creencia en alguna «audiencia» y que decir cuál fue la creencia sería decir qué es lo que significaba$_{NN}$ x. Esto no nos sirve. Podría dejar el pañuelo de B cerca de la escena de un crimen para hacerle creer al detective que B es el asesino; pero no querríamos decir que el pañuelo (o el que yo lo dejara allí) significaba$_{NN}$ algo o que yo, al dejarlo, quería decir$_{NN}$ que B era el asesino. Claramente debemos agregar al menos que para que x haya significado$_{NN}$ algo, no sólo debe haber sido «emitido» con la intención de producir cierta creencia, sino también el hablante debe haber intentado que una «audiencia» reconozca la intención tras la expresión.

Esto, aunque quizá mejor, no es aún muy bueno. Consideremos los siguientes casos:

(1) Herodes le da a Salomé la cabeza de San Juan Bautista en una bandeja.

(2) Al sentir que se desmaya, un niño le deja ver a su madre lo pálido que está (esperando que saque sus propias conclusiones y lo ayude).
(3) Dejo tirada la vajilla que mi hija rompió para que mi esposa la vea.

Aquí parece que tenemos casos que, por lo pronto, satisfacen las condiciones de significado$_{NN}$. Por ejemplo, Herodes quería hacer creer a Salomé que San Juan Bautista estaba muerto y sin duda también quería que Salomé reconociera que él intentaba que ella creyera que San Juan Bautista estaba muerto. Algo similar vale para los otros casos. Sin embargo, no pienso que quisiéramos decir que aquí tenemos casos de significado$_{NN}$.

Lo que queremos encontrar es la diferencia entre, por ejemplo, «deliberada y abiertamente hacer que alguien sepa» y «decirlo» y entre «hacer que alguien piense que» y «decirlo».

La salida es posiblemente la siguiente. Comparemos los siguientes dos casos:

(1) Le enseño al Sr. *X* una fotografía del Sr. *Y* mostrándose excesivamente afectuoso con la Sra. *X*.
(2) Hago un dibujo del Sr. *Y* comportándose de esta manera y se lo muestro al Sr. *X*.

Encuentro que quiero negar que en (1) la fotografía (o el que yo se la enseñe al Sr. *X*) significa$_{NN}$ algo; mientras que quiero afirmar que en (2) el dibujo (o el que yo lo pinte y se lo enseñe) significaba$_{NN}$ algo (que el Sr. *Y* se portó con un exceso de afecto) o al menos que yo quise decir$_{NN}$ con él que el Sr. *Y* se había portado de manera indebidamente afectuosa. ¿Cuál es la diferencia entre los dos casos? De seguro que en el caso (1) el reconocimiento, por parte del Sr. *X*, de mi intención de hacerle creer que hay algo entre el Sr. *Y* y la Sra. *X* es (más o menos) irrelevante para que la fotografía produzca este efecto. La fotografía haría al menos que el Sr. *X* sospechara de la Sra. *X* aun si en lugar de enseñársela, la dejara yo en su cuarto por accidente; y yo (quien muestra la fotografía) me daría cuenta de esto. Pero habría una diferencia con respecto al efecto de mi dibujo sobre el Sr. *X* si él piensa que quiero informarle (hacerle creer algo) acerca de la Sra. *X*, y no sólo que estoy jugando o tratando de producir una obra de arte.

Pero parece que ahora nos encontramos con una nueva dificultad si aceptamos esta explicación. Consideremos ahora, por ejemplo, el fruncir el ceño. Si frunzo el ceño espontáneamente, en una situación cotidiana, alguien que me esté viendo puede considerar el fruncimiento como un signo natural de disgusto. Pero si lo frunzo deliberadamente (para comunicar mi disgusto), *aún* podría esperarse que un espectador concluya que estoy enojado, con tal que reconozca mi intención. Puesto que no se esperaría que hubiera una diferencia en la reacción del espectador, sea que él considere mi fruncimiento como espontáneo o intencional, ¿no deberíamos entonces decir que mi fruncimiento (deliberado) *no* significa$_{NN}$ nada? Creo que podemos resolver esta dificultad, pues, aunque en general un fruncimiento deliberado puede tener el mismo efecto (por lo que toca a producir una creencia acerca de mi disgusto) que un fruncimiento espontáneo, puede esperarse que tenga el mismo efecto solamente *con la condición* de que la audiencia lo tome como intentando comunicar disgusto. Esto es, si quitamos el reconocimiento de la intención, y dejamos las otras circunstancias (incluyendo el reconocimiento de que el fruncir es deliberado), la tendencia del fruncimiento a producir una creencia debe verse como deteriorada o destruida.

Posiblemente podemos resumir lo que es necesario para que *A* quiera decir algo mediante *x* de la siguiente manera: *A* debe desear producir una creencia en una audiencia mediante *x* y debe desear también que su emisión sea reconocida como algo que conlleva esa intención. Pero estas intenciones no son independientes. *A* desea que el reconocimiento cumpla con su papel de producir la creencia, y si no lo hace, algo debe haber resultado mal por lo que respecta a la satisfacción de los deseos de *A*. Pienso además que el que *A* desee que el reconocimiento desempeñe este papel, implica que asume que hay una posibilidad de que de hecho desempeñe este papel, que no considera como una conclusión dada que la creencia se producirá en la audiencia sea que se reconozca o no la intención que hay tras la emisión. En breve quizás podremos luego decir que «*A* quería decir$_{NN}$ algo mediante *x*» es aproximadamente equivalente a «*A* emitió *z* con la intención de producir una creencia mediante el reconocimiento de esta intención». (Parece que esto implica una paradoja reflexiva, pero en realidad no es así.)

Quizás ahora es tiempo de abandonar la pretensión de que tenemos que tratar únicamente con estos casos «informativos». Empecemos con algunos ejemplos de imperativos o cuasiimperativos. Un hombre muy avaro está en mi cuarto y quiero que se vaya, por lo que tiro un billete por la ventana. ¿Hay aquí alguna expresión con un significado$_{NN}$? No, porque al actuar como lo hice, no intenté que el reconocer mi propósito fuera un medio efectivo para que se fuera. Esto es paralelo al caso de la fotografía. Si, por otro lado, le hubiera señalado la puerta o le hubiera dado un pequeño empujón, entonces bien podría mantenerse que mi comportamiento constituye una emisión significativa$_{NN}$ tan sólo porque intentaría que el reconocimiento de mi intención fuera efectivo para acelerar su partida. Otro par de casos serían (1) un policía detiene a un coche poniéndose en su camino y (2) un policía detiene a un coche haciendo una señal con la mano.

O, para volver brevemente a otro tipo de casos, si como examinador suspendo a un individuo, bien puedo causarle aflicción o indignación o humillación; y si soy vengativo, puedo intentar lograr este efecto y aun intentar que reconozca mi intención. Pero no me inclinaría a decir que el que yo lo haya suspendido significaba$_{NN}$ algo. Por otro lado, si doy un corte a alguien en la calle, me siento inclinado a asimilar esto a los casos de significado$_{NN}$

y me parece que esta inclinación depende del hecho de que no podría razonablemente esperar que esta persona estuviera afligida (indignada o humillada) a menos que reconociera mi intención (de afectarla de esta manera). (Compárese con esto: si me quitaran todo mi salario en la universidad donde trabajo, los acusaría de arruinarme; si me quitaran veinte chelines seguramente los acusaría de insulto; con algunas cantidades intermedias no sabría realmente qué decir.)

Posiblemente ahora podremos hacer las siguientes generalizaciones.

(1) «*A* quiso decir$_{NN}$ algo mediante *x*» es (aproximadamente) equivalente a «*A* tuvo la intención de que la emisión de *x* produjese algún efecto en una audiencia mediante el reconocimiento de su intención»; y podemos agregar que preguntar qué quería decir *A* es pedir una especificación del efecto deseado (aunque, por supuesto, puede no ser siempre posible obtener una respuesta directa con una cláusula «que», por ejemplo, «una creencia de que...»).

(2) «*x* significaba algo» es (aproximadamente) equivalente a «Alguien quiso decir$_{NN}$ algo mediante *x*». Aquí otra vez habrá casos en los que esto no funcione del todo. Me siento inclinado a decir que (con relación a los semáforos) el cambio a rojo quiso decir$_{NN}$ que el tráfico tenía que parar; pero sería muy poco natural decir «Alguien (a saber el Municipio) quiso decir$_{NN}$ con el cambio de luz roja que el tráfico tenía que parar». De cualquier forma, parece que hay *algún* tipo de referencia a las intenciones de alguien.

(3) «*x* significa$_{NN}$ (intemporal) que tal y cual» podría a primera vista igualarse con alguna afirmación o disyunción de afirmaciones acerca de lo que «la gente» (vagamente) intenta (con puntualizaciones acerca del «reconocimiento») llevar a cabo con *x*. Diré algo acerca de esto.

¿Funcionaría cualquier tipo de efecto deseado o podría haber casos en donde un efecto es deseado (con las puntualizaciones requeridas) y aun así no querríamos hablar de significado$_{NN}$? Supongamos que descubrí a una persona constituida de tal manera que, tras decirle que siempre que yo gruñera de una manera especial, deseaba que se ruborizase o que pescase una enfermedad, cuando quiera que reconocía el gruñido (y con esto mi intención) se ruborizaba o pescaba la enfermedad. ¿Querríamos entonces decir que el gruñido significaba$_{NN}$ algo? No lo creo. Esto apunta al hecho de que para que *x* tenga un significado$_{NN}$, el efecto deseado debe ser algo que en algún sentido esté dentro del control de la audiencia, o que en algún sentido de «razón», el reconocimiento de la intención que hay tras *x* es para la audiencia una razón y no únicamente una causa. Parecería que hay un tipo de equívoco aquí («una razón para creer y una razón para hacer») pero no creo que esto sea un problema. Pues aun cuando sin duda, desde un punto de vista, las preguntas acerca de las razones para creer son preguntas acerca de la evidencia y así muy distintas de las preguntas acerca de las razones para hacer, no obstante, reconocer la intención de un emisor al expresar *x* (una emisión descriptiva), tener una razón para creer que tal y cual, es por lo menos muy similar a «tener un motivo para» aceptar tal y cual. Las decisiones «que» parecen contener decisiones «para» (y es por esto por lo que podemos «rehusar creer» y también estar «obligados a creer»). (El caso de la «obstrucción» necesita un tratamiento un poco diferente, pues uno no puede, en un sentido claro, «decidir» ofenderse, pero uno puede rehusar ofenderse.) Parece entonces como si el efecto deseado debiera ser algo que se encuentra bajo el control de la audiencia, o al menos el *tipo* de cosa que está bajo su control.

Diré algo más antes de considerar algunas objeciones. Pienso que de lo que he dicho acerca de la conexión entre $significado_{NN}$ y reconocimiento de la intención se sigue (sólo en tanto esté en lo correcto) que sólo aquello que podría llamar la intención primaria de un emisor es pertinente para el $significado_{NN}$ de una emisión. Pues si emito *x*, intentando (con la ayuda del reconocimiento de esta intención) producir un efecto *E* y deseo que este efecto *E* lleve a un nuevo efecto *F*, entonces en tanto se piense que la ocurrencia de *F* depende solamente de *E*, de ninguna manera puedo considerar a *F* como dependiente del reconocimiento de mi intención de producir *E*. Esto es, si (por ejemplo) deseo que un hombre haga algo dándole cierta información, no puede verse como pertinente para el $significado_{NN}$ de mi emisión describir lo que intento que haga.

Puede plantearse ahora una pregunta acerca de mi uso bastante libre de palabras como «intención» y «reconocimiento». Niego tener la intención de poblar toda nuestra vida verbal con ejércitos de complicados sucesos psicológicos. No pretendo resolver ningún enigma filosófico sobre las intenciones, pero quiero argüir brevemente que no surge ninguna dificultad especial a partir de mi uso de la palabra «intención» en relación con el significado. Primero, habrá casos en los cuales una emisión esté acompañada o precedida de un «plan» consciente o de una formulación explícita de intención (por ejemplo, declaro cómo voy a usar *x*, o me pregunto cómo «comunicar algo»). La presencia de un «plan» así de explícito obviamente pesa mucho en favor de que la intención (significado) del emisor sea como «se planeó»; aunque pienso que esto no es conclusivo; por ejemplo, un hablante que ha declarado la intención de usar una expresión familiar de una manera no familiar puede caer en el uso familiar. Algo similar sucede en casos no lingüísticos: si preguntamos por la intención de un agente, una expresión previa pesa mucho; sin embargo, un hombre podría planear tirar una carta a la basura y aun así llevarla al correo; al levantar su mano podría «volver en sí» y decir *o bien* «No deseaba hacer esto» *o* «supongo que tenía que estar intentando ponerla».

Las intenciones lingüísticas (o cuasilingüísticas) explícitamente formuladas son sin duda raras. En su ausencia parecería que nos apoyamos en tipos de criterios bastante similares a como lo hacemos en el caso de intenciones no lingüísticas en donde hay un uso general. A un emisor se le toma como intentando comunicar lo que normalmente se comunica (o lo que se intenta normalmente comunicar) y necesitamos una buena razón (por ejemplo, nunca aprendió el uso general o se olvidó de él), para aceptar que un uso particular diverge del uso general. Algo similar sucede en casos no lingüísticos: se supone que deseamos las consecuencias normales de nuestras acciones.

Asimismo, en los casos en los que hay duda, por ejemplo, de cuál de dos o más cosas intenta comunicar un emisor, tendemos a referirnos al contexto (lingüístico o de otro tipo) de la expresión y preguntar cuál de las alternativas sería relevante para otras cosas que él está diciendo o haciendo; o en una situación particular, qué intención se adecuaría con algún propósito que él obviamente tiene (por ejemplo, un hombre que pide una «bomba» en un incendio no querría una bomba de bicicleta). Los paralelos no lingüísticos son obvios: el contexto es un criterio para resolver la cuestión de por qué un hombre que acaba de poner un cigarrillo en su boca, pone su mano en el bolsillo; la relevancia respecto de una finalidad obvia es un criterio para precisar por qué un hombre huye de un toro.

En ciertos casos lingüísticos le preguntamos posteriormente al emisor acerca de su intención, y en algunos de estos casos (los más difíciles, como cuando a un filósofo se le pide que explique el significado de un pasaje poco claro en alguno de sus trabajos), la respuesta no se basa en lo que recuerda, sino que más bien es como una decisión acerca de cómo debe tomarse lo que dijo. No puedo encontrar un paralelo no lingüístico aquí; pero el caso es tan especial que parece no aportar una diferencia vital.

Todo esto es muy obvio; pero seguramente mostrar que los criterios para juzgar intenciones lingüísticas son muy similares a los criterios para juzgar intenciones no lingüísticas es mostrar que las intenciones lingüísticas son muy similares a intenciones no lingüísticas.

LAS INTENCIONES Y EL SIGNIFICADO DEL HABLANTE*

H. PAUL GRICE

I. INTRODUCCIÓN

Dentro de la gama de usos de la palabra «significar» que se hallan especialmente vinculados a la comunicación (usos, por lo tanto, de la palabra «significar» que responden de una u otra forma a lo que he llamado sentidos *no-naturales*), hay distinciones por hacer. Consideremos la siguiente oración (*O*):

«Si mantengo los circuitos abiertos, podría recibir la noticia»[1].

1 *a*) Sería aproximadamente verdadero decir que *O* significa (tiene como uno de sus significados) «Si mantengo abiertas las líneas, podría recibir la noticia». Quizás también sería aproximadamente verdadero decir que (*O*)

---

* Versión castellana de J. José Acero.

Tengo hacia mi colega Stephen Schiffer una deuda mayor de lo que indica el texto de este escrito por los comentarios, críticas y sugerencias que he estado recibiendo de él durante un considerable período de tiempo.

Este escrito fue presentado en el Philosophy Colloquium del Oberlin College en abril de 1968. Una versión corregida de material contenido en él formará parte, espero, de un libro que próximamente publicará Harvard University Press. [Ese libro fue editado en 1989 bajo el título *Studies in the Way of Words. (N. del T.)*]

[1] El ejemplo original del autor es «If I shall then be helping the grass to grow, I shall have no time for reading», que reúne un conjunto tal de características que su versión literal castellana ya no sirve a los propósitos que llevan a Grice a ponerlo. En efecto, además del sentido literal propio, contiene la palabra «hierba», que en argot significa también «marihuana», no se basa en ninguna frase hecha o giro reconocido y puede también ser utilizada por alguien para querer decir (en inglés): «Si estoy muerto [sirvo de abono a la hierba], no sabré lo que pasa en el mundo.» Esos cuatro aspectos del caso están presentes en el ejemplo de la versión castellana. Ese ejemplo es una adaptación del siguientc fragmento de diálogo perteneciente a la novela de Ross Macdonald *The Wycherly Woman* (versión castellana de Alicia Steimberg, en Barcelona: Editorial Alfa, 1975): «—¿Para qué sirve rezar?— Mantiene los circuitos abiertos. En caso de que haya alguien al otro lado de la línea.» *(N. del T.)*

significa (tiene como otro de sus significados) «Si mantengo abiertas las pistas para competiciones de vehículos a motor, podría recibir la noticia». A semejantes especificaciones de significado las denominaré especificaciones del *significado atemporal* de una proferencia-tipo «completa» (que puede ser una proferencia-tipo de una oración o de algo «como una oración», tal como una señal hecha con una mano).

1 *b*) Resultaría verdadero decir que la palabra «circuito» significa (aproximadamente) «línea que forman los conductores por donde circula una corriente eléctrica» y también sería verdadero decir que «circuito» significa «pistas para competiciones de vehículos a motor». A tales especificaciones de significado las llamaré especificaciones del *significado atemporal* de una proferencia-tipo «incompleta» (que puede ser una palabra o una frase no-oracionales o una proferencia-tipo no-lingüística análoga a una palabra o frase).

2 *a*) Puesto que una proferencia-tipo completa *x* puede tener más de un significado atemporal, necesitamos poder vincular a una proferencia particular de *x* exactamente uno de los significados atemporales de *x* y excluir los demás. Necesitamos poder decir, a propósito de una proferencia particular de *O*, que *O* significaba *aquí* (en esta ocasión) «Si mantengo abiertas las líneas, podría recibir la noticia» y que «mantengo abiertos los circuitos» significaba *aquí* «mantengo abiertas las líneas que forman los conductores por donde circula una corriente eléctrica». A tales especificaciones de significado las denominaré especificaciones del *significado atemporal aplicado* de una proferencia-tipo completa (en una particular ocasión de proferencia).

2 *b*) De forma similar, necesitamos poder especificar lo que llamaré el *significado atemporal aplicado* de una proferencia-tipo incompleta; necesitamos poder decir, a propósito de la intervención de la palabra «circuito» en una particular proferencia de *O* que *aquí,* en esta ocasión, la palabra «circuito» significaba (aproximadamente) «línea que forma el conductor por donde circula una corriente eléctrica» y no «pista para competiciones de vehículos a motor».

3) Podría ser verdadero decir de un cierto usuario (*H*) de *O* que cuando *H* profirió *O*, *él* quería decir[2] mediante *O* (las palabras de *O*):

---

[2] El aspecto más conflictivo de la traducción afecta también a la cuestión conceptual más importante del texto. El verbo inglés *to mean* tiene un uso personal del que «significar» carece en castellano. Los principios semánticos del verbo «significar» excluyen precisamente esa posibilidad por la que diríamos de un hablante *H* que *significó* que tal-y-cual (en una determinada ocasión de habla). Sucede, además, que dentro del ideario filosófico de Grice es precisamente este uso el que resulta fundamental para analizar aquellos otros usos (o sentidos) en los que decimos que tal o cual palabra, frase u oración significan tal-o-cual cosa. Éstos se definen a partir de aquél. (Cfr. el escrito de Grice al que se refiere la nota 3, así como los trabajos que componen la primera parte de *Philosophical Grounds of Rationality*, editado por

(i) «Si Dios existe y no dejo de rezarle, me ayudará»

y puede que, además,

(ii) «Una ventaja de no dejar de rezarle a Dios es que, si existe, me ayudará».

Si fuera verdadero decir de *H* que, al proferir *O*, quería decir (i) por medio de *O*, también sería verdadero decir de *H* que *mediante la expresión* «mantengo los circuitos abiertos» *H quería decir* «Dios existe y no dejo de rezarle».

En el supuesto (que ahora hago) de que la expresión «mantener los circuitos abiertos» no es una frase hecha, a diferencia de «mantener las espadas en alto», ninguna de estas especificaciones de lo que *H* quiso decir con *O* (o con las palabras «mantengo los circuitos abiertos») acabadas de dar, sería admisible como especificación de un significado atemporal o del significado atemporal aplicado de *O* (o de las palabras que componen el consecuente de *O*). Las palabras «mantengo los circuitos abiertos» ni significan ni significan *aquí* «Dios existe y no dejo de rezarle».

La clase de especificación de significado que acabo de citar la denominaré especificación del *significado ocasional de una proferencia-tipo.*

4) La variedad de especificaciones de significado tenidas en cuenta hasta el momento hacen todas ellas uso de comillas al especificar lo que se quiso decir. El cuarto y último tipo por considerar conlleva, en su lugar, el uso del discurso indirecto. Si fuese verdadero decir de *H* que quiso decir

---

R. E. Grandy y R. Warner, Clarendon Press, Oxford, 1986.) Esto crea un problema de traducción para el que no existe una solución completamente satisfactoria. La opción aquí seguida consiste en verter esta acepción o uso de *to mean* por «quiere decir». La observación de que el ingrediente «querer» introduce un elemento de arbitraria subjetividad del que *to mean* carece —*to mean* resulta ser lo que muchos lingüistas denominan un verbo de *realización* (*achievement verb*)— señala, el inconveniente de esta opción. Sin embargo, esta cruz del problema la compensa sobradamente, en mi opinión, la insistencia de Grice en que no cualquier intención de comunicar una idea da lugar a un caso de querer decir (en el sentido de que Grice tan escrupulosamente se ocupa). Simplemente, es imposible querer decir algo, si nuestra intención no puede ser reconocida por nuestros interlocutores. Como ha escrito David S. Schwarz, «cuando queremos decir algo, damos a nuestro interlocutor una *razón* para [efectuar] una respuesta y no nos limitamos a causarla» (*Naming and Referring,* Walter de Gruyter, Nueva York, 1979, p. XXXIV.)

La opción, aparentemente obvia, de traducir estos usos de *to mean* por «decir», como suele verse en los diccionarios al uso, tiene el grave inconveniente de que obligaría a distinguir dos sentidos de «decir» para usos en modo indirecto de este verbo. En el trabajo de la nota 3 define Grice la noción de decir de un modo tal que resulta claramente diferente de la de significado ocasional del hablante. Esta salida, además de dar lugar a una distinción inmotivada y completamente artificial, introduciría un serio malentendido en el programa de reconstrucción de los conceptos semánticos abanderado por Grice. *(N. del T.)*

con *O* (i) (y [ii]), también sería verdadero decir de él que cuando profirió *O* (o que al proferir *O*) *quiso decir que*, si Dios existiera y no dejara de rezarle, éste le ayudaría, y que cuando profirió *O quiso decir que* (*o parte de lo que quiso decir fue que*) una ventaja de no dejar de rezarle a Dios es que, de existir, éste le ayudaría. Incluso si, pese a todo, cuando profirió *O* quiso decir «Dios existe y no dejo de rezarle» con las palabras «mantengo los circuitos abiertos», no sería verdadero decir que mediante estas palabras quiso decir *que* Dios existe y que no dejaría de rezarle. Para haber querido decir eso, *H* debería haberse comprometido él mismo a afirmar que Dios existe y que no dejará de rezarle; y esto, cuando profirió *O*, no es algo que haya hecho.

Al tipo 4) de especificaciones de significado lo denominaré especificaciones de *significado ocasional del hablante* [«*utterer*»].

Podemos entonces distinguir cuatro formas principales de especificaciones de significado:

1) «*x* (proferencia-tipo) significa "..."» [Especificación de significado *atemporal* de una proferencia-tipo que es bien 1 *a*) completa bien 1 *b*) incompleta].
2) «*x* (proferencia-tipo) significaba aquí "..."» [Especificación de *significado atemporal aplicado* de una proferencia-tipo que es bien 2 *a*) completa, bien 2 *b*) incompleta].
3) «Con *x* (proferencia-tipo) *H* quiso decir "..."» [Especificación de *significado atemporal de una proferencia-tipo*].
4) «Al proferir *x H* quiso decir que... » [Especificación de *significado ocasional del hablante*].

Hay naturalmente, un elemento de legislación en la distinción de las cuatro formas lingüísticas citadas; no se hallan éstas tan reguladas como estoy pretendiendo por conveniencia.

En un trabajo que se publicará en breve en *Foundations of Language*[3], titulado «Utterer's Meaning, Sentence-Meaning and Word-Meaning» [«El significado del hablante, el significado de la oración y el significado de la palabra»] considero con algún detalle las relaciones entre el significado atemporal, el significado atemporal aplicado y lo que ahora denomino el significado ocasional del hablante. Comenzando con el supuesto de que la noción de un significado ocasional del hablante puede ser elucidada, de cierto modo, en términos de la de las intenciones de un hablante, arguyo en favor de la tesis de que el significado atemporal y el significado atemporal aplicado pueden explicarse en términos de la noción de sig-

[3] Vol. 4 (1968), pp. 1-18. Este escrito ha sido reimpreso en J. R. Searle (ed.), *The Philosophy of Language*, Oxford University Press, 1971, pp. 54-70.

nificado ocasional del hablante (y de otras nociones) y así, finalmente, en términos de la noción de intención. En ese escrito no distingo el significado ocasional de la proferencia-tipo del significado ocasional del hablante; pero, una vez realizada la distinción, no debería resultar demasiado difícil explicar el significado ocasional de la proferencia-tipo en términos del significado ocasional del hablante. La siguiente definición provisional, aunque inadecuada, parece proporcionar un prometedor punto de partida en esta dirección.

Denote «σ (x)» una proferencia-tipo completa (σ) que contenga una proferencia-tipo x. x puede ser completa o incompleta, y de hecho puede ser idéntica a σ. Denote «φ» una proferencia-tipo. Denote «σ (φ/x)» el resultado de sustituir x por φ en σ. Someto entonces a consideración la siguiente laxamente articulada definición:

> «Con x H quiso decir φ si, y sólo si, $\exists\, \sigma$ {H profirió $\sigma(x)$, y al proferir $\sigma(x)$ H quiso decir que... [los puntos suspensivos han de colmarse escribiendo a (φ/x)]}.»

Mi tarea es, sin embargo, la de considerar detenidamente el supuesto adoptado en el escrito al que he estado refiriéndome, a saber: que la noción de significado ocasional del hablante es explicable, en cierta forma, en términos de la noción de intención del hablante, y el resto de este escrito tratará de este tema.

II. DEFINICIÓN INICIAL DE SIGNIFICADO OCASIONAL DEL HABLANTE

Adoptaré como punto de partida la explicación de significado «no-natural» que ofrecí en mi artículo «Meaning» [«Significado»] (véanse pp. 481-490 de este volumen), considerándola un intento de definir la noción de significado ocasional del hablante. Para empezar, adoptaré como mi *definiendum* no la forma expresiva de máximo interés, es decir, (A), «Profiriendo x H quiso decir que p», sino mejor la forma expresiva discutida de un modo más prominente en mi artículo de 1957, a saber: (B) «Profiriendo x H quiso decir *algo*». Mi explicación de 1957 comprendía, naturalmente, la idea de que un adecuado *definiens* de (B) conllevaría una referencia a un efecto buscado [«intended»] por, o en respuesta a, la proferencia de x, y que una especificación de este efecto o respuesta buscada proporcionaría el material para responder a la pregunta de qué quiso decir H al proferir x. En un momento posterior de este escrito me ocuparé del *definiendum* (A) y trataré de aclarar el presunto vínculo entre la naturaleza del efecto buscado y la especificación de lo que H quería decir al proferir x.

Comienzo, entonces, considerando la siguiente definición propuesta:

> «*H* quiso decir algo profiriendo *x*» es verdadero si, y sólo si, para alguna audiencia *A*, *H* profirió *x* con la intención de que
>
> 1) *A* llevase a cabo una cierta respuesta *r*,
> 2) *A* pensara (reconociera) que *H* intentaba 1),
> 3) *A* cumpliera 1) sobre la base de su cumplimiento de 2).

Dos comentarios explicativos pueden ser útiles. (i) Uso los términos «proferir» y «proferencia» de un modo artificialmente extendido para referirme a cualquier acto o ejecución que sea o pueda ser candidato a [poseer] significado no-natural. (ii) Suponer que *A* lleve a cabo *r* «*sobre la base de*» que piense que *H* intenta que él haga *r* es suponer que el que *A* piense que *H* intenta que él haga *r* es al menos parte de sus razones para llevar a cabo *r*, y no meramente la *causa* de que haga *r*. La tercera subcláusula del *definiens* se formula de esta manera a fin de eliminar lo que de otro modo sería un contraejemplo. Si en vez de la subcláusula 3) tuviésemos.

> 3 *a*) *A* llevase a cabo 1) como resultado de su cumplimiento de 2),

deberíamos admitir, contra lo que dicta la intuición, que *H* quiso decir algo haciendo *x* si (como podría ser el caso) *H* hiciera algo con la intención de que

> 1) *A* se entretuviera,
> 2) *A* pensara que *H* intentaba que él se entretuviera,
> 3) *A* se entretuviera como resultado (al menos en parte) de pensar que *H* intentaba que él se entretuviera.

Pero, aunque el pensamiento de *A* de que *H* intentaba que él se entretuviera podría ser parte de la causa de que estuviese entretenido, no podría ser una parte de su razón para estar entretenido (de hecho, uno no tiene razones para estar entretenido). Así pues, la adopción de 3) mejor que de 3 *a*) excluye este caso.

Consideraré [ahora] objeciones a este análisis del significado ocasional del hablante bajo dos principales encabezamientos: primero, esas que tratan de mostrar que el *definiens* es demasiado débil, que concede en exceso; y, segundo, esas que tratan de mostrar que el *definiens* es demasiado fuerte, que excluye casos de significado ocasional del hablante. Para hacer frente a estas objeciones proporcionaré redefiniciones de la noción de significado ocasional en diversos estadios; cada tal redefinición ha de considerarse invalidada por su sucesora.

III. EJEMPLOS ADUCIDOS CONTRA LA SUFICIENCIA DEL *ANALYSANS* SUGERIDO

i) (Urmson)[4] Hay una gama de ejemplos que tienen que ver con la provisión, por parte de *H* (el hablante), de un incentivo, o supuesto incentivo, para que *A* (el receptor, la audiencia) ejecute alguna acción. Supongamos que los capturadores de un prisionero de guerra piensan que éste posee información que desean que revele; el prisionero sabe que ellos desean que él dé esta información. Los capturadores le someten a la tortura de las empulgueras. Los *analysans* apropiados de «Ellos quisieron decir algo sometiéndole a la tortura de las empulgueras (para que les dijera lo que querían saber)» se cumplen todos:

1) Le sometieron a la tortura de las empulgueras con la intención de ocasionar una cierta respuesta de la víctima;
2) Ellos tenían la intención de que él reconociese (supiera, pensara) que ellos le sometían a la tortura de las empulgueras con la intención de producir esta respuesta;
3) Ellos tenían la intención de que el reconocimiento (pensamiento) por parte del prisionero de que tenían la intención mencionada en 2) debería ser parte al menos de las razones de éste para llevar a cabo la respuesta mencionada.

En general, si especificar en 1) la naturaleza de una respuesta buscada es especificar lo que quiso decir, no sólo *debería* ser correcto afirmar que los torturadores quisieron decir algo sometiéndole a la tortura de las empulgueras, sino también afirmar que ellos querían decir que él debía (tenía que) contarles lo que querían saber. Pero, en realidad, no tendríamos que afirmar ninguna de ambas cosas, salvo que los torturadores querían *que* él les informase. Cabe construir un aparente contraejemplo parecido a partir de un caso de soborno (ejemplo original de Urmson).

Una restricción es lo que parece necesitarse [en el ejemplo anterior]; y una que podría servir para eliminar esta gama de contraejemplos puede descubrirse comparando los dos siguientes casos:

a) Voy a una expendeduría de tabaco, pido un paquete de mis cigarrillos favoritos y, cuando el inusualmente suspicaz vendedor me hace ver que quiere conocer el color de mi dinero ante de entregarme el producto, pongo sobre el mostrador el precio de los cigarrillos. Aquí nada ha querido decirse.

---

[4] En conversación con J. O. Urmson.

b) Voy a mi habitual expendeduría de tabaco (en donde también suelo comprar otras cosas) a por un paquete de mi marca de siempre, cuyo precio es característico (digamos que cuarenta y tres centavos). No digo nada, sino que entrego los cuarenta y tres centavos. El vendedor reconoce lo que necesito y me entrega el paquete. En este caso, creo, poniendo sobre el mostrador los cuarenta y tres centavos yo quise decir algo —a saber, que quería un paquete de la marca X—. Al mismo tiempo, he proporcionado un móvil.

El rasgo característico del segundo ejemplo parece ser que en él el vendedor reconoció, y se tuvo la intención de que reconociera, lo que con mi «proferencia» (el poner yo el dinero sobre el mostrador) se pretendía que hiciese, mientras que en el primer ejemplo esto no era el caso. Ni tampoco sucede en el ejemplo de la tortura. Así pues, podría proponerse corregir de acuerdo con ello el análisis del significado (Redefinición I):

«*H* quiso decir algo profiriendo *x*» es verdadero si, y sólo si,

1) Profiriendo *x* *H* tenía la intención de inducir en *A* una cierta respuesta;
2) *H* tenía la intención de que *A* reconociera, *en parte al menos a partir de la proferencia de x*, que *H* tenía la intención de que se produjera esa respuesta;
3) *H* tenía la intención de que la satisfacción de la intención mencionada en 2) fuese parte al menos de la razón de *A* para obrar de modo que se satisficiera la intención de 1).

Mientras que con esto se podría hacer frente a esta gama de contraejemplos, hay otros para los que resulta insuficiente.

ii) (Stampe, Strawson, Schiffer)[5].

a) Un hombre está jugando al *bridge* contra su jefe. Quiere ganarse el favor de éste y por tal razón desea que su jefe gane y, aún más, quiere que su jefe sepa que él quiere que gane (a su jefe le gusta esta clase de humildad). El hombre no desea, sin embargo, que la cosa sea demasiado obvia: como sucedería, por ejemplo, si se lo dijera de palabra o si llevara a cabo algún acto que pueda entenderse como señal de tal cosa, por miedo a que su jefe pueda sentirse ofendido por la crudeza de su proceder. Por consiguiente,

[5] En conversación con Denis W. Stampe; P. F. Strawson, «Intention and Convention in Speech Acts», *Philosophical Review*, LXXIII (1964), pp. 439-460; en conversación con S. Schiffer. [Hay versión castellana del escrito de Strawson en sus *Ensayos lógico-lingüísticos*, Tecnos, Madrid, 1983. *(N del T.)*]

pone en marcha el siguiente plan: cuando tiene una buena mano, sonríe de un cierto modo; la sonrisa se parece *mucho* a, pero no es *todavía* como, una sonrisa espontánea de placer. Su intención es que el jefe detecte la diferencia y arguya así: «Esa sonrisa no es una genuina sonrisa delatora, sino la simulación de una tal. Esa clase de remedo podría ocultar un farol (una mano floja). Sin embargo, esto es el *bridge,* no el póquer, y él no quiere ganarme a mí, su jefe, con semejante incorrección. Así pues, probablemente tiene una buena mano y, deseando que yo venza, esperaba que yo supondría que tiene una buena mano interpretando su sonrisa como si fuese una espontánea. Siendo esto así, no elevaré el envite de mi pareja.»

En un caso así, no pienso que nos gustaría decir que el empleado, con su sonrisa (o sonriendo), había *querido decir* que tenía una buena mano, ni de hecho que habría querido decir nada en absoluto. Sin embargo, se cumplen las condiciones enumeradas hasta ahora. Cuando sonrió,

1) El empleado tenía la intención de que su jefe pensara que el empleado tenía una buena mano;
2) El empleado tenía la intención de que su jefe pensara, en parte al menos a causa de su sonrisa, que el empleado tenía la intención de que su jefe pensara que se trataba de una buena mano;
3) El empleado tenía la intención de que una parte al menos de la razón que tuviera su jefe para pensar que se trataba de una buena mano debería ser que el empleado quería que él pensara precisamente eso.

b) Para hacer frente a un ejemplo parecido al acabado de citar, Strawson propuso que el *analysans* podría restringirse añadiendo una restricción ulterior, a saber, la de que el hablante *H* debería proferir *x* no sólo, como ya se ha exigido, con la intención de que *A* piense que el hablante intenta lograr una cierta respuesta de *A*, sino también con la intención de que *A* piense (reconozca) que *H* tiene la intención acabada de mencionar. En el presente ejemplo, se tiene la intención de que el jefe piense que el empleado desea que aquél piense que [éste] tiene una buena mano, pero *no* se tiene la intención de que [el jefe] piense que [el empleado] *tiene la intención* de que piense que éste desea que [el jefe] piense que el empleado tiene una buena mano; el empleado tiene la intención de que [el jefe] piense que es sólo como resultado de ser demasiado inteligente para [su] empleado que ha llegado a saber que éste desea que él piense que se está ante una buena mano; [el jefe] ha de pensar que se supuso que interpretaría la sonrisa como una revelación involuntaria.

c) (Schiffer) Cabe elaborar un ejemplo más o menos paralelo en el que la respuesta buscada sea de carácter práctico, que parece mostrar la necesidad de añadir una quinta condición. El hablante *H* se encuentra en una habitación con un hombre *A* cuya avaricia es notoria, aunque tenga también su orgullo.

H desea deshacerse de *A*. Entonces, bien a la vista de *A*, *H* arroja un billete de cinco libras por la ventana. Su intención es que *A* piense lo siguiente: «*H* quiere que me vaya de la habitación, pensando que correré tras el billete de cinco libras. Quiere también que yo sepa que él desea que yo me vaya (en vista de lo ofensivo de su proceder). Pero yo no me rebajaré yendo tras el billete; me iré, pero no porque desea que me vaya. No me quedo donde no soy bien querido.» En este ejemplo se cumplen las contrapartidas de las cuatro condiciones del *analysans* sugeridas hasta el momento; sin embargo, una vez más, no pienso que debiéramos decir que *H* había querido decir algo arrojando el billete por la ventana; que había querido decir, por ejemplo, que *A* había de (debía) marcharse. Las cuatro condiciones que se cumplen pueden formularse como sigue:

H profirió *x* (arrojó el billete) con la intención

1) de que *A* se fuese de la habitación,
2) de que *A* pensara (en parte al menos sobre la base de *x* que *H* tenía la intención 1),
3) de que *A* pensara que *H* tenía la intención 2),
4) de que en la satisfacción de la intención 1) una parte al menos de la razón de *A* para obrar debería ser que pensara que *H* tenía la intención 1) (es decir, que [2] se cumpliera).

Así pues, a menos que se juzgue que con esta proferencia se ha querido decir algo, hace falta todavía una restricción más. Parece ser una característica de este ejemplo que aunque *H* tenía la intención de que el que *A* se fuese de la habitación se basara en el pensamiento de *A* de que *H* quería que se fuese de la habitación, *H* no tenía la intención de que *A* *reconociese* que *H* tenía la intención de que la marcha de *A* dependiera de ello. [*H*] tenía la intención de que *A* pensara que el propósito de *H* era el de conseguir que él se fuera en busca del billete de cinco libras. Por lo tanto, cabe sugerir que la restricción requerida es la de que *H* tenga la intención

5) de que *A* piense (reconozca) que *H* tenía la intención de que 4).

Podemos reformular ahora la forma general de estas condiciones sugeridas (Redefinición II, Versión A):

«*H* quiso decir algo mediante *x*» es verdadero si, y sólo si, *H* profirió *x* con la intención

1) de que *A* llevase a cabo la respuesta *r*;
2) de que *A* pensara, en parte al menos sobre la base de *x*, que *H* tenía la intención 1);
3) de que *A* pensara que *H* tenía la intención 2);

4) de que la realización de *r* por parte de *A* se basara (en parte al menos) en el pensamiento de *A* de que *H* tenía la intención 1) (es decir, en el cumplimiento de [2] por parte de *A*);
5) de que *A* pensara que *H* tenía la intención 4).

Un hecho notable acerca de este *analysans* es que exhibe en diversos lugares el siguiente rasgo: la *n*-ésima «subintención» de *H* se especifica como intención de que *A* deba pensar que *H* tiene la «intención» *n*-1-ésima. La presencia de este rasgo ha llevado a la sugerencia de que el análisis del significado (que siga esta línea) es infinito o indefinidamente regresivo; que siempre podrían encontrarse ulteriores contraejemplos, por muy complejo que resulte el *analysans* sugerido, que forzaran el añadido de otras cláusulas que exhiban este rasgo. Pero tal regreso podría ser/será virtuoso, no vicioso. Podría ser/será tan poco perjudicial como el que conduce de «*Z* sabe que *p*» a «*Z* sabe que *Z* sabe que *p*» a...

No estoy seguro de cuán inocente sería semejante regreso en el *analysans*. No exhibiría ciertamente el tipo de circularidad, que supone a primera vista una fuerte objeción, que surgiría al dar, por ejemplo, un *definiens* de «*H* quiso decir que *p*» que en algún lugar reintrodujera la expresión «*H* quiso decir que *p*» o que introdujera la expresión «*H* quiso decir que *q*». Por otro lado, no sería tan manifiestamente inocuo como suponer que cuando quiera que fuese correcto decir «es verdad que *p*» fuese también verdadero decir «es verdad que es verdad que *p*», etc.; o tan inocuo como lo sería suponer que si *Z* satisface la condición para [atribuirle] saber que sabe que *p*, también satisface la condición para [atribuirle] saber que sabe que *p*. En tales casos, no se precisan condiciones extraordinarias de la verdad de una reiteración como la de, por ejemplo, «sabe que *p*» que vaya más allá de las que se precisan para la verdad de la oración respecto de la que se hace la reiteración. Pero el carácter regresivo del *analysans* de «*H* quiso decir algo mediante *x*» está diseñado para hacer frente en cada estadio a posibles contraejemplos; de modo que cada cláusula adicional impone una restricción, exige que se cumpla una condición ulterior. Podría preguntarse si, por ejemplo, en el supuesto de que sea siempre posible saber que *p* sin saber que uno sabe que *p*, sería legítimo definir «*Z* super-sabe que *p*» por medio del conjunto abierto de condiciones:

1) *Z* sabe que *p*,
2) *Z* sabe que 1),
3) *Z* sabe que 2), y así sucesivamente.

Resta, sin embargo, la posibilidad de que no haya que tomar ninguna decisión a propósito de esta cuestión, pues podría suceder que no haya lugar a la amenaza de regreso.

No parece fácil construir ejemplos que fuercen la adición de cláusulas que supongan ulteriores reiteraciones de «*H* tenía la intención de que *A* pensara que...». El siguiente es un intento de Schiffer. *H* canta *Tipperary* con una voz estridente con la intención de que *A* se vaya de la habitación; se supone que *A* reconoce (y sabe que se tiene la intención de que reconozca) que *H* desea deshacerse de *A*. Además, *H* tiene la intención de que *A* se vaya porque reconozca la intención de *H* de que [*A*] se vaya. El plan de *H* es que *A* piense (*equivocadamente*) que *H* tiene la intención de que *A piense* que *H* tiene la intención de que *A* se marche mediante el reconocimiento de la intención de *H* de que *A* se marche. Con otras palabras, se supone que *A* razona así: «*H* tiene la intención de que yo *piense* que él tiene la intención de deshacerse de mí con su estridente forma de cantar. [*H*] tiene realmente la intención de que yo me vaya porque él desea que yo me vaya, no porque yo no pueda soportar su canto.» El hecho de que *A* esté realmente ajustándose a los planes de *H* mientras piensa que está yendo más allá de ellos se aduce para sugerir que no se le permite afirmar a uno que en este caso *H* quiso decir con su canto que *A* se fuera.

Sin embargo, cuando trata uno de completar los detalles de esta descripción, el ejemplo se hace frustrante. ¿Cómo se supone que llega *A* a la idea de que *H* desea que él *piense* que *H* intenta deshacerse de él con su canto? Cabría suponer que *H* canta con un particular tono nasal que sabe que no desagrada a *A*, aunque sí a la mayor parte de la gente. *A* sabe que *H* sabe que este tono no le resulta desagradable a *A*, pero piensa (equivocadamente) que *H* no sabe que *A* sabe esto. Cabría suponer que *A* razona así: «Él no puede querer echarme fuera con su canto, puesto que sabe que este tono nasal no me resulta desagradable. Sin embargo, no sabe que yo sé que él sabe esto, de forma que puede que desee que yo piense que él intenta echarme con su canto.» En este momento, uno esperaría que *A* se hallase completamente desbordado para explicar el comportamiento de *H*; no veo ninguna razón en absoluto por la que *A* no deba suponer entonces que *H* desea realmente deshacerse de él de alguna otra forma.

Al margen de si pudiera lograrse que este ejemplo funcionara, su complejidad es enorme, y cualquier intento de introducir ulteriores restricciones supondría complejidades todavía mayores. En general, es verdad que uno no puede tener intenciones de obtener resultados cuyo logro uno no ve posible; y el éxito de intenciones del tipo involucrado en la comunicación requiere que aquellos a quienes van dirigidos los mensajes o los cuasimensajes sean capaces, en las circunstancias en cuestión, de tener ciertos pensamientos y de extraer determinadas conclusiones. En algún estadio temprano de la pretendida regresión, los cálculos que *H* requiere de *A* serán difícilmente superables; y sospecho que el límite se alcanzó (si es que no se superó) con los ejemplos que dieron lugar al añadido de una cuarta y de una quinta condición. Por lo tanto, *H* no podría tener las intenciones que se le exigían a fin de forzar la adición de ulteriores restricciones. No es sólo que los cálculos que se le pidan a *A* sean demasiado difíciles, sino que resultaría imposible que *H* encontrase señas para indicarle a *A* que debía llevar a cabo cálculos, incluso aunque estuviesen a su alcance.

Pero incluso si esta condición fuese correcta, parece que quedamos en una posición incómoda. Pues, aunque podemos saber que no necesitamos de ninguna serie infinita de subcláusulas «que miran hacia atrás», no podemos decir exactamente cuántas subcláusulas se precisan. De hecho, parece como si expandir la definición de «Profiriendo *x* se quiso decir algo» pudiera tener que variar de caso a caso, dependiendo de cosas como la naturaleza de la respuesta buscada, las circunstancias en las que se hace el intento de obtener una respuesta y la inteligencia del hablante y del interlocutor. Es dudoso que pueda aceptarse semejante variación.

Se evitaría esta dificultad si pudiésemos eliminar posibles contraejemplos, no pidiendo que *H* tenga determinadas intenciones adicionales (de «las que miran hacia atrás»), sino exigiendo mejor que *H no* tenga un cierto tipo de intención o complejo de intenciones. Todos los contraejemplos potenciales de la clase que ahora nos ocupa suponen el diseño de una situación en la cual *H* tiene la intención de que *A* cuente *tanto* con algún «elemento de inferencia» (alguna premisa o algún paso inferencial *E*) *como* que piense también que *H* tiene la intención de que *A no* cuenta con *E* en el proceso de reflexión por el que se supone que *A* arriba a su respuesta. ¿Por qué no eliminar, entonces, semejantes contraejemplos potenciales mediante una simple cláusula que le prohíba a *H* tener semejante clase de intención compleja?

Llegamos así a la Redefinición II, Versión B:

«*H* quiso decir algo mediante *x*» es verdadero si, y sólo si (para algún *A* y para alguna *r*):

a) *H* profirió *x* con la intención de que:
1) *A* llevase a cabo *r*,
2) *A* pensara que *H* tenía la intención 1),
3) la satisfacción por *A* de 1) se basa en la satisfacción por *A* de 2).

b) No existe ningún elemento de inferencia *E* tal que *H* profiriese *x* con la intención tanto (1') de que la determinación de *r* por parte de *A* contara con *E*, como (2') que *A* pensara que *H* tenía la intención de que (1') fuese falsa.

iii) (Searle)[6] Un soldado americano es capturado por tropas italianas durante la Segunda Guerra Mundial. Quiere que las tropas [italianas]

[6] John R. Searle, «What is a Speech Act?» en *Philosophy in America*, ed. por Max Black, Ithaca, Nueva York, 1965, pp. 221-239. [Una versión castellana de este escrito fue publicada como número 15 de la colección *Cuadernos Teorema* que editó el Departamento de Lógica y Filosofía de la Ciencia de la Universidad de Valencia. Se reproduce en pp. 431-447 de este volumen. *(N. del T.)*]

crean que él es un oficial alemán, para que le liberen. Lo que le gustaría hacer es decirles en alemán o en italiano que él es un oficial alemán, pero no conoce ni alemán ni italiano en grado suficiente como para hacer tal cosa. Así pues, «como si dijésemos, trata de montar la farsa de contarles que él es un oficial alemán» recitando la única línea de alemán que conoce, una línea aprendida en la escuela: «*Kennst du das Land, wo die Zitronen blühen.*» Intenta producir una cierta respuesta en sus capturadores, a saber, la de que crean que él es un oficial alemán, e intenta producir esta respuesta por medio del reconocimiento de su intención de producir esta respuesta. No obstante, mantiene Searle, es falso que cuando él dice «*Kennst du das Land*» lo que quiera decir es «Yo soy un oficial alemán» (o incluso la versión alemana de «Yo soy un oficial alemán», porque lo que tales palabras significan es «Conoces la tierra donde florece el limonero». Usa [Searle] este ejemplo para apoyar la idea de que falta algo en mi análisis del significado; éste (pienso yo que él piensa) mejoraría si (esto conjeturo) se lo completara así: «*H* quiso decir algo mediante *x*» significa «*H* tuvo la intención de producir en *A* un cierto efecto por medio del reconocimiento de la intención de *H* de producir ese efecto, y (si la proferencia de *x* es la proferencia de una oración) *H* tuvo la intención de que el reconocimiento por parte de *A* de la intención de *H* (de producir el efecto) se consiga mediante el reconocimiento de que la oración proferida se usa convencionalmente para producir tal efecto».

Ahora, e incluso si hubiera de enfrentarme a un contraejemplo genuino, debería ser muy renuente a seguir el camino que sospecho que se me estaba ofreciendo. (Resulta difícil decir si esto es lo que se me proponía, pues Searle se ocupa propiamente de la caracterización de un acto de habla particular (el de prometer), no de una discusión general de la naturaleza del significado; y fundamentalmente trataba de adaptar mi explicación del significado a su vigente propósito, no de reformularla para que se adapte mejor a su finalidad declarada.) Naturalmente, no quisiera yo negar que cuando el vehículo del significado sea una oración (o la proferencia de una oración) las intenciones del hablante tengan que reconocerse, en un caso normal, en virtud de un conocimiento del uso convencional de la oración (en realidad, mi explicación de «implicatura no-convencional» depende de esta idea). Pero, como indiqué anteriormente, me gustaría, si es que puedo, tratar el querer decir algo mediante la proferencia de una oración sólo como un caso especial del querer decir algo mediante una proferencia (en mi sentido ampliado de proferencia), y tratar una correlación convencional entre una oración y una respuesta específica sólo como una de las maneras en que una proferencia puede ponerse en correlación con una respuesta.

¿Es genuino, sin embargo, el presente contraejemplo? Me parece que la situación imaginaria está infradescrita y que hay quizás tres diferentes casos que considerar.

1) La situación podría ser de tal forma que la única posibilidad real de que los soldados italianos, al oír al soldado americano decir su línea de alemán, supusieran que era un oficial alemán sería la de que arguyeran como sigue: «Acaba de hablar en alemán (quizás en un tono autoritario); no sabemos nada de alemán y no tenemos ni idea de lo que ha querido decirnos; pero si habla alemán lo más probable es que sea un oficial alemán —¿qué otros alemanes podría haber en esta parte del mundo?—.» Si la situación fuese de tal modo que los italianos razonaran de esta guisa y si el americano supiera que así era como había de ser, resulta difícil evitar atribuirle, cuando habló, la intención de que ellos *deberían* argüir de ese modo. Como observé recientemente, en general uno no puede tener la intención de lograr algún resultado, si uno sabe que no hay ninguna posibilidad de conseguirlo. Pero, si la intención del soldado americano es la acabada de describir, entonces ciertamente, de acuerdo con mi explicación, él no estaría queriendo decir que era un oficial alemán; porque, aunque tuviera la intención de que los italianos creyeran que era un oficial alemán, su intención no sería la de que ellos creyeran esto por medio del reconocimiento de su intención. Y me parece a mí que, si bien no es ésta la manera en que quería Searle que se interpretase su ejemplo, sería con mucho la situación que con mayor probabilidad se habría dado.

2) Creo que Searle deseaba que supusiéramos que el americano esperaba que los italianos llegarían a la creencia de que él era un oficial alemán a través de la creencia de que las palabras que profirió eran las palabras alemanas correspondientes a «Soy un oficial alemán» (aunque no es fácil ver cómo pergeñar el contexto de la proferencia de forma que éste le dotase de alguna base para [alimentar] esta esperanza). Ahora se hace dudoso [aceptar] si, después de todo, es correcto afirmar que el americano no quiso decir «Soy un oficial alemán». Consideremos el siguiente ejemplo. El propietario de una tienda de baratijas para turistas en Port-Said se halla de pie a la entrada de su negocio, ve a un inglés y en un tono dulce y con una sonrisa seductora le dice en árabe: «¡Tú, inglés, cerdo!» Debería sentirme bastante inclinado a afirmar que el propietario había querido decirle al visitante que entrara, o algo por el estilo. Obviamente, no me siento tentado en absoluto a afirmar que *mediante las palabras que profirió* había querido decirle al visitante que entrara; y señalar que la línea en alemán no significa «Soy un oficial alemán», sino «Conoces la tierra», no es relevante. Si pudiese afirmarse que el americano había querido decir que él era un oficial alemán, habría querido decir esto mediante esa línea, o profiriéndola de un modo particular; exactamente de igual forma que el comerciante de Port-Said habría querido decirle al visitante que entrara *diciendo lo* que dijo, o hablándole del modo en que lo hizo.

3) Se ha sugerido, no obstante, que existe una diferencia entre que *H* meramente tenga la intención de que *A* piense que una oración en par-

ticular tiene un cierto significado que en realidad no tiene y que [*H*] tenga también la intención de que *A* piense que él mismo, según se supone, hace uso de la (equivocada) idea de que [la oración] tiene este significado, para arribar a una creencia acerca de las intenciones de *H*. Quizás se piensa que el comerciante de Port-Said no tiene la intención de que el visitante piense de sí mismo de tal forma; el visitante no ha de suponer que el comerciante piense que el primero puede hablar árabe. Pero, si la intención es que *A* piense que *H* espera que *A* comprenda la oración proferida y se tiene la intención de atribuirle [a ésta] un significado que *H* sabe que no tiene, entonces no debería presentarse [el caso como uno en que] el hablante quiere decir algo mediante su proferencia. No veo la fuerza de esta posición ni en realidad veo fácil aplicar la distinción que hace. Considérese sólo un ejemplo. He estado escuchando una lección de francés que se le ha impartido a la hija pequeña de un amigo. Me di cuenta de que ella piensa que una cierta oración francesa significa «Sírvete un trozo de pastel», aunque en realidad significa algo bastante diferente. Así que a la vista de un trozo de pastel le digo esta oración francesa y, según era mi intención, ella se lo sirve. Mi intención era que ella pensara que (y que pensara que mi intención era que ella pensase que) la oración proferida por mí significaba «Sírvete un trozo de pastel»; y diría que el hecho de que la oración significara, y que *yo* supiera que significaba, algo bastante diferente no es obstáculo para que yo hubiera querido decir algo con mi proferencia (a saber, que se sirviera un trozo de pastel). Dicho de una forma más general, la idea parece ser como sigue. Resulta característico que un hablante tenga la intención de que su interlocutor reconozca (y piense que se intenta que reconozca) algún rasgo «crucial» *F* y que piense (y que se intente que él mismo piense) que *F* guarda en cierta forma una relación con alguna respuesta que el hablante tiene la intención de producir en su interlocutor. En lo que concierne a la atribución de significado del hablante, no importa si *H* piensa que *F* está o no *realmente* vinculado de tal forma a la respuesta; aunque, naturalmente, en un caso normal *H* pensará que *F* guarda esa relación.

Supongamos, sin embargo, que completamos los detalles del «caso del soldado americano», imaginando que acompaña el «*Kennst du das Land*» de gesticulaciones, golpes de pecho y demás; podría entonces [el soldado americano] esperar tener éxito en transmitir a sus interlocutores su intención de que comprendan la oración alemana, que sepan por esa particular oración alemana que el soldado americano tiene la intención de que ellos piensen que él es un oficial alemán (mientras que en realidad, naturalmente, el americano no espera que ellos sepan de *ese* modo, sino únicamente asumiendo, por la situación y por su tipo de comportamiento, que él debe estar tratando de decirles que es un oficial alemán). Quizás en ese caso no debiéramos sentir la inclinación a afirmar que el americano quiso decir que era un oficial alemán y que sí debiéramos estar dispuestos a afirmar tan sólo que él había querido decirles que pensaran que era un oficial alemán.

¿Cómo puede distinguirse este ejemplo del de «la niña pequeña»? Me gustaría sugerir un conjunto revisado de condiciones para «*H* quiso decir algo mediante *x*» (Redefinición III, Versión A):

Dominios de las variables: *A*: interlocutores.
f, *g*: rasgos de proferencias.
r: respuestas.
c: modos de relación (por ejemplo, icónico, asociativo, convencional).

($\exists A$) ($\exists f$) ($\exists r$) ($\exists c$) *H* profirió *x* con la intención de que

1) *A* pensara que *x* poseía *f*.
2) *A* pensara que *H* tenía la intención 1).
3) *A* pensara que *f* guardaba la relación *c* con el tipo al que *r* pertenece.
4) *A* pensara que *H* tenía la intención 3).
5) *A* pensara, sobre la base de la satisfacción de 1) y de 3), que *H* tenía la intención de que *A* llevase a cabo *r*.
6) *A* llevase a cabo *r* sobre la base de la satisfacción de 5).
7) *A* pensara que *H* tenía la intención 6).

En «el caso de la niña pequeña» hay un solo rasgo *f* (el de ser una proferencia de una particular oración francesa) respecto de la cual *A* tiene las cuatro primeras intenciones. (El único inconveniente es que esta razón no guarda *en realidad* una relación convencional con las respuestas buscadas, y esto no descalifica la proferencia impidiéndole ser una por medio de la cual *H* quiera decir algo.)

En «el caso del soldado americano» no hay ningún simple rasgo *f*. Se tiene la intención 1) de que los capturadores reconozcan sin más el rasgo *f* (que *x* es un poco de alemán y que se profiere acompañado de ciertas gesticulaciones, etc.), pero 2) que piensen que se tiene la intención de que reconozcan que *x* tiene *g* (que es una *particular* oración del alemán).

El conjunto revisado de condiciones también se hace cargo del anterior ejemplo del *bridge*. Ahí se tiene la intención de que el jefe reconozca que *x* tiene *f* (ser una sonrisa falsa), pero no que se piense que se tiene tal intención. Así pues, la intención 2) de nuestra lista revisada está ausente. Y, por lo tanto, no necesitamos la condición añadida previamente para eliminar este ejemplo. Creo, no obstante, que la condición 7) (la antigua condición [5]) se precisa aún para eliminar el ejemplo del «billete de cinco libras», a menos que se la pueda reemplazar por una cláusula general de «anti-engaño». Puede que tal sustitución sea posible; puede que quepa omitir las subcláusulas «que miran hacia atrás» 2), 4) y 7) y que se las sustituya por la cláusula prohibitiva que figura en la Redefinición II, Versión B. Hemos de considerar entonces los méritos de la Redefinición III, Versión B, cuyo *definiens* dirá lo siguiente:

($\exists A$) ($\exists f$) ($\exists r$) ($\exists c$) *H* profirió *x* con la intención de que:

(*a*) 1) *A* pensara que *x* posee *f*;
2) *A* pensara que *f* guarda la relación *c* con el tipo al que *r* pertenece;
3) *A* pensara, sobre la base de la satisfacción de 1), que *H* tenía la intención de que *A* llevase a cabo *r*;
4) *A* llevase a cabo *r* sobre la base de la satisfacción de 3);

(*b*) no hay ningún elemento de inferencia *E* tal que *H* tenga la intención de que:

1') *A* cuente con *E* en la determinación de *r*,
2') *A* piense que *H* tenga la intención de que 1') sea falsa.

IV. EJEMPLOS DIRIGIDOS A MOSTRAR LA EXCESIVA FUERZA DEL *ANALYSANS* TRIMEMBRE

Volvamos (para mayor simplicidad) al *analysans* original de «*H* quiso decir algo profiriendo *x*», y resumamos

«*H* profiere *x* con la intención de que *A*:

1) lleve a cabo *r*,
2) piense que *H* tiene la intención de que *A* lleve a cabo *r*,
3) piense que *H* tiene la intención de que la satisfacción de 1) se base en la de 2)»

en «*H* profiere *x* *M*-intentando que *A* lleve a cabo *r*».

En mi artículo original supuse que la identificación de *lo que H* quería decir mediante *x* dependería de la identificación de la respuesta o efecto *M*-buscado. Supuse, en particular, que las diferencias genéricas en el tipo de respuesta se corresponderían con diferencias genéricas en lo que se quiere decir. Por considerar dos ejemplos centrales, supuse que *a*) «*H* quiso decir mediante *x* que tal-y-tal es el caso» se elucidaría mediante «*H* profirió *x* *M*-intentando producir en *A* la creencia de que tal-y-tal»; *b*) que «*H* quiso decir mediante *x* que *A* debería hacer tal-y-tal cosa» se elucidaría por medio de «*H* profirió *x* *M*-intentando dar lugar a que *A* hiciera tal-y-tal cosa». Las proferencias indicativas o cuasiindicativas se hallan ligadas a la generación de creencias; las proferencias imperativas o cuasiimperativas lo están a la generación de acciones.

Deseo someter a su consideración la [siguiente] enmienda a esta idea: que en la explicación de las proferencias imperativas o cuasiimperativas se haga constar, como la respuesta directamente *M*-buscada «la intención de *A* de hacer tal-y-tal cosa» (en lugar de «que *A* hiciera tal-y-tal cosa»). Esto tiene las ventajas 1) de que se logra la simetría, ya que en ambos casos (indicativo e imperativo) la respuesta *M*-buscada será una actitud proposicional, y 2) de que acomoda el hecho de que el acuerdo («sí», «perfectamente») en el caso de «La máquina se ha detenido» significa creencia, y en el caso de «¡Detén la máquina!» significa *intención.* Naturalmente que la acción es el objetivo *último* del hablante. Los casos en que la acción es respuesta inmediata pueden tratarse —a saber, la intención con la que el agente actúa—. Los imperativos reclaman siempre acción *intencional.*

La mejor forma de entender los contraejemplos que se han aducido es considerándolos intentos de crear dificultades no al análisis dado de «*H* quiso decir *algo* profiriendo *x*» que fue sugerido [más arriba], sino a este análisis completado con el género de detalle que se acaba de mencionar, para ofrecer un bosquejo de explicación de «Profiriendo *x H* quiere (quiso) decir que...». En particular, se sugiere que explicar «Profiriendo *x H* quiso decir que es el caso que tal-y-tal» por medio de «*H* profirió *x M*-intentando dar lugar a que *A* hiciera tal-y-tal cosa» es seleccionar como *explicans* una condición demasiado fuerte. Tenemos que poder decir que en una cierta ocasión *H* quiso decir que tal-y-tal sin comprometernos nosotros mismos con la proposición de que *H M*-intentó producir en *A* una creencia de que tal-y-tal.

Los siguientes ejemplos parecen presentar dificultades:

Examinando: P: «¿Cuándo tuvo lugar la batalla de Waterloo?» R: «1815».

Aquí el examinando quiso decir que la batalla de Waterloo tuvo lugar en 1815, pero difícilmente *M*-intentó inducir semejante creencia en su examinador. Para el examinando es natural pensar que las creencias del examinador (sean las que fueren) son independientes de las respuestas propias. El efecto *M*-buscado es (quizás) que el examinador sepa o piense que el examinando piensa que la batalla de Waterloo tuvo lugar en 1815; *o bien* (quizás) que el examinador sepa si el examinando conoce la respuesta correcta a la pregunta. (Quizás sea el primero el efecto directo, y que el efecto indirecto, buscado, sea el segundo.)

Confesión (en algunos casos):

Madre: «¡No lo niegues! Rompiste el cristal de la ventana, ¿verdad?»

Hijo: «Sí».

Aquí el hijo sabe que su madre ya piensa que él rompió el cristal de la ventana; lo que ella desea es que le diga que lo hizo. Quizá el efecto *M*-buscado sea, entonces, que la madre piense que su hijo desea decirle que lo hizo (¿qué significa «decir» aquí? ¿cómo debería analizarse?); o que la madre piense que su hijo no quiere seguir sosteniendo que no rompió el cristal de la ventana (que ni dice ni hace nada con la intención de causar la creencia de que *no* rompió el cristal de la ventana). (La confesión es quizás un caso ritual y sofisticado.)

Hacer recordar: P: «Veamos, ¿cómo se llamaba la muchacha?»
R: «Rosa» (o muestra una rosa).

De quien aquí pregunta ya se presume que sabe (al menos en un sentido disposicional) que la muchacha se llama Rosa; sólo que el nombre se le ha ido de la cabeza. El efecto buscado parece ser el de que *A* recuerde que se llama Rosa.

Reseña de los hechos: Tanto el hablante como el oyente se supone que creen que *p* (*q*, etc.). El efecto buscado, una vez más, parece ser el que *A* (y puede que también *H*) tenga presentes (juntos) «los hechos» en su mente.

Conclusión de un argumento: *p*, *q*, luego *r* (de premisas ya sentadas).

Mientras que *H* tiene la intención de que *A* piense que *r*, no espera (y tampoco tiene la intención de) que *A* arribe a la creencia de que *r* a partir de la intención de *H* de que ha de alcanzarla. Se supone que son las premisas, no la confianza en *H*, lo que importa.

El hombre contrasugestionable: *A* considera a *H* casi invariablemente equivocado en ciertos temas, o bien una persona con la que no soportaría estar de acuerdo. *H* sabe esto. *H* dice: «Mi madre te tiene en gran estima» con la intención de que *A* (por la fuerza de lo que *H* dice) piense que la madre de *H* tiene una pobre opinión de él [*A*] . En este caso existe la inclinación a afirmar que, pese a la intención de *H* de que *A* piense que la madre de *H* piensa mal de él, lo que *H quiso decir* fue que la madre de *H* piensa bien de *A*.

Estos ejemplos conllevan dos dificultades relacionadas.

1) Hay alguna dificultad en suponer que la forma indicativa se halla *convencionalmente ligada* a la indicación de que el hablante está *M*-intentando inducir una cierta creencia en su interlocutor, si es que hay casos

en los que el modo indicativo va acompañado de diferentes intenciones del hablante, casos en los que éste no *M*-intenta (ni puede interpretarse que *M*-intente) inducir una creencia (como, por ejemplo, en el de hacer recordar [algo a alguien]). Sin embargo, por otro lado, parece difícil suponer que la función del modo indicativo *no* tenga *nada que ver* con el inducimiento de creencias. El indicio de que el hablante tiene la intención de que su interlocutor actúe (o se forme una intención de actuar) ha de considerarse plausiblemente, si no forzosamente, que es, por convención, la función del modo imperativo; con seguridad la función del modo indicativo debería ser análoga. ¿Qué alternativa queda a la relación sugerida en el caso de la intención de inducir una creencia?

El problema podría resolverse en este caso distinguiendo las preguntas relativas a lo que significa una oración en modo indicativo de las preguntas relativas a lo que un *hablante* quiere decir. Cabría sugerir que una especificación completa del significado de una oración (en el caso de oraciones en modo indicativo) supone hacer referencia al hecho de que la forma indicativa significa convencionalmente una intención del hablante de inducir una creencia, pero puede muy bien suceder que el significado del hablante no coincida con el significado de la oración que profiere. Puede estar claro que, si bien usa un recurso que indica convencionalmente una intención suya de inducir una creencia, carece *en este caso* de esa, pero no de otra, intención. Quizás quepa reforzar esto señalando que *cualquier* recurso cuya función primaria (estándar) sea la de indicar la intención del hablante de inducir la creencia de que *p podría* emplearse fácil y comprensiblemente en circunstancias apropiadas para propósitos próximos, por ejemplo (como en «el caso del examinando») para indicar que el *hablante* cree que *p*. El problema sería entonces poner de manifiesto que los contraejemplos aducidos son adaptaciones naturales de un mecanismo o forma que está primariamente vinculada a la indicación de intención de inducir una creencia.

Pienso que, si fuese posible, nos gustaría no tener que considerar los contraejemplos como usos extendidos de la forma indicativa y hallarle a esa forma una función aplicable de modo más general. En cualquier caso, la segunda dificultad es más seria.

2) Incluso pudiendo preservar la idea de que la forma indicativa se halla ligada por convención a la indicación de la intención del hablante de inducir una creencia, tendríamos que permitir que el significado del hablante difiera en distintos usos (*occurrences*) de la misma oración en modo indicativo. (De hecho, esto lo precisa la solución que sugerimos a la dificultad [1].) Habrá que conceder esto si es que diferencias en la respuesta buscada conllevan diferencias en el significado del hablante. Pero no resulta muy plausible afirmar que si *H* profiere «La batalla de Waterloo tuvo lugar en 1815»:

1) como maestro (y con la intención de inducir una creencia),
2) como examinando,
3) como maestro *en una clase de repaso,*

H querría decir algo diferente en cada uno de estos casos al proferir esta oración. Incluso si el examinando *M* intenta inducir la creencia de que él piensa que la batalla de Waterloo tuvo lugar en 1815, no resulta atractivo afirmar que cuando profirió «La batalla de Waterloo tuvo lugar en 1815» quería decir que *él pensaba* que la batalla de Waterloo tuvo lugar en 1815 (a diferencia del maestro que enseña ese período histórico por primera vez).

Podríamos tratar de hacer frente a algunos de los ejemplos (como los de hacer recordar o reseñar hechos) suponiendo que el efecto *M*-buscado estándar no sea sólo una creencia, sino una «creencia activada» (que *A* crea que *p* y que piense que *p*). Hay tres formas de fracasar aquí: puede que uno

1) ni crea que *p* ni tenga en mente que *p*;
2) crea que *p*, pero no tenga en mente que *p*;
3) no crea que *p*, pero tenga en mente que *p*.

Es así que quien se acuerda de algo tiene la intención [de obtener] la misma respuesta que quien informa, pero se intenta remediar deficiencias diferentes.

Esto (incluso en los ejemplos para los que parece prometedor) desemboca en una nueva dificultad. Si *H* dice (acordándose): «La batalla de Waterloo tuvo lugar en 1815», se cumplen dos de mis condiciones:

1) *H* tiene la intención de inducir en *A* la creencia *activada* de que la batalla de Waterloo tuvo lugar en 1815,
2) *H* tiene la intención de que *A* reconozca que 1).

Pero, si la fecha de la batalla de Waterloo «estaba en la punta de la lengua de *A*» (como bien pudiera ser), *H* no puede esperar (y, por lo tanto, no puede tener la intención) de que la creencia activada de *A* se produzca a través del reconocimiento por *A* de que *H* tiene la intención de ocasionarla. Si *A* cree ya (aunque haya momentáneamente olvidado) que la batalla de Waterloo tuvo lugar en 1815, entonces la mención de esta fecha dará lugar a la creencia activada, al margen de la intención de *H* de ocasionarla.

Sugiere esto abandonar la exigencia (para el significado del hablante) de que *H* tenga la intención de que la respuesta de *A* se *base* en el reconocimiento de *A* de la intención de *H* de que *A* realice su respuesta; ello sugiere retener meramente las condiciones 1) y 2) de más arriba. Pero esto no servirá: hay ejemplos que requieren esta condición.

a) Pienso que no puede decirse de Herodes, al mostrar a Salomé la cabeza de San Juan Bautista, que ha querido decir que San Juan Bautista estaba muerto.
b) Exhibir una pierna vendada (en respuesta a una invitación a jugar al *squash*).

En *b*) el exhibidor podría querer decir: 1) que no puede jugar al *squash*, o bien (aunque dudosamente), 2) que tiene una pierna en mal estado (el vendaje podría ser falso), pero no, 3) que su pierna está vendada.

La tercera condición parece ser necesaria a fin de protegernos en estos casos de resultados contraintuitivos.

Remedios posibles

i) Cabría retener la idea de que el efecto o la respuesta buscados (en casos de querer decir que es el caso que *p* —tipo indicativo—) es una creencia activada, conservando a la vista la distinción entre arribar a este estado 1) desde una deficiencia en la seguridad (*assurance-deficiency*) y [hacerlo] 2) desde una deficiencia en la atención (*attention-deficiency*); y estipular que la tercera condición (que *H* tenga la intención de provocar la respuesta sobre la base del reconocimiento de la intención de provocar esa respuesta) sea operativa *sólo* cuando *H* tenga la intención de ocasionar una respuesta activada eliminando la *deficiencia en la seguridad, no* cuando tenga la intención de hacer tal cosa eliminando la deficiencia de atención. Esta idea podría quizás extenderse también a los tipos de casos imperativos, dado que podemos hallar ejemplos de recordarle algo a alguien que haga algo (restituyéndole una intención *activada*), en los que la intención de *H* de que *A* acceda al estado es igualmente ociosa, casos en los que no se espera que el que *A* arribe a la intención activada dependa de su reconocimiento de que *H* tiene la intención de que llegue a ella. Por lo tanto, la definición podría decir aproximadamente esto:

(*μ es un marcador de modo, un elemento auxiliar vinculado a la actitud proposicional μ de entre una gama dada de actitudes proposicionales.)

«Profiriendo *x H* quiere decir que *μ» = «*H* profiere *x* con la intención
1) de que *A* μ activamente que *p*,
2) de que *A* reconozca que *H* tiene la intención 1) y (a menos que *H* tenga la intención de que la proferencia de *x* se limite a remediar deficiencias de atención)
3) que la satisfacción de 1) se base en la de 2)».

Este remedio no puede, sin embargo, con 1) el ejemplo del «examen», 2) los casos de «confesión» o 3) el caso del hombre contrasugestionable.

ii) Puesto que cuando *H* tiene la intención, profiriendo *x*, de promover en *A* la creencia de que *p*, es una exigencia estándar la de que *A* piense (y se intenta que piense) que *H* piensa que *p* (de otra forma *A* no pensará que *p*), ¿por qué no hacer que el efecto buscado *directamente* no sea el de que *A* piense que *p*, sino el de que *A* piense que *H piensa* que *p*? En muchos, aunque no en todos los casos, *H* tendrá la intención de que *A* pase de pensar que *H* piensa que *p* a pensar él mismo que *p* (casos de «informar»). Pero semejante efecto ha de considerarse indirecto (aunque frecuentemente de interés primordial).

Podemos retener ahora la tercera condición, puesto que incluso en los casos en los que se hace recordar [algo a alguien] cabe esperar que *A* piense que la intención de *H* de que *A* piense que *H* piensa que *p* resulte pertinente con vistas a la pregunta de si *A* ha de pensar que *H* piensa que *p*. No sólo hemos salido al paso del ejemplo en que se hace recordar [algo a alguien], sino también al paso de los casos del examinando y del hombre contrasugestionable (que se intenta que piense que *H* piensa que *p*, aunque no que piense que *p* él mismo) . Y aunque todavía no nos hemos hecho cargo del ejemplo de la reseña de hechos (puesto que puede considerarse que *A* sabe ya que *H* piensa que *p*), si entendemos «*H* cree que *p*» como «*H* tiene la creencia activada de que *p*», este ejemplo puede también acomodarse. Si bien se supone que *A* sabe que *H* cree que *p*, *A* no sabe, hasta que *H* habla, que *H* tiene en mente que *p*.

Pero, mientras que una solución que siga estas directrices puede resultar aceptable en los casos de tipo indicativo, no puede generalizarse a los no-indicativos. Comparemos:

a) «No cruzarás la barrera.»
b) «¡No cruces la barrera!»

Cuando se profiere *a*) *H* tiene, de forma característica, la intención de que *A* piense que *H* tiene la intención de que *A* no cruce la barrera; pero parece que una especificación del significado de *H*, en una proferencia normal de *b*), no quedaría completamente explicada a menos que se diga que *H* tiene la intención de que *A* no se limita a pensar que *H* tiene la intención de que *A* no cruce la barrera, sino también a formar la intención de que [*A*] no la cruce.

Tracemos entonces una distinción entre lo que podría denominarse proferencias «puramente exhibitivas» (proferencias mediante las cuales el hablante *H* tiene la intención de impartir la creencia de que él tiene una determinada actitud proposicional) y proferencias que no son sólo exhibitivas, sino también «protrépticas» (es decir, proferencias por medio de las cuales *H* trata de inducir una correspondiente actitud en el oyente, impartiendo la creencia de que él [*H*] tiene una determinada actitud proposicional).

Llegamos, entonces, a la Redefinición IV, Versión A:

«Profiriendo *x* *H* quiso decir que $*\mu p$» es verdadero si, y sólo si, $(\exists A)$ $(\exists f)$ $(\exists c)$ *H* profirió *x* con la intención de que:

1)
2)
3)
4) [como en III (A), con «*r*» reemplazada por «μ-er»][7]
5)
6)
7)

y (en algunos casos)

8) *A* μ-se él mismo que *p*, sobre la base de la satisfacción de 6).

El que una instancia de sustitución de la subcláusula 8) haya de aparecer en la expansión de un enunciado de la forma representada en el *definiendum* dependerá de la naturaleza de «*μ» que ese enunciado incorpore.

También podemos obtener la Redefinición IV, Versión B, añadiendo al *definiens* de III(B), como subcláusula *a*)5), la subcláusula 8) de más arriba, junto con una modificación de la cláusula *b*) de III(B), a fin de tener en cuenta que la respuesta buscada *r* se especifica ahora en términos de la idea de μ-er que *p*.

El que una versión de la Redefinición IV sea o no sea correcta dependerá crucialmente de la actitud que se adopte ante una versión en modo imperativo del ejemplo del hombre contrasugestionable. El Sr. *A*, deseando librarse de la presencia de la Sra. *A*, pero considerando que ella es, en lo que a él le concierne, contrasugestionable le dice: «Ahora, querida, hazme compañía un rato.» ¿Sería correcto afirmar que el Sr. *A*, que es obvio que no quiso pedirle a la Sra. *A* que le hiciese compañía, quiso decir con sus palabras que le hiciera (o que debía hacerle) compañía un rato? Si la respuesta es «sí», la Redefinición IV es inadecuada, puesto que, según ella, para haber querido decirle a la Sra. *A* que le hiciera compañía, el Sr. *A* habría tenido que tener la intención de que ella se formase la intención de hacer-

---

[7] Siendo μ una actitud proposicional (como creer, saber, temer, esperar, etc.), «μ-er» representa la forma verbal infinitiva del verbo que expresa la correspondiente actitud. Por lo tanto, «μ-se» representaría el pretérito imperfecto de subjuntivo del correspondiente verbo. Si μ fuese la actitud proposicional de creer, «μ-er» sería la forma verbal «creer» y «μ-se» sería entonces «creyese». *(N. del T.)*

le compañía, intención que él ciertamente no tuvo. Sin embargo, no sería difícil corregir esto; transformamos la nueva subcláusula «*A* μ él mismo que *p* sobre la base de la satisfacción de 6)» en «*A pensara que H intentaba que A* μ*-se que p*». Si, no obstante, la respuesta es «no», entonces la Redefinición IV queda intacta.

V. EL SIGNIFICADO OCASIONAL DEL HABLANTE EN AUSENCIA DE INTERLOCUTOR

Hay varios ejemplos de proferencias mediante las cuales, podría considerarse correctamente, el hablante ha querido decir algo (ha querido decir que tal-y-tal), sin que haya ninguna persona real ni ningún conjunto de personas a quienes se dirija el hablante y en quienes intente inducir una respuesta. La gama de estos ejemplos incluye, o podría pensarse que incluye, casos como los de colocar avisos como «No entre» o «Este puente se halla en mal estado», apuntes en un diario, notas cuya finalidad es la de esclarecer los propios pensamientos cuando se encuentra uno reflexionando acerca de un problema, soliloquios, ensayos de parte de una conversación prevista en silencio. Algunos de estos ejemplos al menos no han sido tenidos en cuenta en las definiciones propuestas hasta el momento.

Los ejemplos que deberá cubrir mi explicación se dividen en tres grupos:

a) Proferencias de las que piensa el hablante que pueden tener (ahora o más adelante) un interlocutor. *H* puede pensar que alguna persona en particular, por ejemplo él mismo en una fecha futura, en el caso de un apunte en un diario, puede (pero puede también no) encontrarse con la proferencia de *H*; o cabe que *H* piense que sea posible que haya alguien que sea (o que vaya a ser) interlocutor de su proferencia.

b) Proferencias de las que el hablante sabe que no están dirigidas a ningún interlocutor efectivamente dado, pero que pretende dirigirlas a alguna o a algún tipo de personas en particular, o que piensa que van dirigidas a algún interlocutor o tipo de interlocutor imaginado (como en el caso de un discurso o de la parte que le corresponde en una conversación prevista).

c) Proferencias (incluyendo proferencias «internas») que el hablante ni piensa que pueda dirigir a ningún interlocutor efectivamente dado ni se imagina a sí mismo dirigiéndolas a nadie pero que, no obstante, tiene la intención de que induzcan un cierto tipo de respuesta en un interlocutor convenientemente indefinido, en el caso de que tal interlocutor se hallase presente. En un ejemplo de pensamiento silencioso, la idea de un interlocutor presente habrá de interpretarse liberalmente como la de un interlocutor en una contrapartida pública del discurso interno del hablante. A este respecto resulta quizá digno de mención que algunos casos de pensamiento verbal quedan fuera del alcance de mi explicación. Cuando los pensamientos verbales se limitan a pasar por mi cabeza, y no a que yo los «forje», es inapropiado afirmar que yo haya querido decir algo mediante ellos; en semejantes casos soy, quizás, mejor un interlocutor que un hablante.

Propondré una redefinición final que espero explique los ejemplos que necesitan ser explicados y que sancione favorablemente los casos especiales de la gama de ejemplos en que hay, y que el hablante sabe que hay, un interlocutor efectivamente dado. Esta redefinición será relativamente informal; podría presentar una versión formal que ganaría en precisión a costa de una mayor dificultad de comprensión.

Tome «φ» (y «φ'») como valores cuyo rango son propiedades de personas (interlocutores posibles); entre las expresiones por las que puede reemplazarse «φ» (y «φ'») se incluirán algunas tan distintas como «es un viajero», «es un viajero que lee este aviso», «es un inglés nativo», «es idéntico a Jones». Según se verá, para que *H* quiera decir algo habrá de poderse identificar el valor de «φ» (que puede muy bien hallarse indeterminado) que *H* tenga en mente; pero *nosotros* no hemos de determinar el dominio del que *H* efectúa su elección.

Redefinición V

«Profiriendo *x* *H* quiso decir que *φ*p*» es verdadero si, y sólo si, (∃φ) (∃*f*) (∃*c*):

I. *H* profirió *x* con la intención de que *x sea de tal forma que* quien tenga φ piense que:

   1) *x* tiene *f*,
   2) *f* guarda la relación *c* con μ-er que *p*
   3) ∃φ: *H* tenga la intención de que *x* sea de tal forma que quien tenga φ' piense que *H* μ que *p*, por la vía de pensar que 1) y que 2),
   4) *H* μ que *p*, en vista de que 3);

   y

II. ([cláusula] vigente tan sólo para ciertos substituyendos de «*μ») *H* profirió *x* con la intención de que, *en el caso de que efectivamente hubiera* alguien que tuviera φ, este mismo μ que *p*, por la vía de pensar que 4);

III. No es el caso que, para algún elemento de inferencia *E*, *H* tenga la intención de que *x* sea de tal forma que quien tenga φ 1') cuente con *E* para llegar a μ-er que *p y 2') piense que* ∃φ': *H* tenga la intención de que *x* sea de tal forma que quien tenga φ' llegue a μ+ que *p sin* contar con *E*.

Notas: 1) «μ +» ha de leerse como «μ» si la Cláusula II está vigente, y como «pensar que *H* μ» si la Cláusula II no está vigente.
2) Necesitamos usar tanto «φ» como «φ'», ya que no deseamos exigir que *H* tenga la intención de que su posible interlocutor piense en el posible interlocutor de *H* bajo la misma descripción que *H* emplee.

Comentarios explicativos:

1) Resulta esencial que la intención que se expone en la Cláusula II deba especificarse como la intención de *H* «de que en el caso de que efectivamente hubiera alguien que tuviera φ, éste ...», mejor que adoptar el mismo procedimiento en las Cláusulas I y II, atribuye a *H* la intención «de que *x deba ser de tal forma que*, si hubiera alguien que fuese φ, él...». Si optamos por la última especificación, dejaremos sin respuesta una objeción puesta por Schiffer, como cabe mostrar con ayuda de un ejemplo del mismo tipo que uno suyo. Supongamos que, enfurecido después de pasar una tarde con mi suegra y tras encontrarme a solas, me desahogo gritando: «¡No vuelva por aquí !» Sin duda resultará esencial a mi momentáneo bienestar que yo diga estas palabras de tal forma que, de hallarse presente mi suegra, ella se haga el propósito de no venir por aquí más. Sería, sin embargo, inaceptable si se representara la situación como si de mi intención se siguiera que yo *quise decir* que ella no volviera más por aquí; pues ese falso que, en esas circunstancias, yo quisiera decir tal cosa con mi observación. Según se la ha reformulado, la redefinición evita esta dificultad.

2) Supongamos que, de acuerdo con el *definiens* de la última redefinición ∃φ: *H* tiene la intención de que quien tenga φ piense que... y supongamos que el valor de «φ» que *H* tiene presente es la propiedad de ser idéntico a una cierta persona *A*. Se seguirá entonces que *H* tiene la intención de que *A* piense que...; y dada la ulterior condición, que se cumple en un caso normal, de que *H* tiene la intención de que *A* piense que él [*A*] es el interlocutor buscado, se nos asegura la verdad de un enunciado del que resulta inferible el *definiens* de IV(B) por la regla de generalización existencial (asumiendo la legitimidad de esta aplicación de GE a un enunciado cuya expresión verbal contiene verbos «intensionales» cómo «intentar» y «pensar»). Creo que puede mostrarse que, para el caso en que haya un interlocutor que sepa que él es el interlocutor al que el hablante trataba de dirigirse, si el *definiens* de IV(B) es verdadero, el *definiens* de V será verdadero. Si eso es así, dado que la redefinición V es correcta en cualquier caso en que haya un interlocutor efectivamente dado, la satisfacción del *definiens* de IV(B) constituirá una condición necesaria y suficiente del haber querido decir que *μ*p*.

VI. CONCLUSIÓN

Juzgo que hay algunas razones para esperar que, prestando una debida atención a la relación entre significado no-natural y significado natural, no sólo podría alcanzarse una explicación simplificada del significado ocasional del hablante, sino mostrar también que cualquier institución humana cuya función sea la de proporcionar sustitutos artificiales de signos naturales debe incorporar, como su concepto clave, uno que posea aproximadamente los rasgos que yo adscribo al concepto de significado ocasional del hablante. Pero semejante empresa trasciende el alcance de este escrito.

LÓGICA Y CONVERSACIÓN*

H. Paul Grice

Es un lugar común de la lógica filosófica la afirmación de que hay, o de que parece haber, diferencias en los significados de al menos algunos de los que denominaré expedientes formales, como «$\neg$», «$\wedge$», «$\vee$», «$\rightarrow$», «(x)», «$\exists x$», «ιx» (cuando se les confiere la interpretación canónica estándar), por un lado, y lo que se considera que son sus contrapartidas o análogos del lenguaje natural —expresiones como «no», «o», «si», «todo», «algún», (o «al menos un»), «él»—, por otro. Ocasionalmente, algunos lógicos pueden haber sido partidarios de la idea de que, de hecho, no hay diferencias de significado entre unos y otras; pero semejantes afirmaciones, en el caso de haber sido enunciadas, han sido llevadas a cabo algo imprudentemente, y sus presuntos autores no han sido objeto de un muy buen trato.

Aquellos que admiten la existencia de las susodichas diferencias se adhieren, fundamentalmente, a uno u otro de dos grupos rivales, a los que denominaré, a efectos de este ensayo, el grupo formalista y el grupo informalista. El perfil característico de la posición formalista podría trazarse del siguiente modo: En la medida en que los lógicos se ocupan de formular pautas muy generales de inferencia válida, los expedientes formales poseen una ventaja decisiva frente a sus contrapartidas naturales. Porque en términos de los primeros cabe construir sistemas de fórmulas muy generales de entre las cuales un número considerable de ellas pueden considerarse pautas de inferencia, o muy cercanas a pautas así, cuya expresión involucra algunos o todos de dichos expedientes. Semejantes sistemas pueden consistir en un cierto conjunto de fórmulas simples que habrán de aceptarse si los expedientes tienen el significado que se les ha asignado, así como también de un número indefinido de fórmulas ulteriores muchas de las cuales no serán tan manifiestamente aceptables, pero que habrá que aceptar si eso fue lo que se hizo con cada uno de los miembros del conjunto inicial. Disponemos, por lo tanto, de una manera para habérnoslas con pautas de inferencia cuya aceptabilidad puede no ser obvia; y si pudiésemos aplicar un procedimiento decisorio, como de hecho a veces resulta posible, dispondríamos entonces de una estrategia todavía mejor.

---

* Versión castellana de Juan José Acero.

Más aún, desde un punto de vista filosófico se considera que el que las contrapartidas tengan como parte de su significado elementos que no comparten con sus correspondientes expedientes formales es una imperfección de nuestras lenguas; pues los elementos en cuestión no serán sino excrecencias indeseables. La razón de ser de esta opinión estriba en que la presencia de tales elementos da como resultado que los conceptos dentro de los cuales aparecen no podrán definirse con precisión y claridad, y que al menos a algunos de los enunciados en que intervengan no será posible asignarles, en algunas circunstancias, un valor de verdad definido. No sólo cabrá poner reparos al carácter indefinido de estos conceptos, sino también que éste abre las puertas a la metafísica; no podemos tener la certeza de que ninguna de estas expresiones del lenguaje natural no se encuentre metafísicamente «podrida». Por estas razones, a las expresiones, tal y como se las usa en el discurso cotidiano, no se las puede aceptar en definitiva, y cabe incluso que, a la larga, no sean del todo inteligibles. La estrategia adecuada consiste en concebir y erigir un lenguaje ideal, que incorpore los expedientes formales, cuyas oraciones sean claras, con un valor de verdad determinado inequívocamente y manifiestamente libres de secuelas metafísicas; con ello, los fundamentos de la ciencia se hallarán ahora filosóficamente seguros, pues los enunciados del científico podrán expresarse (aunque de hecho no se proceda necesariamente así) dentro de este lenguaje ideal. (No pretendo sugerir que todos los formalistas aceptarían la totalidad de este resumen, pero sí que creo que todos ellos darían el visto bueno a alguna parte suya.)

A esto, un informalista podría replicar con el siguiente espíritu. La exigencia filosófica de un lenguaje ideal descansa en ciertos supuestos que deberían rechazarse; éstos son los siguientes: que el patrón con el que habría que medir la adecuación de un lenguaje es su capacidad para servir a las necesidades de la ciencia; que no es posible garantizar la inteligilidad de una expresión a menos que se haya proporcionado una explicación o un análisis de significado; y que toda explicación o todo análisis debe adoptar la forma de una definición precisa, que sea la expresión o la aserción de una equivalencia lógica. El lenguaje sirve a muchos propósitos importantes, además de los propios de la investigación científica. Podemos conocer perfectamente bien lo que significa una expresión (y, por lo tanto, *a fortiori* que es inteligible) sin saber cómo analizarla, de manera que el ofrecer un análisis de ella pueda (y de hecho así sucede) consistir en la especificación, tan general como quepa, de las condiciones bajo las cuales es o no posible usar la expresión que estamos analizando. Más aún, mientras que es verdad sin duda que los expedientes formales se prestan a un tratamiento sistemático por parte del lógico, queda todavía el caso de muchas inferencias y argumentos, expresados en el lenguaje natural, y no en términos de los susodichos expedientes, cuya validez hay no obstante que admitir. Por consiguiente, debe quedar un lugar para una lógica no formalizada, y por lo tanto más o menos asistemática, de las contrapartidas naturales de aquellos expedientes. La lógica simplificada de los expedientes formales puede servir de ayuda y de guía a esta otra, pero no puede ocupar su lugar. En realidad, no es sólo que las dos lógicas difieren la una de la otra, sino que algunas veces pueden entrar en conflicto: las reglas propias de un expediente formal pueden no valer para su contrapartida natural.

Ahora bien, en lo que respecta al problema general de cuál es el lugar de la filosofía en la reforma del lenguaje natural, nada tengo que decir en este ensayo. Me limitaré a mediar en la disputa en lo que hace a las presuntas diferencias de significado mencionadas al principio. Además, no tengo la intención de mediar en ella ocupando el puesto de ninguno de los dos contendientes. Deseo, en realidad, defender que el supuesto, común a las dos partes en disputa, de que las diferencias de significado existen es (hablando en términos generales) un error compartido, y que este error deriva de haber prestado poca atención a la naturaleza y a la importancia de las condiciones que gobiernan la conversación. Por lo tanto, procederé sin más preámbulos a investigar las condiciones generales que, de una u otra forma, se aplican a la conversación, al margen de cuál pueda ser su tema.

IMPLICATURA

Supongamos que A y B están hablando acerca de un amigo común, C, que está ahora trabajando en un banco. A le pregunta a B cómo le va a C en su empleo y B responde: «¡Muy bien! Se siente a gusto con sus compañeros y, además, no le han metido todavía en la cárcel. » Justo en este momento, A podría preguntarse qué era lo que B le estaba dando a entender (*implying*), lo que le estaba sugiriendo o lo que le quería decir (*meant*) al afirmar que a C no le habían metido todavía en la cárcel. La respuesta podría ser, por ejemplo, que C es el tipo de persona proclive a sucumbir a las tentaciones derivadas del empleo que tiene; o que los compañeros de C son, en realidad, gente muy desagradable y traicionera; etc. Naturalmente, podría no ser necesario en absoluto que A le preguntase tal cosa, por dejar muy claro el contexto de antemano cuál iba a ser la respuesta que recibiría. Creo que es obvio que, fuese lo que fuese aquello que B le dio a entender, sugirió o quiso decir, en este ejemplo ello diferiría de lo que B dijo, que fue simplemente que a C no le habían metido todavía en la cárcel. Quiero introducir ahora como término técnico el verbo «implicar» (*implicate*) y los sustantivos «implicatura» —cfr. «lo que implica»— e *implicatum* —cfr. «lo implicado»—. La razón de ser de esta maniobra es que con ella se soslaya tener que recoger cada vez uno u otro de los miembros de la familia a la que «implicar» se encuentra vinculado; éste hará la labor de todos ellos. De momento, habré de asumir que, en una medida no desdeñable, se comprende el significado intuitivo de «decir» en semejantes contextos, así como que se es capaz de identificar los verbos concretos de la familia a la que pertenece «implicar». Puedo, sin embargo, hacer una o dos observaciones que ayuden a aclarar el más problemático de todos esos supuestos: a saber, el que tiene que ver con el significado de la palabra «decir».

1) En el sentido en que estoy empleando la palabra «decir», lo que una persona cualquiera ha dicho se halla íntimamente relacionado con el significado convencional de las palabras (de la oración) que ha proferido. Supongamos que alguien ha proferido la oración «Desde aquella experiencia le tenía auténtica aversión al potro». Dado un mínimo de conocimientos de la lengua española, e incluso ignorando las circunstancias en que se profirieron dichas palabras, podría decirse que conoceríamos algo de lo que el hablante dijo, en el supuesto de que estuviese hablando español liso y llano y de que, además, estuviera hablando seriamente, Uno sabría que la persona había dicho, del hombre o mujer en cuestión, o bien que (i) su aversión hacia un cierto caballo de menos de cuatro años de edad, aproximadamente, tenía su origen en una cierta experiencia o bien que (ii) su aversión hacia un cierto tipo de instrumento de tortura derivaba de una muy desagradable experiencia previa. (No hace falta decir que esta explicación tiene tan solo un valor aproximado.) Pero para identificar de lleno lo que el hablante dijo haría falta saber (*a*) a qué persona se refería, (*b*) cuál es la experiencia previa, de tan nefasta memoria, a la que se alude, (*c*) el momento de tiempo en que se profirió la citada oración y (*d*) el significado de la frase «el potro» en ese particular momento de proferencia (es decir, decidirnos entre (i) y (ii))*. Esta escueta indicación sobre mi modo de usar la palabra «decir» deja abierta la cuestión de si una persona que dijera (hoy) «Harold Wilson es un gran hombre» y otra que optara (también hoy) por «El Primer Ministro británico es un gran hombre» dicen lo mismo, aun cuando ambos supieran que los dos términos singulares relevantes tienen la misma referencia. Sin embargo, al margen de la decisión que tomemos al respecto, el aparato teórico que voy a describir ahora puede dar cuenta de cualquier implicatura que dependa de uno de estos términos singulares en la oración proferida. Semejantes implicaturas tendrían tan sólo que ver con dos máximas diferentes.

2) En algunos casos, el significado convencional de las palabras usadas determinará qué es lo que se implicó, además de ayudarnos a identifi-

* He optado en este lugar por un ejemplo distinto del que el autor ofrece, que gira en torno a la oración «*He is in the grip of a vice*», y he adaptado consiguientemente las observaciones que hace al respecto. Éstas, que aclaran los dos sentidos distintos de la citada oración inglesa, son las siguientes: «Uno sabría que había dicho, sobre la persona (varón) o el animal *X*, que en el momento de la proferencia (cualquiera que fuese) o bien (i) *X* era incapaz de desprenderse de una cierta clase de vicio, o bien (ii) alguna parte del cuerpo de *X* había quedado atrapada en una cierta herramienta o instrumento.» Grice saca partido aquí de la ambigüedad del término «*vice*», que puede significar tanto «vicio» como «torno». *(N. del T.)*

car lo que se dijo: Si digo (con un gesto de autosuficiencia) «Es un latino; luego es muy temperamental», yo mismo me comprometo ciertamente, en virtud del significado de mis palabras, con la idea de que él (la persona en cuestión) sea muy temperamental es una consecuencia (se sigue) de que sea latino. Pero mientras que he dicho que es un latino y que es temperamental, no me gustaría defender la tesis de que he *dicho* (en el sentido deseado) que del hecho de que alguien sea un latino se sigue que es muy temperamental, si bien ciertamente lo he indicado o implicado. No pretendo sostener que mi proferencia de la mencionada oración sea, *estrictamente hablando*, falsa, pese a que lo primero no fuese una consecuencia de lo segundo. Así pues, *algunas* implicaturas son convencionales, a diferencia de lo que acontece con aquella otra con la que inicié la presente discusión del fenómeno de la implicatura.

Voy a referirme ahora a una cierta subclase de las implicaturas no-convencionales a las que daré el nombre de implicaturas *conversacionales,* por hallarse esencialmente vinculadas a ciertos rasgos generales del discurso; así pues, mi próximo paso consistirá en decir cuáles son esos rasgos.

Lo que viene inmediatamente a continuación puede valer como primera aproximación a un principio general. Nuestras conversaciones no son habitualmente sucesiones de observaciones inconexas, y no sería racional que así fuese. Hasta cierto punto, son esfuerzos cooperativos de forma característica. Cada partícipe se apercibe de que hay en ellas, en alguna medida, un propósito común o conjunto de propósitos comunes, o al menos una dirección mutuamente aceptada. Este propósito, o dirección puede fijarse desde el principio (por ejemplo, proponiendo un tema de discusión) o puede evolucionar durante su transcurso; cabe que esté perfectamente definido o que se halle tan poco delimitado que deje a las partes un margen de movimientos considerable (como sucede en las conversaciones casuales). Pero en cada estadio se excluirán *algunas* contribuciones conversacionales por inadecuadas. Cabría formular entonces un principio general aproximado que, puede esperarse, las partes implicadas observarán (*ceteris paribus*): a saber, «Haga usted su contribución a la conversación tal y como lo exige, en el estadio en que tenga lugar, el propósito o la dirección del intercambio que usted sostenga.» A este principio podríamos bautizarlo el Principio Cooperativo (PC).

En el supuesto de que resulten aceptables principios generales como el citado, podría distinguirse quizás cuatro categorías a una u otra de las cuales pertenecerán máximas o submáximas más específicas. De entre todas ellas, las siguientes darán pie a resultados que están de acuerdo con el Principio Cooperativo. Haciéndonos eco de Kant, denominaré a estas categorías Categorías de Cantidad, Cualidad, Relación y Modo. La categoría de *Cantidad* tiene que ver con la cantidad de información a proporcionar, y a ella pertenecen las máximas

1) «Haga usted que su contribución sea tan informativa como sea necesario» (teniendo en cuenta los objetivos de la conversación), y puede que también
2) «No haga usted que su contribución resulte más informativa de lo necesario».

(Esta segunda máxima es discutible; podría decirse que el que una contribución a una conversación sea más informativa de lo necesario no constituye una transgresión de PC, sino tan solo una pérdida de tiempo. Sin embargo, podría responderse a esto afirmando que semejante suprainformatividad puede resultar confundente al poner sobre el tapete cuestiones marginales; y puede que también cause el efecto indirecto de equivocar a los hablantes, al inducirles a pensar que existía una *razón* particular por la que se suministraba un exceso de información. Al margen de todo esto, cabe apuntar una explicación distinta de por qué podemos sentir dudas a la hora de admitir esta segunda máxima: la de que lo que se logre con ella pueda conseguirse también por medio de una máxima ulterior que tiene que ver con la pertinencia de las contribuciones conversacionales.)

A la categoría de *Cualidad* pertenece una supermáxima: «Trate usted de que su contribución sea verdadera», y dos máximas más específicas:

1) «No diga usted lo que crea que es falso».
2) «No diga usted aquello de lo cual carezca de pruebas adecuadas».

Dentro de la categoría de *Relación* situó una sola máxima: «Vaya usted al grano»*. Si bien la máxima es algo lacónica, hay que decir que su formulación oculta una serie de problemas que me preocupan considerablemente; problemas relativos a las clases y los focos de relevancia que pueda haber, a cómo cambian unas u otros a lo largo del desarrollo de una conversión y a cómo dar cuenta del hecho de que los temas que se debaten pueden legítimamente variar, etc. Considero que la tarea de habérselas con estas cuestiones es sumamente difícil, y espero tratarlas en una conferencia posterior [que no se incluye aquí].

Finalmente, a la categoría de *Modo*, la cual concibo de manera que no tiene que ver (como sucede con las categorías precedentes) con lo que se dice, sino con cómo se dice lo que se dice, pertenece la supermáxima: «Sea usted perspicuo», así como diversas máximas:

1) «Evite usted ser oscuro al expresarse»,
2) «Evite usted ser ambiguo al expresarse»,

* Ésta es una forma coloquial de traducir la expresión «*Be relevant*», formulación que da al autor de la máxima de Relación. *(N. del T.)*

3) «Sea usted escueto (y evite ser innecesariamente prolijo)»,
4) «Proceda usted con orden».

Incluso podrían ser necesarias otras máximas distintas de éstas.

Es obvio que la observancia de algunas de estas reglas es tarea menos urgente que la de algunas otras; una persona que se ha expresado con excesiva prolijidad se haría a sí mismo blanco de comentarios más suaves que los que merecería una persona que ha dicho algo que cree ser falso. De hecho, puede uno apercibirse de que la importancia de la primera máxima de cualidad, al menos, es tal que no se la debería incluir en un esquema del género que estoy elaborando; otras máximas entran en consideración sólo sobre la base de que se satisface esta máxima de Cualidad. Aun cuando esto puede ser correcto, en tanto en cuanto nos limitemos a la generación de las implicaturas, la máxima de Cualidad no parece tener un papel totalmente diferente del de otras máximas; y al menos de momento será conveniente concebirla como un miembro más de entre los que componen la lista de máximas.

Hay, naturalmente, todo tipo de máximas (estéticas o morales), tal como «Sea usted educado», que los sujetos de una conversación observan normalmente, y también éstas puedan generar implicaturas no-convencionales. No obstante, las máximas conversacionales, así como las implicaturas relacionadas con éstas, guardan un vínculo especial (así lo espero) con los objetivos particulares a cuyo servicio se adapta la conversación (y los intercambios habidos en ella) y con vistas a los cuales primariamente se emplea. He anunciado mis máximas como si el objetivo central fuera el de intercambiarse información de forma máximamente efectiva; esta percepción es demasiado restringida, y el esquema ha de ampliarse hasta que tengan cabida en él objetivos generales tales como el de gobernar o influir en la conducta de los demás.

Puesto que uno de mis fines es el de hacer ver que la conversación es una variedad o caso especial de la conducta guiada por propósitos, racional de hecho, puede que valga la pena notar que las expectativas y presupuestos específicos asociados a algunas de las máximas tienen sus contrapartidas en la esfera de las transacciones distintas de los intercambio de palabras. Para cada categoría de máximas, daré ahora una lista de ejemplos de semejantes contrapartidas.

I. *Cantidad.* Si me está usted ayudando a reparar un automóvil yo espero que su contribución no sea ni mayor ni menor de lo necesario; si, por ejemplo, necesito cuatro tornillos, espero que usted me dará cuatro, y no dos ni seis.

II. *Cualidad.* Espero que su contribución sea genuina y no espúrea. Si necesito azúcar como ingrediente del pastel que usted me está ayudando a cocinar, no espero que me alcance la sal; si necesito una cuchara, no espero que lo que usted me entregue sea una de esas cucharas que tienen truco.

III. *Relación.* Y espero que la contribución de mi compañero de faenas resulte apropiada a los fines inmediatos de cada uno de los estadios de la transacción; si estoy mezclando los ingredientes de un pastel, no espero que se me entregue un buen libro, ni siquiera un portaollas (si bien esto último podría ser una contribución apropiada en un momento posterior).

IV. *Modo.* Espero que mi compañero deje bien explícita la contribución que está llevando a cabo, y que la realice con una celeridad razonable.

Estas analogías resultan relevantes con respecto a lo que yo considero que es una cuestión fundamental que tiene que ver con PC y sus máximas asociadas: a saber, cuál es la base del supuesto que hacemos, y del que dependen un gran número de implicaturas (como espero que se haga manifiesto, en virtud del cual los hablantes se conducen en general tal y como prescriben estos principios (*ceteris paribus*, y en ausencia de indicaciones que nos hagan suponer lo contrario). Una respuesta sosa, aunque no hay duda que adecuada a un cierto nivel, es la de que es un hecho empírico bien constatado que la gente *sí* que se comporta de estas formas; ha aprendido a conducirse así en su niñez y no ha perdido el hábito de hacerlo; y supondría en realidad un gran esfuerzo apartarse radicalmente de semejantes hábitos. Es mucho más fácil, por ejemplo, decir la verdad que inventar mentiras.

No obstante, soy lo suficientemente racionalista como para desear encontrar una base que subyazca a estos hechos, innegables como son; desearía poder concebir el tipo usual de práctica conversacional, no meramente como algo que todos o muchos de nosotros seguimos *de hecho,* sino como algo que es *razonable* que nosotros sigamos, como algo de lo que *no tendríamos que* apartarnos. Durante algún tiempo, me atrajo la idea de que la observancia de PC y de las restantes máximas, durante una conversación, podía considerarse materia cuasicontractual, con muchos ejemplos paralelos fuera del ámbito del discurso. Si usted pasa por delante mío cuando estoy luchando con mi automóvil, que me ha dejado tirado, sin duda que me invadirá la esperanza de que me ofrezca su ayuda; pero una vez que usted se me una al trabajo, mis expectativas se harán más fuertes y adoptarán una forma específica (al menos mientras no me dé yo cuenta de que usted es tan sólo un entrometido incompetente). Análogamente, las conversaciones me parece que exhiben, de forma típica, ciertos rasgos que conjuntamente caracterizan a las transacciones cooperativas: 1) que las partes tienen algún objetivo común inmediato, como antes era el de arreglar un cierto automóvil (sus objetivos últimos pueden ser, naturalmente, independientes los unos de los otros, e incluso entrar en conflicto; cada uno de ellos desea arreglar el automóvil para poder irse a continuación en él, abandonando al otro a su propia suerte. En los intercambios propios de una conversación, hay un objetivo común, aunque se trate incluso de un objetivo de segundo orden, como en las conversaciones de sordos, en donde cada parte debe identificarse momentáneamente con los intereses conversacionales transitorios de la otra parte);

2) que las contribuciones de los participantes han de encajar unas con otras, siendo mutuamente dependientes; 3) que de alguna manera (que puede que sea explícita, pero que es a menudo tácita) se reconoce por ambas partes que, permaneciendo constantes todas las condiciones restantes, la transacción habría de proseguir con un estilo adecuado, a menos que unos y otros se pongan de acuerdo en darle fin. No se trata ni de irse sin más ni de comenzar de improviso a hacer otra cosa.

Pero, mientras que es posible aplicar a algunos casos semejantes base cuasicontractual, existen muchas formas de intercambio conversacional, como pelearse o escribir cartas, a las cuales no se ajusta con comodidad. Sea como fuere, uno siente que el hablante que no va al grano o que es oscuro, se defrauda primariamente a sí mismo, mejor que a sus interlocutores. Por lo tanto, me gustaría poner de manifiesto que la observancia de PC y de las otras máximas es algo razonable (racional) cuando se la analiza teniendo en cuenta las siguientes pautas: que es de esperar que cualquiera que se preocupe por los fines que son centrales en la conversación/comunicación (tales como dar y recibir información, influir en los demás y ser influidos por ellos) tenga interés, dadas las circunstancias oportunas, en tomar parte en conversaciones que le resulten de provecho, sólo en el caso de que éstas se conduzcan de acuerdo con PC y las restantes máximas. No estoy seguro de si es o no lícito arribar a semejante conclusión; en cualquier caso, sí que lo estoy de que no cabe tomar ninguna decisión hasta que se haga mucho más clara la naturaleza de lo que es relevante en una conversación, así como de las circunstancias en que eso ha de exigirse.

Ha llegado el momento de mostrar la conexión existente entre PC y las otras máximas, por un lado, y las implicaturas, por otro.

Una persona que participe en una conversación puede dejar de cumplir una máxima de varias formas, entre las que se incluyen las siguientes:

1) Puede *violar* una máxima tranquilamente y sin ostentación ninguna: si así sucede, podrá en algunos casos inducir a equívocos.

2) Puede *dejar en suspenso* tanto la máxima de marras como PC; puede decir, indicar o hacer manifiesto que no desea cooperar de la manera que la máxima exige. Cabe, por ejemplo, que diga: «No puedo decir más cosas: mis labios están sellados.»

3) Puede desembocar en una *situación conflictiva*: puede ser incapaz, por ejemplo, de cumplir la máxima de Cantidad («Haga usted que su contribución sea tan informativa como sea necesario») sin violar con ello la segunda máxima de Cualidad («No diga usted aquello respecto de lo cual carece de pruebas adecuadas»).

4) Puede *pasarse olímpicamente por alto* una máxima; es decir, dejar *manifiestamente* de cumplirla. En el supuesto de que el hablante pueda cumplir con lo que la máxima exige y de que haga esto sin violar ninguna otra (es decir, sin llegar a un punto conflictivo), de que tampoco está dejándola

en suspenso y de que no trata de inducir a nadie a equívocos, a la vista de lo manifiesto de su contribución conversacional, al oyente se le plantea un problema menor: ¿Cómo puede reconciliarse el haber dicho lo que dijo con el supuesto de que está observando plenamente PC? Esta situación es la que da característicamente lugar a una implicatura conversacional; y cuando se genera una implicatura tal de esta manera, diré que *se está explotando* una máxima.

Estoy ahora en situación de caracterizar la noción de implicatura conversacional. Una persona que al (o por el hecho de) decir (o de hacer como si dijera) que *p* ha implicado que *q* ha implicado conversacionalmente que *q*, *supuesto que*: 1) se supone que está observando las máximas conversacionales o al menos el principio cooperativo; 2) es preciso el supuesto de que dicha persona es consciente de, o piensa que *q*, a fin de que el que haya dicho, o haya hecho como si dijera, que *p* sea consistente con este supuesto; y 3) que el hablante piense (y espere que el oyente piense que el hablante piensa) que está dentro de la competencia del oyente determinar, o captar intuitivamente, que el supuesto mencionado en 2) *es* necesario. Apliquemos todo esto a mi ejemplo inicial; es decir, a la observación de B de acuerdo con la cual a C no le habían metido todavía en la cárcel. En un contexto adecuado, A podría razonar de esta guisa: «1) B ha violado aparentemente la máxima "Vaya usted al grano", de manera que puede pensarse que se ha saltado a la torera una de las máximas definitorias de la perspicuidad; sin embargo, no tengo ninguna razón para suponer que está dejando en suspenso PC; 2) dadas las circunstancias, puedo considerar lo irrelevante de su observación como cosa meramente aparente si, y sólo si, supongo que piensa que C es potencialmente deshonesto; 3) B sabe que soy capaz de inferir el paso 2). Por lo tanto, B implica que C es una persona potencialmente deshonesta.»

La presencia de una implicatura conversacional ha de poderse inferir; porque incluso en el caso de que se la pueda captar intuitivamente, y a no ser que la intuición pueda reemplazarse por un argumento, la implicatura (aun estando ahí) no podrá considerarse *conversacional*; será una implicatura *convencional*. Para inferir que está ante una implicatura conversacional, el oyente habrá de apoyarse en los siguientes datos: 1) el significado convencional de las palabras proferidas, junto con la identidad de las referencias implicadas; 2) PC y sus máximas; 3) el contexto lingüístico o extralingüístico de la proferencia; 4) otra información de fondo; 5) el hecho (o presunto hecho) de que ambos interlocutores conocen, o suponen que conocen, cada uno de los detalles relatados en los apartados precedentes, y que éstos están a su alcance. Una pauta general para diagnosticar la presencia de una implicatura conversacional puede ser la siguiente: «Él ha dicho que *p*; no hay ninguna razón para suponer que no está observando las máximas, o al menos PC; podría estar cumpliéndolas si pensase que *q*; sabe (y sabe que yo sé que él sabe) que yo me apercibo de la necesidad del supuesto de que piensa que *q*; no ha hecho nada para impedirme pensar que *q*; por lo tanto, pretende que yo piense, o al menos desea hacerme posible que piense, que *q*; y consiguientemente ha implicado que *q*.»

Daré ahora unos cuantos ejemplos divididos en tres grupos.

Grupo A: Ejemplos en los que no se viola ninguna máxima, o al menos no es obvio que alguna máxima quede violada.

1) A está de pie ante un automóvil obviamente paralizado, y B se le aproxima. Entonces se produce el siguiente intercambio:

A: «Me he quedado sin gasolina.»
B: «Hay una gasolinera al volver la esquina.»

(*Glosa*: B estaría infringiendo la máxima «Vaya usted al grano», a no ser que piense o crea posible, que la gasolinera está abierta y que hay en ella gasolina a la venta; así pues, implicó que la gasolinera está, o puede estar, abierta, etc.).

En este ejemplo, a diferencia del relativo al comentario «No le han metido todavía en la cárcel», el nexo tácito entre las observaciones de B y de A es tan obvio que, incluso interpretando la supermáxima de Modo «Sea usted perspicuo» de manera que no sólo se aplique a la expresión de lo que se dijo, sino también a la relación de lo dicho con otros factores adyacentes, no parece que estemos ante una infracción de esa supermáxima en este ejemplo. El siguiente es, quizás, a este respecto algo menos claro.

2) *A*: «No parece que Enrique tenga ahora ninguna amiga.»
B: «Pues ha ido últimamente muchas veces a Veracruz.»

B implica que Enrique tiene, o puede tener, una amiga en Veracruz. Nada hay que glosar aquí, en vista de cómo comentamos nuestro ejemplo anterior.

En ambos casos, el hablante implica eso que hay que asumir que él cree, a fin de preservar el supuesto de que está observando la máxima de relación.

Grupo B: Un ejemplo en el cual se viola una máxima, pero en el que esta infracción ha de explicarse suponiendo un conflicto con otra distinta. A está planeando con B un itinerario para sus vacaciones en Francia. Ambos saben que A desea visitar a su amiga C, si esto no supone que su viaje se prolongue demasiado:

A: «¿Dónde vive C?»
B: «En algún lugar del sur de Francia.»

(*Glosa*: No hay ninguna razón para suponer que B está dejando ninguna máxima en suspenso; su respuesta es, como muy bien sabe, menos informativa de lo necesario para satisfacer los intereses de A. Esta infracción de la primera máxima de Cantidad sólo puede explicarse suponiendo que B es consciente de que proporcionar una mayor información supondría decir algo que atentaría contra la máxima de Cualidad: «No diga usted aquello para lo cual carece de pruebas adecuadas»; por lo tanto, B implica que no sabe en qué ciudad vive C.)

Grupo C: Ejemplos que llevan consigo que se está explotando alguna máxima, es decir, un procedimiento por medio del cual se pasa manifiestamente por alto una máxima con vistas a dar en una implicatura conversacional utilizando algo que tiene la naturaleza de un tropo o de una figura del discurso. En estos ejemplos, si bien se viola una máxima desde la perspectiva de lo que se dice, el oyente tiene derecho a suponer que esa máxima, o al menos el Principio Cooperativo, se observa desde el punto de vista de lo que se implica.

1 *a*) (Una infracción manifiesta de la primera máxima de Cantidad): A está escribiendo un informe sobre un alumno suyo que aspira a un empleo en un departamento de Filosofía, y su escrito dice lo siguiente: «Distinguido señor: La preparación del Sr. X en Literatura Inglesa es excelente, y se ha atenido regularmente a las indicaciones de sus tutores. Suyo afectísimo, etc.» (*Glosa*: A no puede estar dejando en suspenso ninguna máxima, puesto que si no deseara cooperar, ¿por qué escribir informe alguno? Tampoco se trata de que, por ignorancia, no pueda decir nada más, pues X ha sido alumno suyo; aún más, él sabe que se desea que proporcione más información. Por consiguiente, está pretendiendo dar datos que se resiste a proporcionar por escrito. Este supuesto es consistente tan sólo sobre la base de que piensa que el Sr. X deja mucho que desear desde el punto de vista de su formación filosófica. Por lo tanto, esto es lo que está implicando.)

Ejemplos extremos en los que se pasa uno manifiestamente por alto la primera máxima de Cantidad los proporcionan aquellas proferencias de tautologías patentes como «Las mujeres son las mujeres», «La guerra es la guerra», etc. Quiero sostener que en lo que respecta a lo dicho, según el sentido que doy a este término, semejantes palabras no ofrecen información ninguna y, de aquí que, vistas así, infringen la primera máxima de Cantidad en cualquier contexto conversacional. Obviamente, son informativas cuando se las juzga desde la perspectiva de lo que se implica, y la información que el oyente extraiga de ellas depende de su capacidad para explicar la selección que el hablante hace de la *particular* tautología proferida.

1 *b*) (Una infracción de la segunda máxima de Cantidad: «No proporcione usted más información de lo necesario», en el supuesto de que admitamos semejante máxima): A desea saber si *p*; y B no sólo le da la información de que *p*, sino también información que pone de manifiesto la certeza de que *p*, pruebas que muestran la verdad de que *p*, y así sucesivamente.

La locuacidad de B podría no ocultar segunda intención ninguna; y si A lo juzga así, podría despertar en él la duda de si B está tan seguro como dice que está. («Me parece que la dama protesta demasiado.»)* Pero, si A piensa que debajo de ella se esconde algo más, podría sospechar que la proferencia de B no es sino una manera oblicua de transmitir que resta todavía mucho que hablar acerca de si *p* o de si no-*p*. No obstante, puede argüirse que semejante implicatura puede ser explicada apelando a la máxima de Relación, sin tener que invocar una presunta segunda máxima de Cantidad.

2 *a*) Ejemplos en los que uno pasa conspicuamente por alto la primera máxima de Cualidad.

Ironía. X, con quien A ha mantenido hasta la fecha relaciones muy estrechas, ha traicionado un secreto de A al pasar cierta información a un rival de éste en los negocios. A y sus interlocutores saben ambas cosas. A dice «X es un magnífico amigo». (*Glosa*: Es del todo obvio, tanto para A como para sus interlocutores, que lo que A ha dicho o aparentado que decía es algo que no cree; y estos segundos saben que A sabe que esto es patente para ellos. Así pues, y a menos que su proferencia carezca de toda razón de ser, A debe estar tratando de que se fijen en una proposición manifiestamente relacionada con la primera; de entre las presuntas candidatas la primera a tener en cuenta es la contradictoria de la que parece haber expresado.)

Metáfora. Por ejemplo, «Eres la niña de mis ojos»**. Ejemplos como éste son indesligables de alguna falsedad rotunda, de manera que lo contradictorio de lo que el hablante ha amagado que decía ha de ser, estrictamente hablando, una perogrullada; por consiguiente, no puede ser *eso* lo que el hablante trataba de transmitir. Lo más probable es que el hablante esté atribuyendo a su interlocutor una o más características que expliquen por qué lo identificaba con las pupilas de sus órganos visuales (recurriendo para ello, en mayor o menor medida, a la imaginatividad de éste).

Cabe combinar metáfora e ironía forzando al oyente a dar dos pasos sucesivos en su proceso de interpretación. Yo digo: «Eres la niña de mis ojos», tratando de que dé a mi metáfora el sentido de «A nadie le tengo mayor aprecio que a ti», e ironizo a renglón seguido: «Ojos, por cierto, con los que ya no veo nada.»

Meiosis. Dicho de una persona que ha destrozado todo el mobiliario de una vivienda: «Estaba ligeramente bebido.»

Hipérbole. «Tiene una novia en cada puerto»***.

---

* Grice recurre aquí a Shakespeare: *Hamlet,* acto III, escena II. Recojo la versión de Luis Astrana Marín: William Shakespeare, *Obras completas,* Aguilar, Madrid, 15.ª ed., 1969, p. 1365. El texto original en inglés es «*Methinks the lady doth protest too much*». *(N. del T.)*

** El ejemplo original de Grice es «*You are the cream in my coffee*». Las observaciones subsiguientes se han adaptado al ejemplo de la versión. *(N. del T.)*

*** El ejemplo original de Grice es «*Every nice girl loves a sailor*». *(N. del T.)*

2 *b*) Los ejemplos en los que se viola flagrantemente la segunda máxima de Cualidad («No diga usted aquello respecto de lo cual carece de pruebas adecuadas») son quizás difíciles de encontrar, si bien el siguiente parece ser un caso así. Digo de la esposa de X: «Esta tarde le está probablemente engañando.» En un contexto adecuado, o si acompaño mi proferencia de un gesto o de un tono de voz apropiado, puede quedar claro que carezco de buenas razones para suponer que pasa justamente eso. Mi interlocutor, a fin de dejar incólume el supuesto de que sigo el juego conversacional, asume que mis tiros van encaminados a una proposición relacionada con la anterior para cuya aceptación *sí* que dispongo de una base razonable. La proposición en cuestión podría ser muy bien la de que la esposa de X es una mujer dada a engañar a su marido, o posiblemente la de que es el tipo de persona que no podría desterrar de sí tal conducta.

3) Los ejemplos en los que se realiza una implicatura mediante una violación real, y no aparente, de la máxima de Relación son posiblemente raros, pero el siguiente parece ser un buen candidato. En una reunión de buen tono, A dice «La Sra. X es una vieja bruja». Por un momento el silencio puede oírse, y entonces B dice «Ha hecho un magnífico tiempo este verano. ¿Verdad?». B ha rehusado ostensivamente la posibilidad de que sus palabras tuvieran algo que ver con el precedente comentario de A. Por lo tanto, B implica que la observación hecha por A no es cosa que haya que discutirse, y quizás, más específicamente todavía, que A ha cometido un desliz social.

4) Ejemplos en los que se pasa conspicuamente por alto varias de las máximas que caen bajo la supermáxima «Sea usted perspicuo».

a) *Ambigüedad*. Debemos recordar que aquí nos concierne tan sólo la ambigüedad deliberada, la que el hablante pretende o espera que su interlocutor reconozca. El problema que tiene que resolver éste es el de por qué habría de apartarse un hablante de su camino al seguir el juego conversacional, optando por una proferencia ambigua. Debemos distinguir al respecto dos tipos de casos:

(i) Ejemplos en los que no hay ninguna diferencia, o ninguna diferencia chocante, entre dos interpretaciones que haga que una de ellas resulte más natural o adecuada que la otra; ninguna interpretación es más rebuscada o menos conspicua, más recóndita o traída por los pelos que la otra. Podríamos detenernos en los versos de Blake: «Nunca pretendas revelar tu amor, / el Amor que revelado nunca puede ser»*. Para soslayar las compli-

* Éstos son los dos primeros versos de un poema de W. Blake que pertenece a sus *Poems from MSS c. 1793*. Las líneas originales rezan así: «*Never seek to tell thy love / Love that never told can be.*» Véase *William Blake,* Penguin, 1958, p. 60. *(N. del T.)*

caciones derivadas del modo imperativo, ciñámonos a la oración, emparentada con la anterior «Pretendí revelar mi amor, el Amor que revelado nunca puede ser». Aquí puede haber una doble ambigüedad. «Mi amor» puede referirse tanto a un estado emocional como al objeto de mi emoción, y «Amor que revelado nunca puede ser» puede significar lo que «Amor que es imposible expresar» o lo que «Amor que dejaría de existir si fuese revelado». En parte a causa de lo complejo que es el poeta mismo y en parte a causa de pruebas de carácter interno (a saber: que la ambigüedad sigue ahí viva), no parece haber más solución que la de suponer que las ambigüedades son deliberadas y que el poeta transmite tanto una interpretación como la otra; aunque no esté *diciendo* explícitamente ninguna de estas cosas, las está sugiriendo o las está dando a entender (cf. «[Pero] puesto que ella» —la Naturaleza— «te ha consagrado al placer de las mujeres, que tu amor sea mío y que su tesoro» —el de ellas, las mujeres— «pertenezca el goce de tu amor»*).

(ii) Ejemplos en los que una interpretación es notablemente más natural o adecuada que la otra. Consideremos el complicado ejemplo del general inglés que capturó la ciudad de Sind y que envió, para comunicar dicho evento, el siguiente mensaje: «Peccavi». La ambigüedad de marras («I have Sind» — «I have sinned»**) es fonética, no morfológica, y la expresión empleada no es en realidad ambigua; pero puesto que pertenece a una lengua que no es ni la del hablante ni la del oyente tampoco, su traducción se hace necesaria, y la ambigüedad hace acto de presencia en el proceso de verterla al inglés común.

Al margen de que la interpretación más natural («*I have sinned*») sea la transmitida, la restante habrá de serlo también. Podría haber razones estilísticas que favorecieran la interpretación más natural pero no tendría ningún sentido desde el punto de vista de la comunicación que nos tomásemos la molestia de dar con una expresión que nos permitiera comunicar que *p* de manera retorcida, obligando con ello a nuestros interlocutores a esfor-

---

* He aquí otro ejemplo tomado de Shakespeare. Los versos originales son éstos: «*But since she pricked thee out for women's pleasure, / Mine be thy love, and thy love's use their treasure.*» Pertenecen al soneto XX, al que cierran en realidad. Lo que importa al caso es no perder de vista la muy posible ambiguedad del término «*thy love*», que puede significar una cosa distinta en cada una de sus apariciones. En el primer caso, el poeta parece pedirle al conde de Southampton, noble de la corte isabelina, que le reserve a él tan sólo ciertos sentimientos —de corte platónico, nos dicen los críticos—; en el segundo, parece instarle a que dedique sus favores sexuales a las mujeres: «*thy love*» referiría en ese caso a sus atributos sexuales, los del susodicho noble. Esta interpretación explicaría muy bien por qué recurre Grice a estos versos en el análisis de la ambigüedad en el contexto de su teoría de las implicaturas. Mi agradecimiento al profesor Ian MacCandless, del Departamento de Lengua Inglesa de la Universidad de Granada, por la ayuda prestada durante el tortuoso recorrido por el shakesperiano soneto XX. *(N. del T.)*

** Se explota aquí el hecho de que la fonética de «*I have Sind*» —«He capturado Sind»— y la de «*I have sinned*» —«He pecado»— es muy similar. *(N. del T.)*

zarse por descubrir semejante interpretación, si ésta fuese ociosa. El que la interpretación más natural se imponga por sí sola es cosa que depende de si semejante supuesto entra en conflicto con otras exigencias conversacionales; por ejemplo, la de si resulta pertinente, la de si se trata de algo que podríamos suponer que el hablante acepta, y así sucesivamente. Si estas exigencias no se satisfacen, entonces no es la interpretación más natural la que se está comunicando. Pero si se cumplen, sí que lo es. Si cabe suponer que el autor de «peccavi» había cometido algún tipo de transgresión, había desobedecido órdenes al capturar Sind, pongamos como ejemplo, y si fuese oportuno referirse a esta transgresión al tener en cuenta los presuntos intereses de sus interlocutores, entonces habría transmitido ambas interpretaciones; en caso contrario, habríamos optado únicamente por una de ellas.

b) *Oscuridad.* ¿Cómo saco partido, con vistas a mis objetivos en la conversación, de una violación manifiesta y deliberada del requisito de que debería soslayar toda oscuridad en mi forma de expresarme? Obviamente, si el Principio Cooperativo ha de seguir incólume, mi intención será la de que mi interlocutor comprenda lo que yo estoy diciendo, a pesar de la oscuridad con que lastro mi proferencia. Supongamos que A y B están conversando en presencia de una tercera persona, de un niño, por ejemplo; A podría expresarse entonces de manera deliberadamente oscura, si bien no demasiado, con la esperanza de que B entienda lo que él dice sin que el niño se entere de ello. Aún más: si A espera que B se aperciba de que A está siendo deliberadamente oscuro, parece razonable suponer que, al efectuar su contribución conversacional de esta manera, A está implicando que el contenido de su mensaje no tendría que ser compartido por nadie más.

c) *Cuando no se expresa uno escueta o sucintamente.* Comparemos las observaciones:

1) «La Srta. X cantó *Hogar dulce hogar.*»
2) «La Srta. X emitió una serie de sonidos que guardaban alguna correspondencia con lo que es la canción *Hogar dulce hogar.*»

Supongamos que un testigo del caso ha optado por proferir 2), en lugar de 1). (*Glosa*: ¿Por qué ha preferido semejante charada en lugar de la palabra, más concisa y casi sinónima suya, «cantó»? Es de presumir, que para indicar alguna diferencia chocante entre la interpretación que hizo la Srta. X de la citada canción y otras distintas a las que «cantar» se aplicaría habitualmente. La suposición más obvia es la de que la interpretación de la Srta. X adolecía de algún defecto horrible. El testigo sabe que es muy probable que este supuesto le venga a uno rápidamente a la mente; así pues, eso era lo que estaba implicando.)

Hasta el momento he considerado únicamente ejemplos de lo que podrían denominarse implicaturas conversacionales particularizadas; es decir, ejemplos en los que se lleva a cabo una implicatura al decir que *p* es una ocasión concreta y en virtud de rasgos específicos del contexto; ejemplos en los que se descarta de antemano la idea de que diciendo que *p* se lleve a cabo *normalmente* una implicatura de este tipo. Pero hay otros casos distintos: los de las implicaturas generalizadas. A veces puede uno decir que el uso de una cierta forma verbal daría usualmente lugar (al proferirla) a tal y cual implicatura o tipo de implicatura, *en ausencia* de circunstancias especiales. Ejemplos claros de este fenómeno son quizás difíciles de explicar, ya que muy fácilmente se tratan las implicaturas conversacionales generalizadas como si fuesen implicaturas convencionales. Doy un ejemplo que espero que pueda ser ampliamente aceptado.

Quienquiera que use una oración de la forma «X tiene una cita con una mujer esta tarde» implica normalmente que la persona con la que X va a verse no es ni su mujer, ni su madre, ni su hermana y ni siquiera, incluso, una amistad platónica. Análogamente, si uno dijese «X entró ayer en una casa y se encontró con que había una tortuga tras la puerta delantera», causaría una cierta sorpresa en su interlocutor si revelara, algo más tarde, que la casa en cuestión era la del propio X. Sería posible producir fenómenos lingüísticos similares mediante expresiones como «un jardín», «un colegio», «un automóvil», etc. No obstante, a veces no tendría lugar semejante implicatura («he estado toda la mañana en un automóvil») y a veces tendría lugar la inversa («pagué la factura de mis muebles con un cheque bancario»)*. Soy de la opinión de que no confiaríamos en el filósofo que sugiriera que la forma verbal «un X» tiene tres sentidos: uno de acuerdo con el cual dicha expresión significara aproximadamente «algo que cumple con las condiciones definitorias de la palabra X»; otro por el que equivaliera a algo así como «un X (en el primer sentido) que guarda una relación remota con alguna persona que el contexto indica quién es»; y un tercero por el que significara «un X (en el primer sentido) que guarda una relación estrecha con alguna persona que el contexto indica quién es». ¿No preferiríamos mucho antes una explicación que se atuviese a las siguientes pautas (que, naturalmente, pueden ser erróneas en algunos de sus detalles)? Cuando alguien implica, al usar la forma verbal «un X», que el X no es parte o no guarda una relación muy próxima con alguna persona susceptible de ser identificada, la implicación ha tenido lugar, pues el hablante no ha sido lo suficientemente explícito que cabía esperar de él; y eso tiene la consecuencia de que hay probablemente que asumir que no se encuentra en posición de serlo más. En lo que hace a las implicaturas, esta situación es familiar y se la puede calificar de malogro, pues la primera máxima de Cantidad no ha sido cum-

* El ejemplo original del autor es «*I broke a finger yesterdary*», que no puede traducirse con un mínimo de literalidad sin afectar con ello a la implicatura generalizada que se ejemplifica. *(N. del T.)*

plida por una u otra razón. La única cuestión difícil es la de por qué habría de suponerse, en ciertos casos problemáticos y al margen de toda información relativa a los contextos de proferencia particulares, que existe una conexión próxima o remota entre una persona u objeto concretos y otra persona, la indicada o mencionada en la proferencia, que es probablemente de interés en sí misma. La respuesta ha de buscarse en lo siguiente: las transacciones habidas entre una persona y otras personas o cosas íntimamente relacionadas con la primera pueden diferir de otras transacciones del mismo tipo, en las que tan solo de una manera remota se hallen implicadas personas o cosas, en lo que hace a sus circunstancias concomitantes y a sus resultados; por ejemplo, las circunstancias concomitantes y los efectos de mi descubrimiento de un agujero en el tejado de *mi* casa serán probablemente muy distintos de los de mi descubrimiento de un agujero en el tejado de la casa de otra persona. Al igual que con el dinero, la información se da muy a menudo sin que el que la done sepa exactamente qué va a hacer con ella el receptor. Si alguien a quien se menciona una transacción reflexiona sobre ella, es muy probable que de pronto se vea a sí mismo deseando conocer las respuestas a ulteriores preguntas que el hablante puede no ser capaz por sí solo de hacerse; si una especificación apropiada de estas cuestiones capacita probablemente al oyente a darles respuesta, entonces está ahí presente el supuesto de que el hablante ha contado con la susodicha especificación al llevar a cabo su proferencia; si lo primero no es el caso, entonces no hay que presumir nada.

Finalmente, podemos mostrar ahora que, siendo una implicatura conversacional lo que es, ha de poseer ciertos rasgos.

1) Puesto que para asumir que estamos ante una implicatura conversacional hemos de suponer que se observa el Principio Cooperativo, y puesto que es posible optar por no hacer esto, se sigue de ahí que una implicatura conversacional generalizada puede cancelarse en un caso particular. Se la puede cancelar explícitamente por medio de una cláusula que establezca o que implique que el hablante ha preferido no guardar el citado principio; o se la puede cancelar contextualmente, si la forma verbal proferida que habitualmente lleva consigo semejante implicatura es usada en un contexto tal que no deja duda ninguna de que el hablante *está* dejando en suspenso la aplicación del principio.

2) En la medida en que para inferir que se está ante una implicatura conversacional haga falta, además de información contextual y de fondo, tan solo el conocimiento de lo que se ha dicho (o del compromiso convencional de la proferencia), y en tanto en cuanto el modo de la expresión no juegue función alguna en la inferencia, no será posible dar con otra forma de decir la misma cosa, por carecer de la implicatura en cuestión, a no ser que algún rasgo especial de la nueva versión sea relevante por sí solo para la determinación de una implicatura (en virtud de alguna de las máximas

de modo). Si le damos a esta característica el nombre de «indesligabilidad», cabe esperar que toda implicatura conversacional generalizada que se lleve a cabo mediante una locución familiar, y nada especial, tenga un alto grado de indesligabilidad.

3) Hablando en términos aproximados, puesto que para inferir la presencia de una implicatura conversacional se presupone un conocimiento previo de la fuerza convencional de la expresión cuya proferencia lleva consigo la implicatura, el *implicatum* conversacional será una condición a no incluir a la especificación primera de la fuerza conversacional de la expresión. Aunque puede que no sea imposible que lo que se inicie en la vida, por decirlo así, como implicatura conversacional adquiera la naturaleza de implicatura convencional, suponer que en un caso dado esto sucede así requeriría de una justificación especial. Así pues, inicialmente al menos, los *implicata* conversacionales no son parte del significado de las expresiones a cuyo uso se adhieren.

4) Puesto que la verdad de un *implicatum* conversacional no se sigue de la verdad de lo que se dice (lo que se dice puede ser verdadero y lo que se implica puede ser falso), la implicatura no va unida inseparablemente a lo que se dice, sino al decir lo que se dice o al «expresarlo de esa manera».

5) Puesto que inferir una implicatura conversacional es inferir lo que se ha supuesto para salvaguardar la observancia del Principio Cooperativo, y dado que pueden darse varias explicaciones específicas posibles, quedando la lista de éstas abierta, en tales casos el *implicatum* conversacional será la disyunción de tales explicaciones específicas; y si la lista queda abierta, el *implicatum* tendrá el carácter de indeterminación que muchos *implicata* reales parecen de hecho poseer.

PARA SEGUIR LEYENDO

Los artículos de GRICE sobre el significado están recogidos en *Studies in the Way of Words*, Harvard University Press, Cambridge, Mass., 1989. El libro de GRANDY y WARNER *Philosophical Grounds of Rationality. Intentions Categories, Ends* (Clarendon Press, Oxford, 1986) es un *Festschrift* dedicado a GRICE con contribuciones de importantes filósofos y respuestas del homenajeado. Fundamentales para entender los desarrollos sobre el significado a partir de la obra de GRICE son los libros de BENNETT, *Linguistic Behaviour* (Cambridge University Press, Cambridge, 1976); LEWIS, *Convention* (Harvard University Press, Cambridge, Mass., 1969), y SCHIFFER, *Meaning* [Oxford University Press, Oxford, 1972; la 2.ª ed. de este libro (1988) contiene una introducción en la que SCHIFFER «abjura» de sus anteriores querencias por la semántica basada en intenciones]. El artículo crítico de ZIFF «On Grice's Account of Meaning» apareció en *Analysis*, 28, 1967. Un famoso artículo de STRAWSON, «Intención y convención en los actos de habla» (en *Ensayos lógico-lingüísticos*, Tecnos, Madrid, 1988), dio lugar a toda una familia de contraejemplos al análisis en términos de intenciones. El artículo de SEARLE «¿Qué es un acto de habla?» (recogido en este volumen, pp. 431-447) y su libro *Actos de habla* (Cátedra, Madrid, 1979) presentan modificaciones del análisis de GRICE. El libro de PLATTS *Ways of Meaning* (Routledge, Londres, 1979) contiene también una crítica a la explicación del significado ofrecida por GRICE. Para la respuesta a PLATTS véase el capítulo 3 del libro de BLACKBURM *Spreading the Word* (Clarendon Press, Oxford, 1984). Una buena monografía sobre la filosofía del lenguaje de GRICE se debe a A. AVRAMIDES, *Meaning and Mind. An Examination of a Gricean Account of Language* (The MIT Press, Cambridge, Mass., 1989). De AVRAMIDES es también el artículo sobre la explicación griceana del significado «Intention and Convention» (*A Companion to the Philosophy of Language*, Blackwell, Oxford, 1997. Un estudio muy crítico con el paradigma griceano es el de W. A. DAVIS, *Implicature. Intention, Convention and Principle in the Failure of Gricean Theory* (Cambridge University Press, Cambridge, 1998). Los libros de GARCÍA-CARPINTERO (*Las palabras las ideas y las cosas*, Ariel, Barcelona, 1996), GARCÍA SUÁREZ (*Modos de significar*, Tecnos, Madrid, 1997), ACERO *et al.* (*Introducción a la filosofía del lenguaje*, Cátedra, Madrid, 1996), MILLER (*Philosophy of Language*, UCL Press, Londres, 1998) y LYCAN (*Philosophy of Language*, Routledge, Londres, 1999) contienen buenas exposiciones del programa de GRICE.

Una muy buena exposición del tema de las implicaturas conversacionales, con numerosas referencias al impacto de la teoría en las discusiones lingüísticas, puede verse en LEVINSON, *Pragmatics* (Cambridge University Press, Cambridge, 1987; versión castellana en Teide, Barcelona, 1989). Se debe también a LEVINSON la obra *Presumptive Meanings: The Theory of Generalized Conversational Implicatures* (The MIT Press, Cambridge, Mas., 2000; versión castellana en Gredos, Madrid, 2004). El libro de SPERBER y WILSON *Relevance: Communication and Cognition* (Blackwell, Oxford, 1987) es una de las derivaciones más interesantes y fructíferas de la teoría griceana de las implicaturas. Sobre este mismo tema puede verse también el libro de C. ITEN *Linguistic Meaning, Truth Conditions and Relevance*, Palgrave Macmillan, Nueva York, 2005. Tanto el libro de GARCÍA SUÁREZ como los de ACERO y LYCAN contienen una clara exposición de las implicaturas.

El artículo de NEALE «Paul Grice and the Philosophy of Language», *Linguistics and Philosophy*, 15, 1992, examina críticamente las contribuciones de GRICE a la filosofía del lenguaje. Sobre el conjunto de la obra de GRICE el único libro disponible del que tengo noticia es el de muy reciente aparición escrito por S. CHAPMAN, *Paul Grice, Philosopher and Linguist*, Palgrave Mcmillan, Nueva York, 2005.

VIII. METÁFORA

INTRODUCCIÓN

El *Diccionario* de la Real Academia Española define «metáfora» como «tropo que consiste en trasladar el sentido recto de las voces a otro figurado en virtud de una comparación tácita». Ciertamente, sería difícil encontrar algún filósofo del lenguaje contemporáneo que no pusiese serias objeciones a este enfoque, por no decir crudamente que no lo rechazase de plano. Sin embargo, tal definición de la metáfora —que tiene su origen en la perplejidad que sentía Aristóteles ante el hecho de que las emisiones metafóricas sean perfectamente entendidas por los hablantes aunque se desvíen del significado convencional— es una espléndida muestra de una muy bien atrincherada opinión sobre el significado. Debemos distinguir, de acuerdo con ella, entre el «sentido recto» (o, más comúnmente, el sentido «literal» de las emisiones) y su sentido «trasladado» (o, más comúnmente, «figurado»): una metáfora sería entonces simplemente una emisión que establece una comparación o, si se quiere, una abreviatura para un símil. Cuando Romeo dice «Julieta es el Sol» lo que quiere decir es «Julieta se *parece* a (es *como*, etc.) el Sol». Pero esta explicación que, a primera vista, parece convincente tiene que lidiar con bastantes dificultades. Una de las más comunes es que si las metáforas fueran equivalentes a símiles no podríamos explicar cómo la emisión «Julieta es el Sol», tomada de manera literal, es obviamente falsa mientras que el símil que abrevia «Julieta es como el Sol» sería literalmente verdadera. Esto por no mencionar que parece ser una característica del mecanismo interno de las metáforas el que se emitan (a diferencia de lo que sucede con los símiles) con la intención de decir algo literalmente falso y de que se reconozca que ésa es la intención con la que se emiten. Las metáforas serían, de acuerdo, por ejemplo, con Grice, violaciones patentes de la máxima de cualidad. Incluso si este último rasgo es discutible, señala sin embargo una de las claves que el oyente tiene para detectar metáforas y que las distingue de los símiles que no requerían de tal aparato para su detección.

El artículo de Max Black «Metáfora», primero de los aquí recogidos, presenta la denominada «teoría de la interacción semántica», que puede considerarse como una variación de la teoría del símil. En una metáfora hay siempre, de acuerdo con la tesis de Black, lo que él denomina el «marco» (el componente literal) y el «foco» (el componente metafórico): llamar a una emisión metafórica equivale a afirmar que contiene al menos un elemento que hace de foco siendo el resto el marco. Aparte del hecho, reconocido por Black, de que el propio término «interacción» tiene significado metafórico, existe el problema de que hay emisiones metafóricas donde el marco no existe, violando así el principio general de Black. El artículo de John Searle «Metáfora» plantea una serie de objeciones (hasta ahora no superadas) a las teorías del símil y de la interacción. Su tesis principal consiste en que el problema de la metáfora es sólo un caso especial de la divergencia entre el significado del hablante y el significado de la palabra o de la oración. Searle piensa que gran parte de la confusión sobre la metáfora surge del punto de vista tradicional (del que tenemos una buena muestra en la definición citada al principio) de que hay dos géneros de significado de las oraciones: el literal y el figurado (metafórico): su posición es que cuando hablamos del significado metafórico sólo estamos hablando del significado del hablante que, en esa ocasión, se separa del significado literal. Searle sostiene, sin embargo, que hay determinados principios generales para la interpretación metafórica. El magnífico artículo de Davidson «Lo que significan las metáforas» mantiene, sin embargo, que la metáfora no añade nada ni explota recurso semántico alguno del que no hagan uso los intercambios lingüísticos rutinarios. Gran parte de su argumentación está dirigida también a desacreditar la tesis de la existencia del significado metafórico. Ciertamente hay expresiones, las llamadas «metáforas muertas», que tienen fijado su significado por medio de reglas semánticas estrictas. Ahora bien, eso significa que ya no son metáforas (aunque ése pueda ser su origen). Pero las verdaderas metáforas son las metáforas abiertas, aquellas para las que no hay ninguna regla semántica que especifique los objetos a los que se puedan atribuir. Pero si no hay tales conjuntos de reglas, argumenta Davidson, entonces es imposible hablar de significado metafórico.

METÁFORA*

MAX BLACK

Las metáforas no son argumentos, bella niña.

The Fortunes of Nigel, libro 2, capítulo 2.

Llamar la atención sobre las metáforas de un filósofo es empequeñecerlo: algo como alabar a un lógico por su hermosa letra. Se tiene por ilícita la afición a la metáfora, basándose en el principio según el cual acerca de aquello de que sólo se puede hablar metafóricamente no debería hablarse en absoluto[1]; y, sin embargo, la naturaleza del delito es oscura. Me gustaría contribuir algo a disipar el misterio de que está investido este tema; mas como los filósofos —con todo su notorio interés por el lenguaje— han descuidado tanto semejante asunto, he de ayudarme cuanto pueda de los críticos literarios (los cuales, al menos, no aceptan el mandamiento «No cometerás metáfora», ni asumen que la metáfora sea incompatible con un pensamiento serio).

I

Las preguntas que me gustaría que estuviesen contestadas se refieren a la «gramática lógica» de la «metáfora» —y de otras palabras con significado cercano—. Sería muy satisfactorio disponer de respuestas convincentes para las preguntas: «¿Cómo reconocemos un caso de metáfora?»; «¿Existen criterios para detección?»; «¿Se las puede traducir a expresiones literales?»; «Se considera con justeza a la metáfora una decoración que cubre el "sentido recto"?»; «¿Cuáles son las relaciones entre la metáfora y el símil?»; «¿En qué sentido —si es que lo es en alguno— es "creadora" la metáfora?»;

* Versión castellana de Víctor Sánchez de Zavala.

[1] Alusión a la famosa frase final del *Tractatus* wittgensteiniano: «7. Acerca de aquello de que no se puede hablar, debe callarse». *(N. del T.)*

«¿Adónde lleva el utilizarla?» (o, más brevemente: «¿Qué *queremos decir* con "metáfora"?»), ya que todas ellas expresan un intento de ponerse en claro acerca de los usos de la palabra «metáfora», o bien, si se prefiere el modo material de hablar, de analizar la noción de metáfora.

No se trata de una lista neta y clara, ya que varias de tales preguntas se solapan en forma harto evidente; mas espero que sirvan de ilustración idónea del tipo de investigación a que me refiero.

Sería muy conveniente poder empezar partiendo de alguna lista (de «casos claros» de metáfora) sobre la que existiera un consenso; y como la palabra «metáfora» tiene algunos usos inteligibles, por vagos o vacilantes que sean, tiene que ser posible prepararla. (Es de presumir que sería más fácil ponerse de acuerdo sobre la inclusión de un ejemplo determinado que sobre un análisis cualquiera que se propusiese de la noción de metáfora.)

Acaso pueda servir la siguiente lista de ejemplos, no enteramente elegidos al azar:

I) «El presidente drenó la discusión».
II) «Una humosa pantalla de testigos».
III) «Una argumentadora melodía».
IV) «Voces de papel secante» (Henry James).
V) Los pobres son los negros de Europa» (Chamfort).
VI) «La luz no es sino la sombra de Dios» (Thomas Browne).
VII) «Blancos niños que amo, confiados como pájaros,
que continuáis jugando entre las lenguas en ruinas». (Auden).

Confío en que se admitirá que constituyen, sin error posible, *ejemplares* de metáfora, cualesquiera que sean los juicios que puedan hacerse en definitiva sobre el significado de «metáfora»; mas, aunque los presento como casos claros, no serían apropiados —con la posible excepción del primero— en cuanto «paradigmas»: si quisiéramos enseñar el significado de «metáfora» a un niño necesitaríamos ejemplos más sencillos, tales como «Las nubes lloran» o «Las ramas se pelean unas con otras» (¿es significativo que nos tropecemos con ejemplos de personificación?). De todos modos, he tratado de incluir algunos que nos recuerden las posibles complejidades que pueden originar incluso metáforas relativamente llanas.

Consideremos el primer ejemplo («El presidente drenó la discusión»). El contraste entre la palabra «drenó»[2] y las demás que le acompañan constituye un lugar muy obvio por donde comenzar: ello se expresaría ordinariamente diciendo que «drenó» tiene aquí un sentido metafórico, en tanto

---

[2] Naturalmente, hemos tenido que adaptar el ejemplo original [«*The chairman plowed through the discussion*»], que en castellano ni hubiese sido comprensible ni admitiría las frases paralelas y variantes en que se apoyan las reflexiones del autor. *(N. del T.)*

que las otras palabras lo tienen literal. De modo que, aun cuando señalamos esta oración como un ejemplar (un «caso claro») de metáfora, la atención se ciñe rápidamente a una sola palabra, cuya presencia es la razón próxima de hacer aquella atribución; y podríamos presentar observaciones análogas acerca de los cuatro ejemplos siguientes de la lista, cuyas palabras cruciales son, respectivamente, «humeante pantalla», «argumentadora», «papel secante» y «negros».

(Pero la situación es más complicada en los dos últimos ejemplos. En la cita de Thomas Browne es preciso admitir que «luz» tiene un sentido simbólico y, sin duda alguna, que significa mucho más de lo que significaría en el contexto de un tratado de óptica: en nuestro caso, el sentido metafórico de la expresión «la sombra de Dios» impone al sujeto de la oración un significado más rico que el usual. En el pasaje de Auden pueden advertirse efectos muy parecidos: considérese, por ejemplo, el significado que tiene «blancos» en la primera línea. En el presente trabajo tendré que dejar de lado semejantes complejidades.)

En general, cuando hablamos de una metáfora relativamente sencilla nos referimos a una oración —o a otra expresión— en que se usen metafóricamente *algunas* palabras, en tanto que las demás se empleen en forma no metafórica: cuando se pretende construir la oración entera con palabras usadas metafóricamente el resultado es un proverbio, una alegoría o un acertijo, y no hay análisis preliminar de la metáfora que pueda abarcar satisfactoriamente ni siquiera ejemplos tan manidos como «De noche todos los gatos son pardos». En cuanto a los casos de simbolismo (en el sentido en que el castillo de Kafka es un «símbolo»), también requieren que se los estudie por separado.

II

«El presidente drenó la discusión». Al decir de esta frase que es un caso de metáfora implicamos que al menos una palabra (aquí, el vocablo «drenó») se usa metafóricamente en ella, y que al menos una de las palabras restantes se utiliza con valor literal; vamos a llamar a la palabra «drenó» el *foco* de la metáfora, y *marco* al resto de la oración en que aquélla aparece. (¿Estamos empleando *nosotros* ahora, con esto, metáforas, y, además, mezclándolas? ¿Importa ello mucho?) Una de las nociones que es necesario aclarar es la del «uso metafórico» del foco de una metáfora; y, entre otras cosas, sería muy conveniente entender cómo la presencia de un marco determinado puede dar lugar al uso metafórico de la palabra complementaria, mientras que un marco distinto para esta misma palabra no es capaz de producir una metáfora.

Si traducimos palabra por palabra la frase acerca del comportamiento del presidente a otro idioma (en que esto sea posible), hemos de poder decir, naturalmente, que la oración así traducida es un caso de *la misma* metáfora; por tanto, llamar a una oración un ejemplar de metáfora es decir algo acerca de su *significado,* no sobre su ortografía, su estructura fonética ni su forma gramatical[3] (por emplear una delimitación perfectamente conocida: tenemos que clasificar «metáfora» entre los términos pertenecientes a la «semántica», no a la «sintaxis», ni tampoco a ningún estudio *físico* del lenguaje.)

Supongamos que alguien diga: «Me gusta drenar mis recuerdos con regularidad». ¿Hemos de sostener que usa la misma metáfora que antes, o no? La respuesta que demos dependerá del grado de semejanza que estemos dispuestos a afirmar cuando comparamos los dos «marcos» (puesto que en ambos casos tenemos el mismo «foco»): las diferencias entre ellos producirán *algunas* diferencias en el juego conjunto[4] entre foco y marco en uno y otro caso; y el que consideremos que estas últimas son o no suficientemente notables como para decir que las dos oraciones constituyen *dos* metáforas es asunto de una decisión arbitraria («metáfora» es una palabra imprecisa, en el mejor de los casos, y hemos de guardarnos mucho de atribuirle unas reglas de uso más estrictas de las que realmente encontramos que posee en la práctica).

Hasta este momento hemos venido tratando «metáfora» como un predicado aplicable de modo propio a ciertas expresiones, sin prestar atención a las circunstancias en que éstas se empleen, ni a los pensamientos, actos, sentimientos e intenciones de los hablantes en las ocasiones correspondientes. Esto es, desde luego, correcto en el caso de *algunas* expresiones: así, nos damos cuenta de que llamar «alcantarilla» a una persona es utilizar una metáfora, sin necesidad de saber quién usa tal expresión, en qué ocasiones o con qué intención: las reglas de nuestra lengua determinan que algunas expresiones tienen que ser consideradas metáforas, y el hablante no tiene más posibilidades de cambiar tal situación que de legislar que «vaca» signifique lo mismo que «oveja». Pero hemos de reconocer también que las reglas establecidas del idioma permiten una gran laxitud en cuanto a variaciones, iniciativas y creaciones individuales: existen infinitos contextos —en los que han de incluirse casi todos los de interés— dentro de los cuales es preciso reconstruir el significado de la expresión metafórica basándose en las intenciones del hablante (y en otros indicios), pues las reglas maestras del uso normal son demasiado generales para proporcionarnos la información que necesitamos; así, cuando Churchill, en una frase famosa, llamó a Mussolini «ese *utensilio*», el tono de voz, el enmarque verbal y el fondo histórico coadyuvaban a acla-

---

[3] Es posible usar metafóricamente cualquier parte de la oración (aun cuando los resultados son ralos y poco interesantes en el caso de las conjunciones); y cualquier forma de expresión verbal puede contener un foco metafórico.

[4] Utilizo aquí un lenguaje apropiado al «enfoque interactivo» de la metáfora, de que me ocuparé más abajo (en este mismo estudio).

rar *qué* metáfora estaba utilizando. (Mas, incluso aquí, es difícil ver de qué modo podría aplicarse a una persona la locución «ese utensillo» si no es como insulto: tanto en este caso como en todos los demás, las reglas generales del uso funcionan como limitaciones impuestas a la libertad del hablante de querer decir lo que le plazca.) Tenemos aquí un ejemplo, aunque muy sencillo, de cómo puede ser preciso prestar atención a las *circunstancias concretas* en que se emita una metáfora para reconocerla e interpretarla.

Es digno de advertir, especialmente, que, en general, no hay reglas normales de gradación del *peso* o *énfasis* que haya de concederse a los usos concretos de una expresión particular: para saber lo que quiere decir quien emplee una metáfora necesitamos saber la «seriedad» con que trata el foco metafórico (¿se contentaría con un sinónimo basto o vale únicamente *aquella* palabra?; ¿hemos de tomar ésta superficialmente, atendiendo sólo a sus implicaciones más obvias, o sería preciso apoyarse en asociaciones menos inmediatas?). En el habla podemos emplear como indicios el tono y la elocución, pero en el discurso escrito o impreso faltan incluso recursos tan rudimentarios como éstos; con todo, «este peso» (aun algo elusivo) de lo que sospechemos o detectemos[5] ser una metáfora tiene enorme importancia práctica para la exégesis.

Por poner un ejemplo filosófico: el que haya que manejar o no la expresión «forma lógica» como dotada, en un marco concreto, de sentido metafórico, dependerá de la medida en que consideremos a quien la utilice consciente de cierta supuesta analogía entre los razonamientos y otras cosas (vasos, nubes, batallas, chistes) de las que también se dice que tienen «forma»; todavía más dependerá de si el escritor quiere o no que tal analogía se conserve activa en la mente de sus lectores, y del grado en que su propio pensamiento dependa de tal supuesta analogía y se alimente de ella. No podemos esperar que las «reglas del lenguaje» nos sean de mucha utilidad en estas averiguaciones (y, en consecuencia, en cierto sentido, «metáfora» pertenece más a la «pragmática» que a la «semántica»: sentido que puede ser uno de los más merecedores de atención).

III

Tratemos de exponer del modo más sencillo posible el significado de «El presidente drenó la discusión», para ver hasta dónde llegamos de este modo. Para quienes presumamos que posean unas entendederas demasiado literales para comprender el original, podría prepararse un comentario plausible del siguiente tenor: «hemos de admitir que un hablante que use la

[5] Querría que estas palabras *se* entendiesen aquí con el menor «peso» posible.

oración en cuestión pretende decir *algo* acerca de un presidente y de su comportamiento en una reunión: en lugar de decir, llana o *directamente*, que trató sumariamente las objeciones, prescindió implacablemente de lo que no era pertinente, o algo por el estilo, el hablante prefiere utilizar una palabra («drenó») que hablando estrictamente significa otra cosa; pero el oyente perspicaz puede adivinar fácilmente lo que el hablante tenía en las mientes»[6]. Esta versión considera la expresión metafórica (llamémosla «*M*») como sustituto de otra expresión, ésta literal («*L*», digamos), que habría expresado idéntico sentido si se hubiese utilizado en lugar de aquélla. De acuerdo con esta opinión, el significado de *M* en su aparición metafórica es exactamente el sentido *literal* de *L*: el uso metafórico de una expresión consistiría en el uso de una expresión en un sentido distinto del suyo propio o normal, y ello en un contexto que permitiría detectar y transformar del modo apropiado aquel sentido impropio o anormal. (Más adelante estudiaremos las razones que se aducen para una proeza tan notable.)

Voy a denominar *enfoque sustitutivo de la metáfora* a cualquier tesis que sostenga que las expresiones metafóricas se utilizan en lugar de otras expresiones *literales* equivalentes a ellas (y quisiera que este marbete se aplicase también a cualquier análisis que mire la oración entera que constituya el lugar de la metáfora como algo que reemplaza a cierto conjunto de oraciones literales). Hasta hace poco tiempo, la mayoría de los autores que tenían algo que decir sobre la metáfora (por lo regular críticos literarios o tratadistas de retórica) aceptaban una forma u otra del enfoque sustitutivo. Por poner unos pocos ejemplos: Whately define la metáfora como «sustitución de una palabra por otra apoyándose en el parecido o la analogía entre sus significados»[7]; tampoco difiere mucho de ésta el artículo del *Oxford Dictionary* (por saltar a la época actual): «Metáfora: la figura de dicción en la que se transfiere un nombre o un término descriptivo o algún objeto distinto de aquel al que sea aplicable de modo propio, pero análogo a él; como ejemplo tenemos la expresión metafórica»[8]. El enfoque expresado por estas definiciones ha calado tanto que un autor reciente que defiende explícita-

---

[6] Adviértase que este tipo de paráfrasis lleva consigo de modo natural que el autor de la metáfora ha cometido cierta *falta*: se sugiere vigorosamente que debería haberse puesto en claro acerca de lo que realmente haya querido decir, con lo que se pinta la metáfora como *una* forma de paliar la falta de claridad y de la vaguedad.

[7] Richard Wately, *Elements of Rhetoric* (7.ª ed. rev., Londres, 1846), p. 280.

[8] Sobre «figura» encontramos: «Cualquiera de las diversas "formas" de expresión que se separan de la ordenación o uso normales de las palabras y se adoptan con objeto de dar belleza, variedad o fuerza a la composición; por ejemplo, la aposiopesis, la hipérbole, la metáfora, etc.» [Compárese lo que dice el *Diccionario* de la Real Academia Española (1956) acerca de la *metáfora*: «tropo que consiste en trasladar el sentido recto de las voces a otro figurado en virtud de una comparación tácita». En cuanto a *tropo*, leemos: «empleo de las palabras en sentido distinto del que propiamente les corresponde, pero que tiene con éste alguna conexión, corres-

mente una tesis acerca de la metáfora distinta y más alambicada cae, sin embargo, en la manera antigua, al definirla como «decir una cosa y referirse a otra»[9].

De acuerdo con el enfoque sustitutivo, el foco de la metáfora —la palabra o expresión que se use de modo señaladamente metafórico dentro del marco literal— vale para la comunicación de un significado que podría haberse expresado de modo literal: el autor sustituye *L* por *M*, y la tarea del lector consiste en invertir la sustitución, sirviéndose del significado literal de *M* como indicio del también literal de *L*. Comprender una metáfora sería como descifrar un código o desenmarañar un acertijo.

Si preguntamos ahora por qué —si se acepta este enfoque— tendría el autor que haber propuesto a sus lectores la tarea de resolver tal rompecabezas, se nos presentan dos tipos de respuesta. El primero consiste en decir que puede no haber un equivalente literal, *L*, en el lenguaje en cuestión: los matemáticos hablan del «lado» de un ángulo porque no había ninguna expresión literal breve para una línea que doble en un punto, y decimos «labios de grana» porque no existe ninguna forma lingüística que pueda compararse a ésta para decir rápidamente cómo son tales labios —la metáfora obturaría los huecos del vocabulario literal (o, al menos, remediaría nuestras necesidades de unas abreviaciones convenientes)—. Enfocada de este modo, se convierte en una especie de la *catacresis*, que definiré como el uso de un vocablo en un sentido nuevo con objeto de rellenar una laguna del vocabulario (es poner un sentido nuevo en voces viejas)[10]; mas, si la cata-

---

pondencia o semejanza. El *tropo* comprende la sinécdoque, la metonimia y la metáfora». *(N. del T.)*] Si tomásemos esto estrictamente nos podríamos ver conducidos a decir que la transferencia de una palabra que no se adopte para introducir «belleza, variedad o fuerza» tiene necesariamente que no ser un caso de metáfora (¿o acaso «variedad» abarcaría automáticamente cualquier transferencia?). Puede notarse que la definición del *Oxford English Dictionary* no mejora la de Whately: donde éste habla de la sustitución de una «palabra», el *Oxford English Dictionary* prefiere «nombre o término descriptivo»: ahora bien, si con ello se quieren restringir las metáforas a los nombres (¿y adjetivos?), puede demostrarse que se trata de un error; mas, si no, ¿qué hemos de asumir que quiere decir «término descriptivo»?; ¿y por qué se ha recortado la referencia de Whately al «parecido o la analogía», dejándola reducida a sola la analogía?

[9] Owen Barfield, «Poetic Diction and Legal Fiction», en *Essays Presented to Charles Williams* (Oxford, 1947), pp. 106-127. La definición de la metáfora aparece en la página 111, en donde se la considera un caso especial de lo que Barfield denomina *tarning* [o sea, algo así como elevar a un nivel superior de pureza y limpidez, como las aguas de un lago de montaña o *tarn*. *(N. del T.)*]. Merece leerse todo el ensayo.

[10] El *Oxford English Dictionary* define la catacresis como «uso impropio de las palabras; aplicación de un término a una cosa a la que no denote propiamente; abuso o perversión de un tropo o metáfora». Yo excluyo las sugerencias peyorativas: no hay nada perverso ni abusivo en la ampliación de palabras antiguas para ajustarse a situaciones nuevas; y la catacresis es meramente un caso destacado de la transformación de significados que acontece constantemente en toda lengua viva. [El *Diccionario* de la Real Academia Española explica la catacresis como el «tropo que consiste en dar a una palabra sentido traslaticio para desigmar una cosa que carece de nombre especial». *(N. del T.)*]

cresis se pone al servicio de una necesidad genuina, el nuevo sentido que así se introduce pasa rápidamente a formar parte del sentido *literal*: «naranja» puede haberse aplicado originariamente al color por catacresis, pero tal palabra conviene ahora a éste con la misma «propiedad» (e igual ausencia de metáfora) que al fruto; las curvas «osculadoras» no se besan mucho tiempo, sino que revierten rápidamente a un contacto matemático más prosaico; y análogamente ocurre en otros casos. El destino de la catacresis consiste en desaparecer cuando acierta.

Existen, sin embargo, muchas metáforas en las que no tienen aplicación las virtudes adscritas a la catacresis, por disponerse —o suponerse que se dispone— de algún equivalente literal enteramente a mano e igualmente compendioso. Así, en el algo infortunado ejemplo [11] «Ricardo es un león», que los autores modernos han debatido con fastidiosa insistencia, se admite que el significado literal es idéntico al de la oración «Ricardo es valiente» [12]: aquí no suponemos que la metáfora enriquezca el vocabulario.

Cuando no cabe invocar la catacresis se acepta que las razones para introducir el sustituyente constituido por la expresión indirecta, metafórica, son estilísticas: se nos dice que, en su uso literal, esta expresión puede referirse a un objeto más concreto que el aludido por su equivalente literal [esto es, el equivalente literal de su uso metafórico], y se supone que ello recrea al lector (recreo que consistiría en que se le desvíen a uno los pensamientos desde Ricardo a un león tan poco pertinente); con lo que se admite, una vez más, que el lector disfruta resolviendo dificultades, o que goza con la destreza con que el autor medio oculta y medio revela el significado; o bien, que las metáforas producen una sacudida de «sorpresa agradable», y cosas parecidas. El principio que subyace a todas estas «explicaciones» parece ser éste: cuando se dude acerca de alguna peculiaridad del lenguaje atribúyase su existencia a la diversión que proporciona al lector —principio que tiene el mérito de funcionar perfectamente en ausencia de todo testimonio a su favor [13].

---

[11] ¿Podemos imaginar a nadie diciendo hoy esto seriamente? Mucho me cuesta hacerlo; mas si falta un auténtico contexto de uso, cualquier análisis está expuesto a ser somero, obvio y carente de provecho.

[12] Puede verse un estudio a fondo de este ejemplo, completo y con diagramas, en la obra de Gustaf Stern *Meaming and Change of Meaning* (Goteborgs Hogskolas Arsskrift, vol. 38, 1932, 1.ª parte), pp. 300 ss. En la versión de Stern se intenta hacer patente que el contexto conduce al lector a *seleccionar* de las connotaciones de «león» el atributo (la valentía) que conviene al hombre Ricardo. A mi entender, este autor defiende una forma del enfoque sustitutivo.

[13] Aristóteles adscribe el uso de la metáfora al gozo que produce aprender; y Cicerón retrotrae la fruición de ella a que se disfruta ante el ingenio con que el autor trasciende lo inmediato o con que presenta vívidamente el asunto principal. Véanse referencias a estas y otras opiniones tradicionales en E. M. Cope, *An Introduction to Aristotle's Rhetoric* (Londres, 1867), libro III, apéndice B, capítulo 2, «On Metaphor».

Cualesquiera que sean las virtudes de semejantes especulaciones sobre la reacción del lector, todas ellas concuerdan en hacer de la metáfora una *decoración*: excepto en los casos en que sea una catacresis, que remedia alguna imperfección temporal de la lengua, su finalidad sería distraer y solazar; y, según este enfoque, su uso constituye siempre una desviación respecto del «estilo llano y estrictamente apropiado» (Wately)[14]. Por tanto, si los filósofos tienen algo más importante que hacer que recrear a sus lectores, la metáfora no puede ocupar un lugar serio en el debate filosófico.

IV

La tesis según la cual la expresión metafórica tiene un significado que procede, por transformación, de su significado literal normal es un caso particular de un enfoque más general sobre el lenguaje «figurado»; enfoque que sostiene que toda figura de dicción que entrañe un cambio semántico (no meramente un cambio sintáctico, como la inversión del orden normal de las palabras) consiste en cierta transformación de un significado *literal*: el autor no nos entrega el significado que pretende transmitir, *s*, sino una función de él, $f(s)$, y la tarea del lector reside en aplicar la función inversa, f^{-1}, y obtener así $f^{-1}(f(s))$, es decir, *s*, el significado original. Cuando se emplean funciones diferentes resultan tropos diferentes: así, en la ironía el autor dice lo *contrario* de lo que quiere decir, en la hipérbole *exagera* el significado que quiere comunicar, etc.

Entonces, ¿cuál es la función transformadora característica de la metáfora? Ya hemos respondido: o la *analogía* o la *semejanza*: *M* es semejante o análogo, en cuanto al significado, a su equivalente literal, *L*. Y, una vez que el lector ha descubierto (valiéndose del marco o de indicios procedentes de un contexto más amplio) el fundamento de la analogía o símil que se pretende proponer, puede recorrer el camino seguido por el autor y llegar así al significado literal de partida (el de *L*).

Quien sostenga que la metáfora consiste en la *presentación* de una analogía o semejanza subyacente admite lo que yo llamo *enfoque comparativo* de la metáfora. Cuando Schopenhauer llamaba «ratonera» a la demostración geométrica estaba *diciendo,* según este enfoque (si bien no explícita-

---

[14] Así, Stern (*op. cit.*) dice de todas las figuras de dicción que «pretenden cumplir las funciones expresiva y finalística del habla mejor que la "enunciación llana y directa"» (p. 296); la metáfora daría lugar a una «elevación» (*Steigerung*) del asunto, pero los factores que conducen a su uso «involucran las funciones expresiva y eficiente (finalística) del habla, no la simbólica ni la comunicativa» (p. 290). Lo cual es decir que las metáforas pueden suscitar sentimientos o predisponer a otros a actuar y sentir de formas diversas, pero que típicamente no *dicen* nada.

mente): «La demostración geométrica es *como* una ratonera, puesto que ambas ofrecen una recompensa engañosa, seducen a sus víctimas progresivamente, conducen a una sorpresa desagradable, etc.» De este modo se mira la metáfora como un *símil* condensado o elíptico; y puede observarse que el «enfoque comparativo» es un caso particular del «enfoque sustitutivo», ya que sostiene que el enunciado metafórico podría sustituirse por una *comparación* literal equivalente.

Whately dice: «Puede considerarse que el símil o comparación difiere de la metáfora sólo por la forma: en aquel caso *afirma* el parecido a que se alude con la metáfora» [15]. Bain habla de que «la metáfora es una comparación implicada en el mero uso de un término», y añade: «hemos de buscar las peculiaridades de la metáfora —sus ventajas por un lado, y sus peligros y abusos por otro— en la circunstancia de que se ciñe a una palabra o, a lo más, a una frase» [16]. Este enfoque de la metáfora —como símil o comparación condensados— se ha hecho muy popular.

El inveterado ejemplo de «Ricardo es un león» puede servir perfectamente de ilustración de la diferencia principal entre la tesis de la sustitución (del género de que nos hemos ocupado antes) y su forma especial que he llamado enfoque comparativo. De acuerdo con aquella tesis, esta frase quiere decir aproximadamente lo mismo que «Ricardo es valiente» según este otro enfoque, poco más o menos lo mismo que «Ricardo es *como* un león (en cuanto a ser valiente)», frase esta última en que las palabras entre paréntesis se sobrentienden sin que se las enuncie explícitamente. En la segunda traducción se admite, igual que en la primera, que el enunciado metafórico está en lugar de otro literal y equivalente a él; pero el enfoque comparativo nos ofrece una paráfrasis más trabajada, ya que su interpretación del enunciado original lo hace versar sobre los leones tanto como sobre Ricardo [17].

La principal objeción que puede oponerse a una tesis comparativa es que padece una vaguedad tal que está al borde de la vacuidad. Se supone que estamos perplejos preguntándonos cómo cierta expresión (*M*), en su uso meta-

---

[15] Whatley, *loc. cit.* Este autor continúa luego trazando una distinción entre «lo que estrictamente se llama parecido, o sea, el parecido *directo* entre los objetos en cuestión (como cuando hablamos de *mesetas* orográficas o comparamos olas grandes a *montañas*)» y «la analogía, que es el parecido de razones: semejanza de las relaciones en que se encuentren con respecto a otros objetos, como cuando hablamos de la "*luz* de la razón" o de la "revelación", o comparamos un guerrero herido y cautivo a un navío encallado».

[16] Alexander Bain, *English Composition and Rhetoric* (ed. ampl., Londres, 1887), p. 159.

[17] Las tesis comparativas proceden probablemente de una breve afirmación de Aristóteles en la *Poética*: «La metáfora consiste un dar a una cosa un nombre que pertenezca a algo distinto; transferencia que pasa de género a especie, de especie a género o de especie a especie, o que se funda en la analogía» (1457 b). Me falta espacio para examinar con el detalle que merece el estudio de Aristóteles; puede encontrarse una buena defensa de un punto de vista basado en Aristóteles en S. J. Brown, *The World of Imagery* (Londres, 1927, especialmente en las pp. 67 ss.).

fórico, puede funcionar en lugar de una determinada expresión literal (*L*) que, según se sostiene, constituye un sinónimo aproximado de ella; y se nos responde que aquello que *M* representa (en su uso literal) es *semejante* a lo representado por *L*. Mas ¿qué información se nos proporciona con tal cosa? Sentimos cierta tentación de considerar que las semejanzas están «objetivamente dadas», con lo cual una pregunta de la forma «¿Se parece *A* a *B* en lo que respecta a *P*?» tendría una respuesta definida y predeterminada; y si así ocurriese, los símiles estarían regidos por reglas tan estrictas como las que regulan los enunciados de la física. Pero el parecido admite siempre grados, de modo que sería necesario que una pregunta verdaderamente «objetiva» tomase una forma tal como «¿Se parece *A* a *B* más que *C* en tal y cual escala de grados de *P*?». Sin embargo a medida que nos acercamos a semejantes formas los enunciados metafóricos pierden su eficacia y su razón de ser: necesitamos metáforas justamente en los casos en que por el momento esté descartada la precisión de los enunciados científicos. La afirmación metafórica no es ningún sustituto de una comparación en toda regla ni de ningún otro enunciado literal, sino que posee una capacidad y un rendimiento propios y peculiares. Frecuentemente decimos «*X* es *M*», y evocamos cierta conexión imputada entre *M* y un *L* imputado (o, mejor, un sistema indefinido L_1, L_2, L_3, ...), en casos en que nos hubiéramos visto en un gran apuro si, antes de construir la metáfora, hubiésemos tenido que encontrar algún parecido literal entre *M* y *L*; y, en algunos de estos casos, decir que la metáfora crea la semejanza sería mucho más esclarecedor que decir que formula una semejanza que existiera con anterioridad[18].

V

Paso ahora a considerar el tipo de análisis al que denominaré *enfoque interactivo* de la metáfora, que me parece estar libre de los principales defectos de los enfoques sustitutivo y comparativo, y haber logrado penetrar en forma no desdeñable en los usos y limitaciones de la metáfora[19].

---

[18] Habría que explicar muchas más cosas en un estudio a fondo del enfoque comparativo. Por ejemplo, serían muy reveladores los diversos tipos del caso, contrapuesto al anterior, en que se prefiere una comparación estricta a una metáfora: aquélla preludia a menudo una afirmación explícita sobre los fundamentos del parecido, en tanto que no esperamos que la metáfora se explique a sí misma (cf. la diferencia entre *comparar* la cara de un hombre con una máscara de lobo buscando aspectos parecidos y ver la faz humana como lupina). Mas no hay duda de que la línea que separa *algunas* metáforas de *algunos* símiles no es nítida.

[19] Las mejores fuentes son los escritos de I. A. Richards, especialmente el capítulo 5 («Metaphor») y el 6 («Command of Metaphor») de su *The Philosophy of Rhetoric* (Oxford, 1936); los capítulos 7 y 8 de su *Interpretation in Teaching* ocupan casi el mismo dominio. La *Greek Metaphor* (Oxford, 1936) de W. Bedell Stanford defiende lo que el autor llama una «teoría inte-

Comencemos por la siguiente afirmación: «Por formularlo del modo más sencillo: cuando utilizamos una metáfora tenemos dos pensamientos de cosas distintas en actividad simultánea y apoyados por una sola palabra o frase, cuyo significado es una resultante de su interacción»[20]. Podemos averiguar lo que se pretende decir aquí aplicando la observación de Richards a nuestro ejemplo anterior, «Los pobres son los negros de Europa». El enfoque sustitutivo, en su forma más cruda, nos dice que con ello se dice indirectamente algo acerca de los pobres de Europa (pero ¿qué?: ¿que constituyen una clase oprimida, que son un reproche permanente a los ideales oficiales de la comunidad, que la pobreza es heredada e indeleble?); el comparativo defiende que este epigrama presenta cierta comparación entre los pobres y los negros; y oponiéndose a ambos, Richards dice que nuestros «pensamientos» acerca de los pobres europeos y de los negros americanos están «en actividad simultánea» y que mediante su «interacción» dan lugar a un significado resultante de ésta.

A mi juicio, esto ha de querer decir que en el contexto presentado la palabra focal «negros» alcanza un sentido nuevo, que no es del todo ni el significado de sus usos literales ni el que podría tener un sustituto literal cualquiera: el nuevo contexto (el «marco» de la metáfora, en mi terminología) fuerza a la palabra focal a una extensión de su significado. Y entiendo que Richards dice que para que la metáfora funcione el lector tiene que percatarse de tal extensión, esto es, ha de atender conjuntamente al antiguo significado y al nuevo[21].

Mas ¿cómo se produce esta ampliación o cambio de significado? En un lugar, Richards habla de las «características comunes» de los (los términos (v. gr., los pobres y los negros) como «el fundamento de la metáfora» (*The Philosophy of Rhetoric,* p. 117), en cuanto que la palabra o expresión del caso tiene que connotar en su utilización metafórica sólo una *selección* de las características connotadas en sus usos literales; ello, sin embargo, parece ser un raro lapso en los viejos análisis, mucho menos quintaesenciados, que está tratando de superar[22]. Cuando, en cambio, habla

grativa» (véanse esp. las pp. 101 ss.) con gran erudición y pericia. Por desdicha, tanto uno como otro tropiezan con grandes dificultades para exponer claramente la índole de las posturas que defienden. El capítulo 18 de la obra de W. Empson *The Structure of Complex Words* (Londres, 1951) constituye una útil discusión de las opiniones de Richards sobre la metáfora.

[20] *The Philosophy of Rhetoric*, p. 93. Richards dice también que la metáfora es fundamentalmente un préstamo mutuo y comercio entre *pensamientos*, una transacción entre contextos» (p. 94); y añade que requiere dos ideas «que cooperen en un significado incluyente» (p. 119).

[21] Tal vez sea esto lo que lleve a Richards a decir que «hablar acerca de la identificación o fusión efectuada por la metáfora es casi siempre desorientador y pernicioso» (ibíd., p. 127).

[22] Por lo general, Richards intenta hacer patente que la semejanza entre los dos términos es, *en* el mejor de los casos, una *parte* de la base de la interacción de los significados de la metáfora.

de que el lector se ve obligado a «conectar» las dos ideas (p. 125) se encuentra en terreno mucho más firme: en esta «conexión» residen el secreto y el misterio de la metáfora. Al hablar de la «interacción» de dos pensamientos «en actividad simultánea» (y lo mismo de «iluminación mutua», o de «cooperación») se *usa* una metáfora para subrayar los aspectos dinámicos de la reacción de un buen lector ante una metáfora no trivial. No voy a pelearme por el uso de metáforas (si es que son buenas) cuando se hable acerca de la metáfora; pero mejor sería, acaso, emplear varias, para que no nos extravíen los adventicios encantos de nuestras favoritas.

Intentemos, por ejemplo, mirar la metáfora como un filtro. Consideremos la afirmación «El hombre es un lobo». Podemos decir que hay aquí *dos* asuntos [*subjects*]: el principal, *el* hombre (o los hombres) y el subsidiario, el lobo (o los lobos). Ahora bien, la frase metafórica en cuestión no aportará el significado que se pretende con ella a un lector suficientemente ignorante acerca de los lobos; mas lo que se necesita no es tanto que éste conozca el significado normal, del diccionario, de «lobo» (o que sea capaz de usar esta palabra en sus sentidos literales) cuanto que conozca lo que he de llamar *sistema de tópicos que la acompañan.* Imaginemos que se pide a un profano que diga, sin reflexionar especialmente sobre ello, qué cosas considera verdaderas acerca de los lobos: el conjunto de afirmaciones resultantes se aproximaría a lo que voy a llamar aquí el sistema de tópicos que acompañan a la palabra «lobo»; y estoy asumiendo que en cualquier cultura dada las respuestas de distintas personas a este ensayo concordarían bastante bien, y que incluso un experto ocasional, que podría poseer unos conocimientos desusados acerca de tal cuestión, sabría, con todo, «lo que el hombre de la calle piensa sobre ella». Sin duda, desde el punto de vista de la persona enterada, el sistema de tópicos podría incluir muchas semiverdades o, simple y llanamente, errores (como cuando se clasifica la ballena entre los peces); pero lo importante para la eficacia de la metáfora no es que los lugares comunes sean verdaderos, sino que se evoquen presta y espontáneamente (y por ello una metáfora que funcione en una sociedad puede resultar disparatada en otra: las personas para las que los lobos sean encarnaciones de difuntos darán al enunciado «El hombre es un lobo» una interpretación diferente de aquella que estoy dando por supuesta aquí).

Por exponer la cuestión de otro modo: los usos literales de la palabra «lobo» están regidos por unas reglas sintácticas y semánticas, cuya violación produce el absurdo o la contradicción; a lo cual añado la sugerencia de que los usos literales de tal palabra llevan normalmente al hablante a aceptar un conjunto de creencias normales acerca de los lobos (vulgaridades usuales) que constituyen una posesión común de los miembros de la comunidad lingüística. De modo que la negación de cualquier parte de tales tópicos admitidos (por ejemplo, si se dijera que los lobos son vegetarianos, o que se domestican fácilmente) da lugar a una paradoja y provoca que se pida una justificación; y se entiende normalmente que todo hablante que pronuncie el vocablo «lobo» implica, en cierto sentido de esta última palabra, que se está refiriendo a un ser feroz, carnívoro, traicionero, etc.: la idea de lobo forma parte de un sistema de ideas que no están delineadas con nitidez, mas, con todo, suficientemente definidas como para admitir una enumeración detallada.

Por tanto, el efecto que produce el llamar —metafóricamente— «lobo» a una persona es el de evocar el sistema de lugares comunes relativos al lobo: si esa persona es un lobo, hace presa en los demás animales, es feroz, pasa hambre, se encuentra en lucha constante, ronda a la rebusca de desperdicios, etc.; y cada una de las aserciones así implicadas tiene que adaptarse ahora al asunto principal (el hombre), ya sea en un sentido normal o en uno anormal; lo cual es posible —al menos hasta cierto punto— si es que la metáfora es algo apropiada. El sistema de implicaciones relativo al lobo conducirá a un oyente idóneo a construir otro sistema referente al asunto principal y correspondiente a aquél; pero estas implicaciones *no* serán las comprendidas por los tópicos que el uso literal de «hombre» implique *normalmente*: las nuevas implicaciones han de estar determinadas por la configuración de las que acompañen a los usos literales de la palabra «lobo», de modo que cualesquiera rasgos humanos de que se pueda hablar sin excesiva violencia en un «lenguaje lobuno» quedarán destacados, y los que no sean susceptibles de tal operación serán rechazados hacia el fondo —la metáfora del lobo suprime ciertos detalles y acentúa otros: dicho brevemente, *organiza* nuestra visión del hombre.

Supongamos que miro el cielo nocturno a través de un trozo de vidrio fuertemente ennegrecido en el que se hayan dejado sin ahumar ciertas líneas: veré entonces únicamente los astros que puedan caer sobre las líneas preparadas previamente en tal pantalla, y los que vea se me aparecerán organizados por la estructura de ésta. Podemos considerar la metáfora como una pantalla semejante, y el sistema de «tópicos acompañantes» de la palabra focal como la red de líneas trazada sobre ella, y podemos asimismo decir que el asunto principal «se ve a través» de la expresión metafórica —o, si lo preferimos, que resulta «proyectado sobre» el campo del asunto subsidiario—. (En esta última analogía hay que admitir que el sistema de implicaciones de la expresión focal determina la «ley de proyección».)

O bien adoptemos otro ejemplo. Supóngase que se me ha fijado la tarea de describir una batalla empleando palabras que en la mayor medida posible pertenezcan al vocabulario del ajedrez. Los términos de este juego determinan un sistema de implicaciones que dominará mi descripción: la elección forzada del vocabulario ajedrecístico hará que ciertos aspectos de la batalla queden subrayados, que otros se pasen por alto, y que el todo resulte organizado de una forma que podría violentar aún mucho más otros tipos de descripción. El vocabulario del ajedrez filtra y transforma: no solamente selecciona, sino que pone en primer plano aspectos del combate que podrían no haber sido visibles, en absoluto, a través de otro medio. (Como las estrellas que no pueden verse más que mediante el telescopio.)

Tampoco hemos de desdeñar los desplazamientos de actitud que suelen derivarse del empleo del lenguaje metafórico. Así, un lobo es —convencionalmente— un objeto odioso y alarmante, de modo que llamar lobo a un hombre es implicar que él también es aquellas dos cosas (y, de esta forma, apoyar y reforzar actitudes de vilipendio); mas, por volver al vocabulario del ajedrez: los usos primarios de éste tienen lugar con actitudes sumamente artificiales, de las que está formalmente excluida toda expresión de los sentimientos, de modo que describir una batalla como si fuese una partida de ajedrez es excluir, por la mera elección del lenguaje, todos los aspectos de la guerra que producen mayores alteraciones afectivas. (En los usos filosóficos de la metáfora no son raros subproductos análogos.)

Una objeción bastante evidente contra el precedente bosquejo del «enfoque interactivo» consiste en decir que dentro de él es preciso sostener que algunos de los «tópicos acompañantes» mismos experimentan un cambio metafórico de significado en el proceso de transferencia desde el asunto subsidiario al principal, y que difícilmente pueden explicarse tales cambios, si es que ocurren, con la versión expuesta: podría decirse que se ha analizado la metáfora primaria a base de un conjunto de metáforas subordinadas, de forma que tenemos una exposición circular o conducente a una regresión infinita.

Podemos salir al paso de esto negando que *todos* los cambios de significado de los «tópicos acompañantes» hayan de contarse como desplazamientos metafóricos: muchos deben considerarse como ampliaciones de significado, puesto que no involucran la aprehensión de conexiones entre dos sistemas de conceptos. Por lo demás, no he intentado explicar en general cómo se producen tales ampliaciones o desplazamientos, ni creo que haya ninguna versión sencilla de ellos que valga para todos los casos. (Es muy fácil musitar «la analogía», pero un estudio más de cerca hace ver muy pronto que existen toda clase de «razones» para los desplazamientos de significado en un contexto; y, a veces, que no hay razón ninguna.)

En segundo lugar, no negaré que una metáfora pueda involucrar entre sus implicaciones cierto número de metáforas subordinadas; pero, según creo, éstas suelen tenerse que entender menos «seriamente» que aquélla, esto es, acentuando menos sus implicaciones. (Las cosas que una metáfora implica son como los armónicos de un acorde musical: concederles demasiado «peso» es lo mismo que hacer que éstos suenen tan fuertemente como las notas principales, e igualmente desatinado.) En todo caso, la metáfora principal y las subordinadas suelen pertenecer al mismo campo del discurso, de modo que refuerzan recíprocamente uno y el mismo sistema de implicaciones; y, a la inversa, cuando al desentrañar la metáfora principal aparecen otras sustantivamente nuevas, se corre un serio riesgo de confusión mental (recuérdese la habitual prohibición de la «mezcla de metáforas»).

Mas la exposición anterior de la metáfora exige una corrección para llegar a ser razonablemente adecuada. Para los casos más corrientes, en los que el autor juega simplemente con los bienes mostrencos de conocimientos (y de informaciones erróneas) que, según es de presumir, comparte con el lector, basta referirse a los «tópicos acompañantes»; pero en un poema, o en un trozo completo de prosa, el escritor puede establecer una configuración nueva y fresca de implicaciones de los usos literales de las expresiones clave antes de utilizar éstas como vehículo para sus metáforas. (Un autor puede, antes de desarrollar una teoría contractual de la soberanía, suprimir en gran medida las implicaciones que le estorben de la palabra «contrato» mediante una discusión explícita del significado que quiera transmitir; y un naturalista que conozca realmente los lobos puede decirnos tanto acerca de ellos que *su* descripción del hombre como un lobo difiera muy notablemente de los usos inveterados de tal figura.) Las metáforas pueden apoyarse en un sistema de implicaciones construido especialmente lo mismo que en los tópicos aceptados: pueden hacerse a medida, no necesitamos buscarlas en el ropero.

Una vez más, hablar como si el sistema de implicaciones de la expresión metafórica no resultase alterado por el enunciado metafórico ha sido una simplificación: la naturaleza de la aplicación que se le pretenda dar ayuda a determinar el carácter del sistema que se vaya a aplicar (de igual forma que las estrellas podrían determinar en parte la índole de la pantalla de observación a través de la cual fuésemos a mirarlas): si bien llamar lobo a un hombre es colocarlo bajo una luz especial, no debemos olvidar que esta metáfora hace que el lobo nos parezca más humano de lo que ocurriría en otro caso.

Confío en que otras complicaciones análogas a éstas podrán encontrar acomodo dentro del bosquejo del «enfoque interactivo» que he tratado de presentar.

VI

Puesto que he venido utilizando de manera tan abundante el ejemplo y la ilustración, no estaría mal enunciar explícitamente (y a guisa de resumen) algunos de los respectos capitales en los que el enfoque recomendado difiera del «sustitutivo» o del «comparativo».

En la forma en que lo he venido exponiendo, el «enfoque interactivo» se embarca en las siete reivindicaciones siguientes

1) El enunciado metafórico tiene dos asuntos [*subjects*] distintos: uno «principal» y otro «subsidiario»[23].
2) El mejor modo de considerar tales asuntos es, con frecuencia, como «sistemas de cosas», y no como «cosas».
3) La metáfora funciona aplicando al asunto principal un sistema de «implicaciones acompañantes» característico del subsidiario.
4) Estas implicaciones suelen consistir en «tópicos» acerca de este último asunto, pero en ciertos casos oportunos pueden ser implicaciones divergentes establecidas *ad hoc* por el autor.
5) La metáfora selecciona, acentúa, suprime y organiza los rasgos característicos del asunto principal al implicar enunciados sobre él que normalmente se aplican al asunto subsidiario.
6) Ello entraña desplazamientos de significado de ciertas palabras pertenecientes a la misma familia o sistema que la expresión metafórica; y algunos de estos desplazamientos, aunque no todos, pueden consistir en transferencias metafóricas. (Mas las metáforas subordinadas han de leerse menos «seriamente».)
7) No hay ninguna «razón» sencilla y general que dé cuenta de los desplazamientos de significado necesarios: esto es, ninguna razón comodín de que unas metáforas funcionen y otras fallen.

Cuando se piensa sobre ello se ve que el punto 1) es incompatible con las formas más sencillas del «enfoque substitutivo», que el 7) es formalmente incompatible con el «enfoque comparativo» y que los restantes ofrecen ciertas razones para considerar inadecuados los enfoques de este último tipo. Pero es muy fácil exagerar los conflictos entre estas tres tesis. Si reclamásemos que sólo se contasen como metáforas «genuinas» los ejemplos que satisficiesen los siete puntos que hemos reivindicado, restringiríamos los usos correctos de la palabra «metáfora» a un número de casos pequeñísimo; lo cual sería abogar por una definición persuasiva de ella, que tendería a hacer que todas las metáforas fuesen interesantemente complejas[24]; mas

[23] Este punto se ha hecho notar a menudo. Por ejemplo: «En cuanto a la expresión metafórica, es una gran excelencia del estilo cuando se la utiliza con propiedad, ya que nos da dos ideas por una» (Samuel Johnson, citado por Richards, ibíd., p. 93).

La elección de rótulos para los «asuntos» presenta dificultades: véase la «nota terminológica» (más abajo, en la p. 567).

[24] Puedo simpatizar con la tesis de Empson de que «el término "metáfora" debería más bien corresponder a lo que los hablantes mismos sientan como un uso rico, sugestivo o persuasivo de un vocablo que incluir usos tales como el de la pata de una mesa» (*The Structure of Complex Words*, p. 333): pero también existe el peligro opuesto, o sea, el de hacer las metá-

semejante desviación con respecto a los usos corrientes de tal palabra nos dejaría sin un rótulo cómodo para los casos más triviales. Ahora bien, justamente en éstos es donde los enfoques «sustantivo» y «comparativo» parecen a veces dar más cerca del blanco que los «interactivos»; situación a la que podríamos hacer frente clasificando las metáforas como ejemplares de sustitución, comparación o interacción, y sólo las de la última especie tendrían importancia en filosofía.

Pues las metáforas de sustitución y las de comparación pueden reemplazarse por traducciones literales (con la posible excepción de la catacresis) sin más que sacrificar parte del encanto, vivacidad o ingenio del original, pero sin pérdida de contenido *cognoscitivo*; en tanto que de las «de interacción» no cabe prescindir: su modo de funcionar exige que el lector utilice un sistema de implicaciones (ya sea de «lugares comunes» o un sistema especial establecido con vistas a la finalidad del caso) como medio de seleccionar, acentuar y organizar las relaciones en un campo distinto; y este empleo de un «asunto subsidiario» para ayudar en la penetración del «asunto principal» es una operación intelectual peculiar (aun cuando estemos suficientemente familiarizados con ella gracias a nuestra experiencia de aprender dondequiera que sea cualesquiera cosas), que reclama que nos demos cuenta simultáneamente de los dos asuntos, pero que no es reductible a comparación alguna entre ellos.

Supongamos que tratamos de enunciar el contenido cognoscitivo de una metáfora interactiva en «lenguaje llano y directo». Hasta cierto punto, podemos conseguir la enumeración de ciertas relaciones pertinentes entre los dos asuntos (si bien, teniendo en cuenta la ampliación de significado que acompaña al desplazamiento propio del asunto subsidiario, no hemos de esperar demasiado de las paráfrasis literales); pero el conjunto de enunciados literales así obtenidos carecerá de la fuerza informativa y esclarecedora que tiene el original, ya que, por lo pronto, las implicaciones cuya extracción se dejaba antes al lector idóneo —acompañada de una fina sensación de su prioridad e importancia relativas—, se presentan ahora explícitamente, y como si estuviesen dotadas de idéntico peso: la paráfrasis literal, inevitablemente, dice demasiado, y más, acentuando de modo indebido las cosas. Uno de los puntos que querría subrayar más es que, en tales casos, la pérdida que se produce es pérdida de contenido cognoscitivo: la debilidad que nos importa de la paráfrasis literal no es que pueda ser fastidiosamente prolija o aburrirnos con su explicitud (o bien poseer una calidad estilística deficiente), sino que fracasa en su empeño de ser una traducción, ya que no consigue hacernos penetrar en la cuestión como lo hacía la metáfora.

---

foras, por su definición, demasiado importantes, con lo que estrechamos excesivamente nuestro enfoque del tema.

Pero la «explicación», o desarrollo del fundamento de la metáfora, puede ser sumamente valiosa si no se la considera como un sustituto cognoscitivo adecuado del original: una metáfora vigorosa no sufre con tal cala daño mayor que el que pudiera experimentar una obra maestra musical en virtud de un análisis de su estructura armónica y melódica. No cabe duda de que las metáforas son peligrosas, y acaso especialmente en filosofía; mas toda prohibición de su empleo constituiría una restricción arbitraria y perjudicial de nuestra capacidad de indagación[25].

---

[25] (*Nota terminológica.*) En las metáforas que convengan con los enfoques sustitutivo o comparativo es necesario distinguir los siguientes factores: I) cierta palabra o expresión, *E*. II) que aparece en cierto «marco» verbal, *M*. de modo que III) *M(E)* sea el enunciado metafórico del caso, IV) el significado *s'(E)*, que *E* tenga en *M (E)* y V) que será igual al significado literal *s(X)*, de determinado sinónimo literal, *X*. Un vocabulario suficientemente técnico estaría formado por: «expresión metafórica» *(E)*, «enunciado metafórico» *(M(E))*, «significado metafórico» *(s')* y «significado literal» *(s)*.

Conforme el enfoque apropiado es el interactivo la situación es más complicada. Posiblemente tendremos que referirnos a: VI) el asunto principal de *M(E)*, digamos *P* (poco más o menos, aquello sobre lo que «realmente» verse el enunciado), VII) el asunto subsidiario, S (aquello sobre lo que versaría *M (E)* si lo leyéramos literalmente), VIII) el sistema de implicaciones pertinente, *I*, en conexión con S, y IX) el sistema de atribuciones resultante, *A*, que se afirme de *P*. (Hemos de aceptar al menos todas estas complicaciones si concedemos que el significado de *E* en su enmarque *F* depende de la transformación de *I* en *A* que se logra en virtud de utilizar, aplicado a *P*, un lenguaje que normalmente se aplica a *S*.)

Richards ha propuesto la utilización de las palabra» «tenor» y «vehículo» para los dos «*pensamientos*» que, según su tesis, están «en actividad simultánea» (o sea, para «las dos *ideas* que la metáfora nos ofrece en sus casos más sencillos»: *The Philosophy of Rhetoric*, p. 96: la cursiva es mía), y nos insta a reservar «la palabra "metáfora" para esta doble unidad en su conjunto» (ibíd.). Pero esta imagen de dos *ideas* que obrarían una sobre otra es una ficción nada conveniente; y es muy significativo que él mismo caiga pronto en el lapso de hablar del «tenor» y del «vehículo» como de «cosas» (v. g., en la p. 118). La referencia del «vehículo» de Richards vacila entre la expresión metafórica (*E*), el asunto subsidiario (*S*) y el sistema de implicaciones conexo (*I*); menos claro es qué es lo que significa su «tenor»: unas veces representa el asunto principal (*P*), otras las implicaciones en conexión con él (que no he simbolizado arriba) y en algunas, pese a las propias intenciones de Richards, el significado *resultante* —o, como podríamos decir, el «valor total»— de *E* en su contexto, *M* (*E*).

Probablemente no hay esperanza de llegar a la aceptación de una terminología mientras discrepen tanto entre sí quienes escriben sobre la cuestión.

LO QUE SIGNIFICAN LAS METÁFORAS*

DONALD DAVIDSON

La metáfora es el sueño del lenguaje y, como todo sueño, su interpretación refleja tantas cosas sobre el intérprete como sobre el que la ha originado. La interpretación de los sueños requiere colaboración entre alguien que sueña y alguien que está despierto, incluso si ambos son la misma persona; y el acto de interpretación es en sí mismo un trabajo de la imaginación. De este modo, también la comprensión de una metáfora es una empresa tan creativa como su forja, y está mínimamente guiada por reglas.

Estas observaciones no distinguen, excepto en asuntos de grado, la metáfora de las transacciones lingüísticas más rutinarias: toda comunicación por medio del habla supone la interacción de construcción e interpretación inventivas. Lo que la metáfora añade a lo ordinario es un logro que no usa recursos semánticos que vayan más allá de aquellos de los que depende lo ordinario. No hay instrucciones para diseñar metáforas; no hay ningún manual para determinar lo que una metáfora «significa» o «dice»; no hay una prueba de la metáfora que no llame a capítulo el gusto estético [1]. Una metáfora implica un género y un grado de éxito artístico; no hay metáforas que carezcan de éxito, del mismo modo que no hay chistes que no sean graciosos. Hay metáforas sin gusto, pero se trata de giros que, a pesar de todo, han dado algún rendimiento, incluso aunque tal rendimiento no valiera la pena, o hubiera podido resultar mejor.

Este artículo se ocupa de lo que significan las metáforas, y su tesis es que las metáforas significan lo que las palabras significan, en su interpretación más literal, y nada más. Puesto que esta tesis desafía abiertamente los puntos de vista contemporáneos con los que estoy familiarizado, mucho de lo que tengo que decir es crítico. Pero pienso que el cuadro de la metáfora que emerge cuando el error y la confusión se han disipado la convierte en un fenómeno más, y no menos, interesante.

---

* Versión castellana de Luis M. Valdés Villanueva.

[1] Creo que Max Black se equivoca cuando dice: «Las reglas de nuestro lenguaje determinan que algunas expresiones tienen que contarse como metáforas» («Metáfora», p. 29). [Versión castellana, pp. 545-563 de este volumen.]

El error fundamental contra el que voy a lanzar mis invectivas es la idea de que una metáfora tiene, además de su sentido o significado literal, otro sentido o significado. Esta idea es común a muchos de los que han escrito sobre la metáfora: se encuentra en las obras de críticos literarios como Richards, Empson y Winters; filósofos desde Aristóteles a Max Black, psicólogos desde Freud, e incluso antes, a Skinner y sus sucesores; y lingüistas desde Platón a Uriel Weinreich y George Lakoff. La idea toma muchas formas, desde la relativamente simple en Aristóteles hasta la relativamente compleja en Black. La idea aparece en escritos que mantienen que puede darse una paráfrasis literal de una metáfora, pero es también compartida por los que defienden que típicamente no puede encontrarse tal paráfrasis literal. Algunos ponen la intuición especial que puede inspirar la metáfora y dan mucho pábulo al hecho de que el lenguaje ordinario, en su funcionamiento usual, no da como resultado tal intuición. Pero con todo, este punto de vista también contempla la metáfora como una forma de comunicación que corre paralela a la comunicación ordinaria; la metáfora transmite verdades o falsedades acerca del mundo en la misma medida en que lo hace el lenguaje más llano, aunque el mensaje pueda considerarse más exótico, más profundo, o vestido con más ricos ropajes.

El concepto de metáfora como algo que es, primariamente, un vehículo para transmitir ideas, incluso si son inusuales, me parece tan erróneo como la idea emparentada de que la metáfora tiene un significado especial. Estoy de acuerdo con el punto de vista de que las metáforas no pueden parafrasearse, pero creo que esto no se debe a que las metáforas digan algo demasiado nuevo para ser expresado literalmente, sino a que en una expresión metafórica no hay nada que parafrasear. La paráfrasis, sea o no posible, es apropiada para lo que se *dijo*: en la paráfrasis intentamos decirlo de otra manera. Pero si estoy en lo cierto, una metáfora no dice nada que vaya más allá de su significado literal (ni tampoco el que la ha forjado dice, al usar la metáfora, nada que vaya más allá de lo literal). Esto no equivale, por supuesto, a negar que la metáfora tenga un objeto, ni que ese objeto pueda sacarse a la luz usando palabras adicionales.

Los que en el pasado han negado que la metáfora tenga un contenido congnitivo además del literal se han aprestado con frecuencia a mostrar que la metáfora es algo confuso, meramente emotivo, no apto para un discurso serio, científico o filosófico. Mis puntos de vista no se van a asociar con esta tradición. La metáfora es un dispositivo legítimo no sólo en la literatura sino también en la ciencia, la filosofía y el derecho; es efectiva en el elogio y en la injuria, en la plegaria y en la promoción, en la descripción y en la prescripción. No estoy en desacuerdo con Max Black, Paul Henle, Nelson Goodman, Monroe Beardsley y otros en la mayor parte de sus explicaciones de lo que logra la metáfora, pero pienso que consigue aún más cosas y que lo que es adicional es de un género diferente.

Mi desacuerdo tiene que ver con la explicación de cómo la metáfora produce sus maravillas. Para adelantar algo: lo que voy a decir depende de la distinción entre lo que las palabras significan y aquello para lo que se las usa. Pienso que la metáfora pertenece exclusivamente al dominio del uso. Es algo que se consigue mediante el uso imaginativo de palabras y oraciones y depende enteramente de los significados ordinarios de esas palabras y por lo tanto de los significados ordinarios de las oraciones que la integran.

No sirve de ayuda en modo alguno, al explicar la forma en que las palabras funcionan en la metáfora, el postular significados metafóricos o figurativos, o géneros especiales de verdad poética o metafórica. Estas ideas no explican la metáfora, es la metáfora la que las explica. Una vez que comprendemos una metáfora podemos llamar a lo que captamos «verdad metafórica» y decir (hasta cierto punto) cuál es el «significado metafórico». Pero hacer que este significado se aloje simplemente en la metáfora es algo parecido a explicar por qué una píldora nos hace dormir diciendo que tiene virtud dormitiva. El significado literal y las condiciones de verdad literal pueden asignarse a palabras y oraciones aparte de los contextos particulares de uso. Ésta es la razón por la que remitirnos a ellos tiene genuino poder explicativo.

Voy a tratar de establecer mis puntos de vista negativos sobre lo que significan las metáforas e introducir mis limitadas afirmaciones positivas examinando algunas teorías falsas sobre la naturaleza de la metáfora.

Una metáfora nos hace atender a alguna semejanza, a menudo una semejanza nueva o sorprendentemente, entre dos o más cosas. Estas observaciones, trilladas aunque verdaderas, conducen, o parecen conducir, a una conclusión que concierne al significado de las metáforas. Consideremos la semejanza o similitud ordinarias: dos rosas son similares porque comparten la propiedad de ser una rosa; dos niños son similares en virtud de su niñez. O, más simplemente, las rosas son similares porque cada una es una rosa, y los niños, porque cada uno es un niño.

Supóngase que alguien dice «Tolstoi fue niño alguna vez». ¿Cómo se parece el niño Tolstoi otros niños? La respuesta viene acompañada de una palmadita en la espalda: en virtud de que exhibe la propiedad de niñez, esto es, arrojando lastre, en virtud de ser un niño. Si nos cansa la frase «en virtud de» podemos, eso parece, expresarlo más simplemente todavía diciendo que el niño Tolstoi comparte con otros niños el hecho de que el predicado «es un niño» se le aplica; dada la palabra «niño», no tenemos problema alguno a la hora de decir exactamente cómo se parece el niño Tolstoi a otros niños. Podemos hacerlo sin la palabra «niño»; todo lo que necesitamos es disponer de otras palabras que signifiquen lo mismo. El resultado final es el mismo. La similitud ordinaria depende de agrupaciones establecidas por los significados ordinarios de las palabras. Tal similitud es natural y no es nada sorprendente, hasta el punto de que los modos familiares de agrupar objetos están ligados a los significados usuales de las palabras usuales.

Un famoso crítico dijo que Tolstoi fue «un gran niño moralizador». El Tolstoi a que nos referimos aquí no es, obviamente, el niño Tolstoi, sino

Tolstoi, el escritor adulto; ésta es la metáfora. Ahora bien, ¿en qué sentido el escritor Tolstoi es similar a un niño? Lo que vayamos a hacer es, tal vez, pensar en la clase de objetos que incluye a todos los niños ordinarios y, además, al Tolstoi adulto y, a continuación, preguntarnos qué propiedad especial, sorprendente, tienen en común los miembros de esta clase. El pensamiento que tiene aquí atractivo es el de que, con paciencia, podríamos llegar tan cerca cuanto fuese necesario de la especificación de la propiedad apropiada. En cualquier caso, podríamos hacer nuestro trabajo perfectamente si encontrásemos palabras que significasen exactamente lo que significa la expresión metafórica «niño». El punto importante, desde mi perspectiva, no es que podamos encontrar o no las otras palabras perfectas, sino la suposición de que hay algo que ha de intentarse buscar, un significado metafórico que encaje con ellas. Hasta ahora no he hecho más que bosquejar crudamente cómo el concepto de significado puede haberse deslizado dentro del análisis de la metáfora, y la respuesta que he sugerido es que, puesto que aquello que entendemos como similaridad a modo de variedad de jardín va de la mano con lo que entendemos como significados a modo de variedad de jardín, resulta natural postular significados inusuales o metafóricos para que ayuden a explicar las semejanzas que la metáfora fomenta.

La idea, entonces, es que en la metáfora ciertas palabras toman significados nuevos o, como se los llama frecuentemente, «extendidos». Cuando leemos, por ejemplo, que «el Espíritu de Dios se movió sobre faz de las aguas», hemos de considerar que la palabra «faz» tiene un significado extendido (ignoro otras metáforas del pasaje). La extensión se aplica, como de hecho sucede, a lo que los filósofos llaman la extensión de la palabra, esto es, la clase de entidades a la se refiere. Aquí la palabra «faz» se aplica a las faces habituales, y además a las aguas.

Esta explicación no puede, en ningún caso, ser completa, pues si en estos contextos las palabras «faz» y «niño» se aplican correctamente a las aguas y al adulto Tolstoi, entonces las aguas tienen realmente faz y Tolstoi era literalmente un niño, y todo sentido metafórico se evapora. Si hemos de pensar que las palabras que aparecen en las metáforas van directamente a su asunto: aplicarse a lo que propiamente se aplican, entonces no hay ninguna diferencia entre la metáfora y la introducción de un nuevo término en nuestro vocabulario: hacer una metáfora es asesinarla.

Lo que se ha dejado fuera es cualquier apelación al significado original de las palabras. Dependa o no la metáfora de significados nuevos o extendidos, ciertamente depende de alguna manera de los significados originales; una explicación adecuada de la metáfora tiene que permitir que los significados primarios u originales de las palabras permanezcan activos en su entorno metafórico.

Tal vez, entonces, podamos explicar la metáfora como un género de ambigüedad: en el contexto de una metáfora, ciertas palabras tienen o un sentido nuevo, o uno original, y la fuerza de la metáfora depende de nuestra incertidumbre mientras vacilamos entre los dos significados. Así, cuando Melville escribe que «Cristo era un cronómetro», el efecto de la metáfora se produce porque tomamos primero «cronómetro» en su sentido ordinario y, a continuación, en algún sentido extraordinario o metafórico.

Es difícil ver cómo esta teoría puede ser correcta. Pues la ambigüedad que encierra la palabra, si es que la hay, se debe al hecho de que en contextos ordinarios significa una cosa y en el contexto metafórico significa algo distinto; pero en el contexto metafórico no tenemos necesariamente dudas sobre su significado. Cuando dudamos, es usualmente para decidir qué interpretación metafórica, de entre un determinado número de ellas, deberíamos aceptar; raramente dudamos que lo que tenemos ante nosotros es una metáfora. En cualquier caso, la efectividad de la metáfora sobrevive fácilmente al momento en que se acaba la incertidumbre sobre la interpretación del pasaje metafórico. La metáfora, por tanto, no puede deber su efecto a una ambigüedad de esta clase[2].

Otra forma de ambigüedad puede que parezca ofrecer una sugerencia mejor. A veces una palabra, en un contexto único, puede ser portadora de dos significados y, en esa ocasión, se intenta que recordemos y usemos los dos. O, si pensamos en que el ser una palabra implica mismidad de significado, podemos describir la situación como aquella en la que lo que parece ser una sóla palabra son de hecho dos. Cuando en la obra de Shakespeare Cressida recibe una bienvenida impúdica en el campamento griego, Néstor dice, «Nuestro general os saluda con un beso». Aquí tenemos que considerar «general» de dos maneras: una de ellas en tanto que aplicado a Agamenón, que es el general; y la otra, puesto que ella está besando a todo el mundo, en tanto que aplicada, no a nadie en particular, sino a todo el mundo en general. En realidad tenemos una conjunción de dos oraciones: nuestro general, Agamenón, te saluda con un beso; y todos en general te saludamos con un beso.

Esto es un dispositivo legítimo, un juego de palabras, pero no es el mismo dispositivo que la metáfora. En la metáfora no hay una necesidad esencial de reiteración; cualesquiera que fuesen los significados que asignemos a las palabras, se mantienen a través de toda lectura correcta del pasaje.

---

[2] Nelson Goodman dice que la metáfora y la ambigüedad difieren principalmente en que «los diversos usos de un término meramente ambiguo son coetáneos e independientes» mientras que, en el caso de la metáfora, «un término con una extensión establecida por hábito se aplica en otro lugar bajo la influencia de ese hábito»; sugiere que, a medida en que nuestro sentido de la historia borra los «dos usos» de metáfora, la palabra metafórica se convierte en meramente ambigua [*Languages of Art* (Bobbs-Merril, Indianapolis, 1968), p. 71]. De hecho, en muchos casos de ambigüedad un uso brota de otro (como dice Goodman) y, de este modo, no puede ser coetáneo. Pero el error básico que Goodman comparte con otros, es la idea de que los dos usos están involucrados en la metáfora de una manera algo parecida a la que lo están en la ambigüedad.

Una modificación plausible de esta última sugerencia sería considerar que la palabra (o las palabras) clave de una metáfora tienen dos géneros diferentes de significado a la vez, un significado literal y otro figurativo. Imaginemos que el significado literal está latente, se trata de algo de lo que nos damos cuenta, que puede influir sobre nosotros sin que influya en el contexto, mientras que el significado figurativo transporta la carga directa. Y finalmente, tiene que haber una regla que conecte los dos significados pues, si no fuese así, la explicación se desliza hacia una forma de la teoría de la ambigüedad. La regla, al menos para muchos casos típicos de metáfora, dice que en su papel metafórico la palabra se aplica a todo a lo que se aplica en su papel literal y, a continuación, a algo más[3].

Esta teoría puede parecer compleja, pero es sorprendentemente similar a lo que Frege propuso para dar cuenta de la conducta de los términos referenciales en las oraciones modales y en las oraciones sobre actitudes proposicionales como creencia y deseo. De acuerdo con Frege, cada término referencial tiene dos (o más) significados, uno que fija su referencia en los contextos ordinarios y otro que fija su referencia en los contextos especiales creados por los operadores modales o los verbos psicológicos. La regla que conecta los dos significados puede escribirse así: el significado de la palabra en los contextos especiales hace que la referencia en esos contextos sea idéntica al significado en los contextos ordinarios.

He aquí el cuadro total, poniendo a Frege junto con un punto de vista fregeano de la metáfora: hemos de pensar que una palabra tiene, además de su campo mundano de aplicación o referencia, dos campos especiales o supramundanos de aplicación, uno para la metáfora y el otro para los contextos modales y cosas por el estilo. En ambos casos el significado original permanece para llevar a cabo su trabajo en virtud de una regla que pone en relación los diversos significados.

Una vez que he subrayado la posible analogía entre el significado metafórico y los significados fregeanos para contextos oblicuos, vuelvo a una dificultad imponente que amenaza el que pueda mantenerse la analogía. Piense en que usted está atendiendo a un visitante de Saturno intentando enseñarle el uso de la palabra «suelo». Utiliza usted los recursos familiares, llevándole de un suelo a otro, señalando el suelo a la vez que lo golpea con el pie y repitiendo la palabra. Usted lo anima a hacer experimentos, le pide que dé unos golpecitos de tanteo a los objetos con su tentáculo y, a la vez le recompensa sus aciertos y sus errores. Usted quiere que llegue a conocer, no sólo que estos objetos o superficies particulares son suelos, sino también cómo distinguir un suelo cuando está al alcance de la vista o del tacto. El entremés que usted está representando no le *dice* lo que necesita saber, pero con un poco de suerte le ayuda a aprenderlo.

---

[3] La teoría descrita es esencialmente la de Paul Henle en «Metaphor» [en *Language, Thought and Culture*, P. Henle (ed.), University of Michigan Press, Ann Arbor, Michigan, 1958].

¿Deberíamos llamar a este proceso aprender algo sobre el mundo o aprender algo sobre el lenguaje? Es una pregunta extraña, pues lo que se aprende es que un trozo del lenguaje se refiere un trozo del mundo. Con todo, resulta todavía fácil distinguir entre el aprender el significado de una palabra y usar la palabra una vez que ese significado se ha aprendido. Comparando estas dos actividades, es natural decir que la primera tiene que ver con aprender algo sobre el lenguaje, mientras que la segunda es típicamente aprender algo sobre el mundo. Si su habitante de Saturno ha aprendido cómo usar la palabra «suelo», puedo tratar de decirle algo nuevo, que *aquí* hay un suelo. Si ya domina el pequeño truco que tienen las palabras, le habrá dicho algo sobre el mundo.

Su amigo de Saturno le transporta ahora a usted a través del espacio, hasta su esfera doméstica, y mirando hacia atrás, hacia la Tierra, allá a lo lejos le digo, señalándola con un movimiento de mi cabeza: «suelo». Quizá él piense que esto es aún parte de la lección y suponga que la palabra «suelo» se aplica de manera apropiada a la Tierra, al menos vista desde Saturno. Pero ¿qué pasaría si usted pensase que su huésped ya conocía el significado de «suelo», y usted estuviera recordando cómo Dante, desde un lugar similar en los cielos, vio la Tierra habitada como «el pequeño suelo redondo que nos hace apasionados»? Su propósito era la metáfora, no era ejercitarse en uso del lenguaje. ¿Qué diferencia tendrá para su amigo la manera en que lo tomase? Con la teoría de la metáfora que estamos considerando, muy poca diferencia, pues de acuerdo con esa teoría una palabra tiene un significado nuevo en un contexto metafórico; la ocasión de la metáfora sería, por tanto, la ocasión para aprender el nuevo significado. Deberíamos estar de acuerdo en que, en cierto modo, hay una diferencia relativamente pequeña si, en un contexto dado, pensamos que una palabra está siendo usada metafóricamente o de un modo previamente desconocido pero literal. Empson, *en Some Versions of Pastoral*, cita estas líneas de Donne: «As our blood labours to beget /Spirits, as like souls as it can, .../ So must pure lover's soules descend...». El lector moderno está casi seguro, señala Empson, de tomar metafóricamente la palabra «spirits» en este pasaje, como aplicable sólo por extensión a algo espiritual. Pero para Donne no había metáfora. Escribe él en sus Sermons, «The Spirits... are the thin and active parts of the blood, and are a kind of middle nature, between soul and body». Aprender esto no importa mucho; Empson tiene razón cuando dice, «Es curioso cómo los cambios en la palabra [esto es, en lo que pensamos que significa] no afectan a la poesía»[4].

Este cambio puede ser, en algunos casos al menos, difícil de apreciar, pero a menos que haya un cambio, la mayor parte de lo que se piensa que es interesante en la metáfora se pierde. He estado expresando lo que quería decir utilizando el contraste entre aprender un nuevo uso para una palabra

[4] W. Empson, *Some Versions of Pastoral* (Chatto & Windus, Londres, 1935), p. 133.

vieja y usar una palabra que ya se comprende; en un caso, he dicho, nuestra atención se dirige hacia el lenguaje, y en el otro hacia aquello de que trata el lenguaje. La metáfora, como he sugerido, pertenece a la segunda categoría. Esto también puede verse considerando las metáforas muertas. Hubo algún tiempo, supongo, en que los ríos y las botellas no tenían, literalmente bocas, tal como las tienen hoy. Pensando en el uso presente, no importa si consideramos que la palabra «boca» es ambigua porque se aplica a las desembocaduras de los ríos y los orificios de apertura de las botellas del mismo modo que a ciertos orificios de entrada de los animales, o si pensamos que hay un único campo amplio de aplicación que abarca los dos casos. Lo que importa es que cuando «boca» se aplicó sólo metafóricamente a las botellas, la aplicación hizo que el oyente *cayera en la cuenta* de un parecido entre ciertos orificios de entrada de los animales y los orificios de apertura de las botellas. (Considérese la referencia de Homero a las heridas como bocas.) Una vez que se tiene el uso presente de la palabra, con aplicación literal a las botellas, ya no queda nada en lo que caer en la cuenta. No hay similaridad que buscar; ahora consiste simplemente en que se hace referencia a las dos cosas con la misma palabra.

La novedad no es el asunto en disputa. En su contexto, una palabra que una vez se consideró metáfora continúa siendo una metáfora después de que se la oiga cien veces, mientras puede apreciarse con facilidad un nuevo aspecto literal de una palabra la primera vez que se la encuentra. Lo que llamamos el elemento de novedad o sorpresa en una metáfora es una característica estética incrustada dentro de ella que podemos experimentar una y otra vez, lo mismo que la sorpresa de la Sinfonía n.º 94 de Haydn o una engañosa cadencia familiar.

Si la metáfora involucra un segundo significado, tal como lo hace la ambigüedad, podríamos esperar ser capaces de especificar el significado especial de una palabra en un contorno metafórico esperarando hasta que la metáfora se muriera. El significado figurativo de la metáfora viva debería quedar inmortalizado en el significado literal de la muerta. Pero aunque algunos filósofos han sugerido esto, la idea parece que está lisa y llanamente equivocada. «Está echando llamas» es genuinamente ambiguo (dado que puede ser verdadero en un sentido y falso en otro), pero aunque las expresiones que pertenecen a la jerga son sin duda el cadáver de una metáfora, esta frase familiar es indudablemente el cuerpo de una metáfora, «Está echando llamas» no sugiere hoy día más que esto: que él estaba muy enfadado. Cuando la metáfora estaba activa, nos lo habríamos imaginado con fuego en los ojos o con humo saliéndole de las orejas.

Podemos aprender mucho sobre lo que las metáforas significan comparándolas con los símiles, pues un símil nos dice, en parte, lo que una metáfora nos señala meramente que tengamos en cuenta. Supongamos que Goneril hubiera dicho, pensando en Lear: «Los viejos necios son como bebés otra vez»; por consiguiente, habría usado esas palabras para aseverar una similitud entre los viejos necios y los bebés. Lo que efectivamente dijo, desde luego, fue «Los viejos necios son bebés otra vez», usando las palabras de esta manera para dar a entender lo que el símil declaraba. El pensar de acuerdo con estas líneas puede inspirar otra teoría del significado figurativo o especial de las metáforas: el significado figurativo de una metáfora es el significado literal del símil correspondiente. De este modo, «Cristo era un cronómetro» es sinónimo, en su sentido figurativo, de «Cristo era como un cronómetro», y el significado metafórico que en algún momento se encerró en «Está echando llamas» queda en libertad en «Está como alguien que está echando llamas» (o quizás «Está como en llamas»).

Existe, con toda seguridad, la dificultad de identificar el símil que corresponde a una metáfora dada. Virginia Woolf dijo que un intelectual es «un hombre o mujer con una inteligencia de pura sangre que cabalga su mente al galope campo traviesa en busca de una idea». ¿Qué símil le corresponde? Quizás algo como esto: «Un intelectual es un hombre o mujer cuya inteligencia es parecida a un caballo de pura sangre y que piensa porfiadamente sobre una idea como un jinete galopando campo traviesa a la búsqueda de... bueno, algo.»

El punto de vista de que el significado especial de una metáfora es idéntico al significado literal de un símil correspondiente (como quiera que se tome «correspondiente») no debería de confundirse con la teoría común de que una metáfora es un símil elíptico[5]. Esta teoría no hace ninguna distinción en significado entre una metáfora y algún símil relacionado y no hace provisión de terreno alguno para hablar de significados figurativos, metafóricos especiales. Es una teoría que gana fácilmente por lo que respecta a la simplicidad, pero también parece demasiado simple para funcionar. Puesto que si hacemos que el significado literal de la metáfora sea el significado literal del símil con el que encaje, negamos el acceso a lo que habíamos considerado originalmente que era el significado literal de la metáfora, y habíamos estado de acuerdo, casi desde el principio, en que *este* significado era esencial para el funcionamiento de la metáfora, sea lo que fuere lo que hubiera podido interponerse en el camino de un significado no literal.

Tanto la teoría de la metáfora en tanto que símil elíptico como su variante más sofisticada, que hace equivaler el significado figurativo de la metáfora con el significado literal de un símil, comparten un defecto fatal. Hacen que el significado oculto de la metáfora sea demasiado obvio y accesible. En cada caso el significado oculto ha de encontrarse simplemente mirando

[5] J. Middleton Murray dice que una metáfora es un «símil comprimido» (*Countries of the Mind*, Collins, Londres, 1922). Max Black [pp. 545-563 de este volumen] atribuye un punto de vista similar a Alexander Bain, *English Composition and Rethoric* (D. Appleton, Nueva York, 1867).

al significado literal de lo que es usualmente un símil dolorosamente trivial. Estamos en las mismas de antes: Tolstoi es como un niño, la Tierra es como un suelo. Es trivial porque todo es como todo, y de modos infinitos. Las metáforas son a menudo muy difíciles de interpretar y, así se dice, imposibles de parafrasear. Pero con esta teoría, la interpretación y la paráfrasis están siempre al alcance del más tonto.

Se ha encontrado que estas teorías del símil son aceptables sólo porque, según pienso, se las ha confundido con una teoría completamente diferente. Consideremos esta observación de Max Black:

> Cuando Schopenhauer llamaba «ratonera» a la demostración geométrica estaba *diciendo*, según este enfoque (si bien no explícitamente): «La demostración geométrica es *como* una ratonera, puesto que ambas ofrecen una recompensa engañosa, seducen a sus víctimas progresivamente, conducen a una sorpresa desagradable, etc.» De este modo se mira la metáfora como un *símil* condensado o elíptico[6].

Puedo distinguir aquí dos confusiones. Primero, si las metáforas son símiles elípticos, dicen *explícitamente* lo que los símiles dicen, pues la elipsis es una forma de abreviación y no una paráfrasis o un informe indirecto. Pero, y éste es el asunto más importante, el enunciado de Black de lo que dice la metáfora va mucho más allá de cualquier cosa dada por el símil correspondiente. El símil simplemente dice que una prueba geométrica es como una ratonera. No nos *dice* en mayor medida de lo que lo hace la metáfora qué similitudes hemos de tomar en cuenta. Black menciona tres similitudes, y desde luego podríamos continuar añadiendo elementos a la lista por los siglos de los siglos. Pero ¿es esta lista, una vez revisada y suplementada en la forma correcta, la que se supone que da el significado *literal* del símil? Seguramente no, puesto que el símil no declara nada más que la similitud. Si se supone que la lista proporciona el significado figurativo del símil, entonces no aprendemos nada sobre la metáfora a partir de la comparación con el símil: sólo que ambos tienen el mismo significado figurativo. Nelson Goodman afirma de hecho que «la diferencia entre el símil y la metáfora es despreciable» y, continua: «Ya sea la locución "es como" o "es", la figura *establece una semejanza* entre el retrato y la persona seleccionando un cierto rasgo común...»[7]. Goodman está considerando la diferencia entre decir que un retrato es triste y decir que es como una persona triste. Es claramente verdadero que ambos dichos establecen una semejanza entre el retrato y la persona, pero me parece un error afirmar que cualquiera de los dos modos de hablar «selecciona» un rasgo común. El símil dice que hay una semejanza y nos deja seleccionar algún rasgo común, o algunos rasgos comunes; la metá-

[6] M. Black, «Metáfora» [p. 553 de este volumen].
[7] N. Goodman, *Languages of Art*, pp. 77-78 [véase referencia bibliográfica en la nota 2].

fora no asevera explícitamente una semejanza, pero si la aceptamos como metáfora, se nos lleva de nuevo a buscar rasgos comunes (no necesariamente los mismos rasgos que sugiere el símil asociado; pero éste es otro asunto).

Justamente porque un símil lleva una declaración de similitud en la bocamanga es, según pienso, mucho menos plausible que en el caso de la metáfora mantener que hay un segundo significado oculto. En el caso del símil, tomamos nota de lo que dice literalmente: que dos cosas se parecen entre sí; a continuación observamos los objetos y consideramos, en ese contexto, qué similitud estaría en el punto de mira. Una vez que lo hemos decidido, podríamos decir a continuación que el autor del símil intentaba que nosotros —esto es: pretendía que nosotros— nos diésemos cuenta de esa similitud. Pero una vez que hemos apreciado la diferencia entre lo que las palabras significaban y lo que el autor ha logrado al usar esas palabras, no deberíamos sentir grandes tentaciones de explicar lo que ha sucedido dotando a las palabras mismas de un segundo significado o significado figurativo. El objeto del concepto de significado lingüístico es explicar lo que se puede hacer con palabras. Pero el supuesto significado figurativo de un símil no explica nada; no es un rasgo de la palabra que la palabra tiene antes de y de manera independiente del contexto de uso, y no descansa sobre ninguna costumbre lingüística, excepto aquellas que gobiernan el significado ordinario.

Lo que las palabras hacen con sus significados literales en el símil tiene también que ser posible que lo hagan en la metáfora. Una metáfora dirige la atención hacia las mismas clases de similitud, si no a las mismas similitudes, que el símil correspondiente. Pero entonces los paralelos y analogías inesperados o sutiles que es tarea de la metáfora promover, no necesitan depender, para su puesta en marcha, de nada más que de los significados literales de las palabras.

La metáfora y el símil son meramente dos entre la gran cantidad de dispositivos que sirven para alertarnos sobre aspectos del mundo invitándonos a hacer comparaciones. Cito unas pocas estanzas de «The Hippopotamus» de T. S. Eliot:

The broad-backed hippopotamus
Rests on his belly in the mud;
Althouth he seems so firm to us
He is merely flesh and blood.

Flesh and blood is weak and frail,
Susceptible to nervous shock;
While the True Church can never fail
For it is based upon a rock.

The hippo's feeble steps may err
In compassing material ends,
While the True Church need never stir

To gather in its dividens.
The 'potamus can never reach
The mango on the mango-tree;
But fruits of pomegranate and peach
Refresh the Church from over sea[8].

Aquí no se nos dice ni que la Iglesia se parece a un hipopótamo (como en el símil) ni se nos da licencia para hacer esta comparación (como en la metáfora), pero no cabe duda de que las palabras se usan para dirigir nuestra atención hacia las similitudes entre ambos. En este caso, tampoco deberíamos sentirnos demasiado inclinados a postular significados figurativos, pues ¿en qué palabras u oraciones los alojaríamos? El hipopótamo realmente descansa sobre su panza en el barro; la Iglesia, dice literalmente el poema, nunca puede fallar. El poema, desde luego, insinúa muchas cosas que van más allá del significado literal de las palabras. Pero insinuación no es significado.

Hasta ahora el argumento nos ha llevado la conclusión de que tanto cuanto pueda explicarse de la metáfora en términos de significado puede, y de hecho tiene que, ser explicado apelando a los significados literales de las palabras. Una consecuencia es que las oraciones en las que las metáforas ocurren son verdaderas o falsas en una forma normal y literal; si las palabras que contienen no tienen significados especiales, las oraciones no tienen verdad especial. Esto no es negar que hay tal cosa como la verdad metafórica; es sólo negarlo de las oraciones. La metáfora nos lleva a darnos cuenta de lo que, de otro modo, podríamos no advertir, y no hay razón alguna, supongo, para no decir que estas visiones, pensamientos, y sentimientos inspirados por la metáfora sean verdaderos o falsos.

Si una oración usada metafóricamente es verdadera o falsa en el sentido ordinario, entonces está claro que es usualmente falsa. La diferencia semántica más obvia entre el símil y la metáfora es que todos los símiles son verdaderos y casi todas las metáforas son falsas. La Tierra es como un suelo, el asirio se lanzó como un lobo sobre el rebaño, porque todo es semejante a todo. Pero si usted convierte estas oraciones en metáforas, las convertirá en falsas; la Tierra es como un suelo, pero no es un suelo; Tolstoi, cuando era mayor, era como un niño, pero no era un niño. Usamos ordinariamente un símil sólo cuando sabemos que la metáfora correspondiente es falsa. Decimos que el señor S es como un cerdo porque sabemos que no es un cerdo. Si hubiéramos usado una metáfora y hubiésemos dicho que es un cerdo, no lo habríamos hecho porque hubiésemos cambiado nuestra idea sobre los hechos sino porque hemos elegido dar a entender la idea por un camino distinto.

Lo que importa no es la falsedad efectiva, sino que se considere que la oración es falsa. Obsérvese lo que sucede cuando una oración que usamos

[8] T. S. Eliot, *Selected Poems* (Harcourt, Brace, Jovanovich, Nueva York, 1967).

como metáfora, creyendo que es falsa, pasa a pensarse que es verdadera debido a un cambio en lo que se creía sobre el mundo. Cuando se informó de que el avión de Hemingway había sido avistado, hecho polvo, en África, el *Mirror* de Nueva York publicó un titular diciendo «Hemingway perdido en África», donde la palabra «perdido» se estaba usando para sugerir que estaba muerto. Cuando resultó que estaba vivo, el *Mirror* dejó que el titular se tomase literalmente. O considérese también este caso: una mujer se ve vestida con un maravilloso traje y exclama «¡Qué sueño de traje!» y entonces despierta. El meollo de la metáfora es que el traje es como un traje que uno soñaría y, por consiguiente, no es un sueño de traje. Henle presenta un buen ejemplo tomado de *Antonio y Cleopatra* (2.2):

> The barge she sat in, like a burnish'd throne,
> Burn'd on the water

Aquí símil y metáfora interactúan extrañamente, pero la metáfora se desvanecería si se imaginase una conflagración literal. De un modo muy parecido, el efecto usual de un símil puede sabotearse tomando la comparación de manera demasiado seria. Woody Allen escribe: «El juicio, que tuvo lugar durante las semanas siguientes, fue como un circo, aunque hubo alguna dificultad para hacer que los elefantes entraran en la sala de vistas»[9].

Generalmente, sólo cuando se considera que una oración es falsa la aceptamos como una metáfora y empezamos a buscar la implicación oculta. Es probablemente por esta razón por la que la mayor parte de las oraciones más metafóricas son *patentemente* falsas, del mismo modo que todos los símiles son trivialmente verdaderos. El absurdo o la contradicción en una oración metafórica garantizan que no la vamos a creer y nos invita, bajo circunstancias apropiadas, a tomar la oración metafóricamente.

La falsedad patente es el caso usual de la metáfora, pero en algunas ocasiones también funciona la verdad patente. «Los negocios son los negocios» es demasiado obvia por lo que respecta a su significado literal como para considerar que se la ha emitido para transmitir información; de este modo, optamos por buscarle otro uso; en la misma línea, Ted Cohen nos recuerda, que ningún hombre es una isla[10]. El meollo es el mismo. El significado ordinario en el contexto de uso es lo suficientemente extraño como para empujarnos a no tomar en cuenta la cuestión de la verdad literal.

Permítaseme ahora plantear un asunto en cierta medida platónico haciendo una comparación entre hacer una metáfora y decir una mentira. La com-

[9] Woody Allen, «Condemned» (*New Yorker*, 21 de noviembre de 1977).

[10] Ted Cohen, «Figurative Speech and Figurative Acts» (*Journal of Philosophy*, 72, 1975, pp. 669-684), p. 671. Puesto que la negación de una metáfora parece ser siempre una metáfora potencial, habrá tantas perogrulladas entre las metáforas potenciales como absurdos entre las efectivas.

paración es adecuada porque mentir, igual que hacer una metáfora, no tiene que ver con el significado de las palabras sino con su uso. Se dice algunas veces que el decir una mentira entraña lo que es falso; pero esto es erróneo. Decir una mentira requiere, no que lo que se dice sea falso, sino que el que la dice piense que es falso. Puesto que usualmente creemos oraciones verdaderas y no creemos las falsas, la mayor parte de las mentiras son falsedades; pero en algún caso particular esto es un accidente. El paralelo entre hacer una metáfora y decir una mentira viene subrayado por el hecho de que una misma oración puede usarse, sin cambiar su significado, para ambos propósitos. Así, una mujer que creyese en las brujas pero que no pensase que su vecina es una bruja podría decir, «Ella es una bruja» queriendo decirlo metafóricamente; la misma mujer, aún creyendo lo mismo sobre las brujas y sobre su vecina pero con la intención de engañar, podría usar las mismas palabras para un efecto muy diferente. Puesto que oración y significado son los mismos en ambos casos, algunas veces es difícil probar qué intención subyace a lo que se dice; así pues, un hombre que dice «Lattimore es comunista» y pretende mentir, siempre puede evadirse alegando que es una metáfora.

Lo que establece la diferencia entre una mentira y una metáfora no es una diferencia entre las palabras usadas o lo que significan (en algún sentido estricto de significado), sino en cómo se usan las palabras. Usar una oración para decir una mentira y usarla para hacer una metáfora son, desde luego, usos completamente diferentes, tan diferentes que no interfieren uno con el otro como, pongamos por caso, actuar y mentir. Al mentir, uno tiene que hacer una aserción de tal manera que se represente a sí mismo creyendo lo que no cree; al actuar, queda excluida la aserción. La metáfora no se ocupa esta diferencia. Puede ser un insulto y, de este modo, ser una aserción, decirle a un hombre «Eres un cerdo». Pero no había metáfora alguna involucrada cuando (supongamos) Ulises dirigió las mismas palabras a sus compañeros en el palacio de Circe; una historieta, ciertamente, y por ello no se trataba de una aserción; pero la palabra, por una vez, fue usada literalmente de los hombres.

Ninguna teoría del significado metafórico o de la verdad metafórica puede ayudar a explicar cómo funciona la metáfora. La metáfora corre sobre los mismos carriles lingüísticos familiares que las oraciones más simples; nos dimos cuenta de esto a partir de nuestra consideración del símil. Lo que distingue a la metáfora no es su significado sino su uso; en esto es como la aserción, el insinuar, el mentir, el prometer o el criticar. Y el uso especial al que sometemos al lenguaje en la metáfora no es —no puede ser— el «decir algo» especial, no importa lo indirecto que sea. Pues una metáfora *dice* sólo lo que muestra a las claras —usualmente una falsedad patente o una verdad absurda—. Y esta verdad o falsedad puras y simples no necesitan paráfrasis alguna —su significado está dado en el significado literal de las palabras—.

¿Qué vamos a hacer, entonces, con la innumerable cantidad de energía que se ha gastado, y está siendo gastada, en métodos y dispositivos para conseguir sacar a la luz el contenido de una metáfora? Los psicólogos Robert Verbrugge y Nancy McCarrell nos dicen que:

> Muchas metáforas llaman la atención hacia sistemas comunes de relaciones o transformaciones, en los que la identidad de los participantes es secundaria, Por ejemplo, considérense las oraciones: *Un coche es como un animal; Los troncos de los árboles son pajas para las hojas y las ramas sedientas*. La primera oración dirige la atención hacia sistemas de relaciones entre consumo de energía, la respiración, el movimiento autoinducido, los sistemas sensoriales y, posiblemente, un homúnculo. En la segunda oración, la semejanza es de un tipo más constreñido de transformación: succión de fluido a través de un espacio cilíndrico verticalmente orientado, desde una fuente de fluido a un destino [11].

Verbrugge y McCarrell no creen que haya ninguna línea de separación nítida entre los usos literales y metafóricos de las palabras; piensan que muchas palabras tienen un significado «difuso» que se fija, si es que se fija alguna vez, por un contexto. Pero seguramente este carácter difuso, por mucho que se ilustre y se explique, no puede borrar la línea entre lo que una oración significa: literalmente (dado su contexto) y aquello hacia lo que «llama nuestra atención» (dado su significado literal en tanto que fijado por el contexto). El pasaje que he citado no emplea tal distinción: lo que dice es que aquello hacia lo que dirigen nuestra atención las oraciones que sirven de muestra son los hechos expresados por paráfrasis de las oraciones. Verbrugge y McCarrell simplemente quieren insistir en que una paráfrasis correcta puede subrayar «sistemas de relaciones» más bien que semejanzas entre objetos.

Según la teoría de la interacción de Black, una metáfora nos hace aplicar un «sistema de tópicos» asociado con la palabra metafórica al sujeto de la metáfora: en «El hombre es un lobo» aplicamos atributos tópicos (estereotipos) del lobo al hombre. Así pues, la metáfora, dice Black, «selecciona, subraya, suprime, y organiza rasgos del sujeto principal implicando enunciados sobre él que normalmente se aplican al sujeto subsidiario» [12]. Si la paráfrasis fracasa, dice Black, no es porque la metáfora no tenga un contenido cognitivo especial, sino porque la paráfrasis «no tendrá el mismo poder para informar e ilustrar que el original... Uno de los puntos que más deseo acentuar es que la pérdida en tales casos es una pérdida en contenido cognitivo; la debilidad relevante de la paráfrasis literal no reside en que pueda ser tediosamente prolija o aburridamente explícita; no logra ser una traducción pues no logra dar la percepción que daba la metáfora» [13].

¿Cómo puede esto ser correcto? Si una metáfora tiene un contenido cognitivo especial, ¿por qué habría de ser tan difícil, o incluso imposible,

---

[11] R. R. Verbrugge y N. S. McCarrell, «Metaphoric Comprehension: Studies in Reminding and Resembling» (*Cognitive Psychology*, 9, 1977, pp. 494-533), p. 499.

[12] M. Black, «Metáfora» [pp. 545-563 de este volumen], pp. 44-45.

[13] Ibíd., p. 46.

ponerlo a la luz? Si, como afirma Owen Barfield, una metáfora «dice una cosa y significa otra» por qué tiene que suceder que cuando tratamos de hacer explícito lo que significa, el efecto es mucho más débil —«póngase de esa manera», dice Barfield, «y casi todo el lustre, y con él la mitad de la poesía, se pierde»[14]. ¿Por qué Black piensa que una paráfrasis literal «inevitablemente dice demasiado— y con el énfasis donde no bebiera estar? ¿Por qué inevitablemente? ¿Es que no podemos, si somos lo suficientemente inteligentes, llegar tan cerca como queramos?

A propósito, ¿cómo es que el símil se las arregla sin un significado intermedio especial? En general, los críticos no sugieren que el símil dice una cosa y significa otra; no suponen que *signifique* nada más que lo que está en la superficie de las palabras. Puede sumirnos en profundos pensamientos, tal como lo hace una metáfora; ¿pero cómo resulta entonces que nadie apela al «contenido cognitivo especial» del símil? Y recuérdese también al hipopótamo de Eliot; no había allí ni símil ni metáfora, pero lo que parecía lograrse era precisamente lo mismo que se logra mediante símiles y metáforas. ¿Es que alguien sugiere que las *palabras* del poema de Eliot tienen significados especiales?

Finalmente, si las palabras de la metáfora son portadoras de un significado codificado, ¿cómo puede este significado diferir del significado del que son portadoras esas mismas palabras cuando la metáfora *muere*, esto es: cuando pasa a ser parte del lenguaje? ¿Por qué «Está echando llamas», tal como se usa y se intenta que se entienda esta expresión ahora, no significa *exactamente* lo mismo que alguna vez significó la metáfora recién construida? Téngase en cuenta que todo lo que la metáfora muerta significa es que él está muy enfadado, una noción no muy difícil de hacer explícita.

Hay, entonces, una tensión en el punto de vista usual sobre la metáfora. Pues, de una parte, el punto de vista usual quiere mantener que una metáfora hace algo que a ningún tipo de prosa lisa y llana le es posible hacer y, por otra, quiere explicar lo que hace la metáfora apelando a un contenido cognitivo, justamente la clase de cosa para cuya expresión está diseñada la prosa lisa y llana. En la medida en que estemos en este marco mental, tenemos que abrigar la sospecha de esto *puede* hacerse, al menos hasta cierto punto.

Hay una escapatoria simple de este *impasse*. Tenemos que abandonar la idea de que una metáfora transmite un mensaje, de que tiene un contenido o significado (excepto, desde luego, su significado literal). Las diversas teorías que hemos estado considerando equivocan su objetivo. Cuando piensan que proporcionan un método para descifrar un contenido codificado, lo que efectivamente nos dicen (o tratan de decirnos) resulta ser algo sobre los

---

[14] O. Barfield, «Poetic Diction and Legal Fiction» [*The Importance of Language*, Max Black (ed.), Prentice-Hall, Englewood Cliffs, Nueva Jersey, 1962], p. 55.

efectos que las metáforas tienen sobre nosotros. El error común es aferrarse a los contenidos de los pensamientos que una metáfora provoca y leer estos contenidos en la metáfora misma. Sin duda, las metáforas hacen a menudo que nos demos cuenta de aspectos de las cosas de los que no nos habíamos dado cuenta antes; sin duda dirigen nuestra atención hacia analogías y similitudes sorprendentes; proporcionan ciertamente una especie de lente o plantilla, como dice Black, a través de la que contemplamos los fenómenos relevantes. El punto en disputa no reside aquí sino en la cuestión de cómo se relaciona la metáfora con lo que nos hace ver.

Hay cierta justicia en la observación de que afirmar que una metáfora provoca o invita a contemplar desde un determinado punto de vista el tema de que trata en lugar de decirlo directamente es un tópico; y esto es así. Por ejemplo, Aristóteles dice que la metáfora lleva a una «percepción de semejanzas». Black, siguiendo a Richards, dice que una metáfora «evoca» una cierta respuesta: «un oyente adecuado será conducido por una metáfora a construir un [...] sistema» [15]. Este punto de vista se resume nítidamente en lo que Heráclito dijo del oráculo de Delfos: «Ni dice ni oculta, insinúa» [16].

No entro en disputa con estas descripciones de los efectos de la metáfora, sólo con los puntos de vista asociados respecto de *cómo* se supone que los produce. Lo que niego es que la metáfora haga su trabajo porque tenga un significado especial, un contenido cognitivo específico. No pienso, como lo hace Richards, que la metáfora produzca su resultado por el hecho de que tenga un significado que resulta de la interacción de dos ideas; es erróneo, desde mi punto de vista, decir, con Owen Barfield, que una metáfora «dice una cosa y significa otra»; o con Black que una metáfora asevera o implica ciertas cosas complejas merced a un significado especial y que, *de este modo*, cumple su tarea de producir una «intuición». Una metáfora hace su trabajo por medio de otros intermediarios; suponer que sólo puede ser efectiva si transmite un mensaje codificado es semejante a pensar que un chiste o un sueño hacen algún enunciado que un intérprete inteligente puede volver a enunciar en prosa pura y simple. Un chiste, un sueño o una metáfora pueden hacernos apreciar un hecho, lo mismo que una figura o un cabezazo, pero sin estar por ese hecho, o expresarlo.

Si esto es correcto, lo que intentamos al «parafrasear» una metáfora no puede ser dar su significado, pues su significado reside en la superficie; más bien intentamos evocar aquello hacia lo que la metáfora dirige nuestra atención. Puedo imaginar a alguien concediendo esto y, a continuación, encogiéndose de hombros por considerarlo nada más que una pura insistencia en restringir el uso de la palabra «significado». Tal cosa sería una equivo-

---

[15] M. Black, «Metaphor» [pp. 545-563 de este volumen], p. 41.

[16] Uso aquí la atractiva traducción de Hannah Arendt de «σημαίνει»; claramente no debería traducirse por «significa» en este contexto.

cación. El error central que se comete con la metáfora se ataca más fácilmente cuando toma la forma de una teoría del significado metafórico, pero detrás de esa teoría, y enunciable independientemente, está la tesis de que, asociado a una metáfora, hay un contenido cognitivo definido que su autor desea transmitir y que el intérprete debe captar si quiere enterarse del mensaje. Esta teoría es falsa como explicación completa de la metáfora, tanto si llamamos significado como si no, al pretendido contenido cognitivo.

Debería hacernos sospechar de la teoría el que sea tan difícil decidir, incluso en el caso de las metáforas más simples, qué es exactamente lo que se supone que es el contenido. La razón por la que a menudo es tan difícil decidir es, pienso, que imaginamos que hay un contenido que capturar cuando de hecho nos concentramos todo el rato en aquello hacia lo que la metáfora dirige nuestra atención. Si aquello hacia lo que la metáfora dirige nuestra atención tuviera un alcance finito y fuese de naturaleza proposicional, el asunto en sí mismo no crearía problemas; simplemente proyectaríamos el contenido que la metáfora nos ha llevado a las mientes sobre la metáfora. Pero, de hecho, no hay límites para aquello hacia lo que la metáfora llama a nuestra atención, y gran parte de lo que causa que lo tomemos en cuenta no es de carácter proposicional. Cuando tratamos de decir lo que «significa» una metáfora, nos damos cuenta enseguida de que lo que no hay un final para la lista de cosas que podemos querer mencionar[17]. Si alguien hace correr su dedo a lo largo de la línea de costa de un mapa, o menciona la belleza y la destreza de una línea en un grabado de Picasso, ¿cuántas cosas atraen nuestra atención? Se podría hacer una lista de una gran cantidad de ellas, pero no se podría encontrar un final, pues la idea de encontrar un final no tendría una aplicación clara. ¿Cuántos hechos o proposiciones transmite una fotografía? ¿Ninguno, infinitos, o un gran hecho imposible de enunciar? Mala pregunta. Una imagen no vale mil palabras, ni ningún otro número de ellas. Las palabras no son la moneda apropiada para cambiarlas por una imagen.

No se trata sólo de que no podemos proporcionar un catálogo exhaustivo de aquello a lo que se ha prestado atención cuando se nos ha llevado ver algo bajo una nueva luz; la dificultad es más fundamental. Aquello de lo que nos damos cuenta o vemos no tiene, en general, carácter proposicional. Desde luego, *puede* tenerlo, y cuando lo tiene, puede enunciarse usualmente en pala-

---

[17] Stanley Cavell menciona el hecho de que la mayor parte de los intentos de paráfrasis terminan con un «y así sucesivamente» y se refiere a la observación de Empson de que las metáforas están «preñadas» [«Aestetic Problems in Modern Philosophy» (*Must we Mean What We Say?*, Charles Scribner, Nueva York, 1969), p. 79]. Pero Cavell no explica lo interminable de la paráfrasis como yo lo hago, como puede verse a partir del hecho de que piensa que distingue la metáfora de algún («pero quizás no todo») discurso literal. Mantengo que el carácter interminable de lo que llamamos la paráfrasis de la metáfora brota del hecho de que intenta revelar aquello que nos hace notar la metáfora, y para esto no hay un final claro. Diría lo mismo de cualquier uso del lenguaje.

bras lisas y llanas. Pero si le muestro a usted el pato-conejo de Wittgenstein, y digo: «Es un pato», entonces con algo de suerte usted lo ve como un pato; si digo: «Es un conejo», usted lo ve como un conejo. Pero no hay ninguna proposición que exprese lo que yo le he hecho que vea. Es probable que usted haya llegado a darse cuenta de que el dibujo puede verse como un pato o como un conejo. Pero alguien podría llegar a saberlo sin haber visto jamás el dibujo como un pato o como un conejo. Ver cómo no es ver que. La metáfora nos hace ver una cosa como otra haciendo algún enunciado literal que inspira o dispara la intuición. Puesto que en la mayor parte de los casos lo que la metáfora dispara o impulsa no es del todo, incluso no es en absoluto, el reconocimiento de alguna verdad o hecho, el intento de dar expresión literal al contenido de la metáfora está simplemente en el mal camino.

El teórico que trata de explicar una metáfora apelando a un mensaje oculto, igual que el crítico que trata de enunciar el mensaje, está confundido de una manera fundamental. Ninguna explicación o enunciado de este tenor puede llegar a aparecer simplemente porque tal mensaje no existe.

No es, por supuesto, que no haya lugar para la interpretación y elucidación de la metáfora. Muchos de nosotros necesitamos ayuda si queremos ver lo que el autor de una metáfora quería que viéramos y que un lector más sensible o educado capta. La función legítima de la llamada paráfrasis es hacer que el lector perezoso o ignorante tenga una visión semejante a la del crítico experimentado. El crítico está, por así decirlo, en una competencia benigna con el fabricante de la metáfora. El crítico trata de hacer su propio arte, más fácil o más transparente en algunos aspectos que el original, pero al mismo tiempo trata de reproducir en otros algunos de los efectos que el original tuvo sobre él. Al hacer esto, el crítico quizá mediante el mejor método que tiene a su disposición, llama también la atención, hacia la belleza o el acierto, hacia el poder oculto, de la metáfora misma.

METÁFORA*

JOHN R. SEARLE

FORMULACIÓN DEL PROBLEMA

Si usted oye decir a alguien «Sally es un bloque de hielo» o «Sam es un cerdo», probablemente usted dé por supuesto que el hablante no quiere decir lo que dice literalmente, sino que está hablando metafóricamente. Además, usted no tendrá seguramente demasiado problema en imaginarse lo que quiere decir. Si dice «Sally es un número primo entre 7 y 23» o «Bill es una puerta de granero», usted podría suponer que el hablante está hablando todavía metafóricamente, pero es mucho más difícil imaginarse lo que quiere decir. La existencia de tales emisiones —emisiones en las que el hablante quiere decir metafóricamente algo diferente de lo que la oración significa literalmente— plantea toda una serie de cuestiones para cualquier teoría del lenguaje y de la comunicación: ¿Qué es la metáfora? ¿Y cómo difiere tanto de las emisiones literales como de otras formas de emisiones figurativas? ¿Por qué usamos una expresión metafóricamente en lugar de decir exacta y literalmente lo que queremos decir? ¿Cómo funcionan las emisiones metafóricas, esto es: ¿cómo es posible que los hablantes se comuniquen con los oyentes cuando hablan metafóricamente en la medida en que no dicen lo que quieren decir? ¿Y por qué unas metáforas funcionan y otras no?

En mi discusión, propongo abordar este último conjunto de cuestiones —las que se centran alrededor del problema de cómo funcionan las metáforas— tanto por su interés intrínseco como porque no me parece que podamos dar una respuesta a las otras hasta que se haya respondido esta pregunta fundamental. Sin embargo, antes de que podamos empezar a entenderla, necesitamos formular la pregunta de modo más preciso.

El problema de explicar cómo funcionan las metáforas es un caso especial del problema general de explicar cómo el significado del hablante y el significado de la oración o de la palabra siguen caminos separados. Esto es: se trata de un caso especial de cómo es posible decir una cosa y querer decir

* Versión castellana de Luis M. Valdés Villanueva.

algo distinto, ocasiones en las que uno tiene éxito al comunicar lo que quiere decir incluso si tanto el hablante como el oyente saben que los significados de las palabras emitidas por el hablante no expresan exacta y literalmente lo que el hablante quiso decir. Otros casos de ruptura entre lo que quiere decir el hablante mediante su emisión y el significado literal de la oración son la ironía y los actos de habla indirectos. En cada uno de estos casos, lo que el hablante quiere decir no es idéntico a lo que significa la oración y, con todo, lo que quiere decir depende de muchas maneras de lo que significa la oración.

Es esencial subrayar desde el mismo comienzo que el problema de la metáfora tiene que ver, por un lado, con las relaciones entre el significado de la palabra y el significado de la oración, y con el significado del hablante o significado de la emisión por otro. Muchos tratadistas intentan localizar el elemento metafórico de una emisión metafórica en la oración o en las expresiones emitidas. Piensan que hay dos tipos de significado oracional, literal y metafórico. Sin embargo, las oraciones y las palabras tienen sólo los significados que tienen. Estrictamente hablando, siempre que hablamos sobre el significado metafórico de una palabra, una expresión o una oración, estamos hablando sobre lo que un hablante podría emitir para querer decir algo, de un modo que se separa de lo que la palabra, expresión u oración significa literalmente. Por lo tanto, estamos hablando sobre posibles intenciones del hablante. Incluso cuando discutimos cómo a una oración absurda, tal como el ejemplo de Chomsky «Las ideas incoloras verdes duermen furiosamente», podríamos darle una interpretación metafórica, de lo que estamos hablando es de cómo un hablante podría emitir la oración y querer decir metafóricamente algo con ella, aunque sea, literalmente, un absurdo. Para tener una manera breve de distinguir, de un lado, lo que un hablante quiere decir al emitir, palabras, oraciones y expresiones y, de otro, lo que las palabras, oraciones y expresiones significan, llamaré a lo primero *significado de la emisión del hablante* y, a lo segundo, *significado de la palabra, o de la oración*. El significado metafórico es siempre el significado de la emisión del hablante.

Para que el hablante pueda comunicar usando emisiones metafóricas, irónicas y actos de habla indirectos, tiene que haber algunos principios de acuerdo con los que es capaz de querer decir más que, o algo diferente de, lo que dice —principios conocidos por el oyente que, usando este conocimiento, puede entender lo que quiere decir el hablante. La relación entre el significado de la oración y el significado de la emisión metafórica es sistemática más bien que fortuita o *ad hoc*. Nuestra tarea a la hora de construir una teoría de la metáfora es intentar enunciar los principios que ponen en relación el significado literal de la oración con el significado de la emisión metafórica. Puesto que el conocimiento que capacita a la gente para usar y entender las emisiones metafóricas va más allá de su conocimiento de los significados literales de las palabras y las oraciones, los principios que buscamos no están incluidos, o al menos no están enteramente incluidos, dentro de una teoría de la competencia semántica tal como ésta se concibe tradicionalmente. Desde el punto de vista del oyente, el problema de una teoría de la metáfora es explicar cómo puede entender el significado de la emisión del hablante dado que todo lo que oye es una oración con su significado de la oración y la palabra. Desde el punto de vista del hablante, el problema es explicar cómo puede querer decir algo diferente del significado de la palabra y de la oración en el caso de la oración que emite. A la luz de estas reflexiones, nuestra pregunta original ¿cómo funcionan las metáforas? podría reformularse de la manera siguiente: ¿cuáles son los principios que capacitan a los hablantes para formular, y a los oyentes para entender, las emisiones metafóricas? y ¿cómo podemos formular estos principios de manera que quede perfectamente claro cómo las emisiones metafóricas se diferencian de otros tipos de emisiones en las que el significado del hablante no coincide con el significado literal?

Puesto que parte de nuestra tarea es explicar cómo se diferencian las emisiones metafóricas de las literales, tenemos que, para empezar, llegar a una caracterización de las emisiones literales. La mayor parte de los autores que tratan sobre el asunto de la metáfora que he leído —de hecho todos—, suponen que sabemos cómo funcionan las emisiones literales; no piensan que merezca la pena discutir el problema de las emisiones literales en sus explicaciones de la metáfora. El precio que pagan por ello es que sus explicaciones describen a menudo emisiones metafóricas de maneras que no logran distinguirlas de las emisiones literales.

De hecho, dar una explicación exacta de la predicación literal es un problema extremadamente difícil, complejo y sutil. No voy a intentar nada semejante a proporcionar un resumen concienzudo de los principios de la emisión literal, sino que resaltaré sólo aquellos rasgos que son esenciales para una comparación de la emisión literal con una emisión metafórica. Por tanto, en aras de la brevedad, limitaré la mayor parte de mi discusión de emisiones tanto literales como metafóricas a casos muy simples, y a oraciones usadas para el acto de habla de la aserción.

Imaginemos que un hablante hace una emisión literal de una oración tal como:

1. Sally es alta.
2. El gato está encima de la alfombra.
3. Está empezando a hacer calor aquí dentro.

Ahora bien, obsérvese que en cada uno de esos casos el significado literal de la oración determina, al menos en parte, un conjunto de condiciones de verdad; y puesto que los únicos dispositivos indicadores de fuerza ilocucionaria (véase Searle, 1969) que hay en las oraciones son asertivos, la emisión seria y literal de una de esas emisiones comprometerá al hablante con la existencia de un conjunto de condiciones de verdad determinado por el significado de esa oración, junto con los otros determinantes de las condiciones de verdad. Obsérvese, además, que en cada caso la oración sólo determina un conjunto determinado de condiciones de verdad relativo a un contexto particular. Esto es así porque cada uno de estos ejemplos tiene un elemento indéxico, tal como el tiempo presente, o el demostrativo «aquí», o la ocurrencia de descripciones definidas contextualmente dependientes, tales como «el gato» y «la alfombra».

En esos ejemplos, los elementos contextualmente dependientes de la oración están realizados explícitamente en la estructura semántica de la oración: se pueden ver y oír las expresiones indéxicas. Pero esas oraciones, al igual que la mayor parte de las oraciones, sólo determinan un conjunto de condiciones de verdad en contraposición con un trasfondo de suposiciones que no están realizadas explícitamente en la estructura semántica de la oración. Esto es completamente obvio en el caso de 1 y 3, puesto que contienen términos relativos como «alta» o «calor». Éstos son lo que los gramáticos de la vieja escuela llamaban términos «atributivos», y sólo determinan un conjunto determinado de condiciones de verdad respecto de un trasfondo de supuestos fácticos sobre la clase de cosas a las que hace referencia el hablante en el resto de la oración. Además, estas suposiciones no están realizadas explícitamente en la estructura de la oración. Así, una mujer puede describirse correctamente como «alta» aunque sea más baja que una jirafa que pudiera describirse correctamente como «baja».

Aunque esta dependencia de la aplicación del significado literal de la oración de cierto trasfondo de suposiciones fácticas que no son parte del significado literal es más obvia en el caso de oraciones que contienen términos atributivos, el fenómeno es completamente general. La oración 2 sólo determina un conjunto determinado de condiciones de verdad dadas ciertas suposiciones sobre gatos, alfombras y la relación de estar encima de. Sin embargo, estas suposiciones no son parte del contenido semántico de la oración. Supóngase, por ejemplo, que el gato y la alfombra están en la usual configuración espacial gato-sobre-alfombra, sólo que tanto el gato como la alfombra están en el espacio exterior, fuera de cualquier campo gravitacional relativo al cual se pueda decir que uno está «encima» o «sobre» otro. ¿Está todavía el gato *sobre* la alfombra? Sin algunos supuestos adicionales, la oración no determina un conjunto determinado de condiciones de verdad en este contexto. O supongamos que, de repente, los gatos pasan a ser más ligeros que el aire y el gato llegó volando con la alfombra pegada a su barriga. ¿Está todavía el gato sobre la alfombra?

Sabemos sin dudarlo cuáles son las condiciones de verdad de «La mosca está en el techo», pero no de «El gato está en el techo», y esta diferencia no es un asunto de significado, sino un asunto de cómo nuestro trasfondo fáctico de información nos capacita para aplicar el significado de las oraciones. En general, uno puede decir que en la mayor parte de los casos una oración sólo determina un conjunto de condiciones de verdad relativas a un conjunto de suposiciones que no están realizadas en el contenido semántico de la oración. Así, incluso en las emisiones literales, allí donde el significado del hablante coincide con el significado de la oración, el hablante tiene que contribuir a la emisión literal con algo más que meramente el contenido semántico de la oración, puesto que el contenido semántico determina sólo un conjunto de condiciones de verdad relativo a un conjunto de suposiciones hecho por el hablante, y si la comunicación tiene éxito sus suposiciones han de ser compartidas por el oyente. (Para una discusión adicional sobre este punto, véase Searle, 1978.)

Obsérvese finalmente que la noción de similitud desempeña un papel crucial en cualquier explicación de la emisión literal. Esto es así porque el significado literal de cualquier término general, al determinar un conjunto de condiciones de verdad, determina también un criterio de similitud entre objetos. Saber que un término general es verdadero de un conjunto de objetos es saber que son similares con respecto a la propiedad especificada por ese término. Todas las mujeres altas son similares con respecto a su ser altas, todas las habitaciones en las que hace calor son similares por lo que respecta a que hace calor en ellas, todos los objetos cuadrados son similares respecto de su ser cuadrados, y así sucesivamente.

Para resumir esta breve discusión de algunos aspectos de la emisión literal, hay tres rasgos que necesitamos tener presentes en nuestra explicación de las emisiones metafóricas. En primer lugar, en la emisión literal el hablante quiere decir lo que dice, esto es: el significado literal de la oración y el significado del hablante de la emisión son el mismo; en segundo lugar, el significado literal de una oración sólo determina, en general, un conjunto de condiciones de verdad relativo a un conjunto de suposiciones de trasfondo que no son parte del contenido semántico de la oración; y en tercer lugar, la noción de similitud desempeña un papel esencial en cualquier explicación de la predicación literal.

Cuando volvemos a casos en los que el significado de la emisión y el significado de la oración son diferentes, los encontramos completamente diversos. Así, por ejemplo, 3 podría emitirse no sólo para decirle a alguien que está empezando a hacer calor en el lugar de la emisión (emisión literal), sino que podría ser usada también para pedir a alguien que abriese una ventana (acto de habla indirecto), para quejarse del frío que hace (emisión irónica), o para señalar cómo está subiendo el tono de una disputa que se está produciendo (emisión metafórica). En nuestra explicación de la emisión metafórica, necesitamos distinguirla no sólo de la emisión literal, sino también de esas otras formas en las que la emisión literal se aparta de ella o, en algún sentido, la excede.

Puesto que en las emisiones metafóricas lo que el hablante quiere decir difiere de lo que dice (en un sentido de «decir»), en general necesitaremos dos oraciones para nuestros ejemplos de metáfora: primero la oración usada metafóricamente, y segundo una oración que expresa literalmente lo que el hablante quiere decir cuando emite la primera oración y la quiere decir metafóricamente. Así, si tenemos 3, la metáfora (MET)

3. (MET) Está empezando a hacer calor aquí dentro

corresponde a 3 la paráfrasis (PAR):

3. (PAR) La disputa que está teniendo lugar está subiendo de tono,

y similarmente con los pares:

4. (MET) Sally es un bloque de hielo
4. (PAR) Sally es una persona extremadamente poco emotiva y que responde con dificultad a los estímulos.
5. (MET) He trepado a lo alto de la cucaña
5. (PAR) Después de grandes dificultades he llegado a primer ministro.
6. (MET) Ricardo es un gorila
6. (PAR) Ricardo es feroz, desagradable e inclinado a la violencia.

Obsérvese que, en cada caso, sentimos que la paráfrasis es de alguna manera inadecuada, que algo se ha perdido. Una de nuestras tareas será explicar este sentido de insatisfacción que tenemos ante las paráfrasis de incluso las metáforas más débiles. Con todo, las paráfrasis tienen que aproximarse a lo que el hablante había querido decir, puesto que en cada caso la aserción metafórica del hablante será verdadera si, y sólo si, la correspondiente aserción que usa la oración «PAR» es verdadera. Cuando pasamos a ejemplos más elaborados, nuestro sentido de inadecuación de la paráfrasis se convierte en más aguda. ¿Cómo podríamos parafrasear

7. (MET) Mi vida se había mantenido — un arma cargada —
en las esquinas — hasta que un día
el propietario pasó — identificado —
y me llevó con él — (Emily Dickinson)?

Claramente, se pierde bastante con

7. (PAR) Mi vida, que hasta entonces se desarrollaba de modo mediocre (en las esquinas) tenía un potencial fácilmente realizable (un arma cargada) hasta que llego un tiempo (día) en que el amante que tenía destinado (el propietario) llegó (pasó), reconoció mi potencial (identificado), y me tomó (llevó) con él.

Con todo, incluso en este caso, la paráfrasis o algo parecido tiene que expresar una gran parte del significado de la emisión del hablante, puesto que las condiciones de verdad son las mismas.

Algunas veces sentimos que sabemos exactamente lo que significa la metáfora y, con todo, no seríamos capaces de formular una oración «PAR» literal puesto que no hay expresión literal alguna que pueda transmitir lo que significa. Incluso para un caso tan simple como

8. (MET) El barco araba el mar,

podemos no ser capaces de construir una oración simple que sirva de paráfrasis aun cuando no hay oscuridad alguna en la emisión metafórica. Y de hecho las metáforas sirven a menudo para tapar vacíos semánticos como éste. En otros casos, puede haber un rango indefinido de paráfrasis. Por ejemplo, cuando Romeo dice:

9. (MET) Julieta es el Sol,

puede haber todo un rango de cosas que podría querer decir. Pero a la vez que lamentamos la inadecuación de las paráfrasis, recordemos también que la paráfrasis es una relación simétrica. Decir que la paráfrasis es una paráfrasis pobre de la metáfora es decir también que la metáfora es una paráfrasis pobre de su paráfrasis. Además, no deberíamos tener mala conciencia por el hecho de que algunos de nuestros ejemplos sean metáforas vulgares o muertas. Las metáforas muertas son especialmente interesantes para nuestro estudio puesto que, para decirlo con un oxímoron, han continuado viviendo. Se han convertido en muertas a causa del uso continuado, pero su uso continuado es una clave de que satisfacen alguna necesidad semántica.

Limitándonos a los casos más simples de sujeto-predicado, podemos decir que la forma general de la emisión metafórica es aquella en la que un hablante emite una oración de la forma «*S* es *P*» y quiere decir metafóricamente que *S* es *R*. Al analizar la predicación metafórica necesitamos distinguir, por tanto, entre tres conjuntos de elementos. En primer lugar, está la expresión de sujeto «*S*» y el objeto u objetos para hacer referencia a los cuales se usa. En segundo lugar, está la expresión predicativa «*P*» que se emite y el significado literal de esa expresión con sus correspondientes condiciones de verdad, más la denotación, si es que la hay. Y en tercer lugar está la emisión del hablante que significa «*S* es *R*» y las condiciones de verdad determinadas por ese significado. En su forma más simple, el problema de la metáfora consiste en intentar obtener una caracterización de las relaciones entre los tres conjuntos *S*, *P* y *R*[1], junto con una especificación de otra información y otros princi-

[1] Resulta esencial evitar cualesquiera confusiones del tipo uso-mención cuando se habla sobre estos conjuntos. Algunas veces estaremos hablando sobre las palabras, otras veces sobre

pios usados por los hablantes y oyentes, de modo que se explique cómo es posible emitir «*S* es *P*» y querer decir «*S* es *R*», y cómo es posible comunicar ese significado del hablante al oyente. Ahora bien, obviamente, esto no es todo a la hora de comprender las emisiones metafóricas; el hablante hace más cosas que aseverar que *S* es *R*, y la peculiar efectividad de la metáfora tendrá que ser explicada en términos de cómo el hablante hace algo más que aseverar que *S* es *R* y, en primer lugar, por qué debería escoger este medio enrevesado de aseverar que *S* es *R*. Pero en este estadio estamos empezando por el principio. Poniendo las exigencias bajo mínimos, una teoría de la metáfora tiene que explicar cómo es posible emitir «*S* es *P*» y querer decir y comunicar que *S* es *R*.

Podemos enunciar ahora una de las diferencias entre emisiones literales y metafóricas aplicadas a estos ejemplos simples. En el caso de las emisiones literales, el significado del hablante y el significado de la oración son el mismo; por tanto, la aserción hecha sobre el objeto al que se hace referencia será verdadera si y sólo si satisface las condiciones de verdad determinadas por el significado del término general en tanto que aplicado respecto de un conjunto de suposiciones de trasfondo compartidas. Para entender la emisión, el oyente no requiere ningún conocimiento adicional más allá de su conocimiento de las reglas del lenguaje, su conciencia de las condiciones de la emisión, y un conjunto de suposiciones de trasfondo compartidas. Pero, en el caso de la emisión metafórica, las condiciones de verdad de la aserción no están determinadas por las condiciones de verdad de la oración y su término general. Para entender la emisión metafórica, el oyente exige algo más que su conocimiento del lenguaje, su conciencia de las condiciones de la emisión, y las suposiciones de trasfondo que comparte con el hablante. Tiene que tener algunos otros principios, o alguna otra información fáctica, o alguna combinación de principios e información que lo capaciten para darse cuenta de que cuando el hablante dice «*S* es *P*», quiere decir «*S* es *R*», ¿En qué consiste este elemento adicional?

Creo que, en el nivel más general, la cuestión tiene una respuesta bastante simple, pero nos va a ocupar una gran parte del resto de la discusión elaborarla en detalle. El principio básico sobre el que funciona toda la metáfora es que la emisión de una expresión con su significado literal y condiciones de verdad correspondientes puede, de varias maneras que son específicas de la metáfora, traer a las mientes otro significado y sus correspondientes condiciones de verdad. El problema difícil de la teoría de la metáfora es explicar cuáles son exactamente los principios de acuerdo con los cuales la emisión de una expresión puede metafóricamente traer a las mientes un conjunto diferente de condiciones de verdad a partir del determinado por su significado literal, y enunciar esos

---

significados, otras veces sobre referencias y denotaciones, y aún otras veces sobre condiciones de verdad.

principios de manera precisa y sin usar expresiones metafóricas como «traer a las mientes».

ALGUNOS ERRORES COMUNES SOBRE LA METÁFORA

Antes de intentar bosquejar una teoría de la metáfora, quiero en esta sección y en la siguiente hacer un pequeño rastreo y examinar algunas teorías existentes. Dicho de manera aproximada, las teorías de la metáfora desde Aristóteles hasta la actualidad pueden dividirse en dos grandes tipos[2]. Las teorías de la comparación aseveran que las emisiones metafóricas involucran una *comparación* o *similitud* entre dos o más *objetos* (por ejemplo Aristóteles, Henle, 1965), y las teorías de la interacción semántica afirman que la metáfora involucra una *oposición verbal* (Beardsley, 1962) o *interacción* (Black, 1962) entre dos *contenidos semánticos*, el de la expresión usada metafóricamente, y el del contexto literal que la rodea. Creo que ambas teorías, si uno intenta tomarlas literalmente, son inadecuadas de varias maneras; sin embargo, ambas tratan de decir algo verdadero, y deberíamos intentar extraer lo que es verdadero en ellas. Pero antes quiero mostrar alguno de los errores comunes que contienen y alguno de los errores comunes adicionales que se cometen en las discusiones sobre la metáfora. Mi ánimo aquí no es polémico; más bien estoy intentando despejar el camino para desarrollar una teoría de la metáfora. Podría decirse que el vicio endémico de las teorías de la comparación es que no logran distinguir entre la afirmación de que el enunciado de la comparación es parte del *significado* y, por consiguiente, de las *condiciones de verdad* del enunciado metafórico, y la afirmación de que el enunciado de la similitud es el *principio de inferencia*, o un paso en el proceso de *comprensión*, sobre la base de que los hablantes producen y los oyentes comprenden la metáfora. (Diré más cosas después sobre esta distinción.) Las teorías de la interacción semántica se desarrollaron en respuesta a la vaguedad de las teorías de la comparación, y hay poca argumentación que las recomiende más allá de la vaguedad de sus rivales: su vicio endémico es el fallo en apreciar la distinción entre significado de la oración o de la palabra, que jamás es metafórico, y significado de la emisión o del hablante, que puede ser metafórico. Tratan usualmente de localizar la metáfora en la oración o en algún conjunto de asociaciones con la oración. En cualquier caso, ahí va una docena de errores que creo que deben señalarse.

Se dice a menudo que en las emisiones metafóricas hay un cambio de significado en al menos una expresión. Quiero decir por el contrario que, estrictamente hablando, en la metáfora jamás hay un cambio de significado;

[2] Sigo a Beardsley (1962) en esta clasificación.

diacrónicamente hablando, las metáforas inician efectivamente cambios semánticos, pero en la medida en que ha habido un cambio genuino de significado, de modo que una palabra o expresión ya no significa lo que previamente significaba, en esa medida precisamente la locución ya no es metafórica. Todos estamos familiarizados con los procesos por los que una expresión se convierte en una metáfora muerta y, a continuación, se convierte en un modismo o adquiere un significado nuevo diferente del significado original. Pero, en una emisión metafórica genuina, tal emisión es metafórica sólo porque las expresiones no han cambiado su significado. Las personas que hacen esta afirmación parecen estar confundiendo el significado de la *oración* con el significado del *hablante*. La emisión metafórica significa efectivamente algo diferente del significado de las palabras y las oraciones, pero esto no es así porque haya habido ningún cambio en los significados de los elementos léxicos, sino porque el hablante quiere decir algo diferente mediante ellos; el significado del hablante no coincide con el significado de la palabra o de la oración. Es esencial ver este punto porque el principal problema de la metáfora es cómo el significado del hablante y el significado de la oración son diferentes y cómo están, a pesar de todo, relacionados. Tal explicación es imposible si suponemos que el significado de la palabra o de la oración ha cambiado en la emisión metafórica.

El modo más simple de mostrar que las versiones crudas del punto de vista de la comparación son falsas es mostrar que, en la producción y comprensión de emisiones metafóricas no se necesita que haya dos objetos que comparar. Cuando digo metafóricamente

4. (MET) Sally es un bloque de hielo

No estoy necesariamente cuantificando sobre bloques de hielo. Mi emisión no entraña literalmente que

10. $(\exists x)$ (x es un bloque de hielo)

y tal que estoy comparando a Sally con x. Este punto es incluso más obvio si consideramos las expresiones usadas como metáforas que tienen extensión cero. Si decimos

11. Sally es un dragón

esto no entraña literalmente

12. $(\exists x)$ (x es un dragón)

O también, otra manera de ver lo mismo es observar que la emisión negativa es tan metafórica como la afirmativa. Si digo

13. Sally no es un bloque de hielo

tal cosa, considero, no invita a la absurda pregunta: ¿qué bloque de hielo es el que estás comparando con Sally, para decir que no se parece a él? En su versión más *cruda*, la teoría de la comparación sufre simplemente un error sobre el carácter referencial de las expresiones usadas metafóricamente.

Ahora bien, esto podría parecer una objeción menor a los teóricos de la comparación, pero prepara el camino para una objeción mucho más radical. Las teorías de la comparación que son explícitas sobre este punto, tratan generalmente el enunciado de la comparación como parte del significado y, por consiguiente, como parte de las condiciones de verdad del enunciado metafórico. Por ejemplo, Miller (1979) es completamente explícito al considerar los enunciados metafóricos como enunciados de similitud y, de hecho, para tales teóricos, el significado de un enunciado *metafórico* es dado siempre por un *enunciado* explícito de similitud. Así pues, de acuerdo con sus puntos de vista, ni tan siquiera he formulado el problema correctamente. De acuerdo conmigo, el problema de explicar las metáforas (de la estructura simple sujeto-predicado) consiste en explicar cómo el hablante y el oyente pasan del significado literal de la oración «*S* es *P*» al significado metafórico de la emisión «*S* es *R*». Pero, de acuerdo con ellos, esto no es el significado de la emisión; más bien el significado de la emisión tiene que ser expresable mediante un enunciado explícito de similitud tal como «*S* es parecido a *P* con respecto a *R*», o, en el caso de Miller, el enunciado metafórico «*S* es *P*» ha de ser analizado como «Hay alguna propiedad *F* y alguna propiedad *G* tal que el que *S* sea *F* es similar a que *P* sea *G*». Más adelante, voy a decir más cosas sobre esta tesis y su formulación exacta, pero ahora quiero afirmar que aunque la similitud desempeña a menudo un papel en la *comprensión* de la metáfora, la aserción metafórica no es necesariamente una *aserción* de similitud. El argumento más simple a favor de que las aserciones metafóricas no son siempre aserciones de similitud es el que se ha dado anteriormente: hay aserciones metafóricas verdaderas para las que no hay objetos designados por el término *P*; por consiguiente, el enunciado metafórico verdadero no puede presuponer falsamente la existencia de un objeto de comparación. Pero incluso allí donde hay objetos de comparación, la aserción metafórica no es necesariamente una aserción de similitud. La similitud, argumentaré, tiene que ver con la producción y comprensión de la metáfora, no con su significado.

Un segundo argumento simple para mostrar que las aserciones metafóricas no son necesariamente aserciones de similitud es que, a menudo, la aserción metafórica puede seguir siendo verdadera incluso si resulta que el enunciado de similitud sobre el que se basa la inferencia hacia el significado metafórico es falsa. Suponga usted que digo

6. (MET) Ricardo es un gorila

queriendo decir

6. (PAR) Ricardo es feroz, desagradable, inclinado a la violencia, y así sucesivamente.

Y supongamos que la inferencia hacia (6) (PAR) se basa en la creencia de que

14. Los gorilas son feroces, desagradables, inclinados a la violencia, y así sucesivamente,

y, por tanto, 6 (MET) y 14, de acuerdo con el punto de vista de la comparación, justificarían la inferencia a

15. Ricardo y los gorilas son similares en varios aspectos, a saber: son fieros, desagradables, inclinados a la violencia, y así sucesivamente

y esto sería, a su vez, parte del modelo de inferencia que ha capacitado al oyente para concluir que cuando he emitido 6 (MET) quería decir 6 (PAR). Pero supongamos que la investigación etológica muestra, como se me ha dicho que hace, que los gorilas no son en absoluto feroces y desagradables, sino que son de hecho criaturas tímidas, sensibles, bastante dados a ataques de sentimentalismo. Esto mostraría definitivamente que 15 es falso, pues 15 es una aserción tanto sobre gorilas como sobre Ricardo. Pero ¿mostraría esto que cuando he emitido (6) (MET), lo que he dicho es falso? Claramente no, porque lo que he dicho era 6 (PAR) y 6 (PAR) es una aserción sobre Ricardo. Puede seguir siendo verdadera independientemente de los hechos efectivos sobre los gorilas; aunque, desde luego, las expresiones que usemos para transmitir metafóricamente ciertos contenidos semánticos dependerán normalmente de lo que consideremos que son los hechos.

Para decirlo crudamente, «Ricardo es un gorila» es justamente sobre Ricardo; no es literalmente sobre gorilas. La palabra «gorila» que aparece aquí sirve para transmitir un cierto contenido semántico distinto de su propio significado por medio de un conjunto de principios que tengo que enunciar todavía. Pero 15 es literalmente sobre Ricardo y los gorilas, y es verdadera si y sólo si ambos comparten las propiedades que afirma que comparten. Ahora bien, puede ser perfectamente verdadero que el oyente emplee algo parecido a 15 como paso en los procedimientos que lo llevan de 6 (MET) a 6 (PAR), pero no se sigue de este hecho sobre sus *procedimientos de comprensión* que esto es parte del *significado de la emisión del hablante* de 6 (MET); y, de hecho, que esto no es parte del significado de la emisión se muestra por el hecho de que el enunciado puede ser *verdadero* incluso si resulta que los gorilas no tienen los rasgos que la ocurrencia metafórica de «gorila» ha servido para transmitir. No estoy diciendo que una aserción metafórica no pueda *jamás* ser equivalente en significado a un enunciado de similitud —si lo es o no dependería de las intenciones del hablante, pero estoy diciendo que éste no es un rasgo necesario de la metáfora— y no es ciertamente el objeto por el que se tienen metáforas el que las aserciones metafóricas sean equivalentes en significado a los enunciados de similitud. Mi argumento es terriblemente simple: en muchos casos el enunciado metafórico y el enunciado de similitud correspondiente no pueden ser equivalentes en significado porque tienen diferentes condiciones de verdad. La diferencia entre el punto de vista que estoy atacando y el que abrazo es ésta. De acuerdo con el punto de vista que estoy atacando, 6 (MET) *significa* que Ricardo y los gorilas son similares en ciertos aspectos. De acuerdo con el punto de vista que voy a abrazar, la similitud funciona como una estrategia de comprensión, no como un componente del significado: 6 (MET) dice que Ricardo tiene ciertos rasgos (y para imaginarse cuáles son, mírese hacia los rasgos asociados con los gorilas). De acuerdo con mi punto de vista el término *P* no necesita figurar literalmente en el enunciado de las condiciones de verdad del enunciado metafórico.

Observaciones similares se aplican, dicho sea de paso, a los símiles. Si digo

16. Sam actúa como un gorila

tal emisión no necesita comprometerme con la verdad de

17. Los gorilas son tales que su conducta se parece a la de Sam.

Pues 16 no necesita ser en absoluto sobre los gorilas, y podríamos decir que «gorila» en 16 tiene una ocurrencia metafórica. Éste es quizás un modo en el que podríamos distinguir entre símiles figurativos y enunciados literales de similitud. Los símiles figurativos no comprometen necesariamente al hablante con un enunciado literal de similitud.

El punto de vista de la interacción semántica es, me parece, igualmente defectuoso. Una de las suposiciones que están detrás del punto de vista de que el significado metafórico es un resultado de la interacción entre una expresión usada metafóricamente y otras expresiones usadas literalmente es que todos los usos metafóricos de las expresiones tienen que ocurrir en oraciones que contienen usos literales de las expresiones, y esta suposición me parece lisa y llanamente falsa. Es, dicho sea de pasada, la suposición que está detrás de la terminología de muchas de las discusiones contemporáneas sobre la metáfora. Se nos dice, por ejemplo, que toda oración metafórica contiene un «tenor» y un «vehículo» (Richards, 1936) o un «marco» y un «foco» (Black, 1962). Pero no es el caso que todo uso metafórico de una expresión esté rodeado por usos literales de otras expresiones. Considérese de nuevo nuestro ejemplo 4: al emitir «Sally es un bloque de hielo», nos referimos a Sally usando literalmente su propio nombre, pero no necesitamos haberlo hecho. Supongamos, para usar una metáfora mixta, que nos referimos a Sally como «la malas noticias». Podríamos entonces decir, usando una metáfora mixta

18. La malas noticias es un bloque de hielo

Si alguien insiste en que el «es» es todavía literal, resulta fácil construir ejemplos de un cambio dramático por parte de Sally donde estaríamos inclinados a decir, con otra metáfora mixta

19. La malas noticias cuajó en un bloque de hielo.

Las metáforas mixtas pueden ser estilísticamente objetables, pero no puedo ver que, necesariamente, sean lógicamente incoherentes. Desde luego, la mayor parte de las metáforas ocurren en contextos de expresiones usadas literalmente. Sería muy difícil entenderlas si esto no sucediese así. Pero no es una necesidad lógica el que todo uso metafórico de una expresión ocurra rodeada por ocurrencias literales de otras expresiones y, de hecho, muchos ejemplos famosos de metáfora no ocurren así. De este modo, al famoso ejemplo de Russell de una oración completamente absurda, «La cuadrilateralidad bebe dilación», se le da a menudo una interpretación metafórica como descripción de cualquier conferencia de desarme a cargo de cuatro potencias que tenga lugar después de una guerra, pero ninguna de las palabras, así interpretadas, tiene una ocurrencia literal; esto es: para cualquier palabra el significado de la emisión del hablante difiere del significado literal de la palabra.

Sin embargo, la objeción más seria al punto de vista de la interacción semántica no es que presuponga falsamente que todas las ocurrencias metafóricas de las palabras tienen que estar rodeadas por ocurrencias literales de otras palabras, sino más bien que, incluso donde la ocurrencia metafórica está dentro del contexto de las ocurrencias literales, no es en general el caso que el significado metafórico del hablante sea el resultado de alguna interacción entre los elementos de la oración en ningún sentido literal de «interacción». Considérese de nuevo nuestro ejemplo 4. En sus emisiones metafóricas, no hay atisbo alguno de ninguna interacción entre el significado del sujeto principal («Sally») y el sujeto subsidiario (bloque de hielo). «Sally» es un nombre propio; no tiene significado en el modo en que lo tiene «bloque de hielo». De hecho, otras expresiones podrían haber sido usadas para producir la misma predicación metafórica. Así,

20. La Sra. Jones es un bloque de hielo

o

21. Esa chica de la esquina es un bloque de hielo

podrían haber sido emitidas con el mismo significado de la emisión metafórico.

Concluyo que, como teorías generales, tanto el punto de vista de la comparación entre objetos como el punto de vista de la interacción semántica son inadecuadas. Si tuviéramos que diagnosticar su fallo en términos fregeanos, podríamos decir que el punto de vista de la comparación intenta explicar la metáfora como una relación entre referencias, y el punto de vista de la interacción intenta explicarla como una relación entre sentidos y creencias asociados con referencias. Los proponentes del punto de vista de la interacción ven correctamente que los procesos mentales y los procesos semánticos involucrados en la producción y la comprensión de las emisiones metafóricas no pueden involucrar las propias referencias, pero tienen que estar en el nivel de la intencionalidad, esto es, tienen que involucrar relaciones en el nivel de las creencias, significados, asociaciones, y así sucesivamente. Sin embargo, dicen a continuación de manera errónea que las relaciones en cuestión tienen que ser algunas relaciones de interacción[3] inexplicadas, aunque metafóricamente descritas, entre un marco literal y un foco metafórico.

Los dos errores finales que me gustaría señalar no son casos de decir algo falso sobre las metáforas, sino que son casos en los que se dice algo verdadero que no logra distinguir la metáfora de la emisión literal. Así, se dice algunas veces que la noción de similitud desempeña un papel crucial en el análisis de la metáfora, o que las emisiones metafóricas dependen del contexto para su interpretación. Pero, como vimos anteriormente, ambos rasgos son verdaderos también de las emisiones literales. Un análisis de la metáfora tiene que mostrar cómo similitud y contexto desempeñan un papel en la metáfora que difiere de su papel en la emisión literal.

---

[3] Incluso en Black (1979) la clarificación de la interacción en términos de «complejos de implicación» todavía no parece ser ningún enunciado preciso de los principios de acuerdo con los que funciona la interacción. Y el ejemplo efectivo que da «El matrimonio es un juego de suma cero» se parece angustiosamente a una metáfora de comparación: «El matrimonio es *como* un juego de suma cero en que es una relación entre dos partes enfrentadas en el que una parte sólo puede beneficiarse a expensas de la otra.» Es difícil ver qué puede añadir el hablar de interacción a este análisis.

EXAMEN ADICIONAL DE LA TEORÍA DE LA COMPARACIÓN

Una manera de desarrollar una teoría de la metáfora sería examinar los puntos fuertes y débiles de una de las teorías existentes. El candidato obvio para hacer este papel y servirnos de pretexto es una versión de la teoría de la comparación que se remonta a Aristóteles y puede, de hecho, considerarse como el punto de vista del sentido común —la teoría que dice que toda metáfora es realmente un símil literal con el «igual que» o «como» eliminados y dejando sin especificar el aspecto respecto del cual se da la similitud—. Así pues, de acuerdo con este punto de vista, la emisión metafórica «El hombre es un lobo» significa «El hombre es igual que un lobo en ciertos aspectos no especificados»; la emisión «Eres mi sol» significa «Eres para mí igual que el Sol en ciertos aspectos» y «Sally es un bloque de hielo», significa «Sally es igual que un bloque de hielo en ciertos aspectos hasta ahora no especificados».

Los principios de acuerdo con los cuales funcionan las metáforas según esta teoría son los mismos que los que funcionan para los enunciados de similitud junto con el principio de la elipsis. Entendemos la metáfora como una versión abreviada del símil literal[4]. Puesto que el símil literal no exige ningún conocimiento extralingüístico para su comprensión, gran parte del conocimiento necesario para la comprensión de la metáfora está ya contenido en la competencia semántica del hablante y del oyente, junto con el conocimiento de trasfondo general del mundo que hace comprensible el significado literal.

Hemos visto ya ciertos defectos de este punto de vista, sobre todo que los enunciados metafóricos no pueden ser equivalentes en significado a los enunciados literales de similitud puesto que las condiciones de verdad de los dos tipos de enunciados son frecuentemente diferentes. Además, tenemos que subrayar que incluso como una teoría de la comprensión metafórica —como opuesta a la teoría del significado metafórico— es importante para la teoría de la similitud el que los símiles subyacentes sean enunciados literales de similitud. Si los enunciados de similitud que se supone que explican la metáfora son ellos mismos metafóricos o son figurativos de otra manera, nuestra explicación sería circular.

Con todo, tratada como una teoría de la comprensión, parece haber un gran número de casos en los que podemos construir una oración de similitud para la emisión metafórica que parece explicar de alguna manera cómo se comprende el significado metafórico. Y, efectivamente, el hecho de que la especificación de los valores de *R* aparezca de forma vaga en el enun-

---

[4] Por «símil literal» entiendo un enunciado literal de similitud. Se puede argumentar que se debería limitar «símil» a comparaciones no literales, pero éste no es el uso que sigo aquí.

ciado de similitud puede, de hecho, ser una ventaja para la teoría en la medida en que las emisiones metafóricas sean a menudo vagas en precisamente este sentido: no se hace *exactamente* claro lo que se supone que es *R* cuando decimos que «*S* es *P*» queriendo decir metafóricamente que «*S* es *R*». Así, por ejemplo, al analizar el enunciado metafórico de Romeo, «Julieta es el Sol», Cavell (1976, pp. 78-79) da como parte de su explicación que Romeo quiere decir que para él el día empieza con Julieta. Ahora bien, aparte del contexto de la obra, esta lectura jamás se me hubiera ocurrido. Buscaría otras propiedades del Sol para llenar los valores de *R* en la fórmula. Decir esto no es hacer objeción alguna ni a Shakespeare ni a Cavell, porque la metáfora en cuestión, igual que la mayor parte de las metáforas, es abierta en precisamente este sentido.

Sin embargo, la teoría de la similitud, a pesar de su atractivo, tiene dificultades serias. En primer lugar, la teoría hace más —o más bien menos— que no lograr decirnos cómo computar el valor de *R* exactamente: hasta aquí no logra decirnos cómo computarlo en absoluto. Esto es, la teoría no tiene casi poder explicativo, puesto que la tarea de una teoría de la metáfora es explicar cómo el hablante y el oyente son capaces de pasar de «*S* es *P*» a «*S* es *R*», y no explica ese proceso el decirnos que se va de «*S* es *P*» a «*S* es *R*» pasando primero por el estadio «*S* se parece a *P* con respecto a *R*» porque no se nos dice cómo se supone que calculamos qué valores se asignan a *R*. La similitud es un predicado vacío: cualesquiera dos cosas son similares en algún aspecto u otro. Decir que el enunciado metafórico «*S* es *P*» implica el enunciado literal «*S* se parece a *P*» no resuelve nuestro problema. Sólo lo hace retroceder un paso. El problema de comprender los símiles literales con respecto a la similitud que se deja sin especificar es sólo una parte del problema de la comprensión de la metáfora. ¿Cómo se supone que sabemos, por ejemplo, que la emisión «Julieta es el Sol» no significa «Julieta es, en su mayor parte, gaseosa» o «Julieta está a noventa millas de la Tierra»? Ambas propiedades son rasgos salientes y bien conocidos del Sol.

Otra objeción es, todavía, la siguiente: es crucial para la tesis del símil que éste se tome literalmente; con todo parece haber un gran número de emisiones metafóricas donde no hay ninguna similitud relevante correspondiente entre *S* y *P*. Si insistimos en que hay siempre tales símiles, parece como si tuviéramos que interpretarlos metafóricamente, y entonces nuestra explicación sería circular. Considérese nuestro ejemplo 4, «Sally es un bloque de hielo». Si fuéramos a enumerar de manera completamente literal las distintas cualidades de los bloques de hielo, ninguna de ellas sería verdadera de Sally. Incluso si abandonásemos las distintas creencias que la gente tiene sobre los bloques de hielo, tales cualidades seguirían sin ser verdaderas de Sally. Simplemente, no hay ninguna clase de predicados, *R*, tal que Sally es literalmente parecida a un bloque de hielo con respecto a *R*, donde *R* es lo que intentábamos predicar metafóricamente de Sally cuando dijimos que Sally era un bloque de hielo. El ser poco emocional no es un rasgo de los bloques de hielo porque los bloques de hielo no tienen nada que ver con las emociones, y si uno quiere insistir en que los bloques de hielo jamás responden a los sentimientos de los demás, entonces sólo necesitamos señalar que este rasgo es todavía insuficiente para explicar el significado metafórico de la emisión de 4, puesto que en ese sentido las hogueras tampoco responden a los sentimientos de los demás, pero

22. Sally es una hoguera

tiene un significado de la emisión metafórico completamente distinto del de 4. Además, hay muchos símiles que no se intenta que se entiendan literalmente. Por ejemplo, con una emisión de «Mi amor es como una rosa, una rosa roja» no queremos decir que hay una clase de predicados literales que son verdaderos tanto de mi amor como de las rosas, de las rosas rojas, y que expresa aquello a lo que el hablante apuntaba cuando dijo que su amor era una rosa, una rosa roja.

El defensor de la tesis del símil no necesita, sin embargo, rendirse tan fácilmente. Podría decir que muchas metáforas son también ejemplos de otras figuras. Así, «Sally es un bloque de hielo» no es sólo un ejemplo de metáfora, sino también de hipérbole[5]. El significado de la emisión metafórica se deriva efectivamente del símil «Sally es como un bloque de hielo», pero entonces tanto la metáfora como el símil son casos de *hipérbole*; son exageraciones y, de hecho, muchas metáforas son exageraciones. De acuerdo con esta réplica, si interpretamos tanto la metáfora como el símil hiperbólicamente, entonces son equivalentes.

Además, el defensor de la tesis del símil podría añadir que no es una objeción a la explicación del símil el que se diga que alguno de los aspectos en los que Sally se parece a un bloque de hielo se especificarán metafóricamente, puesto que para cada uno de esos símiles metafóricos podemos especificar otro símil subyacente hasta que eventualmente alcancemos el lecho rocoso de los símiles literales sobre los que descansa todo el edificio. Así, «Sally es un bloque de hielo» significa que «Sally es como un bloque de hielo», lo que significa «Comparte ciertos rasgos con un bloque de hielo, en particular que es muy fría». Pero, puesto que «fría» en «Sally es muy fría» es también una emisión metafórica, tiene que haber una similitud subyacente en la que el estado emocional de Sally se parece a la frialdad, y cuando finalmente especificamos esos aspectos, la metáfora se analizará completamente.

Hay realmente dos estadios en esta réplica. En primer lugar, señala que otras figuras tales como la hipérbole se combinan algunas veces con la metáfora y, en segundo lugar, concede que alguno de los símiles que podemos

[5] Además, se puede al menos argumentar que «bloque de hielo» funciona en este ejemplo como una metonimia.

ofrecer como traducciones de la metáfora son aún metafóricos, pero insiste en que algún procedimiento recursivo para analizar los símiles metafóricos nos llevará eventualmente a los símiles literales.

¿Es esta respuesta realmente adecuada? Pienso que no. El problema es que aquí no parece haber ninguna similitud literal entre objetos que son fríos y gente que es poco emocional que justifique el punto de vista de que cuando decimos metafóricamente que alguien es frío lo que queremos decir es que esa persona es poco emocional. ¿En qué aspectos exactamente son las personas poco emocionales como los objetos fríos? Bien, hay algunas cosas que podrían decirse como respuesta a esto, pero todas ellas nos dejan de alguna manera un sentimiento de insatisfacción.

Hay alguna evidencia, dicho sea de paso, de que esta metáfora funciona a lo largo de diferentes culturas: no se limita a los hablantes del inglés (cfr. Asch, 1958). Además se está convirtiendo, o se ha convertido ya, en una metáfora muerta. Algunos diccionarios (por ejemplo, el *Oxford English Dictionary*) consignan la falta de emoción como uno de los significados de «frío». Las metáforas relacionadas con la temperatura para rasgos emocionales y personales son, de hecho, muy comunes y no se derivan de ninguna similitud literal subyacente. Así hablamos de una «discusión caldeada», «una calurosa bienvenida», «una tibia amistad» y de «frigidez sexual». Tales metáforas son fatales para la tesis de la similitud, a menos que sus defensores puedan presentar un *R* literal que *S* y *P* tengan en común, y que sea suficiente para explicar el significado metafórico preciso que se quiere transmitir.

Puesto que este punto seguro que será contestado, merece la pena subrayar exactamente lo que está en disputa. Al afirmar que no hay similitudes suficientes para explicar el significado de la emisión, no estoy haciendo una afirmación existencial negativa y, por tanto, no estoy haciendo una afirmación que sea demostrable a partir del examen de un número finito de instancias. La carga de la prueba reside más bien en el teórico de la similitud que tiene que enunciar las similitudes y mostrar cómo agotan el significado de la emisión. Pero no es en absoluto fácil ver cómo podría hacerlo de una manera que satisficiera las constricciones de su propia teoría.

Desde luego, podría pensarse en cientos de maneras en las que cualquier *S* es parecido a cualquier *P*, esto es: maneras en las que Sally se parece a un bloque de hielo, y puede pensarse en muchos *F* y *G* tales que el que Sally sea *F* se parece a que un bloque de hielo sea *G*. Pero esto no es suficiente. Tales similitudes, como podrían llamarse, no agotan el significado de la emisión y si hay otras que lo hacen, no son ciertamente obvias.

Pero pensemos que con cierta inventiva se podría pensar en alguna similitud que agotase el significado de la emisión. El mismo hecho de que se necesite tanta inventiva para pensar en ello convierte en improbable que esto sea el principio subyacente de la interpretación metafórica, si tenemos en cuenta que el fenómeno de la metáfora es algo obvio: ningún hablante nativo tiene dificultad alguna para explicar lo que quiere decir. En «Sam es un cerdo» tanto el significado de la emisión como las similitudes son obvias, pero, en «Sally es un bloque de hielo», solamente es obvio el significado de la emisión. La hipótesis más simple entonces es que esta metáfora, al igual que otras muchas que voy a discutir, funciona basándose en principios distintos de la similitud.

Una vez que nos ponemos a buscarlas, nos damos cuenta de que esta clase de metáforas es muy extensa. Por ejemplo, las numerosas metáforas espaciales para la duración temporal no se basan en similitudes literales. En «El tiempo vuela» o «Las horas se arrastraron», ¿qué es lo que el tiempo hace o las horas hicieron que es literalmente parecido a volar o a arrastrarse? Estamos tentados a decir que el tiempo pasó rápidamente o las horas transcurrieron lentamente pero, desde luego, «pasó rápidamente» y «transcurrieron lentamente» son también metáforas espaciales. Similarmente, las metáforas relacionadas con el sentido del gusto para rasgos personales no se basan en propiedades en común. Hablamos de la «dulzura de un carácter» o de un «carácter amargo», sin implicar que ambos caracteres tengan rasgos literales en común con los gustos dulce o amargo que agotan el significado de la emisión de la emisión metafórica. Desde luego, el carácter dulce y las cosas dulces son ambos agradables, pero la metáfora transmite muchas cosas más allá de la mera indicación de que ambos caracteres sean agradables.

Ciertas asociaciones metafóricas están tan profundamente incorporadas en nuestro modo global de sensibilidad que tendemos a pensar que *tiene que* haber una similitud, o incluso que la asociación misma es una forma de similitud. Así, nos sentimos inclinados a decir que el paso del tiempo es *completamente parecido* al movimiento espacial, pero cuando decimos esto olvidamos que «pasó» es sólo otra metáfora espacial para el tiempo y que la mera aserción de similitud, sin especificación alguna de aquello respecto de lo que se dice la similitud, carece de contenido. La versión más sofisticada de la tesis del símil que he visto es la de George Miller (1979), y voy a hacer a continuación una pequeña digresión para considerar alguno de sus rasgos especiales. Miller, al igual que otros teóricos del símil, cree que los significados de los enunciados metafóricos pueden expresarse como enunciados de similitud, pero ofrece un género especial de enunciado de similitud (más bien bastante parecido a una de las formulaciones de Aristóteles, dicho sea de paso) como la forma de «reconstrucción» de los enunciados metafóricos. De acuerdo con Miller, las metáforas de la forma «*S* es *P*», donde tanto *S* como *P* son frases nominales, son equivalentes a oraciones de la forma

23. $(\exists F)(\exists G)(\textsc{sim}(F(S), G(P)))$.

Así, por ejemplo, «El hombre es un lobo» se analizaría, de acuerdo con Miller, como:

24. Hay alguna propiedad *F* y alguna propiedad *G* tales que el que un hombre sea *F* es similar a que un hombre sea *G*.

Y cuando tenemos metáforas donde un verbo o adjetivo predicado *F* se usa metafóricamente en una oración de la forma «*x* es *F*» o «*x* lleva a cabo la acción *F*», el análisis es de la forma

25. $(\exists G)(\exists y)(\text{SIM}(G(x), F(y)))$.

Así, por ejemplo, «El problema es espinoso» se analizaría como

26. Hay alguna propiedad *G* y algún objeto *y* tal que el que el problema sea *G* es similar a que *y* sea espinoso.

Creo que esta explicación tiene todas las dificultades de las otras teorías del símil; a saber: supone erróneamente que el uso de un predicado metafórico compromete al oyente con la existencia de objetos de los que el predicado es literalmente verdadero; confunde las condiciones de verdad del enunciado metafórico con los principios bajo los cuales se comprende; no logra decirnos cómo computar los valores de las variables (Miller es consciente de este problema, lo llama el problema de la «interpretación» y lo ve como un problema distinto del problema de la reconstrucción); y resulta refutada por el hecho de que no todas las metáforas tienen enunciados literales de similitud subyacentes. Pero tiene algunos problemas adicionales por sí misma. En mi opinión, la debilidad más seria de la explicación de Miller es que, de acuerdo con tal explicación, los contenidos semánticos de la mayor parte de las emisiones metafóricas tendrían un gran número de predicados y, de hecho, sólo un número muy pequeño de metáforas satisfacen realmente la estructura formal que él nos proporciona. Considérese, por ejemplo, «El hombre es un lobo». De acuerdo con lo que creo que es la versión más plausible de la tesis del símil, significa algo de la forma

27. El hombre es semejante a un lobo en ciertos aspectos *R*.

Podríamos representar esto como

28. SIM_R (hombre, lobo).

Se exige que el oyente compute solamente un conjunto de predicados, los valores de *R*. Pero de acuerdo con la explicación de Miller, se exige que el oyente compute no menos que tres conjuntos de predicados. En la medida en que la similitud es un predicado vacío, necesitamos que se nos diga en qué aspecto dos cosas son similares para que el enunciado de que son similares tenga algún contenido informativo. Su formalización de la emisión metafórica anterior es

29. $(\exists F)(\exists G)$ (SIM (F (hombre), G (lobo))).

Para completar esta fórmula de manera que especificase respecto de qué es la similitud tendríamos que escribirla de la manera siguiente

30. $(\exists F)(\exists G)(\exists H)$ (SIM_H (F (hombre), G (lobo))).

Pero tanto la reformulación 30 como 29, la formulación original de Miller, contienen demasiadas variables de predicado. Cuando digo, «El hombre es un lobo», no estoy diciendo que haya algunos conjuntos de propiedades que los hombres tienen que son *diferentes* de los conjuntos de propiedades que tienen los lobos, estoy diciendo que tienen el *mismo* conjunto de propiedades (al menos en una interpretación comprensiva de la tesis de la similitud, que es de lo que estoy hablando). Pero de acuerdo con la explicación de Miller, estoy diciendo que el hombre tiene un conjunto de propiedades F, que los lobos tienen un diferente conjunto de propiedades G, y que el que el hombre tenga F es similar a que los lobos tengan G con respecto a algunas otras propiedades H. Argumento que esta «reconstrucción» es (a) contraintuitiva, (b) que carece de motivación y (c) que asigna una tarea de computación imposible al hablante y al oyente. ¿Qué se supone que son esos F, G y H? ¿Y cómo se supone que ha de calcularlos el oyente? No es sorprendente que su tratamiento del problema de la interpretación sea muy esquemático. Objeciones similares se aplican a sus explicaciones de otras formas sintácticas de las emisiones metafóricas.

Hay una clase de metáforas, que voy a llamar «metáforas relacionales», para la que podría ser más apropiado algo parecido a su análisis. Así, si digo

8. El barco araba el mar

o

31. Washington es el padre de este país

estos enunciados podrían interpretarse usando algo parecido a sus formas. Podríamos tratar 8 como equivalente a

32. Hay alguna relación R que el barco tiene con el mar y que es semejante a la relación que los arados tienen con los campos cuando los están arando;

y 31 como

33. Hay alguna relación R que Washington tiene con este país y que es semejante a la relación que los padres tienen con sus retoños.

Y 32 y 33 se formalizan fácilmente *à la* Miller. Sin embargo, incluso estos análisis me parece que conceden demasiado a su análisis: 8 no hace referencia ni implícita ni explícitamente a los campos y 31 no hace referencia a retoño alguno. De acuerdo con la versión más simple y más plausible de la tesis de la similitud 8 y 31 son equivalentes a

34. El barco hace algo en el mar que es semejante a la acción de arar

y

35. Washington está en una relación con su país que es semejante a la relación de ser padre.

Y la tarea del oyente es pura y simplemente computar las relaciones que se intentan poner delante en ambos casos. De acuerdo con mi explicación, que desarrollaré en la próxima sección, la similitud no funciona, en general, como parte de las condiciones de verdad ni en la manera de Miller ni en la versión más simple; más bien, cuando funciona, lo hace como una estrategia para la interpretación. Así, dicho de manera muy cruda, el modo en que la similitud figura en la interpretación de 8 y 31 viene dada por

36. El barco hace algo en el mar (para imaginarse qué es, encuéntrese una relación parecida a la acción de arar)

y

37. Washington está en una cierta relación con su país (para imaginarse cuál es, encuéntrese una relación parecida a la de ser padre).

Pero el oyente no tiene que computar aspecto alguno en el que esas relaciones sean similares, puesto que esto no es lo que se asevera. Más bien lo que se asevera es que el barco está haciendo algo en el mar y que Washington está en un cierto conjunto de relaciones con su país, y el oyente ha de imaginarse qué es lo que hace el barco cuáles son las relaciones en las que está Washington buscando relaciones similares a *arar* y *ser un padre de*.

Para concluir esta sección: el problema de la metáfora es o muy difícil o muy fácil. Si la teoría de la similitud fuese verdadera, sería muy fácil, puesto que no habría ninguna categoría separada para la metáfora —sólo una categoría de *emisiones elípticas* donde «semejante» o «como» se habría eliminado de la oración emitida—. Pero, ¡ay!, la teoría de la similitud no es correcta, y el problema de la metáfora continua siendo muy difícil. Espero que nuestra más bien larga discusión de la teoría de la similitud haya sido iluminadora en al menos estos aspectos. Primero, hay muchas metáforas en las que no hay ninguna similitud literal subyacente que resulte adecuada para explicar el significado de la emisión metafórica. En segundo lugar, incluso allí donde hay un enunciado literal de similitud correlacionado, las condiciones de verdad y, por tanto, el significado del enunciado metafórico y el enunciado de similitud no son, en general, lo mismo. En tercer lugar, lo que deberíamos salvar de la teoría de la similitud es un conjunto de estrategias para producir y entender emisiones metafóricas, usando la similitud. Y en cuarto lugar, la teoría de la similitud, incluso interpretada de esta manera, esto es: interpretada como una teoría de la interpretación más que como una teoría del significado, no nos dice cómo computar los aspectos respecto de los que se da la similitud o qué similitudes intenta metafóricamente el hablante que se tomen en cuenta.

LOS PRINCIPIOS DE LA INTERPRETACIÓN METAFÓRICA

Ha llegado ahora el tiempo de intentar enunciar los principios de acuerdo con los que se producen y se comprenden las metáforas. Para reiterarlo, en su forma más simple, la pregunta que estamos intentando responder es: ¿cómo es posible que un hablante diga metafóricamente «*S* es *P*» y quiera decir «*S* es *R*», cuando es evidente que *P* no significa *R*? Además, ¿cómo es posible que un oyente que escucha la emisión «*S* es *P*» sepa que hablante quiere decir «*S* es *R*»? La respuesta corta y poco informativa es que la emisión de *P* trae a las mientes el significado y, por tanto, las condiciones de verdad asociadas a *R*, en los modos especiales que las emisiones metafóricas tienen de traer a las mientes otras cosas. Pero esta respuesta es poco informativa hasta que sepamos cuáles son los principios de acuerdo con los cuales la emisión trae a las mientes el significado metafórico, y hasta que podamos enunciar esos principios de una manera que no descansen en emisiones metafóricas como «trae a las mientes». Creo que no hay un único principio de acuerdo con el cual funcionen las metáforas.

La pregunta «¿Cómo funcionan las metáforas?» es un poco parecida a la pregunta «¿Cómo una cosa nos recuerda otra?». No hay una respuesta unitaria a ninguna de las dos preguntas, aunque, obviamente, la similitud desempeña un papel importante en la respuesta a las dos. Dos diferencias importantes entre ellas son que las metáforas son, a la vez, restringidas y sistemáticas; restringidas en el sentido de que no todo lo que nos puede recordar otra cosa distinta nos proporcionará una base para la metáfora, y sistemáticas en el sentido de que las metáforas tienen que ser comunicables del hablante al oyente en virtud de un sistema compartido de principios.

Enfoquemos el problema desde el punto de vista del oyente. Si podemos imaginar los principios de acuerdo con los cuales los oyentes entienden las emisiones metafóricas, habremos recorrido un largo camino hacia la comprensión de cómo es posible para los hablantes el hacer emisiones metafóricas, puesto que para que la comunicación sea posible, hablante y oyente deben compartir un conjunto común de principios. Supóngase que un oyente escucha una emisión como «Sally es un bloque de hielo», «Ricardo es un gorila» o «Bill es una puerta de granero». ¿Cuáles son los pasos que tiene que dar para comprender el significado metafórico de esas emisiones? Una respuesta a esta cuestión no necesita, obviamente, especificar un conjunto de pasos a través de los cuales vaya conscientemente; en su lugar, más bien lo que debe hacer es proporcionar una reconstrucción racional de los modelos de inferencia que subyacen a nuestra capacidad de entender tales metáforas. Además, no todas las metáforas serán tan simples como los casos que estamos discutiendo; sin embargo, un modelo diseñado para dar cuenta de los casos simples debería probar que es de aplicación más general.

Creo que para las clases de casos simples que hemos estado discutiendo, el oyente debe atravesar al menos tres conjuntos de pasos. En primer lugar, tiene que tener alguna estrategia para determinar si, en primer lugar, tiene que buscar una interpretación metafórica de la emisión. En segundo lugar, cuando ha decidido buscar una interpretación metafórica, tiene que tener algún conjunto de estrategias o principios para restringir el rango de los *R*, para decidir qué *R*s son los que el hablante está aseverando de *S*.

Supóngase que oye la emisión «Sam es un cerdo». Él sabe que no puede ser literalmente verdadera, que la emisión, si intenta tomarla literalmente, es radicalmente defectuosa. De hecho, el que sea defectuosa es un rasgo de casi todos los ejemplos que hemos considerado hasta ahora. Los defectos que ponen sobre la pista al oyente pueden ser falsedad obvia, sinsentido semántico, violaciones de las reglas de los actos de habla, o violaciones de los principios conversacionales de la comunicación. Esto sugiere una estrategia que subyace al primer paso,

> *Donde la emisión es defectuosa si se toma literalmente, búsquese el significado de una emisión que difiera del significado de la oración.*

Ésta no es la única estrategia basándose en la cual un oyente podría decir que una emisión tiene probablemente un significado metafórico, pero es con mucho la más común. (Es también común en la interpretación de la poesía. Si oigo que alguien se dirige a una figura de una urna griega como «una todavía inviolada novia de la quietud», sé que haría mejor en buscar significados alternativos.) Pero no es ciertamente una condición necesaria de una emisión metafórica el que sea en algún sentido defectuosa si se interpreta literalmente. Disraeli podría haber dicho metafóricamente

5. (MET) He trepado a lo alto de la cucaña,

aunque hubiese trepado de hecho a lo alto de la cucaña. Hay otras varias claves que empleamos para detectar emisiones metafóricas. Por ejemplo, cuando se lee a los poetas románticos, estamos a la caza de metáforas, y alguna gente que conocemos está más inclinada a hacer emisiones metafóricas que otra.

Una vez que nuestro oyente ha establecido que tiene que buscar un significado alternativo, tiene un cierto número de principios mediante los que puede computar posibles valores de *R*. En breve daré una lista, pero uno de ellos es el siguiente:

> *Cuando oigas «S es P», para encontrar posibles valores de R mira hacia los modos en los que S podría parecerse a P, y para determinar el aspecto en el cual S podría ser semejante a P, busca rasgos salientes, bien conocidos y distintivos de las cosas P.*

En este caso, el oyente podría invocar su conocimiento fáctico para hacerse cargo de rasgos tales como que los cerdos son gordos, glotones, descuidados, inmundos, y así sucesivamente. Este rango indefinido de rasgos proporciona valores posibles de *R*. Sin embargo, hay muchos otros rasgos que también son igualmente distintivos de los cerdos y que son bien conocidos, por ejemplo, los cerdos tienen forma y cerdas distintivas. Así, para entender la emisión el oyente necesita transitar por el tercer paso donde restringe el rango de posibles *R*. Aquí de nuevo el oyente puede emplear diversas estrategias para hacerlo, pero la más común es la siguiente:

> *Retrocede al término S mira cuál de los múltiples candidatos para valores de R son probables, o incluso posibles, propiedades de S.*

Así, si al oyente se le dice «El coche de Sam es un cerdo», interpretará la metáfora de manera distinta de la emisión «Sam es un cerdo». Podría considerar que la primera significa que el coche de Sam consume gasolina de la manera en que los cerdos consumen comida, o que el coche de Sam tiene una forma parecida a la de un cerdo. Aunque, en un sentido, la metáfora es la misma en los dos casos, en cada caso se restringe mediante el término *S* de maneras diferentes. El oyente tiene que usar su conocimiento de las cosas *S* y *P* para conocer cuáles de los posibles valores de *R* son candidatos plausibles para la predicación metafórica.

Ahora bien, gran parte de la disputa entre las teorías de la interacción y las teorías de la comparación entre objetos deriva del hecho de que se pueden interpretar como respuestas a preguntas diferentes. Las teorías de la comparación entre objetos se interpretan mejor como intentos de responder a la pregunta del estadio dos: «¿Cómo computamos los posibles valores de *R*?». Las teorías de la interacción se interpretan mejor como respuestas a la pregunta del estadio tres: «Dado un rango de valores posibles de *R*, ¿cómo restringe ese rango la relación entre los términos *S* y *P*?». Pienso que es desorientador describir esas relaciones como «interacciones», pero parece correcto suponer que el término *S* tiene que desempeñar algún papel en las metáforas del tipo que hemos estado considerando. Para mostrar que la teoría de la interacción era también una respuesta a la pregunta del estadio dos, tendríamos que mostrar que hay valores de *R* que son especificables, dados *S* y *P* juntos, y que no son especificables dado *P* sólo; se tendría que mostrar que *S* no restringe el rango de los *R* sino que, de hecho, crea nuevos *R*. No creo que esto pueda mostrarse, pero mencionaré algunas posibilidades más adelante.

Dije que había una gran variedad de principios para computar *R*, dado *P*; esto es: una gran variedad de principios de acuerdo con los cuales la emisión de *P* podría traer a las mientes el significado *R* de maneras que son peculiares a la metáfora. Estoy seguro de que no conozco todos los principios para hacerlo pero, para comenzar, he aquí varios (no necesariamente independientes).

Principio 1. Las cosas que son *P* son, por definición, *R*. Usualmente, si la metáfora funciona, *R* será una de las características definitorias salientes de *P*. Así, por ejemplo,

38. (MET) Sam es un gigante

se considerará que significa

38. (PAR) Sam es grande,

puesto que los gigantes son, por definición, grandes. Esto es lo que tienen de especial.

Principio 2. Las cosas que son *P*, son contingentemente *R*. De nuevo, si la metáfora funciona, la propiedad *R* debería ser una propiedad saliente o bien conocida de las cosas *P*.

39. (MET) Sam es un cerdo

podemos considerar que significa

39. (PAR) Sam es inmundo, glotón, descuidado, etc.

Ambos principios 1 y 2 correlacionan emisiones metafóricas con símiles literales, «Sam es como un gigante», «Sam es como un cerdo», y así sucesivamente. Obsérvese en conexión con este principio y el siguiente que pequeñas variaciones en el término *P* pueden crear grandes diferencias en los términos *R*. Considérense las diferencias entre «Sam es un cerdo», «Sam es un puerco», «Sam es un cochino».

Principio 3. Las cosas que son *P* se dice o se cree a menudo que son *R*, incluso si tanto el hablante como el oyente pueden saber que *R* es falso de *P*. Así,

7. (MET) Ricardo es un gorila

puede usarse para significar

7. (PAR) Ricardo es mezquino, desagradable, inclinado a la violencia, y así sucesivamente

incluso si tanto el hablante como el oyente saben que los gorilas son criaturas tímidas y sensibles, pero generaciones de mitología sobre los gorilas han establecido asociaciones que capacitarán a la metáfora para funcionar incluso si tanto el hablante como el oyente saben que esas creencias son falsas.

Principio 4. Las cosas que son *P* no son *R*, ni se parecen a las cosas *R*, ni se cree que son *R*; sin embargo, es un hecho sobre nuestra sensibilidad, ya sea cultural o naturalmente determinada, que percibimos una conexión, de modo que *P* se asocia en nuestras mentes con propiedades *R*. Así,

4. (MET) Sally es un bloque de hielo
40. (MET) Estoy hecho polvo
41. (MET) María es dulce
42. (MET) Juan es duro
43. (MET) Las horas { se deslizaron / gatearon / se arrastraron / se aceleraron / pasaron zumbando } mientras esperábamos por el avión

son oraciones que podrían emitirse para significar metafóricamente que Sally es poco emocional; estoy cansado y deprimido; María es una persona gentil, amable, agradable, y así sucesivamente; Juan tiene un carácter fuerte; y las horas parecían transcurrir (con diferentes grados de duración) mientras esperábamos por el avión; incluso aunque no haya similitudes literales en las que se basen estas metáforas. Obsérvese que las asociaciones tienden a agruparse en una escala: los grados de temperatura con rangos de emoción; los grados de velocidad con la duración temporal, y así sucesivamente.

Principio 5. Las cosas *P* no son semejantes a las cosas *R*, y no se cree que son semejantes a las cosas *R*; sin embargo, la condición de ser *P* es semejante a la condición de ser *R*. Así pues, podría decir a alguien que se haya promocionado en gran medida

44. Te has convertido en un aristócrata

queriendo decir, no que, personalmente, se ha convertido en algo *parecido* a un aristócrata, sino que su nuevo *status* o condición es parecido al de ser un aristócrata.

Principio 6. Hay casos en los que *P* y *R* son lo mismo o similar en significado, pero donde uno, usualmente *P*, se restringe en su aplicación y no se aplica literalmente a *S*. Así «podrido» se dice sólo literalmente de la materia orgánica, pero podemos decir metafóricamente

45. El parlamento estaba podrido
46. El sistema judicial estaba podrido
47. La moral de la sociedad está podrida

Principio 7. Éste no es un principio separado sino una manera de aplicar los principios 1-6 a casos simples que no son de la forma «*S* es *P*» sino metáforas relacionales, y metáforas de otras formas sintácticas tales como aquellas que involucran verbos y predicados adjetivos. Considérense metáforas relacionales tales como

48. Sam devora libros
8. El barco araba el mar
31. Washington fue el padre de este país

En cada caso, tenemos una emisión literal de dos frases nominales rodeando una emisión metafórica de un término relacional (puede ser un verbo transitivo, como en 48 y 8, pero no necesita serlo, como en 31). La tarea del oyente no es ir de «*S* es *P*» a «*S* es *R*», sino de «*S P*-relación *S*'» a «*S R*-relación *S*'» y la última tarea es formalmente más bien diferente de la primera puesto que, por ejemplo, nuestro principio de similitud en el primer caso le capacitará para encontrar una propiedad que *S* y las cosas *P* tienen en común, a saber: *R*. Pero en la última no puede encontrar una relación en común; en su lugar tiene que encontrar una relación *R* que es diferente de la relación *P* pero similar a ella en algún aspecto. De este modo, aplicado a estos casos el principio 1 daría, por ejemplo,

Las relaciones *P* son, por definición, relaciones *R*.

Por ejemplo, *arar* es en parte, por definición, un asunto consistente en mover una substancia a un lado y a otro de un objeto punzante mientras ese objeto se mueve hacia delante; y aunque esta similitud definicional entre la relación *P* y la relación *R* proporcionaría el principio que capacita al oyente a inferir la relación *R*, al respecto del cual se afirma la similitud no agota el contenido de la relación *R*, como la similitud agota el contenido del término

R en el más simple de los casos de «*S* es *P*». En esos casos, la tarea del oyente es encontrar una relación (o propiedad) que sea similar a, o que esté relacionada de otra manera con, la relación o propiedad expresada literalmente por la expresión metafórica *P*; y el principio funciona para capacitarlo a seleccionar esa relación o propiedad al darle un aspecto en el que las relaciones *R* y *P* podrían ser similares o estar asociadas de alguna otra manera.

Principio 8. De acuerdo con mi explicación de la metáfora, se convierte en un asunto de terminología el que queramos interpretar la metonimia y la sinécdoque como casos especiales de metáfora o como tropos independientes. Cuando alguien dice, «*S* es *P*», y quiere decir «*S* es *R*», *P* y *R* pueden estar asociados con relaciones tales como la relación parte-todo, la relación continente-contenido, o incluso la relación entre el vestido y su portador. En cada caso, como en la metáfora propiamente dicha, el contenido semántico del término *P* transmite el contenido semántico del término *R* por medio de algún principio de asociación. Puesto que, en cualquier caso, los principios de la metáfora son más bien variados, estoy inclinado a tratar la metonimia y la sinécdoque como clases especiales de metáfora y a añadir sus principios a mi lista de principios metafóricos. Puedo, por ejemplo, referirme al monarca británico como «la corona», o a la rama ejecutiva del gobierno de los Estados Unidos de América como «la Casa Blanca» explotando principios sistemáticos de asociación. Sin embargo, como he dicho, la afirmación de que éstos son casos especiales de metáfora me parece que es puramente un asunto de terminología, y si los puristas insisten en que los principios de la metáfora se mantengan separados de los de la metonimia y la sinécdoque, puedo no tener objeciones taxonómicas.

Además de estos ocho principios, podríamos preguntarnos si hay un noveno. ¿Hay casos en los que una asociación entre *P* y *R* que no existía previamente puede crearse por la juxtaposición de *S* y *P* en la oración original? Esto considero que es la tesis de los teóricos de la interacción. Sin embargo, no he visto jamás ningún ejemplo convincente, ni tan siquiera una explicación medianamente clara de lo que se supone que significa «interacción». Intentemos reconstruir algunos ejemplos. Considérense las diferencias entre

$$\text{49. La voz de Sam es } \left\{ \begin{array}{l} \text{fango} \\ \text{grava} \\ \text{papel de lija} \end{array} \right\}$$

y

$$\text{50. } \begin{array}{l} \text{El segundo argumento de Kant para la} \\ \text{deducción transcendental tiene mucho de} \end{array} \left\{ \begin{array}{l} \text{fango} \\ \text{grava} \\ \text{papel de lija.} \end{array} \right\}$$

El segundo conjunto nos da claramente más significados metafóricos diferentes —diferentes valores para *R*— que el primer trío, y podría argumentarse que esto se debe, no al hecho de que los diferentes términos *S* restringen el rango de posibles *R* generados por los términos *P*, sino al hecho de que las diferentes combinaciones de *S* y *P* crean nuevos *R*. Pero esta explicación parece implausible. La explicación más plausible es ésta. Uno tiene un conjunto de asociaciones con los términos *P*, «fango», «grava» y «papel de lija». Los principios de esas asociaciones son los de los principios 1-7. Los diferentes términos *S* parecen restringir los valores de *R* de modos diferentes, puesto que los diferentes *R* pueden ser más verdaderos de las voces que de argumentos para las deducciones transcendentales. ¿Dónde está la interacción?

Puesto que esta sección contiene mi explicación de la predicación metafórica, puede ser conveniente hacer un resumen de sus puntos principales. Dado que un hablante y un oyente han compartido suficiente conocimiento lingüístico y fáctico para capacitarlos para comunicar emisiones literales, las siguientes estrategias y principios son individualmente necesarias y colectivamente suficientes para capacitar al hablante y al oyente para formar y comprender emisiones de la forma «*S* es *P*», donde el hablante significa metafóricamente que *S* es *R* (donde $P \neq R$).

En primer lugar, tienen que existir algunas estrategias compartidas sobre cuya base el oyente pueda reconocer que la emisión no se intenta que se tome literalmente. La estrategia más común, aunque no la única, se basa en el hecho de que la emisión es obviamente defectusosa si se toma literalmente.

En segundo lugar, tiene que haber algunos principios compartidos que asocien el término *P* (cualesquiera que sean el significado, las condiciones de verdad, o la denotación si es que hay alguna) con un conjunto de valores posibles de *R*. El corazón del problema de la metáfora es enunciar esos principios. He intentado enunciar varios de ellos, pero tengo la convicción de que tiene que haber más.

En tercer lugar, tiene que haber algunas estrategias compartidas que capaciten al hablante y al oyente, dado su conocimiento del término *S* (ya sea el significado de la expresión, o la naturaleza del referente, o ambas cosas), a restringir el rango de valores posibles de *R* al valor efectivo de *R*. El principio básico de este paso es que sólo esos posibles valores de *R* que determinan posibles propiedades de *S* pueden ser valores efectivos de *R*.

METÁFORA, IRONÍA Y ACTOS DE HABLA INDIRECTOS

Para concluir, quiero comparar brevemente los principios de acuerdo con los que funciona la metáfora con aquellos de acuerdo con los que funcionan la ironía y los actos de habla indirectos. Considérese, en primer lugar, un caso de ironía. Supóngase que usted acaba romper una porcelana K'ang

Hsi de incalculable valor y digo irónicamente: «Ha hecho usted una cosa magnífica». Aquí, como en la metáfora, el significado del hablante y el significado de la oración son diferentes. ¿Cuáles son los principios mediante los que el oyente es capaz de inferir lo que el hablante quería decir, «Ha hecho usted una estupidez»? Dicho de manera cruda, el mecanismo mediante el que funciona la ironía es que la emisión, si se toma literalmente, es obviamente inapropiada para la situación. Puesto que es patentemente inapropiada, el oyente se ve obligado a reinterpretarla de tal manera que se vuelva apropiada, y la manera más natural de interpretarla es como si significase lo *contrario* de su forma literal.

No estoy sugiriendo que esto sea toda la historia sobre la ironía. Las culturas y las subculturas varían enormemente en el alcance y grado de las pistas que proporcionan para las emisiones irónicas. En inglés, de hecho, hay ciertas características de los contornos de entonación que acompañan a las emisiones irónicas. Sin embargo, es importante ver que la ironía, al igual que la metáfora, no exige ninguna convención extralingüística o de otro tipo. Los principios de conversación y las reglas generales para realizar actos de habla son suficientes para proporcionar los principios básicos de la ironía.

Considérese ahora un caso de acto de habla indirecto. Supongamos que en la situación habitual en la que estamos sentados en la mesa le digo a usted: «¿Puede usted pasarme la sal?». En una situación normal, usted seguramente que interpretará esto como significando «Por favor, páseme la sal.» Esto es, usted considerará que la pregunta sobre sus capacidades es una petición para realizar una acción. ¿Cuáles son los principios de acuerdo con los cuales funciona esta inferencia? Hay una diferencia radical entre actos de habla indirectos, por un lado, e ironía y metáfora por otro. En el acto de habla indirecto, el hablante quiere decir lo que dice. Pero, además, quiere decir algo adicional. El significado de la oración es parte del significado de la emisión, pero no agota el significado de la emisión. De una manera muy simplificada (véase Searle, 1975b), los principios de acuerdo con los que funciona la inferencia en este caso son: primero, el oyente debe tener algún dispositivo para reconocer que la emisión podría ser un acto de habla indirecto. Este requisito se satisface por el hecho de que en el contexto, una pregunta sobre la capacidad del oyente carece de objeto. Por tanto, el oyente es llevado a buscar un significado alternativo. En segundo lugar, puesto que el oyente conoce las reglas de los actos de habla, sabe que la capacidad para pasar la sal es una condición preparatoria del acto de habla de pedirle que lo haga. Por tanto, es capaz de inferir que la pregunta sobre su capacidad es probablemente una petición educada de que realice el acto. Las diferencias y similitudes entre emisiones literales, metafóricas, irónicas y actos de habla indirectos se ilustran en la figura 1.

La cuestión de si a todas las emisiones metafóricas se les puede dar una paráfrasis literal es una cuestión que tiene que tener una respuesta trivial.

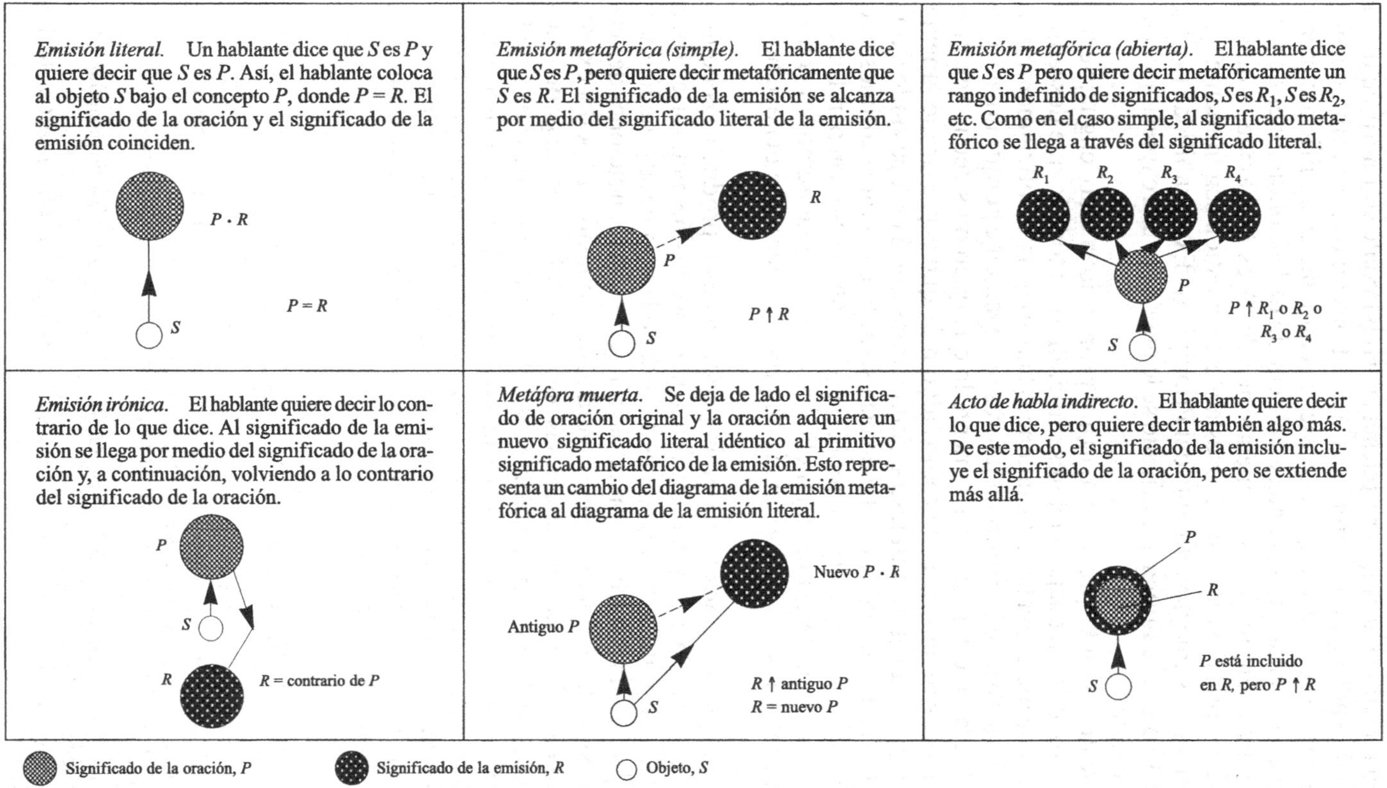

FIGURA 1. Una comparación gráfica de las relaciones entre significado de la oración y significado de la emisión, donde el significado de la oración es «*S* es *P*» y el significado es «*S* es *R*», esto es: donde el hablante emite una oración que significa literalmente que el objeto *S* cae bajo el concepto *R*.

Interpretada de una manera, la respuesta es trivialmente sí; interpretada de otra es trivialmente no. Si interpretamos la cuestión como «¿es posible encontrar o inventar una expresión que exprese exactamente el significado metafórico *R* que se intenta que se capte, en el sentido de las condiciones de verdad de *R*, para cualquier emisión metafórica de "*S* es *P*", donde lo que se quiere decir es que *S* es *R*?», la respuesta a esta cuestión seguramente tendría que ser sí. Se sigue trivialmente del Principio de Expresabilidad (véase Searle, 1969) que a cualquier significado se le puede dar una expresión exacta en el lenguaje.

Si la cuestión se interpreta como «¿nos proporciona todo lenguaje existente dispositivos exactos para expresar literalmente todo lo que deseamos expresar en una metáfora dada?», entonces la respuesta es, obviamente, no. A menudo es el caso que usamos metáforas precisamente porque no hay una expresión literal que exprese exactamente lo que queremos decir. Además, en las emisiones metafóricas, hacemos algo más que expresar meramente que *S* es *R*; como la figura 1 muestra, enunciamos que *S* es *R* pasando a través del significado de «*S* es *P*». Es en este sentido en el que sentimos que las metáforas no son, en cierto sentido, parafraseables. No son parafraseables, porque sin usar la expresión metafórica no reproduciremos el contenido semántico que ha ocurrido en la comprensión por parte del oyente de la emisión.

Lo mejor que podemos hacer en la paráfrasis es reproducir las condiciones de verdad de la emisión metafórica, pero la emisión metafórica hace algo más que transmitir sus condiciones de verdad. Transmite sus condiciones de verdad por medio de otro contenido semántico, cuyas condiciones de verdad no son parte de las condiciones de verdad de la emisión. El poder expresivo de lo que sentimos que es parte de las buenas metáforas es, en gran medida, un asunto que concierne a dos rasgos. El oyente tiene que figurarse lo que el hablante quiere decir —tiene que contribuir a la comunicación más que con la mera comprensión pasiva— y tiene que hacerlo pasando a otro contenido semántico relacionado a partir del que se comunica. Y esto creo que es lo que el Dr. Johnson quería decir cuando dijo que la metáfora nos da dos ideas a cambio de una.

REFERENCIAS BIBLIOGRÁFICAS

ARISTÓTELES: *Retórica* y *Poética*.

ASCH (1958): «The Metaphor: A Psychological Inquiry», en Tagiori y Petrullo (eds.), *Person, Perception and Interpersonal Behavior*, Stanford University Press.

BEARDSLEY, M. C. (1962): «The Metaphorical Twist», *Philosophy and Phenomenological Research*, vol. 22.

BLACK, M. (1962): «Metaphor» en M. Black, *Models and Metaphor*. Versión castellana: pp. 549-567 de este volumen.

— (1979): «More about Metaphor», en A. Ortony (ed.), *Metaphor and Thought*, Cambridge University Press.

CAVELL, S. (1976): *Must We Mean What We Say?*, Cambridge University Press.
HENLE, P. (1965): *Language, Thought and Culture*, University of Michigan Press.
MILLER, G. (1979): «Images and Models, Similes and Metaphors», en A. Ortony (ed.), *Metaphor and Thought*, Cambridge University Press.
RICHARDS, I. A. (1936): *The Philosophy of Rethoric*, Oxford University Press.
SEARLE, J. R. (1969): *Speech Acts*, Cambridge University Press. [Versión castellana en Cátedra, Madrid, 1980.]
— (1975a): «Indirect Speech Acts», en P. Cole y J. L. Morgan (eds.), *Syntax and Semantics*, vol. 3, *Speech Acts*, Academic Press. [Versión castellana en *Teorema*, vol. VII/1 (1977), pp. 23-54.]
— (1975b): «Literal Meaning», *Erkenntnis*, vol. 13.

PARA SEGUIR LEYENDO

El tratamiento de la metáfora por parte de ARISTÓTELES se encuentra en la *Poética* (Taurus, Madrid, 1987) y en la *Retórica* (Gredos, Madrid, 1990); el libro de HARRIS y TALBOT *Landmarks in Linguistic Thought* (Routledge, Londres, 1989) contiene un excelente artículo, «Aristotle on Metaphor», sobre la concepción aristotélica de la metáfora y sus relaciones con la teoría del significado. Una cuasidefensa contemporánea del concepto aristotélico de metáfora (al menos en su vertiente comparativista) puede verse en FOGELIN, *Figuratively Speaking*, Yale University Press, New Haven/Londres, 1988.

Un complemento al artículo de BLACK aquí recogido «More about Metaphor» publicado originalmente en *Dialéctica*, 31, 1977, aparece en el colectivo de ORTONY citado más adelante. El libro de GOODMAN *Languages of Art* (Bobbs-Merrill, Indianapolis, 1968) presenta una versión sofisticada de la teoría de la interacción.

El tratamiento de GRICE de las implicaturas conversacionales —que incluye una explicación de la metáfora— aparece en su artículo «Lógica y conversación» (pp. 520-538 de este volumen). Para una crítica parcial de las tesis de GRICE puede verse ACERO, «Las metáforas y el significado del hablante» en el libro colectivo de M. CRUZ *et al.* (eds.), *Historia, lenguaje, sociedad: Homenaje a Emilio Lledó*, Crítica, Barcelona, 1989. Para la respuesta de BLACK a la concepción davidsoniana de la metáfora véase «How Metaphors Work: A Reply to Donald Davidson», *Critical Inquiry*, 6, 1979 (recogido en el colectivo de SACKS citado más abajo). Para la denominada «teoría contemporánea de la metáfora» puede verse LAKOFF y JOHNSON, *Metáforas de la vida cotidiana* (Cátedra, Madrid, 1980) y «The Contemporary Theory of Metaphor» de LAKOFF, recogido en el colectivo de ORTONY citado más adelante. El fenómeno de la metáfora dentro de la denominada «teoría de la relevancia» está tratado en SPERBER y WILSON, *La relevancia*, Visor, Madrid, 1994.

Como estudios generales de la metáfora son importantes también los libros de KITTAY, *Metaphor* (Oxford University Press, Oxford, 1987) y MCCORMAC, *A Cognitive Theory of Metaphor* (The MIT Press, Cambridge, Mass., 1985). El libro de STERN *Metaphor in Context* (The MIT Press, Cambridge, Mass., 2000) intenta reivindicar el carácter semántico de la metáfora trazando una analogía entre ésta y los indéxicos y demostrativos.

Los libros colectivos de SACKS, *On Metaphor* (The University of Chicago Press, Chicago, 1978); JOHNSON, *Philosophical Perspectives on Metaphor* (University of Minnesota Press, Minneapolis, 1980), y ORTONY, *Metaphor and Thought* (Cambridge University Press, Cambridge, 2.ª ed., 1994), contienen varios artículos sobre la metáfora escritos por filósofos, lingüistas, psicólogos y teóricos de la literatura agrupados bajo epígrafes tales como «Metáfora y significado», «Metáfora y representación», «Metáfora y comprensión», «Metáfora y ciencia» o «Metáfora y educación». Finalmente, el libro de Shibles *Metaphor: An Annotated Bibliography and History* (Language Press, Whitewater, 1971) contiene una muy completa bibliografía sobre la metáfora hasta 1970. A partir de esa fecha ha sido continuada por NOPPEN, *Metaphor*, vol. 1, *A Bibliography of Post-1979 Publications*, vol. 2, *A Classified Bibliography of Publications* (Benjamins, Amsterdam, 1985, 1990).

El *Companion to the Philosophy of Language* de HALE y WRIGHT (Balckwell, Oxford, 1997) contiene un artículo de R. MORAN, «Metaphor», donde se traza una panorámica de las distintas concepciones actuales de la metáfora. El libro de LYCAN *Philosophy of Language*, Routledge, Oxford, 1999, ofrece un estimulante capítulo sobre este tema.

En castellano se dispone, entre otros, de libros como los de P. J. CHAMIZO, *Metáfora y conocimiento*, Analecta Malacitana, Málaga, 1998), el de E. de BUSTOS, *La metáfora: ensayos transdisciplinares*, FCE, Madrid, 2000, y el reciente de R. NÚÑEZ RAMOS y G. LORENZO GONZÁLEZ, *Tres cerditos. Uso, significado y metáfora*, Servicio de Publicaciones de la Universidad de Oviedo, Oviedo, 2004.

IX. ALGUNAS PROPUESTAS RECIENTES

INTRODUCCIÓN

Recientemente han surgido una serie de nuevas propuestas en filosofía del lenguaje de las que se recogen aquí tres de las más significativas.

Tanto a la semántica de mundos posibles como a la semántica de índices de Montague se les suele reprochar el que no son capaces de dar una solución satisfactoria al problema de la intensionalidad, el motivo por el que fueron introducidas. Sucede, por ejemplo, que dado que todas las verdades lógicas y matemáticas resultan ser verdaderas en todos los mundos posibles, y por ende en los *mismos* mundos posibles, parece que deberíamos aceptar que hay una sola verdad necesariamente verdadera. Pero, entonces, parece seguirse también que si alguien cree una verdad lógica cree todas las verdades lógicas. Ahora bien, este resultado nos resulta sin duda inaceptable dado que, por razones obvias, sostenemos que no todas las oraciones verdaderas en los mismos mundos posibles son equivalentes en significado. En «Situaciones y actitudes» Barwise y Perry presentan un avance de lo que ha dado en llamarse «semántica de situaciones» y que está diseñada en primer lugar para tratar de lidiar con problemas como el anterior. Tal género de semántica se presenta como una alternativa a la semántica de mundos posibles, aun compartiendo con ella algunas de sus aspiraciones y técnicas. Por una parte, mientras que los mundos posibles son conjuntos máximos, las situaciones no necesitan serlo. Por otra, de acuerdo con la «concepción heredada», el valor semántico de un enunciado es (excepto en casos muy particulares) un valor de verdad bien sea en el mundo actual o en cada uno de los distintos mundos posibles. Este punto de vista, casi indiscutido desde Frege, es desafiado por Barwise y Perry al mantener que lo que designa un enunciado al ser usado en una ocasión particular es un conjunto de situaciones abstractas. Tales situaciones, clasificadas en tipos, se presentan como colecciones de secuencias de objetos que tienen propiedades o que mantienen relaciones entre sí, siendo los objetos, las propiedades y las relaciones ontológicamente básicos. El significado es entonces una relación entre diferentes tipos de situaciones.

En el artículo «Semántica del rol conceptual» G. Harman, con el propósito confesado de presentar de manera menos vaga de lo que es habitual «lo que podría querer decirse mediante el eslogan "El significado es el uso"», combina una serie de problemas que son centrales a la filosofía del lenguaje y a la filosofía de la mente. Dadas las tesis de que: *a*) el significado de las expresiones lingüísticas viene determinado por los conceptos y pensamientos para cuya expresión se usan, y *b*) el contenido de los conceptos y pensamientos está determinado por su «rol funcional» en la psicología de una persona, Harman concluye que el uso de símbolos en el «cálculo» y en el pensamiento es más básico que su uso en la comunicación. En una posición completamente distinta se sitúa el artículo de Deirdre Wilson y Dan Sperber «Resumen de *Relevance: Communication and Cognition*» ; un completo resumen de su famoso libro. Aquí se intenta proporcionar una explicación del concepto (máxima) gríceano(a) de relevancia que resulte adecuado dentro de la armazón de una teoría pragmática del significado. Todo el peso se vuelca en mostrar que existe una estrecha conexión entre relevancia (definida en términos de la relación entre el esfuerzo cognitivo y el esfuerzo de procesamiento) e inferencia, y que la explicación de aquélla en términos inferenciales puede producir resultados fructíferos para la teoría pragmática.

SITUACIONES Y ACTITUDES*

JON BARWISE Y JOHN PERRY

Al leer los trabajos pioneros de lógica de Frege y Russell, difícilmente puede uno dejar de impresionarse por la medida en que la preocupación de entender los verbos de las actitudes cognitivas, es decir, verbos como *preguntarse, creer y saber* configuró su pensamiento. A pesar de esta preocupación, y de todo el progreso subsiguiente en lógica, no hay todavía ninguna explicación sistemática de la lógica de las actitudes que sea satisfactoria.

En este artículo esbozamos un enfoque que creemos va a llevar a una explicación satisfactoria y sistemática. Como muestra de los verbos en cuestión tomamos *ver, saber, creer* y *decir*. Llamamos *semántica de situaciones* a nuestra teoría; su espíritu está más cerca de Russell que de Frege en algunos aspectos fundamentales. Comenzaremos con algunas de las características clave de la semántica de situaciones para pasar a continuación a la discusión de cuestiones filosóficas y semánticas que giran alrededor de las actitudes. En preparación está una semántica rigurosa para un fragmento del inglés que incluya estos verbos, además de expresiones indicadoras, demostrativos y descripciones definidas, nombres propios, pronombres y condicionales.

---

* Versión castellana de Daniel Quesada.

Este artículo será presentado en el simposio de la *American Philosophical Association* sobre «La lógica de la percepción y la creencia», el 30 de diciembre de 1981. Será comentado por Richmond Thomason; su artículo no está disponible en este momento.

Este artículo representa el trabajo en común de los autores: el orden de los nombres es puramente alfabético. El primer autor expresa su agradecimiento a la *National Science Foundation*. El artículo se completó mientras el segundo autor era investigador del *Center for Advanced Study in the Behavioral Sciences* [Centro para Estudios Avanzados en las Ciencias de la Conducta], y está agradecido por el apoyo del Centro, así como del *National Endowment for the Humanities*, del *Andrew Mellon Foundation* y de la Universidad de Stanford. Ambos autores le están agradecidos al Centro por proporcionar generosamente los colaboradores necesarios.

Estamos en deuda con John Etchemendy, Michael Turvey y otras personas del Centro y de Stanford por las conversaciones mantenidas con ellos. Nuestro punto de vista experimentó la influencia profunda de Turvey y otras personas que trabajan en la tradición del realismo ecológico. Para una introducción de este punto de vista, el lector puede consultar el libro de Claire Michaels y Claudia Carello, *Direct Perception*, Prentice-Hall, Englewood Cliffs, NJ, 1980.

SITUACIONES

Las situaciones son básicas y omnipresentes. Siempre estamos en una u otra situación. La actividad cognitiva humana categoriza estas situaciones en términos de objetos que poseen atributos y están en relaciones unos con otros en ciertas ubicaciones (regiones espacio-temporales conectadas). Los lenguajes humanos reflejan (e intensifican) esta actividad cognitiva al proporcionarnos un modo de comunicar información relativa a las situaciones, tanto aquellas en que nos encontramos como las que están alejadas de nosotros en el espacio y en el tiempo.

En el intento de desarrollar una teoría del significado lingüístico que se centre en las situaciones, reconocemos la primacía epistemológica de las situaciones, pero seguimos el ejemplo del lenguaje y tomamos, como primitivos de nuestra teoría, objetos, relaciones y ubicaciones, reconstruyendo las situaciones a partir de ellos. Tenemos así como primitivos:

(i) un conjunto A de individuos $a, b, c, \ldots$;
(ii) un conjunto R de relaciones, $R = R_0 \cup R_1 \cup \ldots R_n \cup \ldots$, donde R_n consta de las relaciones n-arias; y
(iii) un conjunto L de ubicaciones espacio-temporales $l, l_1, \ldots$

Una *situación* **s** se caracteriza por su ubicación l y su *tipo* s, $\mathbf{s} = \langle l, s \rangle$. El tipo representa cuáles son los objetos y cuáles las relaciones en que se encuentran en la ubicación de que se trate. Representamos estos tipos por medio de funciones parciales de relaciones $r \in R_n$ y secuencias de objetos $<a_1, \ldots a_n>$ a 1 (verdadero) y 0 (falso)[1]. La función parcial s_0 definida por:

s_0 (despierta, Jackie) = 1
s_0 (despierta, Molly) = 0

se realizará en las situaciones **s** en las que la perra del primer autor está despierta y la del segundo dormida, independientemente de lo que esté haciendo la del lector, si es que ella o él tiene una. (s_0 se realiza en $\mathbf{s} = \langle l, s \rangle$ si $s_0 \subseteq s$.) Utilizamos la letra S para el conjunto de los tipos de situaciones (σ situaciones-tipo) $s, s_0, s_1, \ldots$ y **S** ($= L \times S$) para el conjunto de situaciones $\mathbf{s}, \mathbf{s}_0, \mathbf{s}_1 \ldots$

Un *curso de eventos* σ es una función parcial del conjunto L de ubicaciones en S. Así todo curso de eventos es también un conjunto de situaciones, una como máximo para cada ubicación l dada. Si $l \in$ dominio (σ), escribimos σ_l para la situación-tipo $\sigma(l)$. Utilizamos Σ para el conjunto de todos

[1] Consideramos a los valores veritativos como algo que se desliza en el universo en el proceso de abstracción que va de situaciones a objetos que están o no están en varias relaciones.

los cursos de eventos. Un *curso de eventos total* es un curso de eventos que está definido para todas las ubicaciones. Señalamos uno entre ellos como el *curso de eventos real* σ * . Una situación **s** = ⟨*l*, s⟩ es *real si s* $\subseteq \sigma_l$; es decir, si el tipo de **s** es parte de o todo lo que sucede realmente en *l*.

Una proposición (realista) es un conjunto $P \subseteq \Sigma$ que satisface:

(Monotonía) $\sigma \, \varepsilon \, P$ y $\sigma \subseteq \sigma'$ implica $\sigma' \varepsilon \, P$.

El adjetivo «realista» se utiliza aquí para hacer hincapié en que se trata de constructos de objetos, propiedades y ubicaciones reales, no de cosas que estén en la cabeza de alguien. [Una proposición no ubicada (realista) es un conjunto $P \subseteq S$ que satisface una restricción de monotonía similar: $s \, \varepsilon \, P$ y $s \subseteq s'$ implican $s' \varepsilon \, P$.]

En inglés se representan tres relaciones básicas entre ubicaciones espacio-temporales:

$l_1 {}^\circ l_2$	l_1 se solapa temporalmente con l_2
$l_1 < l_2$	l_1 precede temporalmente y totalmente a l_2
l_1 @ l_2	l_1 se solapa espacialmente con l_2

Consideramos a éstas como relaciones extensionales en *L*, relaciones a partir de las cuales pueden construirse «instantes» de tiempo y «puntos» del espacio al modo de Whitehead y Russell.

El punto de partida de la semántica de situaciones es que los enunciados indicativos sin marcador de tiempo describen o designan tipos de situaciones o, dicho de otro modo, situaciones-tipo, y que los enunciados indicativos con marcador temporal designan proposiciones, conjuntos de cursos de eventos. Empleamos aquí el término *enunciado* deliberadamente, pues una oración como *Yo estoy sentado* puede utilizarse para hacer tantos enunciados como hablantes y momentos de tiempo haya para proferirla. La oración tiene un «significado» fijo, pero los diferentes enunciados describirán eventos distintos. Es decir, los diferentes enunciados tendrán «interpretaciones» distintas. Esta distinción entre significado e interpretación es el tema del epígrafe que sigue a continuación.

SIGNIFICADO E INTERPRETACIÓN

Pueden desarrollarse varios aspectos importantes de la semántica de situaciones comentando las siguientes oraciones simples:

1) *Yo estoy sentado.*
2) *Sandy está sentada.*
3) *Ella estaba sentada.*

Vamos a empezar por la palabra *yo*. Algo que es razonable decir sobre esta expresión es que, en cada ocasión en que un hablante del inglés (o del español) la utiliza, está en lugar de, o designa a, esa persona. Creemos que eso es todo lo que hay que saber sobre el significado de *yo* en inglés (o en español) y que ello sirve como regla paradigmática para el significado.

Considérese la relación:

La expresión α (del lenguaje L) al ser usada por x, está en lugar de y,

que nosotros escribimos así: $[\alpha]$ (x, y). Nuestro candidato a teoría del significado para el lenguaje L es una teoría que nos diga todas las condiciones en que se da $[\alpha]$ (x, y). Lo que se nos dice sobre yo nos proporciona una de las condiciones:

$$[yo]\ (a, y) \text{ syss } a = y.$$

Esta concepción relacional del significado exige que se preste sistemáticamente atención a los valores adecuados de cada una de las coordenadas. Nuestro punto de partida en semántica de situaciones es que, cuando la primera coordenada α sea una oración de indicativo con marcador temporal, los cursos de eventos constituyen la adecuada tercera coordenada y.

Esta decisión tiene algunas repercusiones para la segunda coordenada x. Muestra que sería demasiado simple escoger para esta coordenada a los hablantes. La oración (1) puede ser usada por una misma persona en lugares espacio-temporalmente distintos para describir eventos distintos. Análogamente, la designación de *tú, ahora, ella, esto, estaba* varía de proferencia a proferencia, dependiendo de a quién le está hablando el hablante, cuándo, acerca de quién, de qué le habla y cuándo ocurría lo dicho. De modo que representamos los hechos específicos de la proferencia haciendo referencia a *situaciones del discurso* y a *conexiones*.

Una *situación del discurso d* representa la situación en que se encuentran el hablante y la persona o animal al que éste se dirige. Consta de una situación $\mathbf{s}_d = \langle l_d, s_d \rangle$ con un individuo señalado a_d tal que s_d (habla, a_d) = 1. Modificamos de este modo la regla para *yo* que dimos anteriormente:

$$[yo]\ (d, y) \text{ syss } y = a_d.$$

Análogamente, *ahora* restringe el tiempo al que se hace referencia de manera que se solape con el momento de tiempo de la proferencia; por ello definimos

$$[ahora]\ (d, y) \text{ syss } y\ \varepsilon\ L \text{ e } y\ ^{o}\ l_d.$$

Similarmente,

$$[aquí]\ (d, y) \text{ syss } y\ \varepsilon\ L \text{ e } y\ @\ l_d.$$

Sin embargo, frecuentemente existen hechos específicos de la proferencia que poseen constituyentes que no están presentes en la situación de discurso de que se trate. Considérense, por ejemplo las oraciones 2) y 3) anteriores. Es razonable suponer que en una proferencia de 2) [o de 3)] susceptible de interpretación, *Sandy* está en lugar de Sandy (o que *ella* está en lugar de una hembra). Pero ¿qué Sandy? ¿Sandy Koufax, Sandy Dennis o la perra de la pequeña huérfana Anita? Lo que aquí queda por explicar es que cuando se usa 2) con significado, se trata de un uso acerca de algún individuo determinado, Sandy, [y que cuando se usa 3) con significado, se trata de un uso acerca de alguna hembra determinada]. Puesto que no es necesario que estos individuos estén presentes en la situación del discurso de que se trate, no tenemos más remedio que reconocer otro componente de nuestra segunda coordenada, componente que representa las conexiones *c* entre ciertas palabras y las cosas del mundo, que están implícitas en cualquier uso de esas palabras que tenga significado. De este modo, una proferencia de 2) en la que el hablante estuviera hablando sobre Sandy Koufax se representaría mediante la expresión 2), un determinado discurso *d*, y una función parcial *c* tal que *c* (*Sandy*) = Sandy Koufax. Podemos, por consiguiente, representar los significados de *Sandy* y de *ella* mediante

[*Sandy*] (*d, c, y*) syss *c*(*Sandy*) = *y* e *y* se llama *Sandy*.
[*Ella*] (*d, c, y*) syss *c*(*ella*) = *y* e *y* es una *hembra*.

(Incluso esto es demasiado simple, pero es suficiente por ahora.)

Con esto hemos concluido con los sintagmas nominales de 1) a 3) y tenemos a mano las herramientas para habérnoslas con los sintagmas verbales *estoy sentado, está sentado* y *estaba sentado*. Todos ellos constituyen formas del verbo *sentar(se)*. Como la mayoría de los verbos, su interpretación es i.s.d. —insensible a la situación del discurso en que se profiere—. Sin embargo, *sentar*(*se*) puede utilizarse para designar bien sea una actividad, $\text{sentarse}_a \in R_1$, la actividad de sentarse, o un estado, $\text{sentado}_e \in R_1$, el estado de estar sentado. Cuál de las dos cosas, depende del hablante*. De este modo, aparecen de nuevo las conexiones:

[*sentar(se)*] (*d, c, y*) syss *c*(*sentar*(*se*)) = *y* e *y* = sentarse_a o *y* = sentado_e.

* La ambigüedad del verbo inglés *sit* que los autores señalan no tiene paralelo en castellano. En el original inglés las oraciones 1)-3) son ambiguas. Al traducir las oraciones al castellano, esta ambigüedad no puede conservarse. En el texto posterior a los ejemplos he tratado de sugerir la ambigüedad traduciendo por *sentar(se)*. Pero en castellano el análisis gramatical del verbo habría de ser diferente (difícilmente podría mantenerse que se trata de un solo verbo ambiguo). Dado que el ejemplo lo han elegido los autores a efectos expositivos, la diferencia entre los dos idiomas no es pertinente para lo que ellos pretenden, pero ha de tenerse bien presente para entender el texto ligado a este ejemplo. *(N. del T.)*

Vamos ahora a ocuparnos del tiempo de 2)-3). Como con *ahora,* las formas de presente de 1) y 2) indican que el sentarse o estar sentado tiene lugar en un momento de tiempo que se solapa temporalmente con el de la proferencia. Las formas de pasado se utilizan para indicar que el sentarse o el estar sentado tuvo lugar en el pasado. Pero, del mismo modo en que parte del significado de *ella estaba sentada* estriba en que para enunciar algo con esta oración debe utilizársela aludiendo a una hembra determinada, también ocurre que para enunciar algo debe utilizársela aludiendo a una determinada ubicación espacio-temporal. Para interpretar correctamente mi afirmación de que ella estaba sentada, debe usted interpretar correctamente mis usos de *ella* y de *estaba* como usos relativos a una hembra y una ubicación espacio-temporal del pasado. Para representar las conexiones entre marcadores temporales y ubicaciones espaciotemporales, dejamos que nuestras conexiones asignen ubicaciones espacio-temporales a los marcadores temporales. Tenemos así lo siguiente:

Si α es *estoy/estás/está,* entonces $[\alpha]$ (d, c, y) syss $c(\alpha) = y \, \varepsilon \, L$ e $y^{\circ} \, l_d$.
Si α es *estaba/estabas/estaba,* entonces $[\alpha]$ (d, c, y) syss $c(\alpha) = y \, \varepsilon \, L$ e $y < l_s$.

Cuando fijamos todo lo que es específico de una determinada proferencia de una expresión α obtenemos lo que denominamos las *interpretaciones* de la proferencia. De este modo, si fijamos una cierta expresión *a,* una situación de discurso *d* y una conexión *c*, obtenemos los *y* tales que se da $[\alpha](d, c, y)$, lo cual escribiremos también así: $y \; \varepsilon_{d,c}[\alpha]$. Si hay un único *y* tal, a ese *y* le llamamos *la* interpretación de la proferencia α, *d*, *c*, y escribimos $_{d,c}[\alpha] = y$. Así, por ejemplo, $_{d,c}[yo] = a_d$ y $_{d,c}[estaba] = c(estaba)$, una cierta ubicación $l < l_d$.

Podemos ahora asignarles significados a todas las oraciones *a* de la forma

SN AUX SV

donde SN ε {*yo, Sandy, ella*}, AUX ε {estoy, estás, está, estaba, estabas}, y SN = *sentar*(*se*), a saber:

$$[\alpha](d, c, \sigma) \text{ syss } \sigma_l \, (P, a) = 1$$

donde $_{d,c}[\text{AUX}] = l$, $_{d,c}[\text{SV}] = P$ y $_{d,c}[\text{SN}] = a$. Una proferencia de α describe un curso de eventos σ en el caso de que *a* esté sentado (o se esté sentado(*)) en la ubicación propuesta *l* del curso de eventos σ. Nótese que $_{d,c}[\alpha]$ es una proposición, es decir, un conjunto monótono de cursos de eventos.

No puede exagerarse la importancia que la distinción significado/ interpretación tiene para entender las actitudes. Esa importancia descansa en parte en los dos hechos siguientes, hechos que están relacionados entre sí: 1) la eficiencia y 2) la relatividad de perspectiva.

Eficiencia: Una expresión α con un solo significado $[\alpha]$ puede utilizarse en circunstancias diferentes con interpretaciones distintas.

Una palabra como *yo*, por ejemplo, puede usarse para designar a cualquiera de nosotros. Aunque esto hace que el lenguaje sea eficiente, permitiendo que una expresión dada pueda usarse una y otra vez para fines diferentes, también tiene un corolario. Una oración que describa una situación dada desde la perspectiva de una persona, no describirá, en general, la misma situación desde una perspectiva distinta. A fin de que puedan alcanzarse las mismas situaciones, un lenguaje humano satisfará el siguiente principio:

Relatividad: Expresiones diferentes con significados distintos pueden usarse en circunstancias diversas con una misma interpretación.

Así, por ejemplo, para expresar el hecho de que yo estoy sentado (ahora), usted, el futuro lector, podría decir: «Él estaba sentado»[2].

Alguien podría decir que el significado es una función de la situación de discurso y las conexiones a la interpretación. De este modo la proposición, ${}_{d,c}[\alpha]$, es el único curso de eventos σ tal que se da $[\alpha](d, c, \sigma)$. Esto no es totalmente erróneo, pero puede inducir a engaño. La interpretación, el conjunto que obtenemos cuando fijamos la expresión, la situación del discurso y las conexiones, es muy importante. Constituye un tipo de uniformidad en las proferencias, y es una uniformidad muy importante; el reconocimiento de su importancia está integrado directamente en el lenguaje. Pero al recordar que el significado es una relación, se nos llama la atención sobre otras varias uniformidades importantes, uniformidades que son cruciales para la comprensión de las actitudes.

Junto a la interpretación, podemos construir varias «interpretaciones inversas», manteniendo fija la última coordenada del significado y dejando que las otras varíen. Estas interpretaciones inversas se utilizan en la vida diaria, y se las involucra frecuentemente cuando se habla de «condiciones de verdad» y de «cuándo una oración es verdadera». Supóngase, por ejemplo, que decimos que una niña *b* entiende *esto es leche*, porque lo dice sólo cuando es verdad. Lo que queremos decir es que lo dice sólo cuando su atención está fijada en un vaso de leche. Estamos recurriendo a

$$\{\langle d, c\rangle \mid [\textit{esto es leche}]\ (d, c, \sigma^*) \text{ y } a_d = b\}.$$

---

[2] El lector sagaz se dará cuenta de que sus conexiones al describir mi situación son:

$c(\textit{él}) = \text{yo} \qquad c\,(\textit{estaba}) = \text{aquí y ahora}$

Estas conexiones están objetivamente determinadas por quién fuera, de los dos autores, el que escribió esta parte del artículo, por dónde y cuándo lo hizo, y son independientes de la capacidad del lector de especificarlas de alguna manera más completa. Por otra parte, la lectura que el lector realiza está conectada, casualmente, con la escritura.

Y cuando pensamos que ésta es una buena prueba de la comprensión de ese tipo de oración, ello se debe a que pensamos que hay alguna uniformidad, que a_d puede descubrir por medio de la percepción, a través de ese conjunto, o de un subconjunto significativo del mismo. La uniformidad no es la interpretación, si suponemos que la niña interacciona con botellas de leche diferentes en momentos de tiempo distintos[3].

Algunos filósofos sostienen que los verdaderos vehículos del significado no pueden ser ni relativos ni eficientes; esta concepción conduce al atomismo lógico. Otros piensan que los verdaderos vehículos pueden ser relativos, pero no eficientes. Esto conduce a la idea de que las oraciones eficientes del lenguaje natural deben estar respaldadas por sentidos o representaciones mentales que «tensen la cuerda», es decir, que sean «completas en todos los respectos». Nosotros pensamos que las oraciones del lenguaje natural son verdaderos vehículos del significado, y que son otros factores de la proferencia los que «tensan la cuerda». El aprendizaje del lenguaje necesita de la coordinación del lenguaje con partes del entorno más o menos remotas, no con sentidos o representaciones mentales.

ACTITUDES INOCENTES

A los enunciados que se hacen con oraciones del tipo siguiente les llamamos informes de actitud:

4) *Inés nos vio saltar en la fuente.*
5) *Inés vio que yo estaba sentado en la fuente.*
6) *Inés sabía que yo estaba nervioso y cansado.*
7) *Inés dijo que yo estaba bebido.*
8) *El policía creyó lo que dijo Inés.*

Los verbos de actitud se combinan con oraciones para producir sintagmas verbales que se utilizan para clasificar individuos. Nótese, sin embargo, que en la interpretación de un determinado informe en el que se utilice cualquiera de las oraciones 4)-8) interviene la interpretación de la oración subordinada, y *no* su significado. Un enfoque semántico sencillo, que constituye una primera aproximación al nuestro, estriba en considerar que los verbos de actitudes expresan una relación entre un individuo y la interpretación del enunciado subordinado. Por ejemplo, una proferencia de 6)

---

[3] Para un análisis de algunos de estos temas, véase «Perception, Action and the Structure of Believing» [«La percepción, la acción y la estructura del creer»], de próxima aparición en un volumen de homenaje a Paul Grice recopilado por Richard Grandy y Richard Warner. [Se trata de *Philosophical Grounds of Rationality*, Clarendon Press, Oxford, 1986. *(N. del T.)*]

expresaría una relación entre Inés y el hecho de que yo estaba nervioso y cansado, un complejo que me incluye a mí, a dos propiedades y a una ubicación.

Este enfoque de las actitudes ejemplifica lo que Donald Davidson llama «inocencia semántica»:

> Si pudiéramos recuperar nuestra inocencia semántica pre-fregeana, pienso que nos parecería sencillamente increíble que las palabras «la Tierra se mueve», proferidas tras las palabras «Galileo dijo que», signifiquen algo diferente, o se refieran a algo distinto de lo que acostumbran cuando aparecen en otros entornos[4].

En el enfoque que se acaba de esbozar, los enunciados subordinados y sus constituyentes tienen exactamente el mismo significado e interpretación que cuando no aparecen subordinados.

Las objeciones tradicionales a un enfoque inocente se han basado en la creencia de que la única interpretación (referencia) plausible de una oración es su valor veritativo, el cual elimina el contenido de la oración. Esta creencia de que un valor de verdad constituye la única interpretación plausible de una oración se ha apoyado mediante un argumento formal al que nosotros llamamos «la honda». En otro lugar hemos mostrado que este argumento depende de que se deje de lado desde el comienzo mismo la posibilidad de una semántica que se base en situaciones[5].

Una vez eliminada esa objeción, un enfoque inocente parece completamente natural. Al centrar la atención en la interpretación (no en el significado) de la oración subordinada, se nos permite de una manera sencilla dar razón de la relatividad de perspectiva de la oración subordinada.

En el caso de informes de actitud en primera persona y en tiempo presente, una oración expresiva se utiliza en el informe como oración subordinada. Con la oración *Yo creo que* (yo) *estoy sentado,* informo de la creencia que yo expresaría con *Yo estoy sentado.* Pero, en general, las oraciones que utilizamos para informar de las actitudes de los demás, o las que ellos usan para informar de sus propias actitudes pretéritas, no son las oraciones que ellos utilizarían o que habrían utilizado para expresar esas actitudes. Así, usted informará de mi creencia con *Él creía que* (*él*) *estaba sentado,* no con *Él creía que yo estaba sentado.* Lo mismo vale para los demás verbos de actitud (VA). Las actitudes son actitudes dirigidas a proposiciones. Un informe de actitud SN VAα apunta a una proposición *P* utilizando una oración subordinada α cuya interpretación, desde la perspectiva del hablante, (*d, c*), es *P*. El agen-

---

[4] «On Saying That» [«Sobre el decir que»], reimpreso en Donald Davidson y Gilbert Harman (eds.), *The Logic of Grammar,* Dickenson, Encino, Cal., 1975, p. 152. Publicado originalmente en *Synthese*, XIX (1968-1969), pp. 130-146. [Versión en castellano, pp. 183-198 de este volumen.]

[5] «Semantic Innocence and Uncompromising Situations» [«Inocencia semántica y situaciones no comprometidas»], *Midwest Studies in Philosophy*, VI (1981, pp. 387-403).

te *a* (= $_{d,c}$[SN]) tendría que utilizar alguna oración expresiva α' cuya interpretación relativa a su propia perspectiva, (*d', c'*), sería también *P*:

$$P = {}_{d,c}[\alpha] = {}_{d',c'}[\alpha']$$

Lo que podría denominarse «teoría heredada» de las actitudes (dejando a un lado verbos como *ver y* otros verbos de percepción) es, más o menos, la siguiente. Las actitudes son relaciones que se dirigen a oraciones significados de oraciones, sentidos de oraciones o representaciones mentales. Un informe de actitud SN VAα informa sobre la actitud de un agente hacia la oración α o hacia una representación mental asociada con α de algún modo. Éste es un informe de actitud «*de dicto*». La oración no se usa inocentemente para referirse a lo que usualmente se refiere, sino para referirse a sí misma, a su significado o sentido o a una representación mental.

Para explicar el fenómeno que hemos estado comentando, la disparidad entre la oración subordinada del hablante y la oración expresiva del agente, la teoría heredada admite que algunas veces *se informa* de las actitudes de una manera distinta, pero mantiene que la actitud misma es una actitud que se dirige hacia uno de los tipos mencionados de objetos. De este modo, en los llamados informes «*de re*», algunas partes de la oración subordinada no se utilizan para aportar su significado (sentido, etc.), sino para identificar, por ejemplo, a un cierto individuo, *b*. Tal informe *de re,* se afirma, significa que el agente tiene una actitud dirigida hacia una oración o significado que tiene a *b* como referencia de una de sus partes. Usualmente se dejan de lado los problemas relativos al tiempo, pero presumiblemente se tratarían del mismo modo.

Hay graves problemas con todas las versiones de la teoría heredada, siendo estos problemas los que nos impulsan a trabajar en una semántica inocente. En primer lugar, lo que a nosotros nos parece un fenómeno sencillo, tiene en la teoría heredada una explicación extremadamente complicada que nunca ha sido elaborada en detalle [considérese 8), por ejemplo].

La idea de que las actitudes son relaciones que se dirigen a oraciones es plausible en el caso del decir, poco plausible en el caso de la creencia y del saber y totalmente extravagante en el caso de la percepción. Incluso en el caso del decir, la teoría no funciona sin problemas, como subraya Davidson.

Cuando pasamos de las oraciones a los significados, los sentidos o las representaciones mentales, nos vemos acosados por varios problemas. Se apela frecuentemente a la noción fregeana de sentido como si fuera una herramienta técnica bien desarrollada, cuando no lo es. Los intentos de elaborar una teoría bien desarrollada de los sentidos se encuentran con graves problemas técnicos, problemas que reflejan las objeciones filosóficas a la noción misma de sentido.

La semántica de índices o «mundos posibles» que se desarrolló para la lógica modal, nos ofrece, una vez adaptada a las actitudes, una alternativa más para la designación de la oración subordinada, a saber, su «intensión», el conjunto de mundos posibles en los que la oración es verdadera. Pero, aun si uno piensa que la idea primitiva de mundo posible tiene algún sentido, se suscita el problema de la equivalencia lógica. Considérense, por ejemplo,

9) *Quico ve entrar a Isabel.*
10) *Quico ve entrar a Isabel y (fumar a Sara o no fumar a Sara).*

No podemos de ningún modo pasar de 9) a 10), no importa lo dotado que esté Quico para la lógica. Si lo hiciéramos, tendríamos que admitir que Quico o bien vio fumar a Sara o bien vio no fumar a Sara, aunque no haya puesto nunca sus ojos en Sara. Esta admisión la forzarían los principios siguientes:

Si Quico ve *P* y *Q*, entonces Quico ve *Q*.
Si Quico ve *P* o *Q*, entonces Quico ve *P* o Quico ve *Q*.

(No esperaríamos la «omnipercipiencia» ni entre los lógicamente omniescientes[6].)

La semántica de situaciones y la inocencia semántica resuelven el problema de la equivalencia lógica. No se asigna la misma proposición a oraciones lógicamente equivalentes, incluso respecto a la misma situación de discurso; asuntos diferentes proporcionan conjuntos distintos de situaciones-tipo. Éste es el dividendo que se obtiene usando libremente las funciones parciales. En realidad, desde el punto de vista de la semántica de situaciones, la expresión *lógicamente equivalentes* debería utilizarse para oraciones que sean verdaderas en las mismas situaciones-tipo o cursos de eventos, no para las que satisfagan la condición más débil de ser verdaderas en los mismos tipos o cursos de eventos totales. Sin embargo, al poseer la expresión *equivalencia lógica* un uso muy arraigado, nos referiremos a esta relación más estricta como *equivalencia fuerte.*

Por consiguiente, nuestro enfoque inocente tiene una sencillez natural, resuelve algunos problemas y evita otros. Sin embargo, hay algunas dificultades.

LA INOCENCIA AMENAZADA

En esta sección señalamos cuatro problemas que constituyen una amenaza para nuestra explicación de las actitudes, problemas que indican que en nuestra teoría falta un cierto elemento.

---

[6] Véase el artículo «Scenes and Other Situations» [«Escenas y otras situaciones»] del primer autor, en este *Journal,* LXXVIII, 7 (julio de 1981), pp. 369-397.

La *lógica de las actitudes.* Existen varios hechos que implican a las actitudes y que parecen requerir una explicación semántica, hechos especialmente claros en el caso de los informes de percepción epistémicamente neutros [*ve,* por contra de *ve que,* como en la oración 4) de más arriba] [7]. Anteriormente hemos enunciado dos de ellos:

(i) si *a* ve ϕ y ψ, entonces *a* ve ϕ y *a* ve ψ.
(ii) si *a* ve ϕ *o* ψ, entonces *a* ve ϕ *o a* ve ψ.
(iii) si *a* ve ϕ, entonces ϕ.
(iv) si *a* ve $\phi(t_1)$ y $t_1 = t_2$, entonces *a* ve $\phi(t_2)$.

Hasta aquí nuestro enfoque proporciona una explicación tan sólo de (iv)[8].

La opacidad. El lector sagaz habrá notado que nuestra explicación viola la sabiduría original sobre las actitudes que debemos a Frege y a Russell —la afirmación de que la sustitución de expresiones correferenciales no preserva el valor veritativo en los informes de actitud—. Después de todo, si con nuestra explicación se predice (iv), entonces habrá de hacerse una afirmación similar para todas las actitudes. Al considerar que las actitudes son relaciones con objetos, propiedades y relaciones reales, nos comprometemos a sostener que son, en algún sentido, transparentes.

La falta de objetos para las actitudes. En nuestra explicación se toman proposiciones como objetos de las actitudes. Esto no es filosóficamente satisfactorio cuando se trata del ver y el decir. Con el ver se pierde la conexión con lo que realmente se vio, y con decir, se pierde la conexión con lo que realmente se profirió. Supóngase que un hablante *a,* en una situación de discurso *d* y con conexiones *c* dice

11) *b dijo que* ϕ

Hemos visto que ϕ mismo no puede, en general, servir para lo que *b* profirió realmente. Pero de la verdad de (11) se sigue con toda seguridad que *b* profirió algo, que hay alguna oración ψ proferida por *b* tal que, desde la ubicación *d'* del discurso de *b* y con las conexiones *c'* de *b,* ${}_{d,c}[\phi] = {}_{d',c'}[\psi]$ y *c* (*dijo*) = $l_{d'}$. Similarmente, si *a* dijo con verdad

12) *b vio* ϕ.

[7] Véase Barwise, *op. cit.,* para más detalles sobre estas cuestiones.

[8] Las limitaciones de espacio impiden considerar las relaciones lógicas entre las actitudes, como, por ejemplo, la afirmación de que saber implica creer. Esperamos que el lector pueda ver más o menos lo que nosotros diríamos, basándose en nuestro análisis de las diferentes actitudes.

entonces lo que *b* vio en realidad es una escena en la que se daba $_{d,c}[\phi]$, y no una proposición.

El *contenido cognitivo de las actitudes.* En nuestra explicación falta el hecho de que las actitudes tienen algo que ver con las mentes (o los cerebros) y los fenómenos cognitivos. Del mismo modo que el decir requiere un agente que profiera algo con un significado, y que el ver requiere que el agente vea algo con sus ojos (que son parte del cerebro), también el creer y el conocer requieren que el agente esté en un estado cognitivo con significado. Parte de lo que nos dan los informes de actitud constituye información relativa al estado cognitivo del agente. Esto es lo que hace que los informes de actitud sean útiles en la explicación y en la predicción de lo que la gente hará. Las personas que tienen percepciones, creencias y deseos similares se comportan de un modo similar.

El concentrarse en este aspecto del problema hace que los sentidos fregeanos parezcan atractivos. Interpretando una actitud como una relación con un sentido, o con una «representación mental», como se tendría en algunas versiones de la teoría, se ve al objeto de la actitud como si clasificara los estados cognitivos. Según esta teoría la similitud de las actitudes apunta a la similitud de los estados, explicando aparentemente la similitud de las acciones[9]. Sin embargo, según nuestra teoría, diferentes personas podrían creer exactamente la misma cosa de innumerables modos distintos. Hasta aquí la teoría no refleja ninguna similitud cognitiva.

Estos cuatro problemas están relacionados entre sí, y todos ellos requieren que meditemos en qué es lo que estamos haciendo cuando intentamos formular una teoría semántica de los verbos de actitud, o, para el caso, de cualesquiera otras palabras «no lógicas». Y es en ello en lo que se apoya nuestra defensa.

LA DEFENSA DE LA INOCENCIA

Si los enunciados simples describen situaciones, entonces los informes de actitudes deben describir situaciones que incluyan actitudes, es decir, situaciones de percepción **p** en los casos de *ve* y *ve que,* situaciones epistémicas **k** en el caso de *sabe que,* situaciones doxásticas **c** con *cree que*, y proferencias **u** en el caso de *dice que.* Pero ¿qué es exactamente lo que decimos sobre una situación cuando decimos que *a ve que* ϕ o que *b dice que* ψ? ¿Qué es lo que falta, algo relativo al agente, en nuestra anterior explicación? ¿Y qué

[9] Pero véase Perry, *op. cit.*, donde se muestra que esta teoría no funciona.

es lo que tienen estas situaciones de actitud que hace que sean clasificables con oraciones subordinadas y, por lo tanto, de acuerdo con una semántica inocente, con proposiciones realistas, proposiciones que por regla general no son verdaderas acerca de la situación de actitud? Para responder estas preguntas debemos hacer una ligera digresión.

Restricciones estructurales. Las cosas no pueden ocurrir de cualquier manera. Existen todo tipo de restricciones sobre las situaciones-tipo que pueden producirse realmente y sobre el curso que los eventos pueden realmente tomar. Algunas restricciones se originan en propiedades de objetos y relaciones entre objetos bastante obvias. (Besar implica tocar, ser abuelo implica ser padre.) Otras se originan en leyes naturales. Y otras son más bien temporales y algo accidentales (escribir a máquina solía implicar el hacer que las teclas se movieran). Un hablante nativo de una lengua entiende normalmente muchas de estas restricciones y utiliza este conocimiento en su discurso. La adecuación de intercambios verbales como los siguientes puede explicarse sólo en relación con tales restricciones.

«¿Me besaste?» «No te toqué.»
«¿Hace calor afuera?» «Bueno, está nevando.»
«¿Por qué no escribes a máquina?» «Las teclas se enganchan.»

Las teorías semánticas tradicionales, reconociendo la importancia de esas restricciones, intentan imponérselas a las expresiones lingüísticas, vía «postulados de significado». Esto nos parece hacer las cosas al revés. Nosotros creemos que estas restricciones sobre los cursos de eventos son (excepto en los casos más especiales) independientes de cuáles sean las expresiones del lenguaje natural (si es que las hay) que designen los objetos, relaciones y ubicaciones que los constituyen.

Cuando los constituyentes pertinentes están individualizados claramente, es posible representar las restricciones con bastante claridad:

Si σ_l (besar, a, b) = 1 entonces σ_l (tocar, a, b) = 1.
Si σ_l (soltero, a) = 1 entonces σ_l (casado, a) = 0.
Si σ_l (dar una patada, a, b) = 1 y $l°\ l'$ entonces σ_r (dar una patada, a, b) $\neq 0$.
Si σ_l (nevar) = 1 entonces σ_l (hacer calor) $\neq 1$.

En otros casos puede ser bastante difícil. Por ejemplo, sería imposible enunciar todas las restricciones sobre σ^* que impone σ_l^* (caminar, a) = 1.

Los sistemas de restricciones pueden utilizarse para varios fines. Un curso de eventos σ es *estructuralmente completo* relativamente a un conjunto C de tales restricciones, si σ satisface cada una de las restricciones de C. Un curso de eventos σ es *estructuralmente coherente* con respecto a C si σ es parte de algún σ' completo[10]. Si no es coherente, es *incoherente.*

Una restricción es correcta si σ^*, el curso real de eventos, satisface la restricción. Un conjunto C de restricciones es correcto si cada restricción de C es correcta, es decir, si C capta correctamente restricciones relativas al modo en que las cosas pueden ocurrir realmente, de modo que σ^* es completo con respecto a C. Si C es correcto, entonces cualquier parte de σ^* es coherente con respecto a C. Ninguna parte del curso de eventos real puede ser estructuralmente incoherente, aunque podría ser estructuralmente incompleta.

Si a_d es un organismo situado en el mundo, su dotación biológica y lo que haya aprendido de su experiencia anterior le llevarán a actuar de acuerdo con ciertas restricciones correctas —a *sintonizar* con estas restricciones—. Como hemos visto anteriormente, las personas sintonizan con todo tipo de restricciones que, en realidad, no pueden enunciar —por ejemplo, todas las cosas que el caminar implica—. Esto no es sorprendente, puesto que los peces están en sintonía con ciertas leyes naturales del agua y del nadar, y no pueden decir ni una sola palabra.

Pero cuando estamos haciendo la semántica de palabras como *besar* o *caminar,* nos vemos forzados a reflexionar sobre las restricciones relativas al besar y al caminar con que están en sintonía los hablantes nativos del inglés y que se reflejan y se explotan en su uso del inglés.

Lo mismo se aplica a los verbos de actitud que hemos estado considerando aquí. Las restricciones estructurales entran en los informes de actitud de dos modos distintos. En primer lugar, existen todo tipo de restricciones estructurales en las situaciones de actitud, exactamente igual que con besar y caminar. En segundo lugar, sin embargo, existen también restricciones estructurales correctas con las que el agente de una situación de actitud sintoniza y que afectan a sus actitudes. Estamos interesados primordialmente en formular restricciones del primer tipo, dejando las segundas para otras partes de la ciencia.

Cuando nos concentramos en las restricciones del primer tipo que se reflejan claramente en el lenguaje, encontramos una diferencia notable entre los factivos (*ve, ve que, sabe que*) y los no factivos (*cree que, dice que*). La diferencia se muestra con la máxima claridad en los extremos, a saber, el *ve* epistémicamente neutro (*Guillermo vio ganar a Juana*) y el *dice que* (*Guillermo dijo que Juana ganó*); por consiguiente, comenzaremos por analizar estos dos y compararlos a continuación.

Ver. Existen múltiples uniformidades a través de situaciones de percepción visual. Las de un determinado tipo se integran directamente en la estruc-

---

[10] σ_1 es *parte* de σ_2 si dom $(\sigma_1) \supseteq$ dom (σ_2) y, para cada $l \in$ dom (σ_1), $\sigma_1(l) \supseteq \sigma_2(l)$.

tura de los informes de percepción, pero para explicar los usos que podemos hacer de los informes de percepción se necesitan otras uniformidades. Con enunciados de *ver* epistémicamente neutros, tratábamos el ver como una relación entre un agente *a* y una proposición no ubicada *P*. Así es como funciona el lenguaje: *a ve* ϕ se centra en *a* en el ver, y en *lo que es verdad* acerca de aquello que *a* ve, $P = {}_{d,c}[\phi]$. Pero las propiedades semánticas de oraciones como las que dimos en el primer problema, reflejan una información distinta —a saber, la escena que *a* aprehende visualmente—. El ver lleva consigo una escena aprehendida visualmente. Una escena es una situación real $\langle l, s\rangle$, pero su tipo no incluye todo lo que ocurre en *l*, sino únicamente la parte visible bajo las condiciones pertinentes. Estas condiciones incluyen la dirección y la distancia del agente con respecto a *l*, las condiciones de iluminación y muchas otras cosas. Podemos, en términos de escenas, formular la siguiente restricción:

σ_1 (ve, *a, P*) = 1
syss hay una escena $\mathbf{s} = \langle l, \mathrm{s}\rangle$ tal que σ_1 (ve, *a*, **s**) = 1 y $s \, \varepsilon \, P$.

Todos los principios semánticos relativos a *ve* que se dieron en la sección anterior se desprenden de esta restricción estructural. La restricción extrae otra uniformidad presente en las situaciones visuales, a saber, la escena visualmente aprehendida. Al hacerlo nos proporciona un modo indirecto alternativo de clasificar individuos, según lo que éstos vean. Esta es la razón de que podamos decir

María vio un camión pararse frente a ella. Guillermo lo vio también.

Parece que los informes de situaciones visuales epistémicamente neutros informan primordialmente sobre lo que es verdad acerca de una escena aprehendida visualmente. No es difícil imaginar por qué el lenguaje nos ha de proporcionar un mecanismo para tales informes. Basta pensar en los exploradores, cuya misión es escrudiñar el horizonte buscando signos de pioneros hostiles. Aquí utilizamos el informe de percepción como dato sobre cómo es el mundo que ha sido inspeccionado, dado que lo que nos interesa es el mundo inspeccionado, no el agente.

Pero también usamos informes de percepción para *explicar* las actividades de los agentes, como, por ejemplo, cuando decimos que María apretó los frenos porque vio a un camión pararse frente a ella.

Para explicar y predecir actividades de los agentes, necesitamos encontrar principios de clasificación que sean proyectables sobre actividades, es decir, similaridades entre los agentes que lleven a acciones similares. Dada la complejidad de las causas de la acción, estas conexiones no serán simples. Pero la idea es que cualquier teoría adecuada o casi adecuada —como seguramente lo es la teoría que apoya nuestra explicación de por qué María apretó los frenos— debe funcionar con toda una serie de estados del agente que se relacionen sistemáticamente con otros estados y, en último término, con actividades.

Podemos ver ahora el impacto de la relatividad y la eficiencia. *Las uniformidades seleccionadas no proporcionan por sí solas todos los estados o principios de clasificación que utilizamos.* Consideremos nuestra explicación de la acción de María apretando los frenos. Considérese la clase de situaciones de percepción determinadas por *vio un camión parándose frente a ella.* Claramente, existen muchas diferencias relevantes. Si uno ve un camión parándose a un kilómetro no apretará los frenos, y tampoco lo hará alguien que vea a un camión deteniéndose en el arcén.

En los dos ejemplos últimos hemos estrechado la clasificación de dos maneras distintas. En el segundo caso ampliábamos la oración subordinada; en el primero considerábamos la distancia entre el agente y ciertas partes de la escena. El panorama general que surge de todo esto es el siguiente. La uniformidad seleccionada —la verdad de una proposición dada en la escena aprehendida visualmente— no es un principio de clasificación que apoye por sí solo la explicación. Pero es parte de un sistema tal. La uniformidad seleccionada, junto con otros factores, nos proporciona un sistema de estados (abstractos) que es útil en la predicción y explicación de las actividades del agente. Incluso cuando explicamos informando de una actitud, nos apoyamos en una comprensión de los demás factores. Así, en la explicación anterior de la acción de María apretando los frenos, el oyente limita los demás factores de modo que la explicación funcione —es decir, supone que el camión estaba delante de María y no muy lejos de ella—.

Dice. En el ver, la situación real aprehendida visualmente juega un papel crucial en el esquema clasificatorio. Con un no factivo, como *dice*, no es necesario que haya una situación real para apoyar la clasificación. Cuando decimos, *Guillermo dijo que Juana ganó, Juana ganó* no sirve para clasificar una situación real con la que Guillermo esté relacionado, por ejemplo una «aprehensión asertiva». ¿Cómo funciona entonces la clasificación?

La respuesta es fácil de ver o de oír. Utilizamos *dice* para clasificar proferencias. Las uniformidades que se dan a través de las proferencias son precisamente las uniformidades para las que hemos elaborado anteriormente una explicación. Las proferencias constan de situaciones de discurso, conexiones y expresiones. La uniformidad seleccionada es la interpretación de la proferencia.

Es cierto que utilizamos la palabra *dice* de modos distintos, uno que se concentra en lo que se dice, en el sentido de la interpretación, y el otro en términos de las palabras proferidas. Para este último utilizamos *dice* con la oración subordinada entrecomillada. Estos dos usos de *dice* se centran en dos modos distintos de clasificar las situaciones de proferencia. Uno se centra en la uniformidad de interpretación, el otro en la uniformidad de la oración con significado.

María dijo que yo corría peligro.
María dijo «Tú corres peligro».
María dijo «Él corre peligro».
María dijo «¡Cuidado!».

Nótese que ninguna de estas uniformidades puede ser determinada de modo único por la otra. La proposición que enuncian es absoluta:

$\{\sigma \mid \sigma_I\,(\textit{correr}\ \text{peligro}, a_d) = 1\}$.

Las expresiones *Tú estás en peligro* y *Él está en peligro* no lo son. La eficiencia y la relatividad del lenguaje hacen que sea imposible pasar de una de ellas a la otra de un modo unívoco.

Nótese que las dos maneras diferentes de clasificar agentes que proporcionan los dos sentidos distintos de *decir*, suministran clases de agentes muy diferentes, clases que son pertinentes para tipos distintos de generalizaciones. Supóngase que Hulk dice *Yo soy un asesino.* Pertenece entonces a dos clases distintas, aunque éstas se solapen, la de los que dicen *Yo soy un asesino* y las de los que dicen que Hulk es un asesino.

Aunque estas uniformidades no se determinen de un modo unívoco la una a la otra, con información adicional un tipo de clasificación puede llevarnos, más o menos sin problemas, al otro. Decir *Hulk dijo que él era un asesino* no le clasifica *automáticamente* entre los que han proferido *Yo soy un asesino*, pero lo sugiere muy fuertemente, puesto que es la manera normal de que Hulk diga que lo es.

Las explicaciones de acciones que hacen referencia a «lo que se dijo» llevan consigo este tipo de implicaciones. Considérese, por ejemplo,

Guillermo se apartó de un salto porque le oyó a María decir que él corría peligro.

Como explicación, esto sólo tiene sentido si María dijo que Guillermo corría peligro de manera que le comunicara una sensación de peligro —es decir, si ella utilizó alguna expresión que sea uniforme a través de situaciones en las que la persona a la que uno se dirije está en peligro—. *¡Cuidado!* y *Tú corres peligro* son expresiones de ese tipo. *Él corre peligro* no serviría, en general. Lo que explica la conducta de Guillermo es la existencia de una manera de decir que él está en peligro que se relaciona sistemáticamente con situaciones en las que la persona a la que uno se dirige está en peligro. No importa solamente la relatividad del lenguaje, es decir, el hecho de que hay muchas maneras de decir lo mismo, sino la eficiencia del lenguaje. Una expresión como *¡Cuidado!* puede utilizarse en muchas situaciones para prevenir de un peligro.

Así pues, para completar nuestra teoría del decir, necesitamos únicamente explotar la semántica de situaciones (y el otro uso de *dice*) al formular una restricción estructural:

Si σ_l (dice que, b, P) = 1
entonces hay una proferencia $u = \langle \psi, d', c' \rangle$ tal que σ_l (dice, d', c', ψ) = 1, donde $b = a_{d'}$, $l = l_{d'}$, y $_{d',c'}[\psi] = P$

Comparemos ahora ver y decir. La motivación que hay detrás de la uniformidad seleccionada es bastante distinta. En el caso de ver, la proposición realista clasifica directamente la situación real, y de ese modo clasifica indirectamente al agente que aprehende visualmente la situación. (Nótese que tenemos una teoría de la percepción *directa*, y una clasificación indirecta de los perceptores.) Pero en el *decir*, la proposición no puede funcionar de ese modo, pues puede que no haya una situación real a la que se ajuste la proposición.

Para que funcione este segundo esquema, debe haber algo que «llene el hueco» que deja la ausencia de una situación real clasificable. Este algo es la relación proferida, o, más plausiblemente, la proferencia de una oración con significado con un determinado conjunto de intenciones. En lugar de una relación con una situación real que la proposición caracteriza, tenemos una relación con una entidad que tiene significado, la cual tiene como interpretación, en la proferencia, la proposición.

Sin embargo, hay una diferencia importante entre la relación con la situación real y el papel de la oración proferida.

En el ver, la proposición se conecta con el agente «a través de» la escena aprehendida. En el decir, la proposición se conecta con el agente mediante la oración producida. Pero la proposición es verdadera en la situación de la cual es una parte la escena, con total independencia de la ubicación del agente, de las conexiones, la historia, etc. Podríamos decir que la situación nos proporciona toda una serie de proposiciones; los otros factores únicamente influencian el modo en que el agente puede aprehender la escena acerca de la cual es verdadera la proposición.

Pero en el decir la proposición no se conecta en general (si es que lo hace alguna vez) con la oración con significado aislada, sino sólo con toda la proferencia. La proposición no sirve para clasificar *uno* de los factores, y con ello el todo, sino que caracteriza el todo mediante la relación entre los factores. (Un caso especial sería la proferencia de una oración cuyo significado determina unívocamente su interpretación, si es que hay alguna.)

Cuando pasamos a la cuestión del interés por la uniformidad a través de las proferencias que hayan de seleccionarse encontramos un parecido con el ver. *Dice que* está diseñado para mostrarnos cómo es el mundo si lo que dice el agente es verdadero. Pero, como sucede con el ver, otras son las uniformidades cruciales cuando utilizamos *dice* para explicar y predecir actividades del agente, o de los que oyen o leen la proferencia.

Ve que, sabe que. Imaginemos que un par de gemelas idénticas, Julia y Juana, participaron en una maratón y que Guillermo vio que una de las dos ganaba. De hecho fue Julia, pero Guillermo no puede distinguir la una de la otra. Si se le preguntara cuál de ellas, no podría decirlo. Casos como éste hacen patente la diferencia entre el *ve* no epistémico y el *ve que* y el *sabe que.* Si Guillermo vio ganar a una de las gemelas, y ganó Julia, entonces Guillermo vio ganar a Julia. Pero si bien vio que una de ellas ganaba y sabe que una de ellas ha ganado, no vio que Julia ganara, ni sabe que Julia ha ganado.

El ver que involucra escenas (o, más en general, cursos de eventos), pero la relación es menos directa que en el caso de *ve.* Las restricciones estructurales son (aproximadamente):

σ_l (ve que, a, P) = 1
syss hay un evento σ_0 (posiblemente una escena **s**) tal que:
(i) σ_l (ve, a, σ_0) = 1
(ii) hay un sistema C de restricciones estructurales correctas con el que sintoniza visualmente a tal que todo σ que contenga σ_0 y que sea completo con respecto a C está en P.

En el ejemplo anterior existe una cierta propiedad visual p con la que Guillermo sintoniza:

Si $\sigma_l(p, x) = 1$, entonces $\sigma_l(p_{\text{Julia}}, x) = 1$ ó $\sigma_l(p_{\text{Juana}}, x) = 1$.

donde p_{Julia} es la propiedad de llamarse Julia. Cualquier escena σ estructuralmente completa que abarque el evento que vio Guillermo tendrá $\sigma_l(p, x) = 1$ y $\sigma_l(p_{\text{Julia}}, x) = 1$, pero esta σ_0 no era completa.

La diferencia entre los informes que utilizan el verbo *ver* y los que utilizan *ver que* estriba, en parte, en estas restricciones, pero también en diferentes estrategias de interpretación para los sintagmas nominales y los sintagmas verbales de las oraciones subordinadas. Hablaremos de esto brevemente en la sección siguiente, bajo el rótulo «evaluar».

Una restricción estructural similar puede darse para *sabe.* La idea básica es que saber es estar en sintonía. Simplificando para los fines de esta exposición, vamos a hacer como si la visión fuera la única forma de percepción. Podríamos decir entonces

σ_l (sabe que, a, P) = 1
syss hay un curso de eventos σ_0 tal que
(i) σ_l (ve, a, σ_0) = 1
(ii) si C' es el conjunto de todas las restricciones estructurales correctas con las que sintoniza a, entonces todo σ que contenga a σ_0 y que sea completo con respecto a C' está en P.

Notará el lector que la única diferencia que hay aquí entre *ve que* y *sabe que* estriba en el hecho de que se admite un conjunto más amplio C' de restricciones correctas para *sabe que*. Esto tiene presumiblemente algo que ver con la tendencia a decir que vemos que algo es el caso cuando queremos decir que lo sabemos.

Como ocurre con el ver, el análisis de *ve que* y *sabe que* explica los muchos tipos de uniformidades, distintas de las «seleccionadas», a través de situaciones epistémicas. En particular, la estructura del conocimiento es tal que podemos saber o conocer la misma cosa sobre la base de conjuntos distintos de experiencias anteriores, diferencia que podría ser relevante para la cuestión de cómo le afecta a uno el conocimiento.

Creer. Usualmente se piensa que saber que *P* implica creer que *P*. Y en el lenguaje suponemos usualmente que, si el hablante dice que *P*, entonces cree que *P*. En este respecto, creer parece algo más o menos intermedio entre saber y decir. Pero, desde una perspectiva realista, la creencia es con mucho la más enigmática de nuestras cuatro actitudes. En efecto, ¿dónde está o qué es lo que en la realidad no varía en distintas situaciones doxásticas, algo que apoye el que las clasifiquemos juntas como situaciones en las que un agente cree que *P* (donde *P* es una proposición realista)?

Con el ver, el ver que y el saber que existe un curso de eventos real con respecto al cual *P* es verdadera. Con la creencia no tiene por qué haberlo; de modo que creer parece más similar a decir que. Pero, en el caso de decir que, existe la expresión proferida realmente, algo real que, junto con la situación del discurso y las conexiones del hablante, daba lugar a la proposición. ¿Qué es lo análogo en el caso de la creencia?

Parece que el realista, si cree en la creencia, se ve abocado o bien a una metafísica que incluya situaciones que tengan algún tipo de realidad pero que, en el sentido estricto en que hemos utilizado el término, no sean reales (un paso esotérico que seguramente nadie defendería) o a una metafísica que contemple «estados de creencia» reales, es decir, una especie de invariantes abstractos pero reales a través de situaciones doxásticas reales, invariantes que apoyen su clasificación mediante proposiciones realistas, al modo en que las oraciones apoyan proposiciones en el caso del decir.

Aquí es donde uno podría pensar que entra en escena algo afín a los sentidos fregeanos, «pensamientos completos y eternos» captados por las mentes. Podríamos modificar la explicación fregeana de manera que la referencia de un pensamiento *T* fuera una proposición realista $P = \text{ref}(T)$ y utilizar la restricción estructural:

σ_1 (cree que, a, P) = 1
syss hay un pensamiento *T* tal que σ_1 (capta doxásticamente, a, T) y
$\text{ref}(T) = P$.

Esto nos permitiría reproducir la relatividad de la creencia, el hecho de que diferentes personas puedan creer la misma cosa de modos distintos, al tener pensamientos distintos. ¡Pero esto constituiría un grave error! Como en el caso de las oraciones, tan importante es que los estados de creencia sean relativos como que sean eficientes. Existen pues otros factores que desempeñan un papel en el paso del estado S_i a la proposición: $P = F(S_i, \ldots ?)$. ¿Cuáles son estos otros factores?

El agente, naturalmente, es uno de tales factores. Cuando está en lo que podríamos llamar el estado de creencia «Yo corro peligro», sus creencias versan sobre él mismo y su ubicación en el momento, tanto en el tiempo como en el espacio. Y no hay razón alguna para suponer que otras propiedades del agente, digamos su altura o su cultura, no puedan desempeñar un papel en la interpretación de su estado de creencia. Metamos todo esto dentro de una situación del agente $d = \langle s_d, a_d \rangle$, donde $s_d = \langle l_d, s_d \rangle$, siendo a_d el agente, l_d su ubicación, y s_d los hechos relativos a a_d que se necesitan para la interpretación. Esta d es análoga a la situación del discurso en el caso del decir.

Pero, naturalmente, podemos tener creencias relativas a cosas distintas de nosotros mismos y de nuestra presente ubicación. Tenemos conexiones con los objetos, relaciones y ubicaciones que se originan en la percepción, y estas conexiones ayudan a determinar cuáles son las cosas sobre las que versan nuestras creencias.

Así pues, hablar de creencias presupone un sistema abstracto de clasificación $S_1, S_2, \ldots$ de *estados y* una relación cr entre estados, situaciones del agente, conexiones y cursos de eventos:

$$\mathrm{cr}(S_i, d, c, \sigma)$$

Imponemos entonces la restricción de que σ_l (cree que, a, P) = 1 syss hay d, c, y S_i tales que $l = l_d$, $a = a_d$, $\sigma_l(S_i, d, \mathrm{c}) = 1$, y $P = \{\sigma \mid \mathrm{cr}(S_i, d, c, \sigma)\}$

La relación cr es análoga a [ ]. Del mismo modo en que [ ] identifica una proposición relativamente a una expresión, situación del discurso y conexiones, cr identifica una proposición relativamente a un estado de creencia, situación doxástica y conexiones: la proposición que cree una persona que esté en ese estado, en tal situación doxástica y con tales conexiones. El postular tal relación y tal sistema de estados «con significado» se presupone en el modo en que usamos *cree.* Nos parece que este enfoque de la creencia encaja bien con varios enfoques existentes en filosofía de la mente, enfoques que hacen hincapié en el modo en que las atribuciones de estados mentales se conectan con las actividades de la especie y del individuo.

En el caso de agentes que hablen un lenguaje L, es muy tentador suponer que las oraciones con significado de L pueden estar incrusta- das en la estructura de los estados de creencia, es decir, que hay una función $S(\phi)$ de las oraciones de L en el sistema de los estados de creencia. Esto sugiere que los estados de creencia tienen una cierta «sintaxis» análoga a la sintaxis de L y que esta «sintaxis» es importante en el análisis de cr, igual que la sintaxis del lenguaje es importante en el análisis de ${}_{d,c}[\phi] = P$. Esta tentación debería distinguirse de algo que no encontramos muy tentador: la idea de que creer consiste en tener una relación con algunas oraciones de un cierto lenguaje.

LA OPACIDAD

La interacción de los verbos de actitud con los términos singulares (nombres propios y descripciones definidas, por ejemplo) fue una de las fuerzas rectoras tras las teorías de Russell y Frege —aunque estas teorías fueran distintas—. Es ciertamente posible que Jorge IV se preguntara si Scott era el autor de *Waverly* sin preguntarse si Scott era Scott, y es posible creer que el lucero del alba es un planeta sin creer que el lucero vespertino sea un planeta. Estos hechos llevaron a Frege a decir que, dentro del alcance de un verbo de actitud, una expresión se refiere a su «sentido» usual, no a lo que comúnmente es su referencia. Russell introdujo la «forma lógica» y argumentó que las descripciones definidas no denotan, sino que lo que hacen es aportar las propiedades definitorias a la proposición cuando a ésta se la entiende adecuadamente. (Muchas teorías contemporáneas apelan tanto al sentido como a la forma lógica.)

Nosotros no recurrimos ni al sentido ni a la forma lógica, sino que manejamos estos problemas básicamente con los recursos de que ya disponemos. No tenemos el espacio suficiente para explicar nuestro análisis de los nombres, aunque el lector podrá adivinar probablemente el modo en que nociones como interpretación inversa y conexión nos permiten sustituir antiguas preguntas, como por ejemplo «¿Tienen los nombres propios un sentido?» y «¿Cuáles son las condiciones de verdad de una oración con nombres propios?», por preguntas más tratables. Explicaremos las ideas básicas que hay tras nuestro análisis de las descripciones, análisis que tiene muchas características russellianas, pero que no nos amenaza con el atomismo ni requiere apelar a la forma lógica.

Para simplificar la discusión, ignoraremos cuestiones de tiempo y lugar, de manera que podamos habérnoslas con situaciones-tipo en lugar de con cursos de eventos. Nos restringiremos también a descripciones α que no sean sensibles a la situación del discurso d o a la conexión c, de modo que podremos escribir $[\alpha]$ para la interpretación ${}_{d,c}[\alpha]$, siempre con el fin de simplificar la exposición.

La interpretación de una descripción definida es una relación entre situaciones-tipo s e individuos a:

$$[El\ \beta]\ (s,a) \text{ syss } \{a\} = \{x \mid [\beta]\ (s,x)\}$$

Esta relación puede verse también como una función *parcial* de tipos de situaciones s a individuos a. Utilizando notación estándar para función y argumento, podemos escribir $a = [el\ \beta]\ (s)$. Esta función impone una restricción mutua entre s y a. Dada una s en su dominio, podemos utilizar el β para referirnos a $a = [el\ \beta]\ (s)$. O bien, dado un a, podemos utilizar el β para afirmar que la situación s es una situación en la que $[el\ \beta]\ (s) = a$. O también puede ser utilizada simplemente para decir que, cualesquiera que sean s y a, $[el\ \beta]\ (s) = a$.

EJEMPLOS

(i) Entro en el estudio de Alfredo, en el que está él sentado con su perro *Clarisso.* Dice él, «Cuidado. El perro tiene pulgas». En la situación $\mathbf{s}_0$ en que estamos está muy claro que se está refiriendo a *Clarisso* (= [*el perro*] (s_0)).

Alfredo ha aseverado la proposición realista:

$$\{s_1 \mid s_1 \text{ (tiene pulgas, } Clarisso) = 1\}$$

Nótese que, si le creo, entonces lo que yo creo no es que haya un único perro que tenga pulgas, sino que este perro en particular tiene pulgas.

(ii) Ahora hay varios perros en la habitación. Alfredo dice, señalando a Clarisso, *Éste es el perro que muerde.* Aquí la descripción definida *el perro que muerde* no se utiliza para identificar a *Clarisso* sino que más bien se le atribuye la propiedad de ser el único perro que muerde. La proposición es

$$\{s_1 \mid \text{Clarisso} = [el\ perro\ que\ muerde](s_1)\}$$

(iii) Estamos ahora en la situación en que Inés una vez me dijo, refiriéndose a una cierta persona *a, Ella es imprudente.* Inés es perspicaz para juzgar carácteres. De acuerdo con ello, le desaconsejo a usted invertir en el banco de *a* con la advertencia, *Inés cree que la presidenta del Banco Interfederal es imprudente.* Aquí, la interpretación de mi proferencia es, esencialmente,

$$\{s_1 \mid s_1 \text{ (cree que, Inés, } Ps_1) = 1\}$$

donde

$$Ps_1 = \{s_2/s_2 \text{ (imprudente, } [la\ presidenta \text{ del } Banco\ Interfederal](s_1)) = 1\}$$

La descripción definida restringe s_1 de manera que contenga una única presidenta del Banco Interfederal, a_{s1}, y asevera que Inés cree que a_{s1} es una imprudente (P_{s1}).

Utilizamos la notación: *a dice* (*cree/sabe/ve*)*que*(-(*el*)$_j$...) con $j = 0$, 1 ó 2 para indicar, respectivamente, las lecturas en que [*el* β] se evalúa en una situación-tipo accesible s_0, como en (i); para restringir la situación-tipo s_1, designada por el todo (como en iii), o para restringir las situaciones-tipo s_2, descritas por la oración subordinada. Si $j = 0$, tenemos la correspondiente al uso referencial de Donnellan. Si $j = 2$, tenemos su uso atributivo. El caso $j = 1$ está en medio.

Podría parecer que estas distintas lecturas coinciden con diferentes lecturas del alcance. Pero en realidad reflejan un fenómeno distinto, que muchos confunden con el del alcance. La manera más fácil de ver la distinción es con descripciones indefinidas, como *miembro de la familia*. La interpretación de una descripción indefinida *un* β (v. gr., *un perro, un elefante*) es también una relación entre situaciones e individuos:

$$un\ [\beta]\ (s, b) \text{ syss } [\beta]\ (s, b).$$

Considérese el caso de que Jack haya sido asesinado. Holmes reúne a los miembros de la familia y les dice «Uno de ustedes ha asesinado a Jack». «¿Qué es lo que ha dicho?», pregunta la vieja tía Agnes, que padece sordera. «Ha dicho que un miembro de la familia asesinó a Jack» grita Jill, la viuda de Jack.

Desde luego, no hay nada erróneo en el informe de Jill, pero no se puede dar cuenta de él únicamente con la distinción entre el alcance largo y el corto. Holmes no afirmó acerca de ningún miembro de la familia en particular que él fuera el asesino, de modo que no se trata del alcance largo. Pero tampoco dijo nada en absoluto sobre la pertenencia a la familia, de modo que no se trata del alcance corto. Se trata de lo que nosotros escribiríamos como *El dijo que (un miembro de la familia)*$_1$ *asesinó a Jack.* La interpretación es:

$$\{s_1 \mid s_1, (\text{dice que, Holmes}, Ps_1) = 1\}$$

donde

$$Ps_1 = \{s_1 \mid \text{para algún } a \text{ tal que } [\textit{un miembro de la familia}]\ (s_1, a),\ s_2\ (\text{asesinó}, a, \text{Jack}) = 1\}.$$

CUESTIONES DE FUNDAMENTACIÓN

Cualquiera que trate de desarrollar una teoría semántica de las actitudes con el suficiente cuidado habrá de enfrentarse con ciertas cuestiones de fundamentación. No podemos hablar aquí del modo exacto en que éstas se presentan en la semántica de situaciones, ni de los detalles de nuestra solución. La idea básica es la de limitarnos a los objetos conjuntistas hereditariamente finitos construidos a partir de los objetos, relaciones y ubicaciones de que disponemos. En último término, esto nos exige ser más realistas en cuanto a las oraciones, estados y otros factores involucrados en las actitudes. Por ejemplo, en último término definimos

$$\sigma_l\,(\text{dice que}, a, P) = 1$$

mediante

$$\exists d, e, \psi\,[\sigma_l\,(\text{dice}, d, c, \psi) = 1 \;\&\; _{d,c}\,[\psi] = P]\ (\text{con } \sigma_l\,(\text{dice que}, a, P) = 0,$$
$$\text{en caso contrario}).$$

Esto nos permite evitar tener proposiciones como argumentos de situaciones-tipo. Nuestra teoría nos ha hecho subir por una espiral para llegar hasta aquí. Partimos de una actitud realista hacia las situaciones del mundo, lo cual nos forzó a ser realistas sobre objetos, propiedades, relaciones y ubicaciones. Esto nos obligó a imponernos un realismo filosófico respecto de las actividades y estados cognitivos. Al final, ello permite un cierto abandono de la inocencia pura en favor de un tipo de inocencia mundana, que tenemos la esperanza de que resulte atractiva para muchos de nuestros lectores.

SEMÁNTICA DEL ROL CONCEPTUAL*

GILBERT HARMAN**

En este artículo intentaré decir algo sobre cierto número de cuestiones que surgen en conexión con la «semántica del rol conceptual», el enfoque de la semántica por el que siento más simpatía. En esta ocasión sólo podré bosquejar algunos aspectos de este punto de vista sin que pueda dar argumentos detallados.

1. ¿QUÉ ES LA SEMÁNTICA DEL ROL CONCEPTUAL?

Una teoría de la semántica del rol conceptual incluye las dos afirmaciones siguientes:

1. El significado de las expresiones lingüísticas está determinado por los contenidos de los conceptos y pensamientos para cuya expresión éstas pueden usarse.
2. Los contenidos de los conceptos y pensamientos están determinados por su rol funcional en la psicología de una persona.

«Pensamientos» incluye aquí creencias, esperanzas, deseos, temores y otras actitudes, además de los pensamientos así llamados propiamente. «Rol funcional» incluye cualesquiera roles especiales que pueda desempeñar un concepto en la percepción y en la inferencia o razonamiento, incluyendo el razonamiento práctico que lleva a la acción.

La semántica del rol conceptual representa lo que podría querer decirse mediante el eslogan «el significado es el uso». Pero una apreciación adecuada de lo que quiere decirse requiere distinguir (al menos) dos usos de símbolos: su uso en el cálculo, como sucede al sumar una columna de

* Versión castellana de Luis M. Valdés Villanueva.

** Estoy en deuda con Scott Soames por sus comentarios sobre este artículo.

números, y su uso en la comunicación, como sucede al decirle a alguien el resultado.

1.1. Dos usos de símbolos: comunicación y cálculo

Los símbolos que están siendo usados en el cálculo no se usan típicamente en ese momento para la comunicación. Cuando se procede a sumar una columna de números no se está normalmente comunicando nada, ni siquiera a uno mismo. Una observación similar vale en el caso inverso. Normalmente se comunican los resultados del cálculo que uno ha hecho a otra persona distinta sólo después de que se ha hecho el cálculo. Hay, desde luego, casos mixtos. Se puede proceder a un cálculo en una pizarra, intentando que el auditorio vea cómo se produce el proceso.

La semántica del rol conceptual puede verse como una versión de la teoría de que el significado es el uso, donde el uso básico de los símbolos se considera que está en el cálculo, no en la comunicación, y donde los conceptos se consideran como símbolos en un «lenguaje del pensamiento». Claramente, el uso relevante de tales símbolos —el uso que determina sus contenidos— es su uso en el pensamiento y en el cálculo más bien que en la comunicación. Si el pensamiento es semejante a hablar con uno mismo, es la suerte de habla incluida en resolver algún cálculo, no la suerte de habla incluida en la comunicación. Pensar no es comunicarse con uno mismo.

Sin embargo, sería más exacto decir que el contenido es el uso que decir que el significado es el uso; estrictamente hablando, los pensamientos y los conceptos tienen contenido, no significado.

1.2. El significado de «significado»

Supongo, siguiendo a Grice [6], que podemos distinguir lo que él llama significado natural (el humo significa fuego) de lo que llama significado no-natural (la palabra alemana «*Feuer*» significa «fuego»), y que podemos también distinguir significado no-natural del hablante o usuario (lo que un hablante o usuario de ciertos símbolos quiere decir) de lo que ciertas palabras, expresiones u otros símbolos significan.

Grice propone analizar el significado de una expresión en términos del significado del hablante; y propone, de manera más controvertida, analizar el significado del hablante en términos de las intenciones de un hablante para comunicar algo. Esta última propuesta parece pasar por alto el uso significativo de símbolos en el cálculo. Se podría inventar una notación especial para solucionar un cierto tipo de problema. Resultaría completamente apropiado decir que mediante un símbolo dado se quería decir tal-y-tal, aunque no se tenga intención alguna de usar esos símbolos en ningún tipo de comunicación.

Parece haber algún tipo de conexión entre significado del hablante o usuario y las intenciones del hablante o usuario. Supóngase que se usa esa notación especial para solucionar un problema específico. Se formulan las suposiciones del problema en esa notación, se hacen algunos cálculos, y se acaba con un resultado significativo en esa notación. Sería correcto decir de la persona que hace eso, cuando escribe una suposición particular en su notación, que quería decir tal y tal mediante lo que escribió: pero sería incorrecto decir de esa persona que, cuando escribió la conclusión que alcanzó en su notación, quería decir tal y tal mediante lo que escribió. Esto parece conectado con el hecho de que, al formular la suposición tal como se hizo en la notación especial, esa persona intentaba expresar tal y tal suposición; mientras que, al alcanzar la conclusión que se alcanzó en esa notación, la intención de la persona en cuestión no era expresar tal y tal conclusión, sino más bien alcanzar en su notación cualquier conclusión que se siguiese de los pasos anteriores por medio de las reglas de su cálculo. Esto sugiere que esa persona quiso decir que tal y tal al usar ciertos símbolos si y sólo si usó tales símbolos para expresar el pensamiento de que tal y tal, con la intención de expresar tal pensamiento.

Los pensamientos inexpresados (creencias, temores, deseos, etc.) no incluyen significado. No diríamos ordinariamente que al pensar como se ha hecho se quería decir que tal y tal. Si los pensamientos están en el lenguaje del pensamiento, no se expresan (normalmente) en ese lenguaje. (Digo «normalmente» para permitir la posibilidad de pensamientos que se piensan en un lenguaje usado en la comunicación, por ejemplo, pensamientos en castellano.)

Los conceptos y otros aspectos de la representación mental tienen contenido pero no (normalmente) significado (a menos que sean también expresiones en un lenguaje usado en la comunicación). No diríamos normalmente que el concepto de rojez que alguien tiene significaba algo de la manera en que la palabra «rojo» en castellano hacía lo propio. Ni tampoco diríamos que alguien quiso decir algo mediante ese concepto en una ocasión particular en la que se sirvió de él.

2. CONTENIDO Y ROL INFERENCIAL

2.1. TIPOS DE ROL

Suponiendo que la semántica del rol conceptual es un armazón básico, resulta plausible que todos los conceptos tengan una función en el razonamiento que es relevante para sus contenidos. Sin duda, algunos conceptos tienen primariamente el contenido que tienen a causa de un rol especial que desempeñan en la percepción —por ejemplo, los conceptos para color—.

Pero incluso el contenido de esos conceptos depende hasta cierto punto de un rol inferencial. Un concepto para color dado es el concepto de una característica de objetos del mundo, normalmente persistente, una característica que puede usarse tanto para seguirles la pista a los objetos, como un signo de otras cosas. Por ejemplo el verdor es un signo de inmadurez de ciertas frutas. Sin embargo, hay varias relaciones internas entre colores. A partir de la premisa de que un objeto es rojo en un cierto lugar y en un cierto tiempo puede inferirse que el objeto no es también verde en ese tiempo y lugar.

En el caso de los conceptos de forma y número, las conexiones inferenciales desempeñan un rol más amplio. Las conexiones perceptivas son todavía relevantes; hasta cierto punto el concepto que se tiene de triángulo incluye la noción de aquello a lo que se parece un triángulo y el concepto que se tiene de diversos números naturales está conectado con la capacidad de contar objetos que se perciben. Pero el papel que esas nociones desempeñan en la inferencia parece más abultado.

El contenido expresado por la palabra «porque» desempeña un rol importante en la propia comprensión de fenómenos y tiene (mantengo) un rol central en la inferencia, ya que la inferencia es a menudo inferencia a la mejor explicación. Este rol hace del concepto expresado por «porque», según creo, el concepto que es. ¿Es aquí relevante la percepción? Quizás. Puede ser que algunas veces se perciba directamente la causalidad o ciertas relaciones explicativas, y puede ser que esto ayude a determinar el contenido del concepto que se expresa mediante la palabra «porque». O quizás no. Puede ser que la percepción de la causalidad y otras relaciones explicativas esté mediada siempre por una inferencia.

Las palabras lógicas «y», «no», «todo» y «alguno» expresan conceptos cuya función en la inferencia parece claramente muy importante para sus contenidos; ésta es la razón por la que parece tan plausible decir que esas palabras no significan en las lógicas intuicionista y cuántica lo que significan en la denominada lógica clásica, aunque incluso aquí puede haber funciones perceptivas cruciales. Por ejemplo, puede ser central al concepto que alguien tenga de negación el que algunas veces pueda percibirse que ciertas cosas no son así, como cuando se percibe que Pedro no está en el café. Puede ser central al concepto que se tenga de generalidad o cuantificación universal el que algunas veces se perciba que todo lo de un cierto género es de tal y cual manera, por ejemplo, que todo el mundo que está en la habitación lleva sombrero.

Es posible que haya ciertos géneros de términos teóricos tales como «*quark*», que no desempeñen en absoluto ningún rol en la percepción, de modo que el contenido de los conceptos que expresan esté determinado enteramente por el rol inferencial. (¡Incluso aquí puede ser importante para el concepto de un *quark* que el concepto desempeñe un rol en la percepción de ciertas figuras o diagramas!)

2.2. Inferencia e implicación

Las palabras lógicas tienen una función en la inferencia y en el razonamiento porque ciertas implicaciones dependen de ellas. La inferencia es, desde luego, un proceso de pensamiento que culmina típicamente con un cambio de punto de vista, un cambio en las creencias si se trata de razonamiento teórico, un cambio en los planes e intenciones en el caso del razonamiento práctico. (Existe también el caso límite en el que no se hace ningún cambio.)

No hay hasta ahora ninguna teoría substancial de la inferencia o del razonamiento. Ciertamente, la lógica está bien desarrollada; pero la lógica no es una teoría de la inferencia o del razonamiento. La lógica es una teoría de la implicación o de la argumentación, donde un argumento se concibe como una secuencia de implicaciones.

La lógica es relevante para el razonamiento porque la implicación lo es. La implicación es relevante para el razonamiento porque la implicación es una relación explicativa y, al razonar, se intenta entre otras cosas incrementar la coherencia explicativa del punto de vista propio (ver [13]).

2.3. Forma lógica

Las explicaciones de la forma lógica de un lenguaje natural pueden arrojar luz sobre el significado en la medida en que indican aspectos del lenguaje de los que pueden depender las implicaciones, ya que esto es indicar algo sobre el rol inferencial desempeñado por los conceptos expresados por esos aspectos del lenguaje.

Presumiblemente, tales explicaciones de la forma lógica deberían ser relevantes para, o quizás incluso parte de, un análisis gramatical de las oraciones relevantes. He aquí un área donde puede haber una útil interacción entre lo que hacen los filósofos y los lingüistas. Sin embargo, como Chomsky [3] observa, las distinciones que son importantes para la lingüística pueden no coincidir con las que son importantes para los filósofos. O, dicho de otra manera, los factores que determinan relaciones de implicación pueden no ser todos de la misma suerte. Algunos pueden ser aspectos de lo que Chomsky llama «gramática de oración», otros pueden no serlo. Y algunos aspectos de la «gramática de oración» que funcionan sintácticamente como los rasgos lógicos pueden no estar directamente conectados con la implicación. Por ejemplo, Chomsky sugiere que las reglas de gramática que determinan cómo han de entenderse los cuantificadores, que son desde luego cruciales para determinar cuáles son las implicaciones lógicas de la oración, pueden ser las mismas que las reglas que determinan cosas tales como el «foco» de una oración, algo que parece no afectar a las implicaciones lógicas de una oración, sino solamente a sus «implicaturas conversacionales».

2.4. Indeterminación

Aparentemente hay análisis de las formas lógicas de oración que compiten entre sí. Donde un análisis ve lógica modal o lógica temporal, otro ve referencia a mundos posibles o tiempos. Donde un análisis ve referencia a eventos, otro análisis invoca una lógica adverbial. Y así sucesivamente. De modo similar, hay teorías gramaticales que compiten entre sí: la gramática de Montague, la armazón actual de Chomsky en términos de reglas de reacción y ligamiento, y muchas otras variantes. ¿Qué hemos de hacer con esto?

Quine [22] argumenta plausiblemente que incluso todas las observaciones posibles sobre un lenguaje pueden no decidir entre varias «hipótesis analíticas» localmente incompatibles (donde por «hipótesis analítica» Quine quiere decir hipótesis sobre la forma lógica o gramatical de la suerte que se acaba de mencionar). Ha habido disputas considerables respecto de cómo debería interpretarse exactamente la afirmación de Quine, respecto de si es verdadera, y acerca de cuáles podrían ser las implicaciones de su verdad. Se ha dicho (falsamente) que todo a lo que la tesis de Quine equivale es a la afirmación de que una teoría está subdeterminada por la evidencia. También se ha dicho (correctamente, creo), cualquiera que sea la observación válida que Quine está haciendo, que ésta no involucra ninguna diferencia significativa entre las «ciencias duras», como la física, y el estudio del lenguaje.

Una cuestión sugerida por la argumentación de Quine es ésta. Supóngase que tenemos una teoría, de la realidad física o del lenguaje, que pensamos que es verdadera. Incluso si pensamos que la teoría es verdadera, se puede proseguir con la consideración de qué aspectos de la teoría se corresponden con la realidad y qué aspectos son, por otra parte, meros artefactos de la notación en que se presenta la teoría. Una descripción geográfica verdadera de la Tierra mencionará longitudes, así como ciudades y montañas, pero las longitudes no tienen realidad geográfica en el modo en que las ciudades y las montañas la tienen. Es verdad que Greenwich (Inglaterra) está a cero grados de longitud, pero esta verdad es un artefacto de nuestro modo de describir la Tierra, puesto que hay otras maneras igualmente verdaderas de describir la geografía de la Tierra que asignarían a Greenwich otras longitudes. Del mismo modo, hay varias descripciones físicas del mundo que son verdaderas, que asignan a un punto espacio-temporal dado diferentes coordenadas. Puede ser verdadero que bajo una descripción particular un punto particular tenga las coordenadas espaciales (0, 0, 0, 0), pero esto es un artefacto de la descripción que, por sí mismo, no se corresponde a nada en la realidad. Y lo mismo es verdadero de las gramáticas y de las teorías de la forma lógica. Incluso si una explicación dada de gramática o de forma lógica es verdadera, queda aún la cuestión de qué aspectos de la explicación corresponden a la realidad y qué aspectos son meramente artefactos de esa descripción particular. Es completamente posible que diversas explicaciones incompatibles localmente diferentes puedan ser todas ellas verdaderas, lo mismo que el que diversas asignaciones incompatibles, localmente diferentes, de longitudes y latitudes a lugares de la Tierra podrían ser todas ellas verdaderas.

Esto podría decirse de otra manera. La realidad es lo que es invariante entre teorías verdaderas. La realidad geográfica es lo que es invariante en diferentes descripciones geográficas verdaderas del mundo. La realidad física es lo que es invariante en diferentes descripciones físicas verdaderas del universo. Lo que despista a Quine es el hecho de que tiene un bastante buen sentido de la realidad física y geográfica, pero poco o ninguno de la realidad gramatical o de la realidad descrita por explicaciones de la forma lógica. Es más, Quine está inclinado a pensar que hay aquí solamente dos posibilidades:

1. la realidad física en el nivel de la neurofisiología,
2. la realidad de la conducta, incluyendo disposiciones a comportarse de diferentes maneras.

Un punto de vista alternativo es que hay otros niveles de realidad definidos funcionalmente entre los dos que Quine reconoce. No veo otra manera de investigar este problema excepto el ver dónde lleva en última instancia la investigación actual sobre la gramática y la forma lógica. Desde luego, desde un punto de vista heurístico, es probablemente mejor suponer que diferentes explicaciones la de gramática y la forma lógica hacen afirmaciones en conflicto sobre la realidad a menos que haya alguna razón para pensar de otro modo (ver [16]).

2.5. Significado y condiciones de verdad

Davidson [4], Lewis, [17] y otros han argumentado que una explicación de las condiciones de verdad de las oraciones de un lenguaje puede servir como una explicación de los significados de esas oraciones. Pero esto parece erróneo. Desde luego, si uno sabe el significado en su lenguaje de la oración *O*, y sabe lo que significa la palabra «verdadero», entonces también sabrá algo de la forma «*O* es verdadera si y sólo si...»; por ejemplo: «“La nieve es blanca” es verdadera si y sólo si la nieve es blanca» o «“Estoy enfermo” es verdadera si y sólo si el hablante está enfermo en el tiempo de la emisión». Pero éste es un punto trivial sobre el significado de «verdadero», no algo profundo sobre el significado (veáse [10]).

Esto no es negar que los intentos de desarrollar teorías de la verdad que sean adecuadas para ciertos aspectos del lenguaje natural puedan muy bien arrojar luz sobre el significado. Algunos ejemplos podrían incluir el análisis veritativo-funcional de «y», «no», y «o»; el análisis tipo Frege-Tarski de la cuantificación; el análisis davidsoniano de las oraciones de acción; y la explicación de la modalidad en términos de mundos posibles. Pero en todos los casos los análisis ayudan a especificar implicaciones entre oraciones. Su relación con el significado puede deberse enteramente a esto, aparte de cualquier cosa adicional necesaria para tener una teoría de la verdad —aunque esto, desde luego, permite también que haya alguna cuestión de tipo heurístico en el intento de desarrollar teorías de la verdad (veánse [9] y [16])—.

2.6. SEMÁNTICA PROBABILÍSTICA

Field [5] sugiere que el rol inferencial podría capturarse en términos de una distribución de probabilidad. Esto proporcionaría en el mejor de los casos una teoría de la implicación probabilística o de la coherencia, no una teoría de la inferencia en el sentido relevante, que incluya (normalmente) un cierto tipo de cambio en el punto de vista. Además, la gente ni opera ni podría operar probabilísticamente, puesto que seguir la pista a las probabilidades incluye capacidades de memoria y de cálculo que son funciones exponencialmente explosivas del número de proposiciones lógicamente no relacionadas que están incluidas (veáse Harman [11] y [14]).

En la mayor parte de los casos han de aceptarse proposiciones en un sentido de todo o nada. El conservadurismo es importante. Se debe continuar creyendo lo que se cree en ausencia de alguna razón especial para dudar de los propios puntos de vista, y al razonar debe intentarse minimizar el cambio en las propias opciones iniciales al alcanzar otras metas del razonamiento. Tales otras metas incluyen la coherencia explicativa y, desde luego, el éxito práctico al satisfacer las propias necesidades y deseos (véanse [11] y [12]). Pero estas cuestiones son vagas y no nos llevan muy lejos. Además, necesitamos decir algo en última instancia sobre el razonamiento práctico (véase [15]).

3. ROL CONCEPTUAL Y MUNDO EXTERNO

La semántica del rol conceptual no incluye una teoría «solipsista» del contenido de los pensamientos. No hay ninguna sugerencia de que el contenido dependa sólo de relaciones funcionales entre pensamientos y conceptos, tal como el rol que un concepto particular desempeña en la inferencia. (Field [5] no capta esto.) También son relevantes las relaciones funcionales con el mundo externo en conexión con la percepción, por una parte, y con la acción, por otra. Lo que hace que el concepto de rojo sea algo, es en parte el modo en que el concepto se incluye en la percepción de objetos rojos en el mundo externo. Lo que hace que el concepto de peligro sea algo, es en parte el modo en que el concepto se incluye en pensamientos que afectan a la acción de maneras diversas.

3.1. La división del trabajo lingüístico

El contenido de ciertos conceptos parece depender crucialmente de relaciones funcionales entre esos conceptos y ciertas palabras de un lenguaje público. Se puede tener un concepto de roble en virtud de que se tienen pensamientos sobre robles donde la relación funcional crucial es una relación entre el concepto y la palabra «roble» en castellano. Uno podría preguntarse, por ejemplo, si había robles en su jardín incluso si no puede distinguir robles de hayas y no conoce ninguna de las propiedades que distinguen a esos dos tipos de árboles (véase Putnam [21]).

La semántica del rol conceptual asevera que una explicación del contenido de los pensamientos es más básica que una explicación del significado comunicado y de la significación de los actos de habla. Desde este punto de vista, el contenido de las expresiones lingüísticas se deriva de los contenidos de los pensamientos para cuya expresión pueden usarse aquéllas. Pero debe hacerse también un lugar para casos en los que el contenido de los pensamientos de uno depende, en parte, del contenido de ciertas palabras, tales como «roble» y «haya».

Desde luego, en este caso, hay otras personas que pueden reconocer robles y distinguirlos de las hayas y que conocen diversas propiedades que distinguen a los árboles. Esas otras personas pueden tener un concepto de roble que tiene roles funcionales que son suficientes para hacer de él el concepto de un roble independientemente de cualesquiera relaciones que el concepto tenga con la palabra «roble». Es plausible:

1. Que su concepto adquiera su contenido a partir de este aspecto de su rol funcional, esto es, aparte de su relación con la palabra «roble».
2. Que la palabra «roble» tal como la usan tiene el contenido que tiene a causa de su conexión con su concepto de roble.
3. Que la palabra «roble» tal como es usada por una persona más ignorante puede tener el mismo contenido en virtud de conexiones entre el uso de la palabra por parte de esa persona ignorante y el uso del experto.
4. Que el contenido del concepto de roble de la persona más ignorante se derive de su conexión con el uso por parte de él o de ella de la palabra.

Esto aún nos permitiría decir que los significados de las palabras se derivan en última instancia de los contenidos de los conceptos para cuya expresión se usan las palabras, donde los contenidos de esos conceptos no se derivan ellos mismos de los significados de las palabras; sin embargo, los significados de las palabras de una persona particular pueden no derivarse de esta manera de los contenidos de los conceptos de esa persona.

Esto sugiere una cuestión interesante. ¿Existe alguna palabra para la que hay una división real del trabajo lingüístico de modo que ninguna persona aislada tenga un concepto correspondiente cuyo contenido esté determinado funcionalmente aparte de su relación con el uso por parte de esa persona de esa palabra? Es ciertamente imaginable que esto sea así en conexión con alguna suerte de investigación de grupo. Gente diferente podría investigar aspectos diferentes de un fenómeno que cada uno podría identificar como «cualquier cosa que todos nosotros estamos investigando y que tiene tales y cuales efectos cuando se investiga en el modo en que lo he investigado». Incluso en tal caso, el significado de la palabra derivaría del rol que el concepto correspondiente desempeña en el pensamiento, aunque diferentes aspectos de ese rol se cumplirían por diferentes instancias que la gente tuviese del concepto.

3.2. El contenido como relativo a la elección de un contexto normal

Putnam imagina un mundo, que él llama la «Tierra Gemela», que es justamente la Tierra excepto por lo que respecta a ciertas diferencias menores. En la Tierra Gemela hay duplicados de toda la gente de la Tierra, y la gente de la Tierra Gemela habla el mismo lenguaje que la de la Tierra, usando expresiones de la misma manera, excepto en que, a causa de diferencias menores entre la Tierra y la Tierra Gemela, se refieren mediante sus palabras a cosas diferentes. En particular, la principal diferencia entre la Tierra Gemela y la Tierra es que, donde hay agua en la Tierra, en la Tierra Gemela hay un líquido con las mismas propiedades macroscópicas que el agua pero con una diferente estructura química, que Putman llama «XYZ».

Ahora bien, comparando la Tierra en 1750 (antes de que fuese investigada la microestructura del agua) con la Tierra Gemela en el tiempo correspondiente, encontramos que la palabra castellana «agua» significa algo distinto en los dos lugares, simplemente porque la palabra se usa en la Tierra para referirse a lo que es de hecho H_2O y se usa en la Tierra Gemela para referirse a lo que es de hecho XYZ. Similarmente allí donde los terrícolas piensan sobre H_2O, los nativos de la Tierra Gemela piensan sobre XYZ. Esta diferencia no se refleja en 1750 en ninguna diferencia en las disposiciones a reaccionar a diversas situaciones perceptivas, en ninguna diferencia en inferencias que la gente podría hacer en los lugares respectivos, ni en ninguna diferencia en las acciones que la gente emprende como resultado de pensamientos que incluyen el concepto relevante.

La diferencia es también no solamente una diferencia en contexto de emisión o contexto de pensamiento. Supóngase que un terrícola viajase en una nave espacial y aterrizase en un océano de XYZ en la Tierra Gemela. El terrícola mira a su alrededor y llega a creer que todo lo que hay en torno suyo es agua. Esta creencia es falsa, puesto que el concepto de agua que tiene el terrícola es un concepto de algo que es de hecho H_2O. El concepto de agua del terrícola continúa siendo un concepto de la misma cosa a la que se hace referencia mediante «agua» en la Tierra incluso cuando el terrícola está colocado ahora en un contexto distinto. El contexto de los pensamientos del terrícola y el contexto de los pensamientos de los habitantes de la Tierra Gemela son ahora los mismos; pero sus pensamientos son sobre XYZ mientras que los de aquél son todavía sobre agua. Así pues, esta diferencia en el contenido de los pensamientos de los terrícolas y de los habitantes de la Tierra Gemela no puede ser simplemente una diferencia en el contexto en el que tienen sus pensamientos.

La diferencia se debe más bien, me atrevo a sugerir, al hecho de que el contenido del concepto de una persona está determinado por su rol funcional en algún contexto normal. El contexto normal para los pensamientos de un terrícola sobre lo que él o ella llaman «agua» está aquí en la Tierra, y el contexto normal para los pensamientos de un habitante de la Tierra Gemela sobre lo que él o ella llaman «agua» está en la Tierra Gemela.

El contexto normal puede cambiar. Si el viajero de la Tierra a la Tierra Gemela permanece en ella, después de un tiempo se considerará que el contexto normal para los conceptos que él o ella usan es el contexto de la Tierra Gemela. Los pensamientos sobre lo que él o ella llaman «agua» se considerarán propiamente pensamientos sobre XYZ más bien que sobre H_2O. Hay, desde luego, un cierto grado de arbitrariedad en cualquier decisión sobre cuándo ha ocurrido este cambio. Algunas veces será posible considerar con igual justicia que un pensamiento dado es un pensamiento sobre H_2O o un pensamiento sobre XYZ.

Una arbitrariedad similar surgiría respecto de una persona creada espontáneamente en el espacio exterior como resultado improbable de eventos fortuitos en el nivel cuántico, suponiendo que la persona fuese salvada de la muerte en el espacio por una nave espacial que pasase por allí por casualidad, y suponiendo que la persona hablase algo que se pareciese mucho al castellano. Es más, supóngase que esta persona fuese un duplicado de cualquiera de nosotros y también (por supuesto) de nuestra contrapartida de la Tierra Gemela. Cuando la persona tiene pensamientos que expresaría usando el término «agua», ¿son esos pensamientos sobre agua (H_2O) o pensamientos sobre XYZ? Si interpretamos los pensamientos de esta persona en el trasfondo normal de la Tierra, interpretaremos los pensamientos relevantes como pensamientos sobre agua. Si consideramos que el trasfondo normal es la Tierra Gemela, entonces son pensamientos sobre XYZ. Claramente es del todo arbitrario lo que decimos aquí.

3.3. *Qualia*

De acuerdo con la semántica del rol conceptual, entonces, el contenido de un pensamiento no es un asunto de la «naturaleza intrínseca» ni de ese pensamiento ni de otros estados mentales y experiencias, sino que es más bien un asunto de cómo están relacionados los estados mentales entre sí, con cosas del mundo externo, y con cosas en un contexto entendido como normal. Hay una objeción familiar a esto (Block y Fodor [2] y Nagel [19]) que afirma que el contenido no está determinado siempre por tales funciones o relaciones. Desde este punto de vista las cualidades intrínsecas o *qualia* de ciertas experiencias son relevantes algunas veces. Se dice que el concepto que uno tiene de rojo incluye su noción de lo que se parece a ver algo rojo, donde lo que se parece a ver algo rojo no es solamente un asunto de las características funcionales o relacionales de la experiencia relevante, sino también de su carácter intrínseco.

Un argumento a favor de esto es que es posible imaginar una persona cuya espectro se haya invertido respecto del nuestro, de modo que la cualidad de la experiencia que tú tienes al ver algo rojo es la cualidad que esa otra persona tiene al ver algo verde, la cualidad de la experiencia que tú tienes al ver algo azul es la cualidad que esta otra tiene al ver algo naranja, y similarmente para otros colores, aunque en todos los aspectos relevantes tus experiencias de color funcionen similarmente, de modo que cada uno de nosotros sea tan bueno como cualquier otro a la hora de aplicar las palabras públicas de color a los objetos coloreados. De acuerdo con esta argumentación, esa persona y tú tendríais conceptos diferentes que tú expresarías usando la palabra «rojo», aunque sería difícil o incluso imposible descubrir esta diferencia, puesto que no es una diferencia funcional.

Hablo aquí de una argumentación, aunque (como D. Lewis [18] ha observado en un contexto similar) la «argumentación» se reduce en realidad simplemente a negar la explicación funcionalista del contenido de los conceptos y pensamientos, sin ofrecer ninguna razón para esa negación. Esto hace que la argumentación sea difícil de responder. Todo lo que puede hacerse es mirar más estrechamente a una explicación funcionalista del contenido de los conceptos de color con el objeto de encontrar el camino en el cual, de acuerdo con el funcionalismo, este contenido no depende del carácter intrínseco de las experiencias de color.

¿Cómo se podría imaginar a alguien cuyo espectro estuviese invertido respecto del nuestro? Un modo sería imaginar que esto te sucede a ti mismo. Supóngase que hubiese lentes de contacto que invirtiesen los colores. Uno se pone un par de lentes y los colores de las cosas parecen haberse dado la vuelta. El cielo parece ahora naranja más bien que azul, las manzanas maduras parecen verdes, las manzanas que no están en sazón parecen rojas, y así sucesivamente. Supóngase que tú sigues con esas lentes y adaptas tu conducta. Aprendes a decir «verde» más bien que «rojo» cuando ves algo que tiene el aspecto que suelen tener las cosas rojas; aprendes a tratar lo que solías considerar como aspecto verde de las manzanas como un signo de que están en sazón, y así sucesivamente. Los años pasan y tu adaptación se convierte en habitual. ¿Sería esto un caso inteligible en el que alguien, el imaginado tú futuro, tiene una noción de a qué se parece tener la experiencia de ver algo a lo que se aplica el término «rojo», donde la noción funciona exactamente de la misma manera en que funciona tu noción de a qué se parece tal experiencia, aunque vuestras nociones fuesen diferentes? El funcionalista tendría que negar esto y decir que el tú imaginado asocia con la palabra «rojo» el mismo concepto que el tú efectivo ahora e incluso que ve el mundo tal como tú lo ves ahora.

Considérese un caso análogo. Actualmente existen lentes que invierten el espacio. Con esas lentes puestas, las cosas que están hacia arriba parecen estar hacia abajo, y viceversa. En principio es muy difícil moverse si se llevan esas lentes, puesto que las cosas no están donde parecen estar. Pero, después de un rato, uno comienza a adaptarse. Si se quiere agarrar algo que parece estar arriba, lo alcanzas abajo, y viceversa. Si se quiere mirar directamente hacia algo que parece estar en la parte baja del campo visual, se mira hacia arriba, y así sucesivamente. Eventualmente una adaptación de este tipo se convierte en más o menos habitual.

Ahora bien, el funcionalismo implica que, si uno se adapta a tales lentes que invierten el espacio, entonces su experiencia será la misma que la de alguien que no lleva las lentes inversoras (que se ha adaptado a no llevarlas en el caso necesario), puesto que ahora el contexto normal en relación con el cual funcionan sus conceptos se habrá convertido en un contexto en el que uno lleva dichas lentes, y, de hecho, la gente que ha llevado tales lentes dice que, a medida que se adaptan a las lentes, el mundo tiende a parecer de nuevo al derecho (véanse [23], [20] y [24]).

Similarmente el funcionalismo implica que, si una persona se adapta perfectamente a las lentes que invierten colores, el mundo comenzará a parecérsele como le parecía antes en el sentido de que, dada tal adaptación perfecta, el contexto normal en el que funcionan sus conceptos de color será un contexto en el que llevas las lentes que invierten colores. De acuerdo con el funcionalismo, el modo en que las cosas le parecen a uno es una característica relacional de su experiencia, no parte de su carácter intrínseco.

Para obtener una visión de este aspecto de la semántica del rol conceptual, puede ser útil considerar ciertos casos adicionales. Considérese la Tierra Invertida, un mundo completamente igual al nuestro, con duplicados de nosotros, con la única diferencia de que los colores efectivos de los objetos son los opuestos de los que en realidad son. El cielo es naranja. Las manzanas maduras son verdes, etc. Los habitantes de la Tierra Invertida hablan algo que suena de una manera parecida al castellano, excepto que ellos dicen que el cielo es «azul», llaman «rojas» a las manzanas que están maduras, y así sucesivamente. Pregunta: ¿de qué color les parece a ellos su cielo? Respuesta:

les parece naranja. El concepto que ellos expresan con la palabra «azul» desempeña un rol especialmente relevante en la percepción normal de las cosas que son efectivamente naranja.

Supóngase que hay una base física distinta para cada experiencia de color distinta. Supóngase también que la base física para la experiencia de rojo es la misma para toda la gente normal no adaptada a las lentes que invierten colores, y similarmente para los demás colores. De acuerdo con la semántica del rol conceptual, este hecho es irrelevante. La persona que se ha adaptado perfectamente a las lentes que invierten los colores será diferente de cualquier otra por lo que respecta a las bases físicas de su experiencia de rojo, pero esto no afectará a la cualidad de su experiencia.

Considérese una persona en la Tierra Invertida que se adapta perfectamente a las lentes que invierten colores. Mirando hacia el cielo de la Tierra Invertida, esta persona tiene una experiencia de color cuya base física es la misma que la de una persona normal que mira hacia el cielo de la Tierra. Pero el cielo, para la persona de la Tierra Invertida, tiene el aspecto de ser naranja y, para las personas normales de la Tierra, tiene el aspecto de ser azul. Lo que hace de una experiencia la experiencia de algo que tiene el aspecto de tener el color que tiene no es su carácter intrínseco y/o su base física, sino más bien sus características funcionales dentro de un contexto normal supuesto.

Considérese un cerebro creado en el espacio espontáneamente como resultado improbable de eventos azarosos en el nivel cuántico. Los eventos físicos del cerebro resultan ser los mismos que los que suceden en el de cualquiera de nosotros cuando miramos al cielo en la Tierra, y también los mismos que tienen lugar en el de una persona adaptada a las lentes que invierten colores que está mirando al cielo de la Tierra Invertida. ¿Qué pasa en el cerebro? ¿Está teniendo una experiencia de naranja o de azul? De acuerdo con la semántica del rol conceptual, no hay ningún modo no arbitrario de responder a esta pregunta; depende de lo que se considere como contexto normal para valorar el rol funcional de eventos en ese cerebro. Si se considera que el contexto normal es el contexto normal para la percepción de color en la Tierra, el cerebro está teniendo una experiencia de azul. Si se considera que el contexto normal es el contexto normal para un portador de lentes invertidas en la Tierra Invertida, el cerebro está teniendo una experiencia de naranja.

4. SIGNIFICADO Y ACTOS DE HABLA

Puede ser una exageración el decir que todos los aspectos del significado lingüístico se derivan del uso del lenguaje para expresar conceptos con los contenidos correspondientes. Ciertos aspectos del significado parecen derivarse directamente del uso del lenguaje y de los actos de habla en la comunicación. La semántica del rol conceptual puede, por lo tanto, tener esto en cuenta, intentando (desde luego) tratarlo como un fenómeno menor y relativamente periférico. Por otra parte, puede ser que no se necesite hacer tal concesión. He aquí algunas de las reflexiones tentativas y preliminares de algunos de los problemas planteados.

4.1. Saludos

Los casos que aquí pueden parecer más claros se refieren a expresiones que se usan primariamente en saludos y despedidas, palabras tales como «hola» o «adiós». El significado de esas palabras no parece derivarse de ningún uso que puedan tener al expresar conceptos únicos que desempeñen un papel distintivo en el cálculo y en el pensamiento. Es cierto que se podría, en alguna ocasión, «saludar» una nueva idea o percepción con el pensamiento, «¡Hola! ¿Qué es esto?». Pero esto parece ser un caso en el que el contenido de tu pensamiento deriva del uso de la palabra «hola» para saludar a personas y comenzar conversaciones más bien que a la inversa.

Sin embargo, puede suceder que tales palabras puedan ser analizadas como expresando combinaciones de conceptos que, individualmente, tienen contenidos conectados con roles conceptuales distintivos. Por ejemplo, «hola» significa quizás algo semejante a «Reconozco tu presencia», o algunas veces puede que «¡hablemos!», y análogamente para «adiós» y otras palabras y frases de este tipo. Si esto es así, el asunto se convierte en si el aspecto del significado expresado por el imperativo en «¡hablemos!» y el aspecto realizativo del significado de «Reconozco tu presencia» se derivan irreductiblemente del uso de las palabras en actos de habla o se derivan en última instancia del uso del lenguaje para expresar conceptos cuyo contenido está determinado por su rol en el cálculo y el pensamiento. Es éste un problema complejo que tenemos que considerar dentro de un momento. Por lo que respecta a la cuestión de si éste es el modo correcto de analizar «hola», «adiós» y así sucesivamente, no estoy muy seguro de qué pensar. Los análisis que he sugerido parecen dejar algo fuera, pero esto podría acomodarse por medio de análisis mejores.

4.2. Palabras de cortesía

Antes de volver a los imperativos y a los realizativos podríamos considerar palabras y frases que funcionan como formas de deferencia y cortesía: por ejemplo, «por favor» y «gracias». El uso de tales palabras y frases parece presuponer alguna suerte de interacción social, más bien que simplemente la expresión de un concepto con un contenido determinado por el modo en que esos conceptos funcionan en el pensamiento y en el cálculo. Es verdad que uno podría decirse a sí mismo, para sus adentros, «por favor» o «gracias», si estuvieras hablando contigo mismo como podría hacerlo un instructor o un entrenador. Pero esto parece un caso muy especial, que presupone el uso social de esas expresiones.

Nuevamente, podría argumentarse que en este uso «por favor» significa lo mismo que alguna expresión más larga, tal como «si te apetece» o «si te apetece hacerlo», y «gracias» significa algo parecido a «Por la presente te doy las gracias». Si esto es así el problema está determinado por sus funciones distintivas en el cálculo o en el pensamiento, un problema que necesitamos discutir. También, está otra vez la cuestión de si el elemento realizativo de «Por la presente te doy las gracias» comporta un significado que está, al menos en parte, irreductiblemente conectado con actos de habla, un problema al que nos aplicaremos dentro de un momento. Por lo que respecta a la cuestión de si tales frases de cortesía pueden analizarse siempre de ese tipo de manera, no estoy seguro de qué decir.

4.3. «Tú»

¿Qué sucede con el significado de la palabra «tú»? Es plausible que esta palabra signifique algo parecido a «la persona a la que me estoy dirigiendo ahora» y es plausible mantener que cada una de las palabras de esta frase tiene un significado que depende del concepto para cuya expresión se usa la palabra, donde el concepto en cuestión tiene el contenido que tiene en virtud del modo en que funciona en el pensamiento y en el cálculo. Así pues, aunque la palabra «tú» tiene la función distintiva en los actos de habla y la comunicación de designar el auditorio hacia el que uno se dirige, esta función puede explicarse plausiblemente en términos de los roles funcionales en el pensamiento de los conceptos para cuya expresión se usa la palabra.

4.4. Modo imperativo e interrogativo

El uso del modo imperativo en castellano parece comportar un cierto significado, conectado con el dar instrucciones de algún género. Esto no implica por sí mismo que este significado no se derive del contenido de ciertos conceptos con un uso distintivo en el pensamiento y en el cálculo. Es más, algo funciona en tus pensamientos para distinguir tus creencias de tus planes e intenciones, que son instrucciones de alguna clase. Así, hay un sentido en el que el resultado del razonamiento práctico es una modificación de ciertas instrucciones que uno intenta seguir. Quizás el modo imperativo sirve para expresar el concepto que funciona en el pensamiento para así distinguir los pensamientos prácticos o directivos de los pensamientos teóricos.

Observaciones similares se aplican al modo interrogativo. Es más, las preguntas no son distintas de las peticiones de información, de manera que el modo interrogativo se analiza plausiblemente en términos del modo imperativo. En cualquier evento, las preguntas tienen obviamente una función en el pensamiento. Uno se plantea un problema a sí mismo y trabaja sobre la respuesta, planteando quizás varias subpreguntas y respondiéndolas.

4.5. Realizativos

Considérense los siguientes realizativos explícitos, como «Prometo estar allí» y «Por la presente pido disculpas por mi mala educación». Parece parte del significado de tales oraciones el que se usen no para describir al hablante como prometiendo o pidiendo disculpas, sino como haciendo efectivamente la promesa o pidiendo efectivamente disculpas. Además, es plausible que prometer o pedir disculpas a uno mismo no sea un caso típico o normal de prometer o pedir disculpas, y es más bien el tipo de caso que ha de entenderse en relación con casos más típicos o normales en los que prometes algo a alguien distinto o pides disculpas a otra persona.

Por otra parte, cada una de las palabras de una oración como «Prometo estar allí» tiene un significado que expresa un concepto cuyo contenido, puede argumentarse, está determinado por su rol funcional en el cálculo y en el pensamiento. Y es posible que el significado de la oración completa, incluyendo cualquier cosa que da a la oración su función realizativa de ser apropiada para prometer efectivamente, surge del significado de las palabras usadas de una manera regular. Dado lo que las palabras de la oración significan y dado el modo en que esas palabras se combinan, puede ser predecible que la oración tenga un uso realizativo (veáse [1]).

Supóngase que adoptamos la convención de que las promesas han de hacerse de alguna manera especial: por ejemplo, escribiendo el contenido de la promesa con tiza de color morado en un tablero especial para promesas que no se usa para ningún otro propósito. La convención sería que nada más contará como una promesa. En tal caso, las palabras «Prometo estar allí» no podrían usarse para prometerte que estaré allí. ¿Sería ésta una manera de separar el significado realizativo de «Prometo» de ese aspecto de su significado que se deriva de su uso para expresar conceptos cuyo contenido está determinado por su rol funcional en el pensamiento? No, obviamente. En un aspecto, esto podría cambiar el concepto de prometer de una manera significativa. La palabra «promesa» podría no significar lo que signficaba cuando una promesa podía hacerse diciendo «Prometo». Podría argumentarse que si «Prometo» significa lo que ordinariamente significa, entonces se sigue de los conceptos expresados por la palabra «Prometo» que esa palabra puede usarse para prometer.

Alternativamente, podría decirse que, incluso si la palabra «promesa» retuviese (bastante de) su significado usual cuando el prometer se restringe a esa convención, el ejemplo se parece a aquel en el que se adopta una convención especial de que una emisión de la oración «El cielo es azul»» no ha de ser interpretada como una aserción de que el cielo es azul, sino más bien como una pregunta que plantea si ha llovido la semana pasada. Esto no mostraría que hay algún aspecto del significado de una aserción ordinaria de la oración «El cielo es azul», tal como la usamos ahora sin tal extraña convención, que no se derive del modo en que las palabras de la oración se usan para expresar conceptos que tienen el contenido que tienen a causa de su rol funcional en el pensamiento.

4.6. Implicatura conversacional

Grice ([7] y [8]) argumenta que las aplicaciones de una emisión no se corresponden siempre directamente con los significados de las expresiones lingüísticas usadas, incluso en los casos completamente ordinarios. En particular sugiere que lo que parecen ser aspectos del significado pueden deberse a «implicaturas conversacionales», esto es, a conclusiones que se intenta que el auditorio alcance al reflexionar sobre las razones que el hablante tiene para decir lo que se dice, suponiendo que el hablante está intentando cooperar. Por ejemplo, si se usa «o...o» como en «Alberto está o en Nueva York o en Boston», normalmente se implica que no se sabe dónde. Esto no ha de considerarse que muestra algo especial sobre el significado de «o...o», una diferencia en el significado de esta expresión ordinaria en tanto que comparada con lo que los lógicos consideran que significa. En lugar de esto debemos suponer que esta implicación se debe a la suposición natural de que normalmente, si sabes en qué ciudad está Alberto, dirás en qué ciudad está. Para tomar otro ejemplo, la diferencia aparente de significado entre «María cerro la puerta y apagó la luz» y «María apagó la luz y cerró la puerta» no ha de explicarse suponiendo que la palabra castellana «y» significa algunas veces «y a continuación». La sugerencia es que la diferencia puede explicarse suponiendo que un hablante cooperativo relatará normalmente eventos de una manera ordenada, de modo que un oyente está justificado normalmente al suponer que el orden en el que el hablante relata los eventos ha de entenderse como el orden en el que ocurrieron. Similarmente, Grice sugiere que ciertos aspectos de la presuposición podrían explicarse considerando las expectativas normales de hablantes y oyentes.

Sin embargo, alguno de esos fenómenos pueden ocurrir pensando con uno mismo, allí donde no se deben presumiblemente a una implicatura conversacional. El cálculo y el razonamiento incluyen a menudo varias presuposiciones. Normalmente uno querrá que las descripciones usadas en el razonamiento relaten eventos de una manera ordenada, de modo que puede ocurrir el mismo fenómeno que veíamos con la palabra «y». Por otro lado, es dudoso que el uso de una proposición «o...o» en el pensamiento comporte normalmente la implícación de que uno no sabe qué alternativa es el caso; así pues, *este* fenómeno puede realmente ocurrir sólo en el nivel de la conversación.

4.7. LENGUAJE FIGURATIVO

Las metáforas y los símiles ocurren en el pensamiento. Estoy inclinado a pensar que no sucede lo mismo con la ironía. No estoy seguro sobre qué pasa con la hipérbole.

5. CONCLUSIÓN

Resumiendo: hay dos usos de símbolos, en la comunicación y en los actos de habla, y en el cálculo y en el pensamiento. La semántica del rol conceptual considera que el segundo uso es el básico. La fuente última de significado o contenido es el rol funcional que los símbolos desempeñan en el pensamiento.

El contenido de un concepto depende de su rol en la inferencia y algunas veces en la percepción. Son particularmente importantes las implicaciones de un término. La implicación es relevante para la inferencia y, por lo tanto, para el significado, puesto que la implicación es explicativa y la inferencia aspira a coherencia explicativa. Las explicaciones de las condiciones de verdad pueden arrojar luz sobre el significado en la medida en que den lugar a implicaciones, es dudoso si tales explicaciones tienen algún peso adicional sobre el significado aunque puedan tener un valor heurístico para estudios de la forma lógica. La semántica probabilística no proporciona una semántica del rol conceptual adecuada, puesto que la gente no hace ni puede hacer mucho uso del razonamiento probabilístico.

Deben tenerse en cuenta diversas conexiones entre conceptos y el mundo externo. Algunos conceptos tienen el contenido que tienen a causa de las palabras con las que están asociadas, aunque (de acuerdo con la semántica del rol conceptual) este contenido siempre se deriva en última instancia del uso que alguien hace de él en conceptos. El contenido de los conceptos es a menudo relativo a una elección de un contexto normal de funcionamiento. Esto es verdad de los conceptos de color, a pesar del punto de vista no argumentado que mantienen algunos filósofos de que esos conceptos dependen del carácter intrínseco de la experiencia.

Finalmente no está claro si algunos aspectos del significado se derivan directamente del uso del lenguaje en actos de habla de un modo no reducible a las expresiones de conceptos cuyo contenido está determinado independientemente. En cualquier evento, muchos fenómenos que se consideran a menudo que están conectados particularmente con actos de habla y conversación ocurren también en el cálculo y en el pensamiento.

REFERENCIAS

[1] BACH, K.: «Performatives are statements, too», *Philosophical Studies*, vol. 28 (1975), pp. 229-236.

[2] BLOCK, N., Y FODOR, J. A.: «What psychological states are not», *Philosophical Review*, vol. 81 (1972), pp. 159-181.

[3] CHOMSKY, N.: *Reflections on Language,* Columbia University Press, Nueva York, 1980. [Versión castellana: Ariel, Barcelona, 1979.]

[4] DAVIDSON, D.: «Truth and meaning», *Synthese*, vol. 17 (1967), pp. 304-323. [Versión castellana: pp. 336-355 de este volumen.]

[5] FIELD, H.: «Logic, meaning, and conceptual role», *Journal of Philosophy,* vol. 74, 1977, pp. 379-409.

[6] GRICE, H. P.: «Meaning», *Philosophical Review*, vol. 68 (1959), pp. 377-388. [Versión castellana: pp. 481-490 de este volumen.]

[7] GRICE, H. P.: «The causal theory of perception», *Proceedings of the Aristotelian Society,* Supplementary Volume 35 (1961).

[8] GRICE, H. P.: «Logic and conversation», en D. Davidson y G. Harman (eds.), *The Logic of Grammar,* Dickenson Press, Encino, California, 1975. [Versión castellana: pp. 520-538 de este volumen.]

[9] HARMAN, G.: «Logical form», *Foundations of Language*, vol. 9 (1972), pp. 38-65.

[10] HARMAN, G.: «Meaning and semantics», en M. K. Munitz y P. Unger (eds.), *Semantics and Philosophy*, New York University Press, Nueva York, 1974.

[11] HARMAN, G.: «Reasoning and explanatory coherence», *American Philosophical Quarterly*, vol. 17 (1980), pp. 151-157.

[12] HARMAN, G.: «Reasoning and evidence one does not possess», *Midwest Studies in Philosophy*, vol. 5 (1980), pp. 163-182.

[13] HARMAN, G.: «Logic and reasoning», que aparecerá en las actas de una conferencia sobre lógica, celebrada en Nueva York en 1980.

[14] HARMAN, G.: «Problems with probabilistic semantics», que aparecerá en A. Orenstein y otros (eds.), *Developments in Semantics*, Haven Press, Nueva York.

[15] HARMAN, G.: «Willing and intending», que aparecerá en 1985 en un *Festschrift* a H. P. Grice, preparado por R. Grandy y R. Warner, Oxford University Press.

[16] HARMAN, G.: «Quine's grammar», que aparecerá en P. Schillp (ed.), *The Philosophy of W. v. Quine*, Open Court Publishing Company, La Salle, Illinois.

[17] LEVIS, D.: «General semantics», en D. Davidson y G. Harman (eds.), *Semantics of Natural Language*, D. Reidel Publishing Company, Dordrecht (Holanda), 1972.

[18] LEVIS, D.: «Mad pain and Martian pain», en N. Block (ed.), *Readings in Philosophy of Psychology*, Harvard University Press, Cambridge, Massachusetts, 1980.

[19] NAGEL, T.: «Wath is it like to be a bat?», *Philosophical Review*, vol. 83 (1974), pp. 435-450.

[20] PITCHER, G.: *A Theory of Perception*, Princeton University Press, Princeton, Nueva Jersey, 1971.

[21] PUTNAM, H.: «The meaning of "meaning"», en *Mind, Language, and Reality: Philosophical Papers*, vol. 2, Cambridge University Press, Cambridge, Massachusetts, 1975. [Versión castellana: *Teorema*, vol. XIV/3-4, 1984.]

[22] QUINE, W. V.: *Word and Object,* Massachusetts Institute of Technology Press, Cambridge, Massachusetts, 1960. [Versión castellana: Labor, Barcelona, 1968.]

[23] TAYLOR, J. G.: *The Behavioral Basis of Perception*, Yale University Press, New Haven, Connecticut, 1962.

[24] THOMAS, S.: *The Formal Mechanics of Mind,* Cornell University Press, Ithaca, Nueva York, 1978.

RESUMEN DE *RELEVANCE: COMMUNICATION AND COGNITION* *

DAN SPERBER y DEIRDRE WILSON

En *Relevance: Communication and Cognition* (Sperber y Wilson, 1986a, a partir de ahora *Relevance*) presentamos un nuevo enfoque del estudio de la comunicación humana. Este enfoque, bosquejado en el primer capítulo, se funda en un punto de vista general de la cognición humana desarrollado en los capítulos 2 y 3. La atención y el pensamiento humanos se dirigen, según argumentamos, hacia la información que parece relevante. Comunicar es reclamar la atención de alguien y, por lo tanto, comunicar es implicar que la información comunicada es relevante. Llamamos a esta tesis el *principio de relevancia*, y mostramos en el capítulo 4 cómo es suficiente por sí mismo para dar cuenta de la interacción entre el significado lingüístico y los factores contextuales en la interpretación de emisiones.

En este resumen, seguiremos el plan general del libro. Sin embargo, tenemos que dejar de lado varios pasos de la argumentación, muchos problemas adicionales, la mayor parte de los ejemplos, casi toda la discusión de otros enfoques, y todo rastro de humor.

I. COMUNICACIÓN

I.1. EL MODELO DEL CÓDIGO Y SUS LÍMITES

La comunicación es un proceso que involucra dos dispositivos de procesamiento de información. Un dispositivo modifica el entorno físico del otro. Como resultado, el segundo dispositivo construye representaciones similares a las representaciones ya almacenadas en el primer dispositivo. La comunicación oral, por ejemplo, es una modificación por parte del hablante del entorno acústico del oyente, como resultado del cual el oyente toma en cuenta pensamientos similares a los del propio oyente.

* Versión castellana de Luis M. Valdés Villanueva.

La cuestión es: ¿cómo puede un estímulo físico dar lugar a la requerida similaridad de representaciones cuando no hay similaridad de ningún tipo entre el estímulo (por ejemplo, los patrones de sonido), por un lado, y las representaciones (por ejemplo, pensamientos humanos) que pone en correspondencia, por otro? Desde Aristóteles hasta la semiótica moderna, todas las teorías de la comunicación estaban basadas en un único modelo, al que llamamos el *modelo del código*. Un *código* es un sistema que aparea mensajes internos con señales externas y de este modo capacita a dos dispositivos que procesan información (organismos o máquinas) para comunicarse.

Las emisiones lingüísticas —el medio más importante de comunicación humana— tienen éxito al comunicar pensamientos; la hipótesis de que las emisiones son señales que codifican pensamientos parece explicar este hecho. Sin embargo, esto es descriptivamente inadecuado: la comprensión incluye más cosas que la decodificación de una señal lingüística. Aunque un lenguaje pueda verse como un código que aparea representaciones fonéticas y semánticas de oraciones, gran parte del trabajo reciente en sociolingüística, pragmática y filosofía del lenguaje [1] muestra que hay un hiato entre la representación semántica de las oraciones y los pensamientos comunicados efectivamente por las emisiones. Este hiato no queda rellenado por más código, sino por inferencia.

El estudio de la representación semántica de las oraciones pertenece a la gramática; el estudio de la interpretación de las emisiones pertenece a lo que ahora se conoce como *pragmática*. La pragmática tiene que explicar, entre sus tareas, cómo los oyentes resuelven ambigüedades, completan oraciones elípticas o incompletas por cualquier otra razón, identifican las inferencias que el hablante intenta que se hagan, identifican la fuerza ilocucionaria, reconocen tropos y recuperan el alcance implícito. Éstas son algunas de las maneras en las que la representación semántica de una oración independiente del contexto no logra determinar la interpretación de una emisión de esa oración en el contexto.

Para justificar el modelo del código de la comunicación verbal, tendría que mostrarse que puede darse cuenta de la interpretación de las emisiones en el contexto añadiendo un nivel pragmático extra de decodificación en el nivel lingüístico proporcionado por la gramática. Gran parte del trabajo reciente en pragmática ha supuesto que tal cosa puede hacerse [2]. Desde el punto de vista programático, la pragmática se ha descrito, por analogía con la fonología, la sintaxis y la semántica, como un dispositivo mental parecido a un

[1] Véanse, por ejemplo, Bach y Harnish (1979), Clark (1977), Clark y Carlson (1981), Green y Morgan (1981), Leech (1983), Lewis (1979), Sag (1981).

[2] Notablemente Gazdar (1979). Para revisiones recientes de las publicaciones sobre pragmática véanse Brown y Yule (1983), Levinson (1983).

código que subyace a un nivel distinto de capacidad lingüística. En la práctica, sin embargo, muchos estudiosos de la pragmática han descrito la comprensión como un proceso inferencial.

Los procesos inferenciales y de decodificación son completamente diferentes. Un proceso *inferencial* toma un conjunto de premisas como *input* y proporciona como *output* un conjunto de conclusiones que se siguen lógicamente de o, al menos, están garantizadas por las premisas. Un *proceso de decodificación* toma una señal como *input* y proporciona como *output* un mensaje asociado con la señal por medio de un código subyacente. Las conclusiones no están, en general, asociadas con sus premisas por un código, y las señales no garantizan los mensajes que conllevan. ¿Se sigue que los estudiosos de la pragmática que mantienen el modelo del código pero describen la comprensión en términos inferenciales son inconsistentes? No necesariamente: es formalmente concebible que un proceso de decodificación tenga que contener un proceso inferencial como una subparte. Sin embargo, para que esto sea posible, el hablante y el oyente tienen que usar no sólo el mismo lenguaje sino también el mismo conjunto de premisas, puesto que lo que hace explicativo el modelo del código es que se realizan operaciones simétricas en los extremos emisor y receptor.

El conjunto de premisas usado para interpretar una emisión constituye lo que se conoce generalmente (véanse Gazdar, 1979; Johnson-Laird, 1983) como el *contexto*. Un contexto es un constructo psicológico, un subconjunto de las suposiciones del oyente sobre el mundo. Cada nueva emisión, aunque descanse sobre la misma gramática y las mismas capacidades inferenciales que las emisiones previas, requiere un contexto más bien diferente (aunque sólo sea porque la interpretación de la emisión previa se ha convertido en parte del contexto). Un problema central para la teoría pragmática es describir cómo construye el oyente un contexto nuevo para cada nueva emisión.

Para los teóricos del código, el contexto usado por el oyente debe ser idéntico siempre al que el hablante tiene en cuenta. ¿Puede cumplirse esta condición? Puesto que cualesquiera dos personas están seguras de compartir al menos un puñado de supuestos sobre el mundo, podría esperarse que usen sólo estos supuestos compartidos. Sin embargo, esto no puede ser toda la respuesta dado que inmediatamente plantea una pregunta nueva: ¿cómo han de distinguir hablante y oyente entre los supuestos que comparten y los que no? Por esta razón, tienen que hacer suposiciones de segundo orden sobre qué supuestos de primer orden comparten; pero entonces harían mejor en asegurarse de que comparten esos supuestos de segundo orden, lo cual exige supuestos de tercer orden, y así sucesivamente de manera indefinida. Los supuestos o el conocimiento de este tipo que implica un regreso al infinito fueron identificados en primer lugar por Lewis (1969) como «conocimiento común» y por Schiffer (1972) como «conocimiento mutuo».

Dentro del armazón del modelo del código el conocimiento mutuo es una necesidad. Sin embargo, los estudiosos de la pragmática no han ofrecido ningún apoyo independiente para la afirmación de que los individuos que participan en la comunicación verbal pueden distinguir, y distinguen de hecho, entre conocimiento mutuo y conocimiento no mutuo. En *Relevance* presentamos varios argumentos para mostrar que la hipótesis del conocimiento mutuo es psicológicamente implausible. Rechazamos, por lo tanto, el modelo del código de la comunicación verbal que lo implica[3].

I.2. EL MODELO INFERENCIAL

En 1957, Paul Grice publicó un artículo, «Significado»[4], que ha sido objeto de muchas controversias, interpretaciones y revisiones importantes[5]. En él Grice analizaba lo que es para un individuo querer decir (*mean*) algo mediante una emisión en términos de intenciones e intentaba extender este análisis del «significado del emisor» a áreas que suscitan tradicionalmente preocupación semántica tales como el análisis del «significado de la oración» y el «significado de la palabra». El análisis de Grice proporciona el punto de partida para un nuevo modelo de la comunicación, el *modelo inferencial*, y ésta es la manera en que la usamos en *Relevance*. Examinamos en detalle la propia propuesta de Grice, así como algunas objeciones que han sido planteadas y alguna de las reformulaciones que se han propuesto, notablemente por Strawson (1964), Searle (1969) y Schiffer (1972). Damos aquí una breve explicación informal de la idea básica antes de bosquejar algunos desarrollos de nuestra propia cosecha.

Supóngase que María quiere informar a Pedro del hecho de que tiene inflamación de garganta. Todo lo que tiene que hacer es dejar que Pedro oiga su voz ronca, proporcionándole así una evidencia saliente y concluyente de que tiene inflamación de garganta. Supóngase ahora que María intenta, el 2 de junio, informar a Pedro de tenía inflamación de garganta la Nochebuena anterior. Esta vez es poco probable que sea capaz de producir evidencia *directa* de su pasada inflamación de garganta. Lo que puede hacer es proporcionarle evidencia directa, no de su pasada inflamación de garganta, sino de su intención presente de informarle de ello. Puede hacer esto diciendo, por ejemplo, «Tenía la garganta inflamada el día de Nochebuena», o asintiendo cuando se le pregunta si la tuvo en tal estado. La emisión de María o

---

[3] Para una discusión general del problema del conocimiento mutuo véanse Neil Smith (1982) y, en particular, las contribuciones de Clark y Carlson, Johnson-Laird y Sperber y Wilson.

[4] [Ver pp. 481-490 de este volumen.]

[5] Véanse Armstrong (1971), Bach y Harnish (1979), Bennett (1976), Blackburn (1984), Davidson (1984), Davies (1981), Grice (1957, 1968, 1969, 1982), Harman (1968), Lewis (1969), Loar (1976, 1981), McDowell (1980), Patton y Stampe (1969), Récanati (1979; en prensa), Schiffer (1972), Searle (1969, 1983), Strawson (1964, 1969, 1971), Wright (1975), Yu (1979), Ziff (1967).

su asentimiento está causado directamente por su intención presente de informar a Pedro de su pasada inflamación de garganta y es, por lo tanto, evidencia directa de su intención. Supongamos ahora que Pedro acepta que María es sincera y está bien informada. Entonces, el hecho de que intente informarlo de que tenía inflamación de garganta en esa fecha proporciona evidencia indirecta pero, con todo, evidencia concluyente, de que tenía la garganta inflamada. La intención de María de informar a Pedro de su pasada inflamación de garganta se cumple haciendo que Pedro reconozca su intención.

Este ejemplo muestra que la información puede transmitirse de dos maneras diferentes. Una manera consiste en proporcionar evidencia directa del asunto en cuestión. Esto no debería de considerarse en sí mismo como una forma de comunicación. Cualquier estado de cosas proporciona evidencia directa para toda una variedad de supuestos sin que necesariamente se *comuniquen* esos supuestos en ningún sentido interesante. Otra manera de transmitir información es proporcionar evidencia directa para la intención que uno tiene de transmitirla. El primer método sólo puede usarse con información para la que puede proporcionarse evidencia directa. El segundo método puede usarse con cualquier información, siempre que la evidencia directa de las intenciones del comunicador pueda proporcionarse. Este segundo método es claramente una forma de comunicación; se puede llamar *comunicación inferencial* puesto que la audiencia infiere la intención del comunicador a partir de la evidencia proporcionada para este preciso propósito.

Un comunicador que participa en comunicación inferencial modifica perceptiblemente el entorno físico de su audiencia, esto es: produce un estímulo. Lo hace con dos intenciones características: la *intención informativa*, para informar a la audiencia de algo, y la *intención comunicativa*, para informar a la audiencia de su intención informativa. Obsérvese que la intención comunicativa es ella misma una intención informativa de segundo orden.

Esta descripción de la comunicación en términos de intenciones e inferencias es, de algún modo, de sentido común. En tanto que hablantes, intentamos que nuestros oyentes reconozcan nuestra intención de informarles sobre algunos estados de cosas. Como oyentes, intentamos reconocer aquello de lo que el hablante intenta informarnos. La idea que explota la comunicación, la conocida capacidad de los humanos para atribuir intenciones mutuas, debe resultar atractiva para los psicólogos cognitivos y sociales. Sin embargo, para justificar esta apelación, lo que se necesita no es meramente una explicación descriptiva, sino una explicación genuina del éxito comunicativo.

¿Cómo han de reconocerse las intenciones informativas? La clave para una respuesta viene, de nuevo, sugerida por Grice (1975, 1978), que arguye que un comunicador racional intenta cumplir ciertos patrones generales. Grice describe esos patrones como un «principio cooperativo» y nueve «máximas» asociadas. A partir del conocimiento de esos patrones, la observación de la conducta del comunicador y del contexto, la audiencia puede normalmente inferir la intención informativa del comunicador. En *Relevance*, discutimos con detalle tanto la propuesta de Grice como sus elaboraciones por parte de otras personas. Una breve ilustración nos será suficiente aquí.

Considérese el diálogo siguiente:

(1) *Pedro*: ¿Quieres una taza de café?
María: El café no me dejaría dormir.

A menos que se hagan algunos supuestos adicionales, la respuesta de María no logra satisfacer una de las máximas de Grice: «Vete al grano». Sin embargo, Pedro debería dar por sentado que María no está desafiando la máxima; puede justificar este supuesto suponiendo también que María intenta que él infiera de su respuesta que no quiere estar despierta y que, por lo tanto, no quiere nada de café. Estas suposiciones inferidas contextualmente, recuperadas por referencia al principio cooperativo y a las máximas, son lo que Grice llama *implicaturas* de la emisión de María. Tales implicaturas se comunican no por medio de la codificación, sino proporcionando evidencia del hecho de que el hablante intenta transmitirlas.

Los análisis de las implicaturas propuestas por Grice y sus seguidores, si bien son más sistemáticos que las reconstrucciones que pueden extraerse a partir de emisiones hechas por hablantes poco sofisticados, comparten con estas reconstrucciones el defecto de ser casi enteramente *ex post facto*. Dado que se encuentra que una emisión en un contexto conlleva implicaturas particulares, lo que tanto el oyente como el estudioso de la pragmática pueden hacer es mostrar, en términos intuitivos, cómo un argumento basado en el contexto, la emisión y las expectativas generales justifica la interpretación particular elegida. Lo que no logran mostrar es que, sobre la misma base, no podría haberse dado un argumento igualmente bien formado para una interpretación completamente diferente y, de hecho, poco plausible.

La idea de Grice es que el mismo acto de comunicación crea expectativas que a continuación él mismo explota proporcionado un punto de partida. Además de esto, el modelo inferencial necesita una reelaboración radical para que pueda convertirse en un modelo realmente explicativo. Debe darse una explicación psicológica realista para preguntas básicas tales como las siguientes: ¿Qué información compartida se explota en la comunicación? ¿Qué formas de inferencia se usan? ¿Qué es la relevancia y cómo se logra? ¿Qué papel desempeña en la comunicación la búsqueda de relevancia?

I.3. Entornos cognitivos y manifestatividad mutua

Al analizar la naturaleza de la información compartida involucrada en la comunicación, introducimos la noción de entorno cognitivo (análoga, en el nivel conceptual, a las nociones de entorno acústico o visual en el nivel perceptivo):

> Un *entorno cognitivo* de un individuo es un conjunto de hechos que son manifiestos para él.
> Un hecho es *manifiesto* para un individuo en un tiempo dado si y sólo si el individuo es capaz en ese tiempo de representarlo mentalmente y aceptar su representación como verdadera o como probablemente verdadera.

Ser manifiesto es, entonces, ser perceptible o inferible. El entorno cognitivo total de un individuo consta no solamente de todos los hechos de los que es consciente, sino de todos los hechos de los que es capaz de ser consciente en ese tiempo y lugar. La manifestatividad definida de esta manera es una propiedad no sólo de los hechos sino, de manera más general, de suposiciones verdaderas o falsas. Se trata de una propiedad relativa: los hechos y las suposiciones pueden ser más o menos fuertemente manifiestos. Puesto que *manifiesto* es más débil que *conocido* o *supuesto*, puede desarrollarse una noción de manifestatividad mutua que no adolezca de la misma implausibilidad psicológica que la de conocimiento mutuo.

Los mismos hechos y suposiciones pueden estar manifiestos en los entornos cognitivos de distintas personas. En este caso, estos entornos cognitivos están en intersección y su intersección es un entorno cognitivo que la gente en cuestión comparte. Una cosa que puede ser manifiesta en un entorno cognitivo compartido es una caracterización de aquellos que tienen acceso a ella. Por ejemplo, todo francmasón tiene acceso a un cierto número de supuestos secretos, que incluye el supuesto de que todos los francmasones tienen acceso a los mismos supuestos secretos. En otras palabras, todos los francmasones comparten un entorno cognitivo que contiene el supuesto de que todos los francmasones comparten este entorno. Cualquier entorno cognitivo compartido en el que es manifiesto qué gente lo comparte es lo que llamamos un *entorno cognitivo mutuo*. Para toda suposición manifiesta, en un entorno cognitivo mutuo, el hecho de que sea manifiesta a la gente que comparte el entorno es, ello mismo, manifiesto. Por lo tanto, en un entorno cognitivo mutuo todo supuesto manifiesto es, *mutuamente manifiesto*.

Si un entorno cognitivo es un mero conjunto de suposiciones que un individuo es capaz de representarse mentalmente y de aceptarlo como verdadero, la cuestión se convierte en ésta: ¿cuáles de esas suposiciones hará efectivamente el individuo? La cuestión es de interés no sólo para el psicólogo, sino también para el comunicador ordinario que desea modificar los pensamientos de su audiencia pero que puede afectar directamente sólo a su entorno cognitivo.

I.4. Relevancia y ostensión

La mayor parte de las discusiones sobre el procesamiento de la información, ya sea en psicología experimental o en inteligencia artificial, se han interesado por el logro de metas preestablecidas. Sin embargo, muchas tareas cognitivas no consisten en alcanzar un estado fijo, sino en incrementar el valor de algunos parámetros. La cognición humana como un todo es un caso importante: aspira a mejorar la cantidad, calidad y organización del conocimiento del individuo. Para lograr esta meta de la manera más eficaz posible el individuo tiene que intentar, en cada momento, asignar sus recursos de procesamiento a la información más *relevante*, esto es: como mostraremos más adelante, a la información que, presumiblemente, dará lugar a la mayor mejora del conocimiento con el coste de procesamiento más pequeño. Nuestra afirmación es que esto se hace automáticamente y que la meta cognitiva de un individuo particular en un tiempo dado es siempre consistente con la meta más general de maximizar la relevancia de la información procesada.

La cognición humana está orientada hacia la relevancia. Como resultado de esto, y en la medida en que uno conoce el entorno cognitivo de un individuo —algo que sucede cuando el entorno es mutuo— puede inferir qué supuestos contempla verosímilmente tal individuo y cómo un cambio en ese entorno podría afectar a su discurso mental. Esto hace posible el que se vean afectados los pensamientos de la gente de una manera parcialmente predecible al modificar su entorno cognitivo.

Pedro y María están sentados en un banco del parque. Él señala en una dirección donde ella no ha observado hasta ahora nada en particular. Esta vez ella mira más cuidadosamente y ve a lo lejos a un conocido suyo, Julio, que está sentado en el césped. En otras palabras, como resultado de la conducta de Pedro, la presencia de Julio, que era débilmente manifiesta en el entorno cognitivo de María, se ha convertido en más fuertemente manifiesta, hasta el punto de que ha sido observada de manera efectiva. Además, se ha convertido en manifiesto que Pedro se ha dado cuenta de la presencia de Julio y ha intentado que María se dé cuenta también. A tal conducta —que hace manifiesta una intención de hacer algo manifiesto— la llamamos *ostensión*.

¿Cómo funciona la ostensión? Por ejemplo, ¿cómo descubre María, cuando Pedro señala en una determinada dirección, cuál de los muchos fenómenos visibles en esa dirección es aquel del que Pedro intenta que se dé cuenta? Cualquier petición de atención, y por lo tanto cualquier acto de ostensión, comporta una presunción de relevancia; lo hace así porque la atención se dirige sólo a aquello que se presume que es relevante. Al señalar, Pedro transmite a María que, si presta atención, ganará alguna información relevante. Esto hace razonable que preste más atención de la que antes había prestado; al descubrir la presencia de Julio ella puede suponer razonablemente que Pedro pensaba que esto sería relevante para ella y, además, que esto era parte de su razón para reclamar su atención.

La ostensión proporciona dos niveles de información que han de seleccionarse. El primero consiste en la información que se ha señalado; el segundo consiste en la información de que el primer nivel de información se señalaba de manera intencional. En nuestro ejemplo, el primer nivel básico de información —la presencia de Julio— era ya manifiesto y se hace meramente más fuertemente manifiesto por medio de la ostensión. En otros casos, toda la evidencia desplegada en un acto de ostensión descansa sobre las intenciones del agente y sobre nada más directamente. En esos casos, la audiencia sólo puede descubrir, indirectamente, la información básica que el agente intenta hacer manifiesta al descubrir las intenciones del agente. Como mostramos en *Relevance*, hay un continuo de casos entre aquellos que proporcionan evidencia directa completa para la información básica que se hace manifiesta (esto es: muestran «algo») y aquellos que proporcionan sólo evidencia indirecta (por ejemplo, al «decir algo»). Argumentamos que la comunicación y ostensión inferenciales son uno y el mismo proceso, pero visto desde dos puntos de vista diferentes: el del comunicador que está involucrado en la ostensión y el de la audiencia que está involucrada en la inferencia.

I.5. Comunicación ostensivo-inferencial

La mayor parte de las explicaciones de la comunicación consideran el «decir que» como su caso paradigmático, y suponen que la intención del comunicador es inducir ciertos pensamientos específicos en una audiencia. Queremos sugerir que la intención informativa del comunicador se describe mejor como una intención de modificar directamente no los pensamientos sino el entorno cognitivo de la audiencia, con efectos sólo parcialmente predecibles sobre los pensamientos efectivos de la audiencia. Reformulamos, por lo tanto, la noción de intención informativa:

> *Intención informativa*: la intención de hacer manifiesto o más fuertemente manifiesto un cierto conjunto de suposiciones.

¿Por qué debería alguien, que tiene una intención informativa, preocuparse en darla a conocer a la audiencia? Dicho con otras palabras: ¿cuáles son las razones para embarcarse en la comunicación ostensiva? Hasta ahora hemos discutido sólo una de esas razones: dar a conocer la propia intención informativa es a menudo la mejor manera, o la única manera, de darle cumplimiento. Hay otra razón importante para embarcarse en la comunicación ostensiva. El mero informar altera el entorno cognitivo de la audiencia. La comunicación verdadera es «abierta» en el sentido de Strawson (Strawson, 1964); en nuestros términos, tiene lugar en el entorno cognitivo mutuo de la audiencia y el comunicador. La manifestatividad mutua puede tener una importancia cognitiva pequeña, pero es de importancia crucial desde el punto de vista social o interpersonal. Un cambio en el entorno cognitivo mutuo de dos personas es un cambio en sus posibilidades de interacción (y, en particular, en sus posibilidades de comunicación posterior). Ésta es la razón por la que redefinimos la intención comunicativa de la manera siguiente:

> *Intención comunicativa*: la intención de hacer mutuamente manifiesta a la audiencia y al comunicador la intención informativa del comunicador.

La comunicación ostensivo-inferencial, que, dicho sea de paso, no necesita ser intencional, puede definirse de la manera siguiente:

> *Comunicación ostensivo-inferencial*: el comunicador produce un estímulo que hace mutuamente manifiesto al comunicador y a la audiencia que el comunicador intenta, por medio de este estímulo, hacer manifiesto, o hacer más manifiesto, a la audiencia un cierto conjunto de suposiciones.

En lugar de tratar una suposición como comunicada o no comunicada, tenemos un conjunto de suposiciones que, como resultado de la comunicación, se convierten en manifiestas o en más manifiestas en grados diversos. Podemos entonces pensar en la comunicación misma como un asunto de grado. Cuando el comunicador hace fuertemente manifiesta su intención comunicativa para hacer fuertemente manifiesta alguna suposición particular, entonces esa suposición se comunica fuertemente. Un ejemplo sería el responder con un claro «Sí» cuando se le pregunta a alguien «¿Aceptas a Juan como tu legítimo esposo?». Cuando la intención del comunicador es incrementar simultáneamente la manifestatividad de un amplio rango de suposiciones, de modo que su intención respecto de cada una de esas suposiciones sea débilmente manifiesta, entonces cada una de ellas se comunica débilmente. Un ejemplo sería hacer aspiraciones de modo ostensivo y con evidente cara de satisfacción del aire fresco a orillas del mar. En la interacción humana se considera a menudo que la comunicación débil es suficiente o incluso preferible a las formas más fuertes.

La comunicación no verbal es a menudo del género débil. Una de las ventajas de la comunicación verbal es que permite que tenga lugar la forma más fuerte posible de comunicación; permite al oyente restringir las intenciones del hablante sobre el contenido explícito de su emisión a un candidato único, fuertemente manifiesto, sin ninguna alternativa que merezca la pena considerar. Por otra parte, lo que implícitamente se transmite en la comunicación verbal se comunica, generalmente, de manera débil. Puesto que toda la comunicación ha sido vista como comunicación fuerte, las descripciones de comunicación verbal han sido desfiguradas por las atribuciones espúreas de significado determinado; y, en el caso de la comunicación verbal, la vaguedad de la mayor parte de las implicaturas y de las formas no literales de expresión ha sido idealizada en exceso. Nuestro enfoque proporciona, creemos, una manera de dar una descripción y explicación precisas de los efectos más débiles de la comunicación.

Hemos comenzado esta sección preguntando cómo era posible la comunicación. Nuestra respuesta es que es posible en, al menos, dos modos muy diferentes: por medio de un código compartido por el comunicador y la audiencia, o por medio de estímulos ostensivos proporcionados por la audiencia junto con evidencia a partir de la cual puede inferirse la intención informativa del comunicador. Hemos argumentado en contra de elevar cualquiera de los dos modelos al *status* de una teoría general de la comunicación. Es particularmente importante tener en cuenta la distinción entre los dos modos de comunicación cuando se trata de describir cómo pueden combinarse, de la manera en que lo hacen en la comunicación verbal humana.

II. INFERENCIA

En el segundo capítulo de *Relevance*, bosquejamos un modelo de las principales capacidades inferenciales involucradas en la comprensión verbal. Este modelo se interesa sólo por un tipo de proceso inferencial: el de la inferencia no demostrativa de suposiciones a suposiciones que, afirmamos, tiene lugar de manera automática e inconsciente durante la comprensión. No discutimos el razonamiento consciente, que algunas veces desempeña un papel en la comprensión; sugerimos meramente cómo la inferencia inconsciente puede explotarse en el razonamiento consciente.

Al presentar este modelo de la inferencia nuestras aspiraciones son dobles. En primer lugar, afirmamos que la noción general de relevancia se instancia de manera diferente en cada sistema inferencial particular. Al describir un sistema, por muy esquemáticamente que lo hagamos, hacemos posible el dar un ejemplo detallado de tal instanciación. Si la investigación futura muestra que las capacidades inferenciales humanas no sólo son mucho más complejas y variadas que nuestro modelo (que, desde luego, lo son), sino que son también radicalmente diferentes de ese modelo, aún se cumpliría con este propósito ilustrativo.

Nuestra segunda aspiración es mostrar cómo el estudio de la comprensión inferencial puede arrojar luz sobre los procesos centrales de pensamiento. Aceptamos en líneas generales el punto de vista de Jerry Fodor de la modularidad de la mente (Fodor, 1983, 1985); al igual que él, vemos la decodificación lingüística como algo modular. Pero a diferencia de él, sin embargo, vemos el nivel inferencial de la comprensión verbal como la aplicación de los procesos centrales de pensamiento no especializados al *output* del módulo de decodificación lingüística. Argumentamos que la comprensión verbal es más típica de los procesos centrales y mucho más susceptible de investigación que la teorización científica que, para Fodor, es el caso paradigmático de los procesos de pensamiento centrales. Al igual que los otros modelos de la inferencia humana, el bosquejo que ofrecemos es provisional: la evidencia disponible hasta ahora es compatible con enfoques muy distintos. Sin embargo, como intentaremos mostrar, la exigencia de que tal modelo deba ayudar a dar cuenta de la comunicación inferencial es, a la vez, constrictivo y sugerente.

II.1. Inferencia no demostrativa y fuerza de las suposiciones

La *inferencia* es el proceso por el que una suposición se acepta como verdadera o probablemente verdadera sobre la base de la fuerza de la verdad o la probable verdad de otras suposiciones. En la *inferencia demostrativa*, la única forma de inferencia que se comprende bien es: la verdad de las premisas garantiza la verdad de las conclusiones. En la *inferencia no demostrativa*, la verdad de las premisas hace meramente probable a la verdad de las conclusiones. Claramente, el proceso de comprensión inferencial no es demostrativo: la evidencia proporcionada por el comunicador no equivale jamás a una prueba de su intención informativa.

De acuerdo con lo que puede llamarse el «punto de vista lógico» de la inferencia humana no demostrativa, toda suposición que resulta de una inferencia consta de dos representaciones. La primera es una representación de un estado de cosas: por ejemplo, 2(a) que aparece más adelante. La segunda es una representación del valor de probabilidad o confirmación de la primera representación: por ejemplo, (2b):

(2) (a) A Jane le gusta el caviar
(b) El valor de confirmación de (a) es 0.95

¿Cómo se llega a estas dos tesis de la representación? La primera, así dice la historieta, es el *output* de un proceso de computación lógica que toma como *input* de un lado la suposición que ha de confirmarse y la evidencia disponible de otro.

De acuerdo con el «punto de vista funcional», que hemos expuesto, una suposición consta de una representación unitaria, tal como (2a). La confianza con la que se mantiene esta suposición —lo que se llama su *fuerza*— es un resultado de la historia de su procesamiento y no de alguna computación especial. La fuerza inicial de una suposición depende del modo en que se adquiere. Así, por ejemplo, las suposiciones basadas en una experiencia perceptiva clara tienden a ser muy fuertes; las suposiciones basadas en la aceptación de la palabra de alguien tienen una fuerza que es proporcional a la confianza que uno tenga en el hablante; la fuerza de las suposiciones a las que se ha llegado por deducción depende de la fuerza de las premisas a partir de las cuales se han derivado. Además, podría suceder que la fuerza de una suposición se incrementase cada vez que sirve de ayuda para procesar alguna información nueva y disminuye cada vez que hace más difícil el procesamiento de información nueva. De acuerdo con este punto de vista, la fuerza de una suposición es una propiedad funcional lo mismo que, digamos, su accesibilidad; no necesita representarse en la mente (aunque puede estarlo). Argumentamos además que la fuerza de una suposición, de manera distinta a su valor de confirmación, es, en términos de Carnap (1950), un rasgo comparativo más bien que un rasgo cuantitativo. Permite sólo juicios absolutos en líneas generales y comparaciones más finas de casos estrechamente relacionados.

II.2. LA DEDUCCIÓN Y SU PAPEL EN LA INFERENCIA NO DEMOSTRATIVA

Por su misma definición, una inferencia no demostrativa no puede *consistir* en una deducción. Muchos autores parecen hacer la hipótesis más fuerte y no garantizada de que una inferencia no demostrativa no puede *contener* una deducción como una de sus subpartes. La recuperación de las implicaturas es, por ejemplo, un caso paradigmático de inferencia no demostrativa, y se ha convertido en un lugar común de las publicaciones sobre pragmática el afirmar que la deducción desempeña un papel pequeño, si es que desempeña alguno, en este proceso[6]. Mantenemos, por el contrario, que la formación de suposiciones por deducción, que es esencialmente un proceso espontáneo e inconsciente, es un proceso clave en la inferencia no demostrativa. Más generalmente, la capacidad de realizar deducciones provee a la mente con un medio adaptado de manera singular para extraer más información de la que ya posee anteriormente, de derivar el máximo beneficio cognitivo de la información nueva, y de comprobar la consistencia mutua de sus suposiciones.

Para presentar un modelo de esta capacidad deductiva inconsciente, describimos un *dispositivo deductivo* que toma como *input* un conjunto de suposiciones y deduce sistemáticamente todas las conclusiones que puede a partir de ellas. Si este dispositivo estuviera equipado con una lógica estándar, derivaría una infinidad de conclusiones a partir de un conjunto dado de premisas; sus operaciones jamás llegarían por lo tanto a un fin. Sin embargo, muchas de estas conclusiones serían triviales (por ejemplo (*P* y *Q*);

---

[6] Véanse Leech (1983, pp. 30-31), Levinson (1983, pp. 115-116), Bach y Harnish (1979, pp. 92-93), Brown y Yule (1983, p. 33), De Beaugrande y Dressler (1981, pp. 93-94).

((*P* y *Q*) y *Q*), deducido de *P* y *Q* y la regla estándar de introducción de *y*). Por otra parte, muchas deducciones que desempeñan algún papel en el pensamiento ordinario no se harían en absoluto; por ejemplo, la deducción de las premisas (3) y (4a) a la conclusión (5) no se realizaría, porque exige una regla no estándar de lógica de conceptos que permita que (4b) de pueda deducir de (4a):

(3) Si un pariente de Pedro estaba presente, él tiene que haberse sentido muy feliz.
(4) (a) La madre de Pedro estaba presente.
    (b) Un pariente de Pedro estaba presente.
(5) Pedro tiene que haberse sentido feliz.

Se obtiene un cuadro más adecuado de las capacidades deductivas humanas suponiendo que las reglas disponibles en el dispositivo deductivo no son las de la lógica estándar sino que son *reglas de eliminación* adscritas a conceptos. Tratamos los conceptos como triplos (posiblemente vacíos) de entradas —lógicas léxicas y enciclopédicas— archivadas en una única dirección. La *entrada lógica* de un concepto consta de reglas deductivas que se aplican sólo a conjuntos de premisas en los que ocurre el concepto, y proporcionan sólo conclusiones de las que ha sido eliminada esa ocurrencia. Ejemplos de tales reglas de eliminación son la regla estándar de eliminación de *y*, o el *Modus ponendo ponens*, y las reglas de lógica de conceptos que determinan deducciones de «él corrió» a «él se movió», de «el vaso es rojo» a «el vaso es coloreado», o de (4a) a (4b). La *entrada enciclopédica* de un concepto contiene información sobre los objetos, eventos o propiedades que lo instancian. La *entrada léxica* contiene información sobre la palabra o frase del lenguaje natural que expresa el concepto. La *dirección* de un concepto, cuando aparece en la estructura lógica de una suposición, da acceso a estos tres tipos de entrada.

Mostramos cómo el dispositivo deductivo, haciendo uso de las reglas de eliminación que van emparejadas con los conceptos, deduce automáticamente un conjunto finito de conclusiones no triviales. No sólo distinguimos implicaciones triviales de las no triviales, sino también implicaciones analíticas de implicaciones sintéticas, y discutimos sus papeles respectivos en la comprensión. Nos interesamos particularmente por el efecto de las deducciones en las que el conjunto inicial de suposiciones que está colocado en la memoria del dispositivo deductivo puede dividirse en dos subconjuntos, correspondiendo cada uno de ellos de manera respectiva a algún elemento de información nueva y al contexto en el que se procesa la nueva información. Tal deducción puede dar lugar a conclusiones que no son derivables ni a partir de la información nueva ni del contexto sólo. Se las puede denominar *implicaciones contextuales* de la nueva información en el contexto. Una implicación contextual es entonces una síntesis de información vieja y nueva.

Lo vemos como una función central del dispositivo deductivo para derivar, de manera espontánea, automática e inconsciente, las implicaciones contextuales de cualquier información nueva que se presente en un contexto de información vieja.

La información procesada por el dispositivo deductivo, ya sea nuevo y derivado a partir de sistemas de *imput* o viejo y derivado a partir de la memoria, aparece en la forma de suposiciones con fuerza variable. Esto nos permite caracterizar tres tipos de *efectos contextuales* que pueden producir el procesamiento de nueva información: el primero, ya considerado, es la derivación de suposiciones nuevas como implicaciones contextuales; el segundo es el reforzamiento de las suposiciones nuevas; y el tercero es la eliminación de suposiciones viejas a favor de suposiciones nuevas más fuertes que las contradicen. La noción de efecto contextual es esencial para una caracterización de la relevancia.

III. RELEVANCIA

III.1. Grados de relevancia: efecto y esfuerzo

Debe estar completamente claro que no estamos intentando definir la palabra castellana ordinaria y más bien vaga *relevancia*. Creemos, sin embargo, que hay una propiedad psicológica importante —una propiedad involucrada en los procesos mentales— a la que se aproxima bastante la noción ordinaria de *relevancia*, y que, por lo tanto resulta apropiada llamarla con ese nombre, usándolo en un sentido técnico.

Como mostramos en el libro, la noción de efecto contextual puede usarse para enunciar una condición necesaria y suficiente para la relevancia: una suposición es *relevante* en un contexto si, y sólo si, tiene algún efecto contextual en ese contexto. Esto captura la intuición de que, para ser relevante en un contexto, una suposición tiene que conectarse con un contexto de alguna manera; y clarifica esta intuición especificando la naturaleza de la conexión requerida. Sin embargo, tal definición es insuficiente por, al menos, dos razones: la primera es que la relevancia es un asunto de grado y la definición no dice nada sobre cómo se determinan los grados de relevancia; la segunda razón es que define relevancia como una relación entre suposición y contexto, mientras que podríamos querer ser capaces de describir la relevancia de algún género de información para cualquier tipo de dispositivo de procesamiento de la información y, más particularmente, para un individuo. Hasta el momento, hemos definido simplemente una propiedad formal, dejando sin describir su relación con la realidad psicológica.

Considérese en primer lugar el asunto de los grados de relevancia. Lo que proponemos es un género de análisis en términos de coste/beneficio. Argumentamos que los efectos contextuales de una suposición en un contexto dado son sólo uno de los dos factores a tener en cuenta. Los efectos contextuales se producen por medio de procesos mentales; los procesos mentales, al igual que todos los procesos biológicos, involucran cierto esfuerzo. Este esfuerzo de procesamiento es el segundo factor involucrado. Definimos entonces relevancia de la manera siguiente:

Relevancia:

Condición de alcance 1: una suposición es relevante en un contexto en la medida en que sus efectos contextuales son extensos.

Condición de alcance 2: una suposición es relevante en un contexto en la medida en que el esfuerzo exigido para procesarla en ese contexto es pequeño.

Esta definición de relevancia es comparativa más bien que cuantitativa. Clarifica las comparaciones posibles sólo en algunos casos: siendo iguales las demás cosas, una suposición con efectos contextuales mayores es más relevante; y, siendo iguales las demás cosas, una suposición que exige un esfuerzo de procesamiento más pequeño es más relevante. Cuando efecto y esfuerzo varían en la misma dirección, la comparación puede ser imposible.

La relevancia podría definirse no como un concepto comparativo, sino como un concepto cuantitativo, lo que podría tener algún interés para los lógicos y los especialistas en inteligencia artificial. Sin embargo, la noción que necesitan los psicólogos es la comparativa. Es altamente implausible que los individuos *computen* el tamaño de los efectos cognitivos y de los esfuerzos mentales. Suponemos más bien que la mente valora sus propios esfuerzos y sus efectos haciendo un seguimiento de los cambios físico-químicos del cerebro. Así argumentamos que efecto y esfuerzo son dimensiones no representacionales de los procesos mentales, esto es: existen ya estén representados o no. Y cuando están representados lo están en forma de juicios comparativos intuitivos. Lo mismo vale para la relevancia, que es una función de efecto y esfuerzo.

III.2. La relevancia de un fenómeno para un individuo

En muchas de las publicaciones sobre pragmática, la relevancia se ve como una variable que ha de ser valorada en un contexto predeterminado. Esto es, desde el punto de vista psicológico, poco realista. Como ilustramos ampliamente, el contexto no es algo que venga dado, sino que se elige. Además, los humanos no valoran simplemente la relevancia de información nueva. Intentan procesar información lo más relevantemente posible; esto es: intentan obtener de cada nuevo elemento de información el mayor efecto contextual posible con el esfuerzo de procesamiento más pequeño posible. Para esto, escogen un contexto que maximizará la relevancia. En particular, en la comunicación verbal, la relevancia se considera más o menos como algo dado, mientras el contexto se considera como algo variable.

En cualquier momento, un individuo tiene a su disposición un conjunto particular de contextos accesibles. Hay, en primer lugar, un *contexto inicial* que consta de los supuestos usados o derivados en la última deducción que se ha llevado a cabo. Este contexto inicial puede expandirse en tres direcciones: añadiéndole suposiciones usadas o derivadas en las deducciones precedentes, añadiéndole trozos de información tomados de entradas enciclopédicas ya presentes en el contexto o en la suposición que se está procesando, y añadiéndole como *input* información sobre el entorno perceptivo. Así pues, cada contexto, excepto el inicial, incluye otros contextos: el conjunto de contextos accesibles está ordenado parcialmente por la relación de inclusión. Esta relación formal tiene una contrapartida psicológica: el orden de inclusión corresponde al orden de accesibilidad.

El tratar la relevancia como una propiedad de las proposiciones o de las suposiciones (como se hace a menudo en las publicaciones sobre pragmática) involucra un grado de abstracción considerable. Los individuos no seleccionan directamente una suposición a partir de una emisión o, dicho de una manera más general, a partir de los fenómenos perceptibles en su entorno. Todo fenómeno puede dar lugar a un amplio rango de suposiciones o bien pude no ser objeto de atención. Si la teoría de la relevancia ha de explicar la comunicación ostensivo-inferencial, tiene que explicar cómo se dirige la atención hacia un fenómeno particular, y qué suposición ha de describirse verosímilmente para describirlo. Para esto necesitamos definir no sólo la relevancia de una suposición, sino, más generalmente, la relevancia de un fenómeno.

Obsérvese que la elección, o construcción, de un contexto adecuado, al expandir el contexto inicial, exige algún esfuerzo, lo mismo que la construcción de una suposición sobre un fenómeno sobre la base de la estimulación sensorial que proporciona. Para convertir nuestra definición de la relevancia de una suposición en un contexto en una definición de la relevancia de un fenómeno para un individuo, todo lo que tenemos que hacer es añadir a la parte del esfuerzo el esfuerzo requerido para llegar a una suposición y un contexto:

Relevancia de un fenómeno para un individuo:

Condición de alcance 1: un fenómeno es relevante para un individuo en la medida en que los efectos contextuales logrados al procesarlo son extensos.

Condición de alcance 2: un fenómeno es relevante para un individuo en la medida en que el esfuerzo requerido para procesarlo es pequeño.

Podría dejarse esta definición tal como está y considerar que la relevancia de un fenómeno varíe en consonancia con el modo en que efectivamente se procesa. En su lugar, proponemos considerar que la relevancia de un fenómeno para un individuo es la relevancia lograda cuando se procesa de manera óptima, esto es: cuando se construyen la mejor representación y contexto posibles, y utilizando el método más económico. En *Relevance*, sugerimos que este propósito, junto con la suposición de que la cognición humana está orientada hacia la relevancia, proporciona una nueva visión respecto de la concentración de la atención, la elección de una representación particular para un fenómeno dado, y la organización de la memoria.

III.3. El principio de relevancia

Un individuo, cuando presta atención a un fenómeno ordinario, puede tener esperanzas de relevancia. Lo que convierte en razonables esas esperanzas es que los humanos tienen cierto número de procedimientos heurísticos, algunos de ellos innatos, otros desarrollados mediante la experiencia, que apuntan a la selección de fenómenos relevantes. Incluso así, las esperanzas de relevancia se convierten algunas veces en injustificadas; y, cuando están justificadas, están justificadas en mayor o en menor medida: no puede haber ninguna expectativa general de un nivel estable y satisfactorio de relevancia en la experiencia individual.

Sin embargo, en el caso de un estímulo ostensivo, la persona a la que nos dirigimos puede tener no sólo esperanzas, sino también expectativas bastante precisas de relevancia. Es manifiesto que un acto de comunicación ostensiva no puede tener éxito a menos que la persona a la que se dirige preste atención al estímulo ostensivo. Es también algo manifiesto que la gente prestará atención al fenómeno sólo si le parece relevante. Es manifiesto entonces —mutuamente manifiesto en las condiciones normales— que un comunicador tiene que intentar hacer manifiesto a la persona a la que se dirige que el estímulo ostensivo es relevante para ella. En otras palabras, un acto de comunicación ostensiva comunica automáticamente una *presunción de relevancia*. Argumentamos que la presunción de relevancia es diferente del lado del efecto y del lado del esfuerzo. Del lado del efecto, la presunción consiste en que el nivel de los efectos alcanzables no es jamás más bajo de lo que se necesita para hacer que merezca la pena procesar el estímulo; del lado del esfuerzo consiste en que el nivel del esfuerzo requerido no es jamás gratuitamente más elevado que el que se necesita para lograr esos efectos.

El nivel de relevancia que se presume que existe toma en consideración los intereses tanto del comunicador como de la audiencia. Llamémoslo un nivel de relevancia óptima. Podemos formular ahora la presunción de relevancia óptima comunicada en cada acto de comunicación ostensiva de la manera siguiente:

Presunción de relevancia óptima:

(a) el conjunto de suposiciones *I* que el comunicador intenta hacer manifiesto a la persona a la que se dirige es lo suficientemente relevante para que valga la pena que tal persona procese el estímulo ostensivo.
(b) el estímulo ostensivo es el más relevante que el comunicador podría usar para comunicar *I*.

Lo que llamamos *principio de relevancia* es la tesis de que todo acto de comunicación ostensiva comunica la presunción de su propia relevancia óptima. Argumentamos que el principio de relevancia explica cómo la producción de un estímulo ostensivo puede hacer mutuamente manifiesta la intención informativa del comunicador, llevando así al cumplimiento de la intención comunicativa. Hay involucrados aquí diversos pasos inferenciales. En *Relevance*, discutimos cómo puede reconocerse el estímulo como ostensivo y cómo su estructura, en el caso de estímulos, tanto codificados como no codificados, hace accesible un rango de hipótesis sobre la intención informativa del comunicador. Aquí sólo consideramos cómo el principio de relevancia proporciona un criterio suficiente para seleccionar una de esas hipótesis.

Una vez que es manifiesta la naturaleza ostensiva de un estímulo, también es manifiesto que el comunicador tiene la intención informativa de hacer manifiesto a la persona a la que se dirige algún conjunto de suposiciones *I*. Lo que hace el principio de relevancia es identificar un miembro de *I*: a saber: la presunción de relevancia. La presunción de relevancia no es sólo un miembro de *I*, es también *sobre I*. Como resultado, puede ser confirmada o desconfirmada por los contenidos de *I*. Un comunicador racional (aquel que intenta comunicar de forma genuina más bien que, pongamos por caso, distraer a una audiencia) tiene que esperar la identificación de *I* para confirmar la presunción de relevancia. Para reconocer la intención informativa del comunicador, la persona a la que se dirige tiene que descubrir para qué conjunto *I* tenía razón el comunicador para esperar que *I* confirmaría la presunción de relevancia. Argumentamos que esto es todo lo que tiene que hacer.

Digamos que una interpretación es *consistente con el principio de relevancia* si y sólo si un comunicador podría esperar que fuese óptimamente relevante para la persona a la que se dirige. Imaginemos que una persona a la que nos dirigimos pone a prueba las hipótesis sobre los contenidos de *I* en orden de accesibilidad. Supongamos que llega a una hipótesis que es consistente con el principio de relevancia. ¿Debería detenerse aquí o continuar y poner a prueba la hipótesis siguiente sobre la base de que también podría ser consistente con el principio de relevancia? Supongamos que continua y que encuentra otra hipótesis que verifica la primera parte de la presunción de relevancia: el conjunto putativo *I* es relevante de modo suficiente. En estas circunstancias, la segunda parte de la presunción de relevancia se falsifica casi de manera invariable. El comunicador debería haber usado un estímulo que habría ahorrado a la persona a la que se dirige el esfuerzo de, primero, acceder a dos hipótesis consistentes con el principio de relevancia y, después, tener que elegir entre ellas. Así pues, el principio de relevancia garantiza la selección de la primera interpretación accesible que es consistente con el principio. Si existe tal interpretación y es la que se intenta que se haga, la comunicación tiene éxito. De lo contrario, falla.

El principio de relevancia lleva a cabo, con mucha mayor explicitud, todo el trabajo explicativo de las máximas de Grice y muchas más cosas todavía. Hay, sin embargo, una diferencia radical entre el principio de relevancia y las máximas de Grice. El principio cooperativo y las máximas de Grice son normas que los comunicadores y la audiencia tienen que conocer para comunicarse adecuadamente. Aunque los comunicadores se atienen generalmente a las normas, pueden también violarlas para lograr efectos particulares; y la audiencia usa su conocimiento (presumiblemente aprendido) de las normas al interpretar la conducta comunicativa.

Por contraste, el principio de relevancia es una generalización sobre la comunicación ostensivo-inferencial. Los comunicadores y la audiencia no necesitan conocer el principio de relevancia para comunicarse en mayor medida que necesitan conocer los principios de la genética para reproducirse. No es el principio general sino el hecho de que se ha comunicado una presunción particular de relevancia, por y sobre un acto particular de comunicación, lo que la audiencia usa en la comprensión inferencial. Los comunicadores no «siguen» el principio de relevancia; y no pueden violarlo, incluso si quisieran. El principio de relevancia se aplica sin excepción: todo acto de comunicación ostensiva comunica una presunción de relevancia. Obsérvese, no obstante, que la presunción de relevancia que comporta un acto particular de comunicación no tiene que ser verdadera o aceptada como verdadera. El comunicador puede no lograr ser relevante. Es suficiente que se comunique la presunción de relevancia —y siempre lo es— para cumplir su papel más importante: determinar la interpretación del estímulo ostensivo.

IV. ASPECTOS DE LA COMUNICACIÓN VERBAL

La comunicación verbal, según argumentamos, involucra dos tipos de procesos de comunicación: uno basado en la codificación y decodificación, el otro en la ostensión y en la inferencia. La comunicación codificada es, desde luego, lingüística. Un estímulo lingüístico dispara un proceso automático de decodificación. Las representaciones semánticas recuperadas por la decodificación son *formas lógicas* que, al igual que las oraciones abiertas del lógico, pero de muchas más maneras, no logran determinar una única proposición. Estas formas lógicas, defendemos nosotros, jamás emergen en la conciencia. Más bien actúan como esquemas de suposición que pueden completarse en *formas proposicionales* completas, cada una de las cuales determina una única proposición y sirven como identificación provisional del contenido explícito que se intenta que tenga la emisión. Este contenido explícito sólo tiene efectos contextuales y es merecedor, por lo tanto, de atención consciente.

Los procesos de comunicación codificados sirven entonces como una fuente de hipótesis y evidencia para el segundo proceso de comunicación, el inferencial. Si la comprensión se define como un proceso consistente en identificar la intención informativa del hablante, la decodificación lingüística se ve mejor no como una parte propiamente de la comprensión, sino más bien como aquello que proporciona el *input* principal para el proceso de comprensión. A diferencia de muchos estudiosos de la pragmática, que ven el nivel inferencial de la comprensión como algo que está gobernado por una cierta variedad de reglas especializadas que constituyen una especie de «módulo» pragmático, nosotros argumentamos que involucra sólo la aplicación de reglas de inferencia no especializadas —reglas que se aplican también a toda la información conceptualmente representada—. Consideramos la pragmática como el estudio, no de un dispositivo mental separado, sino como la interacción entre un módulo de *input* lingüístico y las capacidades inferenciales centrales[7].

IV.1. La identificación del contenido explícito

La primera tarea de la comprensión inferencial es completar la forma lógica recuperada al decodificar e identificar el contenido explícito de la emisión[8]. Esto incluye a su vez tres subtareas: desambiguación (cuando, como es usual, la decodificación da lugar a una elección de formas lógicas); identificación de los referentes de las expresiones referenciales; y enriquecimiento del esquema elegido —una subtarea que no se considera frecuentemente y de la que analizamos varios ejemplos—.

Estas subtareas podrían proporcionar, en principio, una cierta variedad de resultados. ¿Mediante qué criterio reconoce el oyente el contenido explícito correcto, esto es, el que se intentaba que eligiera? Aunque hay muchos estudios sobre desambiguación y asignación de referencia, esta cuestión no se ha abordado de manera seria. Las aspiraciones de la psicolingüística se

[7] Sobre el asunto de la modularidad, véanse también Wilson y Sperber (1986b).

[8] En *Relevance* no hablamos de «contenido explícito»; pero distinguimos la «forma proposicional» de una emisión y sus «explicaturas». Proponemos también una redefinición del contraste explícito/implícito, y proporcionamos un criterio de explicitud que es, a la vez, clasificatorio y comparativo. Por razones de espacio, dejamos estos problemas fuera de este resumen.

dirigen hacia otro lugar: quieren describir, no los criterios usados en la desambiguación, sino el procedimiento mediante el que se logra. El único criterio considerado generalmente, y aparentemente confirmado por mucha evidencia experimental, es un criterio de economía, algo parecido a la ley del mínimo esfuerzo.

¿Podría ser la respuesta simplemente que el contenido explícito correcto es el que se obtiene avanzando a través de un procedimiento de ahorro de esfuerzo? La existencia de las denominadas emisiones de sendero de jardín (por ejemplo, «Vi que la gasolina podía explotar. Y estaba allí también un bidón repleto») sugiere fuertemente que cualesquiera que sean los procedimientos regulares para la desambiguación, asignación de referencia y enriquecimiento, dan, en el mejor de los casos, una identificación provisional, una identificación que será rechazada si sucede que no cumple algún criterio no especificado hasta ahora. Mostramos, con ejemplos, que el criterio correcto es consistencia con el principio de relevancia. La respuesta no elimina las consideraciones de esfuerzo; por el contrario, las integra al sugerir que la interpretación que consume el menor esfuerzo y, por lo tanto, la interpretación potencialmente más relevante, debería considerarse en primer lugar (aunque debería abandonarse si no logra proporcionar el efecto esperado).

IV.2. La identificación de las implicaturas

Introducimos una distinción entre dos géneros de implicaturas: *premisas implicadas* y *conclusiones implicadas*. Las conclusiones implicadas se deducen del contenido explícito de una emisión y su contexto. Lo que hace posible identificar tales conclusiones como implicaturas es que el hablante tiene que haber esperado que el oyente las derive todas, o algunas de ellas, dado que intentaba que su emisión fuese manifiestamente relevante para el oyente. Las premisas implicadas se añaden al contexto por el oyente que o bien las recupera desde la memoria o las construye *ad hoc*. Lo que hace posible identificar tales premisas como implicaturas es que el hablante tiene que haber esperado que el oyente las proporcione todas, o algunas de ellas, para que sea capaz de deducir las conclusiones implicadas y, por ello, llegue a una interpretación consistente con el principio de relevancia.

Para ilustrar esto considérese el siguiente diálogo (6):

(6) (a) *Pedro*: ¿Conducirías un Mercedes?
(b) *María*: No conduciría NINGÚN coche caro

El contenido explícito de la respuesta de María no responde directamente a la pregunta de Pedro. Sin embargo, procesada en un contexto que contenga (7), (6b) da lugar a la impicación contextual (8):

(7) Un Mercedes es un coche caro.
(8) María no conduciría un coche caro.

Tenemos una situación en la que María, al emitir (6b), no ha respondido directamente a la pregunta de Pedro, pero ha hecho manifiesta una respuesta que se implica contextualmente, esto es (8). Dado que no puede esperar que su emisión sea relevante a menos que se haga manifiesta tal respuesta, esta respuesta implicada es manifiestamente intencional: se trata de una conclusión implicada de su emisión. Puesto que es manifiesto que Pedro no habría deducido esta conclusión sin añadir (7) al contexto, (7) resulta ser una premisa implicada de la emisión de María.

Las implicaturas (7) y (8) tienen dos propiedades que muchos estudiosos de la pragmática piensan que son compartidas por todas las implicaturas. En primer lugar, están completamente determinadas. María espera que Pedro le proporcione no meramente algo *parecido* a la premisa (7) y la conclusión (8), sino una premisa y una conclusión con este contenido lógico justamente. En segundo lugar, María garantiza su verdad. Supóngase que, antes de que se emitiese (6b), Pedro no había sabido que los coches de la marca Mercedes eran caros; entonces (6b) le habría dado todas las razones del mundo para pensar que lo son en exactamente el mismo sentido que si María lo hubiese aseverado. Ha habido una tendencia en la pragmática moderna a tratar *todas* las implicaturas como suposiciones completamente determinadas para las que el hablante es tan responsable como si las hubiese aseverado directamente. De acuerdo con este enfoque, la comprensión de una emisión consiste en la recuperación de un conjunto enumerable de suposiciones, algunas expresadas explícitamente, otras transmitidas implícitamente, pero todas ellas intentadas individualmente por el hablante. Argumentamos que esto es un error o, al menos, una idealización contraproducente.

Considérese, por ejemplo, el intercambio que ocurre en (9):

(9) *Pedro*: ¿Qué tienes pensado hacer hoy?
María: Tengo un terrible dolor de cabeza.

¿Qué es lo que implica María? ¿Que no hará nada? ¿Que hará lo menos posible? ¿Que hará todo lo que pueda? ¿Que no sabe muy bien todavía lo que hará? No hay ninguna suposición precisa, aparte de la expresada explícitamente que pueda decir que intenta que Pedro comparta. Pero, con todo, hay más en su emisión que su contenido explícito; intenta manifiestamente que Pedro saque algunas conclusiones de lo que ha dicho, y no precisamente unas conclusiones cualesquiera. Los casos completamente ordinarios como (9), jamás se discuten en los estudios sobre pragmática. Además en casos tales como (6)-(8), el alcance implícito de la emisión no se agota usualmente por implicaturas claras como (7) y (8). La respuesta de María sugiere, pero sólo de una manera más bien vaga, que ella no conduciría, pongamos por caso, un Jaguar, que encuentra algo objetable en conducir coches caros, y así sucesivamente. Lo que la pragmática necesita —y la teoría de la relevancia proporciona— es una explicación precisa de esos efectos más bien vagos.

En nuestro armazón, cuanto mayor es la manifestatividad mutua de la intención informativa de hacer manifiesta alguna suposición particular, más fuertemente se comunica esta suposición. Usando este enfoque, la indeterminación de las implicaturas no presenta ningún problema formal particular. Una emisión que fuerza al oyente a proporcionar una premisa o conclusión muy específica para llegar a una interpretación consistente con el principio de relevancia tiene una implicatura muy fuerte. Una emisión a la que puede darse una interpretación consistente con el principio de relevancia sobre la base de diferentes conjuntos de premisas y conclusiones —aunque, por supuesto, relacionados— tiene un amplio rango de implicaturas débiles. Claramente, cuanto más débiles son las implicaturas, menos confianza puede tener el oyente en que las premisas o conclusiones particulares que proporciona reflejen estrechamente los pensamientos del hablante, y es aquí donde reside la indeterminación. Sin embargo, la gente puede contemplar pensamientos diferentes y llegar a tener diferentes creencias sobre la base del mismo entorno cognitivo. Defendemos que la aspiración de la comunicación en general es incrementar la puesta en común de los entornos cognitivos y, por lo tanto, fomentar la similaridad de los pensamientos, más bien que garantizar una estricta duplicación de pensamientos (inalcanzable de manera general).

IV.3. Contenido explícito y estilo: efectos presuposicionales

Podría parecer que dos emisiones con las mismas condiciones de verdad lingüísticamente determinadas tienen que tener implicaturas idénticas. Argumentamos que esto no es así: pueden diferir en el esfuerzo de procesamiento que exigen que, dado el principio de relevancia, pueden llevar a diferentes efectos. En *Relevance*, discutimos dos clases de efectos estilísticos: los efectos presuposicionales con alguna amplitud y los efectos poéticos más brevemente. Aquí indicaremos meramente la relevancia de la teoría de la relevancia para estos dos aspectos de estilo.

Los efectos presuposicionales resultan del hecho de que una oración no se decodifica como un signo unitario, de una tacada, sino en pasos, en tanto que una estructura de constituyentes (algunos de los cuales pueden subrayarse mediante el énfasis —un aspecto importante que se ha dejado fuera en este resumen—). Cada constituyente proporciona alguna información al permitir que se deduzcan implicaciones analíticas. Entre ellas distinguimos las *implicaciones de primer plano* (*foreground*), que contribuyen a la relevancia al tener efectos contextuales, y las *implicaciones de trasfondo* (*background*), que contribuyen a la relevancia ahorrando esfuerzo. Las implicaciones de trasfondo ahorran esfuerzo de manera particular haciendo más accesible el contexto en el que las implicaciones de primer plano producirán efectos contextuales. En general (y mostramos que algunas excepciones son predichas por la teoría de la relevancia) sucederá que una emisión óptimamente relevante tendrá disponibles sus implicaciones de trasfondo por medio de los constituyentes iniciales, y sus implicaciones de primer plano, las que conllevan los efectos, por medio de sus constituyentes finales. Así pues, la construcción del contexto se pondrá en marcha y finalizará cuando se emita la última palabra y se haya logrado el efecto con el coste de procesamiento más pequeño.

Al procesar una emisión de la manera más económica posible el oyente trata normalmente como trasfondo las implicaciones que le facilitan los constituyentes iniciales, como primer plano las implicaciones facilitadas por los últimos constituyentes, y espera que las implicaciones de primer plano conlleven sus efectos en el contexto que facilitan las implicaciones de trasfondo. De este modo, dos emisiones con las mismas condiciones de verdad pero diferente orden de palabras llevan a la construcción de contextos diferentes y a la búsqueda de efectos diferentes. Compárense, por ejemplo:

(10) Leo vendió un cuadro a Pedro.
(11) Pedro compró un cuadro a Leo.

En (10) la expectativa del oyente es que la emisión será relevante en un contexto de información sobre Leo. Si, por ejemplo, fuera mutuamente manifiesto que Leo necesitaba dinero desesperadamente, una implicatura clave sería que ha conseguido cierta cantidad de él. En (11) la expectativa del oyente es que la emisión será relevante en un contexto de información sobre Pedro; por ejemplo, si fuese mutuamente manifiesto que a Pedro no le importaba el cuadro de Leo pero sabía que él necesitaba dinero, (11) implicaría que Pedro se ha comportado de manera generosa. Dicho de otra manera: aunque (10) y (11) tienen las mismas condiciones de verdad y el oyente puede, en principio, extraer las mismas implicaciones contextuales tanto de uno como de otro, no todas las implicaciones están implicadas, o implicadas en el mismo grado, por ambas emisiones. Esto es así porque las dos emisiones organizan los esfuerzos del oyente de modo distinto.

Argumentamos en *Relevance* que todos los efectos estilísticos discutidos en las publicaciones sobre el asunto en términos de presuposición y foco, presuposición y aserción, tópico y comentario, dado y nuevo, tema y rema, y así sucesivamente[9], pueden explicarse con mayor generalidad, simplicidad

[9] Véanse Brown y Yule (1983, capítulos 3-5), Chafe (1976), Clark y Haviland (1977), Givon (1979), Halliday (1967-1968), Jackendoff (1972), Lyons (1977, capítulo 12.7), Oh y Dinneen (1979), Prince (1981), Reinhart (1981), Rochemont (1988), Taglicht (1984, capítulos 1-3).

y mayor poder predictivo en términos de trasfondo y primer plano. De manera distinta a las demás distinciones, que intentan describir las propiedades lingüísticas o pragmáticas registradas por un hablante competente, la distinción primer plano/trasfondo no es algo que los hablantes necesiten haber construido en su gramática o en sus capacidades inferenciales. Dado que las emisiones tienen estructura constituyente, orden interno y énfasis focal y se procesan a lo largo del tiempo, el funcionamiento del trasfondo y del primer plano surge como efecto automático de la tendencia del oyente a maximizar la relevancia y de la tendencia del hablante a maximizar aquella tendencia.

IV.4. Implicaturas y estilo: efectos poéticos

El estilo surge, mantenemos, de la búsqueda de la relevancia. Al asignar la información que alguien quiere comunicar entre el contenido explícito y las implicaturas de su emisión, al basarse en implicaturas más fuertes o más débiles, el hablante hace manifiesta su valoración del tenor y la cualidad de la comprensión mutua entre la audiencia y él mismo. De este modo da a la emisión su estilo particular.

Ilustraremos aquí brevemente este asunto con un ejemplo de una de las figuras de estilo clásicas más simples: la epizeuxis o repetición. Compárese la interpretación de (12) y (13):

(12) Los días de mi infancia se han ido.
(13) Los días de mi infancia se han ido, se han ido.

Ambos tienen las mismas condiciones de verdad y tienen, por lo tanto, las mismas implicaciones contextuales. Lo que sucede con (13) es que tiene más *implicaturas* que (12); esto es: más suposiciones e implicaciones contextuales que reciben algún grado de apoyo desde el hablante. La repetición de «se han ido» causa algún esfuerzo adicional de procesamiento. Dado el principio de relevancia, este esfuerzo adicional debería estar justificado por algún efecto adicional. Una vez que ha pensado que el hablante podría haber esperado razonablemente que él derivase todas las implicaturas a partir de la primera ocurrencia de «se han ido», el oyente puede suponer que todavía hay un rango de premisas y conclusiones adicionales que el hablante quiere implicar. Para ello tiene que ampliar el contexto. De este modo, (13) puede animar al oyente a comprar la niñez del hablante y su estado actual, suponer que el hablante se está acordando de tales días y haciendo una comparación similar, e imaginar los sentimientos que esto puede evocar en él. Lo que la repetición produce es, entonces, muchas implicaturas más débiles.

Sugerimos que el efecto peculiar de una emisión que logra la mayor parte de su relevancia mediante un amplio conjunto de implicaturas débiles se llama propiamente un *efecto poético*. ¿Cómo afectan los efectos poéticos al entorno cognitivo mutuo del hablante y el oyente? No añaden suposiciones enteramente nuevas que sean fuertemente manifiestas en este entorno cognitivo. En lugar de ello, incrementan marginalmente la manifestatividad de un gran número de suposiciones débilmente manifiestas. En otras palabras: los efectos poéticos crean impresiones comunes más bien que conocimiento común. Las emisiones que tienen efectos poéticos pueden usarse precisamente para crear un sentido de comunidad afectiva más bien que cognitiva. Lo que estamos sugiriendo es que, si se miran esos efectos afectivos con el microscopio de la teoría de la relevancia, se puede observar todo un amplio conjunto de diminutos efectos cognitivos.

IV.5. DIMENSIONES DESCRIPTIVAS E INTERPRETATIVAS DEL USO DEL LENGUAJE

Existe un considerable número de publicaciones sobre fuerza ilocucionaria y actos de habla, e incluso un número considerablemente mayor sobre los tropos. Hay muy poco solapamiento entre los dos grupos, como si se diera por sentado que se trata de dos aspectos esencialmente diferentes del uso del lenguaje. En ambos casos, tales publicaciones se interesan de modo central por problemas de clasificación y ofrecen poca cosa a modo de explicación. Proponemos un enfoque nuevo, más integrado y más explicativo, basado en una distinción fundamental entre interpretación y descripción [10].

La relación entre una representación y el objeto que representa puede ser de dos géneros: se puede basar en la semejanza o en la verdad. Cualquier objeto del mundo puede ser usado, bajo condiciones apropiadas, como una representación de algún otro objeto al que se parece. Usted me pregunta cuál es la forma del Brasil y, a modo de réplica, señalo una nube del tamaño apropiado en el cielo. La semejanza plantea problemas filosóficos y psicológicos bien conocidos: ¿Cómo se identifican los rasgos pertienentes de la representación? ¿Cómo se valoran los grados de semejanza? ¿Cómo puede la representación informar sobre el objeto al que se parece? Al menos cuando la semejanza se usa ostensivamente, la teoría de la relevancia proporciona la clave para una respuesta: considérense las hipótesis en su orden de accesibilidad (los rasgos salientes en primer lugar, etc.) y selecciónese la primer hipótesis que el productor de la representación puede haber pensado que sería suficientemente relevante.

Un objeto con contenido proposicional —por ejemplo, una emisión— puede usarse para representar de dos maneras completamente diferentes. Puede representar algún estado de cosas en virtud de que ese estado de cosas es

[10] Una distinción que también es relevante para la filosofía de las ciencias sociales, como se argumenta en Sperber (1985).

verdadero; en este caso diremos que la representación es una *descripción*, o que se usa descriptivamente. O, igual que cualquier objeto, puede representar algo a lo que se parece y, en particular, alguna otra representación con un contenido proposicional similar. En este caso diremos que la primera representación es una *interpretación* de la segunda, o que se usa *interpretativamente*. Dos representaciones se parecen una a la otra interpretativamente cuando comparten implicaciones analíticas y contextuales[11].

El único uso interpretativo de las emisiones que se reconoce generalmente es el que se da al informar del habla o del pensamiento, como en el caso de las citas o de los resúmenes. Pero hay otros usos. Las emisiones pueden usarse interpretativamente para representar emisiones-tipo, o pensamientos que merece la pena considerar por sus propiedades intrínsecas, más bien que porque sean atribuidos a Pedro o a María, o la opinión pública. Argumentamos que hay incluso un uso interpretativo de las emisiones que es más esencial. En un nivel más fundamental, *toda* emisión se usa de manera interpretativa para representar un pensamiento del hablante. Una de las suposiciones que el hablante intenta hacer manifestas es que está considerando un pensamiento con alguna actitud particular. Basándose en esta razón el oyente puede llegar a considerar un pensamiento similar con una actitud similar. Usted puede perfectamente decirme que vendrá mañana, pero no puede hacer que yo me lo crea a menos que me haga primero creer que usted lo cree también. Esto es difícil de poner en cuestión. En nuestros términos, esto significa que una emisión es, o pretende ser, en primera instancia, una interpretación de un pensamiento del hablante.

De hecho, se hace generalmente una afirmación aún más fuerte. La mayor parte de los estudiosos de la pragmática y de los filósofos del lenguaje dan por sentado que hay una convención, principio o presuposición, al efecto de que el contenido proposicional de la emisión tiene que ser una expresión literal —esto es, una interpretación estrictamente fiel— de un pensamiento del hablante[12]. Argumentamos que esta afirmación es demasiado fuerte. Cómo de ajustada es la interpretación y, en particular, cuándo es literal, puede determinarse inferencialmente por el oyente.

¿Qué es lo que hace que el pensamiento interpretativamente representado por una emisión represente él mismo? ¿Y cómo sucede esto? Una representación mental, al igual que cualquier representación, puede usarse descriptiva o interpretativamente. Cuando se usa descriptivamente puede ser una descripción de un estado de cosas efectivo, o puede ser una descripción de un estado de cosas deseable. Cuando se usa interpretativamente, puede ser una interpretación de un pensamiento o una emisión atribuidos, o puede ser una interpretación de un pensamiento relevante y, por lo tanto,

[11] Véanse Sperber y Wilson (1986b) para una discusión adicional.
[12] Véanse Bach y Harnish (1979), Lewis (1975), Searle (1969).

deseable. Puede haber otras posibilidades, y podría considerarse lo que podrían representar a su vez los pensamientos interpretados por pensamientos y cómo. Pero dejemos esto así y usemos el siguiente diagrama para mostrar las representaciones y las relaciones consideradas hasta ahora.

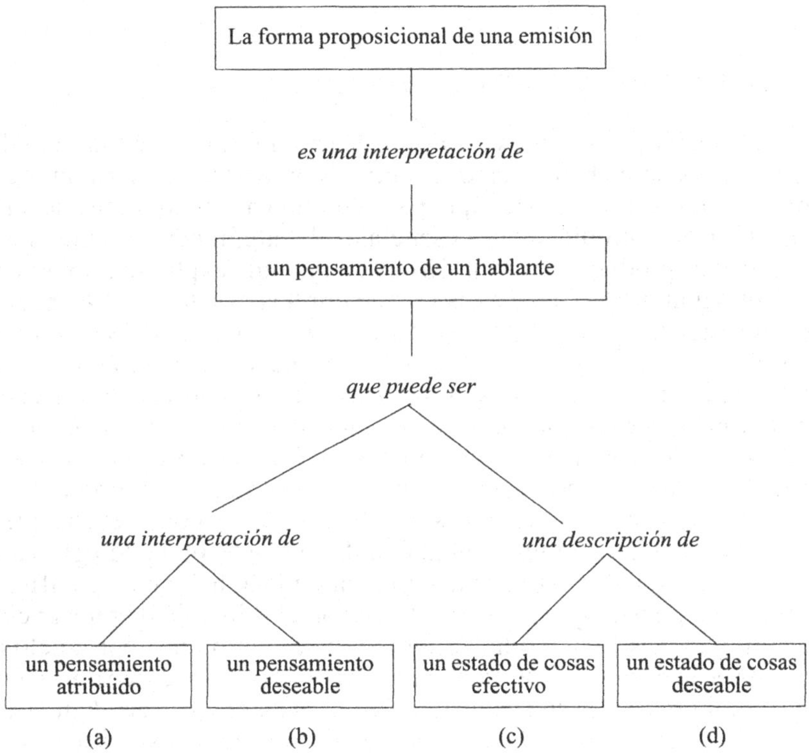

FIGURA 1. *Dimensiones descriptivas e interpretativas del uso del lenguaje*

Cualquier emisión involucra al menos dos niveles de representación: representa interpretativamente un pensamiento del hablante, que representa descriptivamente algún estado de cosas, o representa interpretativamente alguna representación adicional. Todas las relaciones básicas involucradas en los tropos y en las fuerzas ilocucionarias están representadas en la figura 1: la metáfora involucra la forma proposicional de una emisión y el pensamiento que representa; la ironía involucra una relación interpretativa entre el pensamiento del hablante y los pensamientos o emisiones atribuidos; la aserción involucra una relación descriptiva entre el pensamiento del hablante y un estado de cosas del mundo; pedir o aconsejar involucra una relación descriptiva entre el pensamiento del hablante y un estado de cosas relevante; las emisiones interrogativas o exclamativas involucran una relación interpretativa entre el pensamiento del hablante y un pensamiento relevante —esto es: deseable—. Nuestro libro desarrolla todas esas ideas; aquí consideraremos sólo, y brevemente, algunos casos interpretativos que son potencialmente más controvertidos: los de la metáfora, la ironía, interrogaciones y exclamaciones.

IV.6. LITERALIDAD, VAGUEDAD Y METÁFORA

Una emisión, afirmamos nosotros, es una interpretación de uno de los pensamientos del hablante, esto es: ambos comparten un cierto número de implicaciones. Esto significa que para comunicar un conjunto de suposiciones *I* que son implicaciones esenciales del algún pensamiento suyo, el hablante debe producir una emisión cuyo contenido explícito implique lógica o contextualmente *I*. Una emisión que implica exactamente *I* y nada más puede no estar disponible, o puede estarlo pero no ser aceptable desde el punto de vista económico. Sin embargo, el hablante puede usar libremente una emisión que implica muchas otras suposiciones que no quiere aceptar, en la medida en que el oyente tenga alguna manera de reconocer las implicaciones que se intenta que se capten y que son miembros de *I*. En nuestro armazón, todo lo que el oyente tiene que hacer es empezar a computar, en orden de accesibilidad, esas implicaciones que son, o que el oyente consideraría que son, relevantes para él, y continuar añadiéndolas a la interpretación global de la emisión hasta que sea, o pueda haberle parecido al hablante, lo suficientemente relevante para que sea consistente con el principio de relevancia. En este punto, la clasificación habrá tenido lugar como un subproducto de la búsqueda de la relevancia: no exigirá ningún esfuerzo específico por sí misma.

La comprensión de cada emisión involucra tal proceso de identificación de las implicaciones relevantes. Cuando la proposición expresada está ella misma entre las implicaciones de las que depende la relevancia óptima, el resultado es la interpretación literal. De acuerdo con este punto de vista, la literalidad es simplemente semejanza máxima y no disfruta de *status* privilegiado de ningún tipo. Sin embargo, ha de esperarse de manera general alguna laxitud de expresión. Por ejemplo, el hablante puede ahorrar al oyente algún esfuerzo de procesamiento y, con ello, optimizar la relevancia diciendo «Son las cinco y media» en vez de decir «Son las cinco horas y veintiocho minutos» (aunque sepa que lo que es verdad es esto último) cuando los efectos que producen la relevancia no dependen de una lectura estrictamente literal. Similarmente, si el hablante dice «Estoy agotado», nadie se detendrá a preguntar si agotado es exactamente lo que está, en la medida en que hay un rango aceptable de implicaciones que hace que su emisión sea suficientemente relevante. Esto es de nuevo verdad si el hablante dice, en las mismas circunstancias, «Estoy muerto» que, en este caso, es claramente una metáfora.

En *Relevance*[13] mostramos que no hay discontinuidad entre usos literales, usos laxos y metáforas. De acuerdo con este enfoque la metáfora (al igual que otra gran variedad de tropos relacionados como la hipérbole, la metonimia y la sinécdoque) no exige capacidades interpretativas o procedimientos especiales de ningún tipo. El hecho de que algunas emisiones se interpreten metafóricamente, lo mismo que otras se interpretan literalmente, es un resultado de los mismos procesos estándar de comprensión.

IV.7. EMISIONES QUE SE HACEN ECO E IRONÍA

Argumentamos que la ironía y una gran variedad de tropos relacionados tales como la meiosis o la litotes se agrupan junto con un rango de casos que normalmente no se consideran en absoluto como casos figurativos. Lo que une esos casos es el hecho de que el pensamiento del hablante, que se interpreta por medio de la emisión, es él mismo una interpretación. Lo que interpreta es un pensamiento de alguien (o de algún grupo) distinto del hablante —o del hablante en tiempo pasado—. Esto es: estas emisiones son interpretaciones de segundo grado del pensamiento de alguien distinto, como se ilustra mediante el camino (a) en la figura 1.

¿Cómo alcanzan relevancia las interpretaciones del pensamiento de alguien distinto? En el caso mejor conocido, el del estilo indirecto, alcanzan relevancia al informar de que el tal y tal ha dicho algo o piensa algo. En otros casos, esas interpretaciones alcanzan relevancia al informar al oyente del hecho de que el hablante tiene en mente lo que algún individuo, o algunos individuos, dicen o piensan y tiene cierta actitud hacia ello. Cuando las interpretaciones alcanzan relevancia de esta manera decimos que son interpretaciones *se hacen eco*.

Al representar un pensamiento que no es suyo de una manera manifiestamente escéptica, divertida, sorprendida, triunfante, con aprobación o con reproche, el hablante puede expresar su propia actitud hacia él. No hay límite alguno a las actitudes que un hablante puede expresar respecto de una opinión de la que se ha hecho eco. En particular, puede indicar su acuerdo o desacuerdo. Compárense (14) y (15):

(14) (a) *Él*: Hace un buen día para ir a merendar al campo. (Se van al campo a merendar y luce el Sol.)
(b) *Ella*: ¡Un día precioso para ir al campo, sin duda!

(15) (a) *Él*: Hace un buen día para ir a merendar al campo. (Se van al campo a merendar y se pone a llover.)
(b) *Ella* (sarcásticamente): ¡Efectivamente; un día estupendo para ir de merienda!

[13] Véanse también Sperber y Wilson (1986b).

Tanto en (14b) como en (15b) hay una alusión en la que alguien se hace eco de algo. En las circunstancias descritas está claro que el hablante de (14b) suscribe la opinión de la que se hace eco, mientras que en (15b) la rechaza con sorna. Estas emisiones han sido interpretadas de acuerdo con modelos exactamente similares, la única diferencia reside en las actitudes que expresan: los retóricos no han pensado que (14b) merezca una atención especial; (15b) es un caso, naturalmente, de ironía verbal.

Una actitud irónica es un género de desaprobación. Al desplegar tal actitud el oyente puede inferir, si antes no era obvio para él, que el hablante cree lo contrario de lo que expresa la opinión de la que se hace eco. Así, el hablante de (15b) cree manifiestamente que *no* es un día estupendo para ir de merienda. Sin embargo, en contra de los enfoques clásicos de la ironía, argumentamos que esto no es el «significado figurativo» de la emisión irónica. Como máximo, se trata de una de sus implicaturas: las implicaturas más relevantes podrían ser que el juicio de su compañero ha sido inadecuado, que nunca debieron haber planeado ir de merienda al campo, que ha sido por su culpa por la que se les ha estropeado el día, y así sucesivamente. La recuperación de esas implicaturas depende, en primer lugar, del reconocimiento de que la emisión pertenece al tipo de aquellas en las que uno se hace eco de algo, en segundo lugar, de una identificación de la fuente de la opinión de la que el hablante se hace eco y, en tercer lugar, del reconocimiento de que la actitud del hablante hacia la opinión de la que se hace eco es una actitud de desaprobación. Argumentamos que éstos son los factores clave en la interpretación de todas las emisiones irónicas[14].

Estamos argumentando por una parte que las metáforas y las ironías no son esencialmente diferentes de otros tipos de emisiones pero que, por otro lado, no son esencialmente similares entre sí. La metáfora da su juego en las relaciones entre la forma proposicional de una emisión y la del pensamiento del hablante; la ironía da el suyo en las relaciones entre el pensamiento del hablante y un pensamiento que él interpreta. Esto sugiere que la noción clásica de tropo, que cubre la metáfora y la ironía y distingue a ambas de las emisiones no figurativas debería abandonarse completamente: agrupa fenómenos que no están estrechamente relacionados y no logra poner juntos los que sí lo están.

IV.8. Actos de habla: interrogaciones y exclamaciones

Nuestro libro cuestiona alguno de los supuestos básicos de la actual teoría de los actos de habla, y bosqueja un enfoque alternativo que coloca mucho

[14] Para una discusión adicional véanse Sperber y Wilson (1981), Sperber (1984). Para un enfoque experimental véanse Jorgensen, Miller y Sperber (1984).

más peso en la inferencia que en la decodificación para la identificación de la fuerza ilocucionaria. Dado el principio de relevancia, argumentamos que los indicadores de fuerza ilocucionaria tales como el modo declarativo o imperativo o el orden de las palabras en las interrogaciones tienen sólo que hacer manifiesta una propiedad más bien abstracta de la intención informativa del hablante: la dirección en que ha de buscarse la relevancia de la emisión. Consideraremos aquí el caso de las interrogaciones y las exclamaciones como una ilustración de este enfoque general.

Los teóricos de los actos de habla tienden a analizar las emisiones interrogativas como un subtipo especial de un acto de habla directivo: específicamente, como peticiones de información (véanse Bach y Harnish, 1979, p. 48; Searle, 1969, p. 69). Como resultado de esto, las preguntas retóricas tales como (16), las preguntas expositivas taltes como (17) y las preguntas que uno se dirige a sí mismo tales como (18) requieren, todas ellas, un tratamiento separado *ad hoc*:

(16) ¿Cuándo dijiste que ibas a dejar de fumar?
(17) ¿Cuáles son las principales objeciones a este enfoque? En primer lugar...
(18) ¿Por qué tenemos que morir?

Argumentamos que lo que señala el orden interrogativo de las palabras es una propiedad mucho más abstracta que la de ser una petición de información. Señala que la emisión representa (desde luego, no descriptivamente, sino interpretativamente) una suposición que sería relevante si fuese verdadera. En otras palabras, una pregunta es una interpretación de un pensamiento deseable —la porción de conocimiento que la respondería; sigue el camino (b) en la figura 1—. En el caso de una interrogativa si/no, la forma proposicional de la emisión es parecida a una cita de la suposición relevante-si-fuese-verdadera. En el caso de una pregunta del tipo quién-qué-qué cosa-por qué, y así sucesivamente, la forma lógica de la emisión no es completamente proposicional; es una representación interpretativa incompleta de la suposición relevante si-fuese-verdadera.

De acuerdo con esta explicación, esto es todo lo que señala el orden interrogativo de las palabras. Las decisiones acerca de quién encontraría relevante la suposición representada, y sobre si el hablante espera una respuesta, se deja que las infiera el oyente sobre la base del principio de relevancia. Por ejemplo, las preguntas retóricas como (16) son a menudo recordatorios, diseñadas para impulsar la recuperación de una suposición que el hablante considera relevante para el oyente. Las preguntas expositivas como (17) son analizables como preguntas cuyas respuestas el hablante no sólo considera relevantes para el oyente sino que él mismo va a producirlas. Por contraste, las preguntas regulares que piden información son analizables como preguntas cuyas respuestas el hablante considera relevantes para sí mismo y, además, espera que el hablante las dé. En puras y simples especulaciones como (18) la sugerencia es que la respuesta sería relevante para el hablante, o tanto para el hablante como para el oyente, pero no hay expectativa alguna de que ninguno de ellos esté en posición de darla. No hay entonces necesidad de analizar todas las preguntas como peticiones de información, no hay necesidad de establecer categorías especiales de actos de habla para poder manejar ofertas de información, preguntas retóricas, preguntas expositivas, y así sucesivamente.

Una de las ventajas de este enfoque es que sugiere un modo de explicar los sorprendentes paralelos sintácticos entre oraciones interrogativas y exclamativas tales como (19) y (20):

(19) ¿Cuán inteligente es Jane?
(20) ¡Cuán inteligente es Jane!

En términos de la teoría tradicional de los actos de habla, puesto que las interrogaciones son peticiones de información y las exclamaciones son aserciones enfáticas, es difícil dar cuenta de los consistentes paralelismos translingüísticos entrecruzados (véanse Grimshaw, 1979; Sadock y Zwicky, 1985) que se dan entre estos dos tipos de emisiones. De acuerdo con nuestro enfoque, las exclamaciones, al igual que las interrogaciones y a diferencia de las declarativas están especializadas para el uso interpretativo más bien que para el descriptivo y, de este modo, siguen el camino (b) de la figura 1. Mientras que un hablante que plantea una pregunta como (19) indica que es relevante alguna compleción verdadera del pensamiento incompleto representado por su emisión, un hablante que produce una exclamación como (20) indica que es verdadera alguna compleción relevante del pensamiento incompleto expresado por su emisión. En otras palabras, el hablante de (20) indica que Jane está en una posición lo suficientemente elevada en la escala de inteligencia que hace que merezca la pena llamar la atención sobre ello. Así pues, la intuición de que las exclamaciones son algo parecido a aserciones enfáticas y los sorprendentes paralelismos entre las formas exclamativa e interrogativa se explican simultáneamente.

V. OBSERVACIÓN FINAL

Somos perfectamente conscientes de que el punto de vista desarrollado en *Relevance* y que se resume aquí es muy especulativo y, tal como está, es demasiado general para determinar directamente o bien pruebas experimentales específicas o simulaciones de computador. Sin embargo, al valorar un nuevo enfoque de la comunicación humana deberían tenerse presentes las siguientes preguntas. ¿Cómo se compara con otros enfoques actuales en términos de explicitud, plausibilidad, generalidad y poder explicativo?

¿Arroja nueva luz tanto sobre los muy ricos y diversos datos disponibles a todos nosotros como individuos involucrados en la comunicación como sobre los datos mucho más restringidos, pero más fiables, reunidos por los investigadores? ¿Sugiere una nueva investigación empírica? ¿Es relevante para más de una de las muchas disciplinas involucradas en el estudio de la comunicación humana —lingüística, pragmática, filosofía, psicología cognitiva, inteligencia artificial, psicología social, estudios literarios, antropología y sociología— y podría fomentar una interacción fructífera entre ellas?

REFERENCIAS BIBLIOGRÁFICAS

ARMSTRONG, D. (1971): «Meaning and communication», *Philosophical Review,* vol. 80, pp. 427-447.

BACH, K., Y HARNISH, R. M. (1979): *Linguistic communication and speech acts*, MIT Press.

BENNETT, J. (1976): *Linguistic behaviour*, Cambridge University Press.

BLACKBURN, S. (1984): *Spreading the word*, Oxford University Press.

BROWN, G., y YULE, G. (1983): *Discourse analysis*, Cambridge University Press.

CARNAP, R. (1950): *Logical foundations of probability*, Routledge & Kegan Paul.

CHAFE, W. (1976): «Givenness, contrastiveness, definiteness, subjects, topics and points of view», en C. Li (ed.), *Subject and topic*, Academic Press.

CLARK, H. H. (1977): «Bridging», en P. Johnson Laird y P. Wason (eds.), *Thinking: Readings in cognitive science*, Cambridge University Press.

CLARK, H. H., y CARLSON, T. (1981): «Context for comprehension», en J. Long y A. Baddeley (eds.), *Attention and performance IX*, Erlbaum.

CLARK, H. H., y HAVILAND, S. (1977): «Comprehension and the given-new contract», en R. Freedle (ed.), *Discourse production and comprehension*, Ablex.

DAVIDSON, D. (1984): «Communication and convention», en D. Davidson, *Truth and interpretation*, Clarendon Press.

DAVIES, M. (1981): *Meaning, quantification, necessity: Themes in philosophical logic*, Routledge & Kegan Paul.

DE BEAUGRANDE, R., y DRESSLER, W. (1981): *Introduction to text linguistics*, Longman.

FODOR, J. (1983): *The modularity of mind*, MIT Press.

— (1985): «Précis of *The modularity of mind*», *Behavioral and Brain Sciences,* vol. 8, pp. 1-42.

GAZDAR, G. (1979): *Pragmatics: Implicature, presupposition and logical form*, Academic Press.

GIVON, T. (ed.) (1979): *Syntax and semantics 12: Discourse and syntax*, Academic Press.

GREEN, G., y MORGAN, J. (1981): «Pragmatics, grammar and discourse», en P. Cole (ed.), *Radical Pragmatics*, Academic Press.

GRICE, H. P. (1957): «Meaning», *Philosophical Review,* vol. 66, pp. 377-388. Reimpreso en D. Steinberg y L. Jakobovits (eds.), *Semantics: An interdisciplinary reader*, Cambridge University Press, 1971. [Versión castellana en pp. 481-490 de este volumen.]

— (1968): «Utterer's meaning, sentence-meaning, and word-meaning», *Foundations of Language*, vol. 4, pp. 225-242. Reimpreso en J. Searle (ed.), *The philosophy of language*, Oxford University Press, 1971.

— (1969): «Utterer's meaning and intentions», *Philosophical Review*, vol. 78, pp. 147-177. [Versión castellana en pp. 491-519 de este volumen.]

— (1975): «Logic and conversation», en P. Cole y J. Morgan (eds.), *Syntax and semantics 3: Speech acts*, Academic Press. [Versión castellana en pp. 520-538 de este volumen.]

— (1982): «Meaning revisited», en N. Smith (ed.), *Mutual knowledge*, Academic Press.

GRIMSHAW, J. (1979): «Complement selection and the lexicon», *Linguistic Inquiry*, vol. 10(2), pp. 279-326.

GUSSENHOVEN, C. (1983): «Focus, mode and nucleus», *Journal of Linguistics*, vol. 19(2), pp. 377-418.
HALLIDAY, M. (1967-1968): «Notes on transitivity and theme in English», *Journal of Linguistics*, vol. 3, pp. 37-81, 199-244; vol. 4, pp. 179-215.
HARMAN, G. (1968): «Three levels of meaning», *Journal of Philosophy*, vol. 65, pp. 590-602. Reimpreso en D. Steinberg y L. Jakobovits (eds.), *Semantics: An interdisciplinary reader*, Cambridge University Press, 1971.
JACKENDOFF, R. (1972): *Semantic interpretation in generative grammar*, MIT Press.
JOHNSON-LAIRD, P. (1983): *Mental models*, Cambridge University Press.
JORGENSEN, J.; MILLER, G., y SPERBER, D. (1984): «Test of the mention theory of irony», *Journal of Experimental Psychology: General*, vol. 113 (l), pp. 112-120.
LEECH, G. (1983): *Principles of pragmatics*, Longman.
LEWIS, D. (1975): «Languages and language», en K. Gunderson, (ed.), *Language, mind and knowledge*, Minnesota University Press. Reimpreso en vol. I de D. Lewis, *Philosophical papers*, Oxford University Press, 1983.
— (1979): «Scorekeeping in a language game», *Journal of Philosophical Logic,* vol. 8, pp. 339-359. Reimpreso en vol. I de D. Lewis, *Philosophical papers*, Oxford University Press, 1983.
LOAR, B. (1976): «Two theories of meaning», en G. Evans y J. McDowell (eds.), *Truth and meaning*, Oxford University Press.
— (1981): *Mind and meaning*, Cambridge University Press.
LYONS, J. (1977): *Semantics,* vols. I y 2, Cambridge University Press. [Versión castellana en Teide, Barcelona, 1980.]
MCDOWELL, J. (1980): «Meaning, communication and knowledge», en Z. Van Straaten (ed.), *Philosophical subjects*, Clarendon Press.
OH, C.-K., y DINNEEN, D. (eds.) (1979): *Syntax and semantics 11: Presupposition*, Academic Press.
PATTON, T., y STAMPE, D. (1969): «The rudiments of meaning: On Ziff on Grice», *Foundations of Languace*, vol. 5(l), pp. 2-16.
PRINCE, E. (1981): «Towards a taxonomy of given-new information», en P. Cole (ed.), *Radical pragmatics*, Academic Press.
RECANATI, F. (1979): *La transparence et l'énonciation*, Seuil, París.
— (1987): *Meaning and Force*, Cambridge University Press.
REINHART, T. (1981): «Pragmatics and linguistics: An analysis of sentence topics», *Philosophica*, vol. 27, pp. 53-94.
ROCHEMONT, M. (1986): *Focus in generative grammar*, Benjamin.
SADOCK, J., y ZWICKY, A. (1985): «Speech act distinctions in syntax», en T. Shopen (ed.), *Language typology and syntactic description*, vol. 1, Cambridge Universitv Press.
SAG, I. (1981): «Formal semantics and extralinguistic context», en P. Cole (ed.), *Radical pragmatics*, Academic Press.
SCHIFFER, S. (1972): *Meaning*, Clarendon Press.
SEARLE, J. (1969): *Speech acts*, Cambridge University Press. [Versión castellana: *Actos de habla*, Cátedra, Madrid, 1980.]
— (1979): «Metaphor», en A. Ortony (ed.), *Metaphor and thought*, Cambridge University Press. [Versión castellana en pp. 583-616 de este volumen.]
— (1983): *Intentionality*, Cambridge University Press. [Versión castellana: *Intencionalidad*, Tecnos, Madrid, 1992.]
SPERBER, D. (1984): «Verbal irony: Pretense or echoic mention?», *Journal of Experimental Psychology: General,* vol. 113(l), pp. 130-136.
— (1985): *On anthropological knowledge*, Cambridge University Press.
SPERBER, D., y WILSON, D. (1981): «Irony and the use-mention distinction», en P. Cole (ed.), *Radical pragmatics*, Academic Press.
— (1986a): *Relevance: Communication and cognition*, Harvard University Press/Blackwell. [Versión castellana: Visor, Madrid, 1994.]

— (1986b): «Loose Talk», *Proceedings of the Aristotelian Society* (Serie nueva), 1985, pp. 153-171.

STRAWSON, P. (1964): «Intention and convention in speech acts», *Philosophical Review*, vol. 73, pp. 439-460. Reimpreso en J. Searle (ed.), *The philosophy of language*, Oxford University Press, 1971. [Versión castellana en *Ensayos lógico-lingüísticos*, Tecnos, Madrid, 1983.]

— (1969): «Meaning and truth. Inaugural lecture at the University of Oxford». Reimpreso en *Logico-linguistic papers*. [Versión castellana en pp. 356-373 de este volumen.]

— (1971): *Logico-linguistic papers*, Methuen. [Versión castellana: *Ensayos lógico-lingüísticos*, Tecnos, Madrid, 1983.]

WILSON, D., y SPERBER, D. (1986): «Pragmatics and modularity», en Chicago Linguistic Society, vol. 22, *Parasession on pragmatics and grammatical theory*.

WRIGHT, R. (1975): «Meaning-nn and conversational implicature», en P. Cole y J. Morgan (eds.), *Syntax and semantics 3: Speech acts*, Academic Press.

YU, P. (1979): «On the Gricean program about meaning», *Linguistics and Philosophy*, vol. 3(2), pp. 273-288.

ZIFF, P. (1967): «On H. P. Grice's account of meaning», *Analysis*, vol. 28, pp. 1-8. Reimpreso en D. Steinberg y L. Jakobovits (eds.), *Semantics: An interdisciplinary reader*, Cambridge University Press, 1971.

PARA SEGUIR LEYENDO

Para la semántica de situaciones el libro fundamental es el de BARWISE y PERRY, *Situaciones y actitudes* (Visor, Madrid, 1992). El artículo de BARWISE «Scenes and Other Situations», *Journal of Philosophy*, 77 (1981), pp. 369-397, reimpreso en *The Situation In Logic*, Center for the Study of Language and Information, Stanford, Cal., 1989, describe la idea original y precursora de la semántica de situaciones. Los libros colectivos de R. COOPER, K. MUKAI y J. PERRY (eds.), *Situation Theory and Its Applications*, vol. 1, Center for the Study of Language and Information, Stanford, Cal., 1990; J. BARWISE, J. M. GAWRON, G. PLOTKIN y S. TUTIYA (eds.), *Situation Theory and Its Applications*, Center for the Study of Language and Information, Stanford, Cal., vol. 2, y P. ACZEL, D. ISRAEL, Y. KATAGIRI y S. PETERS (eds.), *Situation Theory and Its Applications*, vol. 3, Center for the Study of Language and Information, Stanford, Cal., 1993, contienen una serie de artículos importantes sobre este tipo de teoría semántica. Es interesante también el libro de BARWISE y ETCHEMENDY *The Liar*, Oxford University Press, Nueva York, 1987, donde ambos autores examinan la paradoja del mentiroso en términos de semántica de situaciones. «Lost Innocence» de S. SOAMES (*Linguistics and Philosophy*, 8, 1985) incluye una acerada crítica de la semántica de situaciones. El libro de A. García Suárez *Modos de significar* (Tecnos, Madrid, 1997) contiene una muy clara exposición de los esencial de la semántica de situaciones.

El artículo de BLOCK «Advertisement for a Semantics in Psychology» [FRENCH *et al.* (eds.), *Midwest Studies in Philosophy,* vol. X, *Studies in the Philosophy of Mind*] ofrece una buena exposición de la semántica del rol conceptual. El volumen 8 de la revista *Mind and Language*, publicado en 1993, contiene un muy interesante debate sobre la semántica del rol conceptual, la composicionalidad y la analiticidad entre BLOCK y BOGHOSSIAN, por una parte, y FODOR y LEPORE, por otra. En 1987, Harman publicó «Conceptual Role Semantics (Non-Solipsistic)» (en el colectivo de LEPORE, *New Directions in Semantics*, Academic Press, Londres), que es complementario del que aquí se publica. *A Theory of Concepts* (The MIT Press, Cambridge, Mass, 1992) de C. PEACOCKE presenta una explicación de los conceptos en el marco de una semántica del rol conceptual. El libro de FODOR *Psicosemántica* (Tecnos, Madrid, 1994) ofrece un enfoque crítico de este tipo de semántica. El libro de A. GARCÍA SUÁREZ *Modos de significar* contiene una exposición muy accesible de lo esencial de la teoría.

Para la teoría de la relevancia, además del artículo de Grice «Lógica y conversación», el libro fundamental es el de D. SPERBER y D. WILSON *Relevance: Communication and Cognition,* Blackwell, Oxford, 1986 (con traducción castellana en Visor, Madrid, 1994). En el mismo número de *Behavioral and Brain Science* (1987) en que se publicó el artículo que aquí se recoge, aparece una extensa y variada discusión sobre la teoría de la relevancia en la que participan J. ADLER, K. BACH y R. M. HARNISH, D. BLAKEMORE, R. CARSTON, H. CLARK, A. CUTLER, M. DAVIES, R. J. GERRIG, R. W. GIBBS JR., L. HAEGERMAN, E. HINKELMAN, R. KEMPSON, S. C. LEVINSON, J. MCCANLEY, J. MACNAMARA, R. G. MILIKAN, J. L. MORGAN y G. M. GREEN, Ph. PETTIT, A. REBOUL, F. RECANATI, S. J. RUSSELL, P. A. M. SEUREN, C. S. SMITH, N. V. SMITH e Y. WILKS. El artículo se cierra con las respuestas de los autores. Artículos recientes sobre la teoría de la relevancia y sus aplicaciones son «A Formal Analysis of Relevance» de DELGRANDE, PELLETIER y JEFFRY [*Erkenninis*, 49 (2), 1998], «Conventional Implicatures as Tacit Performatives» de RIEBER [*Linguistics and Philosophy*, 20 (1), 1997] y «Pragmatics and Singular Reference» de BEZUIDENHOUT [*Mind and Language*, 11 (2), 1996].

Thoughts and Utterances: The Pragmatics of Explicit Communication de R. CARSTON (Blackwell, Oxford, 2002) investiga la relación entre semántica y pragmática y la distinción entre lo que se comunica explícita e implícitamente dentro del marco de la teoría de la relevancia.

ORIGEN DE LOS ARTÍCULOS

— «Sobre sentido y referencia» fue publicado originalmente en la *Zeitschrift für Philosophie und philosophische Kritik*, nueva serie, n.º 100, 1982, pp. 25-50. La presente traducción castellana, apareció en Gottlob Frege, *Ensayos de semántica y filosofía de la lógica*, Tecnos, Madrid, 1998.

— «Descripciones» apareció por vez primera en B. Russell, *Introduction to Mathematical Philosophy*, George Allen & Unwin, Londres, 1919. Se reproduce aquí con permiso de la editorial Allen & Unwin.

— «Sobre el referir» se publicó en *Mind*, vol. LIX, 1950. Aquí se reproduce la versión castellana recogida en P. F. Strawson, *Ensayos lógico-lingüísticos*, Tecnos, Madrid, 1983.

— «Referencia y descripciones definidas» se publicó originalmente en *The Philosophical Review*, 75 (1966), pp. 281-304. Se reproduce aquí con el amable permiso del editor de *The Philosophical Review*.

— «Nombres propios y descripciones» se recogió en P. Edwards (ed.), *The Encyclopedia of Philosophy*, MacMillan, Nueva York, 1967. Se reproduce aquí con permiso del autor.

— «Identidad y necesidad» apareció originalmente en la recopilación de M. K. Munitz, *Identity and Individuation*, New York University Press, Nueva York, 1971. Los derechos de traducción al castellano fueron cedidos a *Crítica*, que ha tenido la gentileza de autorizar su reproducción aquí.

— «Significado y referencia» se publicó en *The Journal of Philosophy*, vol. 70 (1973), pp. 699-711. El editor de *The Journal of Philosophy* ha concedido los derechos correspondientes para esta versión castellana.

— «Cuantificadores y actitudes proposicionales» fue publicado originalmente en *The Journal of Philosophy*, vol. 53 (1956), pp. 177-187. El editor de *The Journal of Philosophy* ha concedido los derechos correspondientes para esta versión castellana.

— «Sobre decir que» apareció en *Synthèse*, 19 (1968-1969), pp. 130-146. Se incluye y traduce aquí con permiso de Kluwer Academic Publishers. En 1984 se recogió en Donald Davidson, *Inquiries into Truth and Interpretation*, Clarendon Press, Oxford, pp. 93-108.

— «Inocencia semántica y situaciones no comprometidas» se publicó en *Midwest Studies in Philosophy,* vol, IV, *The Foundations of Analytic Philosophy*, Peter French, Theodore Uehling, Jr., y Howard K. Wettstein (eds.), University of Minnesota Press, Minneapolis, 1981. Ambos autores han autorizado esta traducción y cedido amablemente los correspondientes derechos.

— «Problemas y cambios en el criterio empirista de significado» apareció originalmente en la *Revue Internacional de Philosophie*, vol. 11, 1950, que ha concedido el correspondiente permiso para su inclusión en este libro. La traducción se ha tomado de la *Antología semántica* de Mario Bunge (ed.), Nueva Visión, Buenos Aires, 1960. Agradecemos a dicha editorial el permiso que nos ha otorgado para su reproducción.

— «Dos dogmas del empirismo» se publicó por vez primera en W. v. O. Quine, *From a Logical Point of View*, Harvard University Press, Cambridge, Mass., 1953. La traducción aquí recogida es la publicada por Editorial Ariel de Barcelona en 1962, a la que agradecemos su amable permiso. El autor y Harvard University Press han concedido los correspondientes permisos para la inclusión del artículo citado en este libro.

— «Significado y traducción» apareció en Brower (ed.), *On Translation*, Harvard University Press, Cambridge, Mass., 1959. El autor y Harvard University Press han autorizado su traducción e inclusión aquí.

— «La concepción semántica de la verdad y los fundamentos de la semántica» fue publicado en *Philosophy and Phenomenological Research*, 4 (1944), pp. 341-375. Los editores de dicha revista han concedido el pertinente permiso de publicación. La traducción que aquí aparece se toma de M. Bunge (ed.), *Antología semántica*, Nueva Visión, Buenos Aires, 1960. Agradecemos a esta editorial su amable permiso para reproducir la traducción en el presente volumen.

— «Verdad y significado» apareció por vez primera en *Synthèse*, 17 (3), 1967. Se incluye y traduce aquí con permiso de la editorial Reidel. En 1984 se recogió en Donald Davidson, *Inquiries into Truth and Interpretation*, Clarendon Press, Oxford, pp. 17-36. El texto es el mismo que el de 1967, con el solo añadido de unas breves notas.

— «Significado y verdad» es una lección inaugural pronunciada en la Universidad de Oxford en 1969. Aquí recogemos la traducción publicada en P. F. Strawson, *Ensayos lógico-lingüísticos*, Tecnos, Madrid, 1983.

— «Interpretación radical» apareció en *Dialéctica*, 27 (1973), pp. 313-328, y se publica aquí con permiso del editor de dicha revista. En 1984 se recogió en Donald Davidson, *Inquiries into Truth and Interpretation*, Clarendon Press, Oxford, El texto es el mismo de 1973, con el solo añadido de unas breves notas.

— «Teorías del significado veritativo-condicionales» recoge la mayor parte del capítulo del mismo nombre del libro de Michael Dummett, *The Logical Basis of Metaphysiscs*, Harvard University Press, Cambridge, Mass., 1991. El autor ha concedido su permiso para su traducción e introducción en este volumen.

— «Emisiones realizativas» es una transcripción, con correcciones verbales menores, de una charla no escrita emitida por el tercer programa de la BBC. Esta charla se incluyó como parte de J. L. Austin, *Philosophical Papers*, Oxford University Press, Oxford, 1961. La traducción reproducida aquí, con el correspondiente permiso, es la recogida en la versión castellana de dicha obra publicada por la Ed. Revista de Occidente en 1975.

— «¿Qué es un acto de habla?» fue originalmente publicado en Max Black (ed.), *Philosophy in America*, Allen & Unwin, Nueva York, 1965. El autor ha concedido el correspondiente permiso para su inclusión en este volumen. La traducción recogida apareció en *Cuadernos Teorema*, Valencia, 1977. La revista *Teorema* ha dado la correspondiente autorización.

— «Una taxonomía de los actos ilocucionarios» apareció originalmente en K. Gunderson (ed.), *Language, Mind and Knowledge*, University of Minnesota Press, Minneapolis, 1975. El autor ha concedido su permiso para que este artículo se incluya aquí. La versión castellana apareció en *Teorema*, 1976. Los editores de dicha revista han concedido la correspondiente autorización.

— «Significado» apareció originalmente en *The Philosophical Review*, 66 (1957), pp. 377-388. Los editores de *The Philosophical Review* cedieron los derechos de traducción a *Cuadernos de Crítica*, con cuya autorización de reproduce aquí este artículo.

— «Las intenciones y el significado del hablante» se publicó en *The Philosophical Review*, vol. 78, 1969, pp. 147-177. Se reproduce aquí con el permiso de los editores de *The Philosophical Review*.

— «Lógica y conversación» apareció por vez primera en P. Cole y J. L. Morgan (eds.), *Syntax and Semantics. Speech Acts*, vol. 3, Academic Press, Londres, 1975. Se reproduce aquí con permiso del autor.

— «Metáfora», de Max Black, se publicó originalmente en los *Proceedings of the Aristotelian* Society, 35 (1954), pp. 273-294. Aquí se reproduce la traducción publicada en M. Black, *Modelos y metáforas*, Tecnos, Madrid, 1966.

— «Lo que significan las metáforas» apareció en *Critical Inquiry*, 5 (1978), pp. 31-47. El autor ha tenido la amabilidad autorizar esta traducción y ceder los derechos correspondientes.

— «Metáfora», de John R. Searle, se publicó por vez primera en J. R. Searle, *Expression and Meaning*, Cambridge University Press, Cambridge, 1979, pp. 76-116. El autor ha tenido la amabilidad autorizar esta traducción y ceder los derechos correspondientes

— «Situaciones y actitudes» se publicó originalmente en *The Journal of Philosophy*, vol. 78 (1981). Se incluye con permiso de los autores y del editor de *The Journal of Philosophy*.

— «Semántica del rol conceptual» apareció en el *Notre Dame Journal of Formal Logic*, vol. 23, 2, 1982. Se incluye aquí con permiso del editor del *Notre Dame Journal of Formal Logic*.

— «Resumen de *Relevance: Communication and Cognition*» apareció en *Behavioral and Brain Sciences*, 10, pp. 697-754, 1987. Se agradece a los autores y a Cambridge University Press la concesión de los correspondientes derechos para la traducción castellana.